Dr. Margit Brinke
Dr. Peter Kränzle

USA-Ostküste

IWANOWSKI'S REISEBUCHVERLAG

Im Internet:

www.iwanowski.de

Hier finden Sie aktuelle Infos zu allen Titeln, interessante Links – und vieles mehr!

Einfach anklicken!

Schreiben Sie uns, wenn sich etwas verändert hat. Wir sind bei der Aktualisierung unserer Bücher auf Ihre Mithilfe angewiesen: **info@iwanowski.de**

USA-Ostküste
12. Auflage 2013

Salm-Reifferscheidt-Allee 37 • 41540 Dormagen
Telefon 0 21 33/26 03 11 • Fax 0 21 33/26 03 33
info@iwanowski.de
www.iwanowski.de

Titelfoto: State House, Montpelier, Vermont, USA
Bildagentur Huber / Huber, Hans-Peter

Alle anderen Farbabbildungen: siehe Bildnachweis Seite 604
Layout: Monika Golombek, Köln
Karten: Astrid Fischer-Leitl, München
Titelgestaltung: Point of Media, www.pom-online.de
Redaktionelles Copyright, Konzeption und dessen ständige Überarbeitung: Michael Iwanows

Gesamtherstellung: Werbedruck GmbH Horst Schreckhase
Printed in Germany

ISBN: 978-3-86197-074-3

Inhaltsverzeichnis

Überblick

Außerdem weiterführenden Informationen zu folgenden Themen:

Verzeichnis der Karten und Grafiken

Interessantes

Legende

- Kirche
- Denkmal
- Information
- Camping
- Pass
- Aussichtspunkt
- Sehenswürdigkeit
- Krankenhaus
- Rangerstation
- Schloss
- Bahnhof
- Bibliothek
- Bus/Busbahnhof
- Fähre
- Leuchtturm
- Museum
- Theater
- Übernachten
- Essen
- Einkaufen
- Reiten

So geht's

Im Kapitel **Land und Leute** erhalten Sie einen Einblick in Geschichte und Kultur sowie andere Aspekte des Reisezieles. Die **Gelben Seiten** geben Allgemeine Tipps zur Planung und Ausführung einer Reise in die USA (ab S. 88). Was das Reisen in den USA kostet, lesen Sie auf den **Grünen Seiten**.

Im Anschluss folgt der **Reiseteil** (ab S. 142), in dem auf alle wichtigen und wesentlichen Sehenswürdigkeiten eingegangen wird. Reisepraktische Tipps zu Essen & Trinken, Unterkünften, Einkaufen, Aktivitäten, Verkehrsverbindungen finden Sie jeweils anschließend an die Ortsbeschreibung.

Über Kritik, Anregungen und Verbesserungsvorschläge freuen wir uns: info@iwanowski.de

EINLEITUNG

Vorwort

Den Vereinigten Staaten
Amerika, du hast es besser
Als unser Kontinent, das alte,
Hast keine verfallene Schlösser
Und keine Basalte.
Dich stört nicht im Innern
Zu lebendiger Zeit
Unnützes Erinnern
Und vergeblicher Streit.
(Johann Wolfgang von Goethe)

Schon Deutschlands großer Dichter Johann Wolfgang von Goethe war von der **Neuen Welt** begeistert. Leider hat er Amerika nie gesehen, doch seine Landleute unterhalten seit jeher, trotz aller vorübergehenden Konflikte und Verstimmungen, eine ganz besondere Beziehung zu Amerika. Das zeigt sich allein an der Tatsache, dass noch heute etwa 17 % aller Amerikaner deutsche Wurzeln haben.

Gerade die **Ostküste** der USA ist von besonderem Interesse: Sie ist **Kulturland** und überaus geschichtsträchtig, eine dicht besiedelte Region mit faszinierenden Großstädten, aber auch beschaulichen Dörfern. Der Ostküste mag auf den ersten Blick die landschaftliche Dramatik, die den Westen so einzigartig macht, fehlen, dafür gibt es aber rund 3.600 km traumhafte Küste von der Grenze Kanadas bis Key West und eine enorme Bandbreite an unterschiedlichen Landschaften und Attraktionen.

Hier an der Atlantikküste liegen **die Wurzeln** und schlägt **das Herz** der USA, hier stößt man auf Schritt und Tritt auf historische Orte, Schlachtfelder, Museen, Denkmäler und Kultureinrichtungen. Die ersten Weißen setzten hier erstmals Fuß auf amerikanischen Boden, ihnen folgten Immigranten aus aller Welt, die das Land besiedelten und die Frontier allmählich nach Westen verschoben – auf der Suche nach einem besseren Leben in der Neuen Welt.
Die amerikanische **Geschichte** ist im Osten **allgegenwärtig**, in besonderer Weise werden die Kolonialzeit, der Unabhängigkeitskampf oder der amerikanische Bürgerkrieg an verschiedenen Orten zu neuem Leben erweckt. Aber es ist nicht allein die Fülle historisch bedeutsamer Stätten und Städte – wie Boston, Philadelphia oder Jamestown, Charleston, Savannah oder St. Augustine –, es sind auch die Landschaften und pittoresken Städtchen, Strände und Sümpfe, Wälder und Steilküsten, die einen Gleichklang von Natur und Kultur erzeugen und für Abwechslung sorgen.

Geografisch ist es einfach, die Ostküste der USA abzugrenzen: Sie reicht von der Grenze Kanadas im Norden bis hinunter nach Florida. Problematischer ist es hingegen, die Ausdehnung ins Landesinnere festzulegen. Im vorliegenden Band wird die Küstenstrecke von Bar Harbor/Maine bis Orlando/

Florida besprochen, dazu kommen Abstecher bis zur Bergkette der Appalachen, die parallel zur Küstenlinie im Hinterland verlaufen.

Ein weiterer Unterschied zur Westküste ist, dass man den Osten wohl kaum in einer einzigen Reise erkunden kann. Daher wurde nachfolgend versucht, nach kulturellen, historischen, geografischen und demografischen Gegebenheiten die Küste in **drei große Abschnitte** zu gliedern: **Nordostküste**, **Zentrale Ostküste** und **Südostküste**

Zwischen **Süden** und **Norden** – mit einer „neutralen" Pufferzone in Gestalt des Städtekonglomerats zwischen New York und Washington – liegen Welten, weswegen es sich im vorliegenden Band auch als schwieriger erwies, Gemeinsamkeiten herauszustellen als Unterschiede festzustellen.

Der **Nordosten** ist industriell geprägt, wohlhabend, dicht besiedelt und klimatisch im Großen und Ganzen mit Nordeuropa vergleichbar. Die Vegetation unterscheidet sich nur eingeschränkt von der unseren und auch die Bewohner legen eher europäische Züge an den Tag. Puritanismus heißt ein wichtiges Schlagwort in der Nordregion, man gibt sich zurückhaltend, teils etwas snobistisch und arrogant, weniger redselig und aufgeschlossen, aber ist stolz auf Bildung und Kultiviertheit, auf europäische Wurzeln und die herrschende Toleranz und Religionsvielfalt.

Der **Südosten**, Teil des *Deep South*, ist ein besonderes Stück USA und unterscheidet sich im Hinblick auf die Geschichte, die Bewohner, ihren Dialekt, ihre Küche, ihre Gläubigkeit und Mentalität vom Norden. Der Süden ist Plantagenland, ist schwarz und agrarisch, gemächlich und gastfreundlich, und wenn auch nicht sonderlich wohlhabend, mit angenehmem Klima gesegnet.

Mit diesem **Reisehandbuch** soll individuelles Reisen und Erkunden ermöglicht und eine Anleitung zum bewussten Erleben gegeben werden. An der Ostküste bietet sich dem Besucher, viel intensiver als im Westen, die einmalige Gelegenheit, Amerika von der Pike auf kennen zu lernen und Klischees und Vorurteile abzubauen. Wer genügend Zeit und Interesse mitbringt, wird von der Vielseitigkeit dieses Teils der Vereinigten Staaten begeistert sein. Wichtig ist dabei, sich von der Philosophie des „**Weniger ist Mehr**" leiten zu lassen und nicht zu versuchen, die gesamte Küste auf einmal zu erkunden. Die getroffene Auswahl der im Buch beschriebenen Ziele und Routen basiert auf der eigenen langjährigen Reiseerfahrung – wobei aufgrund des zur Verfügung stehenden Platzes Beschränkung nötig war. Bei den Übernachtungs- und Restaurant-Tipps konnte nur eine kleine Auswahl getroffen werden, die natürlich auf persönlichen Erfahrungen beruht. Es wurde versucht, ungewöhnliche Plätze auszuwählen, bei denen Preis und Leistung stimmt. Bei den praktischen Hinweisen wurde auf größtmögliche Aktualität geachtet, doch bei der Fülle an Informationen und der Schnelllebigkeit touristischer Angebote kann keine Gewähr für Korrektheit bzw. Vollständigkeit übernommen werden.

Margit Brinke und Peter Kränzle

Die USA im Überblick

Fläche
9.826.675 km^2, inkl. Alaska, Hawaii und Wasserflächen (664.709 km^2) (weltweit Nr. 3)
Staatsland
(*public land*) ca. 32 % = etwa 2,6 Mio. km^2
Nationalparks
Gesamtfläche ca. 320.000 km^2
Höchster Punkt
Mt. McKinley (Alaska) 6.200 m
Tiefster Punkt
Death Valley (California) 85 m unter Meeresspiegel
Längster Fluss
Mississippi (zusammen mit Missouri) 6.420 km
Hauptstadt
Washington, D. C.
Einwohner
314 Mio. (Schätzung 2012), 82 % städtische Bevölkerung, 273 Städte mit mehr als 100.000 EW, neun mit über einer Million.
Besiedlungsdichte
ca. 34 EW/km^2 (vgl. Deutschland: 231EW/km^2)
Ethnien
79,9 % Weiße (darunter 15 % Hispanics), 12,8 % Afroamerikaner, 4,4 % Asiaten, 1,1 % Indianer, Inuit, Hawaiianer; die restliche Bevölkerung ist mehreren Ethnien zuzurechnen
Wurzeln
ca. 80 % aller Amerikaner weisen europäische Wurzeln auf, ca. 17 % deutsche, 11 % irische, 9 % englische, 5 % italienische, 4 % skandinavische
Sprachen
82 % Englisch, 11 % Spanisch, 4 % andere europäische Sprachen, 3 % asiatische und indianische Sprachen
Religionen
ca. 73 % Christen, davon rund 48 % Protestanten (darunter stärkste Gruppen sind Baptisten, Methodisten, Lutheraner und Pentecostals), ca. 22 % Katholiken, 2 % Mormonen, 1 % Orthodoxe, 6 % Sonstige. Knapp 20 % gehören keiner Glaubensgemeinschaft an.
Flagge
13 waagrechte, abwechselnd rote und weiße Streifen für die 13 Gründerstaaten; in der oberen, blauen Ecke 50 weiße Sterne, die die Bundesstaaten repräsentieren.
Nationalfeiertag
4. Juli (Tag der Unterzeichnung der Unabhängigkeitserklärung)
Staats- und Regierungsform
Präsidialrepublik mit bundesstaatlicher Verfassung. Der Präsident kann Kabinettsmitglieder ernennen und entlassen, das Parlament besteht aus zwei Kammern: Senat und Repräsentantenhaus

Die Staaten des Reisegebiets im Überblick

Staat	Abkürzung	Hauptstadt	Beitritt zur Union	Fläche in km^2	EW-Zahl (2012)
Connecticut*	**CT**	Hartford	1788	14.357	ca. 3,58 Mio.
Delaware	**DE**	Dover	1787	6.452	ca. 907.000
District of Columbia (Washington D.C.)	**D.C.**		1790	177	ca. 617.000
Florida	**FL**	Tallahassee	1845	170.304	ca. 19 Mio.
Georgia	**GA**	Atlanta	1788	153.909	ca. 9,8 Mio.
Maine*	**ME**	Augusta	1820	91.646	ca. 1,32 Mio.
Maryland	**MD**	Annapolis	1788	32.133	ca. 5,8 Mio.
Massachusetts*	**MA**	Boston	1788	27.336	ca. 6,6 Mio.
New Hampshire*	**NH**	Concord	1788	24.217	ca. 1,31 Mio.
New Jersey	**NJ**	Trenton	1787	22.608	ca. 8,82 Mio.
New York	**NY**	Albany	1788	141.300	ca. 19,46 Mio.
North Carolina	**NC**	Raleigh	1789	139.390	ca. 9,65 Mio.
Pennsylvania	**PA**	Harrisburg	1787	119.283	ca. 12,74 Mio.
Rhode Island*	**RI**	Providence	1790	3.140	ca. 1,05 Mio.
South Carolina	**SC**	Columbia	1788	82.931	ca. 4,67 Mio.
Tennessee	**TN**	Nashville	1796	109.247	ca. 6,34 Mio.
Commonwealth of Virginia	**VA**	Richmond	1788	110.785	ca. 8,1 Mio.
Vermont*	**VT**	Montpelier	1791	24.923	ca. 626.000

*= Neuengland-Staaten

I. DIE OSTKÜSTE DER USA: LAND UND LEUTE

Historischer Überblick

Während im Westen der USA die Landschaft prägendes Element ist, sind es an der Ostküste Geschichte und Kultur. Hier spielten sich die französischen Kolonisationsversuche sowie die englische Inbesitznahme ab, keimte die Idee von der modernen Demokratie auf, wurde die Unabhängigkeit erkämpft, in einem blutigen Bruderkampf die Sklaverei abgeschafft und die staatliche Einheit gesichert. Geschichte

Kein Wunder, dass hier die amerikanische Geschichte auf Schritt und Tritt präsent ist. An allen historisch besonders wichtigen Orten – Boston, Plymouth, Concord, Salem, New Bedford, Newport, Mystic, Philadelphia oder Washington – erlebt der Besucher die Vergangenheit „live" mit, in beispielhaft ausgestatteten Besucherzentren, durch historisch gekleidete Führer, authentische Nachbauten, Vorführungen und Original-Relikte, durch „Re-enactments" oder Freiluftmuseen.

Indianer – die ersten Amerikaner

Wenn manche die US-Geschichte als vergleichsweise kurz bezeichnen, besteht Gefahr, denselben Fehler zu begehen wie die ersten Kolonisten, die die Geschichte der Indianer ebenfalls ignorierten. So gesehen ist nämlich auch Nordamerika ein „Alter Kontinent". Ein genaues Datum, wann Indianer den nordamerikanischen Subkontinent erstmals betreten haben, gibt es nicht. Archäologische Funde sowie Radiokarbon-Untersuchungen ergaben, dass Einwanderer aus dem fernen Asien eine während der Eiszeiten bestehende Landbrücke benutzten, um den Bereich der Beringstraße trockenen Fußes zu über-

Vor dem Auftauchen der Weißen lebten die Indianer noch in Frieden und Wohlstand

queren und so auf den amerikanischen Kontinent zu gelangen. Dies ist vor mindestens 10.000 Jahren geschehen, nach Ansicht mancher Forscher sogar schon etwa 30.000 v. Chr. Nach neuestem Forschungsstand lassen sich die ältesten menschlichen Spuren in Nordamerika auf die Zeit um 14.300 v. Chr. datieren.

Kolumbus, so lernt man in der Schule, habe 1492 Amerika „entdeckt", dabei landete er auf seiner Suche nach einem Seeweg nach Indien „nur" in der Karibik. Immerhin war er es, der in der Annahme, in Indien zu sein, die Ureinwohner „Indianer" nannte und ihnen damit einen bleibenden Namen gab. Die ersten Europäer, die seit dem 16. Jh. Nordamerika erkundeten – zunächst spanische Abenteurer, dann britische Heilsucher und Religionsflüchtlinge – trafen jedoch nicht nur auf „Wilde", sondern fanden auch Reste indianischer Hochkulturen vor.

Indianische Hochkulturen

Es hatte lange gedauert, bis die **umherziehenden Gruppen** von Ureinwohnern sesshaft geworden waren; im Osten soll dies um etwa 1.000 v. Chr. geschehen sein. Es bildete sich eine differenzierte Gesellschaft von Ackerbauern, Jägern und Sammlern heraus – **Woodland Tradition** genannt –, deren Siedlungsgebiet zwischen Atlantik, Mississippi und den Großen Seen lag. Um 900 n. Chr. entstand in den Tälern des Mississippi und Ohio River eine indianische Hochkultur, die **Mississippian Tradition**. Es waren Ackerbauern, für die Mais, Kürbis, Bohnen, Süßkartoffeln und Tabak die wichtigsten Kulturpflanzen waren. Die Gesellschaft war hierarchisch gegliedert und man lebte in großen Siedlungen, die von Holzpalisaden umschlossen waren und charakteristische *mounds* im Zentrum aufwiesen. Auf diesen pyramidalen, künstlichen Erdaufschüttungen befanden sich die kultischen und weltlichen Machtzentren: Tempel, Fürstensitze und Versammlungsplätze. Das Ende dieser Kultur fiel mit der Ankunft der ersten Europäer zusammen, sodass Mitte des 16. Jh. viele der Siedlungen aufgelassen waren. Kriege und vor allem die von den Spaniern eingeschleppten Krankheiten und Seuchen hatten die Indianer zu Tausenden getötet.

Es folgte die Zeit der **historischen Indianerstämme** – *Irokesen, Mohikaner, Shawnee, Cherokee* oder *Creek*, um nur die größten Gruppen zu nennen. So unterschiedlich wie diese Völker waren, so verschieden verhielten sie sich auch gegenüber den Neuankömmlingen aus Europa: Die einen halfen und waren gastfreundlich, die anderen abweisend und feindlich gesonnen. Am Ende war das Ergebnis jedoch dasselbe: Dezimiert durch eingeschleppte Krankheiten, vertrieben, verfolgt und getötet, überlebten nur wenige Ureinwohner in abgelegenen Regionen.

Unrühmlicher Höhepunkt war der **Removal Act** 1835 unter Präsident *Andrew Jackson*: Er zwang über 16.000 Indianer zur Umsiedelung in das Indianer-Territorium westlich des Mississippi (heute Oklahoma). Dieser *Trail of Tears* kostete zahllosen Indianern der „Fünf zivilisierten Stämme" – *Creek, Cherokee, Chickasaw, Choctaw* und *Seminole* – das Leben. Letztere wehrten sich als einzige vehement in drei Kriegen, und bis heute verweisen Gruppen dieses Stammes mit Stolz darauf, niemals besiegt worden zu sein. Sie leben immer noch auf ihrem angestammten Land in den Sümpfen Floridas.

Zur Terminologie des Wortes „Indianer“

info

Beim Wort „Indianer/Indians“ denken die meisten sofort an federgeschmückte Reiter. Derart aufgemacht liefen jedoch lediglich die Mitglieder eines bestimmten Kulturkreises, nämlich der Prärie-Indianer, zu denen die berühmten *Sioux* oder *Comanches* gehören, herum. In Wirklichkeit weisen die meisten indianischen Völker – allein in den USA gibt es über 500 – kaum Gemeinsamkeiten auf, was auch ihre zahlreichen Namen belegen.

Als „political correct“ wird die Bezeichnung „**Native Americans**“ oder „**Native People**“ empfunden – im Deutschen unzureichend mit „Ureinwohner“ übersetzt. Allerdings ist diese Bezeichnung bei den so Bezeichneten wenig beliebt. Wie einmal der indianische Leiter der Abteilung der Smithsonian Institution in Washington meinte: „Jeder, der in Nordamerika geboren ist, ist ein ‚Native American‘, ein gebürtiger Amerikaner. Ich persönlich bin ein Hopi, wer das aber nicht weiß, für den bin ich eben ein ‚Indianer‘.“

In der Tat ziehen die meisten Indianer, ob *Apache*, *Comanche*, *Nez Perce*, *Lakota* oder *Iroquois*, „**American Indian**“ oder „**Indian**“ als Bezeichnung vor, sofern sie die genaue Stammeszugehörigkeit nicht kennen. Von „Indianer“ zu sprechen, ist also durchaus in Ordnung – besser jedoch, man verwendet den Namen des jeweiligen Volkes.

Die „Entdeckung“ Nordamerikas

Fast 500 Jahre vor Kolumbus waren bereits die seetüchtigen **Wikinger** im Nordosten des amerikanischen Kontinents unterwegs gewesen. Leif Eriksson (ca. 975–ca. 1020) soll um das Jahr 1.000 mit seinen Männern von Grönland bis zum Mündungsbereich des St. Lorenz-Stroms und hinunter bis zur Küste des heutigen Bundesstaates Massachusetts gesegelt sein. Die Wikinger sprachen von **Vinland**, in Anlehnung an die angeblich gefundenen wild wachsenden Weinreben. Im übertragenen Sinne dürfte damit jedoch eher ganz allgemein die Fruchtbarkeit der besuchten Landstriche gemeint gewesen sein. Zwar unternahmen die Wikinger noch weitere Fahrten nach Nordamerika – in Neufundland entstand sogar eine Siedlung –, doch nachdem sie ihre grönländischen Siedlungen aufgegeben hatten, ging das Wissen um ihre Entdekkungsfahrten verloren.

Westweg nach Indien

Die geschriebene Geschichte Amerikas beginnt mit den Fahrten von **Christoph Kolumbus** (1451–1506). Der in Genua geborene Seefahrer stand in spanischen Diensten und wollte im Glauben an die Kugelgestalt der Erde den Westweg nach Indien finden. Als er 1492 auf der Bahamas-Insel San Salvador landete, meinte er, Indien erreicht zu haben und nannte die Inselgruppe

„Westindische Inseln" und ihre Einwohner „Indianer". Insgesamt überquerte Kolumbus zwischen 1492 und 1504 viermal den Atlantik, doch setzte er nie einen Fuß auf den nordamerikanischen Kontinent, sondern nur auf karibische Inseln.

Giovanni Caboto (1450–98) stand als Venezianer in britischen Diensten und erkundete als John Cabot 1497/98 den Nordosten des Kontinents. Der Florentiner **Amerigo Vespucci** (1451–1512) vertrat erstmals die Ansicht, dass das von Kolumbus betretene Land nicht Teil Asiens sei. Der deutsche Kartograf **Martin Waldseemüller** nannte deshalb zu Ehren Vespuccis 1507 den von Kolumbus entdeckten neuen Kontinent nach dessen Vornamen **America**. 1513 erreichte der spanische Konquistador **Vasco Núñez** die Landenge von Panama und stellte fest, dass westlich davon ein neues Weltmeer, der Stille Ozean, beginnt – er lieferte somit den Beleg für Vespuccis These. Im gleichen Jahr entdeckte **Ponce de Léon** (1460–1521), einer der Mitstreiter Kolumbus', Florida und glaubte, dass es sich um eine Insel handle.

Der neue Kontinent rückte schnell in die Interessenssphäre der europäischen Mächte. Anfangs konnten sich die Spanier alle Gebiete die rund 600 km westlich einer von Pol zu Pol über die Azoren verlaufenden Linie lagen, unter den Nagel reißen: Mit dem **Vertrag von Tordesillas** von 1494 hatten sie sich mit Portugal, damals die zweite bedeutende Seemacht, auf diese Trennung geeinigt. Der Vertrag war von Papst Alexander VI., selbst Spanier und damals völkerrechtlich bindende Autorität, angeregt worden. Als sich jedoch zu Beginn des 16. Jh. der Reformationsgedanke verbreitete und der Machteinfluss Spaniens nach der Niederlage gegen England (1588) schwand, änderte sich die Lage und mehrere europäische Nationen rangen um Einfluss auf dem amerikanischen Kontinent.

Interessenssphären

Kolonisierung durch die Spanier

Die Eroberer nahmen den amerikanischen Kontinent zunächst für Spaniens Krone in Besitz, und Spanien richtete auch als erste europäische Macht Kolonien ein. Es handelte sich bei den „Konquistadoren“ um Männer aus niedrigem, verarmtem Adelsstand, die versuchten, schnell zu Ruhm und Reichtum zu gelangen. Dabei gingen sie mit den angetroffenen Kulturen wenig zimperlich um: Hernando Cortéz (1485–1547) zerstörte das Aztekenreich in Mexiko, Francisco Pizarro (1478–1541) unterwarf das Inkareich in Peru, Vasco Núñez de Balboa (1475–1517) erreichte den Stillen Ozean und erklärte ihn zum spanischen Besitz.

Francisco Vásquez de Coronado (1510–44) leitete Expeditionen auf der Suche nach Gold in den nordamerikanischen Südwesten und führte zugleich, wenn auch unbeabsichtigt, das Pferd wieder in Nordamerika ein. Die Expeditionsteilnehmer sahen auch als erste Europäer den Grand Canyon, Gold jedoch fanden sie, wie auch folgende Expeditionen, nicht.

Bis 1575 gab es in Amerika fast 200, zumeist kleine spanische Siedlungen, und als Arbeitskräfte dienten in erster Linie die einheimischen Indianer. Gleichzeitig mit den Konquistadoren hatten **katholische Missionare** begonnen, ihre Religion unter den „Wilden“ zu verbreiten. Sie errichteten Schulen und förderten handwerkliche Fähigkeiten. Und sie zerstörten mit ihren Bekehrungsversuchen, der Ansiedlung ganzer indianischer Gruppen um Dörfer oder Missionen und der geforderten Zwangsarbeit die ursprüngliche Kultur der Ureinwohner. Als immer klarer wurde, dass es in Nordamerika jene sagenhaften Gold- und Silberschätze nicht gab, ließ das spanische Interesse ab etwa Mitte des 16. Jh. nach und beschränkte sich nur noch auf wenige Punkte im Südwesten und Florida.

Missionierungen

Franzosen im Vormarsch

In Frankreich hörte man sich die Geschichten von den Schätzen in Mittel- und Südamerika, die in spanische Hände gelangt waren, mit Interesse an, ohne jedoch einen ernsthaften Vorstoß in spanische Sphären zu wagen. Man wandte sich vielmehr dem Nordosten des neuen Kontinents zu: 1524 erreichte der Florentiner Giovanni da Verrazano (1480–1527) unter französischer Flagge die Hudson-River-Mündung. Er segelte die Küste zwischen dem heutigen North Carolina und Maine entlang. Jacques Cartier (1491–1557) war 1534 noch weiter nordöstlich unterwegs und segelte ins Mündungsgebiet des St. Lorenz-Stroms. Nach diesen ersten Erkundungen fasste Frankreich ganz allmählich auf dem nordamerikanischen Kontinent Fuß.

Wirtschaftlich gesehen waren die Nordostküste sowie das Landesinnere für die Franzosen durchaus interessant: Normannische und bretonische Fischer schätzten die reichen Fischgründe und liefen mit ihren Flotten von kleinen Stützpunkten an der amerikanischen Küste zum Fischfang aus. Pelzhändler drangen über den St. Lorenz-Strom in das Gebiet der Großen Seen und ins spätere Neuengland vor. Die französische Besiedelung blieb allerdings dünn, zu groß waren die beanspruchten Gebiete. Nur ein Netz verstreut liegender Stützpunkte – wie das 1608 von Samuel de Champlain gegründete Québec City – hielt Neu-Frankreich, dessen Zentrum in der heutigen kanadischen Provinz Québec lag, zusammen.

La Louisiane

1673 stießen der Jesuit Jacques Marquette (1637–75) und Louis Joliet (1645–1700) vom Nordosten aus zum Mississippi vor, und 1682 erreichte Robert Cavelier de La Salle (1643–87) die Mississippi-Mündung. Sie untermauerten den französischen Anspruch auf die ganze Region zwischen der Mündung in den Golf von Mexiko bis hinauf an die Großen Seen und weiter in den Nordosten bis zur Mündung des St. Lorenz-Stroms. Das gesamte Flussbecken nannte de La Salle „**La Louisiane**" und nahm es für König Ludwig XIV. in Besitz. 1718 gründete Jean Baptiste le Moyne, Sieur de Bienville (1680–1768), „**La Nouvelle Orléans**", das heutige New Orleans. Aufgrund der wachsenden europäischen Konflikte war Frankreich nicht in der Lage, langfristig die Gebietsansprüche gegen die sich von der Küste aus langsam ausbreitenden Engländer zu verteidigen. Im **Frieden von Utrecht** 1713 erhielt England beispielsweise die Gebiete der Hudson Bay, Neuschottland und Neufundland zugesprochen. Nach dem **King George's War** (1744–48) sowie dem **French and Indian War** (1754–63) übernahm England dann auch die kanadischen Gebiete sowie das Territorium östlich des Mississippi. Im Jahr 1803 schließlich verschwand Frankreich ganz von der Bildfläche – Napoleon hatte die letzten französischen Gebietsansprüche an die USA verkauft („Louisiana Purchase").

Holländische Interessen

Das holländische Interesse an der Neuen Welt konzentrierte sich vor allem auf das heutige Gebiet von New York und New Jersey. Im Jahr 1609 versuchte Henry Hudson im Auftrag der holländischen Ostindischen Handelsgesellschaft eine Nordwestpassage nach Asien zu finden. Er gelangte dabei in das Mündungsgebiet des nach ihm benannten Flusses, befuhr ihn bis in die

Gegend von Albany und beanspruchte den Fluss sowie das Tal für seine niederländischen Auftraggeber.

Nur wenige Jahre später, 1614, erforschten die Holländer die Landschaften um Long Island und hoben **Nieuw Holland** (Neuholland) aus der Taufe. 1626 kaufte der damalige Direktor der neu gegründeten Westindischen Handelskompanie, Peter Minuit, den Indianern die Insel **Manhattan** für Waren im Gegenwert von 60 Gulden ab. Hier wurde Nieuw Amsterdam gegründet, die Hauptstadt von Neuholland. Im Jahr 1647 übernahm **Peter Stuyvesant** das Amt des vierten Gouverneurs von Nieuw Amsterdam und trieb die Stadtentwicklung voran. Schon 1664 endete die holländische Kolonialepisode mit der Besetzung der Stadt durch die Engländer.

Nieuw Holland

Kolonisierung durch die Engländer

Für die sicherlich **systematischste und nachhaltigste Kolonisierung** waren die Briten verantwortlich. Von Beginn an wurden die englischen Kolonien als Siedlungen angelegt und nicht nur – wie bei den Franzosen – als Handelsstützpunkte. Von vornherein zielte die britische Kolonialpolitik auf die Erschließung neuer Siedlungsräume, für Auswanderer aus dem überbevölkerten England sowie unliebsame Untertanen.

Handelskompanien und andere private Gesellschaften erhielten Schutzbriefe der britischen Könige und bauten ganz offiziell „**königliche Kolonien**" auf. Natürlich steckte seitens der Krone keine reine Menschenliebe dahinter, vielmehr versprach man sich neue Steuereinnahmen, Absatzmärkte und Rohstoffe. Nach Bezahlung ihrer Überfahrt an die Koloniebetreiber oder dem Erwerb von Anteilen der Gesellschaft wurden die Einwanderer selbständige Landeigentümer. Da in den Kolonien erstmals auch neue politische und religiöse Grundstrukturen erprobt werden konnten, wurden später die in großer Zahl aus dem englischen Mutterland eingeströmten Einwanderer zur führenden Kraft im Kampf gegen die Bevormundung durch das Mutterland und im folgenden Unabhängigkeitskampf.

Plimoth, die erste englische Kolonie im Osten

Die ersten Versuche, an der Ostküste sesshaft zu werden, starteten Sir Humphrey Gilberts im Jahr 1583 auf Neufundland (Kanada) sowie Sir Walter Raleigh 1585 auf Roanoke Island an der Küste von North Carolina. Beide mussten jedoch aufgrund der Unwirtlichkeit der Region, wegen Lebensmittelknappheit und Kapitalmangel vorzeitig aufgeben. Die eigentliche Kolonisierung begann erst 1607 mit der Entsendung von Siedlern durch die **Virginia-Kompanie**. Unter der Führung von John Smith gründeten sie den Ort Jamestown in der Kolonie Virginia.

Englische Kolonien

1620 folgten die 102 sogenannten **Pilgrim Fathers** (Pilgerväter) ihrer Idee und gründeten eine Kolonie weiter nördlich, beim heutigen Plymouth in Massachusetts. Noch auf dem Schiff, der berühmten „Mayflower", hatten sie den „Mayflower-Vertrag" geschlossen, der die Gründung eines nach religiösen Vorstellungen geordneten politischen Gemeinwesens mit gewählten Repräsentanten vorsah. 1621 brachten die Pilgerväter mit Hilfe der einheimischen Indianer die erste Ernte ein und riefen den Thanksgiving Day ins Leben. 1630 erhielt Massachusetts offiziell den Status einer Kolonie, nachdem auch in Salem und Boston Siedlungen entstanden waren. 1623 war mit **Portsmouth** die erste Kolonie im heutigen New Hampshire gegründet worden und in der Folge ging es Schlag auf Schlag: 1629 übergab King Charles I. das ursprünglich von den Spaniern beanspruchte **Carolina** an Robert Heath und seine Gesellschaft – 1730 erst kam es zur Teilung in Nord- und Südteil. Die Gründung der **Kolonie Maryland** erfolgte durch Katholiken, die 1634 von Cecil Calvert in Baltimore angesiedelt worden waren. Benannt nach Henriette Marie, der Frau Charles I., wurde Baltimore erster katholischer Bischofssitz auf nordamerikanischem Boden.

Erste Siedlungen

1635 wurde **Connecticut** gegründet, 1636 **Rhode Island** als Kolonie ins Leben gerufen, 1664 besetzten die Engländer das holländische **New York, New Jersey** sowie das ehemals schwedische, dann holländische **Delaware**. Der Quäker William Penn gründete 1681 **Pennsylvania** und 1683 wurde Philadelphia, die „Stadt der brüderlichen Liebe", die Hauptstadt. In den Folgejahren ließen sich viele deutsche religiöse Flüchtlinge, meist Mennoniten, dort nieder. Im Jahr 1732 schließlich gründete James Oglethorpe mit Georgia die letzte der **13 britischen Kolonien** in Nordamerika.

Leben in den Kolonien

Die Entwicklung der einzelnen Kolonien verlief aufgrund der geografischen und klimatischen Gegebenheiten sehr unterschiedlich. Verbindende Elemente waren die Sprache sowie der kulturhistorische Hintergrund, dennoch war man zunehmend auf **Eigenständigkeit** bedacht. Florierten in den Neuengland-Staaten Fischfang, Holzverarbeitung (Schiffsbau), Pelzhandel und Bergbau, war Pennsylvania zunächst agrarisch geprägt und brachte es durch Getreide zu Wohlstand. In den südlichen Staaten der Ostküste entstand dagegen eine prosperierende Baumwoll-, Tabak-, Reis- und Zuckerrohr-Plantagenwirtschaft mit imponierenden Herrenhäusern. Dort profitierte eine relativ kleine Oberschicht von der Arbeit ganzer Heerscharen rechtloser Sklaven.

In den Neuengland-Staaten blieb die Bevölkerung zunächst ziemlich homogen englischer Abstammung. Puritanische Lebensideale wie Glaube, Fleiß und Sparsamkeit herrschten vor, man lebte weitgehend autark und versorgte sich selbst mit Lebensmitteln, Kleidung und Möbeln. Boston und New Haven mauserten sich zu Zentren einer „**Kolonial-Aristokratie**“; hier wurden zugleich mit Harvard und Yale die ersten Universitäten gegründet.

Kolonien an der Ostküste

In den zentralen Kolonien Pennsylvania, Delaware, New York oder New Jersey war die Gesellschafts- und Wirtschaftsstruktur facettenreicher als in Neuengland: Es gab sowohl kleine Farmen als auch riesige Landgüter (z. B. im Hudson River Valley), es wurden Ackerbau, Viehzucht sowie Obstanbau betrieben. In Städten wie New York und Philadelphia blühten Handel und Handwerk.

In der späteren Kolonialzeit war das **kulturelle Leben** in den Kolonien bereits rege. Universitäten wie Harvard (1636), Yale (1701) und Princeton (1746) trugen ebenso dazu bei wie sehr gute Privatschulen. Schon 1693 stand in Cambridge/Massachusetts die erste Druckerpresse, und bereits vor dem Unabhängigkeitskrieg erschienen allein in Boston fünf Zeitungen. Die erste Leihbibliothek (1731) ist **Benjamin Franklin** zu verdanken, ebenso wie 1743 die Gründung der Amerikanisch-Philosophischen Gesellschaft. Um 1750 hatte sich zwischen Boston und Charleston eine Gesellschaft herausgebildet, die gut mit europäischem Kulturgut vertraut war und mit den entsprechenden sozialen Kreisen in England oder Frankreich auf einer Stufe stand.

Die erste bedeutende Einwanderungswelle in die neuen Kolonien kam aus Großbritannien. Viele **Briten** verließen den „alten Kontinent“, als unter Charles II. 1673 alle nicht der anglikanischen Kirche angehörenden Puritaner und Katholiken vom politischen Leben ausgeschlossen wurden. Ende des 17., Anfang des 18. Jh. kamen deutsche und irische Einwanderer dazu. Der Grund für die deutsche Auswanderung war in erster Linie die religiöse Verfolgung Andersgläubiger (z. B. von Mennoniten oder Herrnhutern).

Deutsche Zuwanderer

Deutsche siedelten bevorzugt im 1683 von Franz Daniel Pastorius als erste deutsche Siedlung in der „Neuen Welt“ gegründeten **Germantown**, heute Stadtteil von Philadelphia, in der Kolonie New York sowie im Mohawk-Tal. Die nördlichste deutsche Siedlung im 18. Jh. war Waldoboro in Maine, die südlichste hieß „Ebenezer“, bei Savannah in Georgia. Im Jahr 1750 lebten etwa 100.000 Deutsche in Amerika, fast 70 % davon in Pennsylvania. Kein Wunder, dass bis heute gut ein Sechstel der Amerikaner auf deutsche Wurzeln verweisen.

Der Grund für die massive Auswanderung aus **Irland und Schottland** waren sowohl Verfolgung und Enteignung der irischen Katholiken unter Cromwell als auch die herrschenden Hungersnöte in Irland. Zwischen 1600 und 1770 zogen insgesamt mehr als 750.000 Menschen aus Europa nach Nordamerika. Der größte Teil konnte die Überfahrt durch den Verkauf aller

Habseligkeiten finanzieren, andere bezahlten mit ihrer Arbeitskraft, die sie der Schifffahrtsgesellschaft oder einem „Arbeitsvermittler" für eine bestimmte Zeit zur Verfügung stellen mussten. In den Kolonien wurden diese *indentured servants* wie Sklaven versteigert und verloren für eine bestimmte Zeit ihre persönliche Freiheit. Nach Ablauf ihrer „Dienstzeit" erhielten sie die Bürgerschaft und ein Stück Land.

Der Kampf um die Unabhängigkeit

Schon zu Anfang war die politisch-soziale Stimmung in den neuen Kolonien durch den **demokratischen Gedanken** bestimmt, dass allen Menschen die gleichen Möglichkeiten und Rechte zustünden. Der wirtschaftliche, soziale aber auch kulturelle Aufstieg stärkte das Selbstwertgefühl gegenüber dem britischen Mutterland. Man entfremdete sich immer mehr vom Königreich, das gleichzeitig versuchte, die Kolonien durch verschiedene Maßnahmen und Gesetze an die Kandare zu nehmen. Beispielsweise verbot England zum Schutz der eigenen Wirtschaft die Einfuhr von Wolle und Stoffen ins Mutterland. Die amerikanische Textilindustrie durfte ihre Waren nur innerhalb der Kolonien verkaufen. 1707 beschloss das britische Parlament, dass die volle gesetzgebende Macht auch für alle Kolonien gälte. Der König behielt sich das Recht vor, Gouverneure zu ernennen oder abzusetzen und konnte eigenmächtig in den Kolonien verabschiedete Gesetze aufheben.

George Washington kommandierte die Truppen der aufständischen Kolonisten

1750 verbot der *Iron Act* die Errichtung von Eisenhütten und Betrieben zur Eisenverarbeitung in den Kolonien; sie durften allerdings Roheisen nach England ausführen. Der so genannte *Currency Act* (1764) untersagte die Herausgabe eigenen Geldes in den Kolonien, und der *Stamp Act* (1765) schrieb vor, dass auf alle Urkunden und Druckerzeugnisse Gebührenmarken geklebt werden mussten. Im gleichen Jahr schrieb der *Quartering Act* den Kolonien vor, ein Drittel der Kosten für das britische Militär in den Kolonien selbst zu tragen. Als dann noch 1767 bestimmte Waren wie Papier, Glas, Tee und Malerfarben mit Einfuhrzöllen (*Townshend Act*) belegt wurden, stand das Fass kurz vor dem Überlaufen. Die Engländer bekamen immer stärkeren Gegenwind zu spüren: Nach der Einführung des *Stamp Act* wurden öffentlich

Stempelmarken verbrannt, sodass die englische Regierung ein Jahr später gezwungen war, das Gesetz aufzuheben. Die Parole der Kolonisten, „**No taxation without representation**" (keine Besteuerung ohne Mitspracherecht), wurde zum politischen Wahlspruch. Gegen die Besteuerung der im *Townshend Act* benannten Güter wehrten sich die Bürger aller Kolonien, indem sie sich zum Boykott dieser Waren entschlossen. Bis auf die Besteuerung von Tee musste auch dieses Gesetz 1770 zurückgenommen werden. Der Boykott brachte besonders die *East India Company* in finanzielle Schwierigkeiten und sie erhielt daraufhin das alleinige Recht, Tee nach Amerika zu exportieren. An der Steuerschraube für Tee wurde weiter gedreht – und der Proteststurm blieb nicht aus: Am 16. Dezember 1773 warfen als Indianer verkleidete Kolonisten unter der Führung von Samuel Adams Tee ins Meer. Diesen als **Boston Tea Party** in die Geschichte der USA eingegangenen Vorfall ließ die britische Regierung nicht auf sich beruhen. Man wollte den Hafen von Boston so lange schließen, bis die vernichtete Teemenge bezahlt worden war – was jedoch nie geschah.

Unruhe in den königlichen Kolonien

Die an Heftigkeit und Gewalt zunehmende Auseinandersetzung mit dem Mutterland schweißte die Kolonien noch stärker zusammen. Sie trafen sich 1774 zum **1. Kontinentalkongress** in Philadelphia und beschlossen, den Handelsverkehr mit dem Mutterland sowie mit den anderen britischen Kolonien abzubrechen; nur Georgia und New York State stimmten diesem Plan zunächst nicht zu. Das britische Parlament verbot vergeblich allen Kolonien, diesen Boykott umzusetzen. In Massachusetts, das wegen der Tea Party besonders in Ungnade gefallen war, wurde daraufhin eine Bürgermiliz aufgestellt: Die *Minute Men* hatten sich als feurige Patrioten zum sofortigen Einsatz, „innerhalb von Minuten", bereit erklärt.

Am 19. April 1775 begann der **Unabhängigkeitskrieg**, als bei Lexington (nahe Boston) britisches Militär versuchte, die kolonialen Milizverbände zu entwaffnen. Die britischen Verbände mussten sich zurückziehen, und aus dem Streit um mehr Rechte war ein Kampf um die Unabhängigkeit der nordamerikanischen Kolonien geworden.

Am 10. Mai 1775 fand in Philadelphia der **2. Kontinentalkongress** statt. Der bisher eher lockere Verband der Minute Men wurde zur „Amerikanischen Kontinentalarmee" zusammengefasst und George Washington zum Oberbefehlshaber ernannt. Die professionell ausgebildeten britischen Truppen glaubten, mit dem bunten Trupp von Kolonisten kurzen Prozess machen zu können – was sich jedoch als Irrtum herausstellen sollte.

Am **4. Juli 1776** erklärte der Kongress in Philadelphia die **Unabhängigkeit** der Kolonien von Großbritannien. Thomas Jefferson war beim Entwurf der Unabhängigkeitserklärung, die alle 13 Kolonien wenig später unterzeichneten, federführend. Mit diesem Dokument waren das Leben, die Freiheit sowie das persönliche Streben nach Glück als unveräußerliche Menschenrechte fixiert worden – und die **Vereinigten Staaten von Amerika** geboren.

Unabhängigkeitserklärung

Noch heute lebt der Unabhängigkeitskrieg in den Köpfen fort. Hier ein Re-enactment in Valley Forge bei Philadelphia

Ungeachtet dessen dauerten die Auseinandersetzungen mit den Briten auch nach der Unabhängigkeitserklärung an. General Washington musste sich zunächst bei Brandywine (südlich Philadelphia) geschlagen geben, die Engländer besetzten New York und Philadelphia und der Kongress floh nach York (Pennsylvania). In Europa verfolgte man die Entwicklungen einstweilen mit Interesse. 1777 segelte Marquis de La Fayette mit einer kleinen Freiwilligenschar nach Nordamerika, um Washington zu unterstützen. Außerdem machte sich ein ehemaliger preußischer Offizier namens Friedrich Wilhelm von Steuben daran, aus einem zusammengewürfelten Haufen eine schlagkräftige Armee zu formen. Dank seiner Bemühungen wendete sich das Blatt und die Briten konnten mehrmals geschlagen werden; rund 100.000 England-Getreue flohen nach Kanada.

Nach dem Erfolg in der Schlacht bei Saratoga am 7. Oktober 1777 erkannte Frankreich die Vereinigten Staaten offiziell an und erklärte Großbritannien den Krieg. 1780 folgten Spanien und 1781 die Niederlande dem Beispiel Frankreichs. Am 19. Oktober 1781 schließlich kapitulierten die Briten bei Yorktown/Virginia. Nun blieb Großbritannien nichts mehr anderes übrig, als im **Frieden von Paris** (*Treaty of Paris*) am 3. September 1783 die 13 Kolonien als frei, unabhängig und selbständig anzuerkennen.

Die Gründung der USA

Verfassung von 1787

Auf die Unabhängigkeitserklärung und den militärischen Befreiungsschlag folgte die Verabschiedung einer Verfassung am 17. September 1787 durch die **Constitutional Convention**. Sie ist im Kern bis heute gültig, wurde lediglich nach und nach durch derzeit 27 Verfassungsänderungen ergänzt. Sie ist damit die älteste, immer noch gültige demokratische Verfassung der Welt und beruht auf der strengen Trennung zwischen Exekutive, Legislative und Judikative.

Die Verfassung trat am **4. März 1789** in Kraft, und auf ihrer Grundlage wurde George Washington einstimmig zum ersten Präsidenten der USA gewählt.

1791 wurden die ersten zehn Ergänzungen zur Verfassung *(amendments)* verabschiedet. In dieser **Bill of Rights** wurden die grundsätzlichen Menschenrechte wie Unverletzbarkeit von Eigentum und Person, Presse- und Versammlungsfreiheit sowie freie Religionsausübung festgehalten.

1793 wurde George Washington wiedergewählt und als Bundeshauptstadt **Washington D. C.** („District of Columbia") bestimmt, das ab 1800 Sitz des Präsidenten und des Kongresses wurde. Zu dieser Zeit lebten rund 4 Mio. Menschen in Amerika, es gab nur fünf Städte mit mehr als 10.000 Einwohnern. Im Jahr 1796 beendete Washington seine Amtszeit.

Auf John Adams (1797–1801) folgte **Thomas Jefferson** als dritter US-Präsident. In seine Amtszeit fiel 1803 der Erwerb des von Frankreich beanspruchten Territoriums in Nordamerika. Dieser sogenannte **Lousiana Purchase** umfasste die heutigen Bundesstaaten Arkansas, Nebraska, Missouri, Iowa, South Dakota, den größten Teil Oklahomas und Kansas sowie Teile des heutigen North Dakota, Montana, Wyoming, Colorado, Minnesota sowie Lousiana. Auf einen Schlag konnten die Vereinigten Staaten für den lächerlichen Betrag von 15 Mio. Dollar ihr Staatsgebiet verdoppeln.

Louisiana Purchase

Der „War of 1812"

Kurze Zeit später griffen europäische Konflikte erneut auf den amerikanischen Kontinent über. Da seit dem Unabhängigkeitskrieg Frankreich und die USA Verbündete waren, führte der britisch-französische Krieg um die Vorherrschaft in Europa 1806 zur **Kontinentalsperre** sowie im folgenden Jahr zur britischen Gegenblockade. Amerikanische Handelsschiffe konnten fortan die wichtigsten europäischen Häfen nicht mehr anlaufen, worunter die Wirtschaft der Neuen Welt in wachsendem Umfang litt. Zudem griffen britische Kriegsschiffe US-Handelsschiffe an und zwangsrekrutierten Besatzungen für ihre Kriegsschiffe.

Die Sticheleien zwischen den USA und dem ehemaligen britischen Mutterland führten schließlich zum „**War of 1812**" (1812–1814), für die USA der zweite Unabhängigkeitskrieg. Es ging es bei dem Konflikt in erster Linie um den Anspruch auf die Gebiete außerhalb der 13 Kolonien, die **Old Northwest Territories**, wie man die Region um die Großen See nannte, um die sich britische Händler und Neusiedler stritten. Zudem bemühte sich die britische Kolonialmacht Unabhängigkeitsbestrebungen in Upper und Lower Canada (heute Québec und Ontario) gar nicht aufkommen zu lassen und zudem die Machtausdehnung der USA ins britische Kanada zu unterbinden.

Natürlich wurden die in diesen Gebieten lebenden Ureinwohner in die Auseinandersetzungen einbezogen. Während sich einige Völker auf die Seite der USA stellten, versuchte der legendäre Shawnee-Führer **Tecumseh** eine **indianische Allianz** gegen den Expansionsdruck der USA aufzustellen. Diese zerbrach jedoch nach der **Battle of the Thames** 1813 in Chatham, Ontario, bei der die US-Armee unter William Henry Harrison nicht nur die Briten und deren indianische Verbündete besiegten, sondern auch Tecumseh den Tod fand.

Nach **Napoleons Niederlage** in Europa 1814 begannen die Briten die USA an der Ostküste mit Invasionsarmeen anzugreifen. Die zu kleine und schlecht ausgerüstete US-Armee wurde dort schnell in die Defensive gedrängt. So konnte sie die Besetzung von Washington, D. C., und die Zerstörung von Kapitol und Weißem Haus im August 1814 – als „**Burning of Washington**" in die Geschichte eingegangen – nicht verhindern. Als jedoch die Briten anschließend versuchten, auch noch das nahe, damals wichtige Baltimore zu erobern, wurde ihr Vormarsch gestoppt.

Während der **Battle of Baltimore** im September 1814 konnte die US-Armee dank solider Befestigungen um Baltimore und der vorgelagerten Festung Fort McHenry den britischen Ansturm nicht nur bremsen, sondern sogar zurückschlagen. Dabei kam auch der britische Befehlshaber General Robert Ross ums Leben. Während der tagelangen Beschießung des Forts dichtete der Dichter Francis Scott Key (1779–1843) jene Zeilen, die heute die Nationalhymne „**The Star-Spangled Banner**" bilden. Die riesige Fahne, die einst über dem Fort wehte und das Bombardement fast unbeschadet überstand, wird heute als Reliquie verehrt und in einem eigenen Saal im *National Museum of American History* an der National Mall in der Hauptstadt Washington, D.C., aufbewahrt.

Frieden von Gent

Die gleichzeitige Niederlage der Briten in der **Battle of Plattsburgh**, womit die Einnahme New York vereitelt werden konnte, führte schließlich zum **Friedenvertrag von Gent** (*Treaty of Gent*) am 24.12.1814 und beendete die Feindschaften zwischen Großbritannien und den USA. Es dauerte jedoch, bis sich der Friedensschluss auch in Nordamerika herumgesprochen hatte. Deshalb erlitten die Briten noch Anfang Januar 1815 eine letzte schmerzliche Niederlage in der **Battle of New Orleans**.

Besiedlung des Westens

Nach einer militärischen Forschungsreise 1804–1806, geleitet von den Offizieren **Meriwether Lewis und William Clark** im Auftrag Präsident Jeffersons, begann die Erschließung und Besiedlung des „Wilden Westens". Die *frontier*, jene Grenze, bis zu der Siedler sesshaft geworden waren, verschob sich weiter westwärts. Der große Zug nach Westen setzte bereits Anfang des 19. Jh. ein: Hohe Geburtenraten in den Ostküsten-Staaten sowie ein nicht abreißender Einwandererstrom aus Europa – 1825 waren über 10.000, 1854 bereits über 4 Mio. Menschen zugewandert – förderte die zunehmende Inbesitznahme der fruchtbaren, verheißungsvollen Gebiete im mittleren und pazifischen Westen.

Die wegweisende Expedition von Lewis & Clark in den „Wilden Westen"

Die Aneignung des Indianerlandes erfolgte dabei in mehreren Stufen: von Forschern und Trappern über Händler bzw. Handelsposten zu „normalen" Siedlern, Handwerkern, Kaufleuten und anderen Berufsgruppen, die mit ihrem Pioniergeist das Land urbar machten und neuen Lebensraum schufen. Die Besiedlung des Westens war zugleich eine Zeit der **Auseinandersetzungen mit den Indianern**. Hatte Jefferson noch edle Pläne gehabt, überrollten Glücksritter und Siedler schon bald das Indianerland. Dezimiert durch eingeschleppte Krankheiten und erschöpft vom verzweifelt geleisteten militärischen Widerstand, verschlechterten sich die Lebensbedingungen der Indianer zusehends. Mit der Ausrottung der vormals riesigen Büffelherden hatte man die einst stolzen „Herren der Prärie" ihrer Lebensgrundlagen beraubt; sie wurden in Reservate gepfercht bzw. umgesiedelt.

Besiedelung des Westens

Bald schon machten die neuen Siedlungsräume neue **Verkehrsverbindungen** nötig, um mit der „Zivilisation" des Ostens in Verbindung zu bleiben. Überlandstraßen wurden gebaut, als erste Westverbindung die Cumberland Road, die 1818 Cumberland in Maryland mit Vandalia in Illinois verband. Ihr folgten weitere Straßen im Osten und dann entlang der alten Siedlertrails wie dem Oregon oder California Trail im Westen. Der knapp 600 km lange Erie-Kanal (1817–1725) schuf schließlich eine Verbindung zwischen dem Lake Erie und Hudson River bzw. zwischen Großen Seen und Atlantik.

Um 1850 waren die Gebiete an der Ostküste zudem durch Eisenbahnlinien verbunden. Als am 10. Mai 1869 die erste **Transkontinentaleisenbahnverbindung** mit dem symbolischen Zusammentreffen der Bautrupps von *Union* und *Central* (später *Southern) Pacific Railroad* bei Promontory, Utah, gefeiert wurde, war ein weiterer entscheidender Schritt Richtung Besiedlung des Westens getan.

Nord-Süd-Konflikt und amerikanischer Bürgerkrieg

Parallel zur infrastrukturellen Erschließung kam es zum wirtschaftlichen Aufschwung, der sich zunächst auf die Nordost- und Oststaaten beschränkte: Der Überseehandel blühte auf, ebenso Schiffbau und Fisch- bzw. Walfang. In den Neuengland-Staaten entwickelte sich eine produktive Textilindustrie und in Massachusetts gab es bereits 1814 eine Spinnerei und Weberei. Hier erfand 1793 Eli Whitney die Baumwollentkernungsmaschine; sie wurde ab 1800 in Serie hergestellt. Cyrus McCormicks Erntemaschine war ein weiterer wichtiger Impuls für die expandierende Farmwirtschaft.

Sowohl die industrielle als auch die landwirtschaftliche Produktion stieg an. Gleichzeitig wuchs die **Diskrepanz** zwischen Nordoststaaten und südlichem

Landesteil: In den Südstaaten herrschte ein aristokratisch gesonnener Landadel, dem riesiger Grund gehörte und der auf pompösen Landsitzen residierte. Auf Großplantagen wurden mit Hilfe der Sklaven Baumwolle, Tabak oder Zuckerrohr angebaut. In den nördlichen Staaten war die Gesellschaftsstruktur differenzierter: Hier lebten Geschäftsleute, Industrielle, Bankiers, Industriearbeiter und Farmer und das demokratische Gedankengut war fester verankert. Zum zentralen Streitpunkt zwischen Nord und Süd eskalierte die **Sklavenfrage**. Die ersten Präsidenten der USA hatten noch gehofft, dass sich das Problem von selbst lösen würde. Washington hatte in seinem Testament die Freilassung seiner Sklaven bestimmt und Jefferson 1808 den Sklavenhandel verboten. 1619 erstmals nach Amerika verschifft, lebten zu diesem Zeitpunkt schon über eine Million Sklaven in den USA und stellten ein Viertel der Gesamtbevölkerung. 1818 gab es in den Vereinigten Staaten zehn Bundesstaaten, die Sklavenhaltung erlaubten, und elf „freie" Staaten.

Schwelender Nord-Süd-Konflikt

Die zwiespältige Haltung in der Sklavenfrage wurde deutlich, als 1820 Missouri als neuer Bundesstaat aufgenommen werden sollte. Im **Missouri-Kompromiss** spielte die zwischen 1763 und 1767 gezogene *Mason-Dixon-Line* entlang dem 39. Breitengrad eine entscheidende Rolle als Trennlinie zwischen sklavenhaltenden und -freien US-Staaten. Missouri erhielt die Erlaubnis, Sklaven zu halten und das führte dort und im benachbarten Kansas in den 1860er Jahren zu bürgerkriegsähnlichen Zuständen („**Bleeding Kansas**"). In den Jahren 1832/33 waren erste Gruppen von „**Abolitionisten**", d. h. Zusammenschlüsse von Gegnern der Sklaverei, entstanden; sie gründeten 1854 die Republikanische Partei. Die Abschaffung der Sklaverei wurde zum heißen Eisen, und vor allem Staaten mit großen Plantagen (Virginia, Georgia, North und South Carolina) waren um ihren wirtschaftlichen Wohlstand besorgt.

Als 1860 der Republikaner und Abolitionist **Abraham Lincoln** zum Präsidenten gewählt wurde, brach der Konflikt zwischen den Süd- und Nordstaaten in aller Schärfe aus. Aus Protest gegen seine Wahl schied Ende 1860 South Carolina aus der Union aus. Im ersten Halbjahr 1861 folgten Mississippi, Florida, Alabama, Georgia, Lousiana, Texas, Virginia, Arkansas, Tennessee und North Carolina. Formell wurde die Spaltung am 4. Februar 1861 vollzogen, als sich die Abtrünnigen zu den **Konföderierten Staaten von Amerika** zusammenschlossen und Jefferson Davis zu ihrem Präsidenten wählten. Die Hauptstadt hieß zunächst Montgomery (Alabama), dann Richmond (Virginia).

Als die Konföderierten schließlich am **12. April 1861** Fort Sumter (Charleston) angriffen und die Unionstruppen von dort vertrieben, war der Bruderkrieg unabwendbar. Anfangs wurde die Auseinandersetzung noch als „sportlicher Wettstreit" betrachtet, doch der zahlen- und materialmäßig überlegene Norden musste rasch einsehen, dass der zusammengewürfelte Haufen der *Confederates* sich bravourös wehrte und seine Erfolge vor allem den genialen Schachzügen von erfahrenen Befehlshabern wie Robert E. Lee oder „Stonewall" Jackson zu verdanken hatte.

Kriegsbeginn

Der **Sezessionskrieg** zog sich insgesamt über vier Jahre, bis zum April 1865, hin und stellte auf allen Gebieten der Kriegsführung, von der technischen Ausrüstung bis hin zu den Menschenverlusten, alles bislang Dagewesene in den Schatten. Frappierend war vor allem die Brutalität der Kämpfe und das Elend im Umfeld. Von den etwa 260.000 Soldaten der Konföderierten, die im Bürgerkrieg gestorben sind, sollen „nur" 94.000 im Kampf ums Leben gekommen sein; die große Masse starb an Krankheiten, Erschöpfung oder in Gefangenschaft. Nach neuesten Forschungen wurde von 40 Soldaten nur einer im Kampf getötet, einer von zehn starb an einer Krankheit und ein Zehntel wurde gefangen genommen. Jeder siebte Gefangene überlebte die primitiven Haftbedingungen nicht.

Überlegenheit der Union

Beide Seiten waren nicht auf einen derart langen Krieg vorbereitet gewesen, doch letztendlich brachten die 23 unionstreuen Bundesstaaten die besseren Voraussetzungen mit, allein zahlenmäßig: Schließlich lebten im Norden 22 Mio. Menschen, im Süden nur 9 Mio. Zudem war die Rüstungsindustrie schwerpunktmäßig im Norden ansässig und auch Kapital stand dort reichlicher zur Verfügung. Je länger die Auseinandersetzungen dauerten, umso stärker konnten die Unionstruppen ihre Überlegenheit ausspielen, erst recht, als auf Unionsseite ab 1863 General Ulysses S. Grant als Oberbefehlshaber dem Konföderierten-Chef General Robert E. Lee gegenüberstand.

Auf dem Schlachtfeld von Gettysburg entschied sich der Bürgerkrieg

Eine Seeblockade sowie das Nichteingreifen der Franzosen und Briten in den „Bruderkampf" brachten die Wende. Die Einnahme von Vicksburg und die **Schlacht bei Gettysburg** machten 1863 zum Schicksalsjahr. Der berühmt-berüchtigte Marsch von General William T. Sherman von Tennessee durch Georgia an die Küste – der **March to the Sea** –, von Mai bis Juli 1864, und die damit verbundene Zerstörung der Nachschubbasis der Konföderierten, Atlanta, brach den letzten Widerstand. Zwischen Atlanta und Savannah am Atlantik zog sich ein 100 km breiter verwüsteter Streifen hin und die nördlichen waren von den südlichen Bundesstaaten abgetrennt. Die auseinander fallende

Konföderation und deren Heer unter General Lee kapitulierte schließlich nach langwierigen Rückzugsgefechten am **9. April 1865** in Appomattox, Virginia, nahe der alten Südstaatenhauptstadt Richmond.

Wiederaufbau nach dem Sezessionskrieg

Die Einheit der Nation konnte wiederhergestellt werden und die Sklaverei war nominell abgeschafft. Im Jahr 1863 erklärte Abraham Lincoln im **Emancipation Act** alle drei Millionen Sklaven in den Südstaaten für frei. Dennoch waren der Süden als politischer und wirtschaftlicher Verlierer auf der einen Seite und der triumphierende Norden auf der anderen Seite nach Kriegsende nicht automatisch versöhnt. Abgesehen von den hohen Verlusten an Menschenleben auf beiden Seiten waren das Land in eine Finanz- und Wirtschaftskrise gestürzt, die nationale Verschuldung enorm gestiegen und die Phase des Wiederaufbaus, der „**Rekonstruktion**", wie jene Jahre zwischen 1865 und 1877 genannt wurden, gestaltete sich schwierig.

Rekonstruktion

Am 14. April 1865 wurde Präsident Lincoln, der stets auf Ausgleich bedacht war, von einem fanatischen Südstaatler in Washington, D. C., erschossen. Es folgte die **Zeit der radikalen Republikaner**, die vor allem die Interessen der Großunternehmer und des Kapitals vertraten. Die politische Szene in den Südstaaten änderte sich schlagartig – man fiel in die frühe Kolonialzeit zurück. *Carpetbaggers*, Geschäftemacher aus dem Norden, *Scalawags*, mit ihnen kooperierende Südstaatler, freie Schwarze, die weder des Schreibens noch des Lesens kundig waren, aber in politische Ämter drängten, und das Nordstaatenmilitär beherrschten das Land – häufig mit dubiosen Mitteln. Folgen waren eine Verarmung des Landvolkes und eine starke Opposition in der alten Oberschicht. Der *Klu-Klux-Klan*, ein Geheimbund, entstand, verübte Terroranschläge und versetzte die afroamerikanische Bevölkerung in Angst und Schrecken.

Eine politische Wende – die Demokratische Partei gewann wieder an Boden und mit ihr die Landwirtschaft – und das Ende der Besatzung ermöglichten **1876** die **Rückkehr der Südstaaten in die Union**. Sofort begannen die konservativen Kräfte, die alten Plantagenfamilien, die Macht wieder an sich zu reißen, unterstützt von einer neuen Schicht von Händlern und Kaufleuten. Vor allem die Großgrundbesitzer hatten jedoch enorm gelitten und es kam, teils zwangsläufig, zur Aufspaltung in Mittel- und Kleinbetriebe. Vor dem Bürgerkrieg hatte die durchschnittliche Betriebsgröße noch über 1.000 Morgen betragen, um 1875 waren es nur noch 153.

Rückkehr des Südens in die Union

Auch die ärmeren Weißen und befreiten Sklaven konnten nun, zumindest theoretisch, Grund erwerben, zumeist bewirtschafteten sie das Land jedoch nur als rechtlose Pachtbauern *(sharecropper)*. Es ging ihnen häufig nicht viel besser als zuvor den Sklaven – sie erhielten keinen Lohn, stattdessen Unterkunft und Geräte sowie einen Teil der Ernte. Es dauerte, doch die Landwirtschaft erholte sich wieder und zur Baumwolle kam die Textilindustrie, der Tabakanbau wurde intensiviert. Es entwickelte sich allmählich auch im Süden, einhergehend mit verbesserten Bildungschancen, eine breitere Mittelklasse. Ein allmählicher Anschluss an die Nordstaaten schien in Aussicht, doch letztlich verstanden es die Konservativen, die kürzlich aufgehobenen Rassenschranken wieder aufzurichten – unter dem Motto „*separate-but-equal*" („gleich, aber getrennt").

Die USA werden Weltmacht

Wirtschaftlicher Aufschwung

Die weitere Entwicklung der USA wurde nach Beendigung des Bürgerkrieges durch die zunehmende Erschließung des Westens geprägt. Der **wirtschaftliche Aufschwung** – die Epoche des „**Gilded Age**" – nahm in der zweiten Hälfte des 19. Jh. ungeahnte Formen an. Verkehrserschließung, riesige Rohstoffvorkommen, eine durch Einwanderung erhöhte Zahl an Arbeitskräften, ein großer Binnenmarkt und staatliche Schutzzölle ließen den freien Wettbewerb explodieren.

Viele **Erfindungen** sorgten für zusätzliche Dynamik: der Telegraf von Samuel F. B. Morse (1837), das Telefon (Alexander Graham Bell, 1876), die Schreibmaschine (Christopher L. Sholes für Remington, 1873) und die wegweisenden Erfindungen von Thomas A. Edison. John B. Dunlop erfand 1888 den pneumatischen Reifen, und Henry Ford stellte 1892 das erste Auto vor.
Die wirtschaftliche Dominanz ließ die USA auch auf **internationaler Bühne** aktiver werden. Bislang war die Monroe-Doktrin für die amerikanische Außenpolitik maßgebend gewesen, jene Rede, in der Präsident James Monroe 1823 festgelegt hatte, dass sich die USA nicht in europäische Belange einmischen und europäische Konflikte nicht auf amerikanischem Boden ausgetragen werden dürfen. Diese Politik des Isolationismus lockerte sich zunehmend, speziell im Zuge einiger Zwischenfälle: 1895 war es in **Kuba** zu einem Aufstand gegen die spanische Kolonialmacht gekommen. Die US-Wirtschaft hatte hier erheblich investiert und sah nun ihre Einlagen gefährdet. Als das US-Schiff „Maine" 1898 im Hafen von Havanna aus ungeklärter Ursache sank, erklärten die USA Spanien den Krieg. Im Frieden von Paris (10.12.1898) verzichtete Spanien daraufhin auf Kuba, Puerto Rico und Guam. 1898 annektierten die USA dann Hawaii, Puerto Rico und Guam und die Philippinen wurden als pazifischer Stützpunkt angegliedert.

Monroe-Doktrin

Zunehmend verstanden sich die USA als **internationale Polizeimacht**. So musste 1902 Kuba den USA Hoheitsrechte einräumen, und als 1903 Panama gegründet wurde, behielten sich die USA Schutzrechte vor, um den Bau des Panama-Kanals abzusichern. 1904 deklarierte Präsident Theodore Roosevelt das Recht der USA, sich auch in die inneren Angelegenheiten lateinamerikanischer Staaten einzumischen, um Interventionen europäischer Mächte zu verhindern. Auf dieser Grundlage besetzten die USA 1914–1924 die Dominikanische Republik, intervenierten 1914–17 in Mexiko, 1921 in Guatemala, in Honduras 1911, 1913 und 1924/25, in Nicaragua 1912–25 sowie 1927–36 und mischten sich im Pazifik und in Asien als Ordnungsmacht ein. 1900 wurde gemeinsam mit den europäischen Großmächten der chinesische Boxeraufstand niedergeworfen.

Die USA im 20. Jh.

Beim Ausbruch des **Ersten Weltkrieges** im Jahr 1914 blieben die Vereinigten Staaten zunächst neutral, doch im Folgejahr bahnte sich ein Stimmungswandel an: Das mit Kriegsmaterial beladene britische Passagierschiff „Lusitania" und die „Arabic" wurden durch deutsche U-Boote versenkt, dabei fanden auch amerikanische Staatsbürger den Tod. Als Woodrow Wilson 1916 als Präsident wiedergewählt wurde, versuchte er zunächst erfolglos zwischen den kriegführenden Parteien zu vermitteln. Die USA begannen aufzurüsten, griffen aber zunächst nicht ein. Erst als 1917 Deutschland den uneingeschränkten U-Boot-Krieg erklärte und deutsche Kriegsabsichten gegen die USA bekannt wurden, kam es zu einer Wende. Am 6. April 1917 erklärte Amerika dem Deutschen Reich den Krieg.

Erster Weltkrieg

Bis zum Kriegsende verfolgte Präsident Wilson seine Maxime des „Friedens ohne Sieg". In einem 14-Punkte-Programm entwarf er 1918 eine **Vision vom Weltfrieden**, von einer freiheitlich-demokratisch orientierten Weltordnung und befürwortete die Gründung eines Völkerbundes. Seine Thesen beinhalteten u. a. das Selbstbestimmungsrecht aller Völker, die Räumung und Rückgabe aller besetzten Gebiete, Abrüstung, Freiheit auf allen Weltmeeren und Abbau von Handelsbeschränkungen sowie Vertragsabschlüsse zwischen den einzelnen Nationen um sich gegenseitig politische Unabhängigkeit sowie Staatsgebiete zu garantieren. Seine Ideen wurden erst 1945 mit der Gründung der UN umgesetzt.

Nach dem Ersten Weltkrieg war die Stellung der USA als führende Industriemacht unangefochten. Die folgenden „Goldenen Zwanziger" – *The Fabulous (Golden) Twenties* – initiierten einen neuerlichen Wirtschaftsaufschwung. Ende der 1920er Jahre war der Binnenmarkt durch Massenproduktion weitgehend gesättigt, der Kreditmarkt aufgebläht. Am 24. Oktober 1929 brach das Kartenhaus zusammen: Als „**Schwarzer Freitag**" ging der Absturz der Aktien an der New Yorker Börse in die Geschichte ein. Eine bisher nicht dagewesene Depression erschütterte die USA und in der Folge auch die anderen führenden Wirtschaftsmächte.

Goldene Zwanziger

Präsident Herbert Clark Hoover (1929–33) versuchte mit allen ihm zur Verfügung stehenden staatlichen Mitteln die Rezession einzudämmen. Großbauten wie der Hoover Damm in Colorado wurden in Angriff genommen, den Unternehmen staatliche Kredite gewährt und die Zölle erhöht – doch alles half nicht viel. Erst mit der Präsidentschaft des Demokraten Franklin Delano Roosevelt (1933–45) und seinem **New Deal Program** wendete sich das Blatt. Erstmals in der US-Geschichte griff damit der Staat lenkend in die

Franklin D. Roosevelt Memorial in Washington D.C.

Wirtschaft ein, kontrollierte große finanzielle Transaktionen, garantierte Bankeinlagen bis $ 10.000 und förderte Arbeitsbeschaffungsmaßnahmen wie das Großprojekt *Tennessee Valley Authorithy* (TVA) – den Bau von Staudämmen, Wasserkraftwerken und damit Industrieansiedlungen im bis dahin als Notstandsgebiet geltenden Tennessee-Tal.

Auch nach dem Einmarsch der deutschen Truppen in Polen im September 1939 erklärten die USA zunächst ihre Neutralität im **Zweiten Weltkrieg**. Erst als Dänemark und Norwegen von den Deutschen besetzt, Belgien, die Niederlande und Frankreich angegriffen wurden und es zum Dreimächtepakt (Deutschland-Italien-Japan) kam, sahen sich die Vereinigten Staaten gezwungen, ihre neutrale Haltung aufzugeben. Die Wende nahm Anfang 1941 Gestalt an mit Roosevelts Neujahrsbotschaft, in der er die „Vier Freiheiten" hervorhob: Freiheit der Rede und Meinungsäußerung; Freiheit in der Religionsausübung; Freiheit von Hunger und Freiheit von Not und Furcht.

USA im Zweiten Weltkrieg

Am 7. Dezember 1941 kam es zum verhängnisvollen japanischen Überraschungsangriff auf den US-Navy-Stützpunkt in **Pearl Harbor** auf Hawaii. Einen Tag später erklärten die USA den Japanern den Krieg und am 11. Dezember erwiderten die USA die Kriegserklärung an Deutschland und Italien. Am 6. Juni 1944 gelang den Alliierten die Landung in der Normandie. Über 2,8 Mio. Soldaten und alles erdenkliche Kriegsgerät wurden eingesetzt. Das Jahr 1945 war kriegsentscheidend: Auf der **Konferenz von Jalta** stimmten sich Roosevelt, Churchill und Stalin ab, Anfang März überschritten US-Truppen bei Remagen den Rhein, am 25. April begegneten sich erstmals amerikanische und sowjetische Truppen an der Elbe.

Schließlich kapitulierte das Deutsche Reich am 7. Mai 1945 bedingungslos. Zwischenzeitlich gingen die Kämpfe auf dem japanischen Kriegsschauplatz weiter, und um den Widerstand der Japaner endgültig zu brechen, entschlossen sich die USA zum **Abwurf von Atombomben**: Am 6. August 1945 wurde Hiroshima vernichtet (etwa 200.000 Tote) und am 2. September 1945 Nagasaki (etwa 70.000 Tote). Am gleichen Tag kapitulierten die Japaner.

In den beiden letzten Kriegsjahren war den Amerikanern bewusst geworden, dass in Europa nicht nur verschiedene Nationalitäten, sondern vor allem auch unterschiedliche Gesellschaftssysteme aufeinander trafen: Kapitalismus und Kommunismus. Harry S. Truman war der erste Präsident, der diesen Gegensatz Ost-West zum Thema machte und der „Freien Welt" den „Weltkommunismus" entgegenstellte. In der „**Truman-Doktrin**" sagte er 1947 allen bedrohten freien Völkern die Hilfe der Vereinigten Staaten zu. Es begann eine Phase, in der jede der beiden Weltmächte versuchte, ihre Einflussbereiche vor dem Zugriff der anderen Seite zu sichern. Es kam zum **Kalten Krieg**, der in begrenzten Konfrontationsräumen durchaus „heiß" wurde, z. B. in Korea und Vietnam. Um das vielzitierte „Gleichgewicht des Schreckens" aufrechtzuerhalten traten beide Machtblöcke in eine kostenintensive Phase der Hochrüstung: Atombomben, Langstreckenbomber und sonstiges Kriegsgerät wurden entwickelt, um jeweils der anderen Seite Stärke und Überlegenheit zu demonstrieren. *Truman-Doktrin*

Die USA bedienten sich im Kalten Krieg neuer Mittel, um ihre Einflussnahme zu sichern. In diesen Zusammenhang fällt die Gründung der **NATO** *(North Atlantic Treaty Organization)* im Jahr 1949, mit der sich die USA zum ersten Mal in ihrer Geschichte militärisch mit anderen Staaten verbanden. Ebenso versuchte man mit dem **Marshall-Plan**, benannt nach dem amerikanischen Außenminister George Marshall, Sympathien zu gewinnen. Er sah massive wirtschaftliche Hilfen für die westeuropäischen Staaten vor. Bis 1951 vergaben die USA im Rahmen dieses Projektes $ 13 Milliarden. Als wohl wichtigste außenpolitische Nachkriegsentwicklung war festzuhalten, dass die USA ihre isolationistische Position zugunsten einer **Bündnispolitik** aufgegeben hatten.

Unerwartet zog für kurze Zeit die UdSSR technologisch an den USA vorbei: 1957 umkreiste die russische „Sputnik I" als erster künstlicher Satellit die Erde. 1958 zogen die USA mit dem „Explorer I" nach. Am 12. April 1961 schickte die Sowjetunion mit Juri Gagarin den ersten Menschen ins All, am 5. Mai folgte der Amerikaner Alan B. Shepard. 1969 hatten die USA allerdings mit der ersten **Astronauten-Landung auf dem Mond** wieder die Nase vorn.

Eine wichtige, wenn auch kurze Ära begann 1961 mit der Wahl **John F. Kennedys**, des wohl charismatischsten US-Präsidenten der Nachkriegszeit. Mit seinem *New Frontier*-Programm wollte er globale Konflikte entschärfen, entwarf eine Vision von Gerechtigkeit und besseren Lebensbedingungen für alle Amerikaner. 1962 gelang es ihm, die Kubakrise zu entschärfen und einen drohenden neuen Weltkrieg zu verhindern. Kaum war diese Krise gelöst, wurde John F. Kennedy am 22. November 1963 in Dallas ermordet. *John F. Kennedy*

Der **Vietnamkrieg** wurde von den Amerikanern in erster Linie als Auseinandersetzung der konkurrierenden Systeme – von Kapitalismus und Kommunismus – angesehen. Trotz größtmöglichen Einsatzes konnte der Krieg von den USA nicht gewonnen werden. 1968 wurden die Luftangriffe eingestellt und 1973 nach zähem Ringen in Paris zwischen den USA, Nordvietnam und der Provisorischen Revolutionsregierung der Waffenstillstand vereinbart.

Die Verluste betrugen auf amerikanischer Seite rund 56.000 Tote und mehr als 300.000 Verwundete. Der Krieg hatte die USA in ihrem Inneren tief erschüttert und moralische Zweifel an der Rechtmäßigkeit von Kriegen aufgeworfen. Demonstrationen, nicht nur seitens der Studenten und Intellektuellen, übten Druck auf die Regierung aus, der Kongress nahm die Sondermachtbefugnisse des Präsidenten wieder zurück. Im *War Powers Act* (1973) wurde festgelegt, dass ein Präsident ohne Zustimmung des Kongresses US-Truppen nur maximal 60 Tage lang einsetzen darf. Im gleichen Jahr wurde die allgemeine Wehrpflicht abgeschafft.

Vietnam-Krieg

In den 1960er Jahren und zu Beginn der 1970er erschütterten zahlreiche **Rassenunruhen** die Vereinigten Staaten. Ein Höhepunkt war im August 1963 der von Martin Luther King Jr. angeführte **Protestmarsch nach Washington**; zwei Jahre später zogen die Protestierenden von Selma nach Montgomery. Im gleichen Jahr kamen bei Rassenunruhen in Los Angeles 35 Menschen um, und im Sommer 1967 eskalierten die Auseinandersetzungen in Newark/New Jersey und Detroit/Michigan derart, dass Bundestruppen eingesetzt werden mussten. 66 Tote waren zu beklagen. Die Unruhen griffen um sich und forderten mehr und mehr Opfer. Eines der prominentesten war King selbst, der am 4. April 1968 in Memphis erschossen wurde.

Watergate

Die **Watergate-Affäre**, bei der am 17. Juni 1972 enge Mitarbeiter Präsident Nixons und seines Wahlkomitees in das Wahlkampfhauptquartier der Demokraten einbrachen, erschütterte die Nation aufs Neue. Zwar beteuerte Nixon seine Unschuld und sein Unwissen über den Einbruch, doch wurde er durch die Beteiligten schwer belastet. Er kam durch freiwilligen Rücktritt einem Amtsenthebungsverfahren *(impeachment)* zuvor.

1991 kam es zum **ersten Golfkrieg**. Nach dem Einmarsch des irakischen Diktators Saddam Husseins in Kuwait drängten die von den USA angeführten Truppen im Namen der UN den Despoten rasch wieder zurück.

Das 21. Jahrhundert

Während der Amtszeit des 42. Präsidenten Bill Clinton (1993-2001) stabilisierte sich die wirtschaftliche Lage nicht nur, das Land erlebte sogar, angeführt von der boomenden „**New Economy**", eine neue wirtschaftliche Blüte und die Staatsverschuldung sank. In der Wirtschaftspolitik wurde weiterhin der Kurs der Liberalisierung verfolgt und dieser resultierte in der Unterzeichnung des Welthandelsabkommens (GATT) sowie der Schaffung der Freihandelszone FTAA innerhalb aller Staaten Nordamerikas.

Die Angriffe islamistischer Fundamentalisten am 11. September 2001 auf New York und Washington – „**Nine Eleven**" – trafen die USA im Mark. Der damalige US-Präsident George W. Bush Jr. reagierte nach einer Phase der Trauer mit der Ausrufung des „Kriegs gegen den Terrorismus" und begann im Oktober

Das Weiße Haus, Sitz des Präsidenten

2001 mit dem Vorstoß gegen das fundamentalistische Taliban-Regime in Afghanistan. Als Bush dann jedoch mit Diktator Saddam Hussein und dem Irak 2003 ein neues Ziel ins Auge fasste, geriet die einst so fest zusammenstehende westliche Allianz ins Wanken. Dass die *Bush Administration* in ihrem „**Krieg gegen den Terrorismus**" über das Ziel hinausschoss und uramerikanisch demokratische Bürgerrechte in Gefahr gerieten, brachte mehr und mehr US-Bürger in Rage.

Vielschichtiger Umbruch

Zu Beginn des 21. Jh. steckten die USA (und nicht nur sie) in einer schweren Krise. Wirtschaftsprobleme und Börsencrash, Arbeitslosigkeit und wachsende Armut machten für den im November 2008 gewählten ersten afro-amerikanischen Präsidenten, dem Demokraten **Barack Obama**, die Arbeit nicht eben einfach. Allerdings gab Obama dem Volk wieder Hoffnung und man traute diesem charismatischen Politiker zu, dass er die Wirtschafts- und Umweltkrise meistern und die Krisenherde in den Griff bekommen kann. Besonders hat der Präsident mit der ausufernden Staatsverschuldung zu kämpfen. Trotz vieler Enttäuschungen und sich einer nur langsam erholenden Wirtschaft wählten die Amerikaner Obama im November 2012 für eine zweite Amtszeit.

Die politischen Staatsorgane und ihre Aufgaben

info

Die **Verfassung** der Vereinigten Staaten von Amerika wurde 1787 vom Verfassungskonvent in Philadelphia verabschiedet. Mit der Einführung der Gewaltenteilung in Exekutive, Legislative und Juris-

info

diktion, d. h. der Trennung von ausführender, gesetzgebender und rechtsprechender Macht, ist die amerikanische Verfassung Wegbereiter der modernen Demokratie. Darüber hinaus führte sie die Trennung von Kirche und Staat und das Prinzip der Volkssouveränität ein, die durch die demokratischen Grundrechte (*Bill of Rights*) gewährleistet ist.

Der Präsident – Exekutive
Der Präsident wird auf vier Jahre über Wahlmänner (Elektoren) und nicht direkt vom Volk gewählt. Eine Wiederwahl ist nur einmal möglich und bei seinem Tod rückt der Vizepräsident automatisch nach. Der US-Präsident ist **gleichzeitig Staats- und Ministerpräsident**. Er ist für die Bildung der Regierung verantwortlich und kann dabei auch auf qualifizierte Personen anderer Parteien oder Parteilose zurückgreifen. Der Präsident ist Oberbefehlshaber des Militärs, allerdings ist eine eventuelle Kriegserklärung Sache des Kongresses. Die beiden großen Parteien, Demokraten und Republikaner, bestimmen auf den Nationalkonventen im Sommer des Wahljahres ihre Präsidentschaftskandidaten. Die Bundesstaaten schicken ihre Wahlmänner, die zuvor durch Wahlen (*Primaries*) oder Parteitreffen (*Caucuses*) bestimmt und auf einen Kandidaten eingeschworen wurden. Ihre Zahl hängt von der Größe des jeweiligen Bundesstaates (50 insgesamt) ab.

Der Kongress – Legislative
Der Kongress setzt sich aus Senat (*Senate*) und Repräsentantenhaus (*House of Representatives*) zusammen. Unabhängig von seiner Größe entsendet jeder Bundesstaat für jeweils sechs Jahre zwei Senatoren in den Senat, insgesamt sind es also 100. Alle zwei Jahre wird jeweils ein Drittel der Senatoren direkt vom Volk neu gewählt. Der Senat hat insbesondere in außenpolitischen Fragen eine starke Stellung. Der US-Präsident benötigt eine Zweidrittelmehrheit im Senat um internationale Verträge abschließen zu können und auch die Benennung hoher Beamte sowie Richter bedarf der Zustimmung.

Im **Repräsentantenhaus** sind die Bundesstaaten proportional zu ihrer Bevölkerungsgröße vertreten. Die Zahl von 435 Abgeordneten ist seit 1912 konstant, wobei sie jeweils für zwei Jahre gewählt werden. Die Wahlen finden stets am ersten Dienstag im November eines Jahres mit gerader Zahl statt. Das Repräsentantenhaus hält aufgrund seiner Stimmenmehrheit insbesondere bei Budget-Verhandlungen eine Schlüsselstellung inne.

Das Gerichtswesen – Jurisdiktion
Dem unabhängigen Gerichtswesen steht der **Oberste Gerichtshof** (*Supreme Court*) vor. Er kann im Bedarfsfall die Verfassungsmäßigkeit aller politischen Entscheidungen überprüfen und ist damit die **Kontrollinstanz** gegenüber Präsident und Kongress. Der Präsident benennt die Richter des Obersten Gerichtshofes in Beratung und mit Zustimmung des Senats.

Präsidenten der Vereinigten Staaten von Amerika

info

Nr.	Name		Amtszeit	Partei
1	George Washington	(1732–1799)	**1789–1797**	Föd.
2	John Adams	(1735–1826)	**1797–1801**	Föd.
3	Thomas Jefferson	(1743–1826)	**1801–1809**	Dem.-Rep.
4	James Madison	(1751–1836)	**1809–1817**	Dem.-Rep.
5	James Monroe	(1758–1831)	**1817–1825**	Dem.-Rep.
6	John Quincy Adams	(1767–1848)	**1825–1829**	Dem.-Rep.
7	Andrew Jackson	(1767–1845)	**1829–1837**	Dem.
8	Martin van Buren	(1782–1862)	**1837–1841**	Dem.
9	William H. Harrison	(1773–1841)	**1841**	Whig
10	John Tyler	(1790–1862)	**1841–1845**	Whig
11	James K. Polk	(1795–1849)	**1845–1849**	Dem.
12	Zachary Taylor	(1784–1850)	**1849–1850**	Whig
13	Millard Fillmore	(1800–1874)	**1850–1853**	Whig
14	Franklin Pierce	(1804–1869)	**1853–1857**	Dem.
15	James Buchanan	(1791–1868)	**1857–1861**	Dem.
16	Abraham Lincoln	(1809–1865)	**1861–1865**	Rep.
17	Andrew Johnson	(1808–1875)	**1865–1869**	Dem.
18	Ulysses S. Grant	(1822–1885)	**1869–1877**	Rep.
19	Rutherford B. Hayes	(1822–1893)	**1877–1881**	Rep.
20	James A. Garfield	(1831–1881)	**1881**	Rep.
21	Chester A. Arthur	(1830–1886)	**1881–1885**	Rep.
22	Stephen G. Cleveland	(1837–1908)	**1885–1889**	Dem.
23	Benjamin Harrison	(1833–1901)	**1889–1893**	Rep.
24	Stephen G. Cleveland	(1837–1908)	**1893–1897**	Dem.
25	William McKinley	(1843–1901)	**1897–1901**	Rep.
26	Theodore Roosevelt	(1858–1919)	**1901–1909**	Rep.
27	William H. Taft	(1857–1930)	**1909–1913**	Rep.
28	Thomas Woodrow Wilson	(1856–1924)	**1913–1921**	Dem.
29	Warren G. Harding	(1865–1923)	**1921–1923**	Rep.
30	Calvin Coolidge	(1872–1933)	**1923–1929**	Rep.
31	Herbert C. Hoover	(1874–1964)	**1929–1933**	Rep.
32	Franklin Delano Roosevelt	(1882–1945)	**1933–1945**	Dem.
33	Harry S. Truman	(1884–1972)	**1945–1953**	Dem.
34	Dwight D. Eisenhower	(1890–1969)	**1953–1961**	Rep.
35	John F. Kennedy	(1917–1963)	**1961–1963**	Dem.
36	Lyndon B. Johnson	(1908–1973)	**1963–1969**	Dem.
37	Richard M. Nixon	(1913–1994)	**1969–1974**	Rep.
38	Gerald R. Ford	(1913–2006)	**1974–1977**	Rep.
39	James E. Carter	(1924–)	**1977–1981**	Dem.
40	Ronald W. Reagan	(1911–2004)	**1981–1989**	Rep.
41	George H. W. Bush	(1924–)	**1989–1993**	Rep.
42	Bill J. Clinton	(1946–)	**1993–2001**	Dem.
43	George W. Bush	(1946–)	**2001–2009**	Rep.
44	Barack H. Obama	(1961–)	**2009–2017**	Dem.

Abk.: **Föd.** = Föderalisten; **Dem.-Rep.** = Demokratische Republikaner; **Dem.** = Demokraten; **Rep.** = Republikaner; **Whig** = Partei der Gegner des Demokraten Andrew Jackson.

Geografischer Überblick

Im Zentrum des Reiseführers steht die Ostküste der USA. Die beiden maßgeblichen geografischen Elemente dieser Region sind die **Atlantikküste** mit ihren Felsküsten und Sandstränden, tiefen Fjorden und kleinen Buchten, vorgelagerten schmalen Inselketten und Marschlandschaften sowie die Gebirgsketten der **Appalachen** mit ihrer Hügellandschaft, aber auch mit schneebedeckten Bergen und dichtbewaldeten, wasserreichen Tälern. Schon auf die ersten Siedler wirkte dieses Gebirge wie eine unüberwindbare Mauer, hinter der sich bis ins frühe 19. Jh. die *frontier*, der unzivilisierte „Wilde Westen", befand.

Atlantische Küstenebene

Atlantic Coastal Plains

Die **Atlantic Coastal Plains** – die Küstenebene zwischen Atlantik und Appalachen – reichen von Cape Cod im Nordosten der USA bis Florida. Sie sind nur selten mehr als 100 m hoch. Das *Lowland*, wie die Küstenregion auch genannt wird, ist ein vielgestaltiges Areal: Sie ist im Nordosten, besonders in den Neuengland-Staaten, nur sehr schmal, stellenweise reichen die Gebirgsausläufer direkt ans Meer heran. Nach Süden zu wird die Ebene breiter und ist gekennzeichnet durch Sandstrände, ausgedehnte Marschlandschaften und Sumpfregionen.
Die Atlantikebene ist geologisch jüngeren Ursprungs (Tertiär und Pleistozän). Es handelt sich um eine zeitgeschichtlich junge Aufschüttungsebenen mit geringem Gefälle, die in der Küstenzone des Südens durch Sümpfe, Lagunen und Nehrungen charakterisiert ist. Gegliedert wird sie durch einige **große**

An der Atlantikküste

Flusstäler, wie die des Connecticut, des Hudson, des Delaware, des Susquehanna, des Potomac, des Roanoke oder des Savannah River. Manchmal bilden die Flüsse gewaltige Mündungsbuchten, die ganze Landstriche prägen, beispielsweise die Delaware Bay oder die Chesapeake Bay. Ein charakteristisches Element der Ostküste sind die der Küste vorgelagerten Nehrungen, die häufig unterbrochen sind und dann Inselcharakter haben. Diese sogenannten **Barrier Islands**, zumeist entstanden durch das Anheben des Meeresspiegels am Ende der letzten Eiszeit vor einigen 10.000 Jahren, erstrecken sich von Connecticut und Long Island (New York) im Norden bis nach Florida im Süden.

Barrier Islands

Appalachen

Landeinwärts, etwa parallel zur Atlantikküste, ziehen sich die **Appalachen** als einer der längsten Gebirgszüge der Welt über rund 2.400 km von Nordosten nach Südwesten, von der kanadischen Provinz New Brunswick über die Neuengland-Staaten, New York, Pennsylvania, Virginia, North Carolina, Tennessee und Georgia bis nach Alabama. Vom Charakter her sind die Appalachen ein **Mittelgebirge**, dessen höchste Gipfel kaum 2.000 m erreichen und das eher an Schwarzwald oder Riesengebirge erinnert als beispielsweise an die grandiose Bergwelt der Rocky Mountains.

Mittelgebirge im Osten

Die Appalachen sind ein altes Faltengebirge, bestehend aus kristallinem Urgestein (Granit, Gneis) sowie Sedimentgestein (u. a. Kalk), das durch Gesteinsbewegungen und Erosion stark zerteilt und eingeebnet wurde. Im Norden gliedern sich die Appalachen in die *Berkshires* (Massachusetts), die *Green* (Vermont) und die *White Mountains* (New Hampshire, Maine). Der 1.916 m hohe *Mount Washington* in New Hampshire und der *Mount Katahadin* (1.729 m) in

In den Appalachen

Maine sind die größten Erhebungen im Nordosten. Im südlichen Teil des Gebirges bildet die steil aufragende Kette der **Blue Ridge Mountains** mit dem Mount Mitchell in North Carolina den höchsten Punkt (2.037m) der gesamten Bergkette. Im Norden (Maine) reichen die Appalachen direkt an die Küstenlinie heran und bilden eine wild zerklüftete Landschaft mit Buchten, Riffen und Klippen sowie vorgelagerten Inseln. Je weiter man nach Süden kommt, umso weiter entfernen sich die Berge vom Meer.

Kein Fluss quert die Appalachenkette – einer der Gründe, warum in der frühen Kolonialzeit die Berge als unüberwindbar galten. Mehrere wasserreiche Flüsse entspringen in den Appalachen, um sich dann entweder in den Atlantik (Hudson, Susquehanna oder Connecticut River) oder in den Golf von Mexiko (Ohio oder Tennessee River) zu ergießen.

info

Wandern auf dem Appalachian Trail

Über die „Kunst des Gehens" hat der legendäre Naturphilosoph Henry David Thoreau (1817–1862) einen eigenen Essay geschrieben. Doch in Neuenglands beginnendem Industriezeitalter wollte dem begeisterten Wanderer und Naturfreund außer seinem Mentor Ralph Waldo Emerson (1803–1882) und dessen Freunden niemand zuhören.

Für Thoreau war das Gehen nicht nur eine Kunst, sondern eine Art „Wallfahrt in die Natur". Noch heute gibt es trotz der dichten Besiedelung entlang der Ostküste die Möglichkeit, den Spuren des großen Wanderers zu folgen: auf dem Appalachian Trail, Teil des National Park Systems. Über 3.498 km zieht sich der **Appalachian National Scenic Trail**, kurz „A.T." genannt, als schmaler Korridor dem Hauptkamm des Appalachen-Gebirgszuges entlang, vom Nordosten hinab in den tiefen Süden. Ausgehend vom 1.606 m hohen Mount Katahdin im Baxter State Park in Maine schlängelt sich der durchgehend ausgeschilderte Wanderweg durch 14 Bundesstaaten und 60 Federal, State und Local Parks und Forests bis zu seinem Endpunkt, dem 1.153 m hohen Springer Mountain in Georgia, quasi vor den Toren der Metropole Atlanta.

Den Spuren *Thoreaus* folgend, hatten sich 1876 begeisterte Wanderer zum **Appalachian Mountain Club** (*AMC*) zusammengeschlossen. Dieser Wanderclub unterhält heute das Pinkham Notch Visitor Center in Gorham (New Hampshire), mitten in den White Mountains und veranstaltet von hier verschieden lange und schwere Wanderungen. Benton MacKaye kam in den 1920ern auf die Idee, entlang dem Appalachenkamm, von Neuengland südwärts, einen Pfad mit Herbergen, Naturschutzstationen auszubauen. Auf seine Initiative und unter Mithilfe des AMC entstand 1925 die **Appalachian Trail Conference** (*ATC*), die bis heute den Trail betreut. Aufsicht und Instandhaltung obliegen den ehrenamtlichen Mitgliedern der etwa 30 Clubs und Partner der ATC. Am 14. August 1937 wurde der A.T. als **längster Wanderweg der Welt** offiziell eingeweiht.

info

Wer nun glaubt, eine Wanderung durch die Appalachen, schließlich „nur" ein Mittelgebirge, sei ein Kinderspiel im Vergleich zum Hochgebirge oder zu alpinem Bergsteigen, täuscht sich. Bisher haben nur etwa 9.000 Menschen die fünf Millionen Schritte unternommen, die der ganze Trail angeblich erfordert. Diese sogenannten 2000 Milers, die den gesamten Appalachian Trail abgelaufen sind, brauchten im Schnitt dafür fünf bis sieben Monate, viel Erfahrung und gründliche Vorbereitung. Für Anfänger, d.h. auch für Urlauber, bietet es sich an, mit einem überschaubaren Streckenabschnitt zu beginnen, zum Beispiel im Umfeld der Blue Ridge Mountains in North Carolina oder in der Bergwelt Neuenglands.

Der gesamte Appalachian Trail ist mit etwa 165.000 senkrechten weißen Markierungen, den White Blazes, an Bäumen und Felsen gekennzeichnet. „Profis" nutzen das *Appalachian Trail Data Book* als Hilfsmittel, es enthält Meile für Meile aufgelistet Informationen über Schutzhütten, Camping-Möglichkeiten, Trinkwasserquellen, Straßenanschlüsse, Ortschaften und ihre Infrastruktur, sowie Höhenangaben von Bergen und Tälern. Daneben liefert der *Appalachian Trail Thru-Hikers' Companion* ergänzende Informationen zu den Ortschaften und Städten am Trail. Alle 10-15 km gibt es Schutzhütten, „shelter" oder weiter im Norden „lean-to" genannt, Holz-Konstruktion mit drei Wänden und Dach. Auf der erhöhten Plattform können sechs bis zehn Personen ihre Schlafsäcke ausrollen. Daneben existieren am Weg einige günstige Herbergen, die oft von ehemaligen „Thruhikern" betrieben werden. Berghütten finden sich nur in den White Mountains (New Hampshire).
Infos: www.appalachiantrail.org oder www.outdoors.org (Appalachian Mountain Club)

Das Klima

Zwei Faktoren bestimmen das **Klima** der Vereinigten Staaten: einerseits die Lage zwischen zwei Weltmeeren, Pazifik und Atlantik, andererseits zwei mächtige Gebirgszüge. Sowohl die Rocky Mountains im Westen als auch die Appalachen im Osten verlaufen, grob gesagt, in Nord-Süd-Richtung – und machen damit auch einen Luftaustausch möglich. Das kann nicht nur Blizzards im Sommer, sondern auch die Ausbildung von Tornados zur Folge haben.

Entlang der **Ostküste** gibt es trotz der geografischen Einheitlichkeit **mehrere Klimazonen**, die sich teils deutlich unterscheiden und damit auch höchst differenzierte Bewirtschaftung zur Folge haben: von Weideflächen und Milchwirtschaft im Norden über Gemüseanbau im Zentrum, vom „Baumwollgürtel" zum subtropischen Süden mit Zitrusfrüchten, Tabak und Zuckerrohr. Nach Süden zu steigen jedoch nicht nur die Temperaturen, sondern verlängert sich auch die Wachstumsperiode.

Indian Summer an der Nordostküste

Der **Nordosten** gehört der gemäßigten Klimazone an und weist eine durchschnittliche Niederschlagsmenge von 900 mm auf. Im Vergleich zu den Landschaften im Inneren des Kontinents ist es relativ feucht. In den Sommermonaten dringen feucht-heiße Warmluftmassen vom Golf von Mexiko und der Karibik weit nach Norden vor, während im Winter kalte Luft aus dem Norden Kanadas einströmt. Im Bundesstaat New York und in den Neuengland-Staaten sorgen starke Nord- und Nordostwinde dafür, dass es im Winter sehr kalt wird und zu heftigen Schneefällen und längeren Frostperioden kommen kann. Im Sommer dagegen sind die Temperaturen angenehm warm, bei südlichen Winden sogar tropisch heiß.

Das Kleinklima in den **Neuengland-Staaten** ist ebenso vielfältig wie seine Landschaften. Während im Norden von Vermont, New Hampshire oder Maine Temperaturen bis minus 30 °C möglich sind und Nadelwälder vorherrschen, ist das Klima weiter im Süden gemäßigter und resultiert daraus eine üppigere Flora und vielseitigere Fauna. Da Laubwälder vorherrschen, ist die Region für ihren **Indian Summer**, den „Altweibersommer", mit prächtiger herbstlicher Laubfärbung, berühmt. Im September und Oktober finden sich daher die meisten Besucher ein; doch auch das späte Frühjahr ist gut geeignet für eine Tour.

Gemäßigtes Kontinentalklima

Das Wetter im **zentralen Küstenabschnitt** ist wechselhaft und oft unvorhersehbar. Obwohl etwa auf demselben Breitengrad wie Madrid oder Neapel gelegen, spielen beispielsweise in New York atlantische Einflüsse eine maßgebliche Rolle. Es herrscht **gemäßigtes Kontinentalklima**, das sich jedoch durch sehr heiße Sommer mit Durchschnittstemperaturen von knapp 25 °C im Juli auszeichnet. Zwischen Januar und März fällt meist üppig Schnee bei Temperaturen um den Gefrierpunkt und es kann zu Blizzards, aus Kanada einbre-

In den Sümpfen von Georgia

chenden Schneestürmen, kommen. Die Übergangszeiten sind meist nur kurz, vor allem das Frühjahr ist kaum einzuschätzen, dagegen kann der Herbst schöne, warme Wochen bringen und ist demnach hier die ideale Reisezeit.

Im **Umfeld der Appalachen** ist die Bergkette wetterbestimmend: Die Temperaturen sind niedriger als an der Küste, die Luftfeuchtigkeit meist geringer und die Tag-Nacht- und jahreszeitlichen Schwankungen größer. Es kann bis weit ins Frühjahr hinein und bereits früh im Herbst Nachtfrost geben. Dafür erlebt man auch hier in den Herbstwochen häufig einen wunderschönen *Indian Summer*. Im Winter, oft schon ab September, kann es in den nördlichen Regionen der Appalachen, um den *Mount Washington*, viel Schnee und fast arktische Temperaturen geben. Dafür ist die Region in New Hampshire als die **Skiregion des Nordostens** bekannt.

Die Bundesstaaten im **Südosten** zeichnen sich im Sommer durch große Hitze und feucht-tropisches Klima aus. Die Sonne bestimmt das Leben im Süden und man spricht beim Südteil auch vom „*Sun Belt*“, dem Sonnengürtel der USA. Die Winter werden mit zunehmend südlicher Lage immer milder, nur in den Gebirgsregionen der Appalachen fällt dann noch Schnee. Im Sommer herrscht überwiegend **subtropisches Klima** verbunden mit schwer erträglicher Schwüle und vielen Insekten. Besonders in Küstenstädten wie Charleston oder Savannah macht sich das bemerkbar. In den Küstenebenen dominiert zunehmend Sumpfvegetation und dort kann die Luftfeuchtigkeit über 90 % betragen, was in Kombination mit Temperaturen von über 30 °C in den Sommermonaten nicht unbedingt angenehm ist. Da sich das Frühjahr zu Anfang oft launisch gibt, gelten auch hier der späte April und Mai oder aber der Herbst als ideale Reisetermine.

Subtropisches Klima

Wirtschaftlicher Überblick

Wirtschaftsmacht

Lange Jahre galten die USA als Wirtschaftsmacht Nummer eins. Im Zuge der weltweiten Wirtschaftskrise, des Börsencrashs und des gesunkenen Dollarkurses in den letzten Jahren sind die USA auf der Rangliste nach unten gerutscht. Zudem haben die zahlreichen militärischen Aktionen, sinkenden Steuereinnahmen und die Rettung der Banken das **Haushaltsdefizit**, das unter Präsident Bill Clinton fast abgebaut worden war, wieder in astronomische Höhen getrieben. Derzeit beläuft sich das Haushaltsdefizit auf 1,1 Billionen Dollar, die Staatsverschuldung auf gut 16 Bio. (Stand 2012).

Wer das erste Mal in die USA kommt, wird einige Besonderheiten bemerken. Dazu gehört das fast unüberschaubare Angebot an Gütern aller Art in Supermärkten, in Malls (Einkaufszentren), auf Märkten oder in Spezialgeschäften. Die größeren Shops stehen in gnadenloser Konkurrenz zueinander, werben aggressiv und überall, überbieten sich mit Rabatten und Dienstleistungen. Auffällig ist aber auch die große Kundenfreundlichkeit und das wesentlich ausgeprägtere Service-Bewusstsein. Der Kunde ist hier tatsächlich noch König und wird entsprechend hofiert.

Wirtschaftsmentalität und -bedingungen

Nicht nur Wirtschaftsstruktur oder gewisse Einzelaspekte unterscheiden sich von europäischen Verhältnissen, sondern in hohem Maße auch die zugrundeliegende **Mentalität**. Gilt es in vielen europäischen Ländern als verpöhnt, über Verdienst oder Gewinne zu reden, ist es in Amerika wichtig zu wissen, wieviel Geld jemand macht. Während man in Europa Spitzenverdienern oft ambivalent, wenn nicht unverhohlen neidisch gegenübersteht, zollt man ihnen in Amerika öffentliche Anerkennung und Bewunderung. Warum wirtschaftlicher Erfolg einen solchen Stellenwert hat, kann mit dem historischen Erbe der frühen puritanischen Siedler erklärt werden, mit der Pionierzeit, in der alle materiellen Werte aus eigener Kraft geschaffen wurden. Deswegen ist der Respekt auch für diejenigen am höchsten, die ohne einen Cent in der Tasche aufgestiegen sind und die klassische „Vom-Tellerwäscher-zum-Millionär"-Karriere durchliefen.

Häufiger Jobwechsel

Auch die **Einstellung zum Job** unterscheidet sich zu der in der „Alten Welt": Es gab und gibt kaum sichere Arbeitsplätze. Nach dem Prinzip des *hire and fire* können Kandidaten für nahezu jeden Job kurzfristig eingestellt und genauso schnell wieder entlassen werden. Es zählen der aktuelle wirtschaftliche Erfolg und der persönliche Einsatz, weniger Loyalität oder Verantwortung den Mitarbeitern gegenüber. Sehr viel schneller als in Europa werden in den USA auch hochrangige Manager oder ganze Spezialabteilungen entlassen. Jeder Mitarbeiter ist **Repräsentant der Firma** und deshalb werden strenge Arbeitsdisziplin, korrekte Kleidung und höfliche Umgangsformen erwartet.

Der **Prestigewert** bestimmter Arbeiten ist unerheblich. Es gibt keine „guten" oder „schlechten" Berufe an sich, sondern nur Jobs, die Erfolg bringen oder nicht. Deswegen ist das gesellschaftliche Ansehen eines Lehrer oder Piloten nicht größer als das eines Lagerarbeiters oder Lastwagenfahrers. Dementsprechend bunt kann die Palette der Arbeiten sein, die ein und dieselbe Person im Laufe ihres Lebens ausführt. Die **Fluktuation** ist entsprechend groß. Da der Verlust des Arbeitsplatzes keine Seltenheit ist, Prestige eine geringere Rolle spielt als Erfolg und man bei lukrativen Angeboten sofort zugreift, wechseln Amerikaner ihren Arbeitsplatz viel häufiger als europäische Kollegen.

Dabei spielt **größere Mobilität** eine Rolle. Von ihren Firmen auf einen Außenposten versetzt oder auf der Suche nach besser bezahlten Jobs, ziehen Familien quer durch die Vereinigten Staaten. Es gilt nicht als unzumutbar, wegen einer Arbeitsstelle von einer Stadt in eine andere, von einem Staat in einen anderen zu ziehen. Der Besitz von Land oder Wohnraum spielt dabei keine Rolle: Amerikaner sind bereit, wenn nötig, ihr Eigenheim kurzfristig aufzugeben und sich eine neue Bleibe zu suchen. *Mobilität*

Wirtschaftliche Grundlagen

Dass es mit den Vereinigten Staaten von den Gründerzeiten an wirtschaftlich steil bergauf ging, war vor allem der ersten Einwanderer-Generation zu verdanken. Das Sendungsbewusstsein der **Puritaner** war eng verknüpft mit

Bereits Mitte des 19. Jh. erschloss die Eisenbahn das Land

einer soliden Lebensführung und einer entsprechenden Arbeitshaltung. Eiserne Disziplin, Fleiß, Qualitätsbewusstsein und Sparsamkeit prägten die Puritaner und ließen florierende Wirtschaftszentren entstehen.

Die Neue Welt war grundsätzlich prädestiniert zur Besiedelung. Nicht nur hinreichend große Flächen waren vorhanden, man verfügte auch über nahezu alle für die industriellen Produkte benötigten Rohstoffe, war diesbezüglich also weitgehend autark. Dazu wurde die Landwirtschaft in den Oststaaten und im Süden von der Natur und vom Klima her begünstigt. Die Böden waren im Allgemeinen gut, das Klima gemäßigt und wo Wasser fehlte, baute man Staudamm- und Kanalsysteme oder wählte neu gezüchtetes Saatgut.

Bedeutung der Infrastruktur

Anders als an der Westküste, die erst 1869 durch die Eisenbahn mit dem Osten verbunden wurde, begann man im Osten schon früh mit dem Ausbau einer **Infrastruktur**. Das Meer stellte bereits in der Frühzeit die Verbindung zwischen Europa und Nordamerika her und bildete zusammen mit den großen Flüssen eine Art „Transportsystem". Frachter und Passagierschiffe brachten Güter und Menschen mühelos von Boston nach New York und Philadelphia. An der Atlantikküste entstanden gleich nach Ankunft der ersten europäischen Siedler Häfen, in Neuengland wurden Schiffe gebaut, die auf den Weltmeeren kreuzten, und es wurde Handel schwerpunktmäßig mit Sklaven, Holz und Rum betrieben.

Nachdem die ersten Siedler die Appalachen überwunden hatten, folgte die Anlage eines Straßensystems und der Ausbau von Schifffahrtswegen ins Landesinnere wurde forciert. 1825 wurde der **Erie-Kanal** eröffnet, der die Atlantikküste mit den Großen Seen verband und damit eine wirtschaftliche Erschließung des Mittleren Westens begünstigte. Für den entscheidenden Aufschwung in der Industrie und der Erschließung des Westens sorgte jedoch die **Eisenbahn**: Zwischen den Anfängen in den späten 1820er Jahren – als eine der ersten Linien eröffnete 1827 die *Baltimore & Ohio Railroad* – und der Eröffnung der Transkontinentallinie 1869 lagen nur wenige Jahrzehnte, in denen jedoch das Land mit einem dichten Netz von Schienen überzogen wurde. Bis in die 1960er Jahre hinein blieb die Eisenbahn das wichtigste Transportmittel.

Industrialisierung

Viele wegweisende **Erfindungen** stammen aus den USA und sorgten für ein Aufblühen der Wirtschaft. So hatte die Einführung moderner Arbeitsmethoden und Maschinen in den Neuengland-Staaten nach englischem Vorbild schon früh rationelle Massenfertigung, z. B. in den Textilfabriken, ermöglicht. Ende des 19. Jh. wurde der Maschinenbau revolutioniert, die Herstellung von Austauschteilen mithilfe neuer Maschinen erlaubte es, bei nötigen Reparaturen nur Einzelteile zu ersetzen. Etwa zur gleichen Zeit gingen die amerikanischen Ingenieure und Baumeister zum Hochhausbau in Stahlskelettbauweise über.

Die USA besitzen eine große Vielfalt und Menge an **Bodenschätzen**. Trotzdem sind sie auf die Einfuhr bestimmter Rohstoffe, vor allem von Erdöl, angewiesen. Im Osten liegen bedeutende Steinkohlevorkommen in den Appalachen sowie Eisenerzlagerstätten in den Bundesstaaten New York, New Jersey, Virginia und Georgia. Ebenso werden Bauxit (der Grundstoff zur Aluminiumherstellung) sowie Phosphate und Kalisalze gefördert. Der sogenannte **Manufacturing Belt** zieht sich von den Neuengland-Staaten Richtung Süden und Südwesten bis zum Potomac und Ohio River. Im Gebiet zwischen Boston, New York und Philadelphia sind fast alle Industriezweige vertreten.

Hohes Handelsdefizit

Nach wie vor gelten die Vereinigten Staaten als eine der **großen Handelsmächte** der Welt, auch wenn ihre Stellung nicht mehr unangefochten ist. Seit Beginn der 1980er Jahre steigt das Handelsdefizit – nur kurz unterbrochen von einem Aufschwung während der Präsidentschaft Bill Clintons – und der Import ist größer als der Export. Besonders gravierend war der **Rückgang beim Export** von Fertiggütern, wohingegen die Einfuhr von Autos, Unterhaltungselektronik, Eisen, Stahl und Bekleidung – vor allem aus Asien – wuchs. Zollschranken und Quoten traten mit wechselndem Erfolg und abhängig vom Dollarkurs in Kraft. Die wichtigsten Exportmärkte der USA liegen heute nicht mehr in Europa, sondern bei den Nachbarn, in Kanada und Mexiko, Lateinamerika, vor allem aber in China, Südkorea, Hongkong und Taiwan. Die USA exportieren noch immer die meisten Fertigwaren – Flugzeuge, Rüstungsgüter, Computer – wohingegen sich ein deutlicher Rückgang im Bereich der landwirtschaftlichen Erzeugnisse bemerkbar macht. Führend sind die USA weiterhin in der **Computertechnologie** und auch im Bereich der erneuerbaren Energien wächst der Marktanteil – obwohl inzwischen wieder verstärkt nach Erdöl und Erdgas gesucht wird.

Landwirtschaft

Die Landwirtschaft in Amerika hat in den vergangenen Jahrzehnten einen rapiden Wandel durchlaufen. Während sich die Zahl der Farmen halbierte, stieg die durchschnittliche Größe der Betriebe auf beinahe das Doppelte an. Heute wird die Landwirtschaft von Großbetrieben, vom „**Agrobusiness**", beherrscht. Amerika ist nicht nur weitgehend Selbstversorger, sondern auch einer der größten Exporteure der Welt in Bezug auf Getreide und Grundnahrungsmittel. Gesunkene Weltmarktpreise, Überproduktion sowie der allgemeine Wertverfall der entsprechenden Betriebe hatten in den letzten Jahrzehnten allerdings zahlreiche Konkurse und zunehmende Verarmung zur Folge.

Schon die ersten weißen Siedler fanden vor 300 Jahren **vielversprechende Gegebenheiten** vor. In den östlichen und südlichen Landesteilen gab es genügend Niederschläge, gute und für den Getreideanbau geeignete Böden waren besonders im Osten und Mittleren Westen vorhanden, und man hatte Platz für großflächigen Anbau. Heute dominiert im Nordosten die Milchwirtschaft. Weiden und Grünfutterflächen bestimmen das Bild im Hinterland.

Wochenmärkte bieten ein breites Spektrum an lokalen Bioprodukten

In den vergangenen Jahren hat hier auch die Rinder- und Schweinemast auf der Basis von Mais und Sojabohnen zugenommen. In den Mittelgebirgsregionen ist Farming als Kombination von Viehzucht und Ackerbau verbreitet. In den südlicheren Gebieten der Ostküste wird vor allem Tabak, Reis, Zuckerrohr und Sojabohnen angebaut.

Ökologische Landwirtschaft

Initiiert durch die Neuengland-Staaten – neben Kalifornien auf diesem Gebiet führend – ist in den letzten Jahren ein Zuwachs an ökologisch wirtschaftenden Betrieben – **Organic Farming** – festzustellen. Der Begriff des *Organic Farming* entstand 1973, 1979 machte das *Organic Food Law* die Richtlinien dieser Gruppe zum Gesetz. Inzwischen kann man in Buchläden Führer kaufen, in denen die regionalen Mitglieder (Bauern, Weinproduzenten, Brauereien, Bäkker, Läden, Restaurants etc.) aufgelistet sind, die sich den gleichen Regeln unterwerfen: Verzicht auf Pestizide und Kunstdünger, Wahl naturgerechter Anbauweisen – statt Monokulturen Beachtung der verschiedenen Ökosysteme und des natürlichen Gleichgewichts –, Ablehnung genmanipulierter Organismen und unnötig langer Transportwege.

Dank eines gestiegenen Ernährungsbewusstseins ist die Nachfrage nach regionalen und ökologisch hergestellten Produkten überall gestiegen. In Spezialläden, Bio-Supermärkten und auf Wochenmärkten kann man Obst und Gemüse, aber auch Fleisch- und Backwaren sowie Käse und andere Spezialitäten der Region unter dem Slogan „**buy local and organic**!" frisch erwerben. „**Natural foods**" sind heute in den USA die am stärksten wachsende Sparte im Einzelhandel.

Die Bedeutung des Meeres

Für eine Küstenregion hat das Meer besondere Bedeutung, auch in wirtschaftlicher Hinsicht. Seit jeher diente der Atlantik als Transportweg zwischen den Kontinenten und frühen Siedlungen. Der **Fischfang** und der **Schiffsbau** verhalfen den ersten Siedlern zu Glück und Wohlstand. Für den Schiffsbau lieferten die riesigen Wälder des Ostens das Material. Schiffe ermöglichten den Kontakt zum Mutterland und förderten den Handel mit Afrika, Europa und der Karibik. Im Jahr 1720 lief in den Werften ein Schiff pro Tag vom Stapel. Da die Lohn- und Materialkosten niedrig waren, dominierte die USA auf diesem Sektor bald den Weltmarkt.

Fischfang

Zusätzlich sorgte der Atlantik mit seinen üppigen küstennahen Fischgründen für reichlich Nahrung und der Fischfang florierte. Eines der ersten wichtigen Gesetze wurde Mitte des 18. Jh. in Massachusetts erlassen und hatte die Regulierung und Förderung der Fischereiindustrie zum Inhalt. Vor allem **Hummer** und **Kabeljau** als vitamin-, eiweiß- und jodreiches Nahrungsmittel waren begehrt, nicht nur in den amerikanischen Kolonien, sondern auch im Süden und in Europa. Auch innerhalb der Kolonien wurde gehandelt: Boote aus Salem segelten mit eingesalzenem Kabeljau nach Philadelphia oder Annapolis, um ihn gegen Mais, Mehl, Bohnen oder Fleisch einzutauschen.

Der **Wal** war in der Kolonialzeit sehr wichtig, weniger wegen des Fleisches, als vielmehr wegen des für Lampen benötigten Öls. Der **Walfang in Neu-**

Fischfang spielt im Nordosten bis heute eine wichtige Rolle

england wurde zum legendären – für die Beteiligten aber auch gefährlichen – Industriezweig. Das Meer sorgte für Arbeit und Einkommen, der Handel breitete sich aus und Kaufleute und Kapitäne wurden bedeutender. In den Hafenstädten machte sich langsam ein gewisser Reichtum breit.

Tourismus

Bis heute ist das Meer eine wichtige Einnahmequelle für die Küstenregionen geblieben. Es sind allerdings weder Schiffsbau noch Fischfang, die die erste Geige spielen, sondern es ist der Tourismus. Die einzigartige landschaftliche Schönheit der Küstenregionen hat gerade in Neuengland den **Fremdenverkehr** zu einem wichtigen wirtschaftlichen Standbein werden lassen.

Vom Old zum New South

Anders als der Norden baute der Süden schon früh auf eine **Plantagenwirtschaft**, deren Grundlage die Sklaverei war. Der große Agraraufschwung im 19. Jh. begünstigte das Wohlergehen der führenden Schichten, die dank riesiger Sklavenheere ein Leben in Wohlstand führen konnten, auch noch nach 1808, als die Sklaveneinfuhr offiziell verboten worden war. Prächtige Plantagenhäuser und noble Stadtvillen, beispielsweise in Charleston oder Savannah, zeugen noch heute vom damaligen Luxusleben der „**Plantagenaristokratie**", die nach dem Bürgerkrieg 1865 ein jähes Ende fand.

„King Cotton"

Ein wirtschaftlicher und sozialer Umwandlungsprozess setzte gegen Ende des 19. Jh. ein: Industrialisierung und Urbanisierung, Bergbau und Stahlproduktion gewannen an Bedeutung. Naturkatastrophen wie eine Baumwollkäfer-Plage beendeten in den 1920er-Jahren die Vorherrschaft der Baumwolle, von „King Cotton", endgültig. Das nach der Weltwirtschaftskrise der 1930er von Präsident Franklin D. Roosevelt initiierte Aufbauprogramm, der „New Deal" – Farm-, Sozial-, Arbeitsbeschaffungsprogramme und kulturelle Projekte – brachte Besserung. Aus dem alten „**Cotton Belt**", in dem einst die Baumwolle dominierte, ist heute ein „**Boom Belt**" geworden und der Tourismus entwickelt sich zu einem zunehmend wichtigen Standbein. Abwechslungsreiche Landschaften mit Küsten- und Bergregionen und ein angenehmes Klima gerade während der andernorts kühlen und regenreichen Wintermonate sind die großen Pluspunkte dieser Region, neben der angeborenen Gastfreundschaft der Bewohner.

Urbane Zentren sind im Vergleich zum Norden noch immer spärlich gesät, allerdings erlebten in jüngster Zeit gewisse Städte als Industriestandorte und Dienstleistungszentren einen Boom: allen voran Atlanta, aber auch Charlotte (North Carolina) oder Jacksonville (Florida). Geblieben ist dennoch auf weiten Landstrichen die agrarische Prägung. Wie vor 150 Jahren breiten sich Baumwollfelder aus, daneben werden Sojabohnen, Mais, Erdnüsse, Tabak, Melonen, Pfirsiche und Zitrusfrüchte angebaut, Vieh, Fisch und Meeresfrüchte gezüchtet.

Gesellschaftlicher Überblick

Trotz der engen historischen und kulturellen Verwandtschaft mit Europa fallen in den USA Unterschiede auf, die sich im alltäglichen zwischenmenschlichen Umgang äußern und nicht selten einem anderen Lebensgefühl entspringen. Allgemein gelten die Amerikaner als **unkompliziert, freundlich und hilfsbereit**. Es ist einfach, mit ihnen in Kontakt zu kommen, schnell werden Adressen getauscht und Einladungen ausgesprochen. Bemerkenswert ist auch eine grundsätzlich optimistische, manchmal geradezu euphorische Grundstimmung. Aus der Zeit der Besiedelung der *frontier* stammt wohl auch der Freiheitsdrang – ein Kennzeichen des *American Way of Life*. Das Gefühl für Selbstverantwortlichkeit, das Vertrauen auf die eigene Kraft und die Ablehnung staatlicher Eingriffe sind damit eng gekoppelt.

„Typisch" amerikanisch

Dem widerspricht eine oft überraschend **puritanische Mentalität**. Nicht nur im Mormonenstaat Utah, sondern allgemein in den USA äußert sich das Erbe der streng religiösen Pioniere auf vielfältige Weise: Amerikaner sind weitaus prüder als Mitteleuropäer. Mag der *Playboy* auch aus den USA stammen, sind Nacktszenen im Fernsehen in den USA undenkbar und höchstens auf *Pay TV*-Kanälen zu sehen; dabei wird in Programmzeitschriften vor den Sexszenen gewarnt („X-rated"). Nacktheit in der Öffentlichkeit, hierzu zählen auch „Oben ohne"-Baden oder nackte Kinder, gilt, selbst in privater Umgebung, als obszön.

Zwar geben sich die Amerikaner bei den meisten Gelegenheiten sehr locker, laufen durchaus auch in Shorts und Shirt herum. Dennoch gilt vielfach ein strenger **Dress Code**. So ist in besseren Restaurants, Clubs oder bei Events *formal attire* gefragt, d.h. Sakko und Krawatte, keine Jeans, Shirts oder Turnschuhe. Allgemein heißt es auch bei hohen Temperaturen: *„No shoes, no shirt – no service!"*

Es gibt keine „**Volljährigkeit**" wie bei uns. Man kann den Führerschein zwar mit 15 oder 16 Jahren *(legal driving age)* machen und in jungen Jahren der Armee beitreten, andererseits darf man erst mit 21 öffentlich Alkohol trinken und eine Bar betreten. Unterschieden wird zwischen *legal drinking age* (21), *legal marriage age*, *legal gambling age* etc. und diese liegen, auch abhängig vom Staat, zwischen 18 und 21 Jahren.

Die Mär vom „Schmelztiegel"

Oft wird die amerikanische Gesellschaft als „Schmelztiegel" oder „Melting Pot" bezeichnet, denn von über 310 Mio. Menschen gehört fast die Häfte einer Minderheit an: über 50 Mio. sind Hispanics, an die 39 Mio. Afroamerikaner, gut 14 Mio. Asiaten, fast 3 Mio. Indianer/Eskimos und knapp 0,5 Mio. Hawaiianer und andere Inselbewohner. Allerdings kann von Ver-

Die USA, ein Vielvölkerstaat

schmelzung nicht die Rede sein, vielmehr handelt es sich um eine Vielzahl von Ethnien, die nebeneinanderher existieren und ihre Eigenarten behalten haben; der Dichter Walt Whitman aus New York sprach deshalb schon Mitte des 19. Jh. von einer „**Nation of Nations**".

Folge von fast 400 Jahren Siedlungsgeschichte in Nordamerika ist ein einzigartiges Kulturgemisch, das besonders in den Großstädten lebendig ist: Einmal glaubt man sich ins ferne China versetzt, dann mitten in eine pulsierende mexikanische Metropole oder in eine süditalienische Kleinstadt. Wenige Straßen weiter steht man dann in einem typisch amerikanischen modernen Geschäftszentrum oder einer orthodox-jüdischen Gemeinde. Die einzelnen Ethnien, allen voran Afroamerikaner, Latinos und Asiaten, aber auch die Südeuropäer, bildeten eigene Enklaven, verfügen über eigene Infrastrukturen und Traditionen, pflegen ihre Sprache – Spanisch ist nach dem Englisch die am häufigsten gesprochene Sprache in den USA –, ihre Feiertage, Feste, Küchen und Religionen.

Einzigartiges Kulturgemisch

Eines verbindet sie dennoch: die Liebe für und der Stolz auf die Heimat. Obwohl nämlich die Weigerung, die eigene Identität abzulegen, übergreifend ist und kulturelle Differenzierung wichtiger ist als oberflächliche Integration, sind die amerikanische Flagge, die Hymne und die Verfassung völkerverbindende Symbole. So gesehen, handelt es sich bei der amerikanischen Gesellschaft um einen bunten Flickenteppich, dessen Einzelteile zwar für sich stehen, in der Gesamtschau aber harmonieren.

Bevölkerungsverteilung und Siedlungsstruktur

Die **Besiedlung** der Vereinigten Staaten verlief unterschiedlich. An der Küste drängeln sich die Menschen, während das Landesinnere z.T. extrem dünn besiedelt ist. Gerade die Ostküste gehört zu den am dichtesten besiedelten Gebieten der USA. Alleine im schmalen Küstenstreifen zwischen Washington und Boston, oft als Megalopolis bezeichnet, leben etwa 20 % aller US-Bürger.

Städte, die nicht historisch gewachsen sind, wurden vielfach mit Hilfe eines monotonen, aber zweckmäßigen schachbrettartigen Gitternetzes geplant. Musterbeispiel ist Washington, aber auch große Teile New Yorks entstanden so. Viele alte Städte wie Boston hingegen erinnern in manchen Vierteln weit mehr an europäische Gegebenheiten als an amerikanische. Die **ländliche Siedlungsstruktur** weicht mit Ausnahme einiger Landstriche in den Neuengland-Staaten meist von mitteleuropäischen Gegebenheiten ab: Es gibt keine eigentlichen Dörfer, sondern verstreute Einzelgehöfte (Farmen). An Verkehrsknotenpunkten sind zentrale Orte entstanden, die die Versorgungsfunktion für ein größeres ländliches Gebiet übernahmen.

Dichte Besiedlung

Durch die **Verstädterung** in der zweiten Hälfte des 20. Jh. verstärkte sich das soziale Gefälle: Die Wohlhabenden zogen hinaus ins Grüne, bevorzugt in citynahe Gebiete – in die *suburbs* –, während sich in den Innenstädten die Wohnbedingungen verschlechterten und dadurch die Slumbildung gefördert wurde. Hier lebten und leben z. T. noch immer die finanziell Schwachen, vor allem Afroamerikaner, zunehmend auch Latinos. Seit einigen Jahrzehnten sind deshalb in vielen Städten Renovierungs- und Sanierungsprojekte im Gang, die für eine **Wiederbelebung der Downtowns** sorgen. In vielen Fällen ist das bereits gelungen, und in den Stadtzentren entstanden begehrte Apartments, einhergehend mit einer entsprechenden Infrastruktur. Gute Beispiele finden sich in New York, Philadelphia, Baltimore, Washington, D.C. oder Boston.

Die Indianer besinnen sich wieder stolz auf ihre Traditionen

Indianer

Die Indianer spielen zahlenmäßig im Osten der USA eine untergeordnete Rolle. Sie wurden früher als im Westen aus ihrem ursprünglichen Siedlungs-

und Nutzungsraum vertrieben. Im Gebiet zwischen den Großen Seen und dem Hudson River siedelten einst die **Irokesen**, an der atlantischen Küste des Ostens die Stämme der **Algonkin**-Sprachgruppe, im Südosten die **Creek, Cherokee, Choctaw und Chickasaw**. Heute leben die verbliebenen Mitglieder in Reservaten.

Ausrottung der Indianer

Die **Algonkin** bildeten die größte Indianergruppe im Nordosten. Schon um 12.000 v. Chr. waren sie in Neuengland beheimatet gewesen. Es handelt sich dabei um keinen Stamm, sondern um eine Sprachgruppe, der unterschiedlichste Völker angehören: die Mohegan und Pequot aus Connecticut, die Wampanoag aus Massachusetts oder die Narragansett aus Rhode Island. Dem anfangs friedlichen Zusammenleben mit den Siedlern setzten die englischen Machthaber ein Ende: 1636 erklärten die Engländer den Pequot den Krieg, und eine Ausrottung großen Ausmaßes nahm ihren Anfang. 1676 waren von den ursprünglich etwa 5.000 Indianern weniger als 100 übrig geblieben. Das indianische Erbe geriet mehr und mehr in Vergessenheit und eine Wiedergutmachung blieb aus.

Das **Schicksal der Indianer** im Osten spielte sich meist nach demselben Schema ab: Der Lebensgrundlagen und angestammten Siedlungsgebiete beraubt und von Epidemien – Masern, Pocken, Grippeviren – heimgesucht, wurden oft ganze Dorfgemeinschaften ausradiert. Hinzu kamen kriegerische Auseinandersetzungen, bei denen die Stämme oft zwischen die Fronten der europäischen Machtpolitik in Nordamerika gerieten. So hatte sich zu Ende des 18. Jh. ihre Zahl bereits radikal verringert. Selbst so berühmte und kämpferische Völker wie der Verbund der Irokesen wurde in kleine, abgelegene Reservate verdrängt.

Spätestens mit dem **Removal Act** von 1835 und der Vertreibung von 16.000 Cherokee, Creek, Choctaw und Chicasaw drei Jahre später aus ihrem Heimatland nach Oklahoma war die indianische Bevölkerung im Osten fast völlig verschwunden.

Heute ist die Zahl der Ureinwohner z.B. in den Neuengland-Staaten wieder auf über 20.000 angewachsen. Auch die vom Osten nach Oklahoma vertriebenen Stämme berufen sich auf alte Verträge und versuchen alte Rechte und Ländereien an der Ostküste zurückzufordern. So versuchen seit Jahren die Delaware einen bis heute gültigen Vertrag über Landzusicherung mit der Kolonie Pennsylvania von 1737 vor Gericht durchsetzen. Weniger die neuerliche Umsiedlung als eine angemessene Entschädigung sind Ziel solcher Verfahren.

Man besinnt sich zudem in letzter Zeit auf alte **Traditionen** und selbst **Powwows** stehen heute auf den „Veranstaltungskalendern" vieler Regionen, in denen Ostküsten-Indianer leben. Gute Beispiele, wie man Gebräuche wahren und dennoch im 21. Jh. überleben kann, liefern die Mohegan bzw. Mohikaner und die Pequot, die profitable Spielkasinos in Connecticut betreiben.

Afroamerikaner

Afro-American oder **African-American** wird die schwarze Bevölkerung politisch korrekt genannt. Ihre Vorfahren waren nicht freiwillig in die „Neue Welt" gekommen: 1638 hatte man in Boston die ersten „Leibeigenen" bestaunt, die auf den *West Indies* (Karibik) gefangen und auf Schiffen hertransportiert worden waren. Der organisierte **Sklavenhandel** blühte nach 1660 auf und erlebte im 18. Jh. seinen unrühmlichen Höhepunkt. Schwerpunktmäßig arbeiteten die Schwarzen auf den Plantagen des Südens, wo sie auch die Bevölkerungsmehrheit bildeten.

Nach dem Bürgerkrieg, aber besonders ab 1915 brachen während der *Great Migration* eine Million Afroamerikaner zu den Industriestädten im Nordosten und im Mittleren Westen auf. Ab 1940 begann die Wanderung auch Richtung Pazifik, mit Schwerpunkt Kalifornien. Dennoch stellen die Afroamerikaner in vielen Orten der Ostküste eine beachtliche ethnische Gruppe, in Washington oder Baltimore sogar die Mehrheit. Insgesamt sind sie mit über 40 Mio. (rund 13 %) an der Gesamtbevölkerung beteiligt und bilden damit neben den Lateinamerikanern die stärkste Minorität in den USA.

Mehrheit in vielen Städten

Zwar wurde als Folge der ab 1955 aktiven Bürgerrechtsbewegung mit den *Civil Rights Acts* von 1964, 1965 und 1968 Rechtsgleichheit festgelegt, aber der Traum des bekannten Bürgerrechtlers Dr. Martin Luther King ist noch nicht in Erfüllung gegangen. Es gibt durchaus eine afroamerikanische Mittel- und Oberschicht und, oberflächlich betrachtet, scheint sich die **Situation der Afroamerikaner** verbessert zu haben: Statistiken sprechen von mehr gemischt-ethnischen Ehen, von Gleichberechtigung am Arbeitsplatz und im gesellschaftlichen Leben. Dennoch scheint der Teufelskreis schwer zu durchbrechen: Farbige Frauen bekommen oft sehr jung und unverheiratet Kinder, dadurch sinken die Chancen auf eine Berufsausbildung, auf einen guten Arbeitsplatz und eine annehmbare Wohnung – der soziale Abstieg ist vorprogrammiert. Noch immer liegen viele schwarze Wohnviertel isoliert, gibt es rein schwarze, schlecht ausgestattete Schulen, schwarze Kneipen und Kirchen, Diskriminierung und Verachtung. Die Euphorie über die Wahl von Barack Obama zum ersten afroamerikanischen Präsidenten war groß, ist inzwischen aber wieder der Realität gewichen.

Lateinamerikaner

Von den über 50 Mio. Spanisch sprechenden Menschen, die in den Vereinigten Staaten leben, sind über 31 Mio. *Mexican Americans*. Sie gehören damit wie die Lateinamerikaner (v. a. Puerto Ricaner) zur Gruppe der **Hispanics** bzw. der **Latinos**, d. h. Menschen hispanoamerikanischer oder spanischer Herkunft. Ein *Hispanic* kann „schwarz" oder „weiß" sein.

Die Einwanderer aus Lateinamerika, vor allem aus Puerto Rico, Mexiko und Kuba, haben bewirkt, dass **Spanisch** in weiten Teilen der USA zur **zweit-**

wichtigsten Sprache nach dem Englischen geworden ist oder sogar gleichberechtigt neben diesem steht. Im Gegensatz zu vielen anderen Einwanderungsgruppen haben die Spanisch sprechenden Bevölkerungsteile an ihrer Sprache festgehalten. Da sie sich auch politisch engagieren und im Wirtschaftsleben aktiv sind, konnten sie sich besonders im Süden Floridas und im Südwesten zu einer einflussreichen Bevölkerungsgruppe entwickeln, die nicht nur die Anerkennung ihrer Sprache durchsetzte, sondern inzwischen auch zahlreiche politische Schlüsselämter besetzt. An der Ostküste stellen die Latinos noch eine Minderheit dar, mit Ausnahme von **New York City**, wo es eine große, stetig wachsende Gemeinde – v. a. Puerto Ricaner, Dominikaner und Mexikaner – gibt.

Einflussreiche Bevölkerungsgruppe

Iren und Italiener

Mitte des 19. Jh. herrschte in Irland wirtschaftlich das Chaos und viele Iren machten sich auf den Weg nach Neuengland, vor allem nach Massachusetts, um dort ein neues Leben zu beginnen. Um 1860 soll über die Hälfte aller Bostoner **irische Wurzeln** gehabt haben. Die katholischen Iren waren zunächst in der puritanisch-englisch geprägten Umgebung nicht sonderlich beliebt, allerdings hartnäckig und politisch stark engagiert. Bereits 1884 wählte man einen Iren zum Bürgermeister. 1905 übte ein gewisser John F. Fitzgerald – der Großvater von John F. Kennedy – dieses Amt aus und steigerte damit nicht nur das Ansehen der Iren, sondern begründete zugleich den Ruf der großen Finanz- und Politiker-Dynastie und legte die Basis für die spätere Karriere von John F. Kennedy (1917–63), dem 35. US-Präsidenten. Neben Boston sieht man in New York noch häufig „Grün", vor allem am traditionellen Feiertag, dem **St. Patrick's Day**. Auch hier gibt es eine große irische Bevölkerungsgruppe, aus der sich übrigens bis heute die meisten Polizisten und Feuerwehrleute rekrutieren.

Irische Enklaven

Ab etwa 1900 strömten **Italiener**, in der Mehrzahl arme Bauern aus Süditalien und Sizilien, ins Land, konzentriert nach Philadelphia, New York, Boston und Rhode Island, wo sie sich allein schon aufgrund der unterschiedlichen politischen Ansichten nie mit den Iren verstanden. Während die Iren traditionell demokratisch gesonnen waren, sympathisierten die Italiener mit den Republikanern. Während sich in Städten wie New York oder Philadelphia die **Little Italies** nur mühsam gegen die Viertel anderer Zuwanderer, besonders aus Asien, behaupten konnten, hat sich in Bostons North End ein dorfähnliches italienisches Ambiente erhalten.

Amerikas deutsche Wurzeln

Zwischen dem 17. und 19. Jh. suchten zahlreiche Deutsche Zuflucht in der Neuen Welt, wollten hier ein neues Leben in Wohlstand beginnen. Nach dem letzten Zensus berufen sich heute fast 17 % aller Amerikaner auf deutschsprachige Wurzeln – und bilden damit die größte ethnische Gruppe der USA. Vielfach waren die Zuwanderer Mitglieder verfolgter religiöser Gruppen, wie Mennoniten oder Amische, die sich bevorzugt in und um Pennsylvania und im Mittleren Westen der USA niederließen. Die Einwanderer waren nicht ausschließlich Deutsche nach heutiger Definition, es gehörten auch deutschsprachige Schweizer, Österreicher, Polen, Niederländer, Franzosen und Tschechen dazu.

Natürlich durfte in der neuen Heimat Vertrautes nicht fehlen: **Vereine** wie die Auswanderungs- oder die Rhein-Bayerische Gesellschaft, Gesangs- und Turnvereine wurden gegründet, Wohltätigkeitstreffen veranstaltet. Man pflegte das Brauerei- und Destillierwesen, forcierte die Druckkunst, baute die vertrauten Fachwerkhäuser, kochte Sauerkraut und Schnitzel, feierte traditionelle Feste wie Maitanz, Wurst- oder Oktoberfest und hielt, zumindest bis um 1900, an der eigenen Sprache fest. Heute ist davon, mit Ausnahme einiger Enklaven, nicht viel geblieben. Es waren letztendlich die deutschsprachigen Einwanderer, die sich schneller und gründlicher als andere Gruppen assimilierten.

16 % der Amerikaner haben deutsche Wurzeln

Asiaten

Amerikaner asiatischer Herkunft stellen einen Bevölkerungsanteil von über 4,8 %. Die älteste und größte Gruppe stellen die **Chinesen** (ca. 1,5 Mio), deren Vorfahren im 19. Jh. in den amerikanischen Westen kamen, wo sie am Goldrausch Anteil nahmen und in den 1860er- bis 1870er-Jahren beim Bau der transkontinentalen Eisenbahn Arbeit fanden. Im Osten sind Asiaten nicht so dominant wie an der Westküste, mit Ausnahme von **New York City**, wo sich eines der größten **Chinatowns** der USA gebildet hat.

„Yankees“ und „Southerners“

info

Auch wenn die Ostküste eine geografische Einheit bildet, gibt es historisch und besonders gesellschaftlich große Unterschiede, die sich in den Bildern von Johnny Reb – dem Bürgerkriegshelden – und Billy Yank, seinem Unionskollegen, manifestieren. Noch heute gibt es die Kluft zwischen Nord- und Südstaaten, mit dem Yankee auf der einen Seite und dem Südstaatler auf der anderen.

Yankee war als Spitzname zunächst allein auf die Neuengländer gemünzt. Ein *Yankee* galt als Spekulant, Unternehmer und Erfinder par excellence; Industrie und Handel, Finanzen und Politik lagen in seinen Händen. Er selbst zählte sich zur „Elite“ und betrachtete sich als das „Gewissen der Nation“. Alteingesessene Bostoner Familien – die sogenannten *Boston Brahmins* – waren in der ersten Hälfte des 19. Jh. durch Geschäfte zum „Geldadel“ Neuenglands geworden. Man verwies mit Stolz auf lange Ahnenreihen und pflegte sein Selbstvertrauen.

info

Ganz anders im Süden: Der **Southerner** war von jeher für allerlei Mythen und Legenden gut, *Dixieland* und *Deep South*, *Southern Belles* und Kavaliere, *Good Ol'Boys* und *Rednecks*. Mit wenig Zuneigung blicken noch heute viele *Yankees* auf ihren südlichen Landesteil: Die *Southerners* seien langsam und schwerfällig – wie ihr breiter Dialekt –, bigott und erzkonservativ, rückständig und rassistisch. Das Klima des *Sun Belt* hat die Menschen ebenso geprägt wie ihre Geschichte. Ihre besondere Sprechweise, Küche, Kultur, Sitten, Gebräuche und Traditionen, die Bedeutung von Kirche und American Football, und nicht zuletzt ihre große Freundlichkeit, Hilfsbereitschaft und Redseligkeit haben dem Süden einen unverwechselbaren Stempel aufgedrückt.

Soziale Situation

Auch hinsichtlich der sozialen Lage sind die USA ein **Land der Kontraste**. Erst auf den zweiten Blick nimmt man die „Homeless People" in den Innenstädten wahr, erkennt die höchst unterschiedliche Wohnstruktur, die auch Baracken- und Wohnwagensiedlungen aufweist, und bemerkt die missliche Lage in den Indianerreservaten. 2010 lag die offizielle „Armutsrate" (*poverty rate*) bei 25%, das sind knapp 77 Millionen Menschen. Die Zahl der Sozialschwachen hat sich dabei in den letzten Jahren in allen ethnischen Gruppen (außer den Asiaten) vergrößert, allerdings am stärksten bei Hispanics und Afroamerikanern, auf je rund 25 %. Die Kluft zwischen Arm und Reich wächst und die zunehmend ungleiche Verteilung der Einkommen sorgt für Sprengstoff: das reichste, eine Prozent der Bevölkerung konnte in 20 Jahren sein Einkommen im Schnitt um 120 % steigern während die Reallöhne des überwiegenden Teils der Arbeitnehmer im gleichen Zeitraum um 20 % sanken.

USA kein Sozialstaat

Krankenversicherung

Während des Arbeitslebens sind, zumindest derzeit noch, die meisten Amerikaner gezwungen, sich selbst, d. h. privat, zu versichern. Nicht jeder kann sich das leisten, und da **keine Versicherungspflicht** wie hierzulande besteht, nehmen viele das Risiko einer Krankheit und die damit verbundenen Kosten in Kauf. Arbeitgebern ist immer noch freigestellt, ob und in welcher Höhe sie sich an der Krankenversicherung beteiligen. Bislang gewährt der Staat Sozialhilfeempfängern und Rentnern eine **Krankengrundversorgung**, die *Medicaid* bzw. *Medicare* genannt wird. Diese Versicherung wird wie die Sozialversicherungsbeiträge je zur Hälfte von Arbeitgeber und Arbeitnehmer finanziert. Allerdings müssen die Patienten – mit Ausnahme der finanzschwachen *Medicaid*-Versicherten – einen Eigenanteil an Krankenhaus-, Arzt- und Behandlungskosten leisten.

Keine Versicherungspflicht

Präsident Obama versucht derzeit eine **staatliche Krankenversicherung für alle** durchzusetzen und hat 2010 ein entsprechendes Gesetz in die Wege geleitet. Ob es sich allerdings umsetzen und vor allem finanzieren lässt, steht noch in den Sternen. Zu kompliziert – und oft undurchschaubar –, zu unterschiedlich sind die bundesstaatlichen und lokalen gesetzlichen Vorlagen, sodass sich mit einem Gesetz keine übergreifende Regelung finden lassen wird.

Rentenversicherung

1935 war mit dem *Social Security Act* die Rentenversicherung, ein Sozialhilfeprogramm und einzelstaatliche Arbeitslosenversicherungen in den USA eingeführt worden. Heute sind die meisten Arbeitnehmer rentenversichert. Die Altersbezüge sind jedoch gering, da auch die Beiträge niedrig sind – ein Grund dafür, dass viele *retirees* auch im hohen Alter noch Nebenjobs annehmen. Die Rente, weniger als die Hälfte des letzten Nettoeinkommens, wird über die *Social Security* finanziert, in die anteilig Arbeitnehmer und Arbeitgeber einzahlen.

Niedrige Renten

Im Gegensatz zur deutschen Rentenversicherung basiert die amerikanische Sozialversicherung auf einem stetig wachsenden Rentenfonds. Das **Rentenalter** liegt je nach Zahl der Einzahlungsjahre zwischen 63 und 67 Jahren, es besteht allerdings die Möglichkeit, unter Inkaufnahme von Abschlägen früher in Rente zu gehen. Diejenigen, die finanziell dazu in der Lage sind, haben meist zusätzlich private Rentenversicherungen bzw. Lebensversicherungen abgeschlossen um im Alter ihren Lebensstandard halten zu können.

Arbeitslosen- und Sozialhilfe

Lange Jahre lag die **Arbeitslosenquote** in den USA unter 4 %, während der letzten Wirtschaftskrise stieg die Zahl fast 10% – inzwischen sinkt die Quote wieder langsam (etwa 8 % im Jahr 2012). Afroamerikaner und Lateinamerikaner sowie Jugendliche sind am stärksten betroffen: hier liegt die Arbeitslosenrate mit 15–20 % erheblich höher. Arbeitslose werden in den USA weniger großzügig unterstützt als hierzulande. Es gibt für 26 bis maximal 39 Wochen finanzielle **Unterstützung**, die zwischen 30 und 50 % des letzten Arbeitslohns beträgt. Genau wie bei der Arbeitslosenversicherung variieren die Leistungen der Sozialhilfeprogramme von Staat zu Staat jedoch gravierend.

Sozialhilfe *(workfare)* wird jenen gewährt, deren Einkommen unter der offiziellen Armutsgrenze liegt. Neben *Medicaid* erhalten die Bedürftigen *food stamps* (Lebensmittelmarken), Kostenbefreiung für Kindergarten- und Schulbesuch und Mietzuschuss.

Kein Bürger darf länger als fünf Jahre Sozialhilfe aus Bundesmitteln empfangen. Jeder Empfänger ist verpflichtet, nach zwei Jahren mindestens 20 Wochenstunden zu arbeiten. Dauer und Höhe von Arbeitslosenversicherung und Sozialhilfe haben zur Folge, dass die Betroffenen auch **schlecht bezahlte Jobs** annehmen. Immerhin verfügen die USA über ein Mindestlohngesetz, das staatlich bei $ 7,25 (in Deutschland sind 8,50 € angestrebt) liegt. In einigen Bundesstaaten, vor allem im Nordosten, ist der Mindestlohn etwas höher.

Mindestlohn

Bildungswesen

Die Wurzeln des amerikanischen Bildungswesens liegen in Neuengland. Die erste höhere Schule – die „**Boston Latin School**" – wurde 1635 in Boston gegründet. 1637 eröffnete das „Newtowne College", das ein Jahr später in „Harvard University" umbenannt wurde und heute als eine der renommiertesten Hochschulen der Welt gilt.

Schulen

1671 hatte man in allen Kolonien außer in Rhode Island die Allgemeine Schulpflicht eingeführt. Das Schulwesen lag von Anfang an in den Händen der Stadt oder der Gemeinde, was erklärt, wie es zu der immensen Zersplitterung in um die 16.000 Schuldistrikte kam. Die **Qualität der Schulen** ist in erster Linie von der sie umgebenden Sozialstruktur und dem Wirtschaftsgefüge abhängig. Da sie durch die Grundsteuer finanziert werden, sind Schulen in „guten Wohngegenden" besser ausgestattet, verfügen über qualifiziertere (und höher bezahlte) Lehrer als solche in einer armen Neighborhood mit geringem Steueraufkommen.

Harvard gilt als eine der Elite-Universitäten der USA

Während der Schulzeit wird ein Schwerpunkt auf die **Förderung des Sozialverhaltens** gelegt. Außerdem werden in den Ganztagsschulen außerschulischen Aktivitäten wie Sport, Musik oder Fahrschule eine weit größere Rolle zugemessen als hierzulande. Aufgrund der Größe des Landes konzentrieren sich die Lerninhalte logischerweise überwiegend auf den eigenen Kontinent und die eigene Sprache. Statt des deutschen dreigliedrigen Systems herrscht ein einheitliches Zwölf-Klassen-System, das Chancengleichheit gewährleisten soll.

Mit sechs Jahren besucht ein Kind in die sechsklassige **Elementary (Primary) School**. Die *grades* 7 bis 9 werden **Middle School** und 10 bis 12 **High School** genannt. Im Alter von ca. 18 Jahren geht es dann weiter auf ein College oder eine Universität, für normalerweise vier Jahre.

Universitäten

In den USA gibt es etwa 3800 höhere Bildungseinrichtungen, die miteinander konkurrieren. Generell gibt es keine allgemein gültige staatliche Regelung oder Kontrolle des Bildungswesens. Es herrscht **akademische Selbstverwaltung** und die Aufnahmebedingungen seitens der Unis unterscheiden sich ebenso wie ihr Niveau. Aufnahmetests spielen meist eine geringere Rolle als das persönliche Vorstellungsgespräch, Noten sind oft weniger wichtig als Charakterstärke, Engagement und Neigungen, und Vermögen wird weniger Bedeutung zugemessen als beispielsweise der Tatsache, ehemalige Studenten *(alumni)* in der Familie zu haben. Eine Pflicht zur Aufnahme besteht generell nicht.

Universität als Wirtschaftsunternehmen

Rund 40 % aller Colleges und Unis befinden sich in öffentlicher Hand, d.h. erhalten Zuschüsse von Bundesstaaten, Gemeinden oder Städten. Die Mehrzahl stellen private Hochschulen, die meist einen besseren Ruf als die staatlichen genießen, jedoch auch um einiges höhere **Studiengebühren** (*tuition*) erheben. Unterschiede werden dabei auch nach dem Herkunftsort gemacht: Studenten aus dem gleichen Bundesstaat zahlen weniger als Ortsfremde. Angesichts der hohen Studienkosten, die übers Jahr in die Zehntausende Dollar gehen können, mag man den Kopf schütteln, sollte aber bedenken, dass amerikanische Universitäten seit jeher als **Wirtschaftsunternehmen** nach dem Prinzip „Leistung – Gegenleistung“ und „Der Kunde ist König“ arbeiten.

Vor allem die Privatunis werden komplett privatwirtschaftlich betrieben und gehören in den kommerziellen Dienstleistungssektor. Sie finanzieren sich in erster Linie aus Studiengebühren, Stiftungsvermögen, Spenden und Einnahmen – z.B. aus TV-Übertragungsrechten für ihre Sportteams – und verfügen im Allgemeinen über ansehnliche Etats, die eine gute personelle und materielle Ausstattung der Einrichtungen erlauben. Die Stiftungsvermögen sind hoch, Gelder werden reinvestiert und hauptberuflich agierende Fundraiser werben um Spenden und erschließen neue Geldquellen. Die Hochschulen konkurrieren um die besten Professoren, die begabtesten Studenten und die großzügigsten Sponsoren. Dies führte zur Herausbildung sogenannter **Eliteuniversitäten** wie Yale, Harvard, Brown, Princeton oder Stanford. Die Universität bzw. der Campus stellt eine eigene Stadt für sich dar, mit kompletter Infrastruktur und einem breiten Angebot im akademischen und nichtakademischen Bereich; dazu gehören z.B. Sport- und Freizeiteinrichtungen, Kurse und Veranstaltungen. Der Campus bietet **Rundum-Versorgung** – z.B. Gesundheitszentrum, Job-Service, Beratungsstellen und Finanzhilfe – und fördert so zweifellos die Konzentration aufs Studium.

Eliteunis

Praxisorientierte Ausbildung

Normalerweise schließt sich an die Schule ein **College-Studium** (*Undergraduate Studies)* an, das zwei oder vier Jahre dauert. Rund 1400 *Community (Junior) Colleges* sind von den Kommunen betriebene öffentliche Einrichtungen, die eine zweijährige, praxisorientierte Ausbildung ermöglichen. Während dieser Zeit wird der Student auf den Berufseinstieg vorbereitet. An einem „regulären" oder „**4-year College**" können Studenten aus verschiedenen *undergraduate programs* wählen und durchlaufen die vier Stufen *Freshman, Bachelor, Junior* und *Senior*. Der Abschluss nach vier Jahren ist der Bachelor.

Über 80 % der amerikanischen Studenten steigen nach dem Undergraduate-Studium ins Berufsleben ein, knapp ein Fünftel setzt die Ausbildung mit einem (**Post**-) **Graduate-Studium** fort. Sie enden in der Regel nach zwei zusätzlichen Jahren mit dem Verfassen einer *thesis* und bringen dem Studierenden einen Master's Degree ein.

Der dritte Studienabschnitt wäre ein **Doctorate Program**, das sich, je nach Uni, auch unmittelbar an den Bachelor anschließen kann. Eine Habilitation ist in den USA nicht vorgesehen – bei entsprechender Leistung und hoher jährlicher Punkte-Bewertung durch die Studenten steigt man vom *Assistant Docent* zum *Professor* auf.

Religion – „God's Own Country"

Religiöse Vielfalt

Mit der Verankerung der Religionsfreiheit und der Trennung zwischen Staat und Kirche in der Verfassung wurden die USA zu *God's Own Country*, zu einem Land, in dem jeder seinen Glauben ausleben kann, solange er Gesellschaft oder Staat nicht schadet. Dies wurde als erster Verfassungszusatz *(Amendment I)* 1791 in die Verfassung aufgenommen und führte zu mehr Mobilität und Konkurrenz. Im 19. Jh. erreichte die **Vielfalt an Glaubensgruppen** bzw. Sekten in den USA ihren Höhepunkt und bis heute ist die religiöse Zersplitterung nirgendwo sonst so stark wie hier.

Trotz der strikten **Trennung von Kirche und Staat** ist das Leben der Amerikaner vom Glauben bzw. der Kirchengemeinde geprägt – was hierzulande oft unterschätzt wird. So gilt in vielen Teilen der USA der Sonntag immer noch als „Heiliger Tag", an dem man sich gut gekleidet und in feierlicher Stimmung in der Kirche trifft. Und die Bibel ist weiterhin das meistgelesene Buch.

Religiöse Vielfalt

Die ersten europäischen Siedlungen in Nordamerika wurden von verschiedenen Gruppen **religiöser Flüchtlinge** aus Europa gegründet. Als Erste träumten die in den 1560er-Jahren in Großbritannien aufgekommenen **Puritaner** den Traum vom *Promised Land*, vom „Gelobten Land“. Sie sahen sich als *The Chosen People*, als Auserwählte, die von Gott den Auftrag erhalten haben, ein „neues Jerusalem“ zu schaffen. 1620 waren die ersten Puritaner, die sogenannten Pilgerväter, mit der „Mayflower“ nach Amerika gesegelt und hatten sich im heutigen Neuengland angesiedelt.

„God's Own Country“

Motiviert durch die erfolgreichen Koloniegründungen in Nordamerika zu Beginn des 17. Jh. stieg die Zahl religiös motivierter Auswanderer stetig an. Zu den meistbeachteten Versuchen, ein neues „Gelobtes Land“ zu schaffen, gehört das von William Penn gegründete **Pennsylvania**. Als Mitglied der in den 1650er-Jahren in England entstandenen *Religious Society of Friends*, besser bekannt als **Quäker**, schlug Penn auf der Suche nach Freiheit den Weg nach Nordamerika ein und legte die Regeln des Zusammenlebens in der 1701 von ihm verfassten *Charter of Privileges* fest. Pennsylvania wurde fortan zum Zufluchtsort vieler religiöser Gruppen aus Europa, darunter eine Gruppe um den Schweizer Prediger Jacob Amman, die **Amischen** (*Amish People*), eine Splittergruppe der **Mennoniten**, die 1536 unter Führung des charismatischen Niederländers *Menno Simons* entstanden war.

Wiedererweckungs-Bewegungen

Religiöse **Wiedererweckungs-Bewegungen** (*Great Awakenings*) spielten in den USA eine zentrale Rolle. Das **erste Great Awakening** griff zwischen 1720 und 1750 auf die englischen Kolonien in Nordamerika über. Zu den damals herausragenden Figuren zählte der Prediger George Whitefield, der zum Führer der calvinistisch-protestantischen Gemeinschaft der **Methodisten** aufstieg. Erstmals rückte dabei die individuelle religiöse Erfahrung statt des Gemeinschaftserlebnisses in den Mittelpunkt. Auf fruchtbaren Boden fiel diese Bewegung auch im Mutterland England: 1747 gründete sich in Manchester die *United Society of Believers*, die als **Shaker** nach ihrer Flucht 1774 in Nordamerika regen Zulauf verzeichneten.

Protestanten und Puritaner

Zwischen 1795 und den 1840er Jahren kam es zu einem **zweiten Great Awakening**. Evangelisten wie Charles G. Finney propagierten den freien Willen eines jeden Menschen und die Vergebung der Sünden. Am folgenreichsten erwiesen sich jedoch die Visionen des Joseph Smith (1805–44) im September 1823, die sieben Jahre später die Basis des *Book of Mormon* bildeten und in der Gründung der **Church of Jesus Christ of Latter-Day Saints** mündeten. Wachsende Ablehnung trieb die Mormonen jedoch immer weiter nach Westen, bis Ende der 1840er Brigham Young die damals rund 17.000 Gemeindemitglieder in ihre neue Heimat am Great Salt Lake führte, wo der Mormonenstaat „Deseret" (Biene), das heutige Utah, entstand.

Geschichte der Mormonen

Jedem das Seine

Catholic, Baptist, Methodist, Presbyterian, Pentecostal, Episcopalian, Latter-Day Saints, AME/African Methodist Episcopal, Church of Christ, Jehovah's Witness, Jewish, Muslims, Seventh-Day Adventist – die Liste der Glaubensgruppen und Kirchen in den USA ist vielfältig. Die meisten sind, streng genommen, **protestantische Gruppen**, hierzulande auch unter dem Begriff „Evangelische Freikirchen" firmierend, und die größte unter ihnen bilden die **Baptisten**.
Die 1845 gegründete *Southern Baptist Convention* gilt als rigoros fundamentalistische Organisation, die die Allmacht der Bibel und einen traditionellen Moralbegriff vertritt. Als fortschrittlicher gelten die *Presbyterianer* und die *Methodisten*, quantitativ ebenfalls stark vertreten sind *Pentecostal* und *Episcopal Church, Lutherans* und die *Churches of Christ*.

Ein Amerikaner gehört nicht unbedingt sein ganzes Leben lang ein und derselben Religionsgemeinschaft an: Bei einem Umzug kann es durchaus sein, dass ein Episkopaler zum Methodisten wird, sofern diese Gemeinde näher zur Wohnung liegt oder das Angebot an Kinderbetreuung, Alten- und Krankenpflege, Familienprogrammen oder Veranstaltungen mehr überzeugt. Da es weder Steuern noch Kirchengeld gibt und auch der Pfarrer nicht beamtet ist, lässt sich die Kirche diese Art von Service natürlich bezahlen. Es gilt der **blessing pact**: Gott liefert den Segen, der Besucher das Geld – und darf dafür in *God's own Country* nach eigenem Gusto glücklich werden.

Gibt es den „American Way of Life"?

Hot Dogs und Hamburger, Jeans und Cowboystiefel, Turnschuhe und Kaugummi, anonyme Vorortsiedlungen und vielspurige Autobahnen, Shopping Malls und Outlet Center, „*How are You*" und Duzen, Oberflächlichkeit und Smalltalk, Macht des Geldes und Jagd nach ewiger Jugend – was ist es eigentlich, was den „**American Way of Life**" ausmacht? Natürlich lassen sich die alten Vorurteile über Amerika und die Amerikaner nicht ausrotten – Gleiches gilt vice versa z.B. in Bezug auf die Verbindung zwischen Deutschen und Sauerkraut, Autobahnen oder Kuckucksuhren. Doch die USA sind eine derart

Klischee vom typischen Amerikaner

vielfältige und oft gegensätzliche Welt, dass man kaum von einen universellen „American Way of Life" sprechen kann. Das **Klischeebild** vom typischen Amerikaner gibt es nicht wirklich, sondern lediglich spezifische Züge und Gemeinsamkeiten, aber auch grundlegende Unterschiede zum europäischen Lebensstil. Im Folgenden sollen zwei Aspekte des vielschichtigen „American Way of Life" herausgegriffen werden.

USA kulinarisch

Fast Food ist zwar keine amerikanische Erfindung – schon im alten Rom gab es Garküchen an jeder Straßenecke –, doch in den USA wurde die „schnelle Küche" zum Kult und zum lukrativen Geschäft. Andererseits findet man heute kaum ein Land mit einer derart **kreativen und vielfältigen Küche**, die von frischen, lokalen Ingredienzien und variablen, einfallsreichen Kombinationen und Zubereitungsweisen lebt. Der multiethnische Faktor, wachsendes Gesundheitsbewusstsein, Fantasie und Innovationsgeist haben dazu beigetragen, dass sich die amerikanische Küche zu etwas Besonderem entwickeln konnte und dass viele Restaurants heute mit den Gourmettempeln der französischen *Haute Cuisine* konkurrieren können. Wochenmärkte schießen aus dem Boden und selbst Supermärkte bieten mittlerweile eine breite Palette an Bioprodukten, Obst- und Gemüsesorten, Fisch und Meeresfrüchten an.

Kreative Küche

Die **Küche der USA** – im Reiseteil wird auf lokale Besonderheiten hingewiesen – kann man mit einem Eintopf vergleichen, in den die unterschiedlichsten Zutaten geworfen werden, um zu einem leckeren Gericht zu verkochen. So verdankt man den **Indianern** eine Vielfalt lokaler Gemüse- und Obstsorten, Wild und Fisch, das Maismehl und nicht zuletzt Chilis und Bohnen. Die **Zuwanderer** aus anderen Teilen der Welt führten Pflanzen wie Oliven, Trauben (Wein), Datteln, Nüsse oder Zitrusfrüchte ein, trieben den Fischfang zur Perfektion und entwickelten sich zu Meistern in der Viehzucht und -haltung. Schon in den 1970er Jahren begann mit der kulturellen auch eine **kulinarische Revolution,** die von der Westküste auf den Osten überschwappte.

Die angeblich schönste Nebensache der Welt

Eine Nebensache ist Sport in den USA keineswegs, im Gegenteil, er spielt im Alltag der Amerikaner eine zentrale Rolle. Außerdem ist Sport ein wichtiger **Wirtschaftsfaktor** und ein bedeutender Teil des Showgeschäfts. Seit über 100 Jahren gilt das passive Miterleben sportlicher Wettkämpfe als Bestandteil des Kulturkalenders einer Stadt oder Region. Man zahlt einen mehr oder weniger hohen Preis für ein Ticket und erwartet dafür mehrstündige Rundum-Unterhaltung für die ganze Familie.

Sport in Nordamerika – neben American Football, Baseball, Basketball und Eishockey gewinnen NASCAR-Autorennen und Fußball (Soccer) immer mehr Fans – ist fest verankert in Geschichte, Kulturleben und sogar im Kalender.

„Big Five" des Sports

Kein Wunder, reichen die Wurzeln vieler Sportarten doch ins 19. Jh. zurück und können selbst Profiligen und -teams häufig auf eine jahrhundertelange Tradition zurückblicken. So interessiert beispielsweise niemanden der kalendarische Frühlingsbeginn, wenn jedoch der US-Präsident Anfang April, am „Opening Day", die Baseballsaison eröffnet, dann ist für die Amerikaner das Frühjahr da. Bis in den Herbst hinein werden nun das Schlagspiel mit dem kleinen Lederball und die *Boys of Summer* Gesprächsthema Nummer eins sein. **Baseball** ist nicht einfach nur ein Sport – es ist das *National Game* und damit Teil der amerikanischen Geschichte, Kultur und Lebensphilosophie.

Färben sich die Blätter gelb, werden die Tage kürzer und die Abende kühler, hört man überall die Blechinstrumente und Trommeln der *Marching Bands*: Der Herbst ist die Jahreszeit des **American Football**. Die Profi-Football-Liga **NFL** (*National Football League*) gilt als die florierendste Sportliga der Welt. Daneben ziehen auf dem „flachen Land", dort wo die meisten Universitäten angesiedelt sind, die Football-Mannschaften der Hochschulen Millionen von Fans in ihren Bann: **College Football** lockt in Hochburgen wie Texas, Tennessee oder Florida genauso viele Fans in die Stadien wie die NFL. Sportstudenten, mit Stipendien versehen, stellen vier Semester lang die Kader der Uniteams, um danach – sofern gut genug – in das Profisportgeschäft zu wechseln.

Sporttermine

Kommen Kälte und Schnee, dann pilgert man in die Hallen, um **Eishockey** der weltbesten Liga, der **NHL** *(National Hockey League)* oder **Basketball** zu sehen. Neben der weltberühmten **NBA** *(National Basketball Association)* ist auch College Basketball beliebt.

In den letzten Jahren hat sich eine weitere Sportart zum Volkssport entwikkelt: **Fußball**, in den USA „**Soccer**" genannt. Haben einst nur Zuwanderer aus Südamerika und Südeuropa dem Fußball gehuldigt, kickt heute in den USA fast jedes Kind und die Bedeutung der **Profiliga MLS** *(Major League Soccer)* wächst stetig.

info

Baseball, das National Game

Um Baseball ranken sich viele Legenden: Da behauptete beispielsweise um 1900, als Baseball gerade seinen Kinderschuhen entwachsen war, der Sportartikelmillionär und ehemalige Spieler Albert G. Spalding, dass ein gewisser Abner Doubleday 1839 in Cooperstown (New York) das Spiel erfunden haben soll. Wissenschaftler weisen darauf hin, dass Schlagballspiele schon in der Antike bekannt waren, und es ist anzunehmen, dass in Nordamerika einfach unterschiedliche Varianten zu einer neuen Spielversion verschmolzen.

1845 wurde mit dem **Knickerbocker Club of New York** der erste dokumentarisch belegte Baseballclub gegründet, und er war maßgeblich an der Verfassung eines Regelwerks beteiligt. Nach Bürgerkriegsende hatte sich das Baseballfieber über das ganze Land verbreitet. 1869 wurde mit den **Cincinnati Red Stockings** der erste reine Proficlub ins Leben gerufen und am 2. Februar 1876 jene Liga

info

gegründet, die bis heute das Geschehen mitbestimmt: die **National League** (NL). 1900 kam die **American League** (AL) dazu und beide schlossen sich wenig später zum **Major League Baseball** (MLB) zusammen. Seit 1905 ermitteln die Meister der NL und der AL in den **World Series** die beste Profimannschaft.

Baseball ist Amerikas Nationalsport

Was wäre Baseball ohne seine Stars? Selbst hierzulande kennt man Babe Ruth, Lou Gehrig oder Joe DiMaggio, Letzteren nicht nur, weil er mit Marilyn Monroe verheiratet war. Heiß verehrt in den schwarzen Vierteln wurden einst die Stars der berühmten Negro League – erst 1946 wurde mit Jackie Robinson der erste Afroamerikaner in die MLB aufgenommen. Egal, ob Schwarz oder Weiß, Namen von Legenden und Newcomern wie Leroy „Satchel“ Paige, Willie Mays, Hank Aaron, Mickey Mantle, Pete Rose, Yogi Berra, Frank Robinson, Reggie Jackson, Cal Ripken, Nolan Ryan, Mike Piazza, Randy Johnson, Derek Jeter oder Tim Lincecum lassen die Augen der Fans leuchten.

Lange Zeit galt der Nordosten als Heimat des Baseball und New York als dessen Hauptstadt, waren dort doch ursprünglich gleich drei der berühmtesten Teams zu Hause: die **Yankees**, die **Giants** und die **Brooklyn Dodgers**. Dank der Zunahme von Radio- und TV-Übertragungen erlebte Baseball in den 1960er Jahren einen Boom, und der Umzug berühmter Mannschaften, z. B. der Giants und jener legendären Dodgers nach San Francisco bzw. Los Angeles, verbreiterte die MLB-Basis landesweit. Längst sind zu Traditionsclubs wie den Yankees oder den **Boston Red Sox** Vereine wie die **Baltimore Orioles** oder **Philadelphia Phillies** getreten: 30 Profiteams bilden derzeit die beiden Ligen des MLB, dazu kommen zahllose weitere in den unteren Profiligen.

Wer zwischen April und Oktober die USA besucht, sollte es nicht versäumen, ein Baseballspiel mitzuerleben, beispielsweise im Oriole Park at Camden Yards in Baltimore, im legendären Yankee Stadium in New York oder im altehrwürdigen Fenway Park in Boston. Zugegeben, ein Spiel scheint endlos und zu Anfang versteht man meist nicht viel, doch die Stimmung ist toll und meist findet sich schnell jemand, der einen in die Geheimnisse der Sportart einweiht.

Kultur im Überblick

Nirgendwo stellt sich die Frage nach einer einheitlichen Kultur stärker als in den USA. Zwar hat seit der Gründung der Vereinigten Staaten die angloamerikanische Mehrheit ihre Normen gesetzt, doch andererseits definieren sich die USA bis heute als **Summe verschiedener Ethnien**. Es gibt durchaus kulturelle Konstanten, die sich seit der Kolonialzeit herausgebildet haben: der Glaube, im Gelobten Land zu leben, Tugenden wie Unabhängigkeit, Optimismus, Selbstvertrauen, Risikofreude, Fortschrittsglaube, Individualismus, Toleranz, Erfolgsstreben, Mobilität und schließlich die Sehnsucht nach „Wide Open Spaces". Nachfolgend sollen einige typische Aspekte herausgegriffen werden.

Kulturelle Konstanten

Architektur

Die ältesten erhaltenen Überreste menschlicher Besiedelung an der Ostküste haben die Gestalt von Erdhügeln und Pfostenlöchern. Es handelt sich um die Spuren der sogenannten indianischen **Mississippian Tradition**, die sich in den Südstaaten zwischen dem Mississippi und der Atlantikküste ausdehnte. Mit der Ankunft europäischer Siedler an der Ostküste – abgesehen von Louisiana und Florida in erster Linie Engländer – hielten ab dem frühen 17. Jh. bevorzugt **englische Architekturstile**, Bautypen und -techniken Einzug, wobei allerdings den natürlichen Gegebenheiten der Wahlheimat, insbesondere dem Klima und den vorhandenen Baumaterialien, Rechnung getragen werden musste. Es handelte es sich um bodenständige Zweckarchitektur mit einfachem Grundriss, daneben existierten primitive Blockhütten, *log cabins*.

Im 17. Jh. waren überwiegend schlichte Einraum-Häuser entstanden, wie die *saltboxes* in Neuengland, mit je einem Raum und zwei Etagen bzw. die *shotgun houses* in anderen Regionen, besonders im Südosten, mit je einem Zimmer zu beiden Seiten eines Mittelgangs. Solchen simplen Grundrissen wurden ab Anfang des 18. Jh. weitere Räume zugefügt.

Vor dem Ausbruch des Unabhängigkeitskrieges 1776 bildete sich unter englischem Einfluss ein architektonischer Stil in der Neuen Welt heraus, der nach den vier englischen Königen namens George, die von 1714–1830 aufeinander folgten, **Georgian Style** genannt wurde. Er manifestierte sich in sehr schlichten, unverputzten Ziegel- (oder Holz-)Bauten, rechteckigen zweistöckigen Kästen, deren Besonderheit in der strengen Symmetrie von Eingang und Fenstern und in klassizistischen Architekturelementen wie Zierleisten, Säulen und Giebeln zur Rahmung der Eingänge lag. Dieser Stil war zwischen 1700 und 1780 in den englischen Kolonien verbreitet. Besonders viele Beispiele finden sich in Boston, New York, Philadelphia, Portsmouth (New Hampshire) oder Newport (Rhode Island). Englische Baumeister wie Inigo Jones (1572–1652) oder Sir Christopher Wren (1632–1723) hatten

Strenge Symmetrie

Architekturstile

Georgian Style

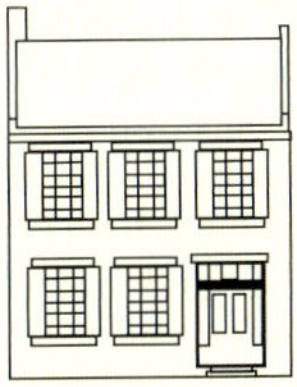
Federal Style

Greek Revival

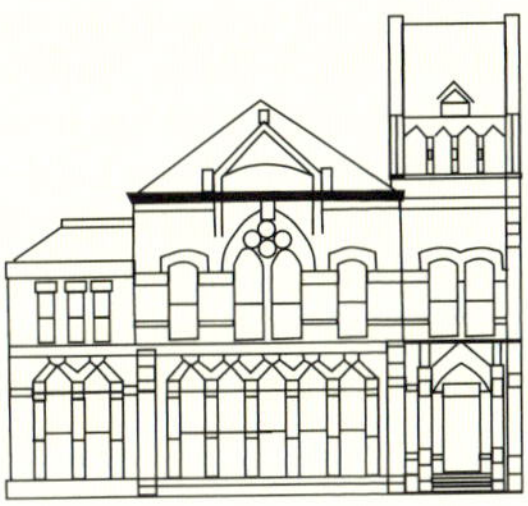
Gothik Revival

Italianate Revival

Second Empire Style

Queen Anne Style

Tudor Revival

Romanesque Revival

Bungalow Style

International Style

die wegweisenden Traktate des italienischen Renaissance-Baumeisters Palladio (1508–80) – der sich wiederum auf den antiken Theoretiker *Vitruv* stützte – intensiv studiert.

Aus dem „englischen" Georgian Style wurde nach der Unterzeichnung der Unabhängigkeitserklärung 1776 und mit wachsendem Selbstbewusstsein der jungen Nation der **Federal Style**, allerdings ohne dass es zu gravierenden Veränderungen gekommen wäre. Je nach Region und natürlichen Ressourcen wurde häufig weiter mit Holz gebaut und lediglich durch Anstriche oder Verblendwerk der Eindruck wertvolleren Mauerwerks vorgetäuscht. Besonders der spätere Präsident Thomas Jefferson (1743–1826) gab in der repräsentativen Architektur neue Anstöße indem er klassizistisch-antikisierende Elemente einführte. Musterbeispiel ist seine Villa in Monticello/ Virginia, wo Jefferson erstmals eine komplette Tempelfront – die Kopie der römischen Maison Carrée in Nîmes – bauen ließ. Das frühe 19. Jh. war jedoch auch die große Zeit von Architekten wie Samuel McIntire (1757–1811) aus Salem oder Charles Bulfinch (1763–1844) aus Boston, deren Bauwerke zu den schönsten Beispielen dieser Epoche zählen.

Thomas Jefferson

Im Innenbereich war es der **Adams Style**, der neue Akzente setzte: romantisch-verspielte Züge traten zu schlicht-strengen, klassizistischen Formen. Die beiden britischen Architekten Robert und James Adam hatten in ihrem Traktat von 1773 eine harmonische und einheitliche Gestaltung des Innenraums gefordert und genügend Beispiele, z.B. in Charleston, geliefert. Aufwändiges und handwerklich hochwertiges Dekor, Stuckaturen an Decken und Wänden, exquisite Kaminverkleidungen, vor allem aber auffällige Grundrisse und gewagte Treppenkonstruktionen wurden erst in England, dann auch in der Neuen Welt Mode.

Der griechische Befreiungskrieg 1821–30 und das Bekanntwerden archäologischer Entdeckungen und Publikationen waren Faktoren, die das Aufkommen des **Greek Revival Style** in Nordamerika forcierten. Vor allem in der Plantagengesellschaft des Südens verbreitete sich der neue Stil schnell und nachhaltig. In der Zeit vor dem Bürgerkrieg, zwischen 1830 und 1861, wurden antike Bauelemente „modern" und bei den sogenannten Ante-Bellum-Häusern wurden statt einzelner Säulen um den Eingang, wie zuvor, ganze Säulenhallen (Portiken) errichtet bzw. komplette Tempelfronten vorgeblendet. Einerseits wurde dies als adäquates Mittel zur Selbstdarstellung der wohlhabenden Plantagenbesitzer an Herrenhäusern eingesetzt, andererseits sollte so Repräsentationsbauten Monumentalität und Würde verliehen werden.

Antike Bauelemente

Zu einer neuen Bauaufgabe wurde der **Kirchenbau**, und speziell in Neuengland haben bis heute die weißen Kirchtürme symbolhaften Charakter. Asher Benjamin, einer der einflussreichsten Baumeister Neuenglands zu Beginn des 19. Jh., der sieben Bücher zur Architektur verfasst hat, ist dieser Typus des Kirchturms ebenso zu verdanken wie die Tatsache, dass der *Greek Revival Style* auch an der Ostküste, zumindest eingeschränkt, Einzug hielt.

Gegen Ende des 19. Jh. kam es zu einer Gegenbewegung, einem kurzen, an sich nicht allzu bedeutenden Intermezzo: das **Gothic Revival** fand vor allem an Kirchen und öffentlichen Bauten Verwendung. Dieser englisch beeinflusste Stil kann jedoch als Wegbereiter für eine Richtung betrachtet werden, die sich nach dem Bürgerkrieg durchsetzte und unter dem Begriff „**viktorianisch**", nach der regierenden Königin Victoria (1837–1901) firmiert und von etwa 1860 bis 1900 populär war.

Gothic-Revival-Architektur auf dem Campus von Yale

Der viktorianische Stil fasst verschiedene Regional- und Revivalstile zusammen: Zum Gotischen traten, abgeschaut von italienischen Landhäusern und Renaissance-Palästen, das **Italianate Revival** (ca. 1860–85), der **Second-Empire-Stil** mit seinen charakteristischen Dächern (ca. 1870–85) und, in den beiden letzten Jahrzehnten des 19. Jh., Elemente des **Eastlake** und vor allem des beliebten **Queen Anne Style**, mit pittoresken kleinen Türmchen, viel Dekor und Schnickschnack, mit Buntglas und dunklen Holzvertäfelungen in asymmetrisch konzipierten Räumen. Ein großes Plus war hierbei die ökonomische Herstellungsweise: Einzelne Bauteile und Dekorelemente konnten nach Musterbüchern en masse produziert werden, eine Idee von John Pelton. Den Abschluss der viktorianischen Periode bildet der **Romanesque Style** (1895–1910). Dank Architekten wie Henry Hobson Richardson, der die Bostoner Trinity Church entwarf, oder McKim, Mead and White (Boston Public Library) konnten sich derart extravagante Stilvarianten durchsetzen.

Revivalstile wurden auch noch im 20. Jh. gepflegt, doch daneben gab es Neues: der **California**- oder **Bungalow Style**, 1910 bis 1940 vor allem von F.L. Wright geprägt, und der **International Style**. Die beiden New Yorker Architekten Johnson und Hitchcock hatten 1932 mit ihrem Manifest „*The International Style*" in der Baukunst neue Wege geebnet und Bauhaus-Anhänger wie Gropius, Le Corbusier oder van der Rohe trugen dazu bei, dass in den 1950er und 1960er Jahren in Boston, New York oder Philadelphia stromlinienförmige, schlicht-funktionale Glastürme entstanden.

International Style

Neue Impulse erhielt die Architektur in den 1970er Jahren von Baumeistern wie Robert Venturi oder Charles Moore. 1972 hatte sich Venturi mit dem Manifest „*Learning from Las Vegas*" gegen den herrschenden kommerziellen, funktionalen und uniformen Baustil gewandt und mit Hilfe von Zitaten verschiedener historischer Stile eine neue Richtung begründet: die Postmoderne Architektur. Peter Eisenman, Michael Graves, Richard Meier oder Charles Gwathmey folgten. Charles Jencks verfasste das wegweisende Buch „*The Language of Post-Modern Architecture*", und der **postmoderne Stil** – auch als *Pop Architecture* bezeichnet – machte mit Bauten wie dem New Yorker Lipstick Building (1987) Schlagzeilen.

Post- und Spät-moderne

Zitate und Symbolhaftigkeit riefen schon bald eine neue Gegenbewegung hervor: Architektenbüros wie SOM, J.M. Pei, Burgee-Johnson oder Roche, Dinkeloo & Ass. wandten sich gegen Eklektizismus und Historismus und riefen eine neue Moderne ins Leben. In den 1980er Jahren entstand dann „**spätmoderne Architektur**" ohne Zierrat. Die besten Beispiele für die modernen Stilrichtungen des 21. Jh. liefert in konzentrierter Form New York.

Malerei: Kunstzentrum New York

Es sollte lange dauern, bis sich in den USA eigene Stilrichtungen – vor allem eine selbständige Porträt- und Landschaftsmalerei – herausgebildet hatten. Viele Jahre hatten europäische Kunststile, besonders Klassizismus und Romantik, die Malerei beeinflusst. Zu Charleston und New Orleans, die sich schon zu Anfang des 18. Jh. im Süden zu Kunstmetropolen entwickelt hatten, trat im 19. Jh. eine Bewegung im Nordosten, die nach ihrer Leidenschaft für das Hudson-River-Tal „**Hudson River School**" genannt wurde. Streng genommen handelt es sich nicht um eine „Schule", sondern um einen losen Zusammenschluss mehrerer Künstler. Anfangs eher abschätzig betrachtet, übte diese von etwa 1825 bis 1875 aktive Künstlergruppe einen unschätzbaren Einfluss auf die folgende amerikanische Landschaftsmalerei aus (s. S. 82f).

Kunst-zentrum

Mit den Künstlern der Hudson River School rückte **New York** seit dem 19. Jh. als **Kunstmetropole** ins Blickfeld und seither bestimmt die Weltstadt die amerikanische Kunstszene maßgeblich mit. Zu Beginn es 20. Jh. waren Künstler wie Marcel Duchamp, Georgia O'Keeffe, Ralston Crawford, Joseph Stella, Charles Demuth oder Charles Sheeler in New York tätig. Thomas H. Benton lebte ab 1911 in New York und wurde dort zur Identifikationsfigur des „städtischen Sozialrealismus", ebenso wie Reginald Marsh (1898–1954).

1917 hatte sich um Man Ray und Duchamp eine Künstlergruppe formiert, die den New Yorker Dadaismus begründete. Dagegen galten Maler wie Charles Burchfield (1893–1967) und Edward Hopper (1882–1967) mit ihrem Malstil, einer Art Neuen Gegenständlichkeit, als Einzelgänger. Gerade Hoppers Bilder sind wie jene Norman Rockwells bis heute für das Amerikabild prägend.

Der amerikanische Realismus war in den 1940/50er Jahren zum Niedergang verurteilt und wurde abgelöst durch den **abstrakten Expressionismus**. Ihm gelang es, alle bisherigen Kunstvorstellungen zu sprengen und New York zu einem internationalem Ruf als **neues Kunstzentrum** nach Paris zu verhelfen. Zu den wichtigsten Initiatoren gehörte Jackson Pollock (1912–56). Zusammen mit Willem de Kooning, Ad Reinhardt, Robert Motherwell, Barnett Newman, Mark Rothko und Clyfford Still malte er gegen die „laienhaft-provinzielle" Haltung in der Öffentlichkeit an.

In den 1960er Jahren sorgte eine weitere Kunstrichtung aus New York für Schlagzeilen, die **Pop-Art**. Typisch amerikanische Dinge, wie Fast-Food-Restaurants, Reklametafeln, Geldscheine, Comics oder Pressefotos wurden thematisiert und Alltagsgegenstände oder Müll als neue Medien eingesetzt. Neben Jasper Johns gehörten Robert Rauschenberg, Jim Dine, Roy Lichtenstein, James Rosenquist, Tom Wesselmann, George Segal, Claas Oldenburg und der weltbekannte Andy Warhol (1928–88) zu den bedeutendsten Vertretern dieser Kunstrichtung.

Pop Art

Fotorealismus, Happenings, experimentelle Kunst, Video- und Computerkunst, Konzeptkunst, Minimal Art, Neo-Dada, Neo-Abstraktion u.v.a. – seit sich der Pop-Art als eigenständiger amerikanischer Stil in den 1980er Jahren etablierte, scheint in New Yorks Kunstszene alles erlaubt zu sein und die Stadt ist zu einem **spannungsreichen Experimentierfeld** der Kunst geworden, in der sich Künstler aus aller Welt austauschen und anregen.

Malerei des Südens

Der Bürgerkrieg war ein einschneidendes Ereignis für den **Süden**, auch für Künstler. Viele namenhafte Maler begleiteten die Truppen und hielten das Elend fest, der bekannteste war Winslow Homer (1836–1910). Afroamerikaner, die mit Ausnahme des Werks von William Aiken Walker (1838–1921) in jener Zeit selten als darstellungswürdig erachtet wurden, stiegen nach dem Bürgerkrieg zum Symbol und Lieblingsthema des Old South auf. Ihr Alltagsleben und charakteristische Landschaftsbilder begründeten eine eigenständige Kunstrichtung. Zwischen 1860 und 1920 wurden Landschaften wie jene Süd-Louisianas und jene am Golf von Mexiko (Joseph Rusing Meeker), Floridas oder North Carolinas beliebt. Thomas Hart Benton (1889–1975) war schließlich der erste schwarze Künstler, der bekannt wurde.

Die Gründung des **Black Mountain Colleges** bei Asheville/North Carolina im Jahr 1933 und die Entstehung einer Künstlerkolonie um Gropius, de Kooning, Motherwell und Gwathmey gab der Südstaatenmalerei neue Anregungen. Josef Albers, Lehrer am College und später am Bauhaus tätig, läutete den Modernismus im Süden ein. Frank Landon aus North Carolina schuf surrealistisch-symbolistische Bilder, und John McCrady machte sich nun einen eher dramatisch-bühnenhaften Erzählstil zu Eigen.

Kunstmuseen geben einen Einblick in die amerikanische Malerei

Zeit des Wandels

Der Zweite Weltkrieg bedeutete für den Süden eine Zeit des Wandels und nach 1950 gab es nur wenig Gemeinsames in der Kunst. Emblematik, Regionalismus, Abstraktion, Naives und Surrealistisches, Religion, Tradition und Geschichte prägten und prägen das Werk vieler Südstaatenkünstler. Daneben spielen die *self-taught* oder *folk artists* (z. B. Minnie Evans) eine zunehmend wichtige Rolle in der „südlichen" Kunstszene.

Andere Künstler aus dem Südosten wandten sich dagegen der abstrakten Kunst zu, so Ida Kohlmeyer (1912–97), eine Vertreterin der dekorativen Abstraktion. Kenneth Noland (geb. 1924, Asheville) und Jasper Johns (geb. 1930, Augusta) führten die typisch dekorative Darstellungsweise des Südens auf ihre Weise fort: Noland, der am Black Mountain College gelernt hatte, wandte sich der geometrischer Abstraktion zu, Johns hatte mit seinen Flaggen, Schießscheiben und Zahlenkombinationen großen Einfluss auf die Entwicklung der Pop-Art.

info

Die Hudson River School

Als „*Father of American Landscape Painting*" gilt der in England geborene Thomas Cole (1801–48), der nicht nur die Hudson River School, sondern zugleich ein neues und selbstständiges amerikanisches

Genre begründete: die **Landschaftsmalerei**. Erstmals thematisierten amerikanische Künstler dabei die endlose Wildnis Nordamerikas und ihre frühe Besiedelung. Bis dahin hatte die **Porträtmalerei** dominiert, mit Charles Wilson Peale (1731–1827) und Gilbert Stuart (1755–1828) als wichtigen Vertretern.

Cole hatte ebenfalls als herumziehender Porträtist begonnen, war aber nach einer Reise ins Hudson River Valley dermaßen begeistert von der Landschaft gewesen, dass er sich 1825 in den Catskill Mountains – im Staat New York, südwestlich der Hauptstadt Albany – ansiedelte und begann, die *„American Scenery"* zu malen. Cole schuf teils dramatisch anmutende großformatige **Panoramen der amerikanischen Wildnis**, bei denen atmosphärische Stimmungen und ungewöhnliche Lichteffekte eine ebenso wichtige Rolle spielten wie allegorische Inhalte, religiöse und literarische Anspielungen.

Es entstanden Abbilder eines urtümlichen **Garten Edens** – Landschaften, die als Gottes Schöpfung ohne menschliche Einflussnahme dargestellt werden. Anders als bei europäischen Meistern der Zeit spielten Mensch, Zivilisation und Technik in den Werken der frühen amerikanischen Landschaftsmaler eine untergeordnete Rolle. Die Hochachtung vor der Natur war ein dominantes und abgrenzendes Merkmal, ein weiteres waren die breiten Querformate, die den Horizont betonen und der Landschaft Tiefe verleihen. Obwohl die Naturszenarien größte Detailgenauigkeit aufweisen und überaus realistisch erscheinen, lässt sich ein gehöriges Maß an Idealisierung, an romantischer Überhöhung nicht leugnen. Den Bildern eigen ist zudem oft eine unterschwellige Symbolik und die Verwendung von Allegorien.

Die neue Landschaftsmalerei ist ein Spiegel ihrer Zeit: Nach dem Krieg von 1812 gegen die Engländer waren das Selbstbewusstsein und der Stolz der jungen Nation gewachsen. Die riesigen und weitgehend unerforschten und unbesiedelten Ländereien im Westen traten erst jetzt richtig ins Bewusstsein. Künstler jener Zeit pflegten Kontakte zu Philosophen und Dichtern des **Transzendentalismus**. So entstand der Mythos der göttlichen und anbetungswürdigen Wildnis; Landschaft war nicht länger nur Kulisse, sondern Träger vielfältiger Beziehungen zwischen Natur, Mensch und Gott und diente als Symbol für individuelle und kollektive Erneuerung, als Ort der Hoffnung und der spirituellen Wiedergeburt.

Neben Cole gehörten Jaspar Francis Cropsey (1823–1900), Asher Brown Durand (1796–1886), Frederick Edwin Church (1826–1900), Thomas Worthington Whittredge (1820–1910), George Inness (1825–94) und der deutschstämmige Albert Bierstadt (1830–1902) der Hudson-River-Gruppe an. Bierstadt war der erste Künstler, der zudem den damals großteils unbekannten Westen malte. Er war ab 1859 mehrmals dorthin gereist, hatte an Expeditionen in die Rockies und die Sierra Nevada teilgenommen. Die auf den Reisen entstandenen Skizzen und Fotos wurden später in seinem New Yorker Studio in gigantische Panoramen umgesetzt.

Der Nordosten: Heimat der Dichter und Denker

Literarische Schwerpunkte

Seit den Gründungstagen der ersten britischen Kolonien haben die Neuengland-Staaten Literaten und Denker hervorgebracht, die das ganze Land beeinflussten. Wichtiger Wegbereiter für eine eigenständige amerikanische Literatur war **Ralph Waldo Emerson** (1803–82). Als Kopf des **Transzendentalismus** propagierte er die schöpferische Intuition des Einzelnen und seine Eingebundenheit in eine pantheistische Natur. Es gelang Emerson, dessen Essay „*Nature*" (1836) als Bibel der Bewegung galt, die besten Denker und Dichter seiner Zeit um sich zu scharen.

So versuchte **Henry David Thoreau** (1817–62) die Ideen in die Tat umzusetzen und lebte zwei Jahre abgeschottet in einer Hütte in den Wäldern von Massachusetts (Walden Pond). **Nathaniel Hawthorne** (1804–64) ging sogar noch weiter und entlarvte in seinen Hauptwerken, wie „*The Scarlett Letter*" (Der scharlachrote Buchstabe, 1850) und „*The House of Seven Gables*" (Das Haus der sieben Giebel, 1851), die puritanische Doppelmoral. Emerson beeinflusste aber auch Emily Dickinson (1830–86) oder Louisa May Alcott (1832–88), die als Wegbereiterinnen der Gleichberechtigung fungierten.

„Moby Dick"

In New York und in der Abgeschiedenheit der Berkshires war **Herman Melville** (1819–91) zu Hause. Erst nach seinem Tod wurde er als einer der bedeutendsten Dichter der USA verehrt und sein tiefgründiges und symbolisches Hauptwerk „*Moby Dick*" (1851) zum Bestseller. Zu Lebzeiten schätzte man dagegen eher seine in der Karibik spielenden Romane wie „*Typee*" oder „*Omoo*", in denen ein freies Leben ohne Zwänge unter den Ureinwohnern propagiert wird.

Intellektuelle und Literaten aus Neuengland standen im 19. Jh., vor dem Bürgerkrieg, an der Spitze der Anti-Sklavenbewegung. Berühmtestes Beispiel ist **Harriet Beecher-Stowe** (1811–96) und ihr 1852 verfasster Roman „*Uncle Tom's Cabin*" (Onkel Toms Hütte). Weltberühmt war ihr Nachbar **Mark Twain** (1835–1910), der zwar in Neuengland (Hartford/Connecticut) lebte, aber Zeit seines Lebens ein Südstaatler geblieben ist, was seine weltberühmten Abenteuergeschichten um „*Tom Sawyer*" (1876) und „*Huckleberry Finn*" (1884) belegen.

Der meistgelesene Neuengland-Autor des 19. Jh. war **Henry Wadsworth Longfellow** (1807–82) aus Portland/Maine. Gerade seine epischen Gedichte „*The Song of Hiawatha*" (1855) und „*Evangeline*" (1847), mit denen er den Indianern und der arkadischen Minderheit Kanadas, den Cajuns, Denkmäler gesetzt hat, haben ihn zu einem bedeutenden Dichter gemacht. In seiner Tradition steht **Robert Frost** (1874–1963), der wie kein anderer die bäuerliche Welt New Hampshires in Worte fasste.

Obwohl im 20. Jh. die literarische Dominanz Neuenglands zu Ende ging, spielt diese Region bis heute eine Rolle in der nordamerikanischen Literaturszene.

Viele moderne Autoren stammen aus dem Nordosten oder leben/lebten dort, z.B. John Updike (1932–2009), Thornton Wilder (1897–1975), John Irving (*1942) oder Arthur Miller (1915–2005), der durch sein Schauspiel „*The Crucible*" (Die Hexenjagd, 1953), das die Hexenprozesse von Salem 1692 anprangert, berühmt geworden ist. In den letzten Jahren hat Annie Proulx (*1935) für Aufsehen gesorgt. Die aus Connecticut stammende Autorin setzt die große Tradition berühmter Schriftstellerinnen aus Neuengland fort.

Moderne Autoren

Als erster eigenständiger amerikanischer Autor gilt **Edgar Allan Poe** (1809–49). In Boston geboren, war Poe zeitweise in Baltimore, die meiste Zeit jedoch in Richmond/Virginia zu Hause. Nach seiner Entlassung aus der Armee wegen Aufsässigkeit 1831 wandte er sich der Schriftstellerei und dem Journalismus zu. Trotz seines kurzen Lebens gilt Poe als *America's Shakespeare*, der in gleich fünf literarischen Genres Meisterschaft erlangte: Detektiv-, Horror- und Kurzgeschichten sowie Lyrik und Science-Fiction.

James Fenimore Coopers (1789–1851) weltberühmte „Lederstrumpf"-Romane stellen einen Meilenstein in der nordamerikanischen Literaturgeschichte dar. Der meisterhafte Erzähler Cooper war nahe dem heutigen Cooperstown am Lake Otsego (New York) aufgewachsen und hatte die Entwicklung des Nordostens von einem unberührten Naturrefugium zur blühenden Gemeinde miterlebt und in fünf „Lederstrumpf"-Erzählungen, erschienen zwischen 1823 und 1841, verarbeitet.

Die Südstaaten: Lokalkolorit und Weltliteratur

Im Süden sind die *storyteller*, die Geschichtenerzähler, zu Hause. Anfangs nur mündlich tradiert, war **George Washington Harris** (1814–69) einer der ersten, der in volkstümlicher Sprache und auf grotesk-komischer Weise über die Hinterwäldler in den Südstaaten schrieb. Bedeutendster Vertreter war **Mark Twain** (s. oben) und sein Zeitgenosse **Joel Chandler Harris** (1848–1908) aus Georgia, der drei große Uncle-Remus-Erzählbände mit *Frer Fox* und *Frer Rabbit* als Hauptakteure verfasste.

Auch die Anfänge der „Black Fiction" reichen in die Mitte des 19. Jh. und auf **George Washington Cable** (1844-1925) zurück. In den 1920ern sorgte dann die Harlem Renaissance (s. unten) mit Schriftstellern wie Langston Hughes, J. Weldon Johnson, Frank Yerby, Jean Toomer oder Gwendolyn Brooks für Aufsehen, doch der große Durchbruch schwarzer Autoren gelang erst **Alex Haley** mit „*Roots*" (1976, auch verfilmt). Er bereitete afroamerikanischen Schriftstellern wie Maya Angelou, Terry McMillan oder Alice Walker den Weg.

Afroamerikanische Autoren

William Faulkner (1897–1962), der Nobelpreisträger von 1950, leitete Anfang des 20. Jh. eine literarische Blütezeit ein. Weniger beachtete Zeitgenossen Faulkners waren **Erskine Caldwell** (1903–87) aus Georgia – mit seinem berühmtesten Roman „*Tobacco Road*" (1932) – und **Carson McCullers**, der 1940 „*The Heart is a Lonely Hunter*" verfasste. **Thomas Wolfe** (1900–38) aus Asheville/North Carolina füllte ebenfalls ein wichtiges Kapitel in der amerikanischen Literaturgeschichte, wobei seine Romane, wie „*Look Homeward Angel*" (1929), keine leichte Lektüre sind.

Margaret Mitchell (1900–49) aus Atlanta übertraf Faulkner noch an Popularität und Verkaufszahlen mit ihrem ersten und einzigen, 1936 erschienenen Epos „*Gone with the Wind*" (s. S. 579) und führt die Riege der bedeutenden Südstaaten-Autorinnen an. **Flannery O'Connor** aus Savannah (1925–1964) schrieb vor allem Kurzgeschichten wie „*A good man is hard to find*" (1955) – zynisch und zugleich von tiefer Religiosität geprägt. Zu den bekanntesten modernen Autorinnen gehören heute die Afroamerikanerin **Alice Walker** und **Rita Mae Brown**, die in Richmond/Virginia lebt.

Literarisches Multikulti in New York

Derart vielgesichtig wie sich die Weltmetropole New York gibt, derart schillernd ist auch ihre Literaturszene. Unzählig viele berühmte Autoren wurden in New York geboren oder lebten hier, darunter auch deutsche Größen wie Bert Brecht, Oskar Maria Graf, Thomas und Klaus Mann oder Ludwig Thoma. Zu den bekanntesten „New Yorker" Schriftstellern gehören Henry Miller (1891–1980), Norman Mailer (geb. 1923) oder Jack Kerouac (1922–69).

John Dos Passos (1896–1970), portugiesischer Abstammung und aktiver Kommunist, beschreibt in „*Manhattan Transfer*" (1925) die New Yorker Gesellschaft. Der derzeit berühmteste Autor aus der Metropole ist **Paul Auster** – geboren 1947 in Newark/NJ und in Brooklyn lebend –, zu dessen lesenswerten Büchern die „*New York Trilogy*" (1988) gehört.

Harlem Renaissance

Schon in den 1920er Jahren hat in New York die afroamerikanische Kunst- und Literaturszene für Aufsehen gesorgt. Die **Harlem Renaissance** war Ausdruck eines neuen schwarzen Selbstbewusstseins und äußerte sich in den Bereichen Tanz, Musik, Theater, Kunst und Literatur. Alain Locke hatte die Bewegung mit einem Essay in „*The New Negro*"(1925) initiiert, und Langston Hughes (1902–67) thematisierte in „*The Big Sea*" Harlems Blütezeit in den Roaring Twenties. Damals waren Jazzmusiker wie Duke Ellington oder Tänzer wie Bill „Bojangles" Robinson neben großen Literaten in Harlem zu Hause: Jean Toomer (1894–1967), Zora Neal Hurston (1891–1960), Claude McKay (1890–1948) oder Rudolph Fisher (1897–1934). Den neuerlichen Aufschwung Harlems verkörpert beispielsweise Toni Morrison (*1931) mit ihrem Roman „*Jazz*" (1992).

Wie breit das Spektrum der Schriftsteller in New York ist, belegt **Kinky Friedman** (*1944). Mit seinen skurrilen Krimis, die im New Yorker Greenwich Village spielen, hat er weltweit eine große Fangemeinde gewonnen. Friedman ist aber nicht nur ein in New York lebender Cowboy, er ist auch jüdischer Abstammung und setzt so die Tradition der jüdischen Literatur in New York fort.

Einer der ersten jüdischen Autoren war Isaac Bashevis Singer (1904–91), der 1935 als Sohn eines jüdisch-polnischen Händlers eingewandert war. J.D. Salinger (1919–2010) war nicht nur als Romanautor bekannt, sondern auch als Kolumnist für den „**New Yorker**", bis heute das wichtigste Kulturmagazin Amerikas.

Zur modernen Generation jüdischer Literaten gehören Autoren wie der 1977 geborene **Jonathan Safran Foer**, der mit seinem 2002 erschienenen „*Alles ist erleuchtet*" berühmt wurde und 2010 mit „*Tiere essen*" weltweit Aufsehen erregt hat.

New York ist das ideale Experimentierfeld für moderne Kunst

2. DIE OSTKÜSTE ALS REISEZIEL

Allgemeine Reisetipps A-Z

Hinweis

Die folgenden reisepraktischen Hinweise sollen bei der Vorbereitung der Reise und der Planung des Aufenthalts behilflich sein. Spezielle regionale Reisetipps finden sich jeweils am Ende der entsprechenden Kapitel im Reiseteil.

A Abkürzungen

Abgesehen von den geläufigen Abkürzungen für Tage, Monate, Zeiten etc. sind nachfolgend einige häufig gebrauchte Abkürzungen zusammengefasst, die in den USA (z.B. in Broschüren, auf Landkarten, Straßenschildern usw.) vorkommen bzw. in diesem Buch benutzt werden:

a.m.	ante meridiem (vormittags)	**Mt.**	Mount
A	Österreich	**Mtn.**	Mountain
Ave.	Avenue	**NRA**	National Recreation Area
Bldg.	Building	**NF**	National Forest
Blvd.	Boulevard	**NM**	National Monument
CVB	Convention & Visitors Bureau (Tourismusamt)	**NP**	National Park
D	Deutschland	**NS**	Nebensaison
Dr.	Drive	**Pkwy.**	Parkway
DZ	Doppelzimmer	**p.m.**	post meridiem (nachmittags)
E	East	**Rd.**	Road
EW	Einwohner	**RV**	Recreational Vehicle (Wohnmobil)
Frwy.	Freeway	**S**	South
HS	Hauptsaison (Memorial-Labor Day, letzter Montag im Mai bis 2. Montag im Sept.)	**SP**	State Park
Hwy.	Highway	**St.**	Street
I	Interstate (Autobahn)	**VC**	Visitor Center (Besucherinformationsstelle)
N	North	**W**	West
mi	mile (Meile), 1,6 km	**/**	bei Adressangaben Hinweis auf eine Straßenecke
mph	miles per hour	**-**	Hinweis auf die Straßen, zwischen denen ein Punkt liegt

Staatenabkürzungen

CT	Connecticut	**NH**	New Hampshire
D. C.	District of Columbia (= Washington)	**NJ**	New Jersey
DE	Delaware	**NY**	New York
FL	Florida	**PA**	Pennsylvania
GA	Georgia	**RI**	Rhode Island
MA	Massachusetts	**SC**	South Carolina
MD	Maryland	**TN**	Tennessee
ME	Maine	**VA**	Virginia
NC	North Carolina	**VT**	Vermont

Alkohol

Das Mindestalter für Alkoholkonsum (*Minimum Legal Drinking Age*) liegt bei 21 Jahren in allen Staaten. Häufig muss man in Supermärkten oder Bars einen Ausweis bzw. Führerschein (letzteres ist in den USA das gängige Identifikationsdokument) vorzeigen. In der Öffentlichkeit ist der Konsum von Alkoholika (einschließlich Bier) generell verboten, gekaufte Dosen und Flaschen sollten in Papiertüten *(brown bags)* verpackt im Kofferraum verstaut werden. Nie geöffnete Flaschen/Dosen im Fahrgastraum transportieren.

Je nach Staat bzw. County bekommt man Alkohol (manchmal nur Bier und Wein) in Supermärkten und Tankstellen, manchmal auch nur in *Liquor Stores* (v.a. Hochprozentiges). Einfachere Lokale, besonders Fast-Food-Restaurants, verfügen häufig über keine Alkohollizenz. In Indianerreservaten darf nur in Casinos Alkohol ausgeschenkt werden.

Auto fahren

siehe auch „Mietwagen"

Im Allgemeinen fährt man in den USA weniger aggressiv und rücksichtsvoller als in Europa. Man bewegt sich gemächlich vorwärts, aktiviert das Tempomat und überholt wenig. Abgesehen von städtischen Ballungsgebieten ist die Verkehrsdichte geringer, und trotz einer (je nach Staat unterschiedlichen) Höchstgeschwindigkeit von im Schnitt 65 mph (ca. 105 km/h) kommt man über Land zügig voran. Das Fahren in und um große Städte kann hingegen Zeit und Nerven kosten, vor allem während der *rush hour*, d.h. zwischen etwa 7 und 9/10 bzw. von 17 bis 20 Uhr.

Amerikanische Wagen

Komfort und Bequemlichkeit spielen bei amerikanischen Pkws eine große Rolle. **Automatikgetriebe** gehören meist zur Grundausstattung. Dabei ist zu beachten, dass die beiden vorhandenen Pedale für Bremse und Gas ausschließlich mit dem rechten Fuß bedient werden und dieser immer bremsbereit sein muss, da das Standgas sonst das Auto langsam in Bewegung setzt. Je nach Fahrzeugkategorie befindet sich der Schalthebel zwischen den Vordersitzen oder (seltener) rechts am Lenkrad. Die Handbremse ist im zweiten Fall als kleineres Pedal im Fußraum ganz links außen angebracht.

Die **Symbole des Automatikgetriebes** bedeuten:

P	**Park**	Parken (blockiertes Getriebe, zum Starten des Wagens bzw. zum Abziehen des Schlüssels)
N	**Neutral**	Leerlauf (Bremsen!)
R	**Reverse**	Rückwärtsgang
D	**Drive**	Fahrstufe. Ein eingerahmtes D steht für normale ebene Strecken, einfaches D für hügeliges bzw. ansteigendes Terrain. Um schnell zu beschleunigen: das Gaspedal durchdrücken.

2	zweiter Gang, bei mittleren Steigungen (kurzzeitig) zu empfehlen. Eine Höchstgeschwindigkeit von 50 mph sollte nicht überschritten werden.
1 oder L (Low)	entspricht dem ersten Gang und wird genutzt bei steilen Steigungen und Gefällen und langsamer Geschwindigkeit (max. 25 mph).

Fahrweise
Bei Überlandfahrten passt man sich dem Verkehrsfluss an. Amerikaner wechseln die Spuren nicht häufig und selten abrupt. Ungewohnt ist das erlaubte Rechtsüberholen bei mehreren Spuren. Im Stadtbereich hält man sich an die zweite oder dritte Spur von rechts, auch um auf Linksabfahrten vorbereitet zu sein. Bei nur zwei Fahrspuren wird nur ausnahmsweise überholt; es wird erwartet, dass der Langsamere die nächste Gelegenheit zum kurzen Herausfahren wahrnimmt.

Car Pools sind speziell ausgewiesene Fahrbahnen für Fahrgemeinschaften (meist ab zwei Personen), Taxis oder Busse. Da sie weniger Abfahrten aufweisen und gelegentlich von Mauern oder Zäunen begrenzt werden, die einen Spurwechsel unmöglich machen, ist Vorsicht geboten.

Auf- und Abfahrten auf Interstates *(Exits)* sind entweder nach Meilen zur Staatsgrenze beziffert oder durchnummeriert. Sie können sich auch links befinden. Oft führen mehrere Exits in eine Stadt, wobei Ankündigungsschilder meist nur Straßennummern, keine Orte nennen, also vorher auf die Karte schauen. Am Straßenrand listen blaue Schilder vor Ausfahrten zu erwartende Serviceeinrichtungen wie öffentliche WCs, Rastplätze etc. auf.

Straßentypen und -nummerierung
Highway ist der übergeordnete Begriff für Straßen. Es wird unterschieden zwischen autobahnähnlichen *Interstates*, übergeordneten bundesstaatlichen, oft vierspurigen *US Highways* und untergeordneten *State* oder *County Highways*, die meist zweispurig sind und in manchen Staaten auch *Route* (Rte.) genannt werden. State-Highway-Schilder zeigen meist außer der Nummer die jeweilige Staatskontur, *County Highways* werden durch kleinere Schilder, meist mit Nennung des County (Landkreises), markiert. *Gravel* oder *Unpaved Roads* sollten möglichst gemieden werden, erst recht *Dirt Roads* (fast Feldwege).

Auf Amerikas Highways unterwegs

Interstate Highways werden durch rot-blaue Schilder angekündigt. Ungerade ein- oder zweistellige Straßennummern signalisieren N-S-, gerade O-W-Verlauf. Zubringer oder Nebenstrecken tragen korrespondierende dreistellige Nummern (z.B. I-180 als Zubringer zur I-80). Bei gerader erster Ziffer handelt es sich um eine Stadtumgehung, bei ungerader um eine Stichstraße. *Interstates* heißen im städtischen Großraum gelegentlich auch *Freeway* oder *Expressway* und sind mindestens vierspurig. Gelegentlich werden Interstates im Stadtgebiet bzw. als Umfahrung zu gebührenpflichtigen *Toll Roads* oder *Turnpikes*.

Tanken

1 Gallone (3,8 l) des für die meisten Mietwagen ausreichenden Normalbenzins *(gas)* kostet an der Ostküste der USA zwischen $ 3,20 und 4 (Stand 2012). Üblich ist *self-service*, gezahlt wird bar *(cash)* oder mit Kreditkarte *(credit)* direkt an der Zapfsäule. Gelegentlich muss, vor allem nachts, vor dem Tanken bezahlt werden *(pay cashier first)*, manchmal kann auch die nötige Eingabe einer Postleitzahl bei Kartenzahlung Probleme bereiten. Die aktuellen Preise finden sich unter **http://gasbuddy.com**.

Automobilclub AAA

Die *American Automobile Association* – (AAA oder *Triple A*) – ist auch für ausländische Besucher eine gute Einrichtung. Mit einem deutschen *ADAC*- oder *AvD*-, einem österreichischen *ÖAMTC*- oder Schweizer *TCS*-Ausweis erhält man gratis vor Ort aktuelle Karten und Stadtpläne, außerdem hilfreiche *Tour*- und *CampBooks*, in denen Sehenswürdigkeiten, Unterkünfte und Restaurants aufgelistet sind. Man kann in den Büros auch Reiseschecks tauschen und sich bei der Routenplanung helfen lassen. Jede größere Stadt verfügt über eine AAA-Niederlassung (www.aaa.com), in der man sich am besten gleich zu Reisebeginn mit allen nötigen Karten, Stadtplänen und *TourBooks* eindeckt. In Deutschland gibt es einen Teil der hilfreichen Bücher auch gegen Gebühr beim ADAC.

Pannen- und Notfälle

Notruf ist 911. Mietwagenfirmen haben eigene Telefonnummern für den Fall einer Panne oder eines Unfalls und sollten als Erste informiert werden. Man ruft Hilfe per Mobile Phone oder an der Notrufsäule. Ein kostenloser zentraler Notruf in deutscher Sprache (ADAC) ist erreichbar unter **1-888-222-1373**, im Sommer rund um die Uhr, sonst von 8 bis 18 Uhr. Der AAA-Pannendienst *(AAA Emergency Road Service*, ☏ 1-800-222-4357) hilft ebenfalls weiter.

Bei kleineren Defekten kann ein Mietwagen unkompliziert an der nächsten Verleihstation umgetauscht werden. Als nicht beteiligter Dritter Vorsicht mit der Leistung von Erster Hilfe bei Unfällen, da Gefahr besteht, in einen Schadensersatzprozess wegen „nicht sachgemäßer Hilfeleistung" verwickelt zu werden. Besser, per Handy sofort einen Notruf absetzen.

Parken

Parken, vor allem in Parkhäusern, kann in Metropolen, aber auch in Hotels höherer Kategorien, teuer werden. Auf Überlandstraßen und Autobahnen darf nur in Notfällen abseits der Fahrbahn angehalten werden; in Städten sind Hydranten und *Tow Away*- bzw. *No Parking*- Zonen ein absolutes Tabu.

Auf Straßen signalisieren farbige Randsteinmarkierungen die Parkregeln:

Rot	absolutes Halteverbot
Gelb/Gelb-Schwarz	Liefer-/Ladezone, über Nacht ist das Parken erlaubt

Grün	10-Minuten-Parken
Weiß	Anhalten zum Ein-/Aussteigen erlaubt
Blau	Behindertenparkplätze

Verkehrsschilder
Häufiger tragen Schilder Worte als Symbole und Farben signalisieren zudem, um welche Art von Regel es sich grundsätzlich handelt.

Dabei bedeutet

Gelb	Warnung (Kurvengeschwindigkeit, Kreuzung etc.)
Weiß	Gebot (Höchstgeschwindigkeit, vorgeschriebene Fahrtrichtung, Abbiegeverbot etc.)
Braun	Hinweise (Sehenswürdigkeiten, Naturparks etc.)
Grün	Hinweise, z.B. nächste Ausfahrten oder Entfernungen
Blau	Hinweis auf offizielle und Serviceeinrichtungen (Rastplätze, Tankstellen etc.)

Vielfach erfolgen Warnungen nicht in Symbol-, sondern in Schriftform:

Yield	Vorfahrt achten
Stop	Halt
Speed Limit/ Maximum Speed	Höchstgeschwindigkeit
mph	Miles per hour (Meilen pro Stunde; 1 mi = 1,6 km)
Dead End	Sackgasse
Merge	Einfädeln, die Spuren laufen zusammen
No U-Turn	Wenden verboten
No Passing/Do not pass	Überholverbot
Road Construction (next … miles) oder **Men working**	Baustelle auf den nächsten … km
Detour	Umleitung
Alt Route	Alternative Route oder Umleitungsstrecke
RV	Recreation Van (alle Arten von Wohnmobilen, Campern)
Railroad X-ing (Crossing)	Bahnübergang
Rotary/Roundabout	Kreisverkehr
Ped X-ing	Fußgängerüberweg

Besondere Verkehrsregeln und Tipps

- **Ampeln** hängen ungewohnt hoch, mitten über der Kreuzung und schalten unmittelbar von Rot auf Grün.
- „Rechts vor links" ist in den USA prinzipiell unbekannt, stattdessen gibt es in Ortschaften, wenn Ampeln fehlen, **Four-way Stops** – d.h. Stoppschilder in allen

Fahrtrichtungen. Wer zuerst kommt, fährt zuerst – und das wird auch genau befolgt, falls nötig, mit Handzeichen geregelt.

- **Rechtsabbiegen** bei roter Ampel ist erlaubt, sofern gefahrlos möglich und kein Schild *No turn on red* vorhanden ist.
- Auf mehrspurigen Straßen darf **rechts überholt** werden.
- Orangefarbene **Schulbusse** dürfen, wenn sie Zeichen (Blinklicht/Kelle) geben, nicht überholt werden, auch nicht in Gegenrichtung. In Schulnähe gilt bei Blinklicht verringerte Höchstgeschwindigkeit.
- Die **Höchstgeschwindigkeit** variiert je nach Bundesstaat, zumeist liegt sie im Osten auf Autobahnen (Interstates) bei 65–70 mph (104–112 km/h), auf Landstraßen (US/State Hwy.) sind 55 mph (88 km/h) üblich, im Stadtgebiet zwischen 25 und 30 mph (40–48 km/h). Auf die Schilder achten!
- **Rasen** (*speeding*) wird schärfer überwacht und härter bestraft als hierzulande. Kontrollen erfolgen durch geschickt am Straßenrand oder auf dem Mittelstreifen verborgene Polizeiwagen mit Radargeräten, die sich hinter einem Verkehrssünder einreihen und ihn per Signal zum Halten zwingen. Ggf. sofort halten, im Auto sitzen bleiben, Papiere bereithalten und den Strafzettel widerspruchslos hinnehmen und (bar) bezahlen.
- **Alkohol** im Kofferraum transportieren. Gesetzlich gelten 0,5 Promille und Verstöße werden streng geahndet.
- Nie den Tank komplett leer fahren, in ländlichen Regionen können die **Tankstellen** weit auseinander liegen.

Besondere Gesellschaftsgruppen

Behinderte

Insgesamt gelten die USA als sehr behindertenfreundlich. Rampen an Zugängen, abgesenkte Bordsteinkanten, Lifts, eigene Parkplätze, Telefonzellen und WCs, spezielle Motelzimmer und Leihwagen, Blindeneinrichtungen, kostenlos zur Verfügung gestellte Rollstühle sowie ein „Helping-Hand-Service" erleichtern *handicapped people* das Reisen. In Detailfragen helfen die regelmäßig aktualisierten Handbücher „Handicapped Driver's Mobility Guide" vom Automobilclub AAA und die Stadtverwaltungen weiter. Infos erteilt außerdem **SATH** (Society for Accessible Travel& Hospitality, www.sath.org), und hilfreich könnte folgende Seite sein: www.usatourist.com/english/traveltips/handicapped-travel-tips.html

Senioren

Meist ab 65 Jahren, gelegentlich auch schon früher, genießt man in den USA gegen Vorlage von Führerschein oder Pass als *senior (citizen)* Sonderkonditionen. Abgesehen von zuvorkommender Behandlung, z.B. an Flughäfen, gibt es zahlreiche Rabatte, z.B. bei Fluggesellschaften, bei der Eisenbahn, bei Tourveranstaltern, in Motels und Hotels oder auch in Museen.

Kinder

Amerika ist kinder- und familienfreundlich. Es gibt vielerlei Vergünstigungen, sei es im Flugzeug, in der Bahn oder in öffentlichen Verkehrsmitteln. In vielen Unterkünften übernachten Jugendliche bis 18 Jahre kostenlos im Zimmer der Eltern.

Restaurants bieten Kindersitze und -menüs an, in Fast-Food-Lokalen oder Parks gibt es Spielplätze. Neben Swimmingpools für Erwachsene sind Planschbecken die Regel. Größere Sehenswürdigkeiten und Parks stellen oft Kinderwagen zur kostenlosen Benutzung bereit. Öffentliche Picknickplätze sind verbreitet, ebenso Toiletten mit Wickeltischen.

Botschaften und diplomatische Vertretungen

siehe auch „Einreise"

Die amerikanischen Botschaften und Konsulate im Heimatland sind in erster Linie für die Erteilung von Visa zuständig:

IN DEUTSCHLAND
Amerikanische Botschaft, Pariser Platz 2, 10117 Berlin, ☏ (030) 83050; Konsularabteilung (Visa): Clayallee 170, 14191 Berlin, Terminabsprachen: ☏ 0900-1-850055 (Mo-Fr 7-20 Uhr, 1,86 €/Min.), http://germany.usembassy.gov
US-Generalkonsulat Frankfurt, Gießener Str. 30, 60435 Frankfurt/Main, ☏ (069) 7535-0
US-Generalkonsulat München, Königinstr. 5, 80539 München, ☏ (089) 2888-0

IN ÖSTERREICH
Amerikanische Botschaft, Boltzmanngasse 16, A-1090 Wien, ☏ (01) 31339-0, http://austria.usembassy.gov; Visaabteilung: Parkring 12, A-1010 Wien, ☏ 0900-510300 (2,16 €/Min.)

i Visa-Informationen im Internet

http://germany.usembassy.gov/visa – hilfreiche Informationen der US-Botschaft in englischer Sprache
http://travel.state.gov/visa/visa_1750.html

IN DER SCHWEIZ
Amerikanische Botschaft, Sulgeneckstr. 19, 3007 Bern, ☏ (031) 357-7011, Visa-Terminabsprachen: ☏ 0900-878472 (CHF 2,50/Min.), http://bern.usembassy.gov

BOTSCHAFTEN IN DEN USA
Embassy of the Federal Republic of Germany, 4645 Reservoir Rd. NW, Washington, D.C. 20007-1998, ☏ (202) 298-4000, www.germany.info
Austrian Embassy, 3524 International Court NW, Washington, D.C. 20008, ☏ (202) 895-6700, www.austria.org
Swiss Embassy, 2900 Cathedral Ave. NW, Washington, D.C. 20008-3499, ☏ (202) 745-7900, www.eda.admin.ch/eda/en/home/reps/nameri/vusa/wasemb.html

In anderen Städten helfen (Honorar-)Konsulate im Notfall weiter.

Listen aller Auslandsvertretungen findet sich unter:
www.auswaertiges-amt.de, Link „Reise & Sicherheit“, „Auslandsvertretungen“ (D)
www.bmaa.gv.at, Link „Bürgerservice“ (A), „Österreichische Vertretungsbehörden“
www.eda.admin.ch, Link „Vertretungen“ (CH)

Eine Auswahl der wichtigsten Konsulate im Reisegebiet
BOSTON
Consulate General of the Federal Republic of Germany, Three Copley Place, Suite 500, ☎ (617) 369-4934 oder 369-4900, www.germany.info/boston
Austrian Consulate Boston, 15 School St., 5th Floor, ☎ (617) 227-3131, www.austria-bos.org
Consulate of Switzerland, c/o swissnex Boston, 420 Broadway, Cambridge, ☎ (617) 876-3076, www.swissnexboston.org

NEW YORK
German Consulate General, 871 United Nations Plaza, ☎ (212) 610-9700, www.germany.info/newyork
Austrian Consulates General, 31 E 69th St., ☎ (212) 737-6400, www.austria-ny.org
Consulate General of Switzerland, 633 3rd Ave., 30th Floor, ☎ (212) 599-5700

ATLANTA
Deutsches Generalkonsulat, 285 Peachtree Center Ave. NE, Marquis Two Tower, ☎ (404) 659-4760, www.germany.info/atlanta
Österreichisches Honorarkonsulat, 3333 Riverwood Pkwy., SE Suite 200, ☎ (404) 264-9858
Schweizer Generalkonsulat, 1349 W Peachtree Street NW, Suite 1000, ☎ (404) 870-2000

Busse

Etwas billiger, aber weniger bequem als mit der Eisenbahn (s. S. 104f), gelangt man mit den Bussen der führenden amerikanischen Busgesellschaft **Greyhound** ans Ziel. Die Überlandbusse galten früher als preiswertes, alternatives Transportmittel für Aussteiger und Weltenbummler, inzwischen sind die Preise jedoch deutlich gestiegen und die Klientel hat sich verändert. Die Busbahnhöfe liegen selten zentral und in guten Vierteln. Vor allem bei nächtlicher Ankunft ist es ratsam, ein Taxi zu nehmen und eine Unterkunft im Voraus zu arrangieren.

Die **Netzkarte „Greyhound Discovery Pass USA“** berechtigt den Besitzer zu beliebig vielen Fahrten und Unterbrechungen während eines Zeitraums von 7/15/30 oder 60 Tagen. Die Wochen-Variante ist für derzeit rund 200 € zu bekommen. Die Pässe können nur von international Reisenden im Heimatland, nicht aber in den USA erworben werden. Einzelfahrten sind relativ teuer. **Greyhound USA**: ☎ 1 (800) 231-2222, www.greyhound.com

Buchung in D ist möglich bei **Flug- und Reiseservice Hageloch & Henes**, Lindenstr. 34, 72764 Reutlingen, ☎ (07121) 330-184, 1 330-657, www.buspass.de, oder im Reisebüro über DERTour.

Überlandbusgesellschaften erleben derzeit ein Revival und v. a. die Strecke New York–Washington ist viel frequentiert und Tickets sind bereits um $ 20 und billiger erhältlich. Im Allgemeinen bekommen Reisende, die früh buchen, billigere Tickets. Standards, Fahrzeuge, Bahnhöfe und Stopps, Fahrtdauer und Frequenz, Bequemlichkeit, Preise und Komfort sind unterschiedlich und ein Check der einzelnen Firmen, z.B. der nachfolgend genannten, lohnt:

- Megabus (http://us.megabus.com)
- Boltbus (www.boltbus.com)
- Tripper Bus (www.tripperbus.com)
- Hola (www.holabus.com)

C

Camping und Camper

siehe auch „Nationalparks"

Camping ist eine Art Weltanschauung, der eine mag's, der andere nicht. Grundsätzlich sind die **Bedingungen in den USA sehr gut**. Für eine Tour im amerikanischen Osten ist ein Camper, auch Motorhome oder übergreifend „RV" (Recreational Vehicle) genannt, als Transportmittel im Unterschied zum US-Westen oder Südwesten nicht unbedingt die erste Wahl. Die Region ist aufgrund ihrer teilweise dichten Besiedelung und ihrer spezifischen Infrastruktur mit etlichen großen Städten weniger geeignet für große Gefährte. Die Beweglichkeit ist gegenüber dem Pkw eingeschränkt und hinzu kommen die Kosten. Selbst im Vergleich zu Mietwagen plus Unterkunft kommt ein RV relativ teuer, denn zu den Mietkosten addiert sich der hohe Benzinverbrauch und die Stellplatzkosten. Ein kleiner *Van Camper* kostet pro Tag inkl. 100 Freimeilen mindestens 70 €, dazu kommen Übergabe-, Endreinigungsgebühren, Kosten für Wartung, Zubehör, Zusatzversicherungen und ggf. Wochenendgebühren. Ebenfalls nicht jedermanns Sache sind die konstant anstehenden **Wartungsarbeiten** (wie Wassertanks füllen, Abwasser entsorgen etc.) und die nötige strategische Vorausplanung (wie das Finden geeigneter Campingplätze und deren Vorreservierung in der HS).

Buchung im Voraus ist immer sinnvoll, in der HS unabdingbar, wobei die Camper-Preise Mitte Oktober bis Anfang April am günstigsten sind. Noch mehr als beim Mietwagen ist es aufgrund der komplizierten Miet-, Versicherungs- und Haftungskonditionen sinnvoll, einen Camper bereits zu Hause, z.B. im Reisebüro, zu buchen. Größte Anbieter sind El Monte RV, Cruise America oder Moturis. Es gibt auch kombinierte Angebote mit Flug.

Man unterscheidet zwischen *Camper Van*, *Motorhome* (die zu Campingbussen werden können) und *Pick-up-* bzw. *Truck-Campern* (Kleinlastwagen mit Campingaufsatz). Die zuletzt genannten beiden Typen verfügen über ein Doppelbett über der Fahrerkabine und meist eine tragbare Chemie-Toilette. Je größer das Fahrzeug, umso komfortabler ist es, umso höher ist aber auch der Benzinverbrauch, umso mehr Technik und damit Wartung und Anfälligkeit sind im Spiel und umso eher sind entlegene (romantische) Plätze, aber auch Großstädte, tabu. Erfahrung mit dem Fahren eines solchen Fahrzeugs ist nicht unbedingt erforderlich, man gewöhnt sich relativ schnell an Dimensionen und Fahrweise.

Bei **Übernahme vor Ort** – im Allgemeinen am Tag nach der Ankunft, es ist immer eine Übernachtung nötig – genügt die Vorlage eines normalen Pkw-Führerscheins und die Kreditkarte für die Kaution. Im Normalfall beträgt das Mindestalter 21 Jahre. Camper-Verleiher holen ihre Kunden in der Regel im Hotel (selten am Flughafen) ab und geben zunächst eine mehr oder weniger gründliche Einweisung; zusätzlich gibt es unterschiedlich umfangreiche Bedienungsanleitungen. Sinnvoll ist es, das gesamte Fahrzeug auf Schäden bzw. Verschmutzungen hin zu prüfen und diese protokollieren zu lassen. Bei der Übernahme ist es üblich, ein Ausrüstungspaket (*convenience kit*), ab $ 50 pro Person, zu erwerben, das Geschirr und Kochutensilien beinhaltet. Hinzu kommen die Kosten für die erste Gasfüllung und Toilettenreinigung (ca. $ 40–70) sowie eine per Kreditkarte zu stellende Kaution von ca. $ 500. Um hohe Endreinigungskosten zu vermeiden, sollte der Camper besenrein mit entleerten Abwassertanks und gefülltem Frischwassertank in äußerlich ordentlichem Zustand zurückgegeben werden.

Campingplätze

Campingplätze sind meist leicht zu finden, unterscheiden sich aber in Ausstattung und Lage, Preis und Größe. Allen gemeinsam ist, dass sie meist sauber, gepflegt und großzügig proportioniert sind. Man unterscheidet grundsätzlich zwischen kommerziellen und privaten bzw. staatlichen Plätzen, wobei jene in den Nationalparks besonders begehrt und nicht unbedingt preiswert sind. In den meisten State Parks, National oder State Forests gibt es einfache *campgrounds* (*campsites*) in landschaftlich reizvoller Lage. Oft besteht auch die Möglichkeit zu kostenlosem *backcountry camping* nach Einholen einer Erlaubnis (*permit*) in einer Ranger Station.

Relativ teuer, aber in der Regel gut ausgestattet sind die **kommerziell betriebenen Plätze**, speziell jene von *KOA* – mit sogenannten *hook-ups*, d.h. Wasser-, Stromanschluss und Abwasserentsorgung (*dump station*) sowie Luxus-Sanitäreinrichtungen, Laden und anderen Gemeinschaftseinrichtungen. Sie liegen meist in Straßennähe, allerdings oft wenig idyllisch. Bei privaten Plätzen ist der Standard höchst unterschiedlich. Die Preise beginnen bei ungefähr $ 15–20.

Tipps für Camper

Zur **Vorabinformation** über Modelle, Angebote, Saisonzeiten helfen:

- www.adventuretouring.com, www.cruiseamerica.com, www.elmonterv.com, www.rvamerica.com (Anbieter)
- **www.recreation.gov**, ☏ 1 (877) 444-6777 oder (518) 885-3639 – Seite des *National Recreation Reservation Service* (NRRS); hier können Campingplätze aller Art und überall reserviert werden. Es gibt ein Suchprogramm nach dem passenden Platz mit weiteren touristischen Infos.
- **www.reserveamerica.com** – *Campground Directory* für Park- und private Campgrounds, die dem Reservierungssystem angeschlossen sind.
- **http://koa.com**, ☏ (406) 248-7444, 1 (888) 562-0000 – KOA-Campingplätze mit Reservierungsmöglichkeit
- **www.camping-usa.com** – ein hilfreicher *Campgrounds Directory*, der über 12.000 Campingplätzen in Parks, privat u.a. verzeichnet.
- „Schwarz auf Weiß“ gibt's Infos in den **AAA CampBooks** und im **Rand McNelly Campground & Trailer Park Guide**

E Einkaufen

Es gibt in den USA zwar **kein verbindliches Ladenschlussgesetz**, aber dennoch stimmt das Märchen von endlos geöffneten Läden nicht. Die meisten „normalen“ Geschäfte, v.a. außerhalb der Städte, sind auch in den USA nur zwischen etwa 9 und 18 Uhr geöffnet. In ländlichen Regionen werden abends die Gehsteige besonders früh hochgeklappt. New York City stellt als „Stadt, die niemals schläft“ eine Ausnahme dar. Kaufhäuser, Einkaufszentren und Supermärkte/Drugstores haben verlängerte **Öffnungszeiten**, erstere v.a. an Wochenenden. Supermärkte sind gelegentlich auch rund um die Uhr offen. Buchläden sind oft bis 22 oder 23 Uhr geöffnet. Viele größere Läden öffnen generell auch sonntags, meist allerdings erst ab 11 oder 12 Uhr und nur bis etwa 17 Uhr.

Zu den angegebenen Preisen kommt in den USA die **Sales Tax**, eine Art Mehrwertsteuer, die jedoch in jeder Stadt bzw. jedem Staat unterschiedlich hoch ist. New Hampshire gilt als „Shoppingparadies“, da es hier keine Mehrwertsteuer gibt. Doch zumeist ist es egal, wo man einkauft, denn viele Sachen sind selbst in New York City **preiswerter als zu Hause**, z.B. Freizeitkleidung und -zubehör, Jeans, Sportschuhe und -artikel und, für den, der sich auskennt, technische Geräte wie Laptops, Kameras, iPods etc. Zu beachten ist bei solchen Einkäufen, ob die Garantie weltweit gilt, dass bei Computern z.B. die Tastatur eine andere Buchstabenanordnung hat und dass Elektrogeräte auf 110 V laufen und ein Adapter und anderer Stecker nötig sind.

Am günstigsten bekommt man vieles in sogenannten **Factory Outlets** oder **Outlet Malls**, einer Ansammlung von Shops, in denen Markenartikel bestimmter renommierter Firmen zu enorm reduzierten Preisen angeboten werden. Sie befinden sich häufig weit außerhalb von Städten günstig an einer Interstate oder einem viel befahrenen Highway. Die größten Betreiber, auf deren Webpages sich die einzelnen Standorte finden lassen, sind:

- Prime Outlets – www.prime outlets.com
- Tanger – www.tangeroutlet.com
- VF Outlets – www.vfoutlet.net

Einkaufen und Genießen im Lexington Market in Baltimore

Shopping Malls oder **Centers** sind im Normalfall Mega-Einkaufs- und Kommunikationszentren mit verschiedenen, oft stark spezialisierten Läden, großen *Department Stores* (Bekleidungsgeschäften) und Kaufhäusern wie *Macy's*, *Neiman Marcus*, *Nordstrom* oder *JC Penney* unter einem Dach. Außerdem verfügen sie über andere Einrichtungen wie Friseur, Kino, *Food Court* bzw. *Eatery* (Imbissstände) und Restaurants. **Strip Malls** hingegen befinden sich meist am Stadtrand und sind lose

Konglomerate verschiedener Shops, meist mit einem großen wie *WalMart* oder *Safeway* im Zentrum. Dazu können Serviceeinrichtungen wie Banken, Schlüsseldienst, Reinigung, Getränkemarkt etc. rings um einen großen gemeinsamen Parkplatz kommen.

Supermärkte – wie *Albertsons* oder *Safeway* oder der **Bio-Supermarkt** *Whole Foods*– und **Drugstores** – z.B. *Walgreen* oder *Duane Reade* – befinden sich meist an Ausfallstraßen am Stadtrand im Rahmen von solchen *Strip Malls*. Die meisten Supermärkte führen je nach County/Staat auch alkoholische Getränke (ab 21 Jahre, oft kein Verkauf am Sonntag); in Drugstores gibt es außer Drogerieartikeln auch einen Schalter für ärztliche Verordnungen. In Stadtzentren finden sich häufiger kleinere **Lebensmittelgeschäfte** – *Convenience/General Stores* oder *Delis* – so etwas wie Gemischtwarenläden. Große Tankstellen bieten ebenfalls ein breites Lebensmittelangebot, allerdings keine Frischprodukte. *Sears, Kmart, (Super)Target* oder *Wal-Mart (Superstore)* sind **Kaufhäuser**, die preiswert Kleidung, Haushaltswaren, Möbel etc., in letztgenannten drei Fällen auch Lebensmittel führen.

Große **Baumärkte** sind *Home Depot* und *Lowe's*; *Office Depot* oder *Staples* führen **Schreibwaren** und Büroartikel. Zu den großen **Buchläden** mit zahlreichen Filialen gehören *Barnes & Nobles* oder *Dalton Bookseller*. Meist gehören ein Café und eine große Zeitschriftenabteilung dazu, manchmal auch eine Musikabteilung.

Herren / Deutsche Größe (z.B. 50) minus 10 ergibt amerikanische Größe (40)							
Herrenhemden							
D	36	37	38	39	40/41	42	43
USA	14	14,5	15	15,5	16	16,5	17
Herrenschuhe							
D	39	40	41	42	43	44	45
USA	6,5	7,5	8,5	9	10	10,5	11
Damen							
D	36	38	40	42	44	46	
USA	6	8	10	12	14	16	
Damenschuhe							
D	36	37	38	39	40	41	42
USA	6	6,5	7/7,5	8/8,5	9	9,5/10	10,5/11
Kids							
D	98	104	110	116	122		
USA	3	4	5	6	6x		

Einreise und Visum

27 Staaten, darunter Deutschland, Österreich und die Schweiz, sind am **Visa-Waiver-Programm** (VWP) beteiligt, was bedeutet, dass es bei einer Aufenthaltsdauer bis 90 Tage keine Visumspflicht gibt. Außer einem Rückflugticket muss der maschinen-

lesbare, bordeauxrote Europapass vorgelegt werden, mindestens für die gesamte Aufenthaltsdauer gültig. Alte Kinderausweise und Einträge in den Reisepass der Eltern sind nicht mehr gültig. Die neuen „**ePässe**" (10 Jahre Gültigkeit) enthalten biometrische Daten wie die digitale Speicherung des Gesichts und Fingerabdrücke.

Nur wer keinen neuen Europapass besitzt bzw. länger als 90 Tage im Land bleiben möchte (z.B. als Schüler, Student oder Mitglied bestimmter Berufsgruppen) oder Staatsbürger eines Landes ist, das nicht am VWP teilnimmt, muss sich der aufwändigen und teuren Prozedur der Visumsbeschaffung unterziehen. Dazu ist persönliche Vorsprache in den Konsulaten (siehe S. 96) nach vorheriger Terminvereinbarung nötig. Über das aktuelle Prozedere informiert die Botschaft ausführlich unter: **http://german.germany.usembassy.gov/visa**

ESTA und Secure Flight

Seit Januar 2009 müssen sich alle Bürger, egal welchen Alters, die ohne Visum einreisen, spätestens 72 Stunden vor Abflug online bei **ESTA**, dem *Electronic System for Travel Authorization* registrieren. Dieser Vorgang kostet einmalig $ 14 und kann bereits im Reisebüro oder aber im Internet auf folgender Website erfolgen: https://esta.cbp.dhs.gov (Antrag) bzw. http://german.germany.usembassy.gov/visa/vwp/esta (deutsche Erläuterungen und Link).
Erfragt werden Name, Geburtsdatum, Adresse, Nationalität, Geschlecht, Passdetails, erstes Hotel, Zweck und Dauer der Reise etc. Wer einmal registriert ist, kann innerhalb von zwei Jahren ohne Extrakosten mehrfach einreisen, sofern der Pass solange gültig ist. Wer ein Visum besitzt, braucht kein ESTA, muss aber dafür im Flugzeug das weiße I-94-Formular ausfüllen.
Seit dem 1. November 2010 müssen die Fluggesellschaften im Rahmen von **Secure Flight** 72 Stunden vor Abflug alle maßgeblichen Passagierdaten zur Weiterleitung an die *TSA* (*Transportation Security Administration*) vorliegen haben: voller Name gemäß Reisepass, Geburtsdatum, Geschlecht. Normalerweise werden diese Angaben bereits bei Flugbuchung gefordert. Die erste Adresse in den USA kann beim Check-in nachgereicht werden. Infos: www.tsa.gov/what_we_do/layers/secureflight/faqs.shtm

Sicherheit

Seit September 2001 sind **verschärfte Kontrollen** an den Abflughäfen in Deutschland und in den USA üblich. Reisende sollten daher genügend Zeit für Check-in bzw. Umsteigen einplanen. Abgesehen von gelegentlichen Handdurchsuchungen des Gepäcks (Koffer nicht abschließen!) und Körperabtasten wird häufig das Ausziehen der Schuhe und das Aktivieren von Laptops und Kameras verlangt. Alle Art von spitzen Gegenständen, auch Taschenmesser, Pinzetten, Nagelscheren etc. müssen in den Koffer gepackt werden. Die Mitnahme von Waffen, Gaskartuschen, Feuerzeugen und ähnlichen als gefährlich eingestuften Objekten ist streng untersagt. Gels und Flüssigkeiten (Getränke, Zahnpasta, Cremes etc.) dürfen nur noch in Kleinbehältern bis 100 ml in einem durchsichtigen und wiederverschließbaren 1-l-Plastik-Ziptüte im Handgepäck mitgeführt werden. Sie müssen separat aufs Gepäckband. Mengenmäßig ausgenommen sind dringend benötigte Medikamente und Babynahrung.
Konkrete Auskünfte erteilen die Fluggesellschaften bzw. gibt es unter: **www.tsa.gov/travelers/airtravel/assistant/index.shtm**

Gepäckregeln

Bei Linienflügen nach und von Nordamerika dürfen Economy-Class-Passagiere nur ein Gepäckstück bis 23 kg als Freigepäck aufgeben. Ein zweites Gepäckstück kostet meist 70 € (bzw. $ 100) zusätzlich. Außerdem darf ein Handgepäckstück von begrenztem Gewicht (meist 6–8 kg) und genau definierter Größe (je nach Fluggesellschaft variabel und unterschiedlich streng kontrolliert) mit an Bord genommen werden, dazu eine Hand-, Foto- oder Laptoptasche.

Immigration (Einreisekontrolle)
Bei Ankunft am ersten Flughafen in den USA muss der Reisende zunächst durch die *Immigration* und vor einem der Schalter zunächst einmal mehr oder weniger lange Schlange stehen, bis der Pass geprüft, elektronische Fingerabdrücke (beide Daumen und die vier Finger jeder Hand) genommen und ein digitales Foto gemacht wurden. Dies alles geschieht, während der Pass gescannt wird und der *Officer* Fragen zu Reiseroute, Zweck der Reise, Beruf, Bekannten oder Freunden in den USA, gelegentlich auch zu den Finanzen stellt. Daraufhin wird die Aufenthaltsdauer auf normalerweise drei Monate festgelegt und in den Pass eingestempelt.
Infos zu den aktuellen Einreisebestimmungen findet man im Internet unter: **http://travel.state.gov/visa/temp/without/without_1990.html**

Zollerklärung
Zusätzlich muss pro Familie im Flugzeug schon ein weißes Zollformular – die **Customs Declaration** – ausgefüllt werden. Auf diesem sind ggf. über die Richtwerte hinaus eingeführte Waren und Devisen anzugeben. Streng verboten ist die Einfuhr von Frischprodukten aller Art (Obst, Gemüse, Wurst etc.), Samen, Drogen/Medikamente, Waffen, Tiere etc. (s. S. 135).

Gepäck und Zollabfertigung
Danach geht es Richtung **Gepäckband** (*baggage claim*), auch wenn ein Weiterflug gebucht ist. Letzte Station: der **Zoll** (*customs*). Beim Ausgang mit der Aufschrift *Nothing to declare* wird die Zollkarte abgegeben und abgestempelt; gelegentlich finden schon vorher Checks mit Hunden oder Stichproben statt. Bei inneramerikanischem Anschlussflug muss das Gepäck anschließend neu eingecheckt werden. Sofern man am Endflughafen angelangt ist, sieht man sich entweder nach *Car Rental* (Automietstationen) oder *Ground Transportation/Public Transport* (Öffentlicher Nahverkehr) bzw. Taxis um. Alles ist im Ankunftsgebäude im Allgemeinen gut ausgeschildert und leicht zu finden.

Eintritt

Je nach Art (staatlich/städtisch/privat) und Größe der Einrichtung unterscheiden sich die Eintrittspreise. Wenige **Museen** sind gratis, wenn, dann sind es meist staatliche. Einige, v.a. in Städten, bieten an bestimmten Tagen oder zu bestimmten Zeiten freien Eintritt. Manchmal (v. a. in New York) wird eine freiwillige Spende *(suggested donation)* erwartet, die Amerikaner in der Regel auch genau bezahlen. In Städten mit zahlreichen Sehenswürdigkeiten gibt es häufig Kombitickets bzw. einen *CityPass.*

Nicht ganz billig sind die neuen und modernen *Hands-on-* und *Science*-Museen, die großen Freiluftmuseen, Zoos, Aquarien oder Vergnügungsparks. Für häufige Nationalparkbesuche lohnt sich der Erwerb eines **National Park Pass** (*America the Beautiful* oder *Interagency Annual Pass*) für derzeit $ 80. Er gilt für ein ganzes Jahr in allen amerikanischen Nationalparks u.a. staatlichen Naturschutzgebieten für drei Insassen eines Fahrzeugs über 16 Jahren; Kinder unter 15 sind gratis. Der Pass kann im Internet unter **http://store.usgs.gov/pass** gekauft werden.

Eisenbahn

Eisenbahnreisen in den USA mit der halbstaatlichen Eisenbahngesellschaft **Amtrak** ist eine bequeme und gesellige Art, große Strecken z.T. im Schlaf und überaus bequem zurückzulegen und dabei unterschiedlichste Landschaften und Staaten sowie Menschen kennenzulernen. Im Unterschied zum Flugzeug besteht die Möglichkeit, die Reise beliebig oft gratis zu unterbrechen und so City Hopping zu praktizieren. Im Vergleich zum Mietwagen bietet die Bahn den Vorteil, lange Wege stressfrei und unter Einsparung eventuell fälliger Rückführgebühren zurücklegen zu können.
Der **Preisunterschied** zwischen Bahn und Flugzeug ist auf längeren Strecken nicht sehr groß, allerdings kann man bei rechzeitigem Bahnticketerwerb (Internet) preiswert wegkommen. Gerade an der Ostküste zwischen Boston, New York, Philadelphia, Baltimore und Washington D.C. ist die Bahn nach dem Auto das Hauptverkehrsmittel. Entsprechend der Bedeutung sind hier im **Northeast Corridor** Boston – New York – Washington zahlreiche Züge (mindestens stündlich) unterwegs. Dabei kann man zwischen normalen und billigeren Personenzügen bis hin zu den Acela-Expresszügen (nur 1. Klasse) wählen.

Zumeist sind die **Preise günstig**, sodass sich die Bahn als **Verkehrsmittel auch für Touristen** empfiehlt. Ein reguläres Ticket zwischen Boston und New York kostet bei frühzeitiger Buchung ab $ 70, zwischen New York und Washington D.C. ist es ab $ 80 zu bekommen.

Wer den Zug mehrmals und über die Ostküste hinaus benutzen möchte, für den ist Bahnfahren mit einer Netzkarte *(Rail Pass)*, die ausschließlich Nichtamerikaner über deutsche Reisebüros (s. u.) bekommen, preiswerter. Der Pass gilt im „Sitzwagen" *(coach)*, Aufpreise fallen für Schlafwagenabteile an. Maximal zwei Kinder zwischen 2 und 15 Jahren zahlen den halben Preis, ein jüngeres Kind fährt kostenlos mit. Da in den Fernzügen Reservierungspflicht besteht und täglich bzw. sogar wöchentlich nur ein oder zwei Züge bestimmte Strecken frequentieren, ist genaue **Vorausplanung und Vorreservierung** nötig. Die eigentlichen Tickets holt man sich unter Vorlage von Reisepass und Reservierungsschein am ersten Bahnhof in den USA ab. *Metroliner, Acela Express* u.ä. Züge können mit einem solchen Pass nicht benutzt werden. Allgemeine Informationen: **www.amtrak.com**

Bahnverbindungen an der Ostküste
Northeastern Corridor: Intercity (Acela Express)- und regionale Intercity-Züge zwischen Washington, Baltimore, Philadelphia, Princeton, New York, New Haven, Providence und Boston
Vermonter: New York – Vermont

Capitol Limited: Washington – Pittsburgh – Chicago
Cardinal: Washington – Cincinnati – Indianapolis – Chicago
Lake Shore Limited: New York/Boston – Albany – Buffalo – Cleveland – Chicago
Carolinian/Piedmont: New York – Washington – Richmond – Raleigh – Charlotte
Crescent: New York – Washington – Charlotte – Atlanta – New Orleans
Silver Service/Palmetto: New York – Washington – Charleston – Savannah – Jacksonville – Orlando – Tampa/Miami

i Preise Rail Pass (Stand 2012)

Seit 2009 gibt es ein vereinfachtes Passsystem auf dem Gesamtstreckennetz mit Segmenten. Ein Segment entspricht dabei einer zurückgelegten Bahnstrecke (ohne Zwischenstopp, vom Einsteigen bis zum Aussteigen).
15 Tage/8 Abschnitte: $ 429
30 Tage/12 Abschnitte: $ 649
45 Tage/18 Abschnitte: $ 829

Erworben werden können die Tickets z.B. bei:
Meso-Amerika-Canada Reisebüro, Wilmersdorfer Str. 94, 10629 Berlin, ☏ (030) 212-34190, www.meso-berlin.de/usa/zug
North America Travelhouse/CRD International, Stadthausbrücke 1-3, 20355 Hamburg, ☏ (040) 300-6160 bzw. RD Amtrak-Hotline, ☏ (040) 300 61623, www.crd.de
Flug- und Reiseservice Hageloch & Henes, Lindenstr. 34, 72764 Reutlingen, ☏ (07121) 330-184, www.buspass.de

Essen und Trinken

Gleich vorweg: Die amerikanische Küche besteht nicht nur aus Hamburgern und Hotdogs, Budweiser und Coke, und die Amerikaner ernähren sich nicht ausschließlich von Dosen und Tiefkühlfertigkost. In den letzten Jahren hat sich das kulinarische Angebot in den USA enorm zum Positiven gewandelt. Die amerikanischen **Essenszeiten** unterscheiden sich kaum von den unsrigen: Mittagessen *(lunch)* gibt es zwischen 12 und 14 Uhr, Abendessen *(dinner)* etwa von 18 bis 21 Uhr, die spätere Variante wird auch *supper* genannt. Abends isst man oft meist sogar etwas früher als hierzulande.

Selbstversorgung ist ebenfalls kein Problem. Supermärkte sind meist hervorragend sortiert und verfügen häufig über Salatbars und Imbisstheken. Auch die Obst- und Gemüseabteilungen bieten viel und die Auswahl an Naturkost *(Health Food)* ist mittlerweile sehr ordentlich. Es gibt *Mini Marts* in Tankstellen, Biosupermärkte wie *Whole Foods*, Delikatessenläden *(Delis)* in Großstädten oder Wochenmärkte mit großer Auswahl.

Schnelle Küche
Fastfood ist nichts „typisch Amerikanisches", sondern ein weltweites Phänomen seit der Antike. Die Palette an Fastfood in den USA ist groß und man überbietet

sich gegenseitig mit Sonderangeboten und Werbeaktionen. Die meisten Fastfood-Restaurants sind von frühmorgens bis Mitternacht oder sogar rund um die Uhr geöffnet. Alkohol gibt es hier nicht, dafür preiswerte Softdrinks, die manchmal sogar gratis nachgefüllt werden können *(free refill)*. *Diners* servieren in der Regel das „bessere Fastfood", z.B. „richtige" Hamburger, Sandwiches oder Pommes, die zwar etwas mehr kosten, dafür aber auch besser schmecken. *Food Courts* oder *Eateries* in Einkaufszentren umfassen Imbissstände verschiedenster Küchen mit einem gemeinsamen Essbereich. Es gibt internationale Gerichte (Pizza, Asiatisches, BBQ, Hühnchen, Sandwiches, Gyros), Salate, Sandwiches, aber auch Kaffee, Gebäck oder „Pretzels".

Essen im Restaurant
Selbst im Hinterland wird man immer wieder überrascht von kleinen, oft unscheinbaren Lokalen, die bodenständige Qualität oder sogar Haute Cuisine zu vernünftigen Preise bieten. Zum Lunch bieten viele Lokale spezielle, preiswerte Mittagskarten bzw. *Lunch Specials* mit leichten Gerichten – v.a. Salate, Sandwiches oder Suppen – an. Teurer ist meist ein *dinner*.

In besseren Restaurants ist es, speziell an Wochenenden, ratsam, einen **Tisch zu reservieren**. Die Amerikaner sind bekannt für ihre stoische Geduld beim Schlangestehen vor einem bestimmten Lokal, doch das ist nicht jedermanns Sache, und wer reserviert hat, ist im Vorteil. Essen in einem Lokal der gehobenen Kategorie (ggf. nach Kleidervorschriften erkundigen!) ist verhältnismäßig teuer, dafür sind Service und Qualität des Essens hervorragend und die Portionen im Allgemeinen groß.

Nach dem **Prinzip „wait to be seated"** wird dem Gast ein eigener Tisch zugewiesen und die Speisekarte *(menu)* überreicht. Die Bedienung *(server)* stellt sich am Tisch vor und zählt die Tagesgerichte *(daily specials)* auf; Brot und Eiswasser kommen (meist vom *busboy*) unaufgefordert auf den Tisch.

Speisenfolge: Man beginnt mit der Vorspeise *(appetizer)*, geht dann zum Hauptgericht (*entrée*) über, wobei ein Salat, wenn er zum Menü gehört ggf. ebenfalls als Vorspeise serviert wird. Den Abschluss bilden der Nachtisch *(dessert)* und der Kaffee. Selbst ein mehrgängiges Menü wird **schnell serviert**; man sitzt nicht im Restaurant, um gemütlich mit Freunden zu plaudern, dazu geht man in eine Bar oder einen Pub.

In amerikanischen Lokalen gibt es viel **Servicepersonal**, wobei die Aufgaben streng geteilt sind. Arbeitskräfte sind schlecht bezahlt und leben zum Großteil von Trinkgeldern. Daher sollte man nach der Schlussfrage, ob alles in Ordnung war, und nach dem unaufgeforderten Erhalt der Rechnung (*cheque*) in einem Ledermäppchen oder auf einem Tellerchen unbedingt mindestens **15 % Trinkgeld** addieren. Selten, in einfacheren oder Familien-Restaurants, wird die Rechnung an einer Kasse *(cashier)* beglichen. Einpacken von Essensresten in ein *doggy bag*, heute meist eine Styropor-Box, ist übrigens selbst in einem Feinschmeckerrestaurant üblich. Die Portionen sind nämlich oft sehr reichlich bemessen.

Getränke
Restaurants verfügen im Allgemeinen über eine Schanklizenz, die meisten Fastfood-Lokale hingegen nicht. Sie bieten nur Softdrinks, Milkshakes, Tee und Kaffee an. An

Sonn- und Feiertagen darf in manchen Staaten generell kein **Alkohol** verkauft bzw. nur zu genau definierten Zeiten ausgeschenkt werden. In Lokalen wird am Tisch gefragt, ob etwas „von der Bar" erwünscht sei. Da jedoch **(Eis-)Wasser** automatisch zum Essen gehört und ständig unaufgefordert nachgeschenkt wird, ist man nicht gezwungen, etwas Zusätzliches zu bestellen.

Ein Glas Bier oder Wein zu einem guten Abendessen ist durchaus üblich, möchte man allerdings mehr, geht man in eine *Cocktail Lounge*, in Bar oder Pub, wo Cocktails, Wein und Bier die beliebtesten Getränke sind. Harte Sachen werden, mit Ausnahme von Whiskey, selten konsumiert. *Brew Pubs* und *Sports Bars* sind gute Alternativen, um den Abend gemütlich ausklingen zu lassen, wobei gerade Erstere oft auch gute, preiswerte Gerichte servieren und *Sports Bars* die Gelegenheit bieten, Sportübertragungen auf Großbildschirmen zu verfolgen. Inzwischen werden in vielen Teilen der USA, auch im Osten, **hervorragende Weine** produziert, allerdings dominieren auf Weinkarten vielfach leider immer noch europäische neben (durchschnittlichen) kalifornischen Weinen.

Wie in Sachen **Kaffee** – es gibt nicht nur *Starbucks*! – hat sich auch, was das **Bier** angeht, in den letzten Jahren viel getan. Ausgehend von der Westküste schossen so genannte *Microbreweries* (Kleinbrauereien) überall wie Pilze aus dem Boden und produzieren Biere, die ihresgleichen suchen. Die **Kleinbrauereien** betreiben oft eigene Pubs, in denen die eigenen Produkte vom Fass serviert werden. Es gibt mittlerweile beinahe in jedem größeren Ort eine solche Kleinbrauerei und auch Supermärkte und *Liquor Stores* sind zunehmend besser sortiert. Sie bieten neben den Bieren von Großfirmen mehr und mehr, in pfandpflichtigen Wegwerfflaschen (0,35 l) auch (teurere) Produkte lokaler Brauereien an.

Erfrischungsgetränke – *soft drink, pop* oder *soda* genannt – werden eiskalt getrunken. Gute Durstlöscher sind *ice tea* oder *lemonade*, probieren sollte man auch *root beer* oder *smoothies* (Frucht-Milchmischgetränke).

Feiertage und Veranstaltungen

Da Amerikaner im Schnitt nur **zwei Wochen Jahresurlaub** bekommen und auch die Zahl der Feiertage (*public holidays*) gering ist, werden einige Feiertage (Ausnahmen sind Weihnachten, Ostern und der 4. Juli) auf einen Montag gelegt, damit ein verlängertes Wochenende entsteht. Anders als hierzulande ist an Feiertagen nicht grundsätzlich alles geschlossen; Supermärkte, Museen und andere Attraktionen sind oft geöffnet, zumindest ab mittags.

Aktuelle **Veranstaltungskalender** finden sich im Internet bzw. sind in den CVBs oder VCs der einzelnen Städte bzw. Bundesstaaten *(Welcome Center)* erhältlich und können regionalen Tageszeitungen und Szene-Magazinen entnommen werden. Wichtige Feste im Jahreskalender wurden in den Regionalen Reisetipps aufgeführt. Neben den offiziellen gibt es im Osten verschiedene lokale Feiertage, etwa den 15. April, **Patriot's Day** in Massachusetts, in Rhode Island den **Independence Day**, der am 4. Mai begangen wird, oder **Victory Day** (2. Montag im August). Am 4. Montag im

April begeht New Hampshire den **Fast Day**, Massachusetts am 20. Mai den **Lafayette Day**. Der 1. Dienstag nach dem ersten Montag im November gerader Jahre spielt als **General Election Day** besonders in Neuengland eine wichtige Rolle.

1. Januar	**New Year's Day**	Neujahr, vorausgeht **New Year's Eve** – Silvester (kein eigentlicher Feiertag
3. Montag im Januar	**Martin Luther King's Birthday**	
3. Montag im Februar	**President's Day**	George Washington's Birthday – Gedenktag zu Ehren aller Präsidenten
Ende März/April	**Easter Sunday**	Ostersonntag; Karfreitag *(Good Friday)* gilt nur eingeschränkt als Feiertag, Ostermontag ist unbekannt.
Ende Mai/Juni (50 Tage nach Ostern)	**Pentecost**	Pfingstsonntag – kein besonderer Feiertag
Wochenende vor dem letzten Montag im Mai	**Memorial Day Weekend**	zu Ehren aller Gefallenen – Beginn der Ferienzeit
4. Juli	**Independence Day**	Tag der amerikanischen Unabhängigkeit – Nationalfeiertag
Wochenende vor dem 1. Montag im September	**Labor Day Weekend**	Tag der Arbeit – Ende der Ferienzeit
2. Montag im Oktober	**Columbus Day**	Erinnerung an die Entdeckung Amerikas
31. Oktober	**Halloween**	kein offizieller Feiertag
11. November	**Veterans' Day**	Ehrentag für die Militärveteranen
4. Donnerstag im November	**Thanksgiving Day**	Erntedankfest, das große Familienfest
25. Dezember	**Christmas Day**	Keine Feiertage sind der Heilige Abend *(ChristmasEve, Holy Night)* und der 2. Weihnachtstag

Flüge

Eine schier unüberschaubare Zahl konkurrierender Reiseveranstalter, Internetbroker und verschiedener Airlines stehen für einen Flug in die USA zur Auswahl. Dazu kommen unterschiedliche Bedingungen, Saisonzeiten, Abflugorte und Routenführungen, ein Wust an Sonder- und Spezialpreisen, Last-Minute- und Internetangeboten. Gerade deshalb ist es sinnvoll, sich vor der Buchung gründlich zu informieren. Um zu Anfang eine grobe Preisvorstellung zu bekommen, hilft z.B. ein Blick ins Internet, z.B. auf **www.expedia.de**.

Die meisten Linienfluggesellschaften bedienen die USA täglich oder mehrmals wöchentlich und unterhalten *Codesharing*-Verträge, d.h., sie kooperieren mit anderen Gesellschaften und erweitern dadurch ihr Angebot. Die wichtigsten Allianzen im Nordamerika-Bereich sind das **Sky Team** (www.skyteam.com) u.a. mit Delta, AirFrance/KLM, Alitalia, die **Star Alliance** (www.star-alliance.com) mit Air Canada, Austrian, Lufthansa, United, US Airways, SAS und Swiss oder aber **One World** (www.oneworld.com) mit Air Berlin, American Airlines, British Airways und Iberia. Für Leute, die regelmäßig mit einer bestimmten Gesellschaft (bzw. Gruppe) fliegen, lohnt es sich, (gratis) Mitglied eines *Frequent Flyer*-Programmes zu werden.

Tipp

America Unlimited, Leonhardtstr. 10, 30175 Hannover, ☏ (0511) 37444750 und Mexikoring 27-29, 22297 Hamburg, ☏ (040) 530348-34, www.america-unlimited.de. Dieser kleine Nordamerika-Spezialist bietet ungewöhnliche Mietwagenrundreisen an. Eine Stärke ist individuelle Reiseplanung nach Kundenwünschen.

Hauptflughäfen an der Ostküste

Hauptflughäfen sind New York, Boston, Philadelphia, Washington und Atlanta. United Airlines (UA) und Lufthansa (LH) fliegen von München und Frankfurt direkt **Washington** an, ebenso geht es von Zürich und Wien dorthin. Ebenso fliegt UA/LH ohne Stopp von Frankfurt bzw. München beide **New Yorker Flughäfen**, Newark (EWR) und JFK sowie **Boston** und **Philadelphia** an. United (UAL) fliegt zudem nonstop von Hamburg, Berlin, München, Stuttgart oder Frankfurt nach Newark, US Airways verbindet München, Frankfurt und Zürich mit Philadelphia, Delta Frankfurt oder Berlin mit New York (JFK), ebenso Air Berlin von Düsseldorf aus. Europäische Gesellschaften wie SAS, BA, Air France, KLM, LH und Icelandair fliegen mit Zwischenstopps aus Deutschland die erwähnten Städte im Reisegebiet. Im Südosten ist **Atlanta** Drehkreuz von Delta und deshalb direkt von Deutschland (München, Stuttgart, Frankfurt und Düsseldorf) aus erreichbar. Auch LH fliegt von Frankfurt aus Atlanta an. Zweiter Anflughafen im Südosten wäre **Charlotte** (LH und US Airways von Frankfurt sowie LH von München).

Preise und Bedingungen

Die **Flugpreise** hängen von mehreren Faktoren ab, wobei generell Flüge in der NS, vor allem im zeitigen Frühjahr oder im späten Herbst, günstiger sind als solche in der HS. Auch Ferienzeiten bzw. Feiertage und Wochenende sollte man möglichst meiden. Als Hauptreisezeit gelten im Allgemeinen die Sommermonate (ab Mitte Juni/Anfang Juli bis Ende August/Anfang September), als Zwischensaison die Zeit um Pfingsten und Weihnachten sowie die Monate September und Oktober, allerdings variiert das je nach Ziel. Zubringerflüge bzw. Bahntickets für die Anreise zum Flughafen sind nicht automatisch inklusive und die *Ticket Handling Fee* (niedriger bei Internetbuchung), die Höhe von Umbuchungs- und Stornierungskosten, bestimmten Zuschlägen sowie Service und Alter des Fluggeräts schwankt. Die **Preise für einen Flug** an die Ostküste (günstig sind v.a. Boston und New York) beginnen inklusive aller Steuern und Versicherungen im günstigsten Fall und in der NS bei ca. 450 €. Im Allgemeinen muss man eher mit Summen um die 600 € rechnen, im Sommer mit bis zu 800 €. Dabei sind die Unterschiede zwischen den oben genannten Hauptflughäfen gering.

Fluggesellschaften unterscheiden sich nicht nur darin, von wo aus sie wohin, wann und wie oft fliegen, sondern auch darin, wie viele und welche Zwischenstopps sie einlegen. Davon abhängig ist wiederum die Höhe der Steuern und Gebühren. Unterschiedlich wird überdies gehandhabt, ob bzw. zu welchem Aufpreis **Gabelflüge und Stop-over** möglich sind – wichtig, wenn man eine Rundreise plant und auf relativ teure Inlandsflüge verzichten möchte. Eine andere Alternative für Flüge im Land wären Flugcoupons, sogenannten Airpässe, die eine bestimmte Anzahl an Gutscheinen für eine bestimmte Zielregion und Dauer umfassen. Sie müssen außerhalb der USA, oft zusammen mit dem Transatlantikflug, erworben werden.

Sondertarife sind das ganze Jahr über zu bekommen, allerdings unterschiedlich in Kontingentierung und Bedingungen. Oft stehen nur geringe Platzkapazitäten zur Verfügung, sind diese an strikte Bedingungen gebunden oder ist mehrmaliges Umsteigen erforderlich. Immer häufiger, vor allem in der NS, bieten die Linienfluggesellschaften selbst im Internet bzw. über Zeitungsannoncen **Sonderkonditionen** an, die jedoch nur über einen meist kurzen Zeitraum gebucht werden können. Die Reise muss dann bis zu einem ebenfalls festgelegten Datum angetreten werden. Es lohnt sich immer, erst einmal im Internet (s. u.) zu checken! Preiswerte **Last-Minute-Flüge** offerieren spezialisierte Reisebüros, z.B. Travel Overland (www.travel-overland.de), www.mcflight.de und www.flug.de, im Internet bieten oft auch „Broker" wie www.expedia.de oder www.opodo.de günstige Tarife.
Über **Ermäßigungen** für Jugendliche und Studenten sowie über die unterschiedlich gehandhabten Bedingungen für Kinder informieren Fluggesellschaften bzw. Reisebüros.

Die wichtigsten Fluggesellschaften im Internet
- **Air France**: www.airfrance.de
- **American Airlines**: www.americanairlines.de
- **Austrian Airlines**: www.austrian.com
- **British Airways**: www.britishairways.com
- **Delta**: http://de.delta.com
- **KLM:** www.klm.com
- **Air Berlin**: www.airberlin.com
- **Lufthansa**: www.lufthansa.com
- **Swiss**: www.swiss.com
- **United Airlines**: www.united.com
- **US Airways**: www.usairways.com

! Wichtige Hinweise (siehe auch „Einreise")

- Es gibt keine Papiertickets mehr und bei Check-in genügt die Vorlage des Passes bzw. der Buchungsnummer.
- Man sollte sicherheitshalber die Zeit des Rückflugs rechtzeitig checken, entweder im Internet oder per Anruf bei der Fluggesellschaft.
- Es wird empfohlen, bei internationalen Flügen drei Stunden vor Abflug einzuchecken. Sitzplätze können im Vorfeld reserviert werden (teils gebührenpflichtig) und oft kann man schon an Vortag im Internet einchekken. Dennoch muss das Gepäck, auch bei Check-in am Automaten, an einem Schalter, manchmal an speziellen Expressschaltern, abgegeben werden.

- Genügend Zeit für Check-in bzw. Umsteigen einplanen, da strenge und mehrmalige Sicherheitskontrollen üblich sind. Die von den Fluggesellschaften als hinreichend angegebenen Umsteigezeiten können sich je nach Flughafen – London und Paris sind diesbezüglich berüchtigt – als Flop erweisen.

Fotografieren

Speicherkarten, Batterien und Akkus für **Digitalkameras** sind in Fotoläden, Elektronikshops und mittlerweile auch in den Fotoabteilungen von Drugstores und Supermärkten zu bekommen. Dort gibt es häufig auch digitale Druckservices, *photo kiosks*. Mitgebrachte Ladegeräte müssen „reisetauglich", d.h. der anderen Spannung angepasst sein, zudem ist ein Adapter für die anderen Steckdosen nötig.
In Museen und manchen anderen Sehenswürdigkeiten sowie im Umkreis von militärischen Anlagen ist Fotografieren verboten bzw. nur zu Privatzwecken, ohne Blitz und Stativ, erlaubt. Bei Personenaufnahmen ist **Respekt** oberstes Gebot. **Kameras und Zubehör** sind in den USA preiswerter als hierzulande; beim Kauf ist allerdings zu prüfen, ob die Garantie weltweit gilt und ob die Stromspannung von Netzgerät und sonstigem Zubehör passt bzw. angepasst werden kann. Zum annoncierten Preis muss noch die Steuer addiert werden, außerdem u.U. Zoll am deutschen Einreiseflughafen.

Geldangelegenheiten

Bargeld

Obwohl man heute tatsächlich in nur noch wenigen Situationen Bargeld benötigt, sollte man einen **gewissen Dollarbetrag**, v.a. Kleingeld, in der Tasche haben, z.B. um am Flughafen eine Zeitung kaufen zu können, für den Gepäckwagen oder den Getränkeautomaten. Der Umtausch von € oder CHF in US $ ist an Flughäfen, in speziellen Wechselstellen oder Banken grundsätzlich kein Problem, lediglich können die Kurse ungünstiger sein, Gebühren anfallen und die ganze Prozedur zeitaufwändig sein. Größere Summen Bargeld kann man sich dann in den USA mit Reiseschecks oder (meist gegen Gebühr) am Automaten per Karte beschaffen.

i Währung

1 Dollar ($) = **100 Cent** (c.)
An **Münzen** gibt es Penny (1 c.), Nickel (5 c.), Dime (10 c.), Quarter (25 c.); selten sind hingegen 50 c. (Half Dollar) und Dollarmünze. An **Scheinen** sind $ 1, 5, 10, 20, 50, 100 und – theoretisch – auch $ 500 und $ 1000 in Umlauf. Scheine über $ 20 sind den meisten Amerikanern suspekt, und es kann Probleme geben, mit einer $ 50-Note bar zu bezahlen. Quarter (und Dollarscheine) sollte man sammeln, da sie für Automaten aller Art bzw. als Trinkgeld benötigt werden.
Aktuelle Wechselkurse im Internet unter **www.oanda.com**

Maestro/EC-Karte

Inzwischen kann man an über 200.000 Geldautomaten in den USA Geld abheben, wobei Voraussetzung ist, dass das **Maestro-Zeichen** am „ATM", der *Automated*

Teller Machine, vorhanden ist und man seine PIN-Nummer weiß. Auch an vielen Kassen mit Maestro-Zeichen ist mittlerweile Zahlung mit der **EC-Karte** möglich. Die Gebühr für eine Automatenabhebung variiert je nach Bank, beträgt bis zu 5 € und ist unabhängig von der Höhe der Abhebung (meist max. 500 € pro Tag). Die Postbank SparCard ist an *VISA-Plus*-Automaten einsetzbar, und zwar zehnmal jährlich sogar gebührenfrei. Wenn die EC-Karte abhanden kommt, sollte man sie sofort sperren lassen (Sperrnummer s. u.); dazu ist die Kontonummer nötig.

Kreditkarten

Als Tourist kommt man ohne Kreditkarte nicht aus, denn nur damit gilt man in den USA als kreditwürdig und kann z.B. eine verbindliche Zimmerreservierung vornehmen, Tickets via Telefon kaufen oder die nötige Kaution für einen Mietwagen stellen. *Euro/MasterCard* und *VISA* sind die **verbreitetsten Kreditkarten**, seltener werden *American Express* und *Diners Club* akzeptiert. „Goldkarten" beinhalten oft Versicherungen und Notfallservice. Die getätigten Ausgaben werden unter Aufschlag einer Umrechungsgebühr von meist 1 % von einem eigens eingerichteten Konto abgebucht, auf dem für Notfälle immer ein Guthaben deponiert werden sollte. Gegen Gebühr von bis zu 5,5 % oder mindestens rund 5 € lässt sich mit einer Kreditkarte Geld an beinahe jedem Bankautomaten auch Bargeld ziehen. Mit der DKB-Kreditkarte kann man weltweit gebührenfrei Geld abheben. Kreditkarten sind versichert und bei Verlust oder Diebstahl sorgt die Gesellschaft nach einem Anruf unter ihrer **Notfallnummer** (s. Kartenrückseite bzw. Merkblatt, vor der Reise notieren!) für Sperrung und raschen Ersatz (Infos auch unter www.kartensicherheit.de).

i Kartensperrung

In Deutschland gibt es eine einheitliche Sperrnummer:
☏ **0049-116116** und vom Ausland zusätzlich **0049 (30) 4050-4050**. Sie gilt mit wenigen Ausnahmen für alle Arten von Karten (auch Maestro/EC-Karten) und Banken sowie Mobilfunkkarten (Details unter www.sperr-notruf.de). Eine Ersatzkarte wird normalerweise innerhalb von 24 Stunden zur Verfügung gestellt.
Für Karten von bisher nicht angeschlossenen Kreditinstituten und für **österreichische** und **Schweizer** Karten sind die gültigen Notrufnummern dem mit der Karte erhaltenen Merkblatt zu entnehmen oder bei der jeweiligen Bank vor der Reise zu erfragen und zu notieren.

Reiseschecks

Außer der Kreditkarte empfiehlt es sich, (ebenfalls versicherte) Reiseschecks – am besten in $ 50-Stückelung – mitzunehmen. **American Express Travel(l)ers Cheques** (TC) werden auch von *Travelex* ausgegeben. Man muss sie in der Bank vorbestellen oder erhält sie z.B. auch beim ADAC. Schneller und unkomplizierter als in Banken, wo außer dem Reisepass manchmal ein Fingerabdruck gefordert wird und Gebühren anfallen können, lassen sich die Schecks in den USA in *American-Express-* oder *Travelex*-Agenturen eintauschen. Am einfachsten ist es aber, im Hotel einen Scheck einzulösen („*to cash a cheque*"), wobei normalerweise maximal $ 50 pro Tag ausbezahlt werden, oder gleich damit zu bezahlen. In Läden, sogar in

Supermärkten, gelten die Schecks als Zahlungsmittel, mit denen selbst Kleinstbeträge beglichen werden können. Restsummen werden bar herausgegeben. Gegen Angabe der Seriennummern (vorher notieren!) werden bei Verlust/Diebstahl **Reiseschecks** innerhalb von 24 Stunden ersetzt. Dazu ist bei Verlust oder Diebstahl umgehend Meldung bei *American Express* bzw. *Travelex* nötig: Telefonnummern und Hinweise erhält man zusammen mit den gekauften Schecks. Ggf. wird ein Polizeiprotokoll gefordert und muss ein Rückerstattungsformular ausgefüllt werden.
Sperrung AmEx Reiseschecks: in D: ☏ 0800-101 2362 (kostenfrei); A: ☏ 0043 (1) 5450120; CH: ☏ 0041 (1) 7454020
In den USA hilft das deutschsprachige **AmEx-Kunden-Service Center** unter ☏ 1 (888) 412-6945 (gratis). Es sind die Vorlage des Kaufnachweises und die Nummern der ausgegebenen Schecks nötig.

Gesundheit

siehe auch „Notfälle" und „Versicherungen"

USA-Reisende sind **keinen besonderen Gesundheitsrisiken** ausgesetzt. Ernährungsbedingte Umstellungsprobleme sind selten, das Leitungswasser kann unbesorgt getrunken werden, besondere Impfungen sind nicht nötig. Häufig sind Erkältungen aufgrund der Vollklimatisierung der Räume – *Air Conditioning (A/C)*. Eine Strickjacke oder ein Pullover in der Tasche können ganzjährig nützlich sein.
Sauberkeit wird großgeschrieben, und ein eigenes Badezimmer gehört zu jedem noch so billigen Motel, ein passables WC zu jeder Raststätte oder Tankstelle. Allerdings sollte man nie nach der *toilet* fragen, ein WC heißt *restroom*, *ladies' room* oder *men's room*, *bathroom* oder *powder room*.

Im Krankheitsfall ist in den USA für rasche und effektive Behandlung gesorgt. An qualifizierten Ärzten (*physicians*) bzw. Zahnärzten (*dentists*) besteht kein Mangel; der Spezialisierungsgrad ist hoch, die Konkurrenz groß. Namen und Adressen von Ärzten können leicht an der Hotelrezeption bzw. über die Gelben Seiten des Telefonbuchs herausgefunden werden. Hausbesuche sind unüblich und meist helfen in größeren Orten bzw. Städten *Health Care* oder *Family Centers*, Gemeinschaftspraxen ohne Terminvereinbarung („*walk-in*") weiter.

Arzt-, Medikamenten- und Krankenhauskosten sind hoch und jeder Patient wird zunächst als Privatpatient behandelt. Daher wird auch bei Besuchern der Nachweis der Zahlungsfähigkeit durch Kreditkarte vorausgesetzt und muss für jeden Arztbesuch sofort bezahlt werden. Zu Hause erstattet die Versicherung nach Überprüfung und gegen ausführliche Bescheinigung und Quittungen über Diagnose, Behandlungsmaßnahmen und Medikamente die Kosten zurück. Bei schweren Erkrankungen oder Unfällen sind zusätzlich der Notfallservice der Versicherung und ggf. Botschaft bzw. Konsulat zu kontaktieren.

Außer dringend benötigten (rezeptpflichtigen) **Medikamenten** (bei größeren Mengen ist eine englischsprachige Bescheinigung für den Zoll mitführen) sollte auch die übliche kleine Reiseapotheke mit dabei sein. **Pharmacies** (Apotheken) existieren eigentlich nur in Form von Spezialschaltern (*Prescriptions Counter*) in *Drug-*

stores. Dort löst man ärztliche Verordnungen ein und erhält Beratung durch einen Apotheker. Zudem gibt es, wie auch in Supermärkten, preiswert und rezeptfrei ein Grundsortiment an Arzneimitteln, Standardmedikamente gegen Schmerzen, Durchfall oder Erkältungen.

! Wichtig

Im Notfall ruft man die **Ambulanz** (**911**) oder fährt zur **Notaufnahme** des nächsten Hospitals (Emergency Room).

I Informationen

Deutsch-Amerikanische Institute bzw. Zentren existieren derzeit in Freiburg, Hamburg, Heidelberg, Kiel, Köln, München, Nürnberg, Saarbrücken, Stuttgart und Tübingen. Daneben gibt es beim ADAC allgemeines Informationsmaterial und Karten über die verschiedenen US-Regionen. Allgemeine reisepraktische Infos finden sich auch unter **www.usa.gov/visitors/travel.shtml** oder unter der offiziellen Reise- und Tourismus-Seite der USA, **www.discoveramerica.com** (auch deutsch). Alle im Reisegebiet liegenden Staaten sind durch deutsche PR-Agenturen vertreten, die im Allgemeinen auch für Österreich und für die Schweiz zuständig sind. Des Weiteren wurden nachfolgend die maßgeblichen Webseiten der einzelnen US-Bundesstaaten angegeben.

Vor Ort helfen *Visitor Information Centers, Convention & Visitor Bureaus (CVB)* oder *Chambers of Commerce* weiter, an den Staatsgrenzen (Interstates) gibt es *Welcome Center* – Besucherzentren, die Prospektmaterial, Karten etc. bereithalten, z.T. auch bei der Zimmerreservierung behilflich sind und in denen „Coupon-Hefte" (v.a. für Rabatte in Hotels) ausliegen. Infos und Adressen sind beim jeweiligen Ort aufgeführt.

Neuengland-Staaten
Discover New England, Get It Across Marketing & PR, Neumarkt 33, 50667 Köln, ☏ (0221) 2336409, info@getitacross.de, www.discovernewengland.org/deutsch oder www.discovernewengland.org

Massachusetts
Massachusetts Office of Travel & Tourism, c/o Buss Consulting, Postfach 1213, 82302 Starnberg, ☏ (08151) 739787, www.massvacation.de bzw. www.massvacation.com

New York
NYC & Company, c/o AVIAREPS Tourism GmbH, Josephspitalstr. 15, 80331 München, ☏ (089) 552533 807, www.nycgo.com, www.nycgo.com/de
New York State Division of Tourism, Seeleitn 65, 82541 Münsing, ☏ (08177) 9989506, http://nylovesu.de, www.iloveny.com

Pennsylvania und Philadelphia
Fremdenverkehrsamt Pennsylvania, c/o Wiechmann Tourism Service, Scheidswaldstr. 73, 60385 Frankfurt/Main, ☏ (069) 25538250, www.visitpa.de und www.visitpa.com

Capital Region USA – Washington, D. C, Maryland, Virginia
Capital Region USA, c/o Claasen Communication, Hindenburgstr. 2, 64665 Alsbach, ☏ (06257) 68781, http://capitalregionusa.de, www.capitalregionusa.org

North Carolina
North Carolina Travel and Tourism Division, c/o Wiechmann Tourism Service GmbH, Scheidswaldstr. 73, 60385 Frankfurt, ☏ (069) 25538260, http://de.visitnc.com bzw. www.visitnc.com

South Carolina
South Carolina Tourism Office, c/o ESTM E. Sommer Tourismus Marketing, Postfach 1425, 61284 Bad Homburg, ☏ (06172) 921604, www.discoversouthcarolina.com (Link „Deutsch")

Tennessee
Tennessee Tourism – Verkehrsbüro des Staates Tennessee, Horstheider Weg 106a, 33613 Bielefeld, ☏ (0521) 986041 5, http://de.tnvacation.com (deutsch), www.tnvacation.com, allgemein: www.deep-south-usa.de

Georgia
Georgia Tourism – Verkehrsbüro des Staates Georgia, Horstheider Weg 106a, 33613 Bielefeld, ☏ (0521) 986-0425, www.georgia-usa.de (dt.), www.exploregeorgia.org (engl.) oder www.deep-south-usa.de

Florida
Visit Florida, c/o Presse- und Touristikdienst, Sporthallenstr. 7, 64850 Schaafheim, ☏ (06073) 88157, www.visitflorida.com/deutsch bzw. www.visitflorida.com

Kartenmaterial

K

Neben der diesem Reiseführer beigelegten Reisekarte empfiehlt sich der „Rand McNally Road Atlas: United States/Canada/Mexico", der auch hierzulande erhältlich ist, außerdem gibt es beim ADAC gratis Regionalkarten sowie allgemeine Infos („TourSets") zu Autoreisen in den USA.

In den USA angekommen, sollte die erste Fahrt zu einem AAA Office führen (siehe S. 93), um dort Karten sowie AAA TourBooks mit Motel- und Hotelverzeichnissen, Restaurants, Attraktionen und anderem Wissenswerten, außerdem ggf. CampBooks, zu besorgen. Manche TourBooks sind auch beim ADAC gegen Gebühr erhältlich.

Überblickskarten der einzelnen Bundesstaaten bzw. einzelner Städte gibt es im Internet bzw. bei Fremdenverkehrsämtern, VCs, Welcome Centers oder CVBs.

Im Internet helfen bei der Planung weiter:

- http://maps.google.com
- www.mapquest.com
- www.randmcnally.com
- www.nationalatlas.gov (zahlreiche Spezialkarten)

M

Maßeinheiten

Hohlmaße		Temperaturen	
1 fluid ounce	29,57 ml	23 °F	-5 °C
1 pint (16 fl. oz.)	0,47 l	32 °F	0 °C
1 quart (2 pints)	0,95 l	41 °F	5 °C
1 gallon (4 quarts)	3,79	50 °F	10 °C
1 barrel (42 gallons)	158,97 l	59 °F	15 °C
Flächen		68 °F	20 °C
1 square inch (sq.in.)	6,45 cm²	77 °F	25 °C
1 square foot (sq.ft.)	929 cm²	86 °F	30 °C
1 square yard (sq.yd.)	0,84 m²	95 °F	35 °C
1 acre (4840 sq.yd.)	4046,8 m² o. 0,405 ha	104 °F	40 °C
1 sq.mi. (640 acres)	2,59 km²		
Längen		**Gewichte**	
1 inch (in.)	2,54 cm	1 ounce	28,35 g
1 foot (ft.)/12 in.	30,48 cm	1 pound (lb.)/16 oz.	453,59 g
1 yard (yd.)/3 ft.	0,91 m	1 ton/2000 lb	907 kg
1 mile/1760 yd.	1,61 km		

Medien

An jeder Straßenecke für $ 1 erhältlich ist die einzige wirklich überregionale, optisch gut aufgemachte Tageszeitung **USA Today**, die vor allem nationale Geschehnisse behandelt und über einen hervorragenden Sportteil und ausführlichen Wetterbericht verfügt. Renommiert und überall erhältlich ist die überregionale Tageszeitung **New York Times**. Auch die **Washington Post** genießt landesweit guten Ruf, ebenso das **Wallstreet Journal**. Interessant und hilfreich sind die an bestimmten Tagen publizierten Beilagen der lokalen Tageszeitungen zu verschiedenen Aspekten des Lebens (Essen und Trinken, Literatur, Einkaufen, Nightlife etc.). In Neuengland gibt es den lesenwerten **Boston Globe** – mit Veranstaltungskalender am Donnerstag.

Große Buch- und Zeitschriftenläden in Städten oder an Flughäfen und Bahnhöfen führen meist auch **deutsche Zeitungen** und Zeitschriften, allerdings teuer und meist nicht aktuell. Beliebte überregionale Wochenmagazine sind *Time*, *Newsweek* und *Fortune*; *Ebony* gibt z.B. einen Einblick in die afroamerikanische Szene und *Sports Illustrated* und *Sporting News* in die Welt des Sports.

TV und Radio

Obwohl jedes noch so billige Motelzimmer über einen **Fernseher** verfügt, unterscheiden sich Empfang und Senderzahl enorm. Gängige überregionale Sender sind *PBS, NBC, CBS, ABC* und *Fox*, darüber hinaus gibt es Kabel- und Satellitensender, die je nach gekauftem „Paket", unterschiedlich in Angebot und Zahl sind. Im Stundentakt laufen auf festen Programmschienen dieselben Sendungen zur selben Zeit und am selben Tag. Viele Sender haben sich dabei auf bestimmte Genres spezialisiert haben, z.B.

- Spielfilme: *HBO, Hallmark Movie Channel, Fox Movie Channel*
- Soap Operas: *TNT, TBS, Soap*
- Sport: *ESPN*
- Nachrichten: *CNN, Bloomberg TV, ABC News*
- Wetter: *Weather Channel*
- Natur, Abenteuer & Outdoors: *Discovery Channel, National Geographic, Animal, Travel*
- Geschichte: *History*
- Kochen: *Food Network, Cooking Channel*
- Comics/Cartoons: *Disney Channel, Cartoon*
- Musik: *MTV, Great American Country*
- Kinder: *Nickelodeon*

Bunte Zeitungslandschaft, auch am Straßenrand

Im **Radio** dominieren die privaten Sender. Sie sind mehr oder weniger stark spezialisiert, z.B. auf Country, Jazz, Rock, Klassik, Sport, Talkshows oder Nachrichten, und je nach Finanzlage unterschiedlich stark von Werbung abhängig. Ein überregionaler Sender mit breit gefächertem Angebot ist *National Public Radio (npr)*.

Mietwagen

siehe auch „Auto fahren"

Finanzielle und sicherheitstechnische Vorteile sprechen dafür, einen Mietwagen bereits zu Hause zu buchen, im Reisebüro oder über das Internet, besonders wenn die Mietdauer mindestens eine Woche beträgt. In der Regel sind die **Tarife günstiger**, v.a. weil in Europa die Versicherungspauschalen und sonstigen Gebühren bereits im Preis enthalten sind.

Normalerweise muss ein Wagen an ein- und demselben Ort abgeholt und abgegeben werden, ansonsten fallen **Rückführgebühren** an, die sich je nach Veranstalter und Strecke unterscheiden. Allerdings gibt es **Ausnahmen**, z.B. zwischen bestimmten Flughäfen oder Städten, v.a. zwischen den Flughafenstationen an der Ostküste. Die einzelnen Anbieter unterscheiden sich jedoch diesbezüglich. Normalerweise fällt kein Aufschlag an, wenn an verschiedenen Stationen in derselben Stadt abgeholt/abgegeben wird. Ggf. sollte man vor Buchung prüfen, ob es am Ankunfts- bzw. Abflugort, vor allem an Bahnhöfen bzw. in Städten, tatsächlich eine Mietstation gibt und ob diese zur betreffenden Zeit geöffnet ist. Zahl und Verteilung der Mietstationen unterscheiden sich je nach Firma.

Im Laufe der letzten Jahre haben sich die Anbieter bezüglich der **Preise und Mietbedingungen** weitgehend angeglichen und alle sind dazu übergegangen, Pakete

Mit dem Mietwagen unterwegs

(z.B. *A/Sparpaket/Preiswert&Gut* oder *B/All/Super/Fully Inclusive)* anzubieten. Es gelten außerdem manchmal spezielle (höhere) *Rates* für „Jugendliche" unter 25 Jahren. Alle Pakete schließen **Vollkasko** (*CDW/LDW – Collision/Loss Damage Waiver)*, pauschale Erhöhung der Haftpflicht-Deckungssumme (*ALI – Additional Liability Insurance*) und sämtliche Steuern und Zusatzgebühren (*taxes and fees*) sowie *unlimited milage* (freie Fahrmeilen) ein. Bei der (selten nötigen) „**Super-(Luxus-)Version**" sind u.a. die Kosten für einen Zusatzfahrer und oft eine Tankfüllung im Preis enthalten, außerdem Zusatzversicherungen (Insassen- bzw. Gepäckversicherung, *PAI – Personal Accident Insurance* oder *PEC – Personal Effects Coverage*), die oft jedoch schon durch bestehende Versicherungen oder den Versicherungsschutz von Gold-Kreditkarten abgedeckt sind (vorher prüfen!). Es gibt außerdem Fahrzeuge mit Navigator (*GPS*) zu buchen.

Die gekoppelte Buchung von Flug und Mietwagen oder auch Campern – **Fly& Drive** – kann eine Alternative sein. Reiseveranstalter bieten oft günstige Varianten an. Man sollte jedoch speziell in der NS, wenn Flüge billig sind, das Angebot mit den Einzelpreisen vergleichen. Eine Vielfalt an **Auto-Rundreisen** wird ebenfalls in den Katalogen vieler Veranstalter angeboten, z.B. bei *America Unlimited* (www.america-unlimited.de) mit individuell veränderbaren Routen.

Fahrzeugkategorien

Die großen Vermieter verfügen über neuwertige **Fahrzeugflotten** meist spezieller Marken. Ein bestimmter Wagentyp kann nicht reserviert werden, doch geht man an vielen Flughäfen dazu über, Kunden aus einer Reihe von gleichklassigen Autos wählen zu lassen. Alle Wagen haben Automatik, Airbags, Klimaanlage und CD-Player, meist zudem *Cruise Control* (Tempomat), Servolenkung und -bremsung, oft auch Zentralverriegelung und automatisches Tages-Fahrlicht.

Die Palette reicht mit unterschiedlichen Bezeichnungen von Klein (*Economy*) über Mittel bzw. *Midsize* (*Compact, Intermediate* oder *Standard*) *bis Groß* (*Full Size*), dazu gibt es eine Luxusversion (*Premium* o.ä.) und je nach Firma *Minivan* oder *Station Wagon*, *SUV/4-wheel-drive* oder *Cabriolet und Pick-up*. Bei der Wahl der Kategorie sollten v.a. Personenzahl, Art und Menge des Gepäcks und geplante Streckenlänge bzw. Fahrzeiten bedacht werden. Im Allgemeinen dürfte für zwei bis drei Personen ein Fahrzeug der **mittleren Kategorie** vollauf genügen, zumal in amerikanischen Büros, v.a. in Stadtbüros, wesentlich pauschaler unterschieden wird und die Zahl der Türen dort beispielsweise selten eine Rolle spielt. Mit etwas Glück erhält man statt der gebuchten Kategorie ohne Aufschlag einen größeren Wagen.

Günstige Mietwagen

Abgesehen von den überregionalen großen Anbietern wie **Avis, Alamo** oder **Hertz, Budget** und **National** gibt es Mietwagen-Broker, die oft günstige Konditionen, v.a. im Internet, bieten, z.B.: www.holidayautos.de, www.sunnycars.de, www. autoeurope. de, www.driveFTI.de, www.tui.de/mietwagen, www.dertour.de (Link „Mietwagen") und www.adac.de/autovermietung. Leicht vergleichen lassen sich die Preise auf: www.mietwagen-broker.de.

Wagenübernahme

An jedem internationalen Flughafen befinden sich Niederlassungen der großen Mietwagenfirmen, teilweise gibt es nur einen Schalter im Flughafen, an dem die Formalitäten erledigt werden und von wo aus kostenlose Shuttlebusse den Kunden zum Parkplatz des Unternehmens bringe. *Rental Car Return* ist an allen Flughäfen gut ausgeschildert und die Rückgabe verläuft meist unkompliziert und schnell, meist direkt am Auto per Handcomputer.

Am Schalter muss außer der Reservierungsnummer bzw. dem Voucher eine Kreditkarte zur Stellung der Kaution und Begleichung sonstiger anfallender Kosten vorgelegt werden. Dazu kommen der Führerschein (ein internationaler ist kein Muss und alleine ungültig!) und die Heimatadresse, dazu Mobile-Phone-Nummer und die erste Adresse in den USA. Man vereinbart, sofern nötig, vor Abfahrt noch Zusatzversicherungen und mietet Sonderzubehör wie Kindersitz oder Dachgepäckträger. Das vielfach angebotene „günstige" *Upgrading* (Buchen einer höheren Klasse) und das Angebot, eine Tankfüllung im Voraus (teuer) zu bezahlen, lehnt man besser ab und tankt stattdessen vor Abgabe noch einmal selbst. Der **Mietvertrag** muss mehr oder weniger aufwendig per Initial (z.B. Ablehnung von Zusatzversicherungen oder Tankfüllung) und/oder Unterschrift bestätigt werden. Sicherheitshalber sollte man einen Blick auf die auf dem Mietvertrag angegebene **Rückgabezeit** werfen, da sich hier gerne „Fehler" einschleichen. Jede Verspätung von mehr als einer halben Stunde geht nämlich ins Geld.

Mit Stadtplan und leider meist nur einem (bzw. zwei bombenfest miteinander verbundenen) Autoschlüssel(n) geht es zum Parkplatz bzw. zur entsprechenden Reihe mit gleichkategorisierten Autos. Bei freier Auswahl („choice line") sollte man auf möglichst geringen Tachostand, Reifenzustand, Kofferraumkapazität und *Cruise Control* achten. Vor Fahrtantritt kurz der äußere Zustand, v.a. die Reifen, die Sauberkeit (auch innen) sowie die **Funktionstüchtigkeit** von Lichtern, Blinker, Scheibenwischern, Gurten, Fensterhebern und Zentralverriegelung prüfen. Auch ist es sinnvoll, gleich nach Motorhauben- und Kofferraumöffner, Sitzverstellhebeln sowie Tankverschluss Ausschau zu halten sowie Ersatzreifen und Tankanzeige zu prüfen. Es gibt meist nur eine sehr knapp gehaltene Bedienungsanleitung im Auto.

Direktbuchung vor Ort

Ein Leihwagen kann auch kurzfristig vor Ort, gleich am Flughafen (Servicetelefone) oder in der Stadt, gechartert werden; Mindestalter ist meist 21 Jahre (unter 25 fällt ein Aufschlag an). Direktbuchung ist im Allgemeinen teurer, wobei man trotzdem wegen Service, Sicherheit, Fahrzeugflotte und Netz die großen Anbieter kleineren, lokalen Firmen vorziehen sollte. Vor allem ist darauf zu achten, ob *unlimited milage* und *CDW/LDW (full coverage)* im genannten Preis enthalten sind. Man sollte auf alle Fälle nach **„Specials"** (z.B. *Weekend/Senior/AAA Specials*) fragen.

Telefonische Reservierung ist sinnvoll (1-800-Nummern gebührenfrei in USA):
Alamo: ☏ 1 (877) 222-9075, www.alamo.com
Avis: ☏ 1 (800) 230-4898, www.avis.com
Budget: ☏ 1 (800) 527-0700, www.budget.com
Dollar: ☏ 1 (800) 800-3665, www.dollar.com
Enterprise: ☏ 1 (800) 261-7331, www.enterprise.com
Hertz: ☏ 1 (800) 654-3131, www.hertz.com
National: ☏ 1 (877) 222-9058, www.nationalcar.com

Museen und andere Sehenswürdigkeiten

siehe „Natur- und Nationalparks", „Eintritt" und „Öffnungszeiten"

Der amerikanische Osten ist reich an Kultur, und Museen verschiedenster Ausrichtung sind überall zu finden: Kunstmuseen, historische Museen – dazu gehören auch so genannte *Living History* (Openair-) Museen – und naturwissenschaftliche Museen, meist *hands-on*, d. h. mit interaktiven Ausstellungsstücken. Dazu kommen Spezialmuseen wie Sports Halls of Fame, Raumfahrtmuseen, Planetarien etc., Geburts- und Wohnhäuser (Historic Homes) berühmter Persönlichkeiten (z. B. Schriftsteller oder Politiker), Plantagenhäuser und Gartenanlagen. Der Osten ist gepflastert mit Relikten des Revolutionskrieges, weiter südlich sind es vor allem Bürgerkriegsschlachtfelder, beides häufig kombiniert mit regelmäßig stattfindenden *re-enactments* (nachgestellten Schlachten oder andere historische Ereignisse).

N

Nahverkehr

Der öffentliche Nahverkehr ist gerade in den Städten des Nordostens hervorragend ausgebaut und bietet sich dort an Stelle eines Autos zur Erkundung und Besichtigung an. Voraussetzung für die Benutzung von Bahnen und Bussen ist ein Routenplan und etwas Ortskenntnis bzw. ein Stadtplan, außerdem Kleingeld, da Tickets meist vorher am Automaten gekauft oder der Betrag abgezählt beim Fahrer bezahlt werden muss. Für Transfers gibt es verbilligte Zusatztickets, außerdem in vielen Städten ermäßigte Tages-, Mehrtagestickets oder Wertkarten. Bei Bussen wird zwischen *Express* (schneller, da weniger Stopps) und *Local* unterschieden. Details finden sich in den Reisepraktischen Informationen am Ende der jeweiligen Kapitel.

Natur- und Nationalparks

siehe auch „Camping"

Im Osten der USA gibt, abgesehen von den Everglades an der Südspitze Floridas, nur drei klassische Nationalparks: den im äußersten Nordosten, in Maine, gelegenen **Acadia NP**, den **Shenandoah NP** in Virginia und den **Great Smoky Mountains NP** im Grenzgebiet Tennessee/North Carolina. Es gibt aber mehrere historische „Schutzgebiete", die dem National Park Service angeschlossen sind, der als älteste

Umweltschutzbehörde der Welt gilt. Insgesamt umfasst das amerikanische National Park System über 390 *National Parks, Forests, Monuments, Battlefields, Historic Sites, Recreation Areas* u.a. geschützte Areale. Rechtzeitige **Vorausbuchung von Unterkünften bzw. Campingplätzen** ist dort v.a. in der HS (Juli/August) nötig (s. *Camping*).

i National Parks

www.nps.gov – offizielle Seite des National Park Service mit Links zu einzelnen Parks
www.nationalparks.org – Webpage der National Park Foundation
www.ohranger.com – Infos zu allen Parks und Public Lands online, eher Blog mit Fragen und Antworten, nach Staaten sortiert (☏ 212-581-3380).

In jedem Nationalpark gibt es eine oder mehrere Zufahrten, dort wird die Gebühr kassiert und gibt es ein Faltblatt mit Basisinfos. Zusätzlich befindet sich fast immer in der Nähe der Zufahrt ein **Visitor Center** (Besucherzentrum) und dort informieren Park Ranger über Programme, Angebote und Besonderheiten, Unterkunfts- und Wandermöglichkeiten im Park. Zu den VCs gehören häufig **Ausstellungen** bzw. sogar Museen mit Filmvorführung und/oder Dia-Shows zur spezifischen Flora und Fauna, Geologie und Geografie, Geschichte oder anderen Besonderheiten des jeweiligen Parks. Meist gibt es auch einen Shop oder Verkaufsstand mit Literatur, Karten u.a. Souvenirs.

Eintritt

Der Eintritt wird im Allgemeinen pro (Privat-)Fahrzeug berechnet, im Regelfall inklusive vier Insassen. Die Gebühr liegt bei $ 5–25 je nach Park und mit dem erhaltenen Kassenbon an der Windschutzscheibe darf man meist 7 Tage im Park bleiben bzw. beliebig ein- und ausfahren. Wer mehrere Parks besuchen möchte, sollte einen **America the Beautiful (Annual) Pass** kaufen. Er kostet derzeit $ 80 und gilt ein ganzes Jahr in allen amerikanischen Nationalparks u.a. staatlichen Naturschutzgebieten für drei Insassen eines Fahrzeugs über 16 Jahren; Kinder unter 15 sind gratis. Der Pass kann im Internet unter **http://store.usgs.gov/pass** erworben werden.

Camping

In den meisten National Parks oder Forests gibt es kostenpflichtige *campgrounds* oder *campsites* unterschiedlicher, meist einfacher Ausstattung in reizvoller Lage. Sie sind in der Hochsaison schnell gefüllt, zumal überwiegend das System *first-come, first-served* gilt und nur ein Teil über einen zentralen Reservierungsservice (s. unten) gebucht werden kann. Oft besteht darüber hinaus die Möglichkeit zu kostenlosem *backcountry camping* nach Einholen einer Erlaubnis *(permit)* in einer *Ranger Station*. Teurer und besser ausgestattet sind meist die kommerziell betriebenen Plätze, speziell jene von KOA. Sie befinden sich nie in den Parks, sondern im Umfeld. Hilfreiche Webseiten dazu finden sich unter „*Camping*".

Unterkünfte

Die Unterkünfte in den (großen) Parks werden meist wie Läden, Tourveranstalter, Busbetreiber u.a. von Privatunternehmen wie *Xanterra Parks & Resorts* verwaltet. Bei weitem nicht alle Parks verfügen über Herbergen innerhalb des Parks, doch

sofern solche oft rustikalen Unterkünfte *(Lodges, Cabins)* vorhanden sind, müssen diese langfristig vorher gebucht werden. Darüber hinaus bieten sich meist preiswertere Unterkünfte in den am Parkrand gelegenen Orten. Infos zu Unterkünften in den Parks finden sich unter den einzelnen Parks unter:
www.nps.gov
www.nationalparkreservations.com, ☏ 1 (866) 875-8456 (gratis) bzw. +1 (406) 862-8190. Viele, aber bei weitem nicht alle NPs sind diesem privaten Reservierungssystem, das Gebühr verlangt, angeschlossen.
www.nationalparkhotelguide.com – *Where to stay in America's National Parks?* ist eine Unterkunftsliste sortiert nach Staaten und Parks, allerdings handelt es sich vorwiegend H/Motels in Randgemeinden. Mit Sofortbuchungsmöglichkeit.

Notfall, Notruf

siehe auch „Auto fahren", „Botschaften und diplomatische Vertretungen", „Geldangelegenheiten", „Gesundheit", „Sicherheit" und „Versicherungen"

Im Notfall, egal welcher Art, hilft ein **Polizist** *(cop)*, das nächste **Polizeirevier** (**Operator 0**), die gebührenfreie **Emergency Number 911** (Notrufzentrale) oder die deutschsprachige Notfall-Telefonnummer des ADAC: **1 (888) 222-1373**. Bei **Diebstahl oder Verbrechen** ist im nächsten Polizeirevier Anzeige zu erstatten, denn nur bei Vorlage eines Polizeiprotokolls ersetzen Versicherungen den erlittenen Verlust. Ebenfalls zu melden ist der Vorfall bei der betreffenden Stelle, wie Fluggesellschaft oder Bank, möglichst mit Nummern bzw. Kopien der entsprechenden Papiere. Bei Verlust der Kreditkarte oder der Reiseschecks muss umgehend die Sperrung bei der auf der Kartenrückseite oder auf dem zugehörigen Merkblatt angegebenen und vorher notierten **Notfallnummer** veranlasst werden (s. S. 112). **Im Notfall** hilft dank ihres Verfügungsrahmens und des schnellen Ersatzes die Kreditkarte weiter, wobei allerdings mit dieser wie auch mit EC/Maestro-Karte pro Transaktion bzw. Woche nur ein festgelegter Höchstbetrag bar abgehoben werden kann. Je nach ausgebender Bank und Art der Karte bzw. Konditionen gilt ein Tageslimit von ca. 500–1000 €, so lange, bis der vorgegebene Kreditrahmen ausgeschöpft ist.

Wer dringend größere Geldsummen benötigt, kann sich weltweit über **Western Union** Geld von zu Hause schicken lassen. Der Sender muss dazu bei einer Western Union-Vertretung – z.B. Postbank oder ReiseBank an vielen Bahnhöfen, Flughäfen etc. – ein Formular ausfüllen und den Code der Transaktion telefonisch oder elektronisch in die USA übermitteln. Mit dieser Nummer und dem Reisepass erhält man in einer beliebigen Vertretung von Western Union nach Ausfüllen eines Formulars das Geld binnen Minuten ausgezahlt (www.westernunion.com, ☏ 0800-181-1797).

Bei schwerer Erkrankung, Unfall oder schwerwiegenden Verbrechen sind außer dem Notfallservice der Versicherung ggf. Botschaften bzw. Konsulate zu informieren. Sie stellen bei Passverlust nach Klärung der Identität ein Ersatzdokument aus und sind auch sonst vermittelnd behilflich.

Checkliste für die Reise

- Reiseschecks und Dollars besorgen, Notrufnummern notieren, Geld auf dem Kreditkarten-Konto deponieren
- Reiseversicherung, vor allem Auslandsreise-Krankenversicherung bzw. Reise-Notfall-Versicherung abschließen
- Einen Satz Kopien aller wichtigen Dokumente (Pass, Versicherungsscheine, Führerschein, Flugticket etc.) anfertigen und sämtliche wichtige Nummern und Telefonnummern aufschreiben
- Originaldokumente am sichersten am Körper (Brustbeutel, Gürteltasche o. Ä.) tragen oder, wenn möglich, im Hotelsafe deponieren

Öffnungszeiten

O

siehe auch „Einkaufen“

In den USA gibt es kein verbindliches Ladenschlussgesetz und vielfach gilt sogar „24/7“, d.h. Betrieb rund um die Uhr an sieben Wochentagen. Selbst an Sonn- und Feiertagen sind viele Läden, vor allem Supermärkte und Malls (Einkaufszentren) sowie touristische Shops geöffnet. Geschäfte sind je nach Art und Größe sowie Viertel von 9/10 bis mind. 18 Uhr, oft länger, geöffnet.

Als „Regelzeiten“ gelten die folgenden:
Läden: meist von 9/10–18 Uhr
Kaufhäuser/Malls: 10–19/20 Uhr, So. meist 11/12–17/18 Uhr
Restaurants: ca. 12–15 und 18–22 Uhr warmes Essen
Supermärkte mind. 8–20 Uhr, manchmal 24 Std.
Bürozeiten: Mo–Fr 9–17 Uhr
Banken: werktags 10–14/15 Uhr
Postämter: Mo–Fr 8/9–17, Sa. oft bis 13/14 Uhr
Tankstellen und Fastfood-Ketten: mind. 8–20 Uhr, oft bis Mitternacht oder sogar 24 Std.
Museen und Sehenswürdigkeiten 10–17 Uhr (oft Mo. geschlossen). Genaue Öffnungszeiten finden sich in den jeweiligen Kapiteln im Routenteil. Bei Angabe mehrerer Öffnungszeiten bezieht sich der längere angegebene Zeitraum auf die HS von Memorial Day (letzter Mo. im Mai) bis Labor Day (1. Mo. im Sept.), der kürzere auf die NS.

Post

P

Postämter sind nicht immer leicht zu finden, aber man benötigt sie normalerweise auch nur einmal zum Kauf einer größeren Menge **Briefmarken**. Ein Brief oder eine Karte nach Europa benötigt im Schnitt eine Woche. Standardsendungen *(First-Class Mail)* sind preiswerter als die schnellere *Priority Mail* oder *Express*.

Bei **amerikanischen Adressangaben** müssen Bundesstaat sowie die Postleitzahl *hinter* dem Ortsnamen angegeben werden. Briefkästen sind blau-rot mit der Aufschrift „USMAIL“.

Postgebühren
Europa: Karten und Briefe bis 1 oz (28 g) 105 c. (jede weitere oz: 87 c.)
Inland (*Standard* oder *First-Class*): Briefe bis 1 oz (28 g) 45 c, jede zusätzliche oz kostet weitere 20 c, Karten 32 c.

Postlagernde Sendungen werden im *General Post Office*, der Hauptpost, 30 Tage lang bereitgestellt und können gegen Vorlage des Passes abgeholt werden. Sie müssen folgendermaßen adressiert sein: *Name – Poste Restante – c/o General Delivery – Stadt, Staat, Zip Code (Postleitzahl)*. Für **Eilsendungen** gibt es eigene Kurierdienste wie FedEx, UPS oder DHL. Telegramme oder Geldanweisungen gibt man bei Western Union auf (S. 122).

R

Rauchen

Das Rauchen ist auf den meisten öffentlichen Plätzen, in öffentlichen Gebäuden und Einrichtungen, in Nahverkehrsmitteln, Zügen, Taxis und Flugzeugen, in Büros, Geschäften, Theatern, Museen oder Kinos, aber auch in Restaurants und Bars verboten und unter Strafe gestellt. Selbst in offenen Sportstadien ist Rauchen, wenn überhaupt, nur in markierten Arealen *(designated areas)* erlaubt. Hotels, die 100 % *nonsmoking* sind, gibt es vermehrt, und Inns oder B&Bs erlauben Rauchen nur im Freien. Zu finden sind – je nach Ort – noch Raucher-Lounges, Clubs oder Bars mit Patios, auf denen Rauchen erlaubt ist.

Reisezeit

Das beschriebene Reisegebiet hat eine enorme Nord-Süd-Ausdehnung, reicht vom 45. Breitengrad (Maine) bis zum 30. Grad (Nordflorida) und entsprechend unterschiedlich sind Klima und empfehlenswerte Reisezeit. Nach Süden verlängert sich einerseits die Reisesaison, andererseits sind dort Aufenthalte im Hochsommer weniger empfehlenswert. Pauschal kann gesagt werden, dass für den **Nordosten** (nördlich von Washington) die Monate Mai bis Oktober die geeignetsten sind, wobei die Naturregionen im Herbst das prächtigste Farbspiel (**Indian Summer**) bieten. Allerdings können auch die Wintermonate mit viel Schnee ihren Reiz haben. Die **südliche Ostküste** bereist man am besten im Frühjahr oder Herbst, je nach Region, Ende März bis Mai oder bis Ende Oktober/Anfang November. Vielfach gibt sich das Frühjahr launischer als der Herbst, für den längere Schönwetterperioden und höhere Wassertemperaturen sprechen, andererseits aber ist die geringere Tageslänge ein Argument dagegen.

Eine Rolle bei der Zeitplanung spielt auch die **Art des Reisens**: Wer zeltet oder im Camper unterwegs ist, wird anders planen als ein Hotelgast, der vor allem Städte besucht. Gleiches gilt für sportlich Aktive, für Wanderer und Wassersportler, Baderatten oder Golfer. Zu bedenken ist überdies, dass in der NS Flüge, Leihwagen oder Camper preiswerter sind als in der HS und dass dann und während der amerikanischen Ferienzeit vom letzten Montag im Mai (Memorial Day) bis zum ersten Montag im September (Labor Day) und über lange Wochenenden Hotels, Strände, Campingplätze, Naturparks und andere Sehenswürdigkeiten gerne überfüllt sind.

Es empfiehlt sich, pflegeleichte **Kleidung** mitzunehmen und diese ggf. in Schichten übereinanderzutragen. Hut oder Mütze und Sonnenbrille, festes, bequemes Schuhwerk und Regenschutz, aber auch warme Pullover bzw. Anoraks sind empfehlenswert, ggf. auch Insektenschutzmittel *(bug revelant)* und Sonnenschutzmittel. Freizeitkleidung und -schuhe aller Art lassen sich jedoch auch preiswert in den USA kaufen. Weitere Infos: s. S. 100

Sicherheit und Verhaltensregeln

siehe auch „Notfall, Notruf“

Die USA sind **nicht krimineller oder gefährlicher als jede andere Reiseregion**. Locker baumelnde Handtaschen und aufwendige Fotoausrüstungen, dicke Brieftaschen oder lose Scheine in Gesäßtaschen und teurer Schmuck sowie unbeaufsichtigtes Reisegepäck stellen überall auf der Welt ein potenzielles Risiko dar. Originaldokumente sollten am sichersten am Körper (Brustbeutel, Gürteltasche o. Ä.) getragen oder, wenn möglich, im Hotelsafe deponiert werden. Es empfiehlt sich, nur eine **kleine Bargeldmenge** mit sich herumzutragen. Sinnvoll ist es, **Kopien aller wichtigen Dokumente** (Pass, Versicherungsscheine, Führerschein, Flugticket etc.) anzufertigen und sämtliche Nummern und Telefonnummern in einer Art „Notfall-Pass“ aufzuschreiben.

Bei **Massenveranstaltungen**, Menschenaufläufen oder in öffentlichen Verkehrsmitteln ist Taschendiebstahl (*pick pocket)* ein häufiges Delikt. Mit voll gepacktem **Mietwagen** (auf geschlossenen Kofferraum und nicht sichtbares Gepäck achten!) sollte man möglichst überwachte Parkplätze bzw. Parkgaragen aufsuchen; bei langsamer Fahrt, speziell bei Nacht, die Türen des Wagens verriegeln und die Fenster schließen. Ein Navigator bzw. gutes Kartenmaterial und dessen Studium *vor* der Abfahrt sollten selbstverständlich sein.

In **Motels/Hotels** sollte man Spione, mehrfache Schließanlagen, verschließbare Verbindungstüren sowie das Angebot, Wertgegenstände im Safe zu deponieren, nutzen. Serviceschilder (wie *Service, please!)* besser nicht an die Türklinke hängen, da sie lediglich anzeigen, dass niemand im Zimmer ist.

Bad neighborhoods erkennt man an leeren Straßen, verfallenen Häusern, Schrottautos und herumlungernden Gestalten. Solche Viertel sollte man ebenso meiden wie Parks, dunkle Parkgaragen und Unterführungen **nach Einbruch der Dunkelheit** (besonders allein) und lieber Umwege oder Taxikosten in Kauf nehmen. In U-Bahn-Stationen gibt es meist gesondert gekennzeichnete und kameraüberwachte **Sicherheitsbereiche** *(offhour waiting areas)*, und die Zugbegleiter *(attendants)* haben eigene Kabinen in der Mitte des Zuges.

Sport und Freizeit

Sportfans kommen im amerikanischen Osten voll auf ihre Kosten – von Wassersport und Angeln über Wandern und Biking, Skifahren und Langlauf bis hin zu Reiten, Golf und Tennis ist alles geboten. Ein besonderes Erlebnis ist der Besuch einer großen

Eine der großen US-Sportarten ist Basketball

Sportveranstaltung, und da ist die Palette ebenfalls breit.

Zuschauersport
Es gibt in den Metropolen Profiteams der vier „Nationalsportarten“ – American Football, Baseball, Basketball und Eishockey – außerdem *College Sport* und natürlich auch viel Fußball *(soccer)*. Der Besuch einer Sportveranstaltung bedeutet Spaß für die ganze Familie, mehrere Stunden Unterhaltung und Show mit Wettbewerben und Verlosungen, Musik, Tanz, *tailgate parties*, Hot Dogs oder BBQ.

American Football: Profiteams der **NFL** (*National Football League* – www.nfl.com) spielen sonntags zwischen September und Dezember in Boston, New York (zwei Teams), Philadelphia, Baltimore, Washington, Charlotte, Atlanta und Jacksonville.

Baseball: Profiteams der beiden Ligen (**AL** – *American League* und **NL** – *National League*) des **MLB** (*Major League Baseball* – www.mlb.com) tragen ihre Spiele zwischen April und Anfang Oktober in Boston, New York (zwei Teams), Philadelphia, Baltimore, Washington und Atlanta aus. Außerdem lohnt ein Besuch bei einer der zahlreichen Minor-League-Mannschaften (Nachwuchs-Profiteams) der drei Klassen A, AA und AAA, die es fast in jeder größeren Stadt gibt.

Basketball: Profiteams der **NBA** (*National Basketball Association* – www.nba.com) spielen zwischen Ende Oktober und April in Boston, New York, New Jersey, Philadelphia, Washington, Charlotte, Atlanta und Orlando.

Eishockey: die Profiteams der weltbesten Liga **NHL** (*National Hockey League* – www.nhl.com) kann man zwischen Oktober und April in Boston, New York (zwei Teams), New Jersey, Philadelphia, Washington, Raleigh und Atlanta sehen.

Soccer: Profiteams der **MLS** (*Major League Soccer* – www.mlssoccer.com) spielen zwischen Mai und Oktober in Boston, New York, Philadelphia und Washington.

Weitere Infos zu Zuschauersport in den USA bei den Reisepraktischen Informationen

Sport aktiv
Über die unzähligen **Wanderwege** in den Appalachen und den berühmten Appalachian Trail informiert z. B. der Appalachian Mountain Club (www.outdoors.org, s. auch S. 48, 227).

In den Neuenglandstaaten kommen **Skifreunde** auf ihre Kosten, hauptsächlich im Staat Vermont und speziell Stowe, Mount Snow, Smuggler's Notch, Stratton oder Killington. Sugarloaf im Carrabassett Valley und Sunday River in Bethel (beide Maine) oder Loon Mountain in Lincoln und das Waterville Valley (beide New Hampshire) sind weitere beliebte Skigebiete. **Infos**: www.newenglandskiresorts.com oder www.alpinezone.com

Die Ostküste ist ein Paradies für **Segler** und solche, die sich den Wind um die Ohren wehen lassen möchten. Für erfahrene Segler gibt es vor allem in Neuengland Gelegenheit, sich eine Yacht zu mieten. Außerdem stehen vielerlei Segeltörns auch für Ungeübte im Angebot (siehe z. B. www.sailnewengland.com).

Sprache und Verständigung

Es dürfte schwierig sein, in den USA ganz ohne Englisch auszukommen, doch vermutlich ist eine Verständigung dort eher möglich als an vielen anderen Orten Europas. Die Fremdsprachenkenntnisse der Amerikaner sind gering, dafür sind Geduld und Freude über selbst rudimentäre Englischkenntnisse stark ausgeprägt.
Das **Amerikanische** weicht in mehreren Punkten vom Schulenglisch ab, es gibt Unterschiede in Wortschatz, Grammatik und Aussprache. Auffällig ist vor allem, dass viele Substantive auf *-re* (wie *centre* oder *theatre*) im Amerikanischen auf *-er* enden *(center, theater)* und *ou* zu *o* wird *(color, harbor)*. Doppellaute *(travelling)* werden im Amerikanischen vereinfacht und es heißt *traveling*. Oft wird geschrieben wie gesprochen, z.B. *nite* für *night*.
Wo möglich, wird abgekürzt, z.B. *Xmas (Christmas)*, *Xing (Crossing)*, *u (you)* oder *4 (for)*. Außerdem unterscheiden sich bestimmte Vokabeln vom Oxford-Englisch, z.B. wird (engl.) *baggage* zu *luggage* (Gepäck), die *bill* zum *check* (Rechnung), der *policeman* zum *cop* (Polizist), *autumn* zu *fall* (Herbst), der *ground floor* zum *first floor* (Erdgeschoss), *petrol* zu *gas* (Benzin), *trousers* zu *pants* (Hosen) oder *holidays* zu *vacation* (Ferien, Urlaub).

Es gibt gewisse **Universalfloskeln**, die man sich angewöhnen sollte, da sie zum guten Ton gehören: „*How are you today?*" ist nicht nur die Frage nach dem Befinden, sondern eine Begrüßungsformel, auf die ein „*fine*" oder „*good*" meist genügt. Wer höflich ist, stellt die Gegenfrage. „*Have a nice day (trip)*" dient der Verabschiedung, ebenso wie „*it was a pleasure to meet/meeting you*". „*I would appreciate it*" meint Bitte und Aufforderung zugleich, während man sich mit „*I (really) appreciate it*" für einen Gefallen bedankt. „*See you*" ist weniger eine Einladung als ein legerer Abschiedsgruß.

Small Talk ist ein beliebter Zeitvertreib. Man beginnt eine Unterhaltung über das Wetter, über die letzten Sportergebnisse oder über Herkunft und Reisen. Europäer sind ungeachtet aller Kontroversen in den letzten Jahren beliebt, „*Good Old Europe*" ist ein (selten realisiertes) Traumziel vieler Amerikaner. Was die **Anrede** betrifft, sind viele Amerikaner sehr altmodisch: Frau Miller wird möglicherweise nach der Heirat offiziell mit Vor- und Nachnamen ihres Mannes: „*Mrs. Edwin L. Miller*" angesprochen. Dabei wird *Mrs.* (Frau) nicht prinzipiell für verheiratete Frauen verwendet, gebräuchlicher ist, gerade bei jüngeren Frauen, das *Miss* oder im Schriftverkehr neutral „Ms." zu verwenden.

Strom

Der amerikanische Haushaltsstrom hat eine Wechselspannung von **110-115 V** (60 Hz). Daher müssen mitgebrachte Geräte umstellbar sein. Die besondere Form amerikanischer Steckdosen erfordert zudem einen **Adapter**, den man am besten schon von zu Hause mitbringt.

T

Telekommunikation

Das Telefonwesen ist in den USA in den Händen privater Gesellschaften und das Telefonnetz ist das dichteste der Welt. Es gibt grundsätzlich **mehrere Möglichkeiten**, innerhalb der USA bzw. nach Europa zu telefonieren: von öffentlichen Apparaten – was sich nur für Ortsgespräche bzw. mit *Calling Card* (s. u.) anbietet, da sonst zu viel Kleingeld nötig ist –, vom Hotel aus (was ohne *Calling Card*, mit Ausnahme von Ortsgesprächen, teuer kommen bzw. unmöglich sein kann) oder per „Handy" (korrekt: *Mobile* oder *Cell Phone*). An Airports, Bahnhöfen oder in Malls ist es häufig auch möglich, mit Kreditkarte zu telefonieren, wobei die Preise höher liegen als mit *Calling Card*.

Formal wird unterschieden zwischen *local calls* (Ortsgespräche, meist 50 c.), *non-local* oder *zone calls* (im gleichen bzw. benachbarten Bundesstaat), *long-distance* (innerhalb USA) und *oversea calls* (z.B. nach Europa). Gebührenfrei, aber regional (oft auf den Bundesstaat) begrenzt, sind 1-800-, 1-866-, 1-877-, 1-888- sowie 1-855, 1-844- und 1-833-Nummern. Diese können auch von Deutschland aus, allerdings dann kostenpflichtig, gewählt werden. Von H/Motels aus kosten diese Nummern höchstens so viel wie ein Ortsgespräch, vielfach sind letztere aber sogar frei. Ein internationales Gespräch kostet im Schnitt $ 1–2 pro Minute, Anrufe von Deutschland in die USA sind vielfach günstiger.

In jedem Hotelzimmer gibt es **Telefonbücher**: ein *General Directory* (Weiße Seiten) und ein *Classified Directory* (*Yellow Pages* – Gelbe Seiten). Um eine Außenleitung zu bekommen, muss im Allgemeinen eine 9 oder 8 vorgewählt werden.

Amerikanische Telefonnummern bestehen aus einem dreistelliger *Area Code*, der in manchen Bundesstaaten einheitlich ist, dann die normalerweise siebenstellige Rufnummer, manchmal als werbewirksame Buchstabenkombination angegeben:
2 – ABC • 3 – DEF • 4 – GHI • 5 – JKL • 6 – MNO • 7 – PRS • 8 – TUV • 9 – WXY

Telefonkarten sind bezüglich ihrer Kosten, Gültigkeit und Bedingungen oft schwer durchschaubar. Grundsätzlich wird zwischen *Calling Cards* und *Prepaid* oder *Phone Cards* unterschieden, bei den meisten handelt es sich um wiederaufladbare Karten. Sie können über eine Hotline – gegen Belastung der Kreditkarte – nachgeladen werden. Anbieter solcher Karten sind u.a. *Telekom* (www.teltarif.de/a/telekom/card.html) oder AT&T (www.fonecards.de./telefonkarte-usa.htm). Besonders günstig ist z.B. die **US-CallingCard** (www.us-callingcard.info). Mittels persönlicher Geheimnummer (PIN) und Einwahlnummer (USA: 1-800-… kostenfrei) lässt es sich einfach (auch ohne Karte) von jedem Apparat aus telefonieren. In den USA gibt es Telefonkarten auch in Supermärkten oder Tankstellen zu kaufen. Bedingungen (Einwahlgebühren, Zuschläge, Gebühr, Gültigkeitsdauer) bzw. Einsatzmöglichkeiten unterscheiden sich jedoch gravierend und viele sind für Überseegespräche ungeeignet.

Mobile oder **Cell(ular) Phones** funktionieren in der *Triband*- oder *Quadband*-Version mit dem in den USA nötigen 1900-Mhz-Band erfahrungsgemäß gut, vor allem in den Einzugsbereichen größerer Metropolen. Man sollte sich vor Reiseantritt bei seinem Provider nach Roamingpartnern erkundigen und diese durch manuelle Netzauswahl voreinstellen. Die Rufumleitung auf die Mailbox sollte aus Kostengründen auf alle Fälle deaktiviert werden. Die hohen Roamingkosten können mit einer eigenen **amerikanischen SIM-Karte** vermieden werden. Eine solche gibt es ohne Grundgebühr, Mindestumsatzverpflichtungen oder Aktivierungsgebühren z.B. bei **Cellion** (www.cellion.de). Man erhält eine amerikanische Rufnummer, unter der man für jeden erreichbar ist. Falls das Mobiltelefon **verloren geht** oder gestohlen wird, sollte man die Nutzung der SIM sofort beim Provider sperren lassen.

Mit dem eigenen Laptop stellt **Internetnutzung** kein Problem dar. WLAN/WiFi ist in Hotels üblich, oft gratis, manchmal kostenpflichtig. Auch stehen des öfteren Gästecomputer zur Nutzung zur Verfügung oder man kann in Internetcafés, Buchläden oder Elektronikshops gegen Gebühr bzw. umsonst ins Internet gehen.

i Wichtige Telefonnummern

- von den USA nach D: 01149 + Ortsvorwahl (ohne 0) + Teilnehmernummer
- nach A: Ländervorwahl 01143 + Ortsvorwahl (ohne 0) + Teilnehmernummer
- in die CH: Ländervorwahl 01141 + Ortsvorwahl (ohne 0) + Teilnehmernummer
- von D in die USA: 001 + Ortsvorwahl (dreistellig) + Teilnehmernummer (siebenstellig)

Trinkgeld

Trinkgeld – *tip* oder *gratuity* – ist in den USA nicht inklusive. Da die Löhne der Beschäftigten im Dienstleistungsgewerbe extrem niedrig sind, sind diese auf Trinkgelder angewiesen. Amerikaner achten genau auf die korrekte Höhe von **mindestens 15 %**, die man bei Restaurantbeträgen zu der Gesamtsumme ohne *tax* addiert. Etwa denselben Bonus erwarten Taxifahrer, und *bellboys* in Hotels bekommen im Schnitt $ 1 pro transportiertes Gepäckstück. Für das Bereitstellen des Pkws in Hotels ist ebenfalls ein Trinkgeld fällig, auch an der Bar oder für das Zimmermädchen (ca. $ 2 pro Tag).

Umgangsformen

siehe auch „Sprache und Verständigung"

Schlüsseleigenschaften der Amerikaner sind Freundlichkeit, Hilfsbereitschaft, Toleranz, Aufgeschlossenheit und Kontaktfreudigkeit. Man stellt sich ordentlich an, ist rücksichtsvoll und lässt anderen den Vortritt oder die Vorfahrt, wartet geduldig und gibt hilfsbereit Auskunft. Freundliche Gesichter in Läden sind für uns ebenso ungewohnt wie ehrlich gemeint – in den USA ist der Kunde noch König und wenn auch ein paar freundliche Worte nur Floskeln sind, machen sie immerhin das Klima angenehmer und erleichtern den Umgang. **Händeschütteln** ist eher nicht üblich, dafür werden gleich die Vornamen benutzt.

Die **amerikanische Art zu Essen** unterscheidet sich von unserer: Amerikaner schneiden mit dem Messer portionsweise vor und benutzen dann nur noch die Gabel. Statt beidhändig „europäisch" zu essen, bleibt eine Hand unter dem Tisch. Andererseits würde es keinem Amerikaner einfallen, Pizza oder Meeresfrüchte mit Messer und Gabel zu essen, nicht einmal in einem Top-Restaurant, wo man zudem einen *doggy bag* (meist eine Styroporbox) ohne schiefe Blicke – ebenso wie Leitungswasser als einzig konsumiertes Getränk – bekommt. Alkohol in der Öffentlichkeit zu konsumieren, und sei es auch nur eine Dose Bier, ist verpönt.

Bei Einladungen und in Restaurants achtet man streng auf **Kleidervorschriften** – *formal* (elegant), *smart/business casual* (ordentlich mit Hemd/Sakko) oder *casual* (leger) – und genau nimmt man es auch mit dem Trinkgeld: Es wird meist auf den Cent genau, oft anhand von Tabellen, berechnet: Mindestens 15 % auf den Basispreis ohne Tax sind üblich. Gibt es in einem Museum eine *suggested admission* (einen vorgeschlagenen Eintrittspreis), würde kaum ein Amerikaner es wagen, weniger zu bezahlen.

Unterkunft

In bestimmten Fällen kann es von Vorteil sein, ein Zimmer im Voraus, z.B. im Internet, zu buchen: bei später Ankunft in einer Stadt, während Großveranstaltungen, Messen oder an Feiertagen, im Umkreis von Top-Attraktionen und besonders in Nationalparks während der HS. Da sich zudem das Angebot der Reiseveranstalter auf Mittelklasse bis gehobene Kategorie, mit Schwerpunkt Standard- und Kettenhotels/-motels, konzentriert und daher die Kosten häufig höher sind, sollte man diese Alternative nur in o.g. Fällen wählen. Preiswerter und flexibler kommt man meist mit Buchung vor Ort weg.

Zimmersuche vor Ort

Im „Normalfall" gibt es kaum Probleme, spontan ein Zimmer zu finden. Zum einen häufen sich an den Ausfallstraßen von Städten oder in der Nähe von Flughäfen die Leuchtreklamen und Plakate von Motels und Hotels unterschiedlichster Kategorien (das Schild *Vacancy* bedeutet, dass es noch freie Zimmer gibt), zum anderen helfen die Unterkunftslisten in den AAA TourBooks weiter – manche Häuser gewähren sogar Vergünstigungen für Autoclub-Mitglieder. Auf alle Fälle lohnt es sich, nach *Special Rates* (z.B. auch für Senioren) zu fragen. Auch in *Welcome* oder *Visitors Centers* gibt es Informationen, Hotellisten und Broschüren; manchmal wird die Reservierung auch gleich für den Besucher vorgenommen. Ideal für Sparsame sind die dort erhältlichen „**Couponhefte**". Anhand dieser Hefte, nach Orten bzw. Regionen sortiert und mit Stadt- und Lageplänen versehen, kann man v.a. in der NS und an Werktagen günstige Schnäppchen, sogar in Hotels gehobener Kategorien, für eine Nacht machen. Man muss lediglich vorher telefonisch mit Hinweis auf den Coupon anfragen.

Wer **telefonisch im Voraus** ein Zimmer reservieren möchte, muss häufig die Kreditkarte bereithalten. Sie garantiert das Zimmer und dem M/Hotel das Geld. Bei Nichterscheinen wird der Zimmerpreis abgezogen. Eine späte Ankunft (*late arrival*) sollte man ankündigen, denn ohne Kreditkarten-Garantie verfällt eine **Reservierung** meist nach 18 Uhr. Die **Übernachtungspreise** schwanken naturgemäß je nach Lage, Ort und Qualität der Unterkunft. Auch saisonale Unterschiede – regional unterschiedlich und auch von Veranstaltungen abhängig – können enorm sein. Die Übergänge zwischen den einzelnen **Herbergstypen** sind fließend und eine Kategorisierung nach Bezeichnungen ist kaum möglich.

Unterkunfts-Know-how

Motels und *Motor Inns* sind im Allgemeinen preiswerter (aber schlichter) als Hotels. Zahlreiche Hotels verfügen über eigene Gastronomie und Extras wie Fitnesscenter, Wäscherei/Reinigung, Tageszeitung, eine größere Zahl von TV-Programmen, ggf. kostenlosen Flughafentransfer etc. Zum **Grundpreis**, der sich in Motels (nicht in Hotels!) häufig auf eine Person bezieht (geringer Aufpreis für die zweite und weitere), kommt die *tax* (Steuer). Ein Zimmer darf mit maximal vier Personen belegt werden; Kinder und Jugendliche bis zu einem gewissen Alter dürfen gratis im Elternzimmer übernachten. Bei Motels ist der Check-in ganztags möglich, wohingegen in Hotels die Zimmer häufig erst ab 15 Uhr freigeben und in B&Bs von etwa 16-20 Uhr bezogen werden können. Check-out ist normalerweise am Mittag. Im Motel muss in der Regel gleich beim Einchecken, nach Ausfüllen des Anmeldebogens, bezahlt werden, im Hotel wird die Kreditkarte gespeichert und die entsprechende Summe bei Abreise inklusive eventueller Extras abgerechnet.

Für relativ wenig Geld bekommt man in den USA im Allgemeinen ein **sauberes und großes**, wenn auch (v.a. in Motels) uniformes und **funktional-schlicht ausgestattetes Zimmer** mit Badezimmer (meist Dusche), genügend Handtüchern, mehr oder weniger lauter Klimaanlage, Telefon und Fernsehen sowie oft (kleinem) Swimmingpool. In Motels mit Außenkorridoren kann man zwischen *first* oder *second floor* wählen, wobei das Erdgeschoss zwar weniger Gepäckschlepperei bedeutet, aber andererseits lauter ist, da sich die Parkplätze direkt vor der Tür befinden. Man bekommt meist zum gleichen Preis *one bed* (*king size* 1,95 m) oder *two beds* (zwei *queen size*-Betten von 1,40–1,50 m). Bei nur einem Bett bleibt meist Platz für Tisch und Stühle oder Couch.

In vielen Motels/Hotels gibt es mittlerweile ein kostenloses kleines **Frühstück** mit Kaffee und Gebäck (*continental breakfast*), manchmal handelt es sich auch um ein richtiges kleines Frühstücksbuffet. *Local calls* sind häufig ebenfalls gratis, und in besseren Hotels wird morgens eine Tageszeitung vor die Tür gelegt.

Kettenmotels und -hotels

Die **Qualität** der Motels/Hotels kann selbst innerhalb derselben Kette, abhängig vom Alter des Hauses bzw. vom Ehrgeiz des Pächters, schwanken, je nach Ort und Zustand auch preislich. Im Allgemeinen sind billige Kettenhotels den unabhängigen superbilligen Einzelmotels vorzuziehen. Die Verteilung und Dichte von Hotels und Motels verschiedener Ketten ist ebenfalls unterschiedlich.

Verbreitet sind z.B. Mittelklasse-Motels/-hotels wie **Days Inn** (www.daysinn.com), **Comfort Inn, EconoLodge** oder **Quality** (www.choicehotels.com), **Howard Johnson** (www.hojo.com), **Ramada** (www.ramada.com), **Best Western** (www.bestwestern.com), **Travelodge** (www.travelodge.com), **Radisson** (www.radisson.com) oder **Holiday Inn** (www.holiday-inn.com). Zur preiswerten Motel-

InterContinental Hotel Boston

kategorie zu rechnen sind z.B. **Motel 6** (www.motel6.com), **Red Roof Inn** (www.redroof. com), **Sleep Inn** (www.sleepinn.com) oder **Super 8** (www.super8.com). Eine Liste der wichtigsten Ketten mit Links findet sich im Internet unter: **www.us-infos.de/tour tips-motels.html**

Inns und Lodges
Historic Inns bzw. **Country Inns** sowie **Historic Hotels** (www.historichotels.org) sind Hotels bzw. ehemalige Gasthäuser mit Geschichte. **Lodges**, meist malerisch in der Natur gelegene mehrteilige Hotelanlagen oder Resorts (Ferienanlagen mit Sportmöglichkeiten), können preislich nicht pauschaliert werden. In manchen Fällen ist Halbpension oder Pension – *(Modified) American Plan (MAP* oder *AP)* – im Preisenthalten. Eine **Übersicht** gibt die Seite der *Independent Innkeeper's Association:* www.innbook.com

Spezielle Tipps
- www.mainefarmvacation.com – „Urlaub auf dem Bauernhof" in Maine, vor allem im Süden (Landesinneren), einige auch an der Küste
- www.maineinns.com – zumeist historische Gasthöfe und Pensionen
- www.pafarmstay.com – ländliche Unterkünfte in Pennsylvania
- www.inns.com/USA.htm – Inns, B&Bs und andere individuelle Herbergen in den ganzen USA

Bed&Breakfast
Bed&Breakfast (B&B) hat in den USA nichts mit „Zimmer mit Frühstück" zu tun, ist wesentlich komfortabler und luxuriöser. Persönlicher Touch und oft sehr liebevolle Möblierung und Ausstattung mit Antiquitäten und vielerlei Schnickschnack sind typisch. Das Spektrum reicht von historischen oder modernen Privathäusern mit zwei oder drei Gästezimmern bis hin zu B&B Inns mit bis zu zehn Zimmern, von einfachen Häusern mit Familienanschluss bis hin zu intimen Luxus-Inns und aufwendig restaurierten Historic Homes.

B&Bs sind meist teurer als H/Motels, bieten neben individuellem Service persönlichen Kontakt, denn die Besitzer sind meist Vermieter aus Passion und daher sehr kontaktfreudig und ortskundig. Ein üppiges Frühstück, manchmal auch Extras wie Nachmittagstee, freie Softdrinks, Kekse, Betthupferl, Abend-Häppchen oder Sherry sind üblich, ebenso die Nutzung von Gemeinschaftseinrichtungen wie Bibliothek, Musikzimmer o. Ä. Manchmal fehlen hingegen ein Fernsehgerät und ein Telefon im Zimmer, und kleine Kinder werden vielfach nicht aufgenommen.

Infos:

- www.abba.com *(American Bed&Breakfast Association)* – B&Bs nach Staaten, Orten und Zusammenschlüssen sortiert
- www.bedandbreakfast.com, www.bbexplorer.com oder www.bbonline.com – umfassende Listen nach Staaten und Regionen mit Sofortbuchungsgelegenheit
- www.newenglandinnsandresorts.com – *New England Inns & Resorts Association*

Jugendherbergen u. Ä.

Ein internationaler Jugendherbergsausweis – zu Hause besorgen über den DJH (www.jugendherberge.de) bzw. seine Pendants in Österreich (www.oejhv.or.at) und der Schweiz (www.youthhostel.ch) – macht sich in *American Youth Hostels,* Mitglied von *Hostelling International (HI)* bezahlt. Dabei können nicht nur Jugendliche die Herbergen nützen. YMCA/YWCA – kurz „The Y" genannt – sind weitere Alternativen, wobei Erstere auch gemischtgeschlechtliche Gäste aufnehmen.

Eine ausführliche Liste von Hostels und sonstigen „Billigunterkünften" (Hotels) mit Beschreibungen, Wertungen und Sofortbuchungsmöglichkeit findet sich unter:

- www.hostels.com
- www.hiusa.org oder www.hihostels.com/dba/country-US.de.htm (deutsch)
- www.hostelworld.com/hostels/north-america

Hotelbroker

Am preiswertesten ist meist Buchung im Internet z.B. bei:

- www.all-hotels-world.com – Hotels der mittleren bis gehobenen Kategorie, auch B&Bs sowie Ketten
- www.expedia.de/hotels
- http://de.hotels.com – 24.000 Hotels weltweit, mit www.hoteldiscount.com kooperierend
- www.hotelbook.com – Hotelreservierung in verschiedenen amerikanischen Städten
- www.hrs.de – weltweite Hotelreservierungen, außerdem Auskünfte zu Airports, Fluggesellschaften etc.
- www.quikbook.com– landesweite Hotel-„Schnäppchen" zum Sofortbuchen
- www.roomsusa.com – Zimmersuche und Informationen allgemeiner Art (Restaurants, Touren, Geschichte, Sights, Pläne)

i Klassifizierung der Unterkünfte

Die Preiskategorien der im Reiseteil empfohlenen Unterkünfte verstehen sich pro Standard-Doppelzimmer (DZ), sofern nicht anders angegeben, ohne Frühstück und Steuer. An Wochenenden, in der Nebensaison, mit Rabattcoupons, bei Sonderaktionen usw. können z.T. erheblich abweichende Tarife gelten.

$	unter $ 70 (einfacher Standard)
$$	$ 70-120 (Mittelklasse)
$$$	$ 120-200 (gehobene Mittelklasse)
$$$$	$ 200-300 (First-Class-Hotel)
$$$$$	über $ 300 (Luxushotel)

V Versicherung

siehe auch „Gesundheit“

Am unkompliziertesten, wenn auch nicht am billigsten, ist es, gleich bei Reisebuchung oder übers Internet eines der angebotenen **Versicherungspakete** unterschiedlicher Gültigkeitsdauer abzuschließen, das Kranken-, Unfall-, Gepäck- und Haftpflicht-, manchmal auch Reiserücktrittsversicherungen einschließt.

Für Leute, die viel reisen, gibt es **Jahresversicherungen**, für Familien preiswertere **Familienvarianten**. Gold-Kreditkarten-Besitzer sollten Bedingungen und Leistungsumfang der in der Karte enthaltenen Versicherungen prüfen.

Fest steht, dass der gezielte **Abschluss einzelner Policen**, z.B. bei Banken, freien Versicherungsmaklern oder dem ADAC, meist günstiger ist. Nicht immer sind nämlich alle Versicherungen auch wirklich nötig und sinnvoll, und oft sind z.B. Unfall- und Haftpflicht schon durch bestehende Versicherungen abgedeckt. Eine Gepäckversicherung hat viele Haken, so sind z.B. „Sonderausstattung“ (Laptop, Foto-, Sportgeräte etc.) oder Campinggeräte im Allgemeinen nicht versichert und eine Mitschuld beim Verlust muss ausgeschlossen sein. Auch bei Reiserücktrittsversicherungen gibt es viele Einschränkungen. Dazu lohnt sich eine solche meist nur bei Buchung mehrerer (teuerer) Leistungen.

Die einzige Versicherung, auf die man auf keinen Fall verzichten sollte, ist die **Reisekrankenversicherung**. Banken, vor allem aber Privatversicherer wie *Debeka* oder *Universa* bieten günstige Tarife, wobei auf Vollschutz ohne Summenbegrenzung, Verlängerung der Versicherung im Krankheitsfall und ggf. Rücktransport zu achten ist. Europäische Krankenkassen – mit Ausnahme einiger Privatversicherer – übernehmen die hohen medizinischen Kosten in den USA nicht. Krankenversicherungen erstatten hingegen gegen Vorlage ausführlicher Bescheinigungen und Quittungen (mit Datum, Namen, Bericht über Art/Umfang der Behandlung, Medikamente etc.) zu Hause die Kosten.

Tipp

Für alle abgeschlossenen Versicherungen Notfall-Telefon- und Policenummern notieren!

Zeit und Zeitzonen

Im gesamten Osten gilt **Eastern Time**, d. h. sechs Stunden Zeitverschiebung zu Deutschland. Ist es am Reiseziel 12 Uhr mittags, zeigt die Uhr zuhause bereits 18 Uhr. Auch in den USA gibt es die Umstellung auf Sommerzeit, *Daylight Saving Time (DSL)*, allerdings dauert sie länger: vom 2. Sonntag im März bis zum 1. Sonntag im November.

In den USA werden die **Stunden** nicht bis 24 durchgezählt, sondern in *ante meridiem*, abgekürzt **a.m.** (vormittags), und **p.m.** – *post meridiem* (nachmittags) – unterteilt. So entspricht 6 a.m. unserer Morgenzeit 6 Uhr, dagegen entspricht 6 p.m. 18 Uhr am Abend. 12 Uhr mittags heißt *noon* (12 p.m.), 12 Uhr Mitternacht *midnight* (12 a.m.) Das **Datum** wird in der Reihenfolge Monat-Tag-Jahr angegeben, z.B. *July 22, 2005* oder kurz *7/22/05*.

Bei sechs Stunden Zeitgewinn erreicht man den Osten der USA meist am Nachmittag oder frühen Abend und der **Jetlag** spielt kaum eine Rolle, sofern man die innere Uhr gleich an die Ortszeit anpasst. Schwieriger ist es beim Rückflug, da man nach meist durchwachter, unbequemer Nacht in der „Holzklasse" am Morgen oder Vormittag in Deutschland ankommt.

Zoll

Im Flugzeug werden weiße Zollerklärungen *(customs forms)* – eine pro Familie – verteilt, auf denen anzugeben ist, ob und welche Waren mitgeführt werden. Eine Devisenbeschränkung gibt es nicht, lediglich Summen über $ 10.000 müssen deklariert werden. **Einfuhrbeschränkungen** bestehen z.B. für Tiere, Pflanzen, Arzneimittel, Betäubungsmittel, explosive Materialien, Lebensmittel, Raubkopien, bestimmte Schriften (Hetzschriften, Pornografie etc.), Waffen und Munition; in Österreich auch für Rohgold und in der Schweiz für CB-Funkgeräte.

Nähere Informationen liefern folgende Stellen:
D: www.zoll.de, Zollinfocenter, ☏ (069) 46997600
A: www.bmf.gv.at, Zollamt Villach, ☏ (04242) 33233
CH: www.ezv.admin.ch, Zollkreisdirektion Basel, ☏ (061) 2871111

Einfuhr in die USA

Mitgebracht werden dürfen 1 l Alkohol bzw. 200 Zigaretten oder 100 Zigarren, dazu Geschenke im Wert bis $ 100. Verboten sind alle tierischen und pflanzlichen Frischprodukte/Lebensmittel sowie Samen und Pflanzen, außerdem Klappmesser u. a. gefährliche Objekte. Bei Medikamenten in größeren Mengen empfiehlt es sich, ein ärztliches Attest dabei zu haben, da die Einfuhr von Rauschmitteln untersagt ist. Weitere Details unter: www.cbp.gov

Einfuhr nach D, A, CH

Bei der Rückreise nach Europa gelten folgende Bestimmungen:

- Tabakwaren (über 17-Jährige in EU-Länder und CH): 200 Zigaretten oder 100 Zigarillos oder 50 Zigarren oder 250 g Tabak
- Alkohol (über 17-Jährige in EU-Länder): 1 l über 22 Vol.-% oder 2 l bis 22 Vol.-% und zusätzlich 2 l nicht-schäumende Weine; in die Schweiz: 2 l (bis 15 Vol.-%) und 1 l (über 15 Vol.-%)
- Andere Waren für den persönlichen Gebrauch (über 15-Jährige): Waren bis zu 430 €. In die Schweiz dürfen andere Waren bis zum Wert von CHF 300 eingeführt werden.

Entfernungstabelle (in Meilen)

	ANP	Atl	Bal	Bos	Cls	Cha	Ctn	Jac	Mia	NY	Orl	Phi	Ral	Sav	St	Was
ANP	–	1.350	665	255	1.331	1.134	1.327	1.577	1.946	468	1.734	567	968	1.439	1.617	695
Atl	1.350	–	696	1.095	329	249	120	354	675	884	452	794	424	250	394	657
Bal	665	696	–	410	666	469	662	912	1.281	197	1.069	98	303	774	952	39
Bos	255	1.095	410	–	1.076	879	1.072	1.322	1.539	213	1.479	312	713	1.184	1.362	440
Cls	1.331	329	666	1.076	–	218	449	246	615	768	403	669	296	108	286	532
Cha	1.134	249	469	879	218	–	351	399	760	617	556	525	175	326	439	388
Ctn	1.327	120	662	1.072	449	351	–	474	843	741	631	760	482	376	514	623
Jac	1.577	354	912	1.322	246	399	474	–	369	959	157	860	542	138	40	778
Mia	1.946	675	1.281	1.539	615	760	843	369	–	1.328	236	1.229	911	507	329	1.101
NY	468	884	197	213	768	617	741	959	1.328	–	1.116	99	448	821	999	229
Orl	1.734	452	1.069	1.479	403	556	631	157	915	1.229	–	1.130	699	295	117	935
Phi	567	794	98	312	669	525	760	860	1.229	99	1.130	–	401	721	900	137
Ral	968	424	303	713	296	175	482	542	911	448	699	401	–	404	582	264
Sav	1.439	250	774	1.184	108	326	376	138	507	821	295	721	404	–	178	640
St	1.617	394	952	1.362	286	439	514	40	329	999	117	900	582	178	–	818
Was	695	657	39	440	532	388	623	778	1.101	229	935	137	264	640	818	–

ANP	Acadia National Park	**Mia**	Miami
Atl	Atlanta	**NY**	New York
Bal	Baltimore	**Orl**	Orlando
Bos	Boston	**Phi**	Philadelphia
Cls	Charleston	**Ral**	Raleigh
Cha	Charlotte	**Sav**	Savannah
Ctn	Chattanooga	**St**	St. Augustine
Jac	Jackson	**Was**	Washington D.C.

IWANOWSKI'S

Das kostet Sie das Reisen entlang der Ostküste der USA

Stand: Dezember 2012

Die „Grünen Seiten“ sollen einen groben Anhaltspunkt für die Kosten einer Reise an der US-Ostküste geben. Die Angaben sind lediglich als Orientierungshilfen zu verstehen und erheben keinerlei Anspruch auf Aktualität oder Vollständigkeit. Unterkünfte, Restaurants, Touren und Eintritte liegen im Durchschnitt etwas unter europäischem Preisniveau, Ausnahme sind Großstädte wie New York, Boston oder Washington. Generell sind Waren in den USA **ohne Steuer** ausgezeichnet, die *tax* wird auf Güter, wie auch auf Dienstleistungen, nachträglich aufgeschlagen. Sie beträgt je nach Staat zwischen 4 und 14 %; Ausnahme: in New Hampshire gibt es keine Steuer. Hotels können zusätzliche Steuern *(room tax)* bzw. Aufschläge erheben.

Aktueller Wechselkurs

1 € ▸ $ 1,30	CHF 1 ▸ $ 1,08
1 US$ ▸ 0,77 €	1 US$ ▸ CHF 0,93

Beförderung

▸ Flüge

Als Richtlinie kann gelten, dass während der Hauptsaison die Preise nach Boston, New York, Philadelphia, Washington, Charlotte oder Atlanta bei ca. 500–800 € liegen. Während der Zwischensaison und besonders in der Nebensaison kann man Flüge für etwa 450–500 € bekommen. **Sondertarife** (z.B. auf der Website der Fluggesellschaft) sind das ganze Jahr über erhältlich. Sie sind allerdings unterschiedlich in Kontingentierung und Bedingungen (s. auch S. 108).

▸ Mietwagen

Einen Mietwagen schon zu Hause im Internet bzw. im Reisebüro bei einem der überregionalen großen Anbieter wie Avis, Alamo, Hertz oder Budget zu buchen, ist bei einer Mietdauer von einer Woche und länger im Allgemeinen wesentlich günstiger als vor Ort, v.a., weil es zu Hause Inklusivpreise gibt. Zu prüfen sind ferner die Tarife von Mietwagen-Brokern (s. S. 119). Direktbuchung vor Ort kann teuer kommen, da meist Versicherungen, manchmal auch Meilen, gesondert berechnet werden.

Mitunter ist es vorteilhaft, Flug und Mietwagen als Kombination (**Fly & Drive**) zu buchen. Diese Kombinationen sind jedoch genau mit den Einzelpreisen zu vergleichen und auf die Personen umzulegen – zudem gelten sie zumeist nur ab zwei Personen. Die Kombination Flug und Mittelklassewagen kostet – je nach Reiseveranstalter – pro Person ab 700 € für eine Woche.

Bucht man direkt bei den Mietwagengesellschaften kostet ein Mittelklassewagen (Compact/Midsize) ab etwa € 180 pro Woche im „Sparpaket". Bei Abgabe des Fahrzeugs an einem anderen Ort als dem Abholort können Rückführungsgebühren anfallen. Diese fallen von Veranstalter zu Veranstalter unterschiedlich hoch aus und sind zudem distanzabhängig: zwischen $ 100 und 500. Nur bei Avis wird zwischen den Flughafenstationen Boston, New York/Newark, Philadelphia und Washington D.C. keine Zusatzgebühr verlangt.

Camper

Generell sprechen die komplizierten Miet-, Versicherungs- und Haftungsbedingungen für eine Buchung zu Hause. Wohnmobile oder „RVs" kosten je nach Größe, Ausstattung und Saison zwischen etwa 70 € und 250 €/Tag. Der Preis hängt stark vom gewählten Modell bzw. dessen Größe, ein wenig auch vom Anbieter und – stärker – von der Saison ab. HS ist im Allgemeinen die Zeit von Anfang Juli bis Mitte August, am preiswertesten sind die Fahrzeuge von November bis März. Zum Grundpreis addieren sich beachtliche Nebenkosten: für Zusatzausstattung, Endreinigung und gelegentlich Übergabe, ggf. auch für Zusatzversicherungen, Wochenendzuschläge und gefahrene Meilen (meist keine oder nur wenige inklusive). Die Campingplätze schlagen gesondert zu Buche: Für ein Campmobil inklusive zwei Personen sind mindestens $ 20 für den Stellplatz zu rechnen. Eine Kostenersparnis gegenüber einem normalen Mietwagen und Übernachtungen in Motels ergibt sich damit kaum.

Eisenbahn

Günstige Preise erhält man bei Kauf eines USA-Rail Pass, der für einen Zeitraum von 15, 30 oder 45 Tagen gültig ist. Die Railpässe kosten z.B. für 15 Tage (8 Abschnitte) $ 429 oder knapp 350 € (kursabhängig), sie werden nur außerhalb den USA verkauft und vor Ort an den AMTRAK-Schaltern gegen Bahnfahrkarten eingetauscht. Ein Reiseabschnitt beginnt mit dem Einstieg in einen Zug und endet mit dem Aussteigen, unabhängig von der Reisedauer. Lange Strecken sollten im Voraus reserviert werden, Max. zwei Kinder im Alter von 2–15 Jahren fahren in Begleitung zum halben Preis, ein Kind unter 2 J. ist frei.

Entlang der Ostküste sind die Züge von Amtrak eine ernstzunehmende Alternative, gerade zwischen den Metropolen. Hier braucht man nicht lange im Voraus buchen, Tickets gibt es auch tagesaktuell zu günstigen Preisen vor Ort (s. auch S. 104).

Bus

Greyhound bietet eine Gesamt-Netzkarte „**Ameripass**" an, die für eine Reisedauer von 7 bis 60 Tagen gelten. Der Pass kostet derzeit für 7 Tage rund 200 €. Die Pässe können nur von international Reisenden im Heimatland, nicht aber in den USA erworben werden. Einzelfahrten sind relativ teuer.
Die Zahl der Busgesellschaften steigt stetig und lokale Busgesellschaften wie Megabus oder Boltbus verbinden ebenfalls viele Städte an der Ostküste zu günstigen Preisen. Im Allgemeinen bekommen Reisende, die früh buchen, die billigeren Tickets (s. auch S. 97).

Aufenthaltskosten

Übernachtung

Es ist schwer, genaue Preise anzugeben, denn vor Ort bestimmen Angebot und Nachfrage, Saison und Wochentag, Lage und Stadtnähe, Specials und gewährte Rabatte die Preise. Entlang der Highways versuchen Hotels und Motels verschiedener Kategorien mit „Specials" (Sonderangeboten) und Coupons Kunden zu ködern. Generell berechnet sich der Preis in den USA für das Zimmer, unabhängig von der Belegung bzw. bei nur geringem Aufpreis für mehr als zwei Personen.

In den großen Städten ist für ein gutes **Hotelzimmer** leicht mit rund $ 200 aufwärts zu rechnen (besonders in New York). Dafür gibt es in abgelegeneren Regionen durchaus gute Unterkünfte, in denen man unter $ 150 nächtigen kann.
Wer die preiswerte Kategorie bekannter **Motelketten** (wie Budget Inn, Red Roof Inn, Comfort Inn oder Motel 6) wählt, kann sogar mit ab ca. $ 70 fürs Doppelzimmer, oft inklusive kleinem Frühstück, wegkommen. In der Mittelklasse (z.B. Days Inn, Howard Johnson, Holiday Inn, Best Western, Hampton Inn) beginnen die Preise je nach Lage bei etwa $ 100. In einem Reisebüro vorab zu buchen, lohnt nur in Ausnahmefällen wie evtl. am Ankunfts- bzw. Abflugtag sowie in Nationalparks bzw. im Umkreis vielbesuchter Attraktionen und in den großen Metropolen (s. auch S. 130).

Spartipp

In vielen staatlichen und städtischen Tourismusbüros, Visitor Information Centers, CVBs und vor allem in den Welcome Centern an Staatsgrenzen, liegen kostenlose Couponhefte aus, mit denen Kurzentschlossene Zimmer für eine Nacht zu günstigen Preisen – oft bis zu 50 % ermäßigt – erhalten. Vorher anzurufen kann nötig sein um zu reservieren, ansonsten legt man den Coupon beim Check-in vor.

Verpflegung

Generell liegt das Preislevel für Lebensmittel in etwa auf europäischem Niveau. (Ausländische) Feinkost ist teurer, Fertigkost aller Art, Fleisch und Fisch, Softdrinks und Drogerieartikel sind meist billiger. Fast Food ist erheblich preiswerter als in Europa. Die Preise der unteren und mittleren Restaurantkategorie entsprechen trotz zu addierender *tax* (Steuer) und *tip* (Trinkgeld) in etwa den unsrigen, wobei Qualität und Service meist besser und die Portionen größer sind; durchschnittlich dürften mit Getränk, alles inklusive, ca. $ 20–40 pro Person zu rechnen sein. In Top-Lokalen fallen pro Mahl über $ 50 an; sie sind allerdings auch ihr Geld wert.

Benzin

Normalbenzin (*regular*) genügt für die meisten Mietwagen und kostet – abhängig von der Region – pro Gallone (3,8 l) im Osten der USA zwischen $ 3,20 und 4. Das kommt einem Literpreis von max. 0,74 € gleich.

Eintritte

Wer sich viel anschauen möchte – gerade die Metropolen bieten eine breite Palette außergewöhnlicher Museen und Attraktionen –, sollte genügend Geld für Eintritte einplanen. Speziell Zoos, Aquarien, Vergnügungsparks, Filmstudios und spektakuläre Museen sind teuer.

In Einrichtungen des National Park Service wird der Eintritt im Allgemeinen pro (Privat-)Fahrzeug berechnet, im Regelfall inklusive vier Insassen. Es fallen zwischen $ 5–25 an. Für den Besuch mehrerer Parks lohnt der **America the Beautiful (Annual) Pass**. Er kostet derzeit $ 80 und gilt ein ganzes Jahr in allen amerikanischen Nationalparks und anderen staatlichen Naturschutzgebieten für drei Insassen eines Fahrzeugs über 16 Jahren; Kinder unter 15 sind gratis.

Auch die **Parkplatzgebühren**, die häufig bei Attraktionen ($ 10–15), in Großstädten und v.a. in Stadthotels ($ 30–50/Nacht) anfallen, addieren sich.

Hinweis

Alle genannten Eintrittspreise im Reiseteil beziehen sich auf den Eintritt eines Erwachsenen; Kinder- und Seniorenermäßigungen sind die Regel, oft gibt es auch reduzierte Familientickets.

Gesamtkostenplanung

Die Kostenplanung, die mehr oder weniger alle anfallenden Reisekosten für eine Reise zusammenfasst, ist für zwei Personen bzw. eine 3-köpfige Familie kalkuliert, die zwei bzw. drei Wochen unterwegs sind und bei den Übernachtungen auf günstige Mittelklasse-Motels zurückgreifen (Angaben in € und gerundet für 13 bzw. 20 Übernachtungen bzw. 14/21 Tage). Nicht berücksichtigt wurden hier Kosten für Versicherungen, Parken und Trinkgelder, Extragetränke und andere persönliche Zusatzausgaben und Einkäufe.

Aufenthalt	**2 Wochen**	**3 Wochen**
2 Flugtickets	1.300	1.300
Mietwagen, Standardpaket / Mittelgröße	400	600
Benzin (2000 bzw. 3000 km bei ca. 9 l/100 km und $ 3/Gallone)	150	220
Unterkunft (Mittelklasse, durchschn. $ 120/DZ, 13/20 Nächte)	1.560	2.400
Verpflegung – Sparversion mit Selbstverpflegung, Fastfood (pro Tag/Pers. $ 30)	390	600
Verpflegung mit regelmäßigen Restaurantbesuchen (pro Tag/Pers. $ 50)	650	1.000
Eintritte (geschätzt, stark variabel)	200	300
Gesamt (2 Personen)	**ca. 4.000–4.260**	**ca. 5.420–5.820** (je nach Verpflegung)

Für ein **Kind im Alter von unter 11 Jahren** kämen noch folgende Kosten hinzu (Übernachtung im Zimmer der Eltern):

Aufenthalt	**2 Wochen**	**3 Wochen**
Flugticket (65 % des Normalpreises)	850	850
Unterkunft (zusätzlich $ 20 pro Tag)	260	400
Verpflegung (Sparversion, halbe Summe)	200	300
Verpflegung (bessere Version, ca. 50 %)	320	500
Eintritte (geschätzt)	50	100
Gesamt	**ca. 1.360–1.480**	**ca. 1.650–1.850** (je nach Verpflegung)
Gesamt (Eltern mit Kind)	**ca. 5.360–5.740**	**ca. 7.070–7.670** (je nach Verpflegung)

3. REISEN ENTLANG DER OSTKÜSTE DER USA

Überblick

Auch wenn die Ostküste der USA nicht die *Wide Open Spaces* des Westens zu bieten hat, sollte man die Dimensionen nicht unterschätzen. Vorteil im Osten ist allerdings, dass viele Orte eng beieinander liegen, sodass man während einer dreiwöchigen Reise recht viel sehen kann. Geografisch ist die Region relativ einheitlich: Da ist einmal die Küste und die Küstenebene, dann das Vorgebirgsland und schließlich die Bergkette der Appalachen. Dazwischen erstreckt sich jenes Gebiet, das in diesem Reisehandbuch schwerpunktmäßig vorgestellt wird.

Die Größe des Areals macht eine flächendeckende Beschreibung unmöglich, deswegen werden nachfolgend eine Hauptroute und einige Alternativrouten vorgeschlagen.

Die weniger geografisch, dafür aber kulturell-historisch bestimmte Differenzierung hat die Gliederung des Routenteils beeinflusst, dazu kamen reisetechnische Gründe. Die drei großen Areale, die im vorliegenden Band unterschieden werden, sind:

- die **Nordostküste** von New York über Boston bis hinauf nach Maine,
- die **zentrale Ostküste** zwischen New York und Washington D. C. sowie Virginia,
- die **Südostküste** von North Carolina südwärts bis Nord-Florida.

Jeder dieser Komplexe böte sich für eine eigene **Reise** an, zumal sich in jedem Abschnitt mindestens ein großer Flughafen befindet, der als Ausgangspunkt dienen kann: Im **Nordosten** ist es Boston, im **zentralen Teil** New York, Philadelphia oder Washington und im **Südosten** Atlanta oder Charlotte. Eine Erkundungsreise in jeder dieser drei Großregionen würde etwa drei bis vier Wochen in Anspruch nehmen, wobei die Schwerpunkte unterschiedlich gelagert sind: Vereinfacht gesagt sind es im Norden Naturerlebnis und Geschichte, im Zentrum das Städteerlebnis und im Süden Geschichte, Lebensart und Strandleben.

New York bietet sich als meistfrequentierter Flughafen als Ausgangs- und Endpunkt egal welcher Region an, sei es eine Rundtour nach Norden oder Süden. Beides lässt sich bei normaler Urlaubszeit jedoch nur in engeren Grenzen (z. B. nordwärts bis Boston, südwärts bis North Carolina/Georgia) realisieren.

Rundreisen an der Ostküste

Um das Reisegebiet zwischen Maine und Nordflorida zu erleben, bedarf es entweder eines Zeitraums von mehreren Wochen oder einer exzellenten

Reiseplanung und gezielten Auswahl im Vorfeld. Die gesamte Route abzufahren, dürfte kaum Ziel vieler Reisenden sein, schließlich wären das mehr als 3.400 km reine Fahrtstrecke. Dazu kommt ein logistisches Problem: Gibt man nämlich den Mietwagen nicht an der Ausleihstation (Ausnahmen s.u.) zurück, fallen je nach Distanz erhebliche Rückführgebühren an. Um diese zu sparen, müsste man die gesamte Strecke zum Ausgangspunkt zurückfahren, doch wer hat dafür schon Zeit?

Im Folgenden sollen **einige Routenvorschläge** vorgestellt werden. Es handelt sich dabei wohlgemerkt nur um Vorschläge, denn anhand der im Textteil ausführlich vorgestellten Teilrouten kann jeder leicht seine eigene, individuelle Reise zusammenstellen. Inzwischen ist das Reisen an der Ostküste mit einem Mietwagen vereinfacht worden, da bestimmte Firmen kostenfreie Rückgabe an anderen Orten als dem der Abholung anbieten: Es handelt sich um die Flughafenstationen Boston, New York, Newark, Philadelphia, Baltimore und Washington.

Im Südosten ist der günstigste Anfangs- und Endpunkt einer Reise **Atlanta**, daneben bietet sich Charlotte/NC an. Orlando/Florida wäre ebenfalls eine Alternative, zumal es dorthin auch Charterflüge gibt und sich dieser Ort mit einer Florida-Rundreise verbinden ließe. Im Nordosten ist **Boston** der ideale Flughafen, allerdings sind Nordtouren auch von **New York** aus gut machbar. Für die schwerpunktmäßige Erkundung der zentralen Ostküste und der großen Metropolen ist auf alle Fälle New York der ideale Anflughafen, zumal es dorthin mit Abstand die billigsten und meisten Flüge gibt. Alternativen wären Washington und Philadelphia. Gabelflüge zwischen den großen Ostküsten-Flughäfen sind unter Berücksichtigung der gültigen Mietwagenkonditionen und der guten Eisenbahnverbindungen stets mit in die Planungen einzubeziehen.

Routenvorschlag 1	
Zielgebiet	**New York und die Nordostküste**
Dauer	14–21 Tage/2–3 Wochen
Gesamtumfang	ca. 1.200 mi (ca. 1.900 km)
Routenverlauf	
Flug nach Boston, von hier per Mietwagen entlang der Küste von New Hampshire und Maine zum Acadia NP; weiter im Inland durch die White Mountains und das Merrimack River Valley – oder als empfehlenswerte Alternative durch die Green Mountains in Vermont – zurück nach Boston, dann entlang der Küste – mit Abstecher nach Hartford – nach New York (Rückflug).	

Routenvorschlag 2	
Zielgebiet	**Nordostküste und zentrale Ostküste**
Dauer	21–28 Tage/3–4 Wochen
Gesamtumfang	ca. 1.600 mi (ca. 2.500 km)
Routenverlauf	
Flug nach Boston (Mietwagen), Routenverlauf durch Neuengland wie oben, dann von Boston entlang der zentralen Ostküste über New York, Philadelphia, Pennsylvanias Dutch Country und Baltimore nach Washington und von dort nach Hause. Von New York besteht auch die Möglichkeit, mit dem Zug in Etappen über Philadelphia (evtl. tageweise Mietwagen zur Erkundung des Pennsylvania PA Dutch Country) und Baltimore nach Washington zu fahren.	

Routenvorschlag 3	
Zielgebiet	**Zentrale Ostküste**
Dauer	21 Tage/3 Wochen
Gesamtumfang	ca. 950 mi (ca. 1.500 km)
Routenverlauf	
Flug nach New York (hier am letzten Aufenthaltstag Mietwagen nehmen), Fahrt über Philadelphia durch das Pennsylvania Dutch Country, Gettysburg, Baltimore, Annapolis nach Washington, anschließend, je nach Aufenthaltssdauer in den Städten, optional Virginia-Rundfahrt und über Colonial Virginia Rückkehr nach Washington (Rückflug).	

Routenvorschlag 4	
Zielgebiet	**Zentrale Ostküste und Südostküste** (inkl. kleine Tour **Blue Ridge Parkway**)
Dauer	21–28 Tage/3–4 Wochen
Gesamtumfang	ca. 1.500 mi (ca. 2.400 km)
Routenverlauf	
Flug Washington (Mietwagen), dann Virginia-Rundfahrt (Shenandoah NP, Charlottesville und Monticello, Staunton, Lexington) und Fahrt von Lexington auf dem Blue Ridge Parkway nach North Carolina (Asheville) und in den Great Smoky Mountains NP. Von dort nach Charlotte/NC und weiter über Winston-Salem und Raleigh zur Küste (New Bern und Outer Banks); zurück über Colonial Virginia und Richmond nach Washington (Rückflug).	

Routenvorschlag 5	
Zielgebiet	**Zentrale Ostküste und Südostküste** (große Tour)
Dauer	28 Tage/4 Wochen
Gesamtumfang	ca. 2.300 mi (ca. 3.700 km)
Routenverlauf	
Flug Washington, von hier per Meitwagen durch Virginia, dann über Colonial Virginia zur Küste nach North Carolina, durch das Landesinnere über Winston-Salem und Charlotte zum Great Smoky Mountains NP und weiter nach Atlanta/Georgia. Von dort zurück zur Küste nach Savannah und über Charleston und New Bern nach Washington (Rückflug).	

Routenvorschlag 6	
Zielgebiet	**Südostküste, Virginia und Washington D.C.**
Dauer	21 bzw. 28 Tage/3 bzw. 4 Wochen
Gesamtumfang	2.200 mi (c. 3.500 km)
Routenverlauf	
Flug nach Charlotte/NC, Fahrt zum Great Smoky Mountains NP, über Ost-Tennessee nach Atlanta und zur Küste bei Savannah; Weiterfahrt nach Charleston, Wilmington und New Bern (NC), über die Outer Banks, Colonial Virginia und Richmond nach Washington. Virginia-Rundfahrt (Shenandoah NP, Charlottesville und Monticello, Staunton und Lexington) und anschließend auf dem Blue Ridge Parkway bis Winston-Salem und zurück nach Charlotte (Rückflug).	

Routenvorschlag 7	
Zielgebiet	**Südostküste**
Dauer	21 bzw. 28 Tage/3 bzw. 4 Wochen
Gesamtumfang	ca. 1.500 mi (ca. 2.400 km)
Routenverlauf	
Flug Atlanta (hier Mietwagen), Fahrt über Ost-Tennessee zum Great Smoky Mountains NP, durch das Landesinnere (Charlotte, Winston-Salem, Raleigh) zur Küste (New Bern) und weiter nach Süden über Charleston nach Savannah und entlang der Georgia Coast, von dort zurück nach Atlanta (Rückflug).	

Routenvorschlag 8	
Zielgebiet	**Südostküste und Nord-Florida**
Dauer	28 Tage/4 Wochen
Gesamtumfang	ca. 2.100 mi (ca. 3.400 km)
Routenverlauf	
Flug nach Atlanta (Mietwagen), Fahrt über Ost-Tennessee zum Great Smoky Mountains NP, durch das Landesinnere (Charlotte, Winston-Salem, Raleigh) zur Küste (New Bern) und weiter nach Süden über Charleston nach Savannah. Entlang der Georgia Coast weiter über Jacksonville/Florida nach St. Augustine und via Cape Canaveral nach Orlando, von hier Rückflug (Rückführgebühr!) oder aber über Jacksonville und Savannah zurück nach Atlanta. Route auch mit Ausgangspunkt Orlando möglich.	

Zeiteinteilung und touristische Interessen

Gebiet	Unternehmungen Ausflugsziele	Zeit / Strecke	touristische Interessen
Boston ⓘ S. 152	Stadtrundgänge, Freedom Trail, Museen, Cambridge (Harvard)	2–3 Tage / ca. 20 km	Architektur, Geschichte, Wurzeln der Demokratie, Kunst, Stadtleben, Eliteuniversität
Boston – Acadia NP ⓘ S. 194	Concord, Salem, Küstenregion in NH und ME, Acadia NP, White Mountains, Lakes Region, Canterbury, Manchester bzw. Vermont	5–7 Tage / ca. 900 km	Naturerlebnis (Küste und Bergwelt, Herbstfärbung der Wälder), Küstenstädte, kleine Ortschaften im Landesinneren, Geschichte (Unabhängigkeitskrieg, frühe Industrie), Architektur, Shaker-Geschichte, Literatur
Boston – New York ⓘ S. 246	Plymouth, Cape Cod, New Bedford, Newport, Providence, Mystic, Hartford, New Haven	3–5 Tage / ca. 450 km	Naturerlebnis (Küste und Herbstfärbung der Wälder) und Strandleben, Geschichte und Architektur
New York City ⓘ S. 279	Stadtrundgänge, Museen, besondere Attraktionen wie Freiheitsstatue, Ausflüge in Boroughs	3–5 Tage / ca. 30 km	Wolkenkratzer-Architektur, Stadtleben, Bevölkerungsvielfalt, Museen, Einkaufen, Restaurants, reiche Kunstszene

Gebiet	Unternehmungen Ausflugsziele	Zeit / Strecke	touristische Interessen
New York – Philadelphia ⓘ **S. 346**	Princeton und Trenton	1 Tag / ca. 230 km	Princeton-University
Philadelphia ⓘ **S. 348**	Stadtrundgänge, Museen, Ausflüge nach Valley Forge und Brandywine Valley	2–3 Tage / ca. 30 km	Architektur, Geschichte, Wurzeln der Demokratie, Stadtleben, Museen, Kunst
Philadelphia – Lancaster – Gettys-burg ⓘ **S. 372**	Pennsylvania Dutch Country, Schlachtfeld in Gettysburg	2 Tage / ca. 250 km	Lebensraum der Amish People, Bürgerkriegsgeschichte
Baltimore – Annapolis ⓘ **S. 388**	Stadtbesichtigungen in Baltimore und Annapolis	2 Tage / ca. 50 km	Architektur, Stadtleben (Baltimore), Bootssport (Annapolis) und Historisches
Washington D.C. ⓘ **S. 402**	Stadtrundgänge, u. a. Weißes Haus, Capitol, National Mall, weltberühmte Museen, Ausflug nach Georgetown und Arlington	2–3 Tage / ca. 20 km	Stadtleben, Architektur, Museen, Geschichte, Politik, Kunst
Virginia-Rundfahrt ⓘ **S. 427**	Shenandoah NP, Staunton, Lexington, Blue Ridge Parkway, Monticello und Charlottesville	3–4 Tage / ca. 500 km	Naturerlebnis (Wanderungen, Tier- und Pflanzenwelt), kleine, romantische Städte, Geschichte (Kolonialzeit, Bürgerkrieg) und Architektur
Washington – North Carolina (New Bern) ⓘ **S. 450**	Richmond, Colonial Virginia (Williamsburg, Jamestown und Yorktown), Virginia Beach	3 Tage / ca. 500 km	Geschichte (Kolonialzeit, Bürgerkrieg), Stadtleben (Richmond) und Strand (Virginia Beach)
North Ca-rolina (New Bern) – Charlotte ⓘ **S. 484**	Wright Memorial, Outer Banks, New Bern, Raleigh, Winston Salem, Charlotte	6–7 Tage / ca. 350 km	Geschichte der Luftfahrt, Strand, Kolonialzeit (New Bern), modernes Stadtleben (Raleigh und Charlotte), Religionsgeschichte (Old Salem)

Gebiet	Unternehmungen Ausflugsziele	Zeit / Strecke	touristische Interessen
Great Smoky Mountains ⓘ **S. 501**	Asheville, Great Smoky Mountains NP, Blue Ridge Parkway, Cherokee	3 Tage / ca. 150 km	Naturerlebnis (Wanderungen, Tier- und Pflanzenwelt), Luftkurort (Asheville), Geschichte der Indianer (Cherokee)
Ost-Tennessee ⓘ **S. 510**	Knoxville, Nashville, Tennessee Overhill, Chattanooga	3–5 Tage / ca. 450 km	Stadtleben, Universität (Knoxville), Landschaftserlebnis, Geschichte (Bürgerkrieg)
North Carolina (New Bern) – Charleston ⓘ **S. 523**	Wilmington, Myrtle Beach, Charleston und restaurierte Plantagenhäuser, Hilton Head	3–5 Tage / ca. 400 km	Strandleben, Südstaatenstadt mit Geschichte und Architektur, alte Südstaaten-Herrenhäuser
Savannah u. die Georgia Coast ⓘ **S. 542**	Savannah, Tybee Island, Brunswick und die Golden Isles, Okefenokee Swamp	3–5 Tage / ca. 300 km	Südstaatenstadt, Strandleben, Naturerlebnis (Swamp und Barrier Islands), Geschichte und Architektur
Savannah – Atlanta ⓘ **S. 563**	Antebellum Trail	1–2 Tage / ca. 400 km	Fahrt durch den „tiefen Süden“, Geschichte und Architektur, Landschaftserlebnis
Atlanta ⓘ **S. 569**	Stadtrundgänge in Downtown und Midtown, Ausflüge in die Vororte wie Buckhead oder Druids Hill	2–3 Tage / ca. 40 km	Stadtleben, Geschichte und Architektur, Museen, Einkaufen
Jacksonville – St. Augustine – Kennedy Space Center ⓘ **S. 558**	Jacksonville und die Beaches, Stadtrundgang in St. Augustine, Daytona, Kennedy Space Center	3–5 Tage / ca. 250 km	Strandleben, Geschichte und Architektur (spanisches St. Augustine), Autorennsport, Raumfahrttechnik
Orlando ⓘ **S. 561**	Besuch von Walt Disney World (Magic Kingdom und Epcot Center)und/oder anderer Vergnügungsparks	3–5 Tage / ca. 50 km	Hauptattraktion Floridas

4. DIE NORDOSTKÜSTE

Überblick

Der Nordteil der Ostküste, nördlich von New York bis hinauf zur kanadischen Grenze, bildet eine Einheit, die unter dem Namen **Neuengland** oder **New England** firmiert. Über diesen Landstrich schrieb einmal der Journalist Michael Walsh: *„Neuengland ist mehr als eine geografische Einheit, es ist ein Geisteszustand*“, und brachte so die Besonderheit auf den Punkt. Neuengland ist geografisch gesehen nur ein kleiner Teil der USA – es passt in fast jeden Bundesstaat westlich des Mississippi –, doch kulturell und historisch betrachtet ist diese Ecke Nordamerikas der **bedeutendste Part der USA**. Zwischen der Atlantikküste und der Bergkette der Appalachen „drängeln“ sich sechs Bundesstaaten, noch dazu solche, die dem „Alten Europa“ ganz nahe stehen – was die Mentalität der Bewohner angeht, die Traditionen und Gebräuche. *Quite sophisticated*, wenn nicht sogar gelegentlich arrogant, introvertiert und fast etwas wortkarg, sehr gebildet und umweltbewusst, so könnte man die Neuengländer charakterisieren, zumeist Eigenschaften, die sie klar vom Rest der USA abgrenzen.

Besonderheiten Neuenglands

Neuengland ist besonders im **Indian Summer**, im Herbst, wenn die endlosen Laubwälder in einen Farbkasten getaucht werden, ein beliebtes Reiseziel, doch ist die Nordostküste nicht nur dann eine Reise wert. Hier sind die USA erfrischend anders, kleine Dörfer schmiegen sich um schlichte, weiß getünchte Holzkirchen, Wälder von überschaubaren Dimensionen breiten sich ringsum aus und schmale, kurvenreiche Landstraßen dienen der Verbindung, führen vorbei an Verkaufsständen am Straßenrand, an Antiquitätenshops, Scheunen und Flohmarktbuden. Und doch bildet Neuengland **keine Einheit** wie der „Alte Süden“ oder der „Wilde Westen“, sondern setzt sich scheinbar aus Gegensätzen zusammen: Die geschäftige, intellektuelle „Vielvölkerstadt“ **Boston** hat wenig gemeinsam mit dem Holzfäller- und Naturidyll **Maine** oder dem quasi am Ende der Welt liegenden Staaten **New Hampshire** oder **Vermont**. Selbst innerhalb mancher Bundesstaaten – z. B.

in Maine oder New Hampshire – präsentieren sich die Städte und Dörfer im Landesinneren komplett anders als die Fischerorte an der Küste.

Die Amerikaner blicken seit jeher mit Stolz auf diese Ecke ihres Landes, gilt Neuengland doch als **Wiege der Nation und Geburtsstätte der modernen Demokratie**. Hier wurde die amerikanische Revolution nicht nur entfacht, sondern zugleich blutig zu Ende gefochten. Dass sich allerdings diese angeborene Beharrlichkeit und hohe Moral auch ins Gegenteil verkehren kann, zeigten die Hexenverfolgungen von 1692 in Salem.

Auch wenn längst andere Regionen in den USA wirtschaftlich das Kommando übernommen haben, ist Neuengland immer noch das „**Ruder**“ **der Nation**. Nicht ohne Grund beginnen die Präsidentschaftswahlen stets in New Hampshire. In Neuengland ist auch ein anderer Charakterzug ausgeprägt: **Individualismus**. Bis heute ist man stolz auf den traditionellen Hang zur Autarkie, wie auch der Spruch auf dem Nummernschild New Hampshires belegt: „*Live free or die*“ – die in Worte gefasste Auflehnung des Kolonisten Patrick Henry gegen die Macht des englischen Königs George III.

Tipp

Detailliertere Routenbeschreibungen durch den Nordosten finden sich im ständig aktualisierten Iwanowski's Reisehandbuch **USA-Nordosten** (L. Senne, M. Brinke, P. Kränzle).

Boston – die „Grand Old Lady“

Natur im Park vor moderner Hochhauskulisse

„Diese Stadt hat Geschichte ... sie ist kein Zufallsprodukt, keine Windmühle, kein Bahnhof und keine Durchgangsstation, sondern ein Ort der Menschlichkeit, das Zuhause von Menschen mit Prinzipien, die ihren Gefühlen gehorchen und sie umsetzen ...“

Mit diesen Worten beschrieb der berühmte Literat und Philosoph Ralph Waldo Emerson (1803–1882) einmal seine Heimatstadt Boston.

Die **Metropole Neuenglands** ist in der Tat eine ungewöhnliche amerikanische Stadt. Sie ist stolz und nennt sich mit fast britischem Understatement „***The Hub***“ (Drehscheibe oder Mittelpunkt) und das nicht ganz zu Unrecht: Keine andere amerikanische Stadt kann auf eine ähnlich lange Tradition zurückblicken, keine andere hat sich ihren europäischen Charme so gut bewahrt. Oliver Wendell Holmes (1809–94), durch Gedichte wie „*Old Ironside*“ berühmt geworden, ging sogar so weit, zu behaupten: „*Ich nehme für Boston in Anspruch, dass es das geistige Zentrum des Kontinents und damit unserer Erde ist.*“

Redaktionstipps

- Den **Freedom Trail** (S. 156) ablaufen und sich mittags im **Faneuil Hall Marketplace** (S. 151) stärken.
- Ein Spaziergang über den **Beacon Hill** (S. 167) oder ein Bummel durch das In-Viertel **South End** (S. 172).
- Das **Museum of Fine Arts** (S. 173) und das **Isabella Stewart Gardner Museum** (S. 174) besichtigen.
- Sich ein Baseball-Spiel der **Boston Red Sox** im **Fenway Park** (S. 174) anschauen.
- Die **Harvard University** und ihre Museen erkunden (S. 182) und im **Coop Souvenirs** einkaufen (S. 184).
- In der Dichterstadt **Concord** (S. 188) auf den Spuren der Transzendentalisten wandeln und anschließend im **Colonial Inn** (S. 193) einkehren.
- Im **InterContinental Boston** (S. 178) obersten Luxus zu erschwinglichen Preise erleben (mit Restaurants, Spa, großen Zimmern und Ausblick aufs Wasser).

In der Tat avancierte die Stadt im 19. Jh. dank ihrer Verlagshäuser, Universitäten (v. a. Harvard) und literarischen Salons zum „**Athen Amerikas**“, zum intellektuellen Zentrum. Darauf ist man bis heute stolz. Damals lebten hier Literaten wie Ralph Waldo Emerson, Henry Wadsworth Longfellow, Henry David Thoreau oder Nathaniel Hawthorne und entstanden bis heute legendäre Institutionen wie die Public Library, das Massachusetts Institute of Technology (M.I.T.) oder das weltberühmte Symphony Orchestra.

Die Stadt hat als einzige des Ostküstentrios – Boston, New York und Philadelphia – ihre Vergangenheit weder jemals geleugnet noch verdrängt, was rein äußerlich zu einem faszinierenden **Reichtum an Kontrasten** führte: Hier das altehrwürdige Viertel Beacon Hill, daneben die protzige Goldkuppel des State House, dort die Natur und Ruhe des Boston Common, in unmittelbarer Nachbarschaft moderne Glaspaläste mit turbulenten Malls. Anders als sonst, wo häufig die Vergangenheit in ein „Living History Museum“ oder Vergnügungsparks verbannt wird, schlängelt sich in Boston der **Freedom Trail** unspektakulär und fast bescheiden vorbei an den historischen Stätten des Freiheitskampfes durch das bunte Treiben der geschäftigen Innenstadt.

Es gibt keine andere amerikanische Stadt, in der Alt und Neu, Tradition und Innovation eine derartig **faszinierende Symbiose** eingehen: Steht man vor der neoromanischen Trinity Church, die sich in der Glasfassade des modernen John Hancock Towers spiegelt, beginnt man dem Charme der **Grand Old Lady der Neuen Welt** zu erliegen. Und man versteht diejenigen, die Boston gerne mit London vergleichen. Viel erinnert in der Tat an die alte Hauptstadt des Commonwealth, beispielsweise Beacon Hill mit seinem Kopfsteinpflaster und den alten Laternen, Pubs und Reihenhäuschen oder aber Prachtstraßen wie die Commonwealth Avenue in der Back Bay. An manchen Ecken wird noch deutlich, wie ursprünglich alte Viehtrampelpfade zu Straßen wurden und wie wenig Wert man auf geordnete Planung legte. Auf der anderen Seite ist Boston aber auch eine typische amerikanische Stadt und wie New York ein **ethnischer Fleckenteppich**: das italienische North Bay, Chinatown, die irischen Viertel Charlestown und South Boston oder das afroamerikanische Roxbury tragen dazu bei.

Geschichte

Gründung der Puritaner

Boston geht auf eine **Gründung** John Winthrops zurück, den die Puritaner 1630 aus Salem hergeschickt hatten, um in der geschützten Bucht einen neuen Hafen anzulegen. Dem Hafen war es denn auch zu verdanken, dass Boston rasch aufblühte: Um 1700 lag hier die drittgrößte Fischereiflotte der englischsprachigen Welt und die Stadt selbst entwickelt sich nach Philadelphia zur dichtestbesiedelten in Nordamerika. Gerade der wirtschaftliche Aufschwung Bostons und anderer Städte in Neuengland brachte die englische Krone um 1750 auf die Idee, mit strengeren Steuergesetzen höhere Einnahmen zu erzielen. Doch in Boston regte sich sofort Widerstand. Das **Boston Massacre** von 1770, eine Demonstration in deren Folge fünf Bürger von britischen Soldaten erschossen worden waren, und besonders die **Boston Tea Party** 1773 leiteten die Loslösung der Kolonien vom englischen Mutterland ein.

Der Bostoner Seehandel setzte nach dem Unabhängigkeitskrieg wieder da ein, wo er unterbrochen worden war. Die sich zwischen 1789 und 1810 auch in Boston etablierte „Kabeljau-Aristokratie“ und die *Brahmins*, wie sich die Mitglieder der reichen Händlerfamilien selbst bezeichneten, entwickelten sich in jenen Tagen zur bis heute dominierenden „Aristokratie“ der Stadt. **Handel** und **Fischfang** waren aber nur eine Seite der Erfolgsmedaille. Im 19. Jh. hatte Boston erheblichen Anteil am **Beginn des Industriezeitalters** – reiche Kaufleute der Stadt investierten z. B. in Textilfabriken, wie jene von Manchester (NH). Gleichzeitig mauserte sich die Stadt zum **Zentrum des intellektuellen Amerikas**.

Vielvölkerstadt

Mitte des 19. Jh. ergriff ein Wandel die puritanische „Stadt auf dem Hügel“: Eine Hungersnot in Irland zwischen 1845 und 1850 brachte tausende verarmter Iren in die Stadt; im späten 19. Jh. folgten Einwanderer aus Italien, Polen oder Russland. Um 1900 war aus Boston eine **Vielvölkerstadt** geworden und die Zuwanderung osteuropäischer Juden um 1910 trug weiter dazu bei.

Zehn Jahre später stellten die Juden ein Zehntel der Gesamtbevölkerung und 1948 gründete die jüdische Gemeinde in Waltham bei Boston die Brandeis University. Benannt nach dem ehemaligen Bundesrichter Louis Brandeis, handelte es sich um die erste überkonfessionelle jüdische Universität der westlichen Welt. Die politische Bedeutung der **irischen Bevölkerung** verdeutlicht Joe Kennedy, dem Vater des späteren 35. Präsidenten der USA, John F. Kennedy (1917–1963), der den alteingesessenen Brahmins als erster Ire das Bostoner Finanzmonopol streitig machte. Politisch hatte JFK's Großvater „*Honey-Fitz*" den Kennedy-Klan etabliert, nachdem er 1905 zum Bürgermeister von Boston gewählt worden war.

Bostons reizvolle Mischung aus Alt und Neu

Boston, der Mittelpunkt der amerikanischen Welt, verlor im **Laufe des 20. Jh.** immer mehr an Einfluss und wurde zu einer „ganz gewöhnlichen" US-Metropole. Mittlerweile hat die Stadt eine „**Verjüngungskur**" durchgemacht, zu der die drei renommierten Universitäten der Stadt, Harvard, M. I. T. und Boston University, erheblich beigetragen haben. Manches ist in der alten Metropole aber in die Jahre gekommen, z. B. die **Green Line**, die älteste noch rollende U-/ Tram-Bahn der USA. Dafür ist der **Big Dig**, die große Baugrube, die über Jahre das Stadtzentrum verschandelte, endlich Vergangenheit. Die lange überfällige Verlegung der Autobahn I-93 – einer in den 1970ern entstandenen, hoffnungslos überlasteten sechsspurigen Hochstraße – in den Untergrund ist abgeschlossen. Darüber entstand zwischen North End und Chinatown ein Grünstreifen – der **Rose Kennedy Greenway** –, der der Innenstadt zu einem neuen Gesicht und einer grünen Lunge verhalf und nun als Erholungsoase und Veranstaltungsort dient.

Kennedy-Greenway

Orientierung und Zeitplanung

Boston ist eine amerikanische Großstadt, die man leicht ohne eigenes Auto erkunden kann. Das Zentrum ist **überschaubar**, fast alles Sehenswerte konzentriert sich auf ein Gebiet von gerade einmal drei Quadratkilometern und der Nahverkehr ist gut ausgebaut.

Das Herz der Stadt schlägt im **Boston Common**: Die Grünfläche ist nicht nur eine willkommene Ruheoase, hier sollte idealerweise auch die Stadtbesichtigung beginnen, und zwar an der Informationsstelle, die zugleich den Startpunkt des **Freedom Trail** markiert.

Orientierung und Zeitplanung

Dieser auf dem Boden rot markierte Weg führt vom Common nach Osten durch den **Financial District** zum **North End**, das ehemalige Hafenareal, und über die Charlestown Bridge nach Charlestown.

Wie **Charlestown** liegt **West End** am **Charles River**, während sich zwischen North End und Financial District die Waterfront erstreckt. Südlich davon – am Fort Point Channel – liegt das alte Hafenviertel **South Boston**, das ein Revival erlebt hat. Nördlich des Common und südlich von West End erhebt sich der berühmte **Beacon Hill**, während sich westlich des Common die **Back Bay** ausbreitet. Im Süden an den Park schließt **South End** an, das derzeit wohl beliebteste Viertel der Stadt, außerdem liegen hier der **Theater District** und das kleine **Chinatown**.

Im Folgenden werden **verschiedene Stadtrundgänge** vorgeschlagen. Am günstigsten ist es, sich jeweils mit der Schnellbahn, der „**Tube**“ (nachfolgend abgekürzt „T“) zu den Ausgangspunkten bringen zu lassen und von dort zu Fuß auf Erkundungstour zu gehen.

Für die Besichtigung Bostons wären **drei Tage** ideal: am ersten Tag Freedom Trail, Charlestown und die Waterfront, am zweiten ein Rundgang über Beacon Hill, durch den Boston Common, die Back Bay und South End und am dritten Tag dann Museen und Cambridge, Sitz der legendären Harvard University.

0 Sehenswürdigkeiten

1 Shaw Denkmal/State House
2 Park Street Church und Granary Burying Ground
3 King's Chapel und Burying Ground
4 Old City Hall
5 Old Corner Book Store
6 Old South Meeting House
7 Old State House
8 Custom House Tower
9 Rose Kennedy Greenway
10 Boston Tea Party Ship
11 Institute of Contemporary Art (ICA)
12 New England Holocaust Memorial
13 Paul Revere House
14 Old North Church
15 USS Constitution Museum
16 African Meeting House
17 Charles Street Meeting Houuse
18 Nichols House

0 Restaurants

1 Olive's Boston
2 Artú Take Out & Trattoria
3 Mike's Pastry
4 Ye Olde Union Oyster House
5 Bruegger's Bagel Bakery

Sehenswertes in Boston

Hinweis
Siehe auch Übersichtskarte in der hinteren Umschlagklappe

Der Freedom Trail

Ein Besuch Bostons muss mit dem **Freedom Trail** beginnen. Beim Ablaufen der insgesamt 4,8 km langen Strecke lernt man nicht nur die Ge-

Boston-Freedom Trail
U-Bahnstation /Tube)
0
300 m
Bunker Hill Monument
Warren Street
CHARLESTOWN
Water Street
15
USS Constitution
City Square
Boston Inner Harbor
Logan International Airport
Battery Wharf
Sumner Tunnel
Callahan Tunnel
Charlestown Bridge
Storrow Drive Bridge
Commercial Street
Charter Street
NORTH END
TD Banknorth Garden
Union Wharf
Sargents Wharf
Lewis Wharf
Commercial Wharf
Long Wharf
Central Wharf
New England Aquarium
Indian Wharf
Rowes Wharf
Foster's Wharf
North Station
Washington St. North
John F. Fitzgerald Expressway
Hull St.
Sheafe St.
Salem St.
Bennet St.
Prince Street
Hanover Street
Lombard Place
Endicott St.
Margin St.
North St.
Atlantic Avenue
Fleet St.
WATERFRONT
Richmond St.
Commercial St.
Causeway
Valenti Way
Canal St.
Friend St.
Portland St.
Merrimac Street
GOVERNMENT CENTER
New Chardon St.
New Sudbury St.
Blackstone St.
Congress Street
Boston City Hall
Clinton St.
Quincy Market
Columbus Park
Faneuil Hall
Government Center
State Street
India Street
Cambridge Street
BEACON HILL
Somerset Street
Joy Street
Myrtle Street
Court Street
Mill Street
Broad Street
MA State House
School St.
FINANCIAL DISTRICT
Mt. Vernon St.
Pearl Street
Bromfield St.
Arch St.
Federal Street
Congress Street
Purchase Street
Northern Ave.
Beacon Street
Boston Common
Frog Pond
Tremont St.
Winter St.
Washington Street
Downtown Crossing
Temple St.
Atlantic Ave.
Fort Point Channel
N
©graphic

schichte der Stadt und der Unabhängigkeitsbewegung in den Kolonien kennen, sondern durchwandert zugleich die moderne Stadt. Hält man sich an die rote Markierung auf den Gehwegen – teils aufgemalt, teils in Gestalt von eingelassenen Ziegeln – ist es fast unmöglich, sich im Gewirr der Straßen und Hochhäuser zu verlaufen. Die 1958 ausgewiesene Route passiert 16 historische Plätze und Bauten, die allesamt im Zusammenhang mit dem Kampf um die Unabhängigkeit stehen und durch Hinweisschilder und Info-Tafeln gekennzeichnet sind. Ausgangspunkt ist der **Boston Common Information Kiosk** (Tremont St., neben T-Station „Park Street"), wo man einen Plan und Info-Material erhält.
Freedom Trail, *www.thefreedomtrail.org oder www.nps.gov/bost, auch Touren.*

Massachusetts State House

Erste Station ist das **Massachusetts State House** mit der goldenen Kuppel. Der älteste Bau auf dem Beacon Hill wurde zwischen 1795 und 1798 nach Plänen des Architekten Charles Bulfinch erbaut. Im Laufe der Zeit wurde nach und nach erweitert: 1890 kam auf der Rückseite ein klotziger Anbau in manieristisch-barockisierenden Stil hinzu, 1914 zwei Seitenflügel. Das State House ist heute Sitz der Regierung und Verwaltung des Bundesstaats Massachusetts. Vor dem Bau, noch im Park, erinnert das **Shaw-Denkmal (1)** an das 54th Massachusetts Regiment, das im Bürgerkrieg als erste Einheit ausschließlich aus afroamerikanischen Soldaten bestand und von dem weißem Colonel Robert Gould Shaw befehligt wurde.
Massachusetts State House, *24 Beacon St., Mo–Fr 10–16 Uhr, Touren nur auf Voranmeldung (frei).*

Massachusetts State House, ein Meisterwerk von Charles Bulfinch

Ein Meister seines Fachs: Charles Bulfinch

info

Der **Federal Style** – eine von etwa dem letzten Viertel des 18. bis zum ersten Viertel des 19. Jh. beliebte Architekturrichtung – ist unverrückbar verbunden mit dem Namen des Architekten Charles Bulfinch (1763–1844). Mit ihm erlebte der Federal Style seinen Höhepunkt, doch die Anfänge dieser Entwicklung gehen auf Thomas Jefferson (1743–1826) zurück. Er hatte den von englischen Baumeistern und Traktaten geprägten strengen und nüchternen **Georgian Style** durch verstärkten Einsatz von klassizistischen bzw. antikisierenden Elementen belebt und damit der amerikanischen Architektur zu mehr Eigenständigkeit verholfen, erst in der repräsentativen Architektur, dann im Wohnhausbau.

Charles Bulfinch (1763–1844) stammte aus wohlhabender Bostoner Familie und schloss in Harvard mit einem Abschluss in Mathematik ab. Auf seinen Reisen durch Europa in den Jahren 1785 bis 1787 studierte er die europäische Architektur und richtete nach seiner Rückkehr in Boston ein Architekturbüro ein. Ein Meisterwerk schuf Bulfinch mit dem **Massachusetts State House**. Zu den erhaltenen Arbeiten Bulfinchs gehören weiterhin die **Harvard University Hall** in Cambridge (1799), der Umbau der **Faneuil Hall** (1805), das **Massachusetts General Hospital** (1815) oder das **Meeting House** in Lancaster (1815–17). 1818 zog Bulfinch nach Washington, um die Nachfolge Latrobes als Architekt des **US Capitols** anzutreten, das 1814 abgebrannt war. Die Bauarbeiten dort sollten ihn bis 1830 beschäftigen. Bulfinch war einer der ersten namhaften Architekten, die dem privaten Wohnungsbau ähnliche Aufmerksamkeit wie dem öffentlichen zukommen ließen. Auf dem **Beacon Hill** baute der Architekt z.B. für Harrison Gray Otis gleich drei Häuser zwischen 1796 und 1806.

Der Freedom Trail führt vom State House durch den Park parallel zur Park St. weiter zur **Park Street Church** (2). 1809 erbaut, wirkt die Kirche mit ihrem weißen Turm optisch eher wie eine Dorfkirche inmitten der pulsierenden Großstadt. Auch historisch ist die Kirche von Bedeutung: 1829 hielt William Lloyd Garrison hier die erste Rede gegen die Sklaverei. Der anschließende **Granary Burying Ground**, dessen Name auf den hier einst befindlichen Kornspeicher zurückgeht, ist nicht nur der älteste Friedhof der Stadt, von 1660, sondern zugleich Ruhestätte großer Persönlichkeiten, wie den Unterzeichnern der Unabhängigkeitserklärung John Hancock, Samuel Adams und Robert Treat Paine, aber auch von Paul Revere, Peter Faneuil und den Opfern des Boston Massacre.
Park Street Church, *Park St., www.parkstreet.org, HS tgl. 9.30–15.30 Uhr, sonst Kirche nur zu Gottesdiensten geöffnet, Friedhof tgl. 9–17, im Winter –15 Uhr, frei.*

Hinter dem Friedhof erhebt sich das **Boston Athenaeum** (Zugang: 10A Beacon St., Touren Di/Do 15 Uhr, frei), eine altehrwürdige Bibliothek, die im

19. Jh. als kultureller Treff diente. Gegenüber der Park Street Church führt die Winter St. zum **Downtown Crossing**, der Kreuzung von Washington und Winter St. In dieser Fußgängerzone gibt es eine Vielzahl verschiedenster Einkaufsmöglichkeiten (www.downtowncrossing.org). Zudem liegt hier der **Ladder District** (Gassen zwischen Tremont und Washington Sts.), derzeit eines der angesagten „Hipster“-Viertel der Stadt mit kleinen Läden, Boutique-Hotels und Lokalen.

Nächste Station auf dem Freedom Trail ist die altehrwürdige **King's Chapel** **(3)** und der ihr angeschlossene **King's Chapel Burying Ground**. 1687 war das Gotteshaus als erste anglikanische Kirche gebaut und von verschiedenen Königen im Laufe der Zeit mit wertvollem Inventar versehen worden – daher auch der Name. Der heutige Bau stammt aus dem Jahr 1754. Seit 1785 hat hier die erste unitarische Kirche der USA ihren Sitz. Auf dem zugehörigen Friedhof liegen ebenfalls wichtige Personen aus der Kolonialzeit wie John Winthrop, der erste Gouverneur der Kolonie, begraben.
King's Chapel, *Tremont/School St., www.kings-chapel.org, Di–Sa 10–16, So 13–15 Uhr, im Winter nicht regelmäßig geöffnet, Friedhof tgl. 9–17/15 Uhr, frei.*

Bronzeschilder markieren den Freedom Trail

Nur wenige Schritte von der King's Chapel entfernt, liegt umgeben von einem kleinen Park die **Old City Hall** **(4)**, die zwischen 1865 und 1969 als Rathaus diente. Vor dem Verfall gerettet, beherbergt der Bau im Second-Empire-Stil heute Büros und ein Lokal. Davor steht eine Statue von Benjamin Franklin – er erblickte in Boston das Licht der Welt. Ebenfalls auf dem Grundstück stand einmal die 1635 gegründete erste Schule der Stadt (**Site of First Public School**).

Der **Old Corner Book Store** **(5)** (Washington/School St.) war 1712 als Wohnhaus entstanden, 1828 zog eine Buchhandlung ein, die auch als eine Art Clubhaus und Treff für berühmte Literaten fungierte. Schräg gegenüber erhebt sich das **Old South Meeting House** **(6)**. 1729 als Kirche erbaut, wurde der Bau, da er der größte weit und breit war, als Alternative zur kleineren Faneuil

Hall auch zu Bürgerversammlungen genutzt. Heute beherbergt die Kirche ein kleines Museum mit einem interessanten Modell der Stadt im Jahr 1773. Auch der Bau an sich ist sehenswert, eine Mischung aus einfachem, puritanischem Meeting House und eleganter anglikanischer Kirche. Am 16. Dezember 1773 drängelten sich hier an die 7.000 Menschen, um gegen die vom Mutterland neu erhobene Teesteuer zu demonstrieren. Nach der Versammlung zogen 60 „Mohikaner", als Indianer verkleidete Bostonians, mit Kriegsgeheul zur Griffin's Wharf und veranstalteten die legendäre **Tea Party**. *Old South Meeting House*

Old South Meeting House, *310 Washington St., www.oldsouthmeetinghouse.org, tgl. 9.30–17/im Winter 10–16 Uhr, $ 6 (Freedom Trail-Kombiticket $ 13).*

Zu den ältesten öffentlichen Gebäuden der USA zählt das **Old State House (7)** von 1713. Hier war nicht nur die Kolonialregierung zu Hause, hier befand sich auch das Zentrum des öffentlichen Lebens. Heute ist in die altehrwürdigen Gemäuer das sehenswerte Museum der *Bostonian Society* eingezogen. Der Anwalt und Politiker James Otis hatte 1761 an gleicher Stelle seine Rede gegen die britischen Zollgesetze gehalten, die John Adams als „die Geburtsstunde der Unabhängigkeitsbestrebungen" bezeichnete. Vor dem Old State House wurden am 5. März 1770 fünf demonstrierende Bürger von britischen Soldaten erschossen, die Stelle wird heute „**Boston Massacre Site**" genannt. Am 18. Juli 1776 bejubelte eine begeisterte Menge erst die vorgelesene Declaration of Independence, um danach zwei Relikte der britischen Macht, Löwe und Einhorn, vom Dach des State Houses zu werfen und sie zu verbrennen. Gegenüber dem Old State House liegt das Informationszentrum des **Boston National Historical Park**, dem der Freedom Trail untersteht.

Old State House, *206 Washington St., www.bostonhistory.org, tgl. 9–17 Uhr, $ 7,50.*

Boston National Historical Park, *15 State St., www.nps.gov/bost, tgl. 9–17 Uhr.*

Umgeben von modernen Bauten und dem unübersehbaren **Custom House Tower (8)** (State St.), einem Glockenturm von 1915, der lange Zeit als Bostons höchstes Gebäude galt, direkt neben dem alten Zollhaus von 1847, liegt das Herz der Stadt. Wenige Schritte vom Old State House erreicht man über die Congress St. den **Faneuil Hall Marketplace** (Dock Square) mit der **Faneuil Hall**, in deren OG sich ein historischer **Meeting Room** befindet (tgl. 9.30–16.30 Uhr, frei) und dem **Quincy Market**. Die Halle war von dem hugenottischen Händler Peter Faneuil 1742 gestiftet und 1805 von Bulfinch umgebaut worden. Sie gilt als „**Wiege der Freiheit**", wie James Otis einmal schrieb, da hier die meisten Versammlungen stattfanden. Während im Erdgeschoss seit jeher Läden und verschiedenste Imbissstände zu finden sind, traf sich im Obergeschoss die Bürgerschaft. Die Faneuil Hall und der angrenzende Quincy Market mit **South** (v. a. Essen und Trinken) und **North Market** (v. a. Läden) gelten als gelungene Beispiele für die Altstadtsanierung (1976). *Faneuil Hall und Quincy Market*

Am Quincy Market

Rose Kennedy Greenway, Harbor Walk und South Boston

Am Quincy Market bietet sich nicht nur Gelegenheit zur Pause, sondern auch die Möglichkeit zu einem Abstecher in den **Wharf District** an der Waterfront und einen Spaziergang über den **Rose Kennedy Greenway** (**9**) (*www.rosekennedygreenway.org*). Nach wenigen Schritten auf dem **Walk-to-the-Sea**, einer Promenade, die zwischen City Hall, Quincy Market und Aquarium verläuft, erreicht man den **Columbus Park** und die benachbarte **Long Wharf**. Von hier starten Ausflugsboote zu Hafenrundfahrten oder Inseltrips sowie Fähren, u. a. zur Museum Wharf oder nach Charlestown.

An der südlich angrenzenden **Central Wharf** stellt das **New England Aquarium**, mit dem weltgrößten Becken für Seewasserfische (rund 800.000 l), einen Anziehungspunkt dar. Es erstreckt sich über drei Stockwerke und wird über eine Spiralrampe erschlossen.
New England Aquarium, *www.neaq.org, tgl. 9–17/18, Sa/So –18/19 Uhr, $ 22,95, IMAX $ 9,95, Kombitickets $ 28,95 und Whale-Watch-Touren für $ 44,95 zur* **Stellwagen Bank National Marine Sanctuary**, *eine nährstoffreiche Region vor der Bucht, die ganzjährig viele Wale anlockt (Infos: http://stellwagen. noaa.gov).*

Der bei schönem Wetter empfehlenswerte, vom Freedom Trail abgehende Spaziergang über den **Rose Kennedy Greenway** führt Richtung **Fort**

Point Channel und **ICA** und zurück über den **Harbor Walk**, der dem Hafenverlauf vom Institute of Contemporary Art bis ins North End folgt. Lange Jahre verunstaltete eine Autobahn die Innenstadt Bostons, dann beherrschte der *Big Dig*, eine Riesenbaustelle, lange das Bild, heute ist die Straße in den Untergrund verlegt. Dafür befindet sich hier nun ein **Grünstreifen** von den North End Parks über die Wharf District und Dewey Square Parks (nahe Bahnhof South Station) bis hin zum Chinatown Park mit dem Chinatown Gate. Er besteht aus einer Reihe von Parks mit Brunnen und Kunstwerken und es sollen hier einmal neue Attraktionen wie das **Boston Museum** oder das **New Center for Arts & Culture** entstehen. *Am Wasser*

Südlich der Dewey Square Parks und nahe der South Station liegt die **Museum Wharf** (Fort Point Channel/Ende Congress St.). Die Hauptattraktion ist das hier vor der Congress Bridge im Fort Point Channel ankernde **Boston Tea Party Ship (10)**. Besucher können bei den Touren vom Deck der „Beaver II." – einem Nachbau des Originalschiffes – Teekisten ins Wasser werfen und eine Ausstellung ansehen. *Museum Wharf*

Boston Tea Party Ship, *Congress Street Bridge, www.bostonteapartyship.com, tgl. 10-17 Uhr, $ 22,50 (nur Touren)*

Folgt man dem **Harbor Walk** über die Northern Avenue Bridge auf die Südseite des Fort Point Channel – man befindet sich jetzt in **South Boston** – kann man in einem renovierten Lagerhaus das **Children's Museum** nicht übersehen. Weiter auf der Promenade um das **John Joseph Moakley United States Courthouse** stößt man auf Infotafeln zur Entwicklung des Hafens, ehe schließlich der moderne Bau des **Institute of Contemporary Art (ICA) (11)**, der teilweise über dem Hafen zu schweben scheint, ins Blickfeld gerät. Im ebenfalls sehenswerten Innern werden immer wieder provokante Wechselausstellungen und verschiedenste Veranstaltungen angeboten. Südlich des Museums liegen das **World Trade Center** und, unübersehbar, das **Convention & Exhibition Center**. Letzteres verdeutlicht den Wandel von South Boston vom alten Arbeiter- und Hafenviertel zum neuen In-Viertel Die Veränderung spürt man auch am **Boston Fish Pier** neben dem World Trade Center, wo alte Fischhändler Lokalen wie dem empfehlenswerten *No Name Restaurant* Platz gemacht haben. *Moderne Kunst*

Children's Museum, *300 Congress St., www.bostonkids.org, tgl. 10–17, Fr –21 Uhr, $ 14.*

Institute of Contemporary Art, *100 Northern Ave., www.icaboston.org, Di/Mi 10–17, Do/Fr 10–21, Sa/So 10–17 Uhr, $ 15, mit Water Café.*

Auf dem Freedom Trail durch North End

Der zweite Teil des Freedom Trail führt ins **North End**, das älteste Stadtviertel Bostons. Vom Marktareal geht es vorbei am schräg gegenüber, an der Congress St., gelegenen **Government Center**, das in den 1960ern nach Plänen des berühmten Architekten I. M. Pei entstanden ist. Als „Aztekentempel in der Ziegelwüste“ bezeichnen die Einheimischen die neben dem Government Center liegende neue City Hall. Der Trail folgt der Union St. (parallel zur Congress St.) und passiert dabei die sechs Glastürme des **New England Holocaust Memorial (12)**. Die eingravierten Zahlenkolonnen erinnern an die sechs Millionen während des Zweiten Weltkrieges ermordeten Juden.

Das ethnische Herz Bostons

Erneut den Rose Kennedy Greenway querend, gelangt man nach North End. Hier kommen nicht nur Geschichtsinteressierte auf ihre Kosten, hier schlägt auch das ethnische Herz Bostons. Das Viertel war zunächst irisch, dann jüdisch und ist nun italienisch geprägt – letzteres vor allem rund um die **Hanover St**. Einst lebten hier fast 90 % Italiener, heute sind noch rund 40 % italienischstämmige Bostonians hier zu Hause. Viele davon betreiben Bäckereien, Cafés und italienische Lokale und geben dem Areal sein besonderes Gepräge.

Hauptattraktion in North End ist das **Paul Revere House (13)**, gilt doch Paul Revere, der hier lange mit seiner Familie wohnte, als der erste Held der Nation. 1680 erbaut, ist das kleine Gebäude zudem das älteste erhaltene Haus der Stadt. Es ist eng und verschachtelt und im Stil des 17. und 18. Jh. ausgestattet, außerdem sind etliche Gegenstände aus dem Besitz Reveres ausgestellt.
Paul Revere House, *19 North Square, www.paulreverehouse.org, tgl. 9.30–17.15/16.15 Uhr, $ 3,50.*

Das Paul Revere House

info

Paul Revere – vom Silberschmied zum Nationalhelden

„*One, if by land, and two, if by sea*" – diesen Vers aus Henry W. Longfellows Gedicht „Paul Revere's Ride" von 1861 kennt in den USA jedes Kind. Damit wird an jene Nacht vom 18. auf den 19. April 1775 erinnert, in der Laternen im Turm der Old North Church den Unabhängigkeitsfreunden signalisieren sollte, ob die britischen Truppen auf dem direkten Landweg (eine brennende Laterne) oder von Süden über den Fluss (zwei) nach Lexington und Concord marschieren. Die Briten wollten dort die Waffenlager der Miliz in Beschlag nehmen und die Rädelsführer verhaften, um die explosive Stimmung in der Kolonie zu entschärfen.

Der Bostoner Silberschmied Paul Revere (1735–1818) hatte zusammen mit Freunden in Charlestown auf das Signal gewartet und war in jener Nacht losgeritten um die Führer der Unabhängigkeitsbewegung, Samuel Adams und John Hancock, zu warnen. Es gelang Revere tatsächlich, vor den Briten in Lexington anzukommen, doch auf dem Weg nach Concord wurde er geschnappt und nach Boston zurückgeschickt. Zum Glück war einem Begleiter die Flucht gelungen und so wusste man in Concord über den Anmarsch der Briten Bescheid.

Revere wäre eigentlich nur einer von vielen Helden des Unabhängigkeitskrieges gewesen. Doch 1861 machte Longfellow mit seinem Gedicht den Handwerker nicht nur unsterblich, sondern erhob ihn zum Nationalhelden. Er selbst hat sich vielmehr als einer unter Vielen gesehen, die einen gerechten Kampf um die Freiheit führten und war ein einfacher Mann geblieben. Er lebte bis 1800 zusammen mit seiner Frau und 16 Kindern in den beengten Verhältnissen des Hauses in North End (s. oben), ehe er sich etwas Besseres leisten konnte. Sein Geld verdiente er vor allem als Gold- und Silberschmied – und hierin war er ein Meister, wie einige seiner Stücke im Haus und in verschiedenen Museen, wie dem Museum of Fine Arts, belegen. Nebenbei arbeitete er auch als Glockengießer, Kaufmann, Künstler und Erfinder.

Der Freedom Trail führt zurück zur Hanover St., an deren Ende die **Paul Revere Mall** liegt, eine Grünanlage mit dem Reiterstandbild Paul Reveres von 1940. Überragt wird der Platz von Bostons ältester Kirche, der **Old North Church (14)**, auch „*Christ Church*" genannt. Sie war 1723 nach Plänen von Sir Christopher Wren erbaut worden. Ihr 53 m hoher weißer Kirchturm dominierte einst das Stadtbild und ist bekannt wegen seiner acht Glocken, deren größte 700 kg, die kleinste 280 kg wiegt. Sie wurde einst „königliches Geläut" genannt und trägt die Inschrift „*Wir sind das erste Läutwerk, das für das britische Empire in Nordamerika gegossen wurde, Anno 1774*". Berühmt ist der Kirchturm jedoch im Freiheitskrieg geworden. Von hier signalisierten Laternen am Vorabend des Krieges den Revolutionären, dass

„Königliches Geläut"

die britischen Truppen Boston Richtung Lexington verlassen hatten. Hinter der Kirche, zwischen Hull und Charter St., liegt **Copp's Hill Burying Ground** von 1659. In diesem zweitältesten Friedhof der Stadt hatten während der Schlacht von Bunker Hill die Briten ihre Geschütze in Stellung gebracht.
Old North Church, *193 Salem St., www.oldnorth.com, tgl. 9/10–17/18 Uhr, Spende $ 3, Touren $ 5.*

Charlestown – Endpunkt des Freedom Trails

Nach dem Friedhof führt der Trail zur Charleston Bridge und über den Charles River in das irische **Charlestown**, Endpunkt des Trails. Zuvor geht es aber noch hinauf zum **Bunker Hill Monument** und dem dort gegenüber befindlichen, sehenswerten **Battle of Bunker Hill Museum**. Der 67 m hohe Granitobelisk erinnert an die erste große Schlacht im Unabhängigkeitskrieg, die Battle of Bunker Hill am 17. Juni 1775. Zwar hatten die Briten aufgrund besserer Ausrüstung und Ausbildung die Schlacht gewonnen, doch nicht mit dem erbitterten Widerstand der Freischärler gerechnet. Die Verluste waren groß und der „Pyrrhus-Sieg“ für die „Rotröcke“ ließ die Freiheitskämpfer neuen Mut fassen. Hat man die 294 Stufen zum Aussichtspunkt erklommen, bietet sich ein fantastischer Blick auf die Stadt.

Bunker Hill

Battle of Bunker Hill Museum, *43 Monument Sq. via Main St./Monument Ave., www.nps.gov/bost, tgl. 9–17 Uhr, frei.*

Endstation des Freedom Trail ist die „**USS Constitution**“ und das zugehörige **USS Constitution Museum (15)** auf dem Boden des historischen **Charlestown Navy Yard** von 1800. Noch heute steht die 1797 vom Stapel gelaufene Fregatte im Dienste der Navy und läuft einmal jährlich, am 4. Juli, zu einer Parade aus. Sie gilt als das älteste noch in Dienst stehende Kriegsschiff der Welt und war an 33 Seeschlachten (stets siegreich) beteiligt. Ihren Spitznamen „*Old Ironside*“ erhielt sie während des „**War of 1812**“ gegen die Briten.

Die USS Constitution, bekannt auch als „Old Ironside“

USS Constitution Museum, *Charlestown Navy Yard, www.ussconstitutionmuseum.org, Museum tgl. 9–18/Winter 10–17 Uhr, Schiff 10–17.30 (Winter 15.30) Uhr, $ 5.*

West End

Zurück in die Innenstadt gelangt man wieder zu Fuß, mit dem Water Shuttle (Stop „Long Wharf") oder per U-Bahn (T Green/Orange Line, „North Station"). Die **North Station** ist nicht nur eine U-Bahn-Station, sondern zugleich Nahverkehrsbahnhof für Züge in Richtung Norden. Der Bahnhof befindet sich in **West End** – im Viertel zwischen der Cambridge St. und Charles River. Über dem Bahnhof erhebt sich der **TD Banknorth Garden**, die neue Sporthalle, die seit 1995 den legendären alten Boston Garden ersetzt. Die moderne Sporthalle mit einem Fassungsvermögen von über 18.000 Zuschauern liegt zwischen Charles River Dam und der neuen Hängebrücke, auf der die I-93 verläuft. In der Halle tragen die **Boston Celtics**, die erfolgreichste Mannschaft der National Basketball Association (NBA), und die **Bruins**, Bostons heiß geliebte Eishockey-Profimannschaft (NHL), die 2011 endlich wieder einmal Meister wurde, ihre Heimspiele aus.

Celtics und Bruins

Eine Attraktion für die ganze Familie befindet sich ebenfalls in West End: das direkt am Charles River Dam gelegene **Museum of Science**, das eine interessante Einführung in Naturwissenschaften und Technik vom Dinosaurier bis zum Raumschiff gibt (mit IMAX-Kino und Planetarium).
Museum of Science, *Charles River Dam, T Green Line „Science Park", www.mos.org, HS tgl. 9–19, Fr–21 Uhr, sonst nur bis 17 Uhr, Basisticket $ 22.*

Beacon Hill

Günstiger Ausgangspunkt für die Besichtigung von **Beacon Hill** ist die Beacon Street am State House (T Red Line „Park Street"). Weit über die Grenzen Bostons hinaus ist dieser Stadtteil nördlich des Boston Common als **Viertel der High Society** bekannt. Mit seinen roten Backsteinbauten, zumeist in der ersten Hälfte des 19. Jh. im Federal oder Greek Revival Style entstanden, seinen Gassen mit Kopfsteinpflaster und alten Gaslaternen, hat es seinen eigenen Reiz. Mittlerweile steht das ganze Areal unter Denkmalschutz und entsprechend hoch sind die Immobilien- und Mietpreise. Dabei hat alles weit weniger elitär begonnen: Beacon Hill war vor dem Bau des State House noch unbesiedelt. Wegen seiner drei Kuppen hieß die Region auch „*Trimount*" und der westliche Hügel galt als besonders verrufen: Hinter vorgehaltener Hand sprach man von

Auf dem Beacon Hill

„*Mount Whoredome*“, dem Hurenhügel. Nach dem Bau des State House 1798 änderte sich das alles und es entstand ein Viertel für wohlhabende Bürger.

Beacon Hill war aber stets mehr: ein **Viertel der Künstler und Schriftsteller** sowie **freigelassener afroamerikanischer Sklaven**, die sich hier ansiedelten. In der Charles St. mit Cafés, Galerien, Antiquitäten- und Buchläden sowie kleinen Delis schlägt das Herz des Viertels, die schönsten Häuser gruppieren sich um die Mount Vernon St. und den Louisburg Square. Mit einem Rundgang durch Beacon Hill kann man übrigens gleich zwei Fliegen mit einer Klappe schlagen: einmal ein altes Wohnviertel kennen lernen, zum anderen dem **Black Heritage Trail** folgen, um mehr über die die afroamerikanische Geschichte der Stadt zu erfahren. An der Nordflanke des Beacon Hill war im 19. Jh. eine blühende schwarze Gemeinde angesiedelt. 1796 war die *African Society* als Nachbarschaftshilfe- und Wohltätigkeits-Organisation gegründet worden, es gab selbst verwaltete „schwarze“ Läden und Kirchen, deren Pfarrer als Wortführer im Kampf gegen die Sklaverei fungierten. Massachusetts war führend bei der Sklavenbefreiung und es gab bereits 1850 eine *Abolitionist Free-Soil Party*.

Black Heritage Trail

i Black Heritage Trail & Boston African American NHS

Ein ausgewiesener Weg durch das „schwarze Boston“ am Nordabhang des Beacon Hill führt vorbei an 14 Stationen, die allesamt mit afroamerikanischen Aspekten zu tun haben: z. B. das **Museum of Afro American History** (46 Joy St., www.afroam-museum. org/afmbeaconhill.htm, Mo–Sa 10–16 Uhr, $ 5). Eine Rundgang-Broschüre ist im VC erhältlich oder von Boston African America NHS (14 Beacon St., www.nps.gov/boaf), Touren möglich.

In der vom Massachusetts State House westwärts abgehenden **Beacon Street** liegen die ersten sehenswerten Häuser: Nr. 40 (1818, Greek Revival Style), Nr. 43 (1819) oder Nr. 45 (1805 als drittes Haus für Harrison Gray Otis von Bulfinch erbaut). Hinauf geht es dann auf der Joy Street, vorbei am **George Middleton House** (5 Pinckney St.), dem ältesten noch stehenden Haus eines Afroamerikaners aus dem Jahr 1797. Das **African Meeting House (16)** (46 Joy St./Smith Court) von 1806 mit dem **Museum of Afroamerican History** gilt hingegen als die älteste existierende Kirche einer schwarzen Gemeinde. Zu den wenigen besichtigbaren Häusern im Viertel gehört das **Otis House Museum**, 1795 nach Plänen von Bulfinch erbaut. Das **Coburn Gaming House** (Phillips/Irving St.) von 1844 diente wohlhabenden Afroamerikanern als Treff, während das am anderen Ende der Phillips St. gelegenen **Lewis and Harriet Hayden House** als eine Station der Underground Railroad (ein Netzwerk für geflohene Sklaven) galt.

Häuser mit Geschichte

Otis House Museum, *141 Cambridge St., www.historicnewengland.org/visit/homes/otis.htm, Mi–So 11–16.30 Uhr, Touren, $ 8, mit Bibliothek und Shop.*

In der Charles, Ecke Mount Vernon St., steht das **Charles Street Meeting House (17)** (Charles/Mount Vernon St.) von 1807. 1876 hatte es die größ-

te schwarze Gemeinde erworben und bis 1939 als Kirche genutzt. Von der Charles St. führt die Mount Vernon St. zum **Louisburg Square**, der um 1840 zwischen Pinckney und Mt. Vernon St. als Musterbeispiel für gelungene Stadtplanung entstand. Besuchen kann man das **Nichols House (18)**, ein weiteres der von Bulfinch erbauten Privathäuser.
Nichols House, *55 Mount Vernon St., www.nicholshousemuseum.org, Di–Sa (im Winter Do–Sa) 11–16 Uhr, Touren, $ 8.*

Boston Common und Public Garden

Hinweis
Siehe auch Karte in der hinteren Umschlagklappe

1634 angelegt, gilt der **Boston Common** als ältester öffentlicher Park der USA. Die etwa 3,5 ha große Fläche gehörte einst einem der ersten weißen Siedler der Stadt, einem gewissen Reverend William Blaxton, der 1625 eine Farm aufgebaut hatte. Als ausgerechnet vor seiner Haustür Boston gegründet wurde, verkaufte er 1634 sein Land für $ 150 an die Stadt und zog sich in die Wildnis zurück, da ihm der Trubel zu groß war. Das Land diente den Bürgern zunächst als Kuh- und Schafweide, fungierte aber auch als Exerzierplatz der Miliz und als Hinrichtungsstätte.

Ältester öffentlicher Park

Bereits 1663 war in einem Bericht zu lesen, dass der Park mehr war als nur das, nämlich „*Stolz und Zierde der Stadt. Er stand für die schöneren Seiten des Lebens.*“ Schön ist der Park noch heute, eine grüne Ruheoase mitten in der Innenstadt mit verschlungenen Pfaden, Bronzefiguren und Springbrunnen. Hier trifft man sich, treibt Sport auf den Wiesen, Kinder toben auf Spielplätzen, man sonnt sich, macht Picknick, füttert Enten oder schaut nur den Leuten zu.

Die westliche Grenze bildet die Charles St. und jenseits schließt sich der **Public Garden**, der älteste botanische Garten der USA, an. Bis hinein in die heutige Back Bay hatte sich einst ein Sumpf- und Überschwemmungsgebiet des Charles River befunden. 1825 hatte die Stadt ein Areal von etwa 10 ha erworben und zwölf Jahre später wurde im östlichen Teil der botanische Garten eröffnet. 1867 erhielt der stets frei zugängliche Public Garden dann seine heutige Form – als „formaler“ Park im Gegensatz zum eher „urwüchsigen“ Common. Am Parkeingang an der Commonwealth Ave. überragt ein bronzenes Reiterstandbild von George Washington, 1881 von Thomas Ball geschaffen, die Anlage und blickt in Richtung der Prachtallee der Stadt.

Die Back Bay

Westlich des Public Garden beginnt die **Back Bay**, die sich entlang dem Charles River bis hinunter zur Huntington Ave. ausbreitet. Viele Ortsfremde

Am Copley Square

halten dieses Viertel für „*Old Boston*“, dabei entstand die Region wie der Public Garden auf Sumpfland und noch 1849 warnte die städtische Gesundheitsbehörde vor diesem „anstößigen und gesundheitsgefährdenden“ Gebiet. Dennoch begann man ab 1857 mit der Realisierung eines umfangreichen Bebauungsplans, errichtete elegante Reihenhäuser und einen breiten Boulevard nach französischem Muster mit Grünstreifen in der Mitte. Bis hinein in die 1880er-Jahre wurde dem Sumpf der Back Bay nach und nach über 240 ha Bauland abgerungen. Verkörpert Beacon Hill die Architektur der ersten Hälfte des 19. Jh., stehen die Bauten der Back Bay für dessen zweite Hälfte.

Hauptachse der Back Bay ist die breite **Commonwealth Ave.** (T-Station „Arlington“) und an ihr steht die **First Baptist Church** (Ecke Clarendon St.), deren Turm die Statuen berühmter Persönlichkeiten aus der Zeit der Erbauung schmücken: Ralph Waldo Emerson, Nathanial Hawthorne oder Henry W. Longfellow. Zwischen Clarendon und Dartmouth St. befindet sich der wohl repräsentantivste Abschnitt der „*Comm Ave.*“, mit noblen Geschäften, Cafés und Restaurants. Speziell dieser Teil hat dazu beigetragen, dass man sie auch als die „**amerikanische Champs-Elysées**“ bezeichnet. Statt ihr jedoch bis zum Ende, an der Massachusetts Ave., zu folgen, sollte man besser die parallel im Süden verlaufenden beiden Straßen, die Newbury – auch als „**East Coast's Rodeo Drive**“ bekannt – und die Boylston St. erkunden. Auch hier reihen sich Designerboutiquen, Galerien, teure Restaurants und Cafés in feinen Stadthäusern aneinander.

Back Bay

Unübersehbar überragt der blaugrün schimmernde Glasturm des **John Hancock Tower** nach Plänen des Architekten I. M. Pei 1976 erbaut, die Back Bay. Der Turm gilt als der höchste Bau Neuenglands und warf mit seiner ungewöhnlichen Glashaut zur Zeit der Erbauung erhebliche technische Probleme auf. Zu Füßen des Hochhauses breitet sich der **Copley Square** als zentraler Park aus.

Kontrastprogramm zur modernen Skyscraper-Architektur bietet die östlich davon liegende altehrwürdige **Boston Public Library**, 1895 von Charles

McKim erbaut und 1972 von Philip Johnson erweitert. Mit rund 5 Mio. Bänden gehört sie zu den größten Bibliotheken der Welt, stellt aber auch Kunstwerke aus. Bei der **Trinity Church** hat man fast den Eindruck, dass sich diese 1877 erbaute neogotische Kirche bei Sonnenschein besonders fotogen im Hancock Tower nebenan spiegelt. Im Inneren gibt es eine prächtige Ausstattung – Wandgemälde, Mosaiken, Holzschnitzereien und Buntglasfenster – zu bewundern.

Um den Copley Square steht eine Reihe bedeutender Bauten, z.B. **Copley Place**. Dieser 4 ha umfassender Komplex mit Kinos, Restaurants und Geschäften wurde über dem im Untergrund verlaufenden *Massachusetts Turnpike* angelegt und ist mit Bostons erstem Wolkenkratzer, dem **Prudential Center** (800 Boylston St.) aus den frühen 1960ern (1994 renoviert) verbunden. Das gesamte Areal ist dank der Passagen zwischen beiden Einkaufszentren ideal zum Bummeln, auch bei Regen. „**The Pru**" umfasst nämlich auch das 1988 konzipierte **John B. Hynes Veterans Memorial Convention Center**, ein Hotel, zwei Kaufhäuser sowie allerhand Geschäfte und Restaurants.

Promenier-Meile

Im 50. Stock des 52 Stockwerke hohen Prudential Tower können Besucher nicht nur die Bar oder das Restaurant besuchen, sondern zugleich vom Skywalk die grandiose Aussicht genießen.
Prudential Skywalk, *www.prudentialcenter.com, tgl. 10–20/22 Uhr, $ 14.*

Südwestlich des Prudential Centers handelt es sich bei der **First Church of Christ Scientist** (175 Huntington Ave.) um einen architektonisch interessanten Gebäudekomplex, bestehend aus der 1894 erbauten Mother Church, der Mother Church Extension von 1904 und der Publishing Society (1933). Erst in jüngerer Zeit kamen Anbauten nach Plänen von I. M. Pei dazu. Die Religionsgemeinschaft unterhält außerdem ein **Christian Science Center**, in dem ebenso eindringlich wie aufdringlich die Ideen der Gruppe vorgestellt werden. Gegründet worden war die Religionsgemeinschaft 1879 von Mary Baker-

Das Prudential Center, Bostons erster Wolkenkratzer

Eddy (1821–1910), die der Auffassung war, dass das ursprüngliche Christentum die „göttliche Wissenschaft vom wahren Sein ist, welche das Gesetz der universellen Harmonie darlegt“. Für die Anhänger ist Gott das allmächtig Gute und zu dieser Erkenntnis gelangt, verliert das Böse, dazu gehören auch Krankheit und Tod, seinen Schrecken. Heute existieren über 3.350 Gemeinden in aller Welt, auch in Deutschland.

Christian Science Center, *The Mapparium/The Mary Baker Eddy Library, 200 Massachusetts Ave., www.marybakereddylibrary.org, Di–So 10–16 Uhr, $ 6, mit Shop und Quotes Café (Mo–Fr 8–14 Uhr).*

South End

Multikulturelles Viertel

An der Südseite der Huntington Ave. beginnt **South End**, einst das Viertel der armen Leute, dann Zentrum der Homosexuellen und heute gleichermaßen beliebt bei jungen Familien wie bei der *Gay Community* Bostons. Das bunte Gemisch junger Menschen konnte den drohenden Verfall des Stadtteils abwenden; zahlreiche der viktorianischen Reihenhäuser wurden renoviert und das Viertel zeichnet heute multikulturelles Flair aus, besonders um **Worcester** oder **Union Park Square**. Das künstlerische Herz schlägt im **Boston Center for the Arts** (Clarendon/Tremont St., www.bcaonline.org) mit Künstlerateliers, Galerien, einem experimentellen Theater und einem Cyclorama in einem kuppelförmigen Bau von 1884, in dem zudem Antikmärkte, Ausstellungen und andere Veranstaltungen stattfinden.

South End, Bostons neues In-Viertel

Tipp – Bummel in South End

Man sollte sich für einen Bummel in South End Zeit nehmen, es gibt viele ausgefallene Läden und ungewöhnliche Boutiquen, und den Ausflug dorthin (Silver Line-Busse Richtung Dudley Square bis „Mass. Ave." oder Orange Line „Mass. Ave.") kann man ideal mit einem Essen in einem der Lokale beschließen.

Aunt Sadie's, 18 Union Park Sq., ausgefallene Geschenke und Schnickschnack für die Wohnung.

Beehive Restaurant (9), 541 Tremont St., ☏ (617) 423-0069; legendäres Bistro der lokalen Bohème-Szene, aber auch berühmt für Jazz-Konzerte.

The Butcher Shop (11), 552 Tremont St.; nicht nur eine Metzgerei mit tollen hausgemachten Würsten, sondern gleichzeitig eine Weinbar mit guten Appetizern und Wurstwaren.

Franklin Café (13), 278 Shawmut Ave.; Restaurant mit kleiner Bar, die berühmt für die leckeren Gerichte und daher von Locals viel frequentiert wird.

Hudson, 312 Shawmut Ave.; neben Wohnungseinrichtung ungewöhnliche Accessoires.

Lekker, 1317 Washington Ave; Wohn-Accessoires mit holländischem Touch.

Foodie's Urban Market (10), 1421 Washington St. Supermarkt in Familienbesitz, Vieles aus regionaler/lokaler Produktion, organic food, große Getränkeauswahl und kalte/heiße Theken für den Imbiss.

Michele Mercado, 280 Shawmut Ave.; Atelier und Laden der bekannten Schmuckdesignerin.

Sibling Rivalry (8), 525 Tremont, ☏ (617) 338-5338; ungewöhnliches Restaurant, in dem zwei Brüder kochen, die ihre Menüs als Gegenparts ansehen.

South End Formaggio (12), 268 Shawmut Ave., www.southendformaggio.com; hier gibt es die beste Käseauswahl der Stadt, dazu leckere Feinkost und Sandwiches (s. Karte hintere Umschlagklappe)

Boston Museum of Fine Arts

Museum der Extraklasse

Viele Besucher streifen South End nur auf dem Weg entlang der Huntington Ave. in südwestliche Richtung zu den großen Kunstinstitutionen Bostons, der **Symphony Hall** – Heimat der Symphoniker und des Boston Pops Orchestra – und dem **Boston Museum of Fine Arts**. Das „**MFA**" wurde 1909 eingerichtet und gilt als eines der angesehensten und umfassendsten Museen der USA. Bei beschränkter Zeit gilt es, sich nicht zu lange mit der europäischen Kunst aufzuhalten, denn das MFA verfügt über eine der besten Sammlungen amerikanischer Kunst des 18. und 19. Jh. Abgesehen von qualitätsvollen Ausstellungsstücken aus dem Bereich der dekorativen Kunst (v. a. Möbeln und Geschirr) sind die Gemälde von Künstlern wie John S. Sargent, Winslow Homer, der *Hudson River School* (u. a. Cole und Bierstadt), Fitz

Hugh Lane oder J. Singleton Copley (von dem ein berühmtes Paul-Revere-Porträt stammt) sehenswert. Von Gilbert Stuart signiert ist das unvollendete Porträt von George Washington, das der Eindollar-Note als Vorlage diente, und jenes seiner Frau Martha. Charles Willson Peale ist ebenso vertreten wie Chester French, der das ausgestellte Modell des Lincoln Memorials in Washington schuf. Das MFA bietet aber noch weit mehr: eine exzellente Sammlung antiker Kunst (griechische und römische Keramik, Skulpturen sowie Kleinkunst), die beste Kollektion ägyptischer Kunst des Alten Reiches außerhalb Kairos und die weltweit vollständigste Sammlung asiatischer Kunst. Nach dem Besuch – der leicht zwei bis drei Stunden dauern wird – lohnen abschließend ein Blick in den Museumsladen und eine Pause im Museumscafé oder -restaurant.

Boston Museum of Fine Arts, *465 Huntington Ave. (T Green Line „Museum“), www.mfa.org, Mo–Di und Sa–So 10–16.45, Mi–Fr 10–21.45 Uhr, $ 25.*

Isabella Stewart Gardner Museum

Nur wenige Schritte vom MFA entfernt liegt das **Isabella Stewart Gardner Museum**, der ebenso fantasievolle wie prächtige Palast einer exzentrischen Millionärin gleichen Namens. Angeregt durch venezianische Palazzi des 15. Jh. ließ Gardner 1899 ein mehrstöckiges Gebäude um einen glasüberdachten Innenhof errichten. In den Galerien ringsum ist auf drei Etagen ihre umfangreiche Sammlung von Kunstwerken verschiedenster Genres und Epochen ausgestellt – über 2.500 Bilder, Skulpturen, Wandbehänge, Möbelstücke, Manuskripte und seltene Briefe, Bücher und Beispiele der dekorativen Kunst. Der Schwerpunkt der Sammlung liegt auf italienischer Renaissance-Malerei und amerikanischer Malerei des 19. Jh. Bei der prunkvollen Eröffnung des Museums am 1. Januar 1903 als „Fenway Court“ mit einem Konzert des Boston Symphony Orchestra legte die Gründerin fest, dass das Museum ein Ort der Inspiration für Künstler aller Genres sein solle. Seither gehören Konzerte u. a. Veranstaltungen zum festen Programm, aber auch Stipendien werden vergeben. Obwohl 1990 Kunstschätze im Wert von $ 300 Mio. entwendet wurden, gibt es auch heute noch genug zu bestaunen in diesem sehenswerten „Gesamtkunstwerk“.

Exzellente Privatsammlung

Isabella Stewart Gardner Museum, *280 The Fenway (T Green Line „Museum“), www.gardnermuseum.org, Mi–Mo 11–17 Uhr, Do bis 21 Uhr, $ 15; Sunday Concert Series, Jazz at the Gardner u. a. Veranstaltungen.*

Fenway Park

Nördlich des Museums breitet sich ein weiterer Park aus – ***Back Bay Fens*** – und dahinter liegt im Stadtviertel **Fenway** ein weiterer „heiliger Gral“ der Bostonians, der **Fenway Park**. In dem 1912 erbauten Stadion sind die **Boston Red Sox**, die legendäre Baseball-Mannschaft der Stadt, zu Hause. Babe Ruth, der berühmteste Baseball-Spieler aller Zeiten, trug bis 1920 stolz das Trikot der Red Sox, dann wurde er an den Erzivalen aus New York, an die Yankees, verkauft und von da an lag ein Fluch auf der Mannschaft. Mit *Babe* hatten die Red Sox 1918 noch die Meisterschaft geholt, doch dann verhinderte der „*Curse of the Bambino*“ – „Bambino“ war der Spitzname von Ruth – weitere Titel: Erst als 2005 die Red Sox nach vielen unglücklichen Final-

Boston Red Sox

Fenway Park, das älteste Baseballstadion der Welt

teilnahmen endlich wieder Meister wurden, war der Fluch gebrochen. Das Team holte zur Freude der leidgeprüften, aber treuen Red Sox Nation 2007 gleich den nächsten Titel – und spielt seither immer wieder um den Titel mit.
Fenway Park, *4 Yawkey Way (T Green Line „Kenmore"), http://boston.redsox.mlb.com/bos/ballpark/tour.jsp, Touren tägl. 9–17 Uhr stündlich bzw. an Spieltagen bis 3 Std. vor Spielbeginn, $ 16.*

Mekka der Red Sox Nation: der Fenway Park

info

Das „**Green Monster**" kennt in Boston jedes Kind – ohne Angst davor zu haben. Schließlich bewegt es sich nicht einmal. Anders sehen dies manche gegnerischen Baseballprofis, die beim Versuch den Ball nach einem Schlag zu fangen, unliebsame Bekanntschaft mit dem „grünen Monster" gemacht haben. Gemeint ist die etwa 11 m hohe und 73 m lange Mauer, die seit 1934 die linke Außenwand des Outfields bildet.

Das Green Monster ist der bekannteste Teil des Fenway Parks, des ältesten noch betriebenen Baseballstadions der Welt. Seit dem 20. April 1912 sind hier, mitten im Stadtviertel Fenway, die **Boston Red Sox** zu Hause. Bei Heimspielen – während der Saison immerhin 82 – steigt schon Stunden vor Beginn in den Kneipen und Straßen im Umkreis die Partystimmung. Für viele Fans der **Red Sox Nation** kommt der Besuch dieses Stadions einer Pilgerreise gleich: Ehrfürchtig durchschreitet man die altehrwürdigen Umgänge und setzt sich auf einen der alten Holzklappstühle aus den 1930ern. Auch wenn graduell Teile des Stadions modernisiert werden, sind viele Ecken des

info

Baus noch original wie zu Entstehungszeiten. Einmal auf dem Platz angekommen, stört es den wahren Baseballfan kaum, dass sich hier nicht selten Stützpfeiler im Blickfeld befinden. Dazu ist die Stimmung auch viel zu gut: „**Go Red Sox**". Kein Wunder, dass Fans und Spieler an ihrem alten Stadion hängen. Es gibt sogar noch eine handbetriebene Anzeigentafel. Eine weitere Besonderheit ist der „Lone Red Seat" (rechtes Outfield, Section 42, Row 37, Seat 21): Er markiert den Punkt, an dem der längste jemals im Fenway Park geschlagene Home Run aufschlug. Das Kunststück gelang Ted Williams, der am 9. Juni 1946 den Ball 153 Meter weit in die Zuschauerränge schlug.

Seit die Red Sox 2004 und 2007 nach 1918 endlich wieder den Titel gewannen, sind die Fans erst recht aus dem Häuschen und bei manchem Heimspiel – besonders gegen die verhassten New York Yankees – scheint das alte Stadion aus allen Fugen zu platzen. Doch bisher hat der „alte Kasten" – seit 2006 wurde der Fenway Park in die aktualisierte Ausgabe des Spiels Monopoly gewählt und ist nach dem New Yorker Times Square der zweitteuerste Platz – jedem Sturm standgehalten – und das schon seit über 100 Jahren ...

Ausflug zur John F. Kennedy Library & Museum

Obwohl dieses Museum etwas abseits liegt, lohnt sich die Fahrt dorthin: Die **JFK Library & Museum**, im Süden der Stadt, wo auch das *Government Center* liegt, ist untergebracht in einem großen, modernen Bau und wartet außer mit einer Bilbiothek und einem großen Shop mit interessanten Ausstellungen und Nachbauten auf. Im Untergeschoss des „*Presidential Museum*" erfährt der Besucher anschaulich und multimedial präsentiert über das Leben und das Wirken des Präsidenten John F. Kennedy, sieht einen Film und kann nachgebaute Räume wie das Oval Office, die Kleidung der First Lady oder ein Bankett bewundern.
JFK Library & Museum, *Columbia Point (T Red Line „JFK/UMass", ab hier alle 20 Min. freier Shuttle-Bus), www.jfklibrary.org, tgl. 9–17 Uhr, $ 12.*

Reisepraktische Informationen Boston

Information

*Das **Greater Boston CVB** (☎ (617) 536-4100, www.bostonusa.com) betreibt zwei Besucherzentren: **Boston Common Visitor Information Center**, 148 Tremont St., Mo–Sa 8.30–17, So 9–17 Uhr*
***Prudential Center Visitor Information Center**, 800 Boylston St., Mo–Fr 9–18, Sa/So 10–18 Uhr.*
***Aktuelle Infos** liefern auch die Tageszeitung „Boston Globe" – mit Veranstaltungskalender am Donnerstag –„Boston Magazine" oder oder die Webseiten www.cityofboston.gov, www.massvacation.de (Link „Boston").*

Notfallnummern

Polizei, ☎ (617) 343-4200 bzw. in Notfällen 911

Tipp

Go Boston Card, ☏ 1-800-887-9103, www.GoBostonCard.com. Erhältlich im Internet oder im Prudential Center VC (siehe oben), erlaubt diese Karte freien Eintritt in über 60 Attraktionen, Ermäßigungen in Shops und Restaurants u.a., ab $ 60 (1 Tag) bis $ 195 (1 Woche)
Citypass, ☏ (617) 256-0490, www.citypass.com/boston, $ 46 für 5 Attraktionen (Aquarium, Museum of Fine Arts, Museum of Science, Skywalk Observatory sowie Harvard Museum of Natural History oder Old State House).

Touren

***Beantown Trolley Tours**, www.brushhilltours.com, tgl. 9–17, im Winter –16 Uhr; Gesamtfahrdauer knapp 2 Std., 19 Stopps, in der Go Boston Card enthalten.*
***Boston By Foot**, 77 N Washington St., www.bostonbyfoot.com; seit fast 30 Jahren bietet das Unternehmen interessante Spaziergänge zu historischen und architektonischen Themen an.*
***Boston Duck Tours**, www.bostonducktours.com, tgl. ab 9 Uhr halbstündig Touren, $ 33; im Amphibienfahrzeug inklusive „Abtauchen" in den Charles River; Start und Ticketverkauf u.a. im Prudential Center (790 Boylston St.)*
***Boston Harbor Cruise**, 1 Long Wharf, www.bostonharborcruises.com; Hafenrundfahrten, Whale Watching u.a. Touren.*
***Old Town Trolley Tours of Boston**, 380 Dorchester Ave., www.trolleytours.com/boston, tgl. 9–17 Uhr; 90-min. Touren mit mehreren Stopps und beliebigen Unterbrechungen; Infokiosk vor dem New England Aquarium, $ 44,10 (online günstiger).*
***The Swan Boats of Boston**, Boston Public Garden, www.swanboats.com; seit 1877 bestehende Tradition: 15-min. Paddelbootfahrten für Familien.*
***Whale Watching Touren**, ab Central Wharf (New England Aquarium), www.neaq.org/visit_planning/whale_watch/index.php; vom Aquarium veranstalteter und sachkundig kommentierter dreieinhalbstündiger Bootstrip, $ 44.*
***Boston Harbor Islands NP**, Fähren, Touren und Infos: Long Wharf, www.BostonIslands.com; Fähren $ 15, verschiedene Touren im Sommer. Die südöstlich Bostons gelegenen Inseln in der Massachusetts Bay – u.a. Long, Gallop's, Lovell's, George's und Peddock's Island – sind leicht erreichbar und bieten Naturerlebnis und Erholung, alte Forts und Leuchttürme.*
***Fähren** von Boston nach Provincetown (High-speed und reguläre Boote): Bay State Cruise Company, www.baystatecruisecompany.com bzw. Boston Harbor Cruises, s. oben*
***Hubway 600**, Fahrradverleih an mehreren Stationen, www.thehubway.com. Dank eines gut ausgebauten Radwegenetzes eine prima Alternative, um herumzukommen!*

Tipp – Brauereitouren

Harpoon Brewery, 306 Northern Ave. (Silver Line-Waterfront Bus ab South Station bis „Harbor Street"), www.harpoonbrewery.com, Tastings Mo–Fr 14/16 Uhr, Touren halbstündlich Sa/So ab 10.30/11.30 Uhr, $ 5, BreweryStore (Bierverkauf) und Veranstaltungen.

Tipp – Brauereitouren

Samuel Adams Brewery (Boston Beer Company), 30 Germania St. (T Orange Line bis „Stoney Brook“), www.samueladams.com, Touren (ca. 1 Std.) Mo–Do 10–15, Fr 10–17.30 und Sa 10–15 Uhr, mit Proben und Shop, $ 2.

Unterkunft *(s. Karte in der hinteren Umschlagklappe)*
Wie in den meisten Großstädten und speziell in Neuengland sind auch in Boston die Übernachtungspreise (und die Parkgebühren) gesalzen. Wer sparen möchte, muss auf ein Kettenhotel, zumeist am Stadtrand, z.B. an der I-95, ausweichen.
***B&B Agency of Boston**, ☏ (617) 720-3540, www.boston-bnbagency.com; Zimmervermittlung in etwa 150 B&Bs in Boston, DZ ab $ 100*
***The Constitution Inn** $$$ (1), 130 Third Ave., ☏ (617) 241-8400, www.constitutioninn.org; 147 Zimmer, teils mit Kitchenette, in kleinem Hotel in Charlestown nahe Navy Yard zu günstigen Preisen und dennoch gut ausgestattet und empfehlenswert.*
***Milner Hotel** $$$ (inkl. Frühstück) (4), 78 Charles/Stuart St., ☏ (617) 426-6220, www.milner-hotels.com; günstig nahe dem Boston Common in einem typischen Brownstone-Haus und dazu für Bostoner Verhältnisse preiswert, neu renovierte Zimmer.*
***Back Bay Hotel** $$$$ (5), 350 Stuart St. (Back Bay), ☏ (617) 266-7200, www.doylecollection.com; in ehemaligem Polizeihauptquartier aus den 1920ern zentral gelegenes Boutiquehotel mit 222 gut ausgestatteten Zimmern; zugehöriges Restaurant Stanhope Grille, Irish Bar.*
***Nine Zero Hotel** $$$$$ (2), 90 Tremont St., ☏ (617) 772-5800, www.ninezero.com; luxuriöses Boutique-Hotel mit 190 Zimmern in ungewöhnlichem Design, mit Fitness-Center und allem Komfort, zudem Restaurant „KO Prime“ zugehörig.*
***The Fairmont Copley Plaza Hotel Boston** $$$$$ (6), 138 St. James Ave., ☏ (617) 267-5300, www.fairmont.com/copleyplaza; am Copley Square gelegenes alteingesessenes großes Top-Hotel, bekannt als „The Grande Dame of Boston“.*

Tipp – Erschwinglicher Luxus im INTERCONTINENTAL

Von außen wirkt das **Hotel InterContinental** (3) wie ein gewöhnliches Businesshotel. Betrachtet man den Bau jedoch von der Hafenseite, setzt sich das architektonische Design aus blauem Glas und grauem Granit spektakulär von Bostons moderner Skyline ab. Am Rande des boomenden Viertels South Boston gelegen verteilen sich auf neun Stockwerken 424 geräumige Zimmer und Suiten, allesamt sehr geschmackvoll und modern eingerichtet und mit moderner Kunst und in warmen Farben gestaltet, dazu kommen die Ausblicke auf Boston Harbor oder Skyline. Ungewöhnlich sind die riesigen Badezimmer.

Zur Freizeitgestaltung bietet sich das **SPA InterContinental** mit seinem großen Pool, mit Fitnessstudio oder aber der 24-Stunden-Spa Service an. Oder wie wäre es mit einem Spaziergang durch

die InterContinental Gardens, der Waterfront Promenade entlang der Waterfront vor dem Essen Bei mehreren Restaurants fällt die Wahl schwer: **Miel – Brasserie Provençal** (24 Std., im Sommer auch im Freien), wo das Frühstück der absolute Genuss ist und man auf gesundes Olivenöl setzt, oder aber **Sushi-Teq**, wo nach dem Motto „East meets West" Sushi und Tequila eine geniale Symbiose eingehen. Einen Schlummerdrink gibt's dann in der **RumbaBa**.
InterContinental Boston $$$-$$$$$, 510 Atlantic Avenue, Boston/MA, ☏ (617) 747-1000, www.intercontinentalboston.com, DZ ab $ 200, diverse Packages mit Touren, Bootstrips, Essen und anderen Vergünstigungen.

Restaurants

„Up and coming" ist das South End Bostons, siehe Tipp S. 173

Artú Take Out&Trattoria *(2), 6 Prince St., nahe Paul Revere House; kleine italienische Trattoria mit Gerichten zum Mitnehmen oder Dortessen, preiswert und gute schmackhafte Portionen.*

Bruegger's Bagel Bakery *(5), www.brueggers.com, preiswerte Bäckerei mit mehreren Filialen, u. a. School St., neben dem Old Corner Bookstore; frische Bagels mit diversen Cream Cheeses, aber auch Sandwiches, die auf Wunsch belegt werden; dazu Kaffee aus eigener Rösterei.*

Cheers *(6), 84 Beacon St., www.cheersboston.com; berühmt wegen der gleichnamigen Sitcom, Super-Burger! Filiale im Faneuil Hall Marketplace.*

Mike's Pastry *(3), 300 Hanover St., tgl. 8–mind. 21 Uhr; italienische Spezialitäten, vor allem Süßes, im Haus gebacken.*

Olives Boston *(1), 10 City Square, Charlestown, ☏ (617) 242-1999, http://cheftoddenglish.com; Chef Todd English's Restaurant gilt als eines der besten der Stadt (mediterrane Gerichte!)*

KO Prime*, 90 Tremont St., im Hotel Nine Zero, ☏ (617) 772-0202; schickes Steakhouse mit Wagyu und Kobe Beef auf der Karte, außerdem Super-Weinkarte und ungewöhnliches Design, tgl. B/L/D.*

U-Burger *(7), 636 Beacon St, Kenmore Square (nahe Fenway Park); hier steht man wegen der Hamburger, U-Dogs und Sandwiches, Salate und Smoothies, alles zu günstigen Preisen, Schlange.*

Ye Olde Union Oyster House *(4), 41 Union St., www.unionoysterhouse.com; seit 1826 eine Bostoner Institution, berühmt für Fisch und Meeresfrüchte; erschwingliche große Portionen.*

Einkaufen

Beliebte Shopping-Areale sind Newbury und Boylston St. in ***Back Bay****, um* ***Downtown Crossing*** *(Winter/Washington St.) sowie – trendig und schick:* ***South End*** *(Tremont, Shawmut, Washington). Auch* ***Beacon Hill*** *(Charles St.),* ***North End*** *(v. a. Hanover und Salem St., viele Italiener) oder das Areal um den* ***Harvard Square*** *in Cambridge bieten sich an.*

***Copley Place Shopping Galleries** (Back Bay/100 Huntington Ave.) mit zahlreichen Filialen bekannter Marken.*
***Faneuil Hall Marketplace** (www.faneuilhallmarketplace.com), Dock Square, bestehend aus North und South Market, Quincy Market, Faneuil Hall. Quincy Market: v. a. Imbissstände aller Art, ebenfalls Restaurants in Faneuil Hall und S/N Market, jedoch dort schwerpunktmäßig Läden.*
***Haymarket**, Gassen um Quincy North Market, Fr/Sa Wochenmarkt mit Obst, Gemüse, Fisch (auch Imbiss).*
***The Shops at Prudential Center**, Boylston St., www.prudentialcenter.com; neben Kaufhäuser, Foodcourt, Supermarkt auch viele kleinere Läden und Lokale.*

Nachtleben

Clubs, Bars und Diskos finden sich gehäuft in Back Bay und um den Fenway Park, z. B. in der Lansdowne St., an der Commonwealth Ave., in South End (Tremont St., Shawmut, Washington Ave.) und in Cambridge, z. B.:
***Paradise Rock Club**, 967 Commonwealth Ave., www.thedise.com; wechselndes Programm, v.a. Rock live.*
***Ryles Jazz Club**, 212 Hampshire St., Cambridge, www.rylesjazz.com; Jazzclub mit berühmten Sunday Jazz Brunch und gutem Restaurant.*

Unterhaltung

*Boston bietet eine große Vielfalt an Theatervorstellungen und Konzerten; weltberühmt sind nicht nur das **Boston Symphony Orchestra**, sondern z. B. auch das **Boston Philharmonic Orchestra** und die **Kammermusikkonzerte** im Isabella Stewart Gardner Museum. Auch das Theaterleben ist mit klassischen und modernen Bühnenstücken, Broadway-Shows und Musicals vielseitig.*

***BosTix**, ☏ (617) 262-8632, www.artsboston.org, Infokiosk Copley Square (Mo–Sa 10–18, So 11–16 Uhr) oder neben der Faneuil Hall (Di–Sa 10–18, So 11–16 Uhr); verbilligte Karten für verschiedenste Veranstaltungen (auch Museen und Sport) ab 11 Uhr des Veranstaltungstages.*
***Boston Symphony Orchestra/Boston Pops**, Symphony Hall, 301 Massachusetts Ave., ☏ (617) 266-1492, www.bso.org, Okt.–Apr. Konzerte des weltberühmten Orchesters, im Sommer „Boston Pops" in der Symphony Hall bzw. Open-air-Symphoniekonzerte in Tanglewood/ Berkshires.*
***Boston Center for the Arts**, 539 Tremont St., ☏ (617) 426-5000, www.bcaonline.org; verschiedenste Veranstaltungen in Bostons South End.*
***Loeb Drama Center**, 64 Brattle St., Cambridge, ☏ (617) 547-8300, www.americanrepertorytheater.org; Aufführungen des American Repertory Theatre.*

Veranstaltungen

***Boston Harborfest**, www.bostonharborfest.com, großes Stadtfest Anf. Juli, mit verschiedenen Veranstaltungen am Hafen und in der Innenstadt*
***Boston Marathon**, www.baa.org, der älteste Marathon am Patriot's Day, Mitte April.*
***Boston Pops**, www.bso.org, das berühmte Sommerorchester der Symphonie spielt am Charles River zwischen Mai und Juli*

Zuschauersport

Boston Bruins, http://bruins.nhl.com, die Eishockey-Profis der NHL spielen von Okt.–Apr. im TD Banknorth Garden, Causeway St. (T Green oder Orange Line „North Center")

Boston Celtics, www.nba.com/celtics, das legendäre NBA-Team trägt seine Basketballspiele ebenfalls im TD Banknorth Garden von Nov.–Apr.

Boston Red Sox, http://boston.redsox.mlb.com, die Baseballer der AL (American League) des MLB (Major League Baseball) spielen von Apr.–Okt. im historischen Fenway Park (4 Yawkey Way, T Green Line „Kenmore")

New England Patriots, www.patriots.com, die American Footballer der NFL spielen Sept.–Dez. im Gillette Stadium im Vorort Foxboro (I–95, etwa 40 km südwestl. Richtung Providence/RI)

New England Revolution, www.revolutionsoccer.net, die Profi-Fußballer des MLS (Major League Soccer) treten ebenfalls in Foxboro (Gillette Stadium), von Mai–Okt., an.

Anreise und Nahverkehr

FLUGHAFEN

Boston Logan International Airport (BOS), etwa 5 km östlich des Stadtzentrums, kostenlose Shuttle-Busse von und zu den einzelnen Terminals, zu Parkplätzen und T-Station. Infos: www.massport.com/logan-airport, außerdem Taxis (kein Festpreis!).

Blue Line ab T-Station „Airport" ins Stadtzentrum (Government Center), außerdem **Silver Line** (Bus) zu Bostons South Station (Bahnhof), von dort per Red Line Richtung Cambridge; Info: www.massport.com

Kostenloser Shuttle-Bus (Route 66) von den Terminals zum **Water Shuttle** (Logan Dock), der werktags 8–18 Uhr im Viertelstundentakt, So alle 30 Min. zur Rowes Wharf/Harbor Front verkehrt ($ 10)

EISENBAHN

South Station, Atlantic Ave./Summer St. (T Red Line „South Station"), www.amtrak.com; Amtrak-Bahnhof, stündlich Schnell-Service (Acela oder Metroliner) nach New York, Philadelphia und Washington sowie Richtung Chicago und Nahverkehrszüge nach Süden.

North Station, Causeway St. (T Green&Orange Line „North Station"), ab hier Amtrak-Züge „Downeaster" nach Brunswick/ME – viermal tgl., 11 Stopps in MA, NH und ME (u.a. Portland und Freeport), www.amtrakdowneaster.com; außerdem Nahverkehrszüge nach Norden (u. a. Salem und Newburyport).

Zwei weitere, kleinere Amtrak-Bahnhöfe (Züge Richtung New York) sind **Back Bay** und **Route 128 Station**.

BUS

South Station, 700 Atlantic Ave. (T Red Line „South Station"); zentraler Busbahnhof der Stadt (Greyhound und lokale Busse).

NAHVERKEHR

Boston verfügt über ein gut ausgebautes U-/S-Bahn-Netz, genannt **„Tube"**, abgekürzt **„T"** und unter der Ägide der Massachusetts Bay Transportation Authority

(MBTA) stehend. Obwohl einige Linien in die Jahre gekommen sind, ist das Netz an U- bzw. Trambahn-Linien und Haltestellen dicht. Es gibt vier Linien auf Schienen – ***Blue, Green, Red*** *und* ***Orange*** *– sowie eine* ***Silver Line*** *(Bus), werktags 5–0.45, So ab 6 Uhr verkehrend.*
Infos: *☏ (617) 222-50000, www.mbta.com*
Tickets: *Ein* ***CharlieTicke****t kostet im Stadtgebiet $ 2, mit* ***CharlieCard****, einer wiederaufladbaren Wertkarte (am Automaten) sind pro Fahrt nur $ 1,70 fällig.*
T-Pass für Besucher: *1 Tag $ 11, 7 Tage $ 18 (in den Stationen Back Bay, Downtown Crossing, Harvard, North und South Station erhältlich).*

Cambridge

Von Bostons Innenstadt ist es ein Katzensprung per U-Bahn nach **Cambridge**, Heimat der berühmten **Harvard University**. Der Ort liegt am Nordufer des Charles River, gegenüber dem Bostoner Viertel Back Bay. Steigt man an der T Red Line-Station „Harvard" aus, steht man mitten im Uni-Städtchen und beginnt die Schriftstellerin Elizabeth Hardwick zu verstehen, die Boston und Cambridge einmal als die „*zwei Enden eines Schnurrbarts*" bezeichnete. Es handelt sich tatsächlich um zwei zwar nahe gelegene, aber höchst unterschiedliche Städte. Cambridge wurde als „*New Towne*" wie Boston 1630 gegründet, die Harvard University entstand sechs Jahre später als Priesterseminar. Im Laufe der Zeit entwickelte sich daraus eine allgemeine Hochschule und Eliteuniversität mit heute rund 21.000 Studenten und 2.500 Lehrkräften. Schon immer galt der Ort als das geistige Zentrum der USA, doch Harvard ist nicht die einzige „Denkfabrik" in Cambridge.

Geistiges Zentrum

Der Ort ist zugleich Heimat des berühmten **M.I.T.**, des **Massachusetts Institute of Technology** (77 Mass. Ave., T Red Line „Kendall"). Seit seiner Gründung 1861 ist M.I.T. Heimat vieler Wissenschaftseliten. Interessant auf dem Campus ist die Kapelle, das Kresge-Auditorium von Eero Saarinen mit charakteristischem Zeltdach und das Naturkundemuseum (265 Massachusetts Ave.). Im **MIT Museum** gibt es Ausstellungen zu wissenschaftlichen und technischen Themen sowie einer Nautical Gallery zu sehen.
MIT Museum, *265 Massachusetts Ave., http://web.mit.edu/museum, tgl. 10–17, $ 8.*

Die Eliteuniversität Harvard

Die 1636 gegründete **Harvard University** gilt als die reichste Hochschule der Welt – und zählt zu den renommiertesten. Wer hier studiert hat, hat beste Chancen in die Führungselite der USA aufzusteigen. Allein acht US-Präsidenten haben hier ihr Studium absolviert, 75 Nobelpreisträger hier studiert, geforscht und gelehrt. Bei der Auswahl spielt dabei weniger ein her-

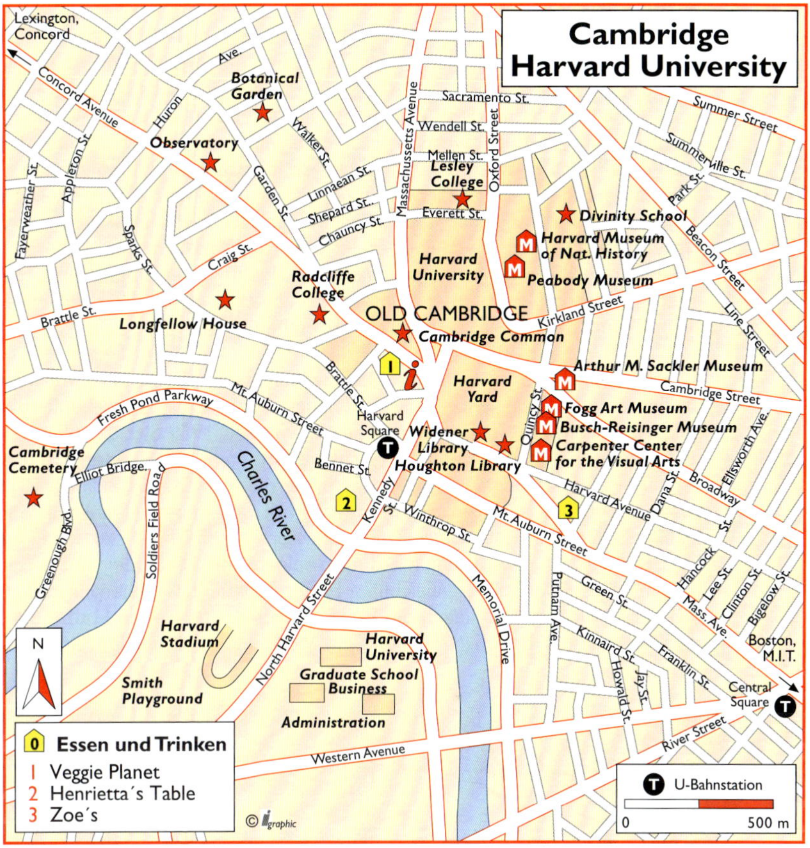

ausragender Notendurchschnitt eine Rolle, sondern Qualitäten wie soziales Engagement, Führungsfähigkeiten, Charakterstärke und Reife. Zudem wird darauf geachtet, dass die Studentenschaft ein breites Spektrum an Talenten und Neigungen verkörpert.

Die Atmosphäre auf dem Campus ist noch puritanisch geprägt und heißt „harte Arbeit unter strenger Aufsicht". Man besucht einzelne „Schulen" (statt Fakultäten), Professoren werden „Lehrer" genannt und das Gemeinschaftserlebnis steht im Vordergrund. Das beginnt mit dem gemeinsamen Essen in der altehrwürdigen Annenberg Hall und endet in den obligatorischen Vierer-Wohngemeinschaften auf dem Campus, zu denen Studienanfänger bunt zusammengewürfelt werden, um soziale Kompetenz und Integrationsbereitschaft zu fördern.

Rundgang

Am **Harvard Square** befinden sich nicht nur die U-Bahnstation und ein Info-Kiosk, sondern reihen sich auch etliche Läden und Kneipen auf. Besonders lohnt ein Blick in den **Coop**, ein Kaufhaus, das 1882 als Universitätsbuchhandlung gegründet worden war. Heute werden in mehreren Gebäuden und Abteilungen schwerpunktmäßig Universitätssouvenirs, Studienmaterial, Schreib- und Papierwaren, Computerausrüstung und Sport-/Freizeitkleidung verkauft. Im Nordosten des Platzes beginnt der alte **Campus der Harvard University**. Den Mittelpunkt bildet der **Harvard Yard**, um den herum sich die altehrwürdigen Bauten gruppieren. Man betritt den Campus durch ein breites Eisentor, über dem eine Inschrift – *„Enter to grow in Wisdom"* – Besucher, Studenten und Professoren willkommen heißt.

„Enter to grow in Wisdom"

Der älteste erhaltene Bau ist die **Massachusetts Hall** von 1720, zunächst Studentenheim, während des Unabhängigkeitskrieges Unterkunft der Milizen, anschließend Hörsaal und Theater und seit 1939 Sitz des Universitätspräsidenten. In unmittelbarer Nachbarschaft steht die **Holden Chapel** von 1744 und das Zentrum der Anlage bildet die von Charles Bulfinch 1815 aus weißem Granit erbaute **University Hall**, vor der ein Denkmal John Harvards von dem Bildhauer Daniel Chester French (1884) zu sehen ist. John Harvard, ein Geistlicher, hatte nach seinem Tod 1638 sein ganzes Vermögen der Uni vermacht, die sich ihm zu Ehren daraufhin umbenannte. Östlich der University Hall liegen die **H. H. Richardsons Sever Hall** (1880), die **Memorial Church** (1932) und die **Widener Library**, ein Geschenk

Campus der Harvard University

der Mutter von Harry Elkins Widener, der beim Untergang der „Titanic" umkam. Sie ist eine von zahlreichen Uni-Bibliotheken, die gemeinsam 12 Mio. Bände und damit den drittgrößten Buchbestand einer amerikanischen Bibliothek umfassen.

Harvard Museums

Harvard hat mehrere hochkarätige Museen zu bieten, zum einen zusammengefasst zu den **Harvard University Art Museums**, bestehend aus **Fogg Art**, **Busch-Reisinger Museum** und **Arthur M. Sackler Museum**. Rund 150.000 Kunstwerke von der Antike bis zur Gegenwart und aus Europa, Nordamerika, Nordafrika, dem Mittleren Osten, Südasien, Ostasien und Südostasien sind zu sehen.

Gegenüber dem „Hinterausgang" vom Harvard Yard an der Quincy St. befindet sich das **Fogg Art** und **Bush-Reisinger Art Museum** (32 Quincy St.), ein Kunstmuseum mit Schwerpunkt europäische und amerikanische Kunst. Das Busch-Reisinger Museum gilt nominell als eigenes Museum, befindet sich jedoch im Obergeschoss des gleichen Baus und widmet sich besonders dem Design in Nordeuropa nach 1880 sowie der deutschen expressionistischen Kunst.

Südlich vom Fogg Art Museum fällt ein ungewöhnlicher Bau ins Auge: das **Carpenter Center for the Visual Arts**, das 1963 nach Plänen von Le Corbusier erbaut worden war. Nördlich davon befindet sich in einem ebenfalls beachtlichen modernen Gebäude vom Zeichenbrett des bekannten englischen Architekten James Stirling befindet sich das **Arthur M. Sackler Museum** (Broadway/Quincy St.). Es handelt sich hierbei um eine bedeutende Sammlung römischer und griechischen Antiken; dazu gibt es sehenswerte islamische und orientalische Abteilungen.
Harvard University Art Museums, *www.harvardartmuseums.org, Di–Sa 10–17 Uhr, Kombiticket $ 9.*

Weiter nordwärts folgt der zweite Museumskomplex: die **Harvard University Museums of Cultural and Natural History**. Gemeint sind vier Museen unter einem Dach, nämlich das **Peabody Museum of Archeology and Ethnology**, das **Botanical Museum** – mit naturgetreuen Nachbildungen von über 700 Pflanzenarten –, das **Museum of Comparative Zoology** sowie das **Minerological and Geological Museum**. Besonders die beiden Letztgenannten sind etwas für Liebhaber, obwohl die bewusst beibehaltene Ausstellungsart des 19. Jh. den Besuch auch historisch interessant macht. Das Peabody Museum ist der besuchenswerteste Teil und vor allem die außergewöhnliche Sammlung von Alltags- und Kunstgegenständen der Indianer Amerikas sowie die afrikanische und ozeanische Abteilung sind höchst sehenswert.
Harvard University Museums of Cultural and Natural History, *24 Oxford St. bzw. 11 Diversity Ave., www.peabody.harvard.edu, tgl. 9–17 Uhr, Kombiticket $ 9.*

Den Abschluss des Besuchs von Cambridge sollte ein kleiner Rundgang durch den alten Stadtkern bilden. Westlich des Harvard Yards liegt der **Cambridge Common**, der Stadtpark. Hier übernahm am 4. Juli 1775 George

Washington das Kommando über die Continental Army – drei Kanonen, die die Briten nach ihrem Rückzug 1776 zurückließen, und das Bronzerelief „Washington zu Pferde" erinnern an dieses Ereignis. An der Südseite des Parks erhebt sich die **Christ Church** von 1771, dahinter die **First Church** und der Eingang zum **Radcliffe College**. Einst eine reine Frauenhochschule, ist sie seit 1975 Teil von Harvard.

Sonstiges in Cambridge

In der Brattle Street geben einige historische Häuser, wie das **Henry Vassal House** (Nr. 94), eine Vorstellung davon, wie es in jenen Tagen des Unabhängigkeitskampfes hier aussah. Dieser Straßenzug war als „**Tory Row**", als Wohnort der Königstreuen, bekannt. Literaturfreunde sollten das **Longfellow House** nicht versäumen. 1843 hat es der Dichter Henry Wadsworth Longfellow (1807–82) als Hochzeitsgeschenk von seinem Schwiegervater erhalten.
Longfellow House, *105 Brattle St., www.nps.gov/long, VC tgl. 9.30–16.30 Uhr, HS Touren tgl. jede Stunde 9–16 Uhr, frei.*

Reisepraktische Informationen Cambridge

(siehe auch „Boston")

Information

***Cambridge Office for Tourism**, 4 Brattle St., ☏ (617) 441-2884*
***Infokiosk** am Harvard Square (T Red Line „Harvard"), www. cambridge-usa.org*

Touren

***Harvard Walking Tours**, von Studenten geführte Touren über den Campus, Infos: www.harvard.edu/visitors/tours*

Unterkunft

***Hotel Marlowe** $$$$, 25 Edwin H. Land Blvd., ☏ (617) 868-8000, www.hotelmarlowe.com; günstig zu Bostons Innenstadt und zur CambridgeSide Galleria am Charles River gelegenes Boutiquehotel mit ungewöhnlich gestalteten, superluxuriös ausgestatteten Zimmern. Abendliches Weintasting, Fahrradverleih und hervorragender Service; zugehöriges Restaurant „Bambara" (American Brasserie).*

Restaurants

*Rings um den Harvard Square gibt es mehrere Lokale, Imbiss und Cafés, z. B. **Zoe's** (3) (1105 Massachusetts Ave.), ein 1950er-Jahre-Diner, **Henrietta's Table** (2) (1 Bennett St.) – organische Küche – oder **Veggie Planet** (1) (47 Palmer St.), ein im „Keller" befindliches vegetarisches Restaurant.*

Einkaufen

*Mehrere Buchläden und Shops um den Harvard Square, berühmt ist der Kiosk **Out of Town News**; gegenüber: **Harvard Coop**, 1882 als Universitätsbuchhandlung gegründet, inzwischen Uni-Kaufhaus (v. a. Schreibwaren, Bücher, Kleidung, Uni-Souvenirs) mit drei Filialen im Viertel.*

Die Wiege des Unabhängigkeitskampfes

Nur wenige Autominuten bzw. rund 10 km westlich von Cambridge – vom Cambridge Common auf der Massachusetts Ave. Richtung Nordwesten auf der Landstraße (Hwy. 2A) – erreicht man zwei historisch hochinteressante Orte: **Lexington** und **Concord**. Hier kam es am 19. April 1775 zu den ersten militärischen Auseinandersetzungen zwischen den aufständischen Kolonisten und den britischen Ordnungskräften, hier begann der Unabhängigkeitskrieg. Concord sollte auch aus einem weiteren Grund auf dem Besuchsprogramm stehen: Hier lebten im 19. Jh. die berühmtesten Literaten der jungen Nation.

Lexington

Folgt man der sogenannten **Battle Road** (Massachusetts Ave. bzw. Hwy. 4/ 225) weiter, passiert man die legendäre **Munroe Tavern** (Nr. 1332) von 1635. Der alte Gasthof diente während der militärischen Auseinandersetzungen am 19. April 1775 dem Kommandanten der „Rotröcke" (wegen ihrer Uniformjacken so genannt), dem englischen Brigadier General Earl Percy, als „Schaltzentrale".
Munroe Tavern, *wie die anderen historischen Bauten Teil der Lexington Historical Society, www.lexingtonhistory.org, Touren in der HS 10–16 Uhr, $ 7, alle Bauten $ 12.*

Kampfbereite Minutemen

Am **Battle Green** (Massachusetts Ave./Bedford St.) erinnert die Statue von Captain John Parker, dem Befehlshaber der „**Minute Men**", der amerikanischen Bürgermiliz, die dafür bekannt war, sofort einsatzbereit zu sein, da ihre Mitglieder die Waffen im eigenen Haus aufbewahrten, an den ersten Schuss, der am Morgen des 19. April 1775 hier fiel. Wohl versehentlich hatte ein nervöser Teenager beim Aufmarsch der britischen Truppen seine Flinte abgefeuert, was den Tod von acht Minutemen in den folgenden Auseinandersetzungen zur Folge hatte.

An der Ostseite des Battle Green steht die **Buckman Tavern** von 1690 (1 Bedford St.). Hier saß Parker mit seinen 77 Freiwilligen am Abend vor dem Kampf beim Bier und wartete auf Paul Reveres Meldung, dass die Briten anrücken. John Hancock und Samuel Adams, beide aktive und engagierte, einflussreiche Kämpfer um die Unabhängigkeit, hatten sich in das etwas nördlich gelegene **Hancock-Clarke House** (*36 Hancock St., HS tgl. 10–16 Uhr*) zurückgezogen, ehe auch sie von Revere vom britischen Vormarsch hörten.

Am westlichen Ortsrand von Lexington, jenseits der Autobahn I-95, erstreckt sich, durchschnitten von der Battle Road, der **Minute Man National Historical Park**. Die Straße folgt der Route der britischen Truppen am 19. April 1775, die im Begriff waren, in Concord die Waffenlager der Aufständischen auszunehmen. Den rund 400 Rotröcken traten im Lauf der Ereignisse über 100 Freischärler entgegen. Einen Überblick über die Ereignisse am 19. April 1775, besonders aber Informationen zu dem für die britischen Truppen verlustreichem Rückzugsgefecht nach Boston, liefert das VC anhand eines Films und Ausstellungen sowie einem ausgewiesenen Stück Weg auf der originalen Straße. Ein zweiter Teil des Minute Man NHP, mit einem weiteren VC, befindet sich in der Ortschaft Concord (s. unten).

Minuteman NHP

Minute Man National Historical Park, *Minute Man VC, 250 North Great Road, Lincoln, www.nps.gov/mima, tgl. 9–16/17 Uhr, frei.*

Concord, das „Weimar der Neuen Welt"

New England wie aus dem Bilderbuch: Weiß getünchte Kirchen, alte Häuser, ein überschaubares Zentrum mit Läden, Restaurants und Cafés: **Concord** ist eine beschauliche, wohlhabende kleine Stadt. Ihre Rolle im Unabhängigkeitskrieg, aber auch die Bedeutung als Literatenzentrum macht das Städtchen zu einer gut besuchten Attraktion – über eine Mio. Besucher drängeln sich alljährlich im Ort.

Literaturzentrum

Concord

Concord war schon immer ein besonderes Pflaster: Freiheitsliebende Kolonisten, Literaten und Querdenker, wie die Mitglieder der *Temperance Society* (Gegner des Alkoholkonsums) oder des *Anti Slavery Movements* fühlten sich hier zu Hause. Erst nach dem Bürgerkrieg und mit einsetzender Industrialisierung veränderte sich die Bevölkerungsstruktur, fanden Zuwanderer aus aller Welt hier eine neue Heimat. Heute steht die Rolle Concords als „**Weimar der Neuen Welt**" im Mittelpunkt des Interesses. Der Ort war einst Zentrum des **Transzendentalismus**, der ersten amerikanischen Literaturbewegung, der zeitweise die bedeutendsten Schriftsteller der jungen Nation angehörten: Ralph Waldo Emerson, Henry David Thoreau, Nathaniel Hawthorne, Louisa May Alcott oder Margaret Fuller. Ihre Häuser stehen heute auch im Mittelpunkt des Interesses.

Erste Station, von Lexington kommend, ist **The Wayside**. Dieses Haus verbindet die Ereignisse am 19. April 1775 mit der Zeit der großen Literaten. In dem 1687 erbauten Haus lebte nämlich erst Samuel Whitney, ein Offizier der Concord Milizia, später erwarb die Familie Alcott das Haus und lebte hier von 1845 bis 1848; ab 1852 war Nathaniel Hawthorne hier daheim. Der Bostoner Verleger Daniel Lothrop richtete im späten 19. Jh. ein privates Hawthorne-Museum ein, ehe das Gebäude in den Besitz des National Park Service gelangte.

Sehenswerte Dichterhäuser

The Wayside, *455 Lexington Rd., www.nps.gov, Teil des Minute Man NHP, $ 5, Touren in der HS tgl. 10–15 Uhr stündlich und um 16.30 Uhr.*

Direkt benachbart ist das **Orchard House**, ein weiteres von insgesamt sieben Häusern, die die Alcott-Familie im Raum Concord bewohnte. In diesem Haus lebten die Alcotts am längsten, von 1858 bis 1877. In der Ruhe und Idylle dieser Umgebung verfasste Luisa May Alcott einige ihrer berühmten Romane, allen voran „Little Women" und „Little Men". Diese Bücher waren es, die der Familie zu Geld und Ansehen verhalfen. Luisas Vater, Bronson Alcott, Teil der lokalen Literaturszene, gründete in einem Nebengebäude die *Concord School of Philosophy*, die bis zu seinem Tod 1888 bestand. Freunde und Familienmitglieder wandelten 1911 das Areal zum Museum um.

Orchard House, *399 Lexington Rd., www.louisamayalcott.org, Mo–Sa 10–16.30, So 13–16.30 Uhr, im Winter kürzer, $ 9, Touren.*

Transzendentalismus und Neuenglands Literaten

info

Amerikas erste **Literaturbewegung** ist ohne vielfältige philosophische Einflüsse nicht vorstellbar. Mehr noch, zwischen 1836 und 1860 verschmolzen im „Dichterclub" von Concord philosophische und literarische Ideen zu einer Einheit, zu einer ästhetischenWeltanschauung, die sich **Transzendentalismus** nannte.

Die Ideen eines Immanuel Kant und die in der europäischen Romantik spürbaren Auswirkungen des Platonismus und des deutschen Idealismus spielten ebenso eine Rolle wie ostasiatische Philosophien und mystische Vorstellungen. Gegenbegriffe zum Transzendentalismus sind Rationalismus – eine Geisteshaltung, die das rationale Denken als einzige Erkenntnisquelle sieht –, Empirismus (einzige Erkenntnisquelle sind Sinneserfahrung, Beobachtung und Experiment), Dogmatismus (starres Festhalten an Anschauungen oder Lehrmeinungen), Skeptizismus (zum Zweifel neigende Haltung) sowie Kritizismus (Anzweifeln aller Systeme und Thesen).

Amos Bronson Alcott (1799–1888), Vater von Louisa May Alcott (1832–88), Ralph Waldo Emerson (1803–82) und Henry D. Thoreau (1803–62) waren die führenden Denker der Bewegung. Gerade Emersons Essay „Nature" von 1835 entwickelte sich zum Manifest der Transzendentalisten, und schon bald diskutierte man auf dem Harvard-Campus ebenso wie in den renommierten literarischen Zirkeln Bostons die neuen Ideen.

info

Zwischen 1841 und 1847 versuchten Anhänger, nahe West Roxbury (MA) auf der „**Brook Farm**“ die sozialutopischen Ideen in die Tat umzusetzen. Auch Thoreaus Rückzug an den Walden Pond 1845/46 muss in diesem Zusammenhang gesehen werden. Emerson und seine „Schüler“ wandten sich gegen das traditionelle und rationalistische Denken in Staat, Kirche und in der (puritanischen) Gesellschaft. Dafür predigten sie die Hinwendung zur Natur und Individualität. Die Transzendentalisten glaubten an die Existenz einer die gesamte Schöpfung vereinenden „Überseele“, dennoch hatte aber die Erkenntnis von der Vernunft und damit die zwangsläufige Rechtschaffenheit der Menschheit Vorrang. Am Ende scheiterte das Experiement ebenso wie in den 1970ern die Kommunen der Hippies. Ihnen ist jedoch zu verdanken, dass heute Namen wie Emerson oder Thoreau weltbekannt sind; schließlich können diese als die ersten wahren „Hippies“ betrachtet werden.

Ralph Waldo Emerson, 1803 in Boston geboren, studierte zwischen 1814 und 1818 in Harvard, arbeitete dann zunächst als Lehrer, später als Pfarrer in Concord, wo er sich ab 1835 bis zu seinem Tod 1882 niederließ. Zwar schrieb er nicht viel, doch seine Persönlichkeit und seine Ideen machten ihn schon zu Lebzeiten zu einer einflussreichen und verehrten Legende.

Henry D. Thoreau lebte immer wieder bei den Emersons und ging ihm als eine Art „Mädchen für Alles“ zur Hand. Thoreau war aber nicht nur ein „Selfmade Man“, seine Ideen waren zudem die radikalsten der ganzen Gruppe. Bis heute gilt beispielsweise sein Essay „**Civil Disobedience**“ als eines der grandiosen politischen Manifeste für die Freiheit des Individuums. Es fordert jeden Bürger zum passiven Ungehorsam gegen den Staat auf, wenn dieser gegen den Willen der Bürger handelt – ein Werk, das Männer wie Mahatma Gandhi oder Martin Luther King, Jr., beeinflusst hat. Bis zu seinem Tod an TBC – ein Viertel der Bevölkerung starb im 19. Jh. an dieser Krankheit – 1862 war Thoreau eng mit Emerson verbunden.

Nach der Blütezeit der Transzendentalisten setzte vor allem **Nathaniel Hawthorne** (1804–64), der deren romantischen Optimismus nie richtig geteilt hatte, die literarische Tradition Concords fort. In seinem Roman „The Scarlett Letter“ klagte er die Hexenprozesse von Salem an.

Auch der Dichter **Henry Wadsworth Longfellow** (1807–82) lebte einige Jahre in Concord und beeinflusste die amerikanische Literatur maßgeblich. Gerade die Gedichte und Balladen von Longfellow, wie „Evangeline“ oder „The Song of Hiawatha“, zählen bis heute zu den herausragenden Beispielen amerikanischer Literatur und Poesie.

Das **Concord Museum** ist zwar klein, aber sehenswert und bietet zudem einen idealen Einstieg in die Geschichte der Stadt und der hier lebenden Literaten. 1635 war der Ort als erste Inlandssiedlung der *Massachusetts Bay*

Company gegründet worden und hatte sich langsam zum wichtigen Verkehrsknotenpunkt der frühen Kolonie entwickelt. Hier liefen einst wichtige Überlandstraßen zusammen und ging die Straße von Boston vorbei. An diesem strategisch wichtigen Punkt hatten die unzufriedenen Kolonisten 1775 Waffen und Munition versteckt und den damals rund 1.500 EW zählenden Ort als Kommandozentrale genutzt. Das Museum geht auf die Privatsammlung von Cummings E. Davis aus dem späten 19. Jh. zurück, der alte Sammlerstücke in einer Scheune auf dem Grund der Emersons zusammengetragen hatte. Unter den zahlreichen Ausstellungsstücken zum Unabhängigkeitskampf, wie Waffen und Dokumente, ragen die beiden Laternen heraus, die einst in Bostons Old North Church als Warnung vor den anrückenden Briten leuchteten.

Strategischer Punkt

Außerdem sind es die lokalen Literaten, die gewürdigt werden. Man kann beispielsweise einen Blick in das Büro von Ralph Waldo Emerson mit Originalausstattung werfen – der Raum selbst befindet sich in seinem Wohnhaus gegenüber – oder eine interessante Abteilung zu Henry David Thoreau, mit Manuskripten, Publikationen und persönlichen Memorabilien bewundern.
Concord Museum, *200 Lexington Rd., www.concordmuseum.org, tgl. 9–17, Do/Fr bis 20 Uhr, im Winter kürzer, $ 10.*

Gegenüber dem Museum lohnt das **Ralph Waldo Emerson House**. Der Dichter, Lehrer und Philosoph lebte hier von seiner zweiten Heirat, 1835, bis zu seinem Tod 1882. Lässt man sich durch die Räume führen, hat man das Gefühl, der Dichter sei nur eben kurz mit seinem Schüler und Freund Thoreau spazieren gegangen. Bis 1919 lebte Emersons Tochter Ellen hier, dann wandelte man das Haus in ein Museum um.
Ralph Waldo Emerson House, *28 Cambridge Turnpike, April bis Oktober Di–Sa 10–16.30, So 13–16.30 Uhr, $ 7, nur Touren.*

Um den zentralen Platz in Concord, dem **Green**, gruppieren sich neben alten Bauten, wie der **Wright Tavern** oder dem **Colonial Inn** – ein seit 1716 existierendes Gasthaus und Hotel – zahlreiche kleine Läden und Cafés. Es lohnt ein Spaziergang über den ausgedehnten **Sleepy Hollow Cemetery**, auf dem viele der berühmten Autoren der Stadt ihre letzte Ruhe fanden. Das letzte der Dichterhäuser, **The Old Manse**, befindet sich im zweiten Teil des *Minute*

Ralph Waldo Emerson House

Man NHP, im Norden der Stadt und verbindet erneut das Jahr 1775 mit der Tradition Concords als Dichterstadt. Um 1770 baute Pfarrer William Emerson, der Großvater Ralph Waldo Emersons, dieses Haus. Großvater Emerson galt als „Patriot Minister“, da er sich aktiv am Unabhängigkeitskrieg beteiligte. Er starb schon 1776 und hinterließ seine Frau Phebe Bliss mit fünf Kindern. Sie heiratete 1780 den neuen Pfarrer von Concord, Ezra Ripley, mit dem sie weitere drei Kinder hatte.

Haus der Inspirationen

Ralph Waldo Emerson lebte um 1813 kurzzeitig mit seiner Mutter und seinen Brüdern hier und kehrte 1834/5 in das großväterliche Haus zurück, um sein bis heute einflussreiches Essay „Nature“ zu schreiben. Für die Zeit von 1842 bis 1845 mietete sich der frisch vermählte Nathanial Hawthorne hier ein – und verbrachte die schönsten Jahre seines Lebens, wie er später bemerkte. Das Haus blieb bis 1939 im Besitz der Emersons, obwohl es ab 1893 nur noch als Sommerhaus genutzt wurde.
The Old Manse, *269 Monument St., www.thetrustees.org/places-to-visit/greater-boston/old-manse.html, Di–So 12–16 Uhr, im Winter kürzer, $ 8 Touren.*

Direkt neben der Old Manse befindet sich als Teil des **Minute Man National Historic Park** ein Nachbau der **Old North Bridge**. Ein Obelisk vor der Brücke erinnert an den ersten gefallenen Briten im Unabhängigkeitskrieg. Auf der Suche nach den Waffenlagern der Aufständischen mussten die „Rotröcke“ die enge Holzbrücke dicht gedrängt überqueren. Auf der anderen Seite erwarteten sie die „Minutemen“, die nach einem kurzen Feuergefecht die Briten in die Flucht schlugen. Beliebter Fotospot ist eine Bronzestatue von Daniel Chester French, der „***Minute Man***“, direkt vor der Brücke, die anlässlich der Hundertjahrfeier der Schlacht 1875 aufgestellt wurde. Ein Pfad führt Besucher hinauf auf eine Anhöhe, zum **North Bridge VC**.
North Bridge VC, *174 Liberty St., www.nps.gov/mima, tgl. 9–16/17 Uhr, frei.*

Am Patriot's Day im Minute Man NHP

Am Schluss der Besichtigung lohnt, nicht nur für Literaturfreunde, ein kurzer Abstecher in den Süden von Concord (Hwy. 126). Dort befindet sich mitten in einem Naturschutzgebiet (915 Walden St., Hwy. 126, Wanderungen, Baden und Bootsfahrten möglich) **Walden Pond**. Hierher zog sich, angeregt durch Emersons Essay „Nature“, Henry David Thoreau für 26 Monate zurück und lebte in einer kärglich ausgestatteten Hütte. Ein Nachbau davon befindet sich beim Parkplatz. 1845/6 dominierte hier noch die pure Wildnis und Thoreau wollte im Selbstversuch die Überlebensfähigkeit des Menschen in der unberührten Natur studieren. Nachzulesen sind seine Ideen und Erfahrungen in dem anschließend publizierten Buch „*Walden; or: Life in the Woods*". „Life in the Woods"

Reisepraktische Informationen Lexington und Concord/MA

(siehe auch Boston)

Information

***Lexington**: Visitors Center im Historic Lexington Center, 1875 Massachusetts Ave., ☏ (781) 862-2480, www.lexingtonchamber.org*
***Concord**: www.concordchamberofcommerce.org, www.concordma.com*

Unterkunft

***The Colonial Inn** $$$$, 48 Monument Sq., Concord, ☏ (978) 369-9200, www.concordscolonialinn.com; über 50 schön und gemütlich ausgestattete Zimmer, vom einfachen DZ bis zur Suite, auf drei historische Bauten aus dem 18. Jh. verteilt, mit berühmtem Restaurant (s. u.).*

Restaurants

***The Colonial Inn Restaurants**, ☏ 1-800-370-9200, s.o. Mehrere Restaurants, wobei v.a. das Liberty Restaurant und die Village Forge Tavern berühmt für lokale Spezialitäten wie „Colonial Chicken Pot Pie" oder frisch zubereitete Fischgerichte sind.*

Tipp – Ausflug zum Old Sturbridge Village

Westlich von Boston, am US Hwy. 20 (via Mass Turnpike I-90, etwa 90 km) gibt es Gelegenheit zum Besuch eines ungewöhnlichen Freiluftmuseums. Es wäre sogar einen Tagesausflug von Boston aus wert: **Old Sturbridge Village**. In diesem zu den besten „*Living History Museums*" in den USA zählendem Dorf steht, anders als in Plymouth (s. unten), wo es um die ersten Kolonisten geht, das Leben in Neuengland zwischen 1790 und 1840/50 im Mittelpunkt. Auf etwa 80 ha Fläche wurden rund 40 Bauten, teilweise Originale aus dem ganzen Bundesstaat, teilweise Nachbauten, aufgestellt. Sie geben, reanimiert durch Museumsangestellte in passender Kleidung, eine hervorragende Einführung in die damaligen Lebensumstände. Ein Besuch lohnt zu jeder Jahreszeit, da die „Bewohner" sich an die jeweiligen Gegebenheiten anpassen und „authentisch" leben. Abgesehen von den Vorführungen gibt das zugehörige Museum einen Einblick in jene Tage der jungen Nation.
Old Sturbridge Village, *Sturbridge, Old Sturbridge Village Rd., ab Hwy. 20 ausgeschildert, www.osv.org, Apr.–Okt. tgl. 9.30–17, sonst Mi–So 9.30–16 Uhr, $ 24. Mit empfehlenswertem Restaurant* **The Tavern at Old Sturbridge Village**.

Die Küstenroute von Boston zum Acadia National Park

Redaktionstipps

Sehens- und Erlebenswertes

- **Salem** abseits der „Hexen“ (S. 196) erleben und dem **PEM Peabody Essex Museum** (S. 198) einen ausgiebigen Besuch abstatten.
- Im **Strawberry Banke Museum** in Portsmouth (S. 203) ein einzigartiges Konglomerat von Häusern verschiedener Epochen der Stadtgeschichte kennen lernen.
- Das **Seashore Trolley Museum** (S. 208) bei Kennebunkport an einem Wochenende besuchen und an einer Trolleyfahrt teilnehmen.
- Das **Maine Maritime Museum** in Bath (S. 215) besichtigen und dazu einen Bootstrip mit der „Sherman Zwicker“ einplanen.
- Wandern im **Acadian NP** (S. 219).

Restaurants

- Ein Besuch in Neuengland ohne **Clam Chowder** oder **Lobster** (S. 223) wäre unvollständig.

Einkaufen

- Shoppingparadies für Freizeitkleidung, -schuhe und Sportzubehör: **L.L.Bean** in Freeport (S. 215).

Routenhinweis

Die Küstenregion zwischen Boston und Maine gehört landschaftlich zu den Highlights an der Ostküste. Die nachfolgend vorgeschlagene Route verläuft zwischen Boston und dem Acadia National Park großteils auf dem **US Hwy. 1**. Dieser zieht sich von Key West im Süden Floridas bis hinauf in den Norden zur kanadischen Grenze und folgt damit der Ostküste in ihrer gesamten Länge. Gerade in Neuengland folgt diese Straße bzw. stellenweise ihr paralleler Ableger 1A direkt der Küstenkontur und ermöglicht immer wieder grandiose Ausblicke auf die nach Norden zu immer zerklüfteter werdende Nordostküste.

Von Boston nach Maine

North of Boston – Essex National Heritage Area

Unter dem Namen **Essex National Heritage Area** wurde die ganze Region nordöstlich von Boston bis hin zum Merrimack River bzw. bis zur Grenze des Bundesstaats New Hampshire zum Schutzgebiet für historische Denkmäler und Natur erklärt. Das Areal erstreckt sich über fast 1.300 km^2 und schließt rund 34 Städte und Ortschaften im Essex County ein. Der Landkreis ist damit eine **National Heritage Area**.

Die Hauptinformationsstelle befindet sich in Salem, ehe man dorthin kommt, lohnt ein Besuch der **Saugus Iron Works NHS**. Bereits 1640 hatte John

Winthrop die *Company of Undertakers of the Iron Works* in New England, mit Schmelzofen, Schmiede und verschiedenen anderen Werkstätten, eröffnet. Er war mit dieser modernen Fabrik seiner Zeit weit voraus, wohl zu weit,

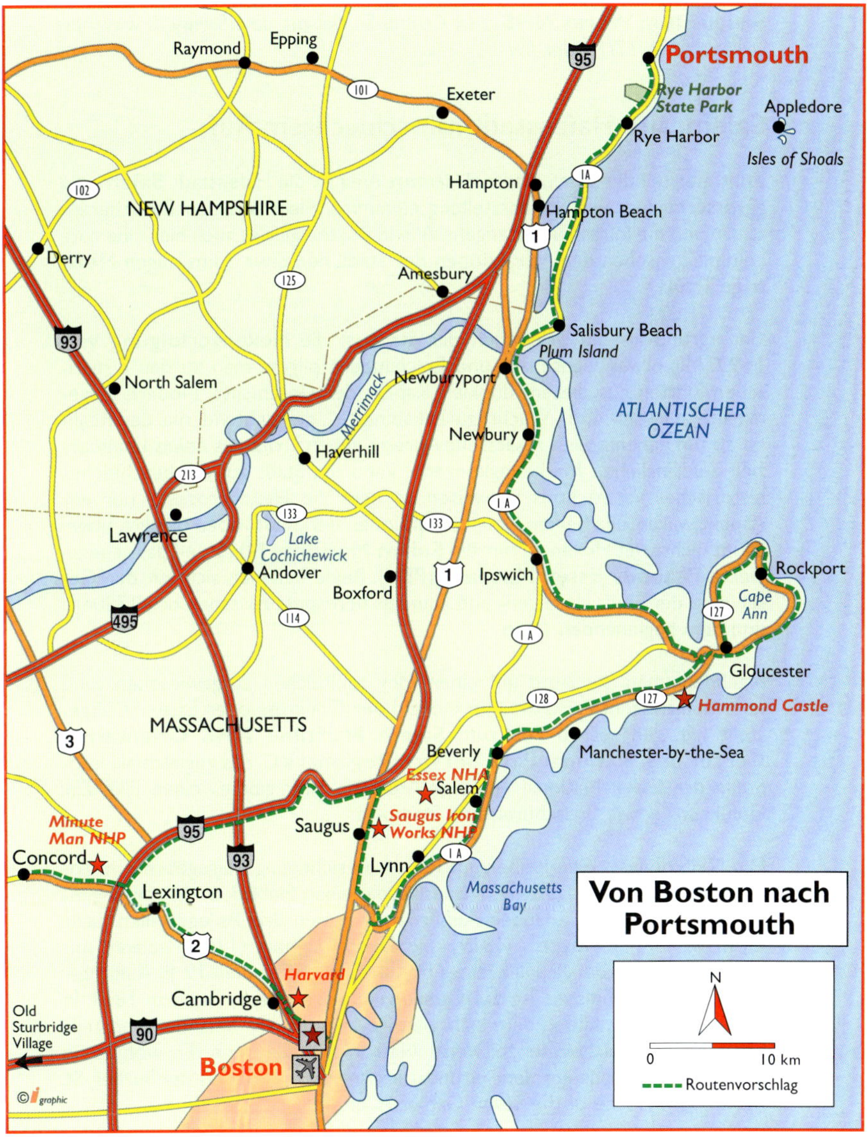

denn wegen zu hoher Kosten und Mangel an Facharbeitern erwies sich das Unternehmen als wenig gewinnträchtig und musste schließen.

Essex National Heritage Area, *NPS Regional VC, 2 New Liberty St., Salem, www.nps.gov/esse und www.essexheritage.org, tgl. 9–17 Uhr; Informationen auch bei North of Boston, www.northofboston.org bzw. ☏ (978) 465-6555.*

Saugus Iron Works NHS, *244 Central St., Saugus, ab US Hwy. 1, www.nps.gov/sair, tgl. 9–17/16 Uhr, frei.*

Salem, alte Hafenstadt mit schlechtem Ruf

Zentraler Teil der *Essex National Heritage Area* ist die Hafenstadt **Salem**, die gewissermaßen eine Sonderstellung einnimmt, allein was den Besucheransturm und die Infrastruktur angeht. Wie in Boston gibt es auch hier eine rote Leitlinie zwischen den Attraktionen der Stadt, den etwa 2 km langen **Heritage Trail**.

Hauptgrund für die Beliebtheit der Stadt ist die **Hexenverfolgung von 1692**. Mit etwas Gänsehaut und Erschaudern pilgert man zu den historischen Stätten aus diesem dunklen Kapitel der Geschichte. Modern aufgemachte „Grusel- und „Wachsfigurenkabinette", die nicht viel mit der Realität zu tun haben, sollen zusätzliche Anreize geben. Trotz des etwas kommerziell aufdringlichen Marketingkonzepts kann die Stadt auf ein beachtliches historisches Vermächtnis verweisen, in dem die Hexenprozesse nur ein Aspekt waren. Die beiden Hauptattraktionen der Stadt haben nämlich überhaupt nichts mit Hexen zu tun: die **Salem Maritime NHS** und das sehenswerte **Peabody Essex Museum** (PEM). Beide befassen sich mit der Geschichte der Stadt als Hafen- und Handelsmetropole zwischen den 1780ern und dem beginnenden 19. Jh.

Nachdem man das Auto auf einem der zahlreichen ausgewiesenen (und kostenpflichtigen) Parkplätze im Umfeld der Congress oder Essex St. abgestellt hat, geht es zu Fuß zum **Salem Maritime NHS Orientation Center** bzw. **National Park Service Regional VC**, das zugleich als Info-Stelle der Essex National Heritage Area gilt. Hier gibt es einen Film zur Einführung sowie Broschüren und Stadtplan.

Salems maritime Vergangenheit

Die NHS umfasst eine Reihe zum Teil zur Besichtigung freigegebener historischer Häuser und das Schiff *Friendship*, die einen Einblick in die Vergangenheit der Hafenstadt erlauben. Außerdem gehören drei Anlegestellen dazu: **Central** (1791), **Hatch's** (1819) und **Derby Wharf** (1762), letztere mit der Nachbildung der *Republic*, eines Handelsseglers aus dem 19. Jh. Auffälligster Bau des Komplexes ist das **Custom House** (Derby St.) von 1819. In diesem Zollhaus, hinter dem sich weitere Lagerhäuser befanden und teils noch befinden, arbeitete zeitweise Nathanial Hawthorne. Er wohnte in einem kleinen Haus auf dem Grundstück seines Cousins an der Turner St. neben dem House of the Seven Gables (s. unten).

In der Umgebung des Zollamts finden sich weitere historische Bauten, beispielsweise das **Hawkes House** von 1780, das vom Reißbrett des berühmtesten Architekten der Stadt, Samuel McIntire, stammt. Das *Derby House* wurde 1761 als erstes Ziegelhaus für den betuchten Händler Elias Hasket Derby erbaut.
Salem Maritime NHS Orientation Center/National Park Service Regional VC, *2 New Liberty St., www.nps.gov/sama, tgl. 9–17 Uhr, mit Filmvorführung, frei, Touren $ 5.*

Auf der Derby St. geht es vorbei am **West India Goods Store** von 1800 und dem **Polish Club**, einst Treff und Anlaufpunkt polnischer Immigranten, zum **House of the Seven Gables**, auch als *Turner-Ingersoll Mansion* bekannt. Immensen Zulauf erlebt es vor allem deswegen, weil hier der allen Amerikanern wohl bekannteste gleichnamige Roman von Hawthorne spielt. 1668 erbaut, gilt das unter Denkmalschutz stehende Haus als ältestes in Neuengland. Auf dem Areal stehen weitere alte Bauten, z. B. als Museumsladen oder Café genutzt; es gibt einen kleinen Garten sowie ein Besucherzentrum.

House of the Seven Gables

House of the Seven Gables, *54 Turner St., www.7gables.org, tgl. 10–17/19 Uhr, $ 12,50.*

Ob man will oder nicht, man kommt an den **Hexenverfolgungen von 1692**, bei denen 20 unschuldige Frauen und Männer als „Hexen" angeklagt und ermordet wurden, nicht vorbei. Auf unterschiedlichste Art und Weise sind die Ereignisse verarbeitet worden, literarisch von so unterschiedlichen Autoren wie Nathanial Hawthorne, Arthur Miller, Leon Feuchtwanger oder Stephen King, historisch in den Museen Salems oder touristisch in Wachsfigurenkabinetten und dubiosen Hexen-Attraktionen.

Hexenverfolgungen von 1692

Über die Ereignisse selbst sind ganze Bücherregale gefüllt worden. Was sich dabei gezeigt hat, ist, dass die Prozesse weder allein als kollektive Hysterie noch als purer religiöser Eifer angesehen werden dürfen. Eine nicht unerhebliche Rolle spielte die politische Situation, fanden die Prozesse doch auf dem Höhepunkt scharfer politischer Auseinandersetzungen zwischen der konservativen Oberschicht und einer Frak-

Das Salem Witch Museum

tion von Freidenkern statt. Die Richter als Repräsentanten der Oberschicht benutzten dabei „bewährte" Methoden, um politische und gesellschaftliche Reformbestrebungen als moralische Fehlleistung zu diskreditieren. Der Spuk fand erst ein Ende, als plötzlich auch die Frau des Gouverneurs angeklagt wurde. Daraufhin sah sich dieser gezwungen, ein Machtwort zu sprechen und die Affäre zu beenden. Im **Salem Witch Museum** erfährt der Besucher anhand von 13 mit lebensgroßen Wachsfiguren gemäß den Prozessakten nachgestellten Szenen, einer audiovisuellen Show (auch deutsch) sowie einer Ausstellung zum Thema „Hexen" (*Who are Witches*) alles über die Ereignisse und ihre Hintergründe. Das Museum befindet sich in der ehemaligen **Second Church Unitarian** von 1845.

Unbedingt anschauen!

Salem Witch Museum, *Washington Sq. N, www.salemwitchmuseum.com, tgl. 10–17/19 Uhr, $ 9.*

Es genügt eigentlich, dieses eine Hexen-Museum gesehen zu haben, ergänzend dazu vielleicht noch das **Witch Trials Memorial** (Charter St.), ein am ehemaligen Gerichtshof angelegter kleiner Park mit Gedenktafeln, die an die Ermordeten erinnern. Dieser grenzt wiederum an den **Charter Street Burying Point** an, einen Friedhof, auf dem u. a. John Hawthorne, einer der Richter, der den Prozessen vorstand, begraben liegt. Er war ein Vorfahre des Dichters Nathanial Hawthorne, der die Schuld seines Ahnen in seinem anklagenden Roman „Der scharlachrote Buchstabe" zu verarbeiten versuchte.

Sofern man wenig Zeit hat und vor der Qual der Wahl steht: Erster Stopp sollte auf alle Fälle das **PEM – Peabody Essex Museum** sein. Es handelt sich um einen Gebäudekomplex, dessen Kern aus dem Jahr 1799 stammt. Damals hatten reiche Händler der Stadt die *East India Marine Society* gegründet, um einen Platz zu haben, wo sie ihre „Schätze", die sie von den Reisen mitgebracht hatten, präsentieren konnten. Der Schwerpunkt des ungewöhnlichen Museums liegt auf **maritimer Kunst** und das, obwohl 1992 das 1821 gegründete *Essex Institute* mit der Society-Sammlung zusammengeschlossen wurde und dort Kunst aus Neuengland im Mittelpunkt steht.

Ungewöhnliches Museum

Der angesehene Bostoner Architekt Moshe Safdie schuf einen architektonisch wegweisenden Neubau, der einige der alten Bauten, wie das Hauptgebäude der East India Marine Society oder ein chinesischen Haus der Yin Yu Tang-Dynastie (1644–1911), integrierte und 2003 eröffnet wurde. Auf die verschiedenen Bauteile verteilt sich eine hochwertige Sammlung von Objekten, die mit der Seefahrt und dem Seehandel zu tun haben und von Galionsfiguren und Schiffsgemälden über Schiffsmodelle und -zubehör bis hin zu mitgebrachtem Porzellan oder anderen Souvenirs reichen. Abwechslung bietet die Kunstabteilung, Gemälde und Kunsthandwerk aus Neuengland, aber auch afrikanische, ozeanische, asiatische und indianische Kunst.

PEM Peabody Essex Museum, *161 Essex St. Pedestrian Mall, www.pem.org, Di–So 10–17 Uhr, $ 15.*

Reisepraktische Informationen Salem/MA

Information
NP Service Salem VC, *2 New Liberty St., www.salem.org*

Unterkunft
Amelia Payson House *$$$, 16 Winter St., ☎ (978) 744-8304, www.ameliapaysonhouse.com; wunderschönes B&B in Greek-Revival-Haus von 1845 mit historisch eingerichteten Zimmern (eigenes Bad), nur Mai–Nov.*
Hawthorne Hotel *$$-$$$$, 18 Washington Sq., ☎ (978) 744-4080, www.hawthornehotel.com; seit über 75 Jahren das Hotel am Ort, renoviert und mit eigenem Restaurant (Nathaniel's, s. u.), Pub und zugehörigem Suzannah Flint House B&B mit vier Zimmern und dem Charme vergangener Zeiten!*
Waterfront Hotel & Suites *$$$$, 225 Derby St., ☎ (978) 740-8788, www.salemwaterfronthotel.com; 86 liebevoll ausgestattete Zimmer und Suiten, mit Pool und direkt am Hafen gelegen; kleines Bistro The Regatta (Burger und Fischgerichte!) zugehörig.*

Restaurants
Finz, *76 Wharf St. at Pickering Wharf, ☎ (978) 744-8485; berühmt für frische und ausgefallene Fischgerichte („oh-so-hip-seafood").*
Nathaniel's Restaurant, *im Hawthorne Hotel (s. oben), ☎ (978) 825-4311; beliebtes Top-Restaurant der Stadt, mit traditioneller amerikanischer Küche.*
Salem Beer Works, *278 Derby St.; ältester und größter Brewpub in Neuengland, gutes Essen und noch besseres Bier.*

Einkaufen
Pickering Wharf, *Derby St.: zahlreiche Läden und Restaurants, Cafés und Bars im alten Hafenviertel.*

Touren / Nahverkehr
Salem Depot, *Bridge St., www.mbta.com; ab hier fahren Nahverkehrszüge nach Boston (North Station) und Newburyport sowie Rockport.*
Salem Historical Tours, *8 Central St., ☎ (978) 745-0666, www.salemhistoricaltours.com; geführte Spaziergänge zu verschiedenen Themen.*

Umweg über Cape Ann

Der direkte Weg entlang der Küste zum Acadia NP in Maine führt über den US Hwy. 1 bzw. den parallel durch Salem verlaufenden US Hwy. 1A. Allerdings lohnt auf dem Weg nach Newburyport der Umweg zu **Cape Ann** (Hwy. 127). Hier erhält man erstmals einen Eindruck von der malerischen und zerklüfteten Küste Neuenglands. Auf dem Weg dorthin geht es vorbei an kleinen Ferienorten wie **Manchester-by-the-Sea**, berühmt für seinen „singenden" Strand. Spaziert man barfuß über den grobkörnigen weißen Sand und spitzt dabei die Ohren, versteht man, was gemeint ist.

Auf halber Strecke zwischen Manchester und Gloucester passiert man **Hammond Castle**, das Traumschloss des Orgel-Erfinders John Hays Hammond Jr. aus den 1920ern. Das Haus ist prall mit wertvollen Kunstschätzen aus Europa gefüllt, sogar eine mittelalterliche Hausfassade im Hallenbad, die um eine aus 8.200 Pfeifen bestehende Orgel herumgebaut wurde, gehört dazu.

Zentraler Ort der Region ist **Gloucester**, eine der ältesten Hafenstädte Neuenglands, 1623 gegründet und noch heute ein wichtiger Fischerhafen. An die Seefahrertradition erinnert das Denkmal **Gloucester Fisherman** von Leonard Craske. Es ist denjenigen, „die in ihren Schiffen im Ozean untergehen" gewidmet. Über den Alltag der Fischer erfährt man mehr im **Cape Ann Museum**, das zugleich eine sehenswerte Kunstsammlung beherbergt.

Hammond Castle, *Hesperus Ave., www.hammondcastle.org, nur Sa und So 10–16 Uhr, im Sommer auch Do 10–20 Uhr, $ 10.*

Cape Ann Museum, *27 Pleasant St., www.capeannmuseum.org, Di–Sa 10–17, So 13–16 Uhr, $ 10.*

„Künstlerkolonie" auf Cape Anne

Rockport, an der Spitze Cape Anns, hat ebenfalls als Fischerort begonnen, sich aber inzwischen zu einem viel besuchten Ferienort gemausert. Den Ruf als „**Künstlerkolonie**" hat der Ort dem Maler Winslow Homer (1836–1910) zu verdanken, der hier lebte und arbeitete. Wahrzeichen der Stadt ist eine rote Fischerhütte am Hafen, die als beliebtester Fotospot Neuenglands gilt. Der Hwy. 127/ 127A führt um das Cape herum und zurück nach Gloucester. Von dort geht es auf der dem Hwy. 133 weiter Richtung Norden. Einen kurzen Stopp auf der Fahrt nach Norden lohnt **Ipswich**, an dessen Straßen sich restaurierte Häuser aus dem 17. und 18. Jh. aufreihen. Ungewöhnlich ist **The Crane Estate** mit Castle Hill, das der Industrielle Richard T. Crane 1927 als Landhaus englischen Stils mit 59 aufwändig ausgestatteten Zimmern errichten ließ. Zum unter Naturschutz stehenden Areal gehört die **Crane Beach Memorial Reservation**, ein 8 km langer Sandstrand, der zu den schönsten Neuenglands zählt.

The Crane Estate, *290 Argilla Rd.,/Hwy. 133, www.thetrustees.org/crane-estate, Grund tgl. 8 Uhr–Sonnenuntergang, Zufahrt pro Pkw $ 10 (Wochenende), Great-House-Touren $ 12.*

Rockport Harbour

Reisepraktische Informationen Cape Ann/MA

Information
www.capeannvacations.com und www.northofboston.org

Unterkunft/Restaurants
Emerson Inn by the Sea *$$-$$$, 1 Cathedral Ave., Rockport, ☏ (978) 546-6321, www.emersoninnbythesea.com; eine Villa wie aus dem Bilderbuch: 1846 erbaut und 1912 hierher versetzt. 36 bestens ausgestattete Zimmer, viele mit Meerblick, zugehörig ist das mehrfach ausgezeichnete Restaurant „The Grand Cafe".*
Yankee Clipper Inn *$$$$, 127 Granite St., Rockport, ☏ (978) 546-3407, www.yankeeclipperinn.com; Haus von 1929 in traumhafter Küstenlage, 16 gemütliche Zimmer mit Blick auf Meer und Hafen.*
Top Dog of Rockport*, 2 Doyles Cove Rd., Rockport, www.topdogrockport.com; Eliza und Scott Lucas servieren hier leckere Hot Dogs wie „Boston Terrier" oder „Italian Greyhound", außerdem gibt es fried clams (Muscheln).*

Touren
Cape Ann Whale Watch*, Rose's Wharf, 415 Main St., Gloucester, www.caww.com; seit über 25 Jahren 3–4-stündige Touren begleitet von Fachleuten des Whale Conservation Institute, $ 48*

Die „Clipper City" Newburyport

Etwa 30 km nördlich von Salem (US Hwy. 1A) bzw. Cape Ann (Hwy. 127 und 133) liegt die alte Hafenstadt **Newburyport**. Berühmt war der am Mündungsdelta des Merrimack River gelegene Ort wegen seiner einst florierenden Schiffswerften, doch moderne Frachtschiffe beendeten Ende des 19. Jh. die Blütezeit der Clipper City, der „**Stadt der Schnellsegler**". Bei einem Brand 1811 wurde ein Großteil der Altstadt zerstört, aber dennoch ist heute die kleine Innenstadt, die sich um die State Street ausbreitet, recht ansprechend, und wenig überlaufen. Besonders das Areal um den Market Square lohnt wegen der Läden und Restaurants. Im **Custom House Maritime Museum** im ehemaligen Zollhaus erfährt man mehr über die Geschichte der Stadt und die Rolle der Schifffahrt.

Werften und Segelboote

Custom House Maritime Museum, *25 Water St., www.customhousemaritimemuseum.org; Apr.–Dez. Di–Sa 10–16, So 12–16 Uhr, $ 7.*

Das Heimatmuseum untersteht wie der **Lowell's Boat Shop** (459 Main St., www.lowellsboatshop.com) im Nachbarort Amesbury am nördlichen Ufer des Merrimack Rivers der *Newbury Maritime Society*. Die Werft liegt schön am Fluss und im Inneren der seit 1793 betriebenen Werkstatt geben Handwerker eine Vorstellung davon, wie viel Arbeit und welch handwerkliches Geschick nötig sind, um die heute begehrten kleinen Holzboote zu bauen.

Was die Chestnut St. für Salem war, ist die **High Street** für Newburyport. Hier reihen sich die Villen der wohlhabenden Kapitäne im *Georgian* oder *Greek Revival Style* auf. Zugänglich ist das **Cushing**, ein dreistöckiges Herrenhaus, das *Caleb Cushing*, zeitweilig Bürgermeister von Newburyport und zudem erster Botschafter der USA in China, im 19. Jh. erbauen ließ. Im Inneren ausgestellt ist ein Sammelsurium exotischer Teppiche und Möbel sowie sonstiger Mitbringsel des einstigen Besitzers.
Cushing House, *98 High St., http://newburyhist.org, HS Mi–Fr 10–16, Sa/So 12–16 Uhr, Touren $ 8.*

Östlich von Newburyport breitet sich das Mündungsdelta des Merrimack River aus, eine ausgedehnte Marschlandschaft. Entlang der Küste südwärts schließt das **Parker River National Wildlife Refuge** (Zugangsbeschränkung: max. 350 Autos) an, einer der letzten natürlichen Strandabschnitte der östlichen USA, der sich über fast 10 km mit Sanddünen und Stränden erstreckt.

Reisepraktische Informationen Newburyport/MA

Information

***The Greater Newburyport Chamber of Commerce & Industry**, 38R Merrimac St., ☏ (978) 462-6680, www.newburyportchamber.org.*
***Info-Kiosk** am Waterfront Park/Merrimack St., nur im Sommer geöffnet.*

Unterkunft

***Country Garden Inn & Spa $$-$$$**, 101 Main St. (Route 1 A), ☏ (978) 948-7773, https://countrygardeninnandspa.com; Mischung aus Inn, Motel und B&B mit unterschiedlichen Zimmern auch in Cottages oder historischen Häusern inmitten einer parkartigen Anlage mit Pool, inkl. kleinem Frühstück.*
***Greenleaf Inn $$$**, 141 State St., ☏ (978) 465-5816, www.greenleafinnnewburyport.com; fünf alte, renovierte Bauten an der Market St. mit Suiten für längere Aufenthalte, darunter das Greenleaf Inn, ein B&B*

Restaurants & Einkaufen

***The Rockfish**, 38 State St., ☏ (978) 465-6601; kreative, lokale Küche, Fisch und Meeresfrüchte – relativ preiswert.*
***The Book Rack**, State/Pleasant St.; Bücher, aber auch nette Kleinigkeiten und Souvenirs.*
***Fowle's Soda Shop**, Green St.; alter Laden mit Zeitungen, Café und Tabakwaren.*
***The Tannery**, Liberty-Independent-Federal-Water St.; Shoppingkomplex in einer alten Fabrik, zahlreiche Läden, Cafés, Kneipen.*

Portsmouth und die Küste New Hampshires

Der schnellste Weg nordwärts ist zweifellos die I-95, doch lohnender ist die Fahrt auf dem US Hwy. 1, besser noch auf der parallel und küstennäher verlaufenden 1A. Auf beiden Routen erreicht man nach etwa 40 km das Städtchen **Portsmouth**, die größte Hafenstadt des Bundesstaates **New Hampshire**, mit knapp 21.000 EW. Obwohl New Hampshire nicht einmal 30 km Küste aufzuweisen hat, gibt es auf dem Weg einige schöne Strände und State Parks wie **Hampton Beach** oder **Rye Harbor**.

Die vormalige Bedeutung von Portsmouth als Hafen belegen die stattlichen Häuser der Kapitäne und Händler, aber auch der liebevoll restaurierte **Old Harbor District**. Nach Plymouth und Jamestown entstand 1623 hier am Piscataqua River die **drittälteste britische Siedlung Nordamerikas**. Der **Portsmouth Harbor Trail** – zu dem es im Infozentrum (500 Market St.) einen Plan mit Beschreibung gibt – führt an vielen historischen Häusern vorbei, neun davon sind zur Besichtigung freigegeben.

Alte Hafenstadt

Highlight des Rundgangs ist das **Strawbery Banke Museum**. Der Name täuscht, es handelt sich nicht „bloss" um ein Museum, sondern um ein ganzes Museumsdorf. In der einst hier befindlichen Bucht, die versandet ist, landeten 1623 die ersten Siedler. Da das Flussufer dicht mit Erdbeersträuchern überwachsen war, nannte man die Niederlassung „Strawbery Banke" (Erdbeerufer), das zweite „r" entfiel im Laufe der Zeit. Heute hat man rund 40 Häuser (von ursprünglich rund 100) – die meisten vor den 1840ern erbaut – an Ort und Stelle auf einer 4 ha großen Fläche restauriert. Eine Besonderheit ist, dass die rund 20 zu besichtigenden Häuser verschiedene Epochen der Stadtgeschichte, von den 1630ern bis in die 1950er, illustrieren und daher völlig verschiedene Baustile und Innenausstattung aufweisen. Werkstätten und Läden, darunter einer der ältesten Bootsbaubetriebe der USA, vertiefen den Einblick in die frühe Besiedelung.

Museumsdorf nicht versäumen!

Strawbery Banke Museum, *Hancock/Marcy St., www.strawberybanke.org, HS tgl. 10–17 Uhr, im Winter nur Sa/So Touren, $ 15.*

Wer Zeit hat, sollte bei schönem Wetter eine Überfahrt zu den **Isles of Shoals**, etwa 10 km dem Festland vorgelagert, im Mündungsgebiet des Piscataqua River in den Atlantik, erwägen. Als 1614 Captain John Smith hier vorbeisegelte, bezeichnete er die Inseln als „unfruchtbaren Felshaufen". Dieses Vorurteil nutzten Piraten, die die kleinen Inseln lange Zeit als geheime Schlupfwinkel schätzten. Der Dichterin Celia

Old Harbor District

Portsmouth Lighthouse

Thaxter, Tochter eines Hoteliers, ist es zu verdanken, dass um 1900 hier eine Künstlerkolonie entstand. Sie hatte im Ort **Appledore** einen ungewöhnlichen Garten angelegt, der den amerikanischen Impressionisten Childe Hassam und andere Künstler inspirierte.

Etwa versteckt im Südosten der Stadt verbirgt sich in einem schönen State Park, eingefasst vom Piscataqua River, die **Wentworth Coolidge Mansion**. Im Bau direkt am Parkplatz finden regelmäßig Kunstausstellungen und Konzerte statt, der alte „Palast" des ersten Gouverneurs von New Hampshire liegt hingegen etwas abseits, direkt am Wasser. Benning Wentworth (1696–1770) war 1741 vom englischen König zum „Royal Governor" ernannt worden und hielt dieses Amt bis 1767 inne. Der in Portsmouth geborene Wentworth war damit der am längsten aktive königliche Kolonieverwalter in der Geschichte. Da die Kolonie New Hampshire ihrem königlichen Verwalter einen Amtssitz verweigerte, bezog Wentworth 1753 den alten Familiensitz, wo sein Sohn eine Farm betrieb. Nach dessen Tod ließ Wentworth verschiedene alte Nebengebäude zu einem Baukomplex zusammenfassen und das erklärt, warum das Haus heute so seltsam verschachtelt wirkt. Der Komplex setzt sich aus drei Teilen zusammen: dem Trakt für die Diener, dem zentralen Bereich für die Familie und dem offiziellen Teil mit Ballsaal und Empfangszimmer, in denen die wenigen erhaltenen originalen Möbel ausgestellt sind. 1886 hatte J. Templeman Coolidge das Anwesen als Sommerhaus für seine Familie und für Feste mit befreundeten Künstlern erworben. 1954 vermachte Coolidges Witwe das Anwesen dem Staat New Hampshire.

Ungewöhnlicher Amtssitz

Wentworth Coolidge Mansion, *Little Harbor Rd., ab Hwy. 1A, www.nhstateparks.com/coolidge.html, Gelände ($ 4) tgl. Sonnenauf- bis -untergang, Haustouren nur Juni–Sept. tgl. 10–15 Uhr, ab Anf. Sept. nur Fr–So 13.30/15 Uhr, $ 7, Coolidge Center for the Arts Gallery frei.*

Reisepraktische Informationen Portsmouth/NH

Information

Greater Portsmouth Chamber of Commerce, *500 Market St., ☏ (603) 610-5510, www.portsmouthchamber.org; im Sommer kleiner* **Kiosk** *auf dem Market Square, tgl. 10–16/17 Uhr.*

Fähre / Bootsausflüge

Isles of Shoals Steamship Company, *315 Market St., www.IslesOfShoals.com; regelmäßige Fahrten zu den Isles Of Shoals, aber auch Rundfahrten und Spezialtouren.*

Portsmouth Harbor Cruises, *Ceres Street Dock, www.portsmouthharbor.com; interessante Rundfahrten im Mündungsgebiet des Piscataqua River bis zu den Isles of Shoals, unterschiedlich lange Fahrten (ca. 1,5–3 Std.).*

Unterkunft

The Port Inn *$$-$$$, 505 US Hwy 1 Bypass, ☏ (603) 436-4378, www.theportinn.com; schönes, kleines historisierendes Hotel mit 57 Zimmern, einige mit Kitchenette; dazu Pool und Shop.*

Sise Inn *$$-$$$$, 40 Court St., ☏ (603) 433-1200, www.siseinn.com; mitten in der historischen Altstadt gelegenes Inn mit 34 liebevoll und historisch ausgestatteten Zimmern.*

Wentworth by the Sea *$$$$$, Wentworth Rd. (New Castle), ☏ (603) 373-6552, www.wentworth.com; auf einer Insel vor dem Hafen von Portsmouth gelegenes altes Hotel von 1847. 164 Luxuszimmern, Wellness- und Spa-Einrichtungen.*

Restaurants & Einkaufen

Breaking New Grounds, *Market Sq.; ideal zum Frühstücken, guter Kaffee!*

Moe's Italian Sandwiches, *Daniel St.; kleiner Imbiss, der bekannt ist für seine Sandwiches.*

Portsmouth Brewery, *Market St., www.portsmouthbrewery.com; Kleinbrauerei mit süffigem Bier und gutem und preiswertem Lokal, in dem „Pubkost" (Burger, Salate, Sandwiches u. a.) serviert wird.*

Sanders Family Seafood Stores, *54 Pray St., mit Sanders Olde Mill Fish Market, 367 Marcy St., www.sanderslobster.com; alteingesessener Familienbetrieb, berühmt für Frische und Qualität, mit Laden und Imbiss.*

Great Bay Pottery, *69 Lafayette Rd. (US Hwy. 1/Hwy. 111), www.greatbaypottery.com; Töpferstudio, in dem mehrere lokale Künstler arbeiten und ausstellen.*

Maines Südküste

Hübsche Dörfer, Sandstrände, *Factory Outlets* und *Antiques* haben Maines Südküste zu einem beliebten Shopping- und Freizeitparadies werden lassen. Wo man einst von Fischfang und Bootsbau lebte und Piraten zu Hause waren, war-

Beliebter Ferienort

tet man heute zu Beginn der warmen Monate sehnsüchtig auf die **Summer People**, die Urlauber aus den südlichen Regionen der Ostküste. Sie verbringen ihre Sommerferien in Maine und beleben damit die lokale Wirtschaft.

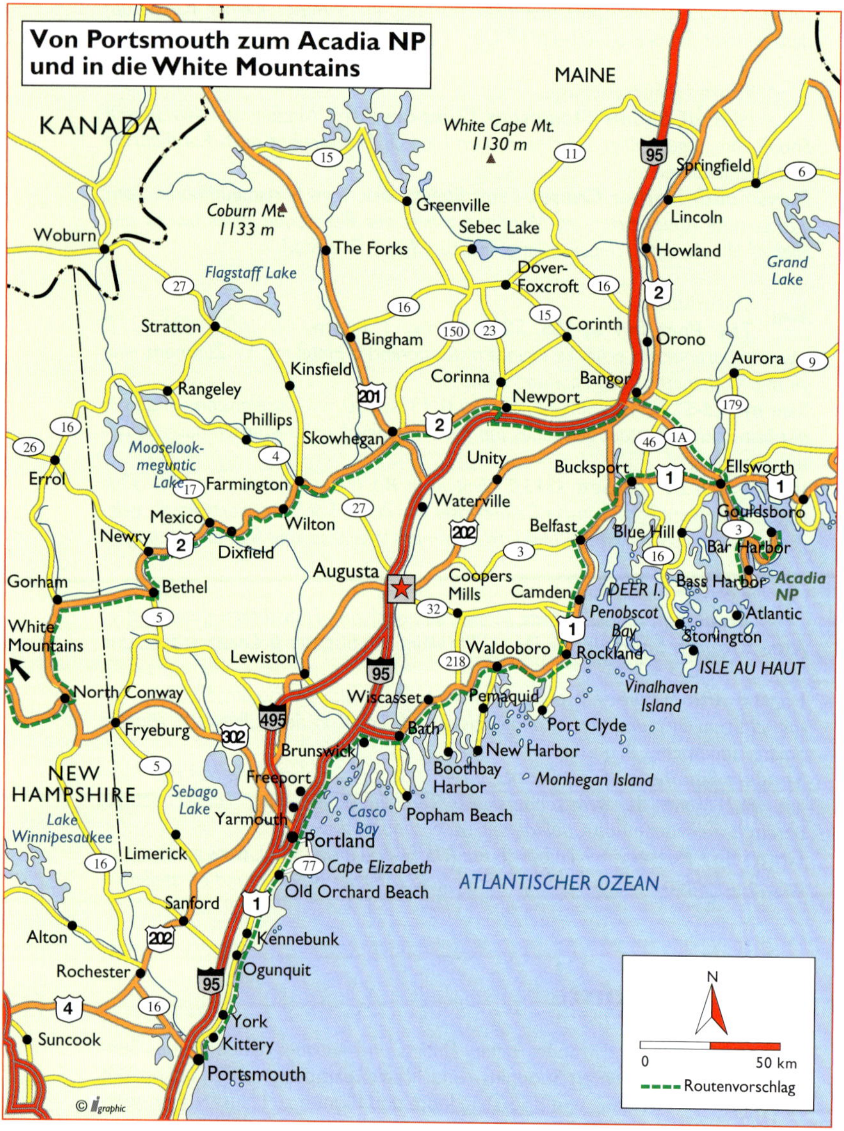

Hübsche Häuser in kleinen Dörfern an Maines Südküste

Verlässt man Portsmouth auf dem US Hwy. 1 Richtung Norden und überquert den Piscataqua River, befindet man sich in Maine. Ab jetzt gilt es nurmehr dem „Einser" zu folgen, denn er ist die einzige Route, die sich entlang der gesamten Küste bis hinauf zum Acadia NP schlängelt. **Kittery** ist der erste Ort in Maine, auf der nördlichen Uferseite des Piscataqua River, gegenüber von Portsmouth, gelegen. Dort gelten die **Main Kittery Outlets** (www.thekitteryoutlets.com) als Einkaufsparadies für Schnäppchenjäger.

York war während des Unabhängigkeitskrieges ein Widerstandszentrum und veranstaltete 1774 eine eigene „Tea Party". Der Ort besteht heute aus vier Teilen: dem **York Village** aus der Kolonialzeit, **York Harbor**, **York Beach** und **Cape Neddick**, mit dem 1879 erbauten **Nubble Light**, einem Leuchtturm. Bei einem Spaziergang durch die Altstadt (Plan und Infos bei der *Old York Historical Society*, s. unten) kann man sieben historische Gebäude besichtigen, darunter das *John Hancock Warehouse*, die *Jefferds Tavern* von 1759 oder *Old Goal* von 1719, eines der ältesten öffentlichen Gebäude der USA.

Historisches in York

Old York Historical Society, *207 York St., www.oldyork.org, nur HS: Mo–Sa 9.30–16 Uhr, Kombiticket für mehrere historische Gebäude $ 12.*

Vorbei an **Perkins Cove**, einem malerischen Fischerdorf, erreicht man **Ogunquit**, das in der Indianersprache „Schöner Platz am Meer" heißt.

Dieses Bild untermauert auch der 5 km lange Strand und der 1,6 km lange Marginal Way, ein Rundweg um die Klippen. Hier hat Tourismus Tradition: Der Bostoner Maler Charles Woodbury hatte im späten 19. Jh. den Flecken „entdeckt“ und ihn anderen Künstlern wie Edward Hopper, Maurice Prendergast oder Reginald Marsh schmackhaft gemacht. Das **Ogunquit Museum of American Art** zeigt einen Teil der hier entstandenen Kunstwerke.

Ogunquit Museum of American Art, *543 Shore Rd., www.ogunquitmuseum.org, nur geöffnet in der HS: tägl. 10–17 Uhr, $ 10.*

Straßenbahnmuseum

Von **Kennebunk**, im Landesinneren, am US Hwy. 1 gelegen, und dem zugehörigen Hafen **Kennebunkport** weiß man, dass es ein beliebter Ferienort der US-Präsidenten war und ist. Nördlich der Ortschaft liegt die Hauptattraktion der Region, das **Seashore Trolley Museum**. Rund 200 alte Straßenbahnen aus aller Welt sind hier vereint, wurden und werden liebevoll restauriert und wieder fahrtüchtig gemacht. Etwa 40 befahren im Sommer regelmäßig eine 3 km lange Strecke. Dass ausgerechnet hier so etwas Amerika-untypisches wie ein Straßenbahnmuseum entstand, kommt nicht von ungefähr: Einst verband eine ganze Reihe von Straßenbahnen die einzelnen Orte an der Südküste von Maine und die hier entstandenen Fabriken. Erst mit der Zunahme der Privatautos brach der Schienenverkehr in den 1970ern zusammen und es drohte die Verschrottung der Bahnen. Einer Gruppe engagierter Leute gelang es jedoch, die Tradition hochzuhalten, die Bahnen zu restaurieren und das Museum einzurichten.

Das Portland Head Light

Seashore Trolley Museum, *Log Cabin Rd., nördl. Kennebunkport bzw. ab US Hwy. 1 nördl. Kennebunk, www.trolleymuseum.org, HS tgl. 10–17 Uhr, sonst nur an Wochenenden, Nov.–Apr. geschlossen, $ 10, auch Sonderfahrten!.*

1630 gegründet, erlebte **Old Orchard Beach** als ein bei Frankokanadiern beliebter Badeort um 1900 eine Blüte. Noch heute zieht der 12 km lange Strand mit Motels und Apartmentgebäuden sowie Vergnügungs- und Wasserparks am Ocean Pier Touristen an. Bevor man Portland, die größte Stadt Maines, erreicht, lohnt ein Abstecher Richtung Osten (Hwy. 77), zum **Cape Elizabeth**. Hier befindet sich der älteste Leuchtturm der Ostküste, **Portland Head Light**. 1791 von Präsident George Washington in Auftrag gegeben dürfte der Ausblick noch derselbe sein. Ein Schiffsunglück hier vor der Küste im Jahr 1869 regte einst Henry Wadsworth Longfellow zu seinem Gedicht „Wreck of the Hesperus" an. Auch die Gemälde von Edward Hopper haben diesen Leuchtturm weltberühmt gemacht.

Ältester Leuchtturm der Ostküste

Portland Head Light, *1000 Shore Rd./Fort Williams Park, www.portlandheadlight.com, mit Museum, HS 10–16 Uhr, sonst nur an Wochenenden, Jan./Feb. geschlossen, Park frei, Museum $ 2.*

Reisepraktische Informationen Maines Südküste

Information
www.kennebunkport.org

Unterkunft
***Old Fort Inn** $$$-$$$$ (inkl. Frühstück), 8 Old Fort Ave., Kennebunkport, ☏ (207) 967-5353; www.oldfortinn.com; kleines Hotel mit 16 Zimmern, historisch aufgemacht. Mit Tennisplatz und Pool, nicht weit vom Meer entfernt.*
***The Beachmere Inn** $$-$$$$, 62 Beachmere Pl., Ogunquit, ☏ (207) 646-2021, www.beachmereinn.com; traumhaft am Meer gelegenes viktorianisches Inn mit mehreren Bauten, Zimmern und Suiten.*

Restaurant
***Flo's Hot Dogs**, 1359 Rte. 1, Cape Neddick; seit 1947 berühmt für Steamed Hot Dogs; das Besondere ist die Sauce, die man auch in Flaschen kaufen kann.*

Maine, die Heimat der Lobster

info

Homarus americanus ist eine Spezialität Maines, ein teurer Leckerbissen, der einige Mühe beim Fangen und einige Geschicklichkeit beim Essen erfordert. Es handelt sich um den Gattungsnamen für Hummer bzw. Lobster, für jenes Krustentier, das von den Canadian Maritimes bis North Carolina gefangen wird und weltweit als Delikatesse gilt. Beim **Maine** oder **American Lobster** handelt es sich um ein besonderes Exemplar, zwar mit dem europäischen **Homarus**

info

gammarus verwandt, doch mit wesentlich stärkeren Fangscheren. Die großen Hummerscheren – bei Männchen größer als bei Weibchen – sind asymmetrisch: Die größere dient dazu, die Schalen der Nahrung aufzubrechen, die kleinere holt dann das weiche Fleisch aus dem jeweiligen Opfer.

Weltweit gibt es rund **30 Sorten** an Lobstern. Zur selben Familie gehört die große Gruppe der Spinnenlobster *Panulirus argus*, von denen es besonders im Süden an die 45 Sorten gibt, die *Crayfish*, *Crawfish*, *Langusten* oder *Rock Lobster* genannt werden. Anders als die eigentlichen Hummer haben sie keine Scheren, sondern lange Antennen.

Hummer sind **Krustentiere**, deren äußeres Skelett nicht wächst, weswegen sie die komplette harte Schale jedes Jahr abwerfen (und fressen) um innerhalb von vier bis sechs Wochen eine neue, größere auszubilden. Das geschieht meist bei sommerlichen Wassertemperaturen und birgt Vor- und Nachteile. Einerseits können dann die Soft Lobsters leichter gefangen werden, da sie, um ihres „Panzers“ beraubt, versuchen, ihren Hauptfeinden – Kabeljau und Hai – in küstennahen Gewässern aus dem Weg zu gehen. Andererseits liefert der *New Shell* oder *Soft Shell Lobster* im Unterschied zu den hartschaligen Exemplar weniger Fleisch. Ist eigentlich ein Drittel essbar, ist es dann nur ungefähr ein Viertel Fleisch.

Die farbfrohen Holzbojen, die die Hummerkäfige markieren, begegnen einem an Maines Küste überall. In diesem Bundesstaat werden mehr Hummer gefangen und exportiert als in jedem anderen Ort und man bekommt hier den Leckerbissen an den Piers auch direkt aus dem heißen Seewasser in holzgefeuerten Fässern. Trotz steigender Absatzmengen ist der **Lobsterfang** keine große Industrie geworden, sondern „Handarbeit“ geblieben. Noch heute fangen rund 6.000 Fischer in Maine pro Jahr um die 43.000 Tonnen Lobster. Hummerfischer fahren frühmorgens hinaus, um alle Fallen – es können mehrere 100 sein – zumindest einmal wöchentlich zu kontrollieren: Befindet sich ein Hummer in dem heute aus Metalldraht, früher aus Holz, bestehenden Käfig, oder muss nur der Köderfisch erneuert werden? Obwohl die Käfige in Küstennähe versenkt werden, ist das an den rauen Felsküsten Neuenglands nicht ungefährlich, erst recht nicht im Winter und bei hoher See.

Mit steigender **Nachfrage** begann man ab den 1840ern den Hummer einzudosen. Die erste Konservenfabrik, die weltweit versandte, war *The Burnham&Morrill Company* (B&M). In der zweiten Hälfte des 19. Jh. war Dosenware dann wichtiger geworden als lebendige Tiere und der Bedarf drohte die Tiere auszurotten; immer kleinere Lobster kamen in die Dosen. Heute sind **Fanggebiete und Quoten streng reglementiert**. Es gilt ein 3-mi-Radius für den Lobsterfang und die Größe der gefangenen Tiere ist auf 3 1/4 inches (gut 8 cm) vom Auge bis zum Schwanzanfang festgelegt, was einem Gewicht von gut einem halben Kilo entspricht. Eiertragende Weibchen müssen freigelassen werden, um die Nachzucht zu gewährleisten.

Lobster-Paradies Maine

Die **Befruchtung** der Weibchen ist nur kurz nach dem Schalenwechsel möglich, die Vereinigung erfolgt meist mit dem größten verfügbaren Männchen. Ehe die Eiablage mit 10.000 bis 20.000 Eiern, von denen vielleicht nur zehn die ersten vier Lebenswochen überstehen, erfolgt, können Monate vergehen. Wenn die Jungen erst einmal ausgeschlüpft, sind sie leichte Beute für Seevögel, da die Schale erst nach 15–30 Tagen einigermaßen hart ist. Die „**Miniaturlobster**" halten sich daher bis zum Erwachsenenalter v. a. am Meeresboden unter Felsen versteckt auf.

In den ersten fünf Lebensjahren wird der Panzer bis zu 25-mal gewechselt, dann findet der langwierige und Kraft raubende Prozess nur noch einmal im Jahr, bei großen Exemplaren sogar seltener statt. Die in Gemeinschaften lebenden Lobster ernähren sich von Krabben, Muscheln, Würmern, kleinen Fischen und gelegentlich von pflanzlicher Kost. Nach fünf bis sieben Lebensjahren im kühlen Atlantik haben die Tiere „market size" – rund ein Pfund Lebendgewicht – erreicht und gelten als ausgewachsen und reif für die Kochtöpfe.

Portland/ME und die Casco Bay

Ganz Maine gleicht einem Dorf: Jeder kennt jeden und ein Ort wie **Portland** mit knapp 64.000 EW ist gleich die größte Stadt im Staat. Und doch ist Portland mehr als nur ein verschlafenes Provinznest. Hier leben über 30 verschiedene Sprachgruppen und es gibt eine rege **kulinarische und künstlerische Szene**. Dabei ist es ein überschaubarer Ort, gerade groß genug, um auf Erkundungstour zu gehen, und klein genug, um sich zu Hause zu fühlen.

1631 als „Casco" gegründet, liegt Portland auf einer Halbinsel, die sich in die **Casco Bay** hineinschiebt. Zwischen 1820 und 1832 war Portland kurzzeitig Hauptstadt von Maine – heute ist es Augusta. Da die Stadt 160 km näher zu Europa liegt als jeder andere Hafen in den USA, noch dazu geschützt in der Casco-Bucht, konnte sich ein bedeutendes Handelszentrum entwickeln. In moderner Zeit ist zur Bedeutung als Hafen, Handels- und Fischereizentrum die Industrie (Nahrungsmittel, Holz, Papier, Portland Pipeline, Ölpipeline nach Kanada) getreten, außerdem der Tourismus.

Bedeutendes Handelszentrum

Die Stadt hat schwere Zeiten durchgemacht. Dreimal ist sie total abgebrannt: 1675 zerstörten sie Indianer, 1775 die Briten und 1866 brach das letzte große Feuer durch Unachtsamkeit aus. Daher sieht man heute im Stadtkern vor allem spätere, viktorianische Bauten und dominieren breite Straßen und Parks das Bild. Nur im **Old Port Exchange** hat sich der Charakter der Stadt vor 1866 um ein Gewirr aus Gassen mit Kopfsteinpflaster und mit alten Ziegelbauten, erhalten. Das Hafenareal um die Commerce St. inklusive der Gassen, die zur Congress St. hinaufführen, ist idealer Startpunkt für einen Bummel, der zahlreiche Läden, Restaurants und Cafés streift.

Ungewöhnliche Sammlung

Das **Portland Museum of Art**, geplant von keinem Geringeren als I. M. Pei, überrascht mit einer ungewöhnlichen Sammlung. Neben Werken amerikanischer Künstlern, wie Winslow Homer, Marsden Hartley, Edward Hopper und Andrew Wyeth, sind Meisterwerke europäischer Künstler ausgestellt.
Portland Museum of Art, *7 Congress Sq., www.portlandmuseum.org, Di–So 10–17, Fr 10–21, $ 12.*

Portlands Hafen

Kulinarische Genüsse in attraktiver Präsentation erwarten den Besucher im **James Beard Public Market** (*Preble/Congress-Cumberland St.*), fangfrische Lobster und andere Schätze aus dem Atlantik gibt es im **Harbor Fish Market** (*Custom House Wharf*). Nach dem Bummel durch das alte Hafenviertel lohnen zwei weitere Spaziergänge, einmal entlang der **Eastern Promenade**. Man folgt dabei der Trasse einer historischen Schmalspurbahn um die Ostspitze der Halbinsel und genießt spektakuläre Ausblicke auf die Casco Bay. Das wohl beste Panorama bietet sich allerdings von der Aussichtsplattform des **Portland Observatory**, eines Leuchtturms.

Promenieren auf historischer Trasse

Portland Observatory, *138 Congress St. (Munjoy Hill), http://portlandlandmarks.org/observatory. Touren Ende Mai–Anf. Okt. tgl. 10–16.30 Uhr, $ 8, auch Sunset Tours Do 17–20 Uhr.*

Wählt man hingegen die **Western Promenade**, kann man eine Reihe von schönen viktorianischen Häusern bewundern. Zugänglich ist die **Victoria Mansion**, zwischen 1858 und 1860 im *Italianate Style* aus rotbraunem Sandstein erbaut und innen mit Deckengemälden und Stuck versehen.

Victoria Mansion, *109 Danforth St., www.victoriamansion.org, Mai–Okt. Mo–Sa 10–16, So 13–17 Uhr, $ 15, mit Shop,*

Schließlich gilt es noch, einem bedeutenden Dichter die Referenz zu erweisen. Im **Wadsworth-Longfellow House** wurde Henry Wadsworth Longfellow (1807–82) geboren. Der Bau wird von der *Maine Historical Society* betreut. Erbaut hatte es 1785 Longfellows Großvater, ein Offizier im Unabhängigkeitskrieg. Die Schlichtheit des Baus steht in interessantem Gegensatz zu den verschnörkelten viktorianischen Häusern, wie der **Victoria Mansion** (s. oben). Der dritte Stock, in dem Longfellow sein Zimmer hatte, wurde erst 1815 angebaut. Die Longfellows gehörten als Rechtsanwaltsfamilie zur gehobenen Mittelklasse des Ortes und lebten einst am Stadtrand – heute steht das Haus im Zentrum. Bis 1821 lebte der Dichter – berühmt und unsterblich geworden durch seine Balladen „The Wreck of the Hesperus", „Paul Revere's Ride", „The Song of Hiawatha" oder „Evangeline" – hier und kehrte auch danach immer wieder zurück.

Geburtshaus Longfellows

Wadsworth-Longfellow House & Museum, *487 Congress St., www.mainehistory.org/house_overview.shtml, Mo–Sa 10–17, So 12–17 Uhr, $ 12, Laden, Ausstellung sowie stündlich Touren (nur Mai–Okt.).*

Vor den Toren Portlands, in der Casco Bay, liegen die **Casco Islands**, auch *Calendar Islands* genannt. John Smith, der zu Beginn des 17. Jh. hier vorbeisegelte, behauptete, es gäbe 365 Inseln – in Wahrheit sind es „nur" 136. Obwohl Portland von Wasser umgeben ist, existiert keine „Strandkommune", was die Inseln umso verlockender macht. „*On a mail boat run*" nennen die Portlander ihre Ausflüge dorthin. Vom **Ferry Terminal** am *Maine State Pier* verkehren regelmäßige kleine Fähren zu diesen Inseln. An Maines Küste soll es angeblich 4.613 Inseln geben, deren Größe von ein paar Quadratmetern Fels bis zu ganzen Siedlungen variiert. Trotz intensiver Suche hat übrigens noch niemand die auf den Inseln versteckten Piratenschätze gefunden ...

Die Piraten haben gut versteckt...

Reisepraktische Informationen Portland/ME

Information

__Long Wharf Info Center__, 184 Commercial St., nur im Sommer, Mo–Fr 10–17, Sa/So 9–16 Uhr; weitere Infostellen im __Portland International Jetport__, im __Portland Ocean Terminal__ und am __Ocean Gateway Terminal__; ☏ (207) 772-4994, www.visitportland.com und www.portlandmaine.com

Unterkunft

__West End Inn__ $$$, 146 Pine St., ☏ (207) 772-1377, www.westendbb.com; elegantes B&B an der historischen Western Promenade mit sechs komfortablen Zimmern; üppiges Frühstück inklusive.
__Portland Regency Hotel__ $$$$, 20 Milk St., ☏ (207) 774-4200, www.theregency.com; mitten in der Stadt gelegenes altehrwürdiges Hotel, mit geschmackvoll ausgestatteten großen Zimmern.

Restaurants

__Dry Dock Restaurant&Tavern__, 84 Commerce St.; beliebte Kneipe gegenüber dem Custom House.
__Old Port Sea Grill__, 93 Commerce St., ☏ (207) 879-6100; gehobenes Lokal am Hafen, bekannt für hervorragende Fischgerichte.
__Portland Lobster Company__, 180 Commercial St.; hier gibt es vor allem Lobster und Meeresfrüchte, mit Plätzen auf dem Deck und Gerichten zum Mitnehmen.

Einkaufen

__James Beard Public Market__, 25 Preble/Congress St., www.portlandpublicmarket.com; architektonisch sehenswerte Markthalle mit rund 25 Ständen; außer Obst, Gemüse auch frische Backwaren, Wein/Bier, Snacks und Café.

Fähre

__Casco Bay Lines Ferry Service__, Commercial/Franklin St., Casco Bay Ferry Terminal, www.cascobaylines.com; Fähren zu den Casco Bay Islands/Calendar Islands; älteste aktive Fährlinie in den USA, seit 1845 in Betrieb; auch verschiedenste Hafenrundfahrten.

Auf dem Hwy. 1 nach Bar Harbor und zum Acadia NP

Verlässt man Portland auf dem US Hwy. 1 Richtung Norden, beginnt die Küste, wie man sie sich vorstellt: wild zerklüftet mit Buchten und Sandstränden, Inseln und Fjorden, steilen Felsenklippen und dichtem Wald, der bis ans Wasser heranreicht, dazwischen malerische kleine Orte und Naturschutzgebiete. Um direkt ans Meer zu gelangen, ist es vielfach nötig, auf Stichstraßen auszuweichen.

Vorbei an **Yarmouth**, 1636 gegründet und heute ein beliebtes Seebad 15 km nördlich von Portland, geht es nach **Freeport**. Dass der Ort historisch eine wichtige Rolle spielte, wissen die Wenigsten. Hier wurde nämlich der Vertrag, der Maine als von Massachusetts unabhängige Kolonie bestätigte, unterzeichnet.

Heute kommt man in erster Linie wegen der Factory Outlets her, ganz besonders wegen der Zentrale von **L. L. Bean**. 1912 hatte ein gewisser Leon Leonwood Bean die Idee gehabt, praktische Allzweckstiefel zu entwickeln. Sein erster Versuch scheiterte, doch letztlich war der legendäre Gummi-Leder-Outdoorstiefel geboren. Daraus entwickelte sich ein ganzes Outdoor-Imperium, das allein in Freeport zwei „Kaufhäuser" und einen *Factory Store* (Fabrikverkauf) unterhält. Es gibt dort inzwischen weit mehr als Gummistiefel zu kaufen und verschiedenste Natur-Touren stehen außerdem im Angebot der Firma.

Outdoor-Imperium L.L. Bean

L.L. Bean, *95 Main St., www.llbean.com; Hauptgeschäft des legendären Outfitters und Spezialisten für Outdoor/Freizeit-Bekleidung (tgl. 24 Std.). Regulärer Shop, Factory Store und Hunting & Fishing Store.*

Die zweite Attraktion des Ortes ist das **Desert of Maine**, etwa 5 km westlich. Am Ende der letzten Eiszeit kam es an dieser Stelle zu Sand- und Mineralienablagerungen, die im Lauf der Zeit mit Erde bedeckt wurden. Ausgerechnet hier gründete 1797 William Tuttle eine Farm und da er von Fruchtwechsel noch nichts gehört hatte, war der Boden schnell ausgelaugt. Es setzte Versteppung ein und die eiszeitlichen Ablagerungen traten wieder an die Oberfläche.

Desert of Maine, *95 Desert Rd., www.desertofmaine.com, HS 9 Uhr–Sonnenuntergang, $ 10,50.*

In der Ortschaft **Brunswick** wurde 1794 das **Bowdoin College** gegründet, da die Gründerväter in Portland zu viele „Versuchungen zur Zerstreuung, Ausschweifung, Eitelkeit sowie diverse Übel von Hafenstädten" befürchteten. Unter anderen studierten hier Nathaniel Hawthorne und Henry Wadsworth Longfellow. Einst lebte hier auch Harriet Beecher Stowe – in ihr Haus ist heute ein Restaurant eingezogen.

Maine genoss im 19. Jh. einen guten Ruf als Lieferant der größten und schnellsten Segler der Welt und der Ort **Bath** war einst das **Schiffsbauzentrum** des Staates. Frisch geschlagenes Holz wurde aus dem dicht bewaldeten Hinterland über den Kennebac River geflößt und in Bath wurden daraus Segelschiffe gebaut. Die 1884 gegründete Firma **Bath Iron Works** entstand, nachdem die Holzbauweise schon an Popularität eingebüßt hatte. Heute werden hier vor allem Frachtschiffe gebaut. Außer dieser Werft sind nur noch eine Handvoll kleine Bootsbauer übrig geblieben.

Über die Geschichte des Schiffsbaus und der Seefahrt informiert anschaulich das attraktiv aufgemachte **Maine Maritime Museum&Shipyard**. Es handelt sich um einen mehrteiligen Komplex mit dem modernen Museums-

Schiffsbauzentrum

bau im Zentrum und Nebengebäuden. 1964 auf einem ehemaligen Werftgelände eingerichtet, entstand das Museumsgebäude 1989 und 2004 kam ein Stahlgerippe hinzu, das auf dem Freigelände die Ausmaße eines Sechsmastschoners andeutet.

Maritime Vergangenheit

Während sich im Museum v. a. Kunstwerke, die die Schifffahrt zum Thema haben, und Modelle befinden, erfährt man im Freien mehr über die einzelnen Stufen des Bootsbaus von der Anlieferung der Holzstämme bis hin zur Fertigstellung eines Segelschiffes. Das Museum besitzt zudem verschiedene Schiffe, vom Ruderboot bis zum Großsegler namens „Sherman Zwicker", einem Schoner, der im Sommer Besucher auf Rundfahrt mitnimmt. Abgesehen von der Bootswerkstatt ist besonders eine Ausstellung in einer der alten Werfthallen interessant: Dort geht es über die Tradition des Fisch- und Lobsterfangs.
Maine Maritime Museum&Shipyard, *243 Washington St., www.mainemaritimemuseum.org, tgl. 9.30–17 Uhr, $ 15.*

Das schönste Dorf

Wiscasset bezeichnet sich selbst als das „schönste Dorf Maines". Es gibt prachtvolle Häuser wohlhabender Schiffskapitäne aus dem 19. Jh., wie das **Nickels-Sortwell House** – ein mächtiges Haus im Federal Style und mit edler Ausstattung – oder das **Castle Tucker House**, in spektakulärer Hügellage, 1807 erbaut und ab Ende des 19. Jh. von der Tuckerfamilie bewohnt. Ein Kuriosum besonderer Art ist das **Musical Wonder House** von 1852, voller alter Musikboxen, mechanischer Klaviere und anderer Musikautomaten. Im Südosten der Stadt liegt **Fort Edgecomb**, eine ungewöhnliche, hölzerne Befestigungsanlage mit oktagonalem Grundriss von 1808/09.
Nickels-Sortwell House, *Maine/Federal St., HS Fr–So 11–17 Uhr, halbstündl. Touren, $ 5.*
Castle Tucker House, *Lee/High St., HS Mi–So 11–17 Uhr, Touren, $ 5.*
Musical Wonder House, *18 High St., www.musicalwonderhouse.com, HS Mo–Sa 10–17, So 12–17 Uhr, unterschiedl. Vorführungen, ab $ 20.*
Fort Edgecomb, *ab US Hwy. 1, HS tgl. 9–17 Uhr, $ 3.*

Um nach **Boothbay Harbor** zu gelangen, das auf der größten und am stärksten besiedelten Halbinsel zwischen Sheepscot und Damariscotta River liegt und damit Teil der zerklüfteten Inselwelt zwischen Brunswick und Rockland ist, muss man den US Hwy. 1 verlassen und der Nr. 27 folgen. Die kleine Hafenstadt ist noch immer ein wichtiges Fischereizentrum, zugleich aber im Sommer ein beliebter Ferienort. Abgesehen von der geografischen Lage, gehört das **Boothbay Railway Village**, ein Freilichtmuseum mit einer Schmalspurbahn, alten Geräten und Autos, zu den sehenswerten Punkten im Ort.
Boothbay Railway Village, *586 Wiscasset Rd./Hwy. 27, www.railwayvillage.org, HS tgl. 9.30–17 Uhr, $ 9.*

Alte Indianer-Siedlung

Einen weitereren malerischen Ort auf der benachbarten Halbinsel, **Pemaquid Point**, erreicht man über den „Einser" und dann ab Damariscotta auf dem Hwy. 130. *Pemaquid* heißt in der Indianersprache „langer Finger" und bezieht sich auf die Form der Halbinsel. Es gibt Hinweise, dass hier schon vor Plymouth eine Siedlung existierte: Die Einwohner von Pemaquid sollen während des ersten harten Winters die Pilgerväter mit Vorräten versorgt haben. Was aus diesem Ort dann geworden ist, ist jedoch unbekannt.

Malerisch: der Pemaquid Point

Über die Ausgrabungen in Pemaquit informiert das Museum der **Colonial Pemaquid State Historic Site**, zu deren Areal auch **Fort William Henry** (nahe Pemaquid Beach), ein Nachbau von 1907, gehört. Das Original aus dem Jahr 1630 war von Piraten zerstört worden und den Nachfolger, den die Briten für uneinnehmbar hielten, machten 1689 französisch-indianische Truppen dem Erdboden gleich. 1729 baute man **Fort Frederick**, das jedoch während der Revolution von den Bewohnern zerstört wurde, um es nicht in die Hände der Briten fallen zu lassen. Sehenswert an der der Spitze der Halbinsel ist schließlich das 1824 erbaute **Pemaquid Point Lighthouse** (*Hwy. 130, HS tgl. 9–17 Uhr, $ 3*).

Colonial Pemaquid State Historic Site, *Colonial Pemaquid Dr., Pemaquid Point, www.friendsofcolonialpemaquid.org; HS tgl. 9–17 Uhr, $ 3.*

Ein Beispiel, wie man Neusiedler buchstäblich in die Wildnis „schicken" kann, ist der Ort **Waldoboro**, wieder am US Hwy. 1. Reiseberichte, in denen von blühenden Landschaften geschwärmt wurde, lockten 1748 besonders deutsche Auswanderer an. Sie fanden dann jedoch nichts anderes als Wildnis vor – und blieben dennoch. Eine weitere Reisegeschichte aus dem 18. Jh. über eine „große Insel, die wie ein Walrücken gewölbt war", wollte schließlich niemand mehr so recht glauben. Doch sie war richtig: Die der Küste etwas östlich von Pemaquid Point vorgelagerte **Monhegan Island** ähnelt tatsächlich einem Walfisch. Besucher können per Fähre von Port Clyde das Naturparadies besuchen, Autos sind nicht erlaubt und fast alle Häuser, einschließlich zwei der drei Hotels, haben keinen Stromanschluss.

Hummerhauptstadt

Nächste Station: die **Penobscot Bay**, dessen Hafen **Rockland** am Westrand der tief in die Küste einschneidenden Bucht liegt. Mit Stolz bezeichnen die Einwohner ihren Ort als „Hummerhauptstadt der Welt" und während des **Maine Lobster Festivals** (www.mainelobsterfestival.com) kann man sich davon überzeugen. Am 1. Wochenende im August werden anlässlich dieses seit mehr als 60 Jahren stattfindenden Festes über 5.000 Hummer gekocht und verzehrt. Doch auch die Kultur kommt im Ort nicht zu kurz: Lucy Farnsworth hatte nach ihrem Tod 1935 der Stadt $ 1,3 Mio. für den Bau des **Farnsworth Art Museum** vermacht.

Farnsworth Art Museum, *16 Museum St., www.farnsworthmuseum.org, HS tgl. 10–17, sonst Mi–So 10–17 Uhr, $ 12.*

Vorbei an Rockport erreicht man **Camden**, einst ein vornehmer Badeort. Viele der alten Ferien-Cottages der reichen Sommerurlauber fungieren heute als luxuriöse Inns und Bed&Breakfasts. Am Ende der Penopscot Bay liegen **Belfast**, 1770 von Iren gegründet und ein Zentrum der Geflügelzucht, und **Searsport**, einst bedeutender Hafen, heute „Antiquitätenhauptstadt" von Maine. Im **Penobscot Marine Museum**, einem mehrteiligen Komplex von Häusern aus dem 19. Jh., steht die Geschichte der Seefahrt im Mittelpunkt. Bei **Bucksport**, in dessen Nähe sich die Ruine des nie vollendeten **Fort Knox** (1844–69) befindet, endet die Bucht.
Penobscot Marine Museum, *Hwy. 1/Church St., www.penobscotmarinemuseum.org, HS Mo–Sa 10–17, So 12–17 Uhr, $ 8.*
Fort Knox, *etwa 3 km westlich Bucksport, ab US Hwy. 1, vor der Waldo-Hancock Bridge ausgeschildert, http://fortknox.maineguide.com, HS 9–Sonnenuntergang, $ 3, mit* **Penobscot Narrows Observatory** *($ 5).*

Reisepraktische Informationen Bath, Rockland und Boothbay Harbor/ME

Information
***Penobscot Bay Regional Chamber of Commerce**, ☏ (207) 236-4404, http://mainedreamvacation.com*

Touren & Fähren
***Rundfahrten** und **Whalewatch-Touren** ab Boothbay Harbor, auch Fahrten nach Monhegan Island, z. B. mit **Balmy Bay Cruises**, ☏ (207) 633-2284, www.balmydayscruises.com; ab Pier 8 (42 Commercial St.)*
***Monhegan Boat Line**, Port Clyde, ☏ (207) 372-8848, http://monheganboat.com; regelmäßige ganzjährige Fährverbindung, außerdem Cruises.*

Unterkunft
***The Island Inn** $$, 1 Ocean Ave., Monhegan Island, ☏ (207) 596-0371, www.islandinnmonhegan.com; seit 1907 betriebenes Insel-Hotel mit Café und Restaurant, von Mai–Okt. geöffnet.*
***Captain Lindsey House Inn** $$, 5 Lindsey St., Rockland, ☏ (207) 596-7950, www.lindseyhouse.com; 9 Zimmer in renoviertem alten Kapitänshaus von 1837 mitten in der Stadt.*
***The Harborage Inn** $$, 75 Townsend Ave., Boothbay Harbor, ☏ (207) 644-4640, www.harborageinn.com; Haus von 1875, 12 unterschiedlich große Zimmer und Suiten, hell und z. T. mit Hafenblick und Aussichtsterrasse; morgens Selbstbedienungs-Gourmet-Frühstück.*
***Lord Camden Inn** $$$$, 24 Main St., Camden, ☏ (207) 236-4325, http://lordcamdeninn.com; luxuriöses Boutiquehotel im Herzen der Ortschaft mit 36 Zimmern und Suiten.*

***The Galen C. Moses House** $$$-$$$$, 1009 Washington St., Bath, ☏ (207) 442-8771, www.galenmoses.com; grandiose viktorianische Villa von 1874 mit vier Zimmern und drei Suiten.*
***Berry Manor Inn** $$$$, 81 Talbot Ave., Rockland, ☏ (207) 596-7696, www.berrymanorinn.com; gediegenes viktorianisches Haus von 1898 mit 12 schönen und gut ausgestatteten Zimmern, abends freie Getränke und Frühstück morgens.*

Restaurants

***Kennebec Tavern**, 119 Commercial St., Bath; bekannt für Fischgerichte und Hummer, mittags auch preiswerte Sandwiches (z.B. Lobster Roll), Salate und Suppen, außerdem Senioren- und Kindermenüs und Brunch.*
***The Lobster Dock**, 49 Atlantic Ave./Boothbay Harbor, www.thelobsterdock.com; Mitch und Dawn Weiss zaubern direkt am Hafen leckere regionale Gerichte.*
***Sarah's Café**, Main St. (US Hwy. 1), Wiscasset; nahe der Brücke am Wasser und regional bekannt für schmackhafte und preiswerte amerikanische Kost.*

Veranstaltungen

***Maine Lobster Festival**, www.mainelobsterfestival.com; Anfang Aug. mehrere Tage lang vielerlei Veranstaltungen sowie kulinarische Stände und Kochwettbewerbe ganz im Zeichen des Hummers im Harbor Park/Rockland, teils gratis, teils geringe Gebühr; daneben auch Kunsthandwerksausstellung, Parade, Rennen und Kinderveranstaltungen.*

Im Acadia National Park

Jährlich pilgern über 2 Mio. Besucher in den **Acadia National Park**, den einzigen Nationalpark Neuenglands. Sein Hauptteil liegt auf der etwa 14.000 ha oder 26x34 km großen **Mount Desert Island**, die per Brücke (Hwy. 3) mit dem Festland verbunden ist. Der Hauptort **Bar Harbor** war, wie viele Küstenorte, ein kleiner Fischerhafen – bis etwa 1850: Die Bostoner High Society, inspiriert durch Thomas Cole, einen Maler der Künstlergruppe *Hudson River School*, entdeckte die Insel als idyllischen Erholungsort. Bis zum Börsenkrach 1928 hatten reiche Unternehmer, die per Dampfschiff oder auf eigenen Jachten herkamen, mehr als 200 extravagante Sommerresidenzen erbaut. Bei einem verheerenden Brand 1947 wurden die meisten zerstört und nicht mehr aufgebaut. Charles W. Eliot, Präsident der Universität Harvard, hatte nämlich durchgesetzt, dass hier schon 1916 ein Naturpark, der erste östlich des Mississippi, eingerichtet wurde. Er konnte viele der reichen Grundstückseigner, allen voran John D. Rockefeller, überreden, Land zu stifteten. Rockefeller sind nicht nur 4.400 ha Land, sondern zugleich die rund 80 km Fahr- und Wanderwege zu verdanken.

Erster Naturpark östlich des Mississippi

Mount Desert Island steht wie einige der Nachbarinseln an der Küste Maines zum Teil als **Acadia National Park** unter Schutz und ist ein ganz besonderer Fleck Erde. Hier rufen nicht spektakuläre Naturdenkmäler, reißende Wasserfälle oder tiefe Canyons, wie in den Parks im Westen des

Kontinents, ehrfürchtiges Staunen hervor. Hier sind es vielmehr die kleinen und verborgenen Landschaftserlebnisse, Ausblicke und idyllische Flecken, Ruhe, Frieden und „Natur pur“.

„Natur pur“

Besucher sollten noch vor Bar Harbor (Hwy. 3) das **Visitor Center** des Acadia NP in **Hulls Cove** ansteuern. Hier bezahlt man die fällige Parkgebühr, erhält Pläne, Broschüren, Tourhinweise und vielerlei Tipps und kann einen 15-minütigen Film ansehen. Durch den Park führt die 45 km lange **Park Loop Road**, die man mit dem Auto oder Fahrrad befahren kann. Im Sommer gibt es kostenlose Shuttlebusse um von Bar Harbor zu den wich-

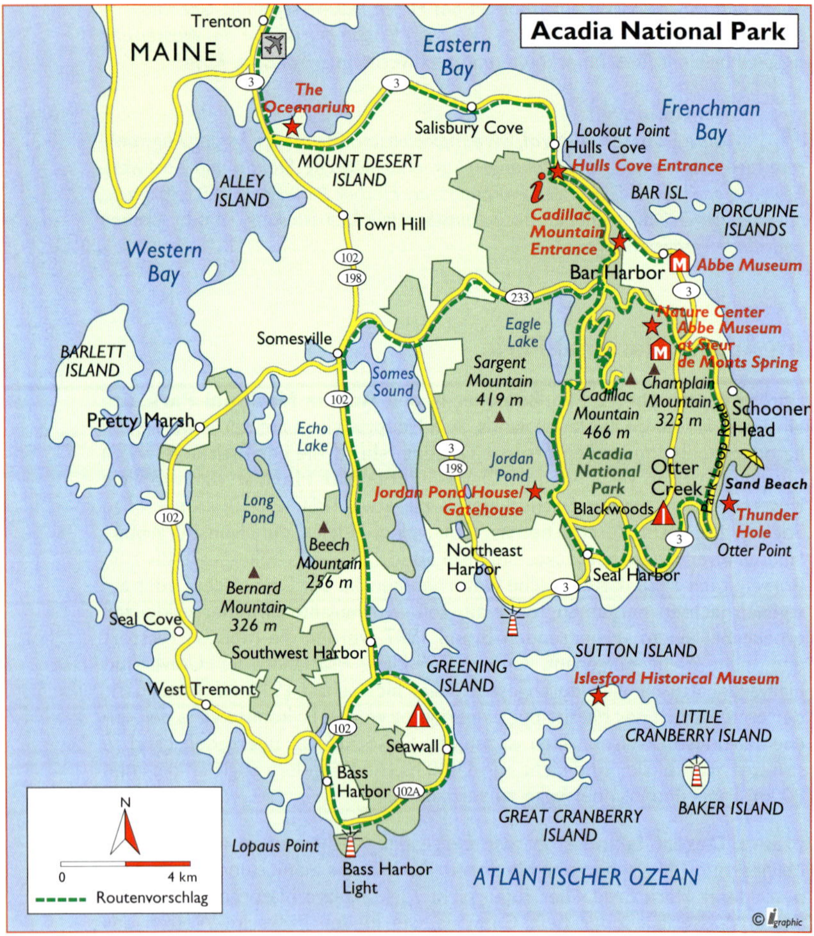

Im Acadia National Park

tigsten Punkten im Park zu gelangen. Von verschiedenen Parkplätzen führen Wanderwege in die Wildnis, beispielsweise zu *Long Pond* oder *Eagle Lake* oder an die Küste nach *Seawall, Sand Beach* oder *Otter Point*. Einer der Höhepunkte ist die Fahrt auf den 466 m hohen **Cadillac Mountain**, von dem man einen spektakulären Ausblick auf die Küstenlandschaft genießt. Verschiedene Ranger-Programme wie Bootstrips, Diashows, Wandertouren, Nature Walks u. a. werden in der Hauptsaison überdies angeboten. **Bar Harbor** ist das infrastrukturell gut ausgestattete Touristenzentrum der Insel und im Sommer überlaufen. Das Leben spielt sich an und um die Main St. ab, wo sich verschiedenste Läden, Cafés und Restaurants konzentrieren. Im Sommer ist es fast unmöglich, ohne Vorreservierung ein Zimmer zu bekommen, doch im Herbst kehrt Ruhe ein. Ende Oktober werden dann die Gehsteige hochgeklappt; viele Hotels, Restaurants und Museen schließen bis zum Frühjahr und wenn die Insel erst einmal von einer dicken Schneeschicht überzogen ist, gehört sie wieder ganz den *locals*. Am kleinen Pier, an der Kreuzung von Main und West St., legen Tourboote und Fähren ab.

Sehenswert im Ortszentrum ist das **Robert Abbe Museum**, das sich ursprünglich in einem 1928 erbauten Pavillion direkt im Nationalpark, an der Zufahrt südlich Bar Harbor befand. Heute heißt diese Filiale **Abbe Museum at Sieur de Monts Spring** und ist im umgebauten ehemaligen YMCA-Gebäude aus den 1890ern, direkt am Village Green, untergebracht.

Sehenswertes Indianermuseum

Das Museum im Zentrum basiert auf der Sammlung des Arztes Robert Abbe und reicht in das Jahr 1928 zurück. Auch Abbe besaß auf der Insel ein Sommerhaus und interessierte sich besonders für die Hinterlassenschaften der Ureinwohner, sammelte diese und finanzierte Ausgrabungen. Bis heute werden von der Stiftung Grabungen in Maine veranstaltet; darüber wird im Museum informiert. Im Zentrum der Ausstellung stehen Korbwaren, deren Großteil auf die Sammlung von Anne Molloy Howells zurückgeht. Auch wurden die lokalen Indianer in das Museumskonzept einbezogen, in eigenen Ausstellungen machen sie auf ihre momentane Lage aufmerksam und stellen ihre Sicht der Geschichte dar. Heute leben etwa 7.200 Indianer in Maine (0,6 % der

EW), die sich **Wabanki** (*People of the Dawn*) nennen und sich aus vier anerkannten Völkern, den **Maliseet**, **Micmac**, **Penobscot** und **Passamaquoddy**, zusammensetzen. Im Museum gibt es Informationen und Ausstellungen über sie. Ungewöhnlich ist der **Circle of Four Directions** – ein zentraler Raum, in dem regelmäßig indianische Veranstaltungen stattfinden. Zudem richtet das Museum in Kooperation mit der *Maine Indian Basketmaker's Alliance* jeweils am ersten Samstag nach dem 4. Juli ein großes **Native American Festival** mit Kunsthandwerkermarkt aus.
Robert Abbe Museum, *26 Mt. Desert Rd., www.abbemuseum.org, HS tgl. 10–17, NS Do–Sa 10–16 Uhr, Jan. geschlossen, $ 6, Filiale: Sommer tgl. 10–17 Uhr, $ 3.*

„Vogelkünstler" Gilley

In **Southwest Harbor**, im Süden der Insel – außerhalb des Parkareals –, lohnt neben dem **Mount Desert Oceanarium** ein Besuch des **Wendell Gilley Museum** am Hwy. 102. 1981 eröffnet, widmet sich dieses Museum ganz dem lokalen Holzschnitzer Wendell Gilley (1904–83). Gilley, von Beruf Installateur, hatte 1931 begonnen, in seiner Freizeit Vögel zu schnitzen. Rund 10.000 Vögel sollen im Lauf seines Lebens entstanden sein, stark inspiriert vom „Vogelkünstler" A. Elmer Crowell (1862–1952).
Wendell Gilley Museum, *am Hwy. 102, Main St./Herrick Rd., www.wendellgilleymuseum.org; HS Di–So 10–16, NS Fr–So 10–16 Uhr, $ 5.*

Schon einmal in Southwest Harbor sollte man gleich noch die wenigen Kilometer an die Südspitze der Insel fahren. Hier befindet sich in malerischer Lage das **Bass Harbor Head Lighthouse**. Bei klarem Wetter blickt man auf die ganze Inselwelt ringsum den Acadia NP.
Mount Desert Oceanarium, *172 Clark Point Rd., www.theoceanarium.com, HS tgl. 9–17 Uhr, $ 12.*

Reisepraktische Informationen Acadia National Park/ME

Information

Acadia NP – Hulls Cove VC**, ab Hwy. 3, www.nps.gov/acad, HS tgl. 8–16.30/18 Uhr, Nov.–Mitte Apr. geschlossen, Parkgebühr pro Auto $ 20 (für 1 Woche). Außerdem im Sommer:* ***Sieur de Monts Nature Center VC *und* ***Islesford Historical Museum VC****; verschiedene Rangerprogramme, Bootstrips, Diashows, Wanderungen, Nature Walks u. a. Es gibt eine Park Loop Road, die an den wichtigsten Punkten vorbeiführt.*
Bar Harbor Chamber of Commerce**, 1 West St./Pier, Bar Harbor, www.barharborinfo.com, betreibt außerdem* ***Acadia Welcome Center*, 1201 Bar Harbor Rd., Trenton, kurz vor Brücke nach Mt. Desert Island.*

Touren

Kajak- und Kanu-Touren: ***Coastal Kayaking Tours****, ☎ 1-800-526-8615, www.acadiafun.com.*
***Bar Harbor Whale Watch**, ab Harbor Place, 1 West St., www.barharborwhales.com; neben Rundfahrten auch Whale-Watching-Touren.*

Tipp

Captain John Nicolai ist ein ungewöhnlicher Kapitän, der zu Land nur mit „Ente" – einem Citroen 2 CV – unterwegs ist. Auf seinen Bootstouren führt er Besucher in die Welt der Hummer und des Fischfangs ein, inklusive kulinarischen Tipps. Als ehemaligen Küchenchef weiß er durchaus auch darüber Bescheid. Von Mai–Okt. fährt die „Lulu" zwei- bis viermal täglich hinaus. **Lulu Lobster Boat Ride**, ☏ (207) 963-2341, www.lululobsterboat.com, ab Bar Harbor Hafen, 55 West St., neben Harborside Hotel & Marina.

Unterkunft

Cleftstone Manor *$$$, 92 Eden St. (ab Hwy. 3), ☏ (207) 288-4951, www.cleftstone.com; viktorianische Villa mit verschieden großen und individuell eingerichteten Zimmern, teils Suiten mit Kamin und Wintergarten, Gemeinschaftsräume, inkl. Frühstück und Tee (mit Gebäck) am Nachmittag; im Winter geschlossen.*

Harborside Hotel, Spa & Marina *$$$$, 55 West St., ☏ (207) 288-5033, www.theharborsidehotel.com; direkt an der Frenchman's Bay gelegenes Tophotel im Tudor-Stil, mit 187 luxuriösen Zimmern und Suiten, die fast alle tolle Ausblick auf die Bucht bieten, Pool, Spa sowie Restaurant und Weinbar.*

Camping

Es gibt im ***Acadia NP*** *mehrere Campgrounds:* ***Blackwood*** *(südlich Bar Harbor, ganzjährig) oder* ***Seawall*** *(südlich Southwest Harbor, Ende Mai–Sept., beide ohne Hook-up.*

Bar Harbor Campground*, 409 State Hwy. 3, ☏ (207) 288-5185; schön gelegen, saubere Bäder und großer Pool, alle Versorgungseinrichtungen.*

Restaurants

Bar Harbor Lobster Bakes*, Hull's Cove (Hwy. 3); berühmt für Lobster- und Fischgerichte.*

Geddy's Pub*, 19 Main St., Bar Harbor, urige Kneipe mit gelegentlichen Livekonzerten und Pubkost.*

Rupununi American Bar & Grill*, 119 Main St., Bar Harbor, ☏ (207) 288-2886; beliebtes Restaurant mit kreativer, moderner amerikanischer Küche – besonders die Fisch/Meeresfrüchte-Gerichte aus frisch gefangenen, lokalen Produkten, sind zu empfehlen – und Livekonzerten. Im Winter geschlossen.*

Einkaufen

Bar Harbor Brewing Co.*, 8 Mt. Desert St., Bar Harbor, www.barharborbrewing.com; Kleinbrauerei mit Shop, Touren und Tasting.*

Porcupine Island Co.*, 39 Main St., Bar Harbor; hier werden Spezialitäten und Produkte aus Maine verkauft.*

Shermans Book & Stationary Store*, 56 Main St., Bar Harbor; „Tante-Emma-Laden" wie aus alten Tagen, viele Bücher.*

Die Inlandsroute zurück nach Boston

Redaktionstipps

Sehens- und Erlebenswertes

- Fahrt mit der **Mt. Washington Cog Railway** auf den Mt. Washington (S. 226), anschließend Nachmittagstee auf der Terrasse des altehrwürdigen **Mt. Washington Hotel** (S. 227) und eine Schneeschuhtour in den umgebenden White Mountains.
- Tour im **Canterbury Shaker Village** (S. 231) und Einkauf im zugehörigen großen Laden.
- Herbstliche Fahrt durch die in allen Farben leuchtenden Laubwälder, z. B. auf dem **Kancamagus Highway** (S. 227).
- Dampferfahrt mit der „Mt. Washington" auf dem **Lake Winnipesaukee** (S. 230).

Unterkunft

- Ein besonderes Erlebnis ist ein Aufenthalt im historischen **Mt. Washington Hotel** (S. 228).
- Erholsam ist ein Aufenthalt in einem der Hotels wie dem **Naswa Resort** oder den **Inns at Mills Falls** am Lake Winnipesaukee (S. 230).

Hinweis zur Route

Zurück nach Boston könnte man erneut der Küstenroute folgen, empfehlenswerter ist jedoch der Umweg durchs Landesinnere. Hier lernt man eine andere Seite Neuenglands kennen, sieht dichte Wälder und fruchtbares Agrarland, passiert kleine Ortschaften und alte Industriestädtchen, erlebt schneebedeckte Berge und glasklare Seen. Von Bar Harbor auf Mt. Desert Island geht es zunächst auf dem Hwy. 3 zurück nach Ellsworth. Hier biegt man auf den US Hwy. 1A Richtung Bangor ab und folgt anschließend immer dem US Hwy. 2, der direkt in die White Mountains führt.

Fahrt in die White Mountains

Seit der Gründung 1769 wird **Bangor** von der Holz- und Papierindustrie geprägt. Attraktionen sind rar, sieht man von der **Universität von Maine** im nördlich gelegenen **Orono** am Penobscot River ab und der Tatsache, dass hier Stephen King lebt. Von Bangor führt der **US Hwy. 2** Richtung Westen, durch das ländliche Maine in den US-Bundesstaat New Hampshire. Es ist eine Fahrt durch *Rural America*, mit Wald und Farmland und durch kleine Ortschaften, an deren Main Streets, markiert von einer weißen Holzkirche, sich das Leben abspielt. Mit zunehmender Entfernung von der Küste wirken die Siedlungen schlichter, aber auch weniger aufgeputzt und überlaufen. Je näher New Hampshire rückt, umso tiefer taucht man in die Bergwelt der White Mountains ein.

Die **White Mountains** bilden die höchste Bergkette Neuenglands, mit dem **Mount Washington** (1.917 m) als überragendem Gipfel. Sie sind Teil der Appalachen, die sich von Kanada quer durch Neuengland bis hinunter

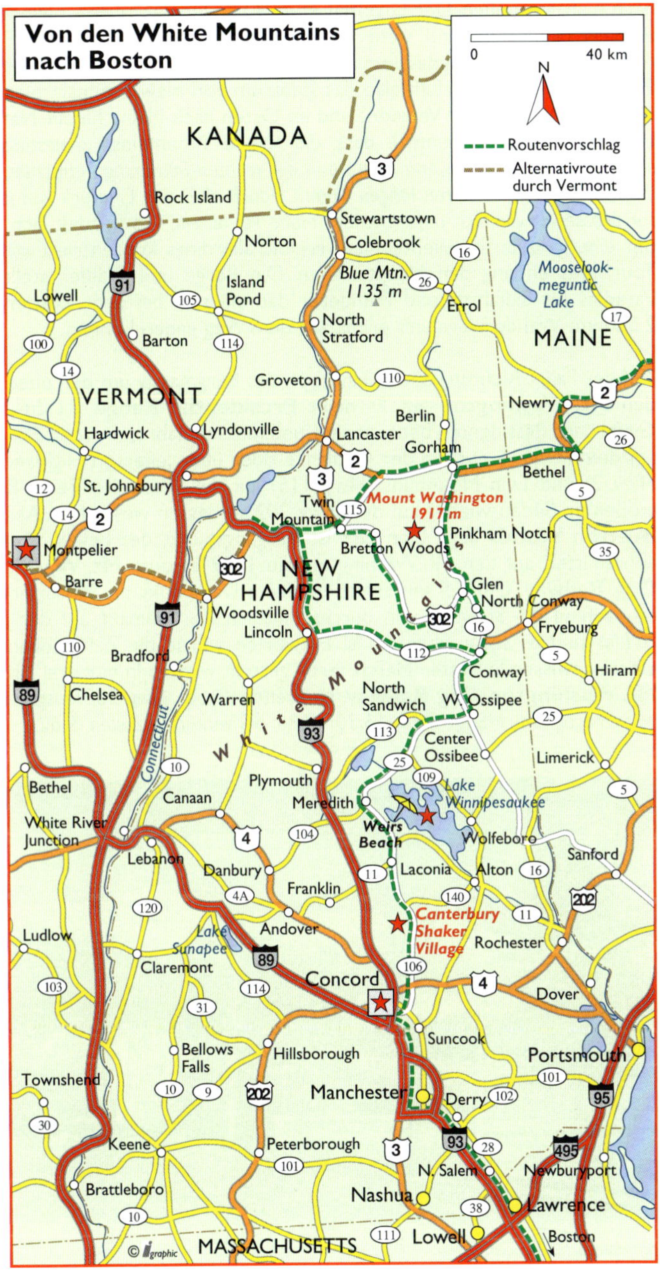
Von den White Mountains nach Boston
0
40 km
N
Routenvorschlag
Alternativroute durch Vermont
KANADA
VERMONT
NEW HAMPSHIRE
MAINE
MASSACHUSETTS
White Mountains
Rock Island
Norton
Stewartstown
Colebrook
Blue Mtn. 1135 m
Errol
Mooselookmeguntic Lake
Island Pond
Lowell
Barton
North Stratford
Groveton
Newry
Berlin
Hardwick
Lyndonville
Lancaster
Gorham
Bethel
St. Johnsbury
Twin Mountain
Mount Washington 1917 m
Pinkham Notch
Montpelier
Bretton Woods
Barre
Glen
North Conway
Woodsville
Lincoln
Fryeburg
Bradford
Conway
Hiram
Chelsea
Warren
North Sandwich
W. Ossipee
Center Ossibee
Limerick
Connecticut
Bethel
Canaan
Plymouth
Meredith
Lake Winnipesaukee
White River Junction
Weirs Beach
Wolfeboro
Lebanon
Danbury
Laconia
Alton
Sanford
Franklin
Canterbury Shaker Village
Andover
Rochester
Ludlow
Lake Sunapee
Claremont
Concord
Dover
Suncook
Bellows Falls
Hillsborough
Portsmouth
Townshend
Manchester
Derry
Keene
Peterborough
N. Salem
Newburyport
Brattleboro
Nashua
Lawrence
Lowell
Boston
© graphic

nach Alabama ziehen. Der Großteil, etwa 80 % der Bergregion, befindet sich in New Hampshire und steht als **White Mountains National Forest** unter Schutz. Das Bergmassiv erstreckt sich von Plymouth im Süden bis nach Franconia im Norden, füllt also das Zentrum von New Hampshire aus, und reicht im Westen nach Vermont und im Osten nach Maine hinein. Nathanial Hawthorne schrieb einmal, dass die White Mountains *„majestätisch, ja schrecklich erscheinen, wenn man sie in der rechten Stimmung betrachtet, durch ihre breite Basis und ihren langen Kamm jedoch eher den Eindruck von immenser Masse als von sich auftürmender Höhe vermitteln.*" Es handelt sich heute um eine ganzjährig beliebte Naturregion, allerdings konzentriert sich der Tourismus entlang den Hauptstraßen. Die Berge und Wälder stellen ein Paradies für Skifahrer und Wanderer dar, die sich bei dem existierenden 2.500 km-Wanderwegenetz prima aus dem Weg gehen können.

Presidential Range

Auf der Fahrt Richtung Süden baut sich das Bergmassiv um den überragenden **Mt. Washington** auf. Es heißt **Presidential Range**, da die hohen Gipfel nach Präsidenten benannt sind, und muss umfahren werden: Entweder auf dem Hwy. 16 entlang der Ostflanke oder über Jefferson Highlands (US Hwy. 2) und Twin Mountains (Hwy. 115) auf der Westseite. Beide Routen stoßen im Süden wieder auf den Hwy. 302, in dessen westlichem Abschnitt **Bretton Woods** liegt. Der Ort ist Ausgangspunkt des beliebtesten Verkehrsmittels auf den Mt. Washington: die 1869 erbaute **Mt. Washington Cog Railway**. Gut 5,5 km schieben kleine Dampfloks die Passagierwagen schnaufend die Steigung von durchschnittlich 25 % hinauf; auf der *Jacob's Ladder* sind es sogar über 37 %! Entworfen wurde die Zahnradbahn von einem gewissen Sylvester March, fertig gestellt war sie in nur drei Jahren.

Mt. Washington Cog Railway, *ab Bretton Woods, Hwy. 302/ausgeschildert, www.thecog.com, HS tgl. 8.30–16.30/17.30, NS verkürzte Zeiten, $ 62.*

Mount Washington Hotel, Schloss in den Bergen

Zweite Attraktion nach der Railway in Bretton Woods ist das **Mount Washington Hotel**, ein prächtiges, schlossartiges Gebäude von 1902 und eines jener legendären Luxushotels der Jahrhundertwende. Bei jedem Wetter sitzen Gäste der 174 Zimmer auf den Schaukelstühlen auf der 274 m langen, dem Foyer vorgelagerten Veranda um das Panorama zu bewundern. In den Zimmern erinnern Gedenktafeln an berühmte Gäste, und davon gibt es genug. Auch große politische Treffen fanden hier statt, z. B. 1944, als der Internationale Währungsfond gegründet wurde.

Historisches Luxushotel

Wer auf der Ostseite die Berge umfährt, kann auf der **Mt. Washington Auto Road** (*ab Hwy. 16, Ende Mai–Mitte Okt. wetterabhängig, $ 25/Pkw, www.mountwashingtonautoroad.com*), eine sehr kurvige und steile 13 km lange Strecke, auf den Gipfel fahren. Sofern kein Schnee liegt, ist das kein Problem, ansonsten mag der häufig zu sehende Aufkleber *This Car Climbed Mount Washington* gerechtfertigt sein. Mt. Washington – 1784 nach dem ersten US-Präsidenten benannt, während die anderen Gipfel ihre Namen erst ab 1820 erhielten – ist mit seinen knapp 2.000 m der höchste Berg nördlich der Carolinas und östlich der Rocky Mountains. Auch wenn das für erfahrene Bergsteiger höhenmäßig keine Herausforderung sein dürfte, haftet dem Berg der Ruf an, gefährlicher zu sein als der Mt. Everest. Berüchtigt sind besonders die raschen Wetterumschwünge und die extremen Windgeschwindigkeiten. 372 km/h – die höchste Geschwindigkeit weltweit wurde hier 1934 gemessen – sind berüchtigt und einige Gipfelbauten sogar mit Ketten verankert. Auf dem Gipfel herrscht arktisches Klima und die *US Army* betreibt hier oben Kältetestlabors.

Höchster Berg

Von Bretton Woods führt der US Hwy. 302 als Verbindungsstrecke zur Ostseite des Bergmassivs (Hwy. 16). Alternativ zu dieser Bergstrecke böte sich eine weiter südlich verlaufende Straße an, der **Kancamagus Highway** (Hwy. 112). Er durchquert die Bergwelt, vorbei an zahlreichen Aussichtspunkten und Ausgangspunkten für Wanderungen, und stellt besonders im Herbst eine empfehlenswerte Route dar. Um von Bretton Woods dorthin zu gelangen, folgt man dem US Hwy. 302 wenige Kilometer nach Westen, um bei Twin Mountain auf dem US Hwy. 3 und anschließend der I-93 Richtung Süden zu fahren. Bei Lincoln verlässt man die Straße und folgt dem Hwy. 112 nach Osten, Richtung Conway.

Bei **Conway** erreicht man wieder die hier beschriebene Hauptroute, die im Osten an den White Mountains vorbeiführt: den Hwy. 16. Nördlich Conway liegt zwischen North Conway, Jackson und Pinkham Notch ein beliebtes Ski- und Wanderzentrum und befindet sich das Hauptquartier des **Appalachian Mountain Club**. In **North Conway** fungiert das **Mt. Washington Weather Discovery Center** (2779 Main St.) als Informationsstelle und Museum des **Mt. Washington Observatory.** Eisenbahnfans sollten sich eine einstündige Fahrt mit der **Conway Scenic Railway** von North Conway nach Conway oder Bartlett entlang dem Saco River Valley nicht entgehen lassen.

Appalachian Mountain Club, *Pinkham Notch VC, Rte. 16, Gorham, ☏ (603) 466-2721; Infos zu Unterkunft, Wanderungen, Bücher und Karten.*

Mt. Washington Weather Discovery Center, *2779 Main St., www.mountwashington.org, HS tgl. 10–17 Uhr, frei.*

Conway Scenic Railway, *Hwy. 16/302, www.conwayscenic.com, verschiedene 1–5 std. Fahrten Apr.-Dez. North Conway nach Conway oder Bartlett entlang dem Saco River Valley, Tickets ab $ 15 bis $ 55.*

Reisepraktische Informationen Mt. Washington & White Mountains/NH

Unterkunft / Restaurant

Merrill Farm Resort $$$, *428 White Mountain Hwy. (US Hwy. 302), Conway Village, ☏ (603) 447-3866, www.merrillfarmresort.com; 60 unterschiedliche Zimmer, eher rustikal und ideal für Familien.*

The Notchland Inn $$$$, *Hart's Location, US Hwy. 302, Crawford Notch (zwischen Bretton Woods und N. Conway), ☏ (603) 374-6131, www.notchland.com; im White Mountain NF gelegenes Inn mit individuell gestalteten Gästezimmern; idealer Standort für Outdooraktivitäten.*

Tipp – Märchenschloss im „Winter Wonderland"

Vor der mächtigen Hinterkulisse der White Mountains in New Hampshire erhebt sich ein Märchenschloss, das sich bei näherem Hinsehen als eine der luxuriösesten Unterkünfte in Neuengland erweist. Betritt man die Lobby, fühlt man sich in eine andere Zeit versetzt. Viel Holz, ein luftig-heller „Wintergarten" mit Kamin, Geräumigkeit und gediegene Eleganz herrschen vor, letzteres auch im ausgezeichneten „Dining Room". *Joseph Stickney*, ein Einheimischer, der mit Kohle und Eisenbahn reich geworden war, ließ 1900 den Grundstein für dieses Grand Hotel legen, das am 28.7.1902 eröffnet wurde. In der Folge fanden sich viele Prominente in der exklusiven Abgeschiedenheit ein: Winston Churchill, Thomas Edison oder drei US-Präsidenten. 1944 tagte hier die Währungs- und Finanzkonferenz der UN und beschloss hier die Errichtung des internationalen Währungsfond und der Weltbank. 1986 wurde das Hotel zum „National Historic Landmark" erklärt und 1991 erwarb es eine Gruppe lokaler Geschäftsleute, die es renovierten, sodass es seit Ende 1999 auch im Winter geöffnet ist. Es wird zusammen mit drei anderen Unterkünften und dem großen Skigebiet Bretton Woods gemeinsam vermarktet.

Omni Mount Washington Resort *$$$-$$$$$, Hwy. 302, Bretton Woods, ☏ (603) 278-1000, www.mountwashingtonresort.com; heute zur Omni-Hotelkette gehörig, um die 200 Zimmer, Fitness- und Wellnesszentrum, Golfplatz und andere Annehmlichkeiten. Top-Restaurant im Hotel; in nächster Nähe gelegen und zugehörig (etwas preiswerter)*

Omni Bretton Arms at Mt. Washington *$$$-$$$$, 173 Mount Washington Rd., ☏ (603) 278-3000, www.omnihotels.com/FindAHotel/BrettonWoodsBrettonArmsatMountWashington.aspx; kleineres Historic Inn mit 34 Gästezimmern und eigenem gemütlichen Restaurant.*

Freizeit
Wandern und Skifahren sind in den White Mountains die beliebtesten Freizeitbeschäftigungen. Infos und Tipps dazu bietet der ***Appalachian Mountain Club*** *(Hwy. 16, Gorham, s. oben), ☏ 1-800-372-1758 sowie www.outdoors.org.*

Die Lakes Region und das Merrimack River Valley

Hinweis zur Route
Von Conway geht es auf dem Hwy. 16 Richtung Süden und bei West Ossipee weiter auf der Nr. 25 direkt in die Seen- und Hügellandschaft im Zentrum von New Hampshire, die **Lakes Region**. Etwa 270 Seen – im Zentrum der **Lake Winnipesaukee** als größter – kennzeichnen diese Landschaft, die sich vom Fuß der White Mountains südwärts bis vor die Tore Concords sowie im Osten vom Grenzgebiet Maines westwärts bis hinein nach Vermont erstreckt. Die Lakes Region gilt wie die White Mountains als beliebte Urlauberdestination.

Am Lake Winnipesaukee

Touristisches Zentrum

Der **Lake Winnipesaukee** ist mit rund 300 km Uferlinie und 274 Inseln der größte See in New Hampshire. Da er zudem schnell von den Großstädten Manchester und Boston erreichbar ist, hat sich die Region um den See zum Ferienparadies entwickelt. Ferienhäuser wohin man schaut, entlang dem Ufer, aber sogar auf den winzigen Inselchen. Es lohnt sich, ein bisschen mehr Zeit hier einzuplanen und eine Rundfahrt mit dem Dampfer „Mt. Washington" aus den 1930ern auf dem See zu unternehmen.

Am Lake Winnipesaukee

Während **Weirs Beach** als Versorgungsort fungiert, kann **Wolfeboro** auf eine lange Tradition als „Sommerfrische" verweisen: Schon der königliche Gouverneur Wentworth hat hier 1764 das erste Sommerresort in Nordamerika eingerichtet. Abgesehen von seinem Haus und einigen anderen alten Villen lohnt ein Blick in das **New Hampshire Boat Museum** oder das **Wright Museum**, ein informatives Museum zum Leben in Neuengland während des 2. Weltkrieges. Eine weitere Attraktion ist das am Nordufer gelegene **Castle in the Clouds** bei Moultonborough, der 1910 errichtete Bau des exzentrischen Millionärs Thomas Gustave Plant, hoch über der Seenlandschaft gelegen und umgeben von einem 2.100 ha großen Park. Je weiter man sich vom Lake Winnepesaukee Richtung Westen entfernt, umso ruhiger wird es.

„Schloss in den Wolken"

New Hampshire Boat Museum, *395 Center St. (Rte. 109/28), www.nhbm.org, mit neuem VC, HS tgl. 10–16, So 12–16 Uhr, $ 7.*
Wright Museum, *77 Center St., www.wrightmuseum.org, Mai–Okt. Mo–Sa 10–16, So 12–16 Uhr, $ 8.*
Castle in the Clouds, *bei Moultonborough, Hwy. 171, am Nordufer des Sees, www.castleintheclouds.org, im Mai nur an Wochenenden, Juni–Mt. Okt. tgl. 10–16 Uhr, $ 16 Tour, Grounds/Scenic Drive $ 5, mit Castle Café.*

Reisepraktische Informationen Lakes Region/NH

Information
***Lakes Region Association**, 61 Laconia Road, Tilton, ☎ (603) 286-8008, www.lakesregion.org*

Touren
***M/S Mount Washington Cruises**, 211 Lakeside Ave. Weirs Beach, Laconia, ☎ (603) 366-5531, www.cruisenh.com. Außer der Mount Washington, einem Dampfschiff der 1930er, zwei weitere kleinere Schiffe, die tgl. Mai–Ende Okt. zu Rundfahrten starten. Auch Sonderfahrten.*
***Winnipesaukee Scenic Railroad**, vom Pier in Weirs Beach nach Meredith fahrende Eisenbahn, www.HoboRR.com/winni.html; tgl. Juli/Aug., sonst nur an Wochenenden (HS), ab $ 14.*

Unterkunft / Restaurant
***The Naswa Resort on Lake Winnipesaukee** $$-$$$$, 1086 Weirs Blvd., Laconia, ☎ 1-888-556-2792, www.naswa.com; Familienbetrieb, großer Komplex mit Motel, Inn und Cottages, direkt am See, mit Nashwa Restaurant, Beach Bar And Grill.*
***The Inns at Mills Falls** $$$-$$$$, 312 Daniel Webster Hwy., Meredith, ☎ (603) 279-7006, www.millfalls.com; drei renovierte Häuser (darunter eine ehemalige Kirche und eine Textilfabrik) und zwei Neubauten mit schönen, geräumigen Zimmern in dem kleinen Ort Meredith (nette Shops, Restaurants und Cafés) direkt am Lake Winnipesaukee und nahe der Anlegestelle der M/S Mt. Washington, s. oben.*

Einkaufen
***Hampshire Pewter**, 43 Mill St., Wolfeboro, www.hampshirepewter.com, im Sommer mehrmals tgl. Touren; weiterer Shop: 7 N. Main St.; 1974 gegründete Zinngießerei, die die lange Tradition der Handfertigung von Zinngegenständen aufrecht*

erhält. Schlichtes, elegantes Design der Produkte und hohe Qualität, dank „Queen's Metal", einer hochwertigen Zinnlegierung, die im 16. Jh. in England erfunden wurde.
***Heritage Farm**, 16 Parker Hill Rd., Sanbornton, www.heritagefarm.net; Verkauf von Produkten (u.a. Ahorn Syrup), kleines Café (Eis und Pancakes als Spezialiäten), Streichelzoo, Pferderitte und Kutschfahrten.*
***Kellerhouse**, an Rte 43, Weirs Beach, www.kellerhaus.com; seit 1906 werden hier Eis, Schokolade und Süßigkeiten wie ribbon candy selbst hergestellt, bunt-sortierter Laden – alles Erdenkliche von Kerzen und Kuckucksuhren über Bierkrüge, Weihnachtsdekor, Porzellanfiguren und Spielzeug bis zu Schokoladen und Süßwaren aller Art.*
***Tanger Outlet Center**, 120 Laconia Rd. (Hwy. 11/US Hwy. 3, I-93, Exit 20), Tilton, www.tangeroutlet.com/tilton; Billigangebote in über 50 Einzelshops.*

Canterbury Shaker Village

Einblick in die Welt der Shaker

Rund 25 km südlich von Weirs Beach (US Hwy. 3, dann Hwy. 106) liegt bei dem Ort Canterbury Center gut ausgeschildert das **Canterbury Shaker Village** (Shaker Rd.). Neben dem Parkplatz befindet sich das Besucherzentrum, in dem Tickets verkauft, Infos zu den Touren erteilt werden und es eine kleine Ausstellung gibt. Über das gegenüber gelegene Gelände, von dessen ursprünglich rund 100 Bauten noch etwa 25 erhalten sind, werden **Touren** angeboten, die sich in erster Linie darin unterscheiden, welche Gebäude innen besichtigt werden. Einige Bauten und das Freigelände können nach Kauf einer Eintrittskarte auch auf eigene Faust besichtigt werden, allerdings versäumt man auf diese Weise einen Blick in interessante Häuser, wie *Meeting House*, *Dwelling House* oder *Laundry*. Am Ende der Besichtigung sollte der große Museumsshop stehen, wo es schöne Mitbringsel und Handwerksartikel, wie die legendären Shaker-Schachteln oder Garderobenleisten, Samen und Handarbeiten, Bücher und Ahornsirup zu kaufen gibt.

Der Rundgang durch das ehemalige Dorf gibt einen guten Einblick in die handwerklichen Fähigkeiten und die Geisteswelt der **Shaker**. Da jede der Siedlung für sich selbst verantwortlich war, entschloss man sich in Canterbury in den 1950ern, keine neuen Mitglieder mehr aufzunehmen. 1964 wurde das Dorf bewusst von den letzten Shaker-Schwestern in ein „Denkmal" umgewandelt, das über das Leben und Wir-

Besuch im Canterbury Shaker Village

ken der Shaker berichten sollte, ohne dieses im Stil eines „Living History Museums" zu neuem Leben zu erwecken. 1939 war bereits der letzte Bruder gestorben, 1992 verschied die letzte Schwester und seither wird das Dorf als *nonprofit museum* betrieben. Von einst 19 Shaker-Siedlungen gibt es heute nurmehr ein authentisches, „belebtes" Dorf, nämlich in Sabbathday/Maine (www.shaker.lib.me.us).

Canterbury Shaker Village, *288 Shaker Rd., südl. Belmont (Zufahrt: I-93 Exit 18 oder Lake W. via US Hwy. 3 und Hwy. 106, ausgeschildert), www.shakers.org, Gelände Mt. Mai–Okt. tgl. 10–17 Uhr (Touren bis 16 Uhr), $ 17; mit Museumsladen, Shaker Box Lunch & Farm Stand (Imbiss) sowie empfehlenswertem Greenwood's Restaurant.*

info

Die Shaking Quakers

Um den Himmel auf Erden zu errichten, war Ann(e) Lee 1770 mit acht Anhängern nach Amerika aufgebrochen. 1736 in Manchester, England, geboren, hatte die couragierte Fabrikarbeiterin die Nase voll von ihrem bisherigen Leben, davon, ausgebeutet zu werden, ihrem Ehemann ein Kind nach dem anderen zu gebären und den Dreck wegzuputzen. Einer Eingebung folgend, wandte sie sich dem Glauben zu und in den 1750ern war sie zur geistigen Führerin einer Gruppe von Abtrünnigen der anglikanischen Kirche geworden – einer **Religionsbewegung**, die sich Elemente der Vorstellungen von Quäkern, Hugenotten und Methodisten zu Eigen machte. Wegen ihres Glaubens verfolgt und eingesperrt, hatte Ann Lee die Vision, dass sie eine neue Lebensweise verkünden müsse, bei der Männer und Frauen gleich waren, frei von Lust, Habgier und Gewalt und ein (zölibatäres) Leben in materieller und geistiger Einfachheit führen sollten.

Shaking Quakers wurde die Glaubensgemeinschaft hämisch genannt, da für ihre Mitglieder der Tanz ein wesentlicher Bestandteil des Gottesdienstes war und sich während der emotionalen Treffen Mitglieder gelegentlich in zuckenden Bewegungen zu Boden warfen. Offizieller Name der Gemeinschaft war **United Society of Believers of Christ's First and Second Appearance**, kurz **Believers**. Das oberste Lebensmotto lautete frei übersetzt „Beten und Arbeiten". Brothers und Sisters, Männer und Frauen, pflegten keinerlei privaten Kontakte, bewohnten getrennte Gebäude bzw. -teile, gingen streng definierten Pflichten nach und betraten sogar die Kirche, das *Meeting House*, durch getrennte Eingänge.

Nach ihrer Ankunft in Nordamerika entstanden ab 1774 nach und nach mehrere Shaker-Gemeinden wie diejenige in Canterbury. Zur Blütezeit gehörten rund 300 Brüder und Schwestern sowie 100 Kinder der Gemeinschaft in Canterbury an, die in erster Linie die Funktion eines Waisenhauses bzw. Kinderheims übernahm. 1826 umfasste die Glaubensgemeinschaft insgesamt an die 6.000 Mitglieder in damals 18 Gemeinden und verteilt auf acht Bundesstaaten – was *Mother Ann* allerdings nicht mehr erlebte, da sie 1783 nach einer Missionsreise durch Neuengland starb. Da das Prinzip des

info

Zölibats galt, musste man durch Konvertiten und adoptierte Waisen Mitglieder rekrutieren. Das gelang bis zur Mitte des 19. Jh. recht gut, doch mit zunehmender Industrialisierung sanken die Zahlen und heute gibt es nur noch wenige Believers in Sabbathday (Maine).

Das **oberste Gebot** der Shaker lautete „*efficency of space and time*", was hieß, dass alles im Alltag seinen Sinn haben musste und bestmöglich zu funktionieren hatte – Bauten, Haushaltsgeräte, Kleidung etc. Technischen Errungenschaften zur Arbeitserleichterung gegenüber war man aufgeschlossen und Erfindergeist und Genialität wurden gefördert. Einfachheit und Nützlichkeit, hohes handwerkliches Können und Präsizion paarten sich mit Disziplin und Geschäftssinn. Heute von vielen Handwerkern nachgeahmt, hat auch die **Architektur der Shaker** deren „Exodus" überlebt: Gerade die Round Barn in Hancock (Massachusetts), ein großes rundes Steingebäude, höchst effizient und grandios in seinen schlichten Proportionen, zugleich aber eine Art Statussymbol, sowie die Wohnhäuser und *Meeting Houses*, die man beispielsweise in Canterbury sieht, haben den Shaker in der Architekturgeschichte einen besonderen Platz eingeräumt.

Im Merrimack River Valley

Am Südrand der Lakes Region liegt **Concord**. Die 1727 gegründete kleine Hauptstadt von New Hampshire am Merrimack River macht einen etwas verschlafenen Eindruck. Selbst rings um das mit seiner goldenen Kuppel herausragende **State House** (Main St.) das älteste, immer noch benutzte der USA von 1819, geht es ruhig zu. Sehenswert ist das **Museum of New Hampshire History**, mit den historischen Sammlungen der New Hampshire Historical Society. Hier steht auch eine der originalen Concord-Kutschen, die jeder aus Western als „Postkutschen" kennt.

„Post-kutsche"

Museum of New Hampshire History, *Eagle Square/ Main St., www.nhhistory.org, HS Mo–Sa 9.30–17, So 12–17 Uhr, in der NS nicht montags, $ 5,50*

State House in Concord

Etwa 25 km südlich der Hauptstadt, erreichbar über den US Hwy. 3 am Ostufer des Merrimack River oder der I-93 am Westufer, liegt die ehemalige Industriestadt **Manchester**. Aufgrund ihrer Vergangenheit als reiche Textilstadt wird sie auch als New Hampshire's *Queen City* bezeichnet und ist heute die größte Stadt des Bundesstaates. Einst nutzten die Abenaki-Indianer die hier befindlichen Wasserfälle des Merrimack River zum Fischen und nannten den Ort deshalb Amoskeag – „Platz der vielen Fische". In den 1720ern tauchten die ersten weißen Siedler auf und gründeten Derryfield.

Da zunächst der Fluss der wichtigste Transportweg war, baute man im 18. Jh. einen Kanal, der die Wasserfälle umging, die Anbindung der nördlich gelegenen Region ermöglichte und aus Derryfield einen **Handelspunkt** machte. Ideale Voraussetzungen also für einige Bostoner Geschäftsleute, die zu Beginn des 19. Jh. einen Standort für eine Textilfabrik suchten. Derryfield wurde deshalb 1810 zum „**Manchester of America**". Um die Textilfabrik der *Amoskeag Manufactoring Company* entstand schnell eine selbstversorgende Industriestadt, die im späten 19. Jh. ihren Höhepunkt erlebte.

Textilstadt Manchester

Während die Arbeiter in einfachen Wohnblöcken lebten – einige davon sind noch erhalten –, lebten die reichen Unternehmen in viktorianischen Villen in *North End* oder auf dem *Hanover Hill*. Die Elm St. entwickelte sich dagegen zum wirtschaftlichen Zentrum der neu entstandenen Siedlung. Zu Beginn des 20. Jh. war Amoskeag die größte Textilfabrik der Welt, Arbeiter aus ganz Europa waren hier beschäftigt und um 1910 produzierten 16.000 Menschen Tag für Tag über 750 km (!) Stoffbahnen. Dann ging es rapide bergab mit der Textilindustrie und 1935 schloss die letzte. Auch der Verfall der Innenstadt Manchesters schien unaufhaltsam, doch dank eines Revitalisierungsprogramms sind in viele der alten Ziegelbauten Büros, Apartments, Künstlerateliers, Läden und Restaurants eingezogen und das Zentrum von Manchester ist zur Topadresse geworden. In einem der alten Fabrikbauten ist das **Millyard Museum** zu Hause, das einen hervorragenden Überblick über die Geschichte der Stadt gibt. Schautafeln, Modelle und Originalstücke aus den alten Produktionsstätten sowie ein Teil eines Wasserkanals zeugen von der Blütezeit der Textilindustrie, der Industrialisierung im Allgemeinen und der Stadtentwicklung Manchesters im Besonderen.
Millyard Museum, *Commercial/ Pleasant St., Mill Nr. 3, Manchester, www.manchesterhistoric.org/mill.htm, Di–Sa 10–16 Uhr, $ 8.*

Sehenswertes in Manchester

Wie zu alten Zeiten, befindet sich das lebhafte Stadtzentrum im Bereich der **Elm St.**, wo sich Läden und Cafés aufreihen. Das **Currier Gallery of Art** ist zwar nicht allzu groß, dafür aber ist die Gemäldesammlung europäischer und amerikanischer Meister hochkarätig. Besonders sehenswert unter den über 11.000 Kunstwerken sind die Möbel-, Foto- und Glasssammlungen. Zum Museum gehörig und von dort mit Kleinbussen angefahren wird das **Zimmerman House**. Dieses 1950 von Frank Lloyd Wright entworfene Privathaus hatte der Arzt Isadore J. Zimmerman (1903–84) und seine Frau Lucille (1908–88), eine Krankenschwester und seine Sekretärin, in Auftrag gegeben. Wright selbst hatte den Ort niemals besucht, sondern hatte lediglich anhand von Fotos und topografischen Karten ein Meisterwerk der modernen Architektur, oder genauer, des *Prairie Style*, kreiert. Nichts an bzw. in diesem Haus ist verschnörkelt oder überflüssig, Architektur wie Innenausstattung sind beeindruckend einfach, aus soliden Materialien, viel Holz

und Glas, in schlichten Formen ausgeführt und mit praktischen Einbauten und nützlichen Details versehen.
Currier Gallery of Art, *150 Ash St., www.currier.org, So/Mo/Mi/Fr 11–17, Sa 10–17 (10–12 Uhr frei), $ 10, inkl. Zimmerman House $ 20.*

Auf dem Hwy. 28 geht weiter Richtung Boston nach **Derry**, in die Heimat des Dichters Robert Frost, dessen **Farm** zu besichtigen ist. Ein Stückchen südlich davon, kurz vor dem Ort North Salem, liegt ein ungewöhnlicher Platz: **America's Stonehenge**. Dieser nur etwa meterhohe Steinkreis hat mit dem britischen Stonehenge wenig gemeinsam. Außer, dass es ebenfalls unterschiedlichste Theorien hervorgerufen hat: Wer hat ihn aufgestellt? Griechen, Phönizier, Kelten, Indianer, frühe Siedler oder nur ein humorvoller Anwohner, der sich einen Spass erlaubte?
Robert Frost Farm, *122 Rockingham Rd., Derry, http://robertfrostfarm.org, HS Mi–So 10–16, Juli/Aug. tgl. 10–16 Uhr, $ 4.*
America's Stonehenge, *Haverhill Rd., North Salem, www.stonehengeusa.com, tgl. 9–17, $ 11.*

Über die Autobahn I-93 gelangt man wieder in den Staat Massachusetts. Erster größerer Ort, keine 25 km nordwestlich von Boston, ist **Lowell** am Merrimack River. Wie bei Manchester und Nashua handelt es sich um eine ehemalige Textilmetropole, die 1842 schon Charles Dickens beschrieben hat. Einblick in die industrielle Vergangenheit gewährt der **Lowell National Historic Park**. Hier wurden zahlreiche Fabrikgebäude renoviert, durchzogen von kompliziert angelegten Kanälen und mit den Wohnheimen der Arbeiter und Arbeiterinnen. Von Lowell sind es auf der I-93 noch rund 40 km zurück nach Boston.
Lowell National Historic Park, *246 Market St., www.nps.gov/lowe, tgl. 9–17/17.30 Uhr, Park frei, mit Museum ($ 6).*

Reisepraktische Informationen Merrimack River Valley/NH&MA

Information

***Manchester Welcome Center**, 889 Elm/Merrimack St., Manchester, www.manchester-chamber.org*
***Greater Merrimack Valley CVB**, ☏ (978) 459-6150, www.merrimackvalley.org*

Unterkunft / Restaurant

***Towneplace Suites by Marriott** $$, 686 Huse Rd. (I-293 Exit 1), Manchester/NH, ☏ (603) 641-2288, www.marriott.com; // gut ausgestattete Zimmer mit kleiner Kochnische, Hallenbad und Fitness-Raum.*
***Cotton**, 75 Arms Park Dr. (ab Commercial St.), Manchester/NH, ☏ (603) 622-5488; Bistro in renoviertem Fabrikbau mit Blick auf den Merrimack River, Atmosphäre wie Küche ungewöhnlich und kreativ.*

Einkaufen

***L. L. Bean Retail Store**, 1609 South Willow St., Manchester/NH; billige Outdoor–Bekleidung und Freizeit-/Sportzubehör.*

Alternativroute über Vermont und Hartford/CT

Vermont, Neuenglands grünes Hinterland

Für Natur- und Öko-freunde

Der „Green Mountain State" Vermont, **Neuenglands grünes Hinterland**, ist so etwas wie der „Wilde Westen" des Nordostens, das „Land dazwischen" – ein Fleckchen Wildnis jenseits der geschäftigen Küstenregion. Heute zieht der Staat vor allem Naturfreunde an, doch Orte wie Manchester oder Montpelier, die kleinste US-Bundeshauptstadt, haben ebenfalls ihren Reiz und **Vermonts Bioprodukte** von Ahorn Syrup über Käse und Bier bis hin zu Fair-Trade-Kaffee sind heiß begehrt. Der Trend zu ökologischem Anbau und Bioprodukten hilft besonders den zahlreichen Kleinbauern und „Agritourism" ist inzwischen zum guten Geschäft geworden: Selbstpflückfarmen und Urlaub auf dem Bauernhof, kombiniert mit verschiedenen Freizeitaktivitäten, sichern kleinen Farmbetrieben ihr Auskommen.

Die **Green Mountains**, Teil der Appalachen, mit ihren 223 Erhebungen von über 600 m Höhe, prägen den Bundesstaat ebenso wie die scheinbar endlosen Wälder – die besonders im Herbst attraktiv sind – und machen Vermont zum „grünen" Staat. Ein weiteres Element prägt die Landschaft Vermonts: das Wasser. Im Osten ist es der **Connecticut River** und seine Zuflüsse, an der Westgrenze erstreckt sich der **Lake Champlain**, der immerhin sechstgrößte See der USA. Der französische Abenteurer Samuel de Champlain war als erster Europäer im Sommer 1609 hier im Land der Abenaki, einem zur Sprachgruppe der Algonkin gehörender Indianerstamm, aufgetaucht um den See zu erkunden.

Kleinste Hauptstadt der USA

Kaum 8.000 EW zählt **Montpelier** und ist damit die kleinste Hauptstadt der USA. Im Westen von Montpelier erhebt sich die Bergkette der Green Mountains, ein Refugium für Skifahrer, Bergsteiger und Mountainbiker. Inmitten der Skigebiete haben sich im Umkreis der Ortschaft Waterbury auch eine Reihe von Gourmetfirmen niedergelassen wie die **Green Mountain Coffee Roasters** und **Ben & Jerry's Homemade Ice Cream Factory**.

Skizentrum

Im Umfeld des fast 1.400 m hohen **Mount Mansfield** hat sich die kleine Ortschaft **Stowe** zum Top-Skizentrum des Ostens einerseits, aber auch mehr und mehr zur Spa- und Wellness-Oase andererseits gemausert. Von hier sind es nurmehr wenige Meilen zu **Neuenglands „Westküste"** am **Lake Champlain**. Einst Eldorado für Schmuggel, sind die wilden Jahre längst vorbei und heute locken Naturschutzgebiete, Uferpromenaden und malerische Orte Besucher an. **Burlington** hat sich von einer Hafen- und Holzstadt zu einer lebhaften Universitätsstadt und zur einzigen städtischen Metropole Vermonts mit über 42.000 EW gemausert.

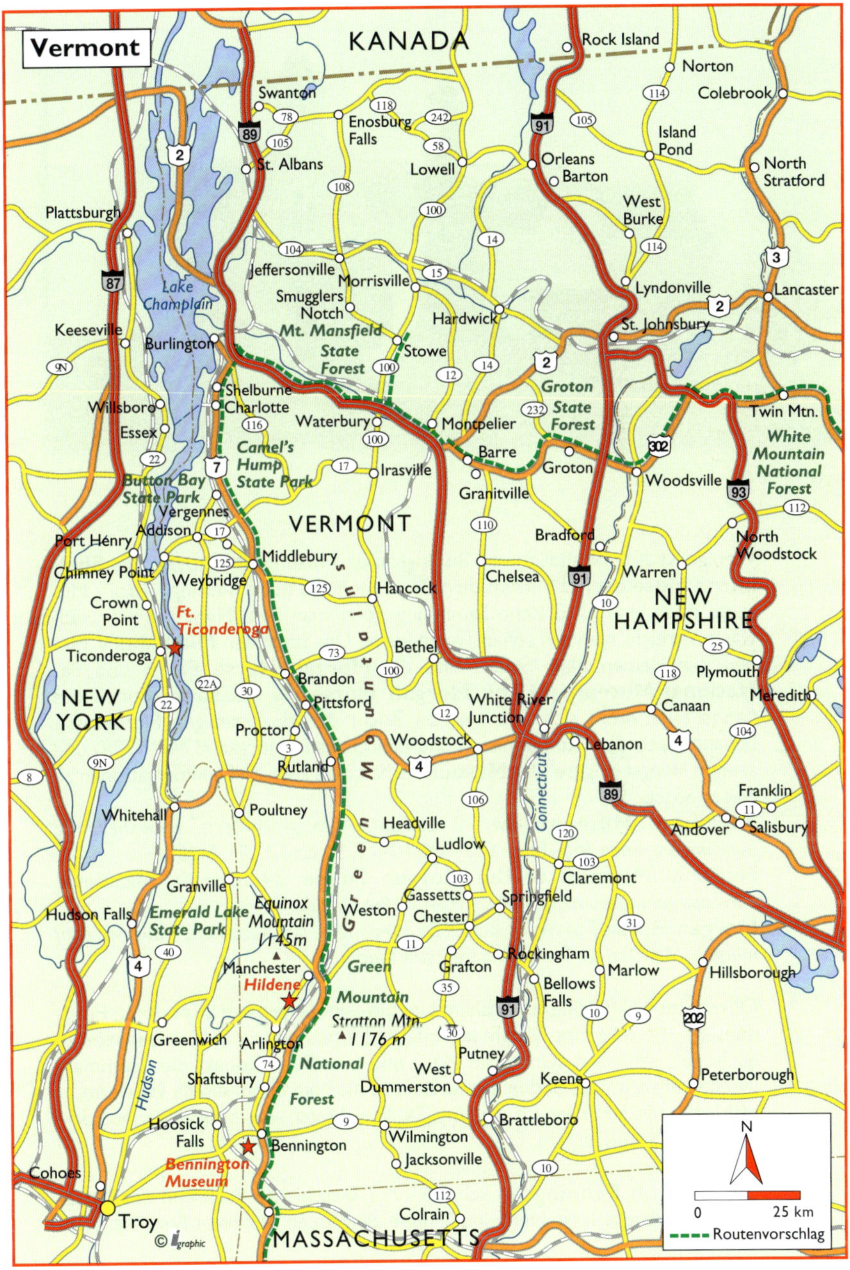
Vermont
KANADA
VERMONT
NEW YORK
NEW HAMPSHIRE
MASSACHUSETTS
Rock Island
Norton
Colebrook
Swanton
Enosburg Falls
Island Pond
North Stratford
St. Albans
Lowell
Orleans
Barton
West Burke
Plattsburgh
Jeffersonville
Morrisville
Lyndonville
Lancaster
Lake Champlain
Smugglers Notch
Hardwick
St. Johnsbury
Keeseville
Burlington
Mt. Mansfield State Forest
Stowe
Groton State Forest
Shelburne
Twin Mtn.
Willsboro
Charlotte
Waterbury
Montpelier
White Mountain National Forest
Essex
Camel's Hump State Park
Barre
Groton
Woodsville
Button Bay State Park
Irasville
Granitville
Vergennes
Addison
Bradford
North Woodstock
Port Henry
Middlebury
Chelsea
Warren
Chimney Point
Weybridge
Hancock
Crown Point
Ft. Ticonderoga
Green Mountains
Ticonderoga
Bethel
Plymouth
Brandon
White River Junction
Meredith
Pittsford
Canaan
Proctor
Woodstock
Lebanon
Rutland
Connecticut
Franklin
Whitehall
Poultney
Headville
Andover
Salisbury
Ludlow
Claremont
Granville
Gassetts
Springfield
Equinox Mountain 1145m
Weston
Chester
Hudson Falls
Emerald Lake State Park
Rockingham
Manchester
Grafton
Marlow
Hillsborough
Hildene
Green Mountain National Forest
Bellows Falls
Stratton Mtn. 1176 m
Greenwich
Arlington
Putney
Hudson
Shaftsbury
West Dummerston
Keene
Peterborough
Hoosick Falls
Brattleboro
Bennington
Wilmington
Bennington Museum
Jacksonville
Cohoes
Colrain
Troy
© graphic
N
0
25 km
Routenvorschlag

Morgan Horse Farm in Middlebury

Sehr empfehlenswert!

Wenige Kilometer südlich von Burlington darf man in **Shelburne** das **Shelburne Museum** nicht versäumen. Es ist mehr als nur ein Living History Museum oder eine historische Sammlung. Folgt man dem Hwy. 7 weiter südwärts, erreicht man das sehenswerte kleine Uni-Städtchen **Middlebury**. Neben der kleinen Main Street sind die **Morgan Horse Farm** und das **National Museum of the Morgan Horse** die Hauptattraktionen des Ortes. Hier dreht sich alles um die Zucht der gleichnamigen Pferderasse, benannt nach dem Komponisten und Lehrer Justin Morgan (1747–1798) und seinem Hengst „Figure". Im **Museum** erhält man zusätzliche Informationen zu dieser Rasse.
Shelburne Museum, *Hwy. 7, Shelburne (ausgeschildert), www.shelburnemuseum.org, Ende Mai–Ende Okt– tgl. 10–17, So ab 12 Uhr, $ 20.*
National Museum of the Morgan Horse, *34 Main St., Middlebury, www.morganmuseum.org, Mi–Sa 10–17 Uhr, Spende.*
Morgan Horse Farm, *74 Battell Dr., Weybridge, ausgeschildert, www.uvm.edu/morgan, Mai-Okt. tgl. 9–16 Uhr, frei (stdl. Touren).*

Obwohl es US-Präsident Abraham Lincoln – im Gegensatz zu anderen Präsidenten – nie vergönnt war, im legendären Hotel Equinox in **Manchester** zu nächtigen, genossen seine Frau Mary und sein Sohn Robert die „Sommerfrische" in Vermonts Süden. Robert baute hier die Sommervilla **Hildene**.
Hildene, *1005 Hildene Rd., an Hwy. 7A, Manchester, www.hildene.org, tgl. 9.30–16.30 Uhr, $ 16 (Touren).*

Die Ortschaft **Bennington** schrieb 1777 Geschichte: Während des Unabhängigkeitskriegs hielt hier eine Truppe der *Green Mountain Boys* die britischen **Truppen** in Schach und brachte damit den britischen Feldzug im Norden zum Stocken. An dieses Ereignis erinnert ein um 1890 errichteter 93 m hoher Obelisk, das **Battle Monument**.

Reisepraktische Informationen Vermont

Information

***Vermont**: www.vermontvacation.com*
***Stowe**: www.gostowe.com*
***Waterbury**: www.waterburyvt.com*
***Spezialitäten aus Vermont**: www.vermontbrewers.com, www.vtfarms.org, www.vtcheese.com, www.vermontmaple.org*

Unterkunft / Restaurants

***Middlebury Inn** $$-$$$, 14 Court Square, Middlebury, ☏ (802) 388-4961, www.middleburyinn.com; rund 70 Zimmer in renoviertem Historic Inn von 1827 sowie in der nebenan gelegenen Porter House Mansion (1825), preiswerter ist es im modernen Motel-Annex; mit Bar und eigenem Restaurant.*
***Waybury Inn** $$$, 437 East Main, Route 125, East Middlebury, ☏ (802) 388-4015, www.wayburyinn.com; romantisches Inn in einem 1810 als Postkutschenstopp erbauten Gasthaus, 15 renovierte und geschmackvoll eingerichtete Zimmer und Suiten; zugehöriger beliebter Pub und Gourmet-Restaurant, in dem frische lokale Produkte verarbeitet werden.*
***Trapp Family Lodge** $$$, 700 Trapp Hill Rd., Stowe, ☏ (802) 253-8511, www.trappfamily.com; Haupthaus mit 98 Zimmern im Alpenstil, eigenes Restaurant und vielseitiges Freizeitangebot. Gegründet von der österreicherischen Trapp-Familie, die durch das Musical „Sound of Music" berühmt wurde. Im Sommer auch Konzerte und Reitvorführungen und im Winter lockt das älteste Loipennetz Amerikas.*
***Topnotch Resort & Spa** $$$-$$$$, 4000 Mountain Rd., Stowe, ☏ (802) 253-8585, www.topnotchresort.com; 68 gut ausgestattete, große Gästezimmer und Suiten sowie 40 exklusive Resort Häuser auf dem Grund. Blick auf Mt. Mansfield, angeschlossenes Norma's Restaurant mit lokaler Küche, Spa sowie Fitness Center, Tennis Center, zwei Pools, Reitzentrum, Skitrails, Wassersport, Flyfishing u.v.a.*

Einkaufen

***Green Mountain VC & Café**, 1 Rotarian Place (Waterbury Station)., tgl. 7–18/19 Uhr, www.greenmountaincoffee.com, kleines Café mit Laden im Bahnhof.*
***Ben & Jerry's Homemade Ice Cream Factory**, Rte. 100 Richtung Stowe, www.benjerry.com, Shop tgl. 10–20 Uhr, Touren 10–17 Uhr $ 4.*

Ben & Cherry's Homemade Ice Cream Factory

Von den Berkshire Hills nach Springfield/MA

Die südlich an Bennington/VT anschließenden **Berkshire Hills** gehören nicht mehr zu Vermont, sondern liegen bereits im Westen von Massachusetts. Ihre landschaftliche Schönheit lockt seit jeher Besucher an. Es gibt Gelegenheit, in Tanglewood bei einem Picknick einem der Sommerkonzerte des *Boston Symphony Orchestra* zu lauschen, im nahen Pittsfield erfährt man im **Hancock Shaker Village** Wissenswertes über diese religiöse Gemeinschaft und das **Norman Rockwell Museum** in Stockbridge ist ganz dem berühmten Illustrator gewidmet.
Hancock Shaker Village, *34 Lebanon Mountain Rd., Hancock/MA, www.hancockshakervillage.org, April–Okt. tgl. 10–16/17 Uhr, $ 17.*
Norman Rockwell Museum, *9 Glendale Rd./Rte. 183, Stockbridge/MA, www.nrm.org, tgl. 10–16/17 Uhr, $ 16.*

Von den Berkshire Hills erreicht man über die Autobahn I-90 in nur einer Stunde **Springfield/MA**. Direkt an der Autobahn (Exit 4 bzw. 7) liegt in der alten Industriestadt am Connecticut River ein Muss für jeden Basketballfan, die **Naismith Memorial Basketball Hall of Fame**. Schon 1959 war die Ruhmeshalle des Basketball-Sports eingeweiht worden, doch erst ein Neubau 2002 zieht jährlich Millionen von Besuchern an. In dem Gebäude geht es von oben nach unten über drei Stockwerke quer durch die Geschichte des Sports, im Zentrum blickt man von den Galerien auf riesige Bildschirme und ein Spielfeld.

Alles dreht sich um Basketball

Im Honor Ring (OG) werden die bedeutendsten Akteure und Persönlichkeiten des Basketballs vorgestellt. Neben dem „Erfinder" der Sportart, dem Lehrer James Naismith aus Springfield (1891), wird an legendäre Stars wie Bill Russell, Kareem Abdul-Jabbar, Magic Johnson, Larry Bird oder Michael Jordan erinnert. Es wird jährlich neu von einem Gremium entschieden, welche Personen, die sich um diese Sportart verdient gemacht haben, neu aufgenommen werden. Auf der nächsten Ebene ist unter dem Motto „*The Game, The Players, The Game through the Media, The Coaches, The Teams*" alles gesammelt worden: Neben Gedenktafeln und Büsten, Fotos und Dokumenten sind Ausrüstungsgegenstände wie Schuhe und Trikots und andere Utensilien der Stars und Teams zu bewundern; außerdem werden Videos gezeigt.
Im EG gibt es dann Gelegenheit, sich selbst als Akteur zu versuchen, es finden regelmäßig verschiedene Wettbewerbe statt. Zum Schluss gibt es im Laden Souvenirs über Souvenirs und im Café Erfrischungen.
Naismith Memorial Basketball Hall of Fame, *1150 W Columbus Ave., I-91 Exit 4 bzw. 7, ausgeschildert, ☏ (413) 781-6500, www.hoophall.com, tgl. 10–17 Uhr, $ 19.*

i **Information**
Berkshires/MA: www.berkshires.org
Springfield: www.valleyvisitor.com

Literaturstadt Hartford/CT

Keine 30 Minuten braucht man auf der I-91 von Springfield nach Hartford, die Hauptstadt von Connecticut. 1633 war am Connecticut River eine holländische Poststation entstanden, um die herum zwei Jahre später eine puritanisch-englische Siedlung entstand. Einer der ersten Siedler gab ihr den Namen seiner Heimatstadt in England: **Hartford**. Aufgrund der Lage am schiffbaren Connecticut River spielte der Ort stets eine wichtige Rolle in der politischen, wirtschaftlichen und sozialen Entwicklung der Region. 1662 vereinte eine königliche Charta die Kolonien Hartford und New Haven und garantierte ihnen Unabhängigkeit. Sir Edmund Andros, 1687 als neuer Gouverneur eingesetzt, ließ diese Charta widerrufen, doch ein gewisser John Wadsworth aus Hartford raubte kurzerhand das Dokument und versteckte es im Stamm einer Eiche. Nach der Thronbesteigung Williams III. erlangte die Urkunde erneut Gültigkeit und dank Wadsworth konnte das Dokument zurückgeholt werden.

Günstige Lage

Viel vom alten Hartford ist nicht erhalten. Die Hauptstadt präsentiert sich modern und geschäftig, mit recht imposanter Skyline – kein Wunder, Hartford gilt als die **Versicherungshauptstadt der USA** und etliche große Firmen unterhalten hier ihren Hauptsitz. Das Versicherungsgeschäft hat Tradition seit die erste Police im 18. Jh. ausgestellt wurde, eine Versicherung für ein Handelsschiff. Zunächst konzentrierte man sich auf den Seehandel, doch seit dem Großbrand 1835 in New York und weiteren in Boston und Chicago sowie dem Erdbeben von San Francisco 1906 wurden verstärkt Feuer und Unfall abgesichert. Die Stadt ist auch berühmt wegen eines gewissen Samuel Colt, der den „Colt 5" erfand. Diese Handfeuerwaffe „eroberte" den Westen – nach dem Motto der Firma erschuf Gott die Menschen ungleich, Colt machte sie gleich.

Das Old State House

Einen kurzer Rundgang (Parken an Parkuhren möglich) beginnt man am besten im **Old State House**, da sich hier zugleich eine Infor-

mationsstelle (s. unten) befindet (UG). Es gilt als ältestes Parlamentsgebäude der USA. 1796 erbaut, war dies zudem der erste öffentliche Auftrag, den Charles Bulfinch ausführte.
Old State House, *800 Main St., www.ctosh.org, HS Di–Sa 10–17 Uhr, $ 6.*

Genuss für Kunstfreunde

Kunstgenuss bietet das südlich gelegene **Wadsworth Atheneum**. Der Hauptbau entstand im *Gothic Revival Style* und beherbergt das älteste kontinuierlich betriebene öffentliche Kunstmuseum der USA. 1842 als Bibliothek und Galerie errichtet, finden sich heute auf fünf Gebäude verteilt hochkarätige Beispiele europäischer Kunst, außerdem gibt es eine breite Palette an amerikanischer Malerei und besonders sehenswert ist die Abteilung moderner Kunst in einem Bau von 1934 – nebenbei, dem ersten Beispiel des Internationalen Stils in den USA. Für die gelungene Mischung aus Bauten, Gemälden, Möbeln, dekorativer Kunst und Skulpturen sollte man zwei bis drei Stunden einplanen.
Wadsworth Atheneum, *600 Main St., www.wadsworthatheneum.org, Mi–Fr 11–17, Sa/So 10–17 Uhr, $ 10.*

Schräg gegenüber dem Museumsbau liegt die **Center Church** *(First Church of Christ)* mit dem **Old Burial Ground**, wo viele wichtige Persönlichkeiten der Stadt ihre letzte Ruhe fanden. Westlich der Main St. breitet sich der **Bushnell Park** aus. Er wird vom **Connecticut State Capitol** dominiert, 1879 im gotisierenden Stil erbaut. Dahinter lohnt die *State Library* (231 Capitol Ave.) einen Besuch, da sich darin das **Museum of Connecticut History** befindet. Sehenswert ist die Sammlung von Uhren und Colts sowie Original der Charta von 1662.
Connecticut State Capitol, *Capitol Ave./Trinity St., www.cga.ct.gov/capitoltours, Touren Mo–Fr 9.15–13.15, 14.15 Uhr (nur Sommer), frei.*
Museum of Connecticut History, *231 Capitol Ave., www.museumofcthistory.org, Mo–Fr 9–16, Sa 10–14 Uhr, frei.*

Berühmtester Einwohner der Stadt

Um dem berühmtesten Einwohner der Stadt, **Mark Twain** (1835–1910), und dessen ehemaligen Wohnhaus, dem **Mark Twain House & Museum**, einen Besuch abzustatten, muss man wieder ins Auto steigen. Das Haus liegt im Stadtteil **Nook Farm**, rund 3,5 km westlich von Downtown Hartford. Das VC mit Theatersaal, Ausstellungsräumen (auch Wechselausstellungen) und Shop informiert über das Haus und seinen Erbauer, ehe man sich einer Tour anschließen kann. Der ehemalige Besitzer der *Nook Farm* hatte sein Land in einzelne Parzellen aufgeteilt und diese verkauft. Dass ausgerechnet hier ein intellektuelles Zentrum entstand, lag an der Rolle der Stadt als Verlagsmetropole in den 1860ern bis 1890ern. Damals hatten sich zahlreiche Autoren, Verleger und Schauspieler hier niedergelassen.

Mark Twains Haus wurde ab 1874 im viktorianischen Stil erbaut. Man sagt, es würde an einen Mississippidampfer erinnern, doch in erster Linie ist es das ungewöhnliche Haus eines ungewöhnlichen Mannes, dessen einzige Vorgabe an den Architekten war: „Bau' ein rotes Haus!" So entstand eine grandios-kitschige Mischung aus *Steamboat*, mittelalterlichem Schloss und

Mark Twain House in Hartford/CT

Kuckucksuhr. Für die Innenausstattung war Louis Comfort Tiffany zuständig, er schuf hier allerdings kostbare Holzvertäfelungen und Schnitzarbeiten statt Glasarbeiten. Twains Ideen und Vorstellungen von einem angemessenen Lebensstil zehrten stark an seinem Vermögen und am Ende war er total verschuldet und musste das Haus verkaufen. Zum Glück blieb vieles erhalten, auch die Bibliothek mit etwa 250 Büchern. Diese sind besonders wertvoll, da prall gefüllt mit handschriftlichen Notizen Twains.
Mark Twain House & Museum, *351 Farmington Ave., www.MarkTwainHouse.org, Mo–Sa 9.30–17.30, So 12–17.30 Uhr, Haus nur mit Touren/alle 20–30 Min., $ 16.*

Neben dem Haus von Mark Twain liegt das **Harriett Beecher Stowe Center** und das **Wohnhaus** (*71 Forest St.*) von Harriett Beecher Stowe (1811–1896). Die Autorin des weltberühmten Romans „Onkel Toms Hütte" entstammte einer sehr religiösen Familie. Ihr Vater Lyman Beecher galt als Prediger schon zu Lebzeiten als Legende. Kein Wunder, dass seine Tochter mit Calvin Stowe (stirbt 1886) ebenfalls einen Priester heiratete. Ein Rundgang durch das Haus zeigt den Haushalt einer Priesterfamilie, die zu

Weitere bedeutende Autorin

Geld gekommen war. Ab den 1860ern verdiente Harriett dank ihrer 31 Bücher recht gut und konnte sogar ein Ferienhaus in Florida (bei Jacksonville) unterhalten. Besucher können auch das daneben liegende **Day House**, 1884 im Queen Anne Style erbaut, besichtigen. Es gehört ebenfalls der Stiftung und beherbergt eine Ausstellung zu Werk und Leben von Harriett Beecher Stowe.

Harriett Beecher Stowe Center, *77 Forest St., www.harrietbeecherstowecenter.org, HS Touren Di–Fr 9.30–16.30, Sa bis 17.30, So 12–17.30 Uhr, $ 9.*

Hinweis zur Route

Von Hartford braucht man auf der I-91 keine Stunde nach New Haven, wo man auf die Küstenroute zwischen Boston und New York stößt (siehe S. 246). Über die I-84 erreicht man dagegen bei Sturbridge die I-90, die direkt zurück nach Boston führt.

info

Humorist, Gesellschaftskritiker und Volksschriftsteller

Tom Sawyer und Huckleberry Finn kennt jedes Kind, wer aber schon Samuel Langhorne Clemens? Besser bekannt wurde er unter dem Künstlernamen **Mark Twain**. Man kennt ihn von Fotos als gutmütig blickenden, älteren Herrn im zumeist weißen Leinenanzug, mit wirrer weißer Haarmähne und Schnurrbart.

Mark Twain – diesen Spitznamen hatte er während seiner Ausbildung zum Mississippi-Lotsen nach einer Maßbezeichnung beim Loten der Flusstiefe erhalten. Geboren am 30.11.1835 in Florida, Missouri, kam er schon in jungen Jahren nach Hannibal, Mississippi, und absolvierte dort eine Ausbildung zum Drucker. Bereits als Jugendlicher verfasste er unter dem Pseudonym *W. Epaminondas Adrastus Blab* politische Satiren für die Lokalzeitung. Seine Ausbildung zum Mississippi-Lotsen, von 1857 bis 1859, war ein wichtiger Abschnitt im Leben Twains, Erfahrungen, die er in dem lesenswerten Bericht *Leben auf dem Mississippi* (1883) festhielt.

Twain hielt es nie sehr lange an einem Ort oder bei in einer Stellung und so zog er 1861 nach Nevada (Virginia City), wo er zunächst auch dem Traum vom großen Geld anhing;, diese Zeit unter Gold- und Silbersuchern schilderte er in der Erzählung *Roughing it* von 1872 („Durch Dick und Dünn"). Die Suche nach dem kostbaren Edelmetall war jedoch ebenso wenig erfolgreich, wie seine Versuche als Immobilienspekulant und Erfinder. In Virginia City und anschließend in San Francisco als Reporter tätig, schrieb er teils groteske, teils mythische Wildwest-Erzählungen und politischen Satiren – ohne zunächst groß beachtet zu werden. Erst 1865 verhalf ihm Der berühmte Springfrosch von Calaveras zu überregionalem Ansehen und von da an wurde sein volkstümlicher Erzählstil zum Renner. Er wurde erstmals 1867 nach Europa eingeladen, ging häufig auf Vortragsreisen und hielt die im Ausland gewonnenen Eindrücke und Erlebnisse in humoristischen Reisebüchern mit sozialkritischem Unterton, wie *The Innocents Abroad* (1869) oder *A Tramp Abroad* (1880) fest.

info

Die Heirat mit Olivia Langdon, 1870, brachte eine Wende. Sie sorgte für Ordnung, lektorierte seine Schriften und kultivierte seine „Vulgärsprache" – und sie hatte Geld. Man war ein Jahr nach der Hochzeit nach Hartfort umgezogen, wo die eigentlich goldenen Jahre des Autors begannen. Die (Jugend-)Romane *Die Abenteuer von Tom Sawyer* (1876) und die Fortsetzung *Die Abenteuer von Huckleberry Finn* von 1884 verhalfen ihm zu ungeahnter Popularität. Aufgrund der scharfen Gesellschaftssatire und der gelungenen Charakterdarstellungen, vor allem des dunkelhäutigen Jungen Jim, gilt Huck Finn als das literarische Meisterwerk Twains. In den 1880er Jahren konzentrierte sich der Autor auf historische Romane, z.B. *Ein Yankee aus Connecticut an König Arthurs Hof* (1889). In *Wilson, der Spinner* (*Puddn'head Wilson*, 1894) wetterte er gegen die menschliche Moral und prangerte die Sklavenhaltung an.

1895 zwang seine hohe Verschuldung durch Fehlinvestitionen – wie in die Paige-Schriftsetzmaschine, die Gründung eines Verlags, oder die von ihm neu erfundenen Notizbücher – den inzwischen 60-jährigen Twain zu einer 13-monatigen Vortragsreise durch Neuseeland, Australien, Indien und Südafrika, während der er frenetisch gefeiert wurde und die er im Reisetagebuch *Dem Äquator nach* (1897) beschrieb.

Die letzten zehn Jahre seines Lebens waren trotz drei verliehener Ehrendoktortitel seine schwersten: Erst starb seine 14-jährige Tochter, ein Jahr später, 1904, seine Frau und kurz vor seinem eigenen Tod noch seine zweite Tochter, Jean. Twain war zum verbitterten und resignierten Einzelgänger und Pessimisten geworden. Als er am 21. April 1910 starb, starb eine Legende, die weit mehr war als nur Humorist.

Reisepraktische Informationen Hartford/CT

Information

***Old State House VC**, 800 Main St., ☏ 1-800-446-7811, www.enjoyhartford.com, Mo–Fr 10–16, Sa 11–16 Uhr.*

Unterkunft

***Inn at Middletown**, 70 Main St., Middletown (etwa 17 mi. südlich von Hartford, Hwy. 9), ☏ (860) 854-6300, www.innatmiddletown.com; schönes, historisches Boutique-Hotel mit gemütlichen, aber modern ausgestatteten Zimmern und eigenem Restaurant.*

Restaurants

***Max Downtown**, 185 Asylum St.; hervorragende Steaks in allen Variationen, dazu eine gute Weinauswahl.*

***Trumbull Kitchen**, 150 Trumbull St., ☏ (860) 493-7417; ausgeflipptes Dekor und kreative Küche – ein unvergleichliches Erlebnis!*

Von Boston nach New York

Redaktionstipps

Sehens- und Erlebenswertes

- Spurensuche in der **Plimoth Plantation** (S. 248)
- Ruhe und Erholung, Strand und Natur auf **Cape Cod** (S. 250)
- Im **New Bedford Whaling National Historical Park** (S. 257) Herman Melvilles „Moby Dick" hautnah erleben.
- Besuch in den **Mansions** von Newport (S. 262)
- In **Mystic Seaport** (S. 270) eine alte Hafenstadt kennen lernen.
- Indianermuseum der besonderen Art, das **Mashantucket Pequot Museum** (S. 272)
- Bummel über den historischen Campus der **Yale University** (S. 275)

Unterkunft

- Traumhaft: **Chatham Bars Inn** am Strand von Cape Cod (S. 254)

Hinweis zur Route

Die etwa 320 km zwischen Boston und New York könnte man auf der Autobahn I-95 ohne Stau in etwa dreieinhalb Stunden schaffen. Man würde auf diese Weise jedoch zwischen den beiden Metropolen eine landschaftlich sehenswerte und historisch bedeutende Küstenregion versäumen. Zunächst folgt man also besser dem Hwy. 3 über Plymouth nach Cape Cod, anschließend dem US Hwy. 6 westwärts über New Bedford und – nach einem Abstecher nach Newport (Hwy. 138 und 114) – über Fall River nach Providence, Hauptstadt von Rhode Island. Dort trifft man dann auf den US Hwy. 1, der nach New York führt. Für Eilige empfiehlt es sich, auf die I-95 auszuweichen, die ab Mystic dem „Einser" parallel folgt.

Massachusetts Cultural Coast

Über Plymouth nach Cape Cod

Die Fahrt von Boston Richtung Südosten (Hwy. 3) gleicht einer Fahrt in die Vergangenheit, weswegen die ganze Region südlich von Boston auch als **Massachusetts Cultural Coast** (www.theculturalcoast.org) genannt wird. Zwischen Plymouth, Cape Cod, Martha's Vineyard, Nantucket und New Bedford ist die Geschichte omnipräsent. **Plymouth** beispielsweise ist die die älteste Siedlung in Nordamerika nördlich von Virginia (Jamestown). Hier war es den **Pilgervätern** 1620 gelungen, Fuß zu fassen. Dort, wo sie einst landeten, am Plymouth Rock, einem an sich unscheinbaren Felsen, erhebt sich heute im **Plymouth Rock Memorial Park** ein etwas kitschiger Rundtempel.

Landungspunkt der Pilgerväter

Highlight in der Stadt ist die **Mayflower II** (Water St./State Pier, Teil der Plimoth Plantation, s. u.), jenes Schiff, auf dem 50 Männer, 20 Frauen und 32 Kinder puritanischen Glaubens als religiöse Flüchtlinge nach Amerika gekommen waren. In den 1950ern wurde das Segelschiff nach alten Beschrei-

Von Boston nach Cape Cod
Boston
Boston
3
Gurnet Point
Plymouth Bay
Plymouth
Plimoth Plantation
44
3A
58
Myles Standish State Forest
Ellisville
3
South Carver
495
Buzzards Bay
Sagamore
Sandwich
Cape Cod Canal
195
Wareham
Bourne
Heritage Plantation
New Bedford
6
28
130
Mashpee
151
Buzzards Bay
Popponesset Bay
Falmouth
Woods Hole
ELIZABETH ISLANDS
Vineyard Sound
Oak Bluffs
Vineyard Haven
MARTHA'S VINEYARD
Edgartown
CHAPPAQUIDDICK ISLAND
MUSKEGET ISLAND
TUCKERNUCK ISLAND
Nantucket
NANTUCKET ISLAND
NANTUCKET SOUND
MONOMOY NATIONAL WILDLIFE REFUGE
MONOMOY ISLAND
Harwich Port
South Yarmouth
Hyannis
Hyannis Port
149
28
Barnstable
6A
Yarmouth Port
Yarmouth
6
Chatham
28
Nauset Beach
Dennis
Brewster
6A
Orleans
Eastham
Wellfleet Harbor
Wellfleet
CAPE COD BAY
CAPE COD
6
Provincetown
Pilgrims Heights
CAPE COD NATIONAL SEASHORE
N
0
20 km
Routenvorschlag
© graphic

bungen und Bildern von Booten jener Zeit in England in Originalgröße nachgebaut. Vom 20. April bis zum 13. Juni 1957 segelte es dann von Plymouth in Großbritanien nach Plymouth/Massachusetts.

„Will-kommen im 17. Jh."

Von der ursprünglichen Siedlung ist nichts mehr erhalten. Dieses Manko gleicht man mit der **Plimoth Plantation**, 5 km südlich vom modernen Plymouth, durch die authentische Rekonstruktion des ersten Dorfes von 1627 nach Beschreibungen der ersten Siedler aus. Es ist ein Musterbeispiel für ein „Living History Museum" mit „Schauspielern", Veranstaltungen und Programmen. Man hat bei der Errichtung des Dorfes nicht nur auf historische Genauigkeit geachtet, sondern lässt es auch von Darstellern originalgetreu „bewohnen" um so das Alltagsleben damaliger Zeit zu veranschaulichen: „Willkommen im 17. Jahrhundert".
Plimoth Plantation, *Rt. 3/Exit 4, www.plimoth.org, Mitte März–Ende Nov. tgl. 9–17 Uhr, $ 25,50, Kombiticket zusammen mit Mayflower II $ 29,50.*

Reisepraktische Informationen Plymouth/MA

Information
***Plymouth Information Center**, 130 Water St., www.SeePlymouth.com*

Touren / Bootsfahrten / Führungen
***Colonial Lantern Tours**, 5 North St., ☏ (774) 457-8126, www.lanterntours.com; interessante Walking-Touren mit kundigen Führern durch das abendliche Plymouth, ab $ 12 (spezielle Touren an Halloween oder Thanksgiving, auch Ghost Tours).*

Zu Besuch auf der historischen Plimoth Plantation

Unterkunft

***Radisson Inn Plymouth Harbor** $$, 180 Water St., ☏ (508) 747-4900, www.radissonplymouth.com; Kettenhotel mit gut ausgestatteten Zimmern und Service-Einrichtungen direkt in der Innenstadt und am Hafen.*

***Seabreeze Inn B&B** $$$, 20 Chilton St., ☏ (508) 746-0282, www.seabreezeinnbandb.com; viktorianisches Häuschen am Historic Plymouth Harbor, hilfsbereite Gastgeber und angenehme Atmosphäre.*

Neuenglands puritanisches Erbe

info

Sie selbst nannten sich **The Chosen People**, die „Auserwählten", die im Promised Land Nordamerika ein „neues Jerusalem" bauen wollten. 1536 war das Hauptwerk von Johann Calvin (1509–64) in Genf entstanden, auf das sich nicht nur die reformierte Kirche und die Hugenotten stützten, sondern auch die Puritaner, eine Gruppe, die sich in England in den 1560ern herausgebildet hatte. Sie lehnten die von König Heinrich VIII. 1534 gegründete *Church of England* vehement ab und forderten die Einhaltung strenger Regeln und die Reinigung der Kirche von „weltlichem Tand", eine „puristische" Religion also.

Dass sich die Puritaner damit nicht beliebt machten, liegt auf der Hand. Viele Anhänger flüchteten um 1600 in die toleranteren Niederlande. Als sie dort von den Vorbereitungen zu einer Kolonie-Gründung in Nordamerika hörten, ergriffen sie die Gelegenheit beim Schopf. Schnell wurden einige puritanische Familien mit der **Plymouth Company** handelseinig und segelten im Frühjahr 1620 zunächst nach Southhampton und anschließend mit der *Mayflower* in die neue Welt, um dort ihre Vorstellungen vom rechten Leben und Glauben realisieren zu können. Auch wenn die ersten Jahre hart waren, wuchs mithilfe der Indianer und durch den steten Zuzug neuer Siedler die Kolonie.

1628 erhielt eine Gruppe von Puritanern um den charismatischen John Winthrop einen königlichen Freibrief als **Company of the Massachusetts Bay in New England**. Ein Jahr später gründete diese Salem und ein Jahr später Boston. Bis 1637 kamen jährlich etwa 2.000 neue Glaubensbrüder und -schwestern nach Neuengland.

Angeführt von Winthrop starteten die Puritaner ihr religiöses Experiment: Als auserwähltes Volk wollte man in Boston „*A City upon a Hill*", eine Stadt auf dem Hügel, errichten, auf die die Augen aller gerichtet sein sollten. Ein Ausspruch, den sich seither viele Amerikaner, selbst Präsidenten, immer wieder zu Eigen gemacht haben, wenn es um die Rolle der USA als „auserwählte Nation" ging. Dabei ist die puritanische Religion als solche längst nicht mehr existent, geblieben ist jedoch die zugehörige Geisteshaltung und „puritanisches Gedankengut".

info

Die **puritanische Gemeinde** basierte auf der Gemeinschaft und dem *Covenant*, dem Vertrag zwischen der Gemeinde und Gott. Das Wohl der *Community* stand über persönlichem Wohlergehen, denn der Vertrag zwang die einzelnen Mitglieder zur Übernahme von Pflichten und Verantwortung, zur Untergebenheit gegenüber Gott und der Regierung.

Einerseits waren Tugendhaftigkeit, Fleiß, Familie und Bildung – die Puritaner gründeten 1636 immerhin die erste Lateinschule, aus der sich die **Harvard University** entwickelte – wichtige Elemente im Leben eines Puritaners. Andererseits war das angeblich „puritanische Leben" so puritanisch auch wieder nicht. Man legte, wenn auch maßvoll, Wert auf gute Kleidung, auf gutes Essen und Trinken. Liebe zu Wissenschaft und Bildung, Freiheitsliebe, Moral, Frömmigkeit zeichnete die Puritaner aus, mit diesen Attributen versah 1796 Timothy Dwight, Präsident der Yale University, seine Landsleute. Es sind bis heute Eigenschaften, die das puritanische Erbe Neuenglands ausmachen und dafür gesorgt haben, dass ausgerechnet hier demokratische Ideen entstanden und die Industrialisierung Nordamerikas eingeleitet wurde.

Cape Cod

Naturparadies

Es soll Zeiten gegeben haben, da lag **Cape Cod** „am Ende der Welt". Das kann man sich heute kaum mehr vorstellen, speziell nicht im Sommer. Die 100 km lange (Halb-)Insel ist das **Ferien- und Naherholungsziel Nummer 1** südlich von Boston. Schon zu Anfang des 17. Jh. wussten europäische Fischer vom Reichtum des Atlantiks in dieser Region und die großen Kabeljau (*cod*)-Vorkommen waren es auch, die Cape Cod seinen Namen gaben. 1620 hatten die Pilgrims zunächst beim heutigen Provincetown angelegt, sich dann aber entschlossen, auf die andere Seite der Bucht überzuwechseln, um dort die *Plimouth Plantation* (s. oben) zu gründen. Um 1900 setzte der Tourismus ein, zunächst kamen Besucher mit Schiff und Eisenbahn, dann mit dem Auto, und alles änderte sich.

Cape Cod gleicht einem angewinkelten Arm mit angespanntem Bizeps. Etwa 50 km ragt die Insel zunächst nach Osten in den Atlantik hinein, dann noch einmal dieselbe Strecke nordwärts. Die so zu Stande gekommene **Cape Cod Bay** ist bekannt für ihre warmen und strömungsfreien Gewässer – weit angenehmer als die kalten Fluten und Strömungen auf der gegenüberliegenden Atlantikseite. Um das gefährliche Umschiffen der Halbinsel zu vermeiden, hatte man 1914 einen Kanal konstruiert, der Cape Cod zur Insel machte. Hauptanziehungspunkt sind die kilometerlangen, sauberen Sandstrände (v.a. Race Point Beach, Ridgevale Beach, Surfside Beach/Nantucket) und 1961 wurde ein 11.000 ha großes Naturschutzgebiet als **Cape Cod National Seashore** unter Schutz gestellt. **Upper Cape** ist der dem Festland nächstgelegene Abschnitt von Cape Cod. **Mid Cape** erstreckt sich dagegen vom Barnstable County ostwärts bis Chatham und Orleans – d.h. bis zur „Armbeuge" – und **Lower Cape** reicht schließlich von hier bis hinauf nach Provincetown.

Hinweis zur Cape-Cod-Route
Von Plymouth folgt man dem Hwy. 3 südwärts nach Cape Cod, bis diese Straße nach der Sagamore Bridge in den US Hwy. 6 mündet, der ganz Cape Cod bis nach Provincetown als Hauptachse durchzieht. Empfehlenswerter auf Cape Cod ist die Fahrt auf dem landschaftlich schöneren Hwy. 6A, der näher entlang der Nordküste verläuft, ehe er bei Orleans wieder auf den US Hwy. 6 trifft. Auf dem Rückweg von Provincetown empfiehlt es sich, bei Orleans auf den Hwy. 28 einzubiegen um auf diese Weise die Südküste Cape Cods näher kennen zu lernen. Bei Bourne, nach der Bourne Bridge über den Kanal, stößt die Nr. 28 dann wieder auf den US Hwy. 6.

Erste Station ist **Sandwich**, 1637 als erster Ort auf Cape Cod gegründet und einst bekannt für seine florierende Glasindustrie. 1825 war die Glashütte eröffnet worden, 1888 schloss sie ihre Pforten. Informationen darüber und dazu etwa 5.000 Beispiele von Glasprodukten sieht man im **Sandwich Glass Museum**.Sehenswert ist außerdem am südlichen Ortsrand die **Heritage Plantation**, ein mehrteiliger Komplex aus historischen Bauten und Botanischem Garten. Es gibt beispielsweise eine Nachbildung der *Round Stone Barn* der Shaker-Gemeinde in Hancock/MA. Im Inneren befindet sich eine ungewöhnliche Sammlung alter Autos. In einem anderen Gebäude erfährt der Besucher mehr über die Geschichte und in einem dritten über die Kunst der Region.

Sehenswert in der Ortschaft **Brewster** ist das **Cape Cod Museum of Natural History**, das einen Einblick in die Geschichte und Flora und Fauna der Region gibt.
Sandwich Glass Museum, *129 Main St., Sandwich, www.sandwichglassmuseum.org, HS tgl. 9.30–17 Uhr, NS nur Mi–So bis 16 Uhr, $ 6.*
Heritage Plantation, *67 Grove St., Sandwich, www.heritagemuseumsandgardens.org, HS tgl. 10–17 Uhr, sonst nur an ausgewählten Wochenenden, $ 15.*
Cape Cod Museum of Natural History, *869 Hwy. 6A, Brewster, www.ccmnh.org, HS tgl. 9.30–16 Uhr, $ 10.*

Die **Cape Cod National Seashore** nimmt fast das gesamte Lower Cape ein. Sandstrände und hohe Dünen kennzeichnen die östliche Atlantikküste, während sich an der Westküste zur Bucht hin Marschregionen ausdehnen. Im Naturschutzgebiet gibt es vier sehenswerte Abschnitte, wobei erster Anlaufpunkt das **Salt Pond VC** bei Eastham sein sollte. Hier erhält man Karten und Infos und lernt anhand eines Films und von Ausstellungen die lokalen ökologischen Gegebenheiten kennen. Vom Besucherzentrum führt eine Straße direkt zur **Nauset Light Beach** am gleichnamigen Leuchtturm. Auch in der etwas nördlich gelegenen **Marconi Station Area** erstreckt sich ein beliebter Badestrand; außerdem bietet sich der **Atlantic White Cedar Swamp Trail** zum Spaziergang an. Die nahe Ortschaft **Wellfleet** ist berühmt für Austernzucht. Mit dem **Cape Cod Highland Lighthouse** sticht ein fotogener Leuchtturm (mit kleiner Ausstellung) ins Auge.

Sehenswertes an der Atlantikküste

Leuchtturm auf Cape Cod

Cape Cod National Seashore, *www.nps.gov/caco, Beach-Zugang $ 3;* **Salt Pond VC**, *Eastham, ab Hwy. 6, Feb.–Dez. tgl. 9–16.30 Uhr, sonst nur an Wochenenden;* **Province Lands VC**, *Provincetown, Race Point Rd., Mitte Apr.–Nov. tgl. 9–17 Uhr, mit ausgezeichnetem Race Point Beach.*
Cape Cod Highland Lighthouse, *Leuchtturm und Highland House/Truro Historical Museum, Highland Rd., ab Hwy. 6, in Truro, tgl. 10–17, $ 5, nur Leuchtturm $ 4, mit Golf- und Campingplatz.*

„P"-Town

Haupt- und sehenswertester Ort auf Cape Cod ist das kleine Hafenstädtchen **Provincetown**, von wo aus im Sommer Fähren nach Plymouth und Boston verkehren. Das einst verschlafene Nest haben erst Künstler, dann Homosexuelle für sich entdeckt und unisono einen Ferienort geschaffen, dem eine heitere, tolerante und ungewöhnliche Atmosphäre eigen ist. „*P-town*" war aufgrund seines geschützten Hafens bei Fischern beliebt und auch noch heute spielt die Fischerei eine Rolle, wie die Imbissbuden am Hafen demonstrieren.

Hauptachse des Ortes ist die **Commercial St.,** die an Hafen und Strand vorbeiführt und an der sich viele kleine, teilweise ausgefallene Läden, Cafés und Restaurants aufreihen. Das **Pilgrim Memorial** überragt den Ort. Anfang des 20. Jh. als Erinnerungsmal errichtet, gewährt es einen tollen Ausblick aus 77 m Höhe. Die Überreste der *Whydah*, eines 1984 vor Wellfleet geborgenen Piratenschiffs, kann man im **Whydah Pirates Museum** an der *Mac Millan Wharf* bewundern und erfährt zudem Interessantes über Piraterie.

Provincetown Art Association and Museum, *460 Commercial St., www.paam.org, HS Mo–Do 11–20, Fr 11–22, Sa/So 11–17 Uhr, in der NS nur an Wochenenden, $ 7.*
Pilgrim Memorial SP, *mit Museum, High Pole Hill, HS tgl. 9–19, NS –17 Uhr, $ 6.*
Whydah Pirates Museum, *MacMillan Wharf, www.whydah.com, HS tgl. 9–20 Uhr, $ 10.*

Auf der Rückfahrt sollte man eine Pause gönnen: Östlich von **Orleans** befindet sich der **Nauset Beach**, einer der schönsten Strände auf Cape Cod. Der Ort selbst wurde 1797 nach dem *Duke of Orleans*, dem späteren König von Frankreich, benannt und erlangte Berühmtheit, als hier 1879 die Telegrafenlinie nach Brest entstand. Das **French Cable Station Museum** (*Hwy. 28/S. Orleans Rd., Sommer Do–So 13–16 Uhr, Spende*) informiert über dieses wegweisende Ereignis.
Sehenswert in **Chatham** außer Ridgevale Beach ist das historische **Atwood House Museum** der **Chatham Historical Society**. **Hyannis** ist dagegen der Hauptort (www.hyannis.com) und das infrastrukturelle Zentrum von Cape Cod. Unbedingt einplanen sollte man einen Besuch im **John F. Kennedy Museum** im alten Rathaus. Noch heute besitzt und nutzt die Kennedy-Familie ihr Sommerhaus in **Hyannisport** (nicht zugänglich), das 1925 von Joseph und Rose Kennedy gemietet und drei Jahre später gekauft worden war.

Sommerhaus des Kennedy-Clans

Chatham Historical Society, *347 Stage Harbor Rd., www.chathamhistoricalsociety.org, Juni/Sept–Okt. Di–Sa 13–16, Juli/Aug Di–Sa 10–16 Uhr, $ 6.*
John F. Kennedy Museum, *397 Main St., www.jfkhyannismuseum.org, HS Mo–Sa 10–16, So 12–16, NS 10 bzw. 14–16 Uhr, $ 8.*

Westlich von Hyannis gewinnt die Natur wieder die Oberhand. Bei **Mashpee** befinden sich ein Reservat der Wampanoag-Indianer und das **Old Indian Meeting House** (410 Meetinghouse Rd.) von 1684 und damit die älteste erhaltene Kirche/Versammlungshaus für Indianer. Ehe man Cape Cod auf dem Hwy. 28 verlässt, passiert man das Städtchen **Falmouth**, von dessen Hafen **Woods Hole** die Fähren nach Martha's Vineyard ablegen.

Reisepraktische Informationen Cape Cod/MA

Information

***Visit Cape Cod**, Infos im Internet: www.allcapecod.com, www.visitcapecod.com sowie www.capecodchamber.org.*
***Cape Cod Welcome Center**, 5 Patti Page Way (Rte. 6/132), Centerville; Mo–Sa 10– mind. 14 Uhr.*

Touren

***Massachusetts Cranberry Trail**: Cape Cod und die anschließende Region gilt als Hochburg des Cranberry-Anbaus. Wer während der Erntezeit von Mitte Sept. bis Nov. in der Region unterwegs ist, sollte Station an einigen der Farmen (meist mit Shops) machen. Infos: www.cranberries.org*

Der besondere Tipp für Cape Cod, das Chatham Bars Inn

***Cape Cod Central Railroad**, 252 Main St., Hyannis, www.CapeTrain.com; Zugfahrten durch Cape Cod von Hyannis bis Cape Cod Canal und zurück, verschiedene Touren. Mehrere interessante **Whalewatch-Touren** ab Barnstable Harbor und Provincetown.*

Unterkunft

*In **Provincetown**, entlang Bradford und Commercial St. (Hwy. 6A) reihen sich zahlreiche kleine Inns/Hotels wie das **Harbor Hotel Provincetown** $$ (698 Commercial, ☎ 508-487-1711, www.harborhotelptown.com) oder das **Surfside Hotel** $$ (543 Commercial, ☎ 1-866-757-8616, www.surfsideinn.cc) auf.*
*Besonders empfehlenswert ist das **Brass Key Guesthouse** $$$-$$$$ (67 Bradford St., ☎ 508-487-9005, www.brasskey.com). Dieses Hotel-Juwel besteht aus mehreren Cottages mit luxuriösen Zimmern um einen idyllischen Innenhof mit Pool.*
***ShoreWay Acres Resort Inn**, Historic Shore St., Falmouth, ☎ (508) 540-3000, www.shorewayacresinn.com; schön in grünem, historischem Ambiente gelegen, 80 Zimmer entweder im B&B oder im angeschlossenen Motel, nahe Strand und Ortskern mit Pools, Sauna und verschiedenen Freizeitangeboten.*
***Chatham Bars Inn** $$$-$$$$, 297 Shore Rd.,Chatham, ☎ (508) 945-0096, www.chathambarsinn.com; seit 1914 existierendes historisches Inn, in Superlage am Atlantik unter Leitung des gebürtigen Schweizers Paul Zuest. Zählt heute zu den Top Resorts mit großem Freizeit- und Sportangebot, insgesamt 177 Zimmer/ Suiten, inmitten einer gepflegten Parkanlage, mit mehreren Lokalen und Spa.*

Restaurants / Einkaufen

*Entlang der Commercial St., nahe Hafen und Strand, finden sich in **Provincetown** nicht nur Läden, sondern auch Lokale.*
***Cape Cod Beer**, 1336 Phinney's Lane, Hyannis, www.capecodbeer.com, Mi–Fr 12–18, Sa 11–14 Uhr; Brauereitouren Sa 13 Uhr, Shop.*
***Island Merchant**, 10 Ocean/Main St., Hyannis, ☎ (508) 771-1337, www.theislandmerchant.com; eines der besten Restaurants von Cape Cod, auch Kunstausstellungen und Live-Musik u.a. (Mo–Mi 17–1, Do–So 12–1 Uhr).*
***Spanky's Clam Shack**, 138 Ocean St., Hyannis; unkomplizierter, preiswerter Imbiss am Wasser.*

info

Ausflug nach Nantucket und Martha's Vineyard

Vor der Küste Cape Cods liegen in der Brandung des Atlantik zwei Inseln, die seit Herman Melvilles 1851 erschienenen Epos „Moby Dick" weltbekannt sind: **Nantucket** und westlich davon **Martha's Vineyard**. Berühmt geworden sind beide als Walfängerinseln, doch heute geht man hier längst nicht mehr auf Wal-, sondern in erster Linie auf „Touristenfang".

Nantucket, „Land in weiter Ferne", nannten die Indianer einst die Insel, die zwischen 1726 und Mitte des 19. Jahrhunderts das Walfangzentrum der Welt war. Die Insel ragt sichelförmig weit ins Meer hinaus und ist den Stürmen im Atlantik voll ausgesetzt. Einst bauten sich hier Kapitäne, Seeleute und Händler prächtige Villen, vor allem in der gleichnamigen Hafenstadt. Im Zentrum steht die Waterfront und die dort mündende Main Street mit dem alten Hafenpier von 1846, um die sich die **historische Altstadt** mit rund 800 Häusern aus den Jahren 1820 bis 1850 erstreckt.

Wer mehr über Geschichte und Bedeutung des Walfangs in Nantucket erfahren möchte, sollte das **Whaling Museum** nicht versäumen. Dort erfährt man beispielsweise, dass im späten 18. Jahrhundert die Walfangflotte der Insel beachtliche 150 Schiffe umfasste und erst ein Feuer im Jahr 1846, das den Hafen zerstörte, das Ende des Walfangs einleitete. Dazu kam Mitte des 19. Jahrhunderts das Kerosin, das das Walöl als Leuchtstoff ablöste.
Whaling Museum, *13 Broad St., www.nha.org/sites/index.html, tgl. 10–17, NS nur Do–Mo 11–16 Uhr, $ 17.*

Nantucket ist jedoch nicht nur für Architektur und Walfang bekannt, sondern auch für seine endlosen weißen Sandstrände. Zu den bekanntesten gehören **Surfside** oder **Madaket Beach** an der flachen, aber windigen Südküste oder die von sanften Wellen umspülten **Dionis** oder **Jetties Beach** im windgeschützten Norden.

Das Meer bestimmt seit jeher das Leben an Neuenglands Küste

info

Das westlich gelegene **Martha's Vineyard**, benannt nach der Tochter von Thomas Mayhew, der die Insel 1642 von Indianern erworben hatte, hatte sich ebenfalls lange Zeit dem Walfang verschrieben. Dort, wo einst reiche Schiffskapitäne und -eigner residierten, leben heute auf „*Vineyard*", wie die Einheimischen ihre Heimat nennen, bevorzugt Schauspieler, Musiker, Schriftsteller und Politiker – ohne Pomp und Aufsehen, sodass sich die Insel ihren ruhigen und beschaulichen Charakter bewahrt hat.

Die drei Hafenstädte im Nordosten, „*down-island*" – **Vineyard Haven**, **Oak Bluffs** und das 1642 als erste Siedlung entstandene **Edgartown** – waren einst Zentren des Schiffsbaus und des Walfangs, heute konzentriert sich hier der Fremdenverkehr.

Ruhiger geht es seit jeher „up-island" zu, in kleinen Orten wie **West Tisbury**, **Chilmark**, **Menemsha** und **Gay Head** im westlichen Hinterland. Während auf der Ostseite der Insel die Naturschutzgebiete **Wasque Reservation** und **Cape Poge Wildlife Refuge** dominieren, ist die Südostspitze der Insel bei Menemsha am **Vineyard Sound** berühmt für ihre Sonnenuntergänge.

Reisepraktische Informationen Nantucket und Martha's Vineyard/MA

Information

***Nantucket**: www.nantucketchamber.org*
***Martha's Vineyard**: www.mvy.com*

Unterkunft

***Infos**: www.nantucket.net/lodging*
***Nantucket Island Resorts**, ☏ 1-800-475-2637, www.nantucketislandresorts.com; gutes Angebot in verschiedenen Kategorien, z.B. Harbor House Village oder The Cottages at the Boat Basin.*
*In West Tisbury (Martha's Vineyard) bieten sich preiswertere B&Bs wie das **Cleaveland House** (☏ 508-693-9352, www.cynthiariggs.com/cleavelandhouse) oder **The Red Hat B&B** (☏ 508-696-7186, www.theredhat.com) an.*

Fähren

***Hy-Line Cruises**, Hyannis, Pier 1/Ocean Street Dock, http://hylinecruises.com; High-Speed- und normale Fähren nach Nantucket und Martha's Vineyard.*
***The Steamship Authority**, www.steamshipauthority.com; High-Speed- u.a. Fähren von Cape Cod/Woods Hole nach Martha's Vineyards und von Hyannis/Cape Cod nach Nantucket sowie Fähren zwischen New Bedford und Martha's Vineyard.*
***Island Queen**, Falmouth Cape Cod, www.islandqueen.com, Ende Mai–Anf. Okt günstige Fahrten nach Martha's Vineyard (derzeit $ 18 H/R).*

New Bedford

Kaum hat der Hwy. 28 die Bourne Bridge überquert und damit wieder Festland erreicht, biegt man auf den US Hwy. 6 ein. Westwärts folgt nach rund 25 km die Hafenstadt **New Bedford**. Die 1640 gegründete Stadt war bis Mitte des 19. Jh. **der bedeutendste Walfanghafen** der Welt. Übrig gebliebenen sind aus jener Zeit noch ein paar historische Bauten und backsteingepflasterte Gassen im Zentrum. Abgesehen von diesem attraktiven Stadtkern – zusammengefasst zum **New Bedford Whaling National Historical Park**, mit dem hervorragenden Wal-Museum im Zentrum – ist New Bedford heute nicht mehr als eine „gewöhnliche" Hafen- und Industriestadt. Dem Walfang folgte die Glasindustrie, die bis hinein in die 1950er-Jahre Haupteinnahmequelle der Stadt war.

Bedeutendster Walfängerhafen

Vom Info-Zentrum des NHP aus führt der Rundgang vorbei am **US Custom House** (*William St.*), an der **Public Library** mit der *Whaleman Statue* (*William St./Pleasant St.*) sowie der Kirche **Seamen's Bethel** und dem **Mariner's Home** (*John Cake Hill*). Herman Melvilles Roman „Moby Dick" (Kapitel 2-13) tritt bei diesem Spaziergang wieder ins Gedächtnis, hat sich doch die Altstadt seither kaum verändert.

Den Eingangsbereich des **Whaling Museum** ziert ein riesiges Walskelett. In mehreren interessanten Abteilungen ringsum erhält man eine anschauliche Einführung in das Leben der Walfänger und Fischer sowie in die Geschichte der Stadt und des Walfangs. Neben einer großen Sammlung von Schiffsmodellen sind besonders die *Lagoda*, die 1916 erbaute Replik eines Walfangbootes von 1826 in halber Originalgröße, und der Film zum Walfang sehenswert.

Sehenswertes Whaling Museum

New Bedford Whaling NHP, *33 William St., www.nps.gov/nebe, tgl. 9–17 Uhr, frei mit Buchladen und Ranger-Programmen, Touren und Veranstaltungen.*
Whaling Museum, *18 Johnny Cake Hill, www.whalingmuseum.org, tgl. 9–17 Uhr, $ 14.*

Reisepraktische Informationen New Bedford/MA

Information
***Waterfront VC**, Pier 3, 52 Fishermen's Wharf, www.newbedfordtourism.com, tgl. 9–17 Uhr*

Unterkunft / Restaurant
***Captain Haskell's Octagon House** $$$$, 347 Union/Cottage St., ☎ (508) 999-3933, www.TheOctagonHouse.com; elegantes B&B in restaurierter Kapitänsvilla von 1848. Zimmer im Haupthaus und in einer Cottage von schönem Garten umgeben.*
***Whaler's Edge Historic Restaurant&Pub**, 37 Union St., ☎ (508) 996-3737; New Bedfords bekanntes Fischrestaurant.*

Newport – America's First Resort

Wie **Providence**, die Hauptstadt des kleinsten US-Bundesstaats **Rhode Island**, wurde auch **Newport** von Gefolgsleuten des Freidenkers Roger Williams gegründet. Das war 1639 und wie viele andere Hafenstädte Neuenglands waren auch hier zunächst Schiffsbau und Fischfang bestimmend. Doch schon vor dem Bürgerkrieg in den 1860ern mauserte sich der von drei Seiten vom Wasser umgebene Ort zur beliebten Sommerfrische der reichen Plantagenbesitzer aus dem Süden. Als sich in der zweiter Hälfte des 19. Jh. vermehrt reiche Industrielle aus dem Norden, wie die **Astors, Morgans, Fishers** oder **Vanderbilts**, für den Ort zu interessieren begannen, entwickelte sich Newport zu „**America's First Resort**".

Sommerfrische der Reichen

Rund 70 der Prachtbauten sind übrig geblieben, daneben existieren im Städtchen über 200 Bauten aus der Zeit vor 1800 – die größte Ansammlung kolonialer Bauten in den USA. Viele der Sommersitze, die eher als „Paläste" denn als „Ferienhäuser" bezeichnet werden müssen, sind heute zu besichtigen. Sie liegen großteils inmitten großzügiger Parkanlagen, von außen kaum einsehbar, an der Bellevue Avenue und am Ocean Drive. Zwei oder drei der grandiosen Herrschaftssitze sollte man unbedingt gesehen haben, wohingegen das volle Programm nur für wahre „Fans" (mit großem Geldbeutel) zu empfehlen ist.

Sehenswertes in der Innenstadt

Erster Anlaufpunkt sollte das **Gateway Visitor Center (1)** (*23 America's Cup Ave./ Long Wharf*) sein, das zugleich als Busbahnhof fungiert und zahlreiche Serviceeinrichtungen unter einem Dach vereint. Es gibt Informationen, Broschüren, Pläne und die Tickets für die Mansions und für Trolley- und andere Touren. Ein kurzer Spaziergang durch die Innenstadt, die prall gefüllt ist mit historischen Bauten und Kirchen, führt in der Thames St. zum **Museum of Newport History (2)**. Die Ausstellung gibt eine ausführliche und anschauliche Einführung zur Geschichte der Region und der Stadt.

Spaziergang durch die Innenstadt

Museum of Newport History, *127 Thames St., www.newporthistorical.org, tgl. 10–17 Uhr, $ 4.*

Als Amerikas ältestes jüdisches Gotteshaus gilt die **Touro Synagogue (3)**, 1763 im *Georgian Style* erbaut. Roger Williams Vorstellungen von Toleranz und Religionsfreiheit ist es zu verdanken, dass sich in Newport schon um 1658 jüdische Familien aus Holland ansiedelten und die zweite jüdische Gemeinde nach New York entstehen konnte.

Touro Synagogue, *85 Touro St., www.tourosynagogue.org, HS So–Fr 10–15.30 Uhr, halbstündl. Touren, $ 12.*

Das weithin sichbare Wahrzeichen der Stadt ist die 1726 am Queen Anne Square nach Plänen Christopher Wrens erbaute **Trinity Church (4)**, ein

Rhode Island
Douglas State Park
Woonsocket
MASSACHUSETTS
Attleboro
Taunton
Putnam
Foster
Killingly
Pawtucket
Providence
East Providence
Danielson
Cranston
Scituate Reservoir
West Warwick
Barrington
CONNECTICUT
Warwick
Fall River
RHODE ISLAND
Bristol
East Greenwich
New Bedford
Pachaug State Park
PRUDENCE ISLAND
Narragansett Bay
Portsmouth
Wickford
Saunderstown
Middletown
Hope Valley
Newport
Burlington State Park
Easton Bay
Fort Adams State Park
Foxwoods Casino
Wakefield
Watchaug Pond
Narragansett
Scarborough Beach
Charlestown
Matunuck
Point Judith
Westerly
Mystic
Stonington
Ninigret Pond
East Matunuck State Beach
Misquamicut
Rhode Island Sound
FISHERS ISLAND
Settlers Rock
Block Island Sound
Old Harbour
BLOCK ISLAND
Mohegan Bluffs
ATLANTISCHER OZEAN
N
0
10 km
Routenvorschlag
© igraphic

Sehenswürdigkeiten
1 Gateway Visitors Center
2 Museum of Newport History
3 Touro Synagogue
4 Trinity Church
5 Redwood Library and Athenaeum
6 Newport Art Museum
7 Int. Tennis Hall of Fame mit La Forge Restaurant
8 Beechwood Mansion
9 Belcourt Castle
10 Rough Point

Hotels/Restaurants
11 The Chanler at Cliff Walk mit Spiced Restaurant
12 Castle Hill Inn & Resort
13 Windward Grille (Hyatt Regency)
14 Artful Lodger

Überbleibsel aus Newports Kolonialzeit. Im nahen Touro Park fällt die **Old Stone Mill** (Mill St.) auf, angeblich eine der ältesten Steinbauten Amerikas. Die meisten Fachleute datieren den Bau ins 16. oder 17. Jh., aber es gibt auch Stimmen, die ihn als Bau der Wikinger aus dem 11. Jh. deuten. Am Anfang der Bellevue Avenue geht es vorbei an der **Redwood Library and**

Athenaeum (5) – zwischen 1748 und 1750 erbaut und damit der älteste, noch benutzte Bibliotheksbau in den USA – und am **Newport Art Museum (6)**. In diesem 1862 von Richard Morris Hunt erbauten Herrenhaus werden neben Werken von Künstlern wie Winslow Homer, Fritz Hugh Lane oder George Inness Wechselausstellungen gezeigt.
Newport Art Museum, *76 Bellevue Ave., www.newportartmuseum.org, HS Di–Sa 10–17, So 12–17 Uhr, NS bis 16 Uhr, $ 10.*

Ruhmeshalle des Tennis

Ein Muss für jeden Tennisfan ist die **International Tennis Hall of Fame (7)**, die im ehemaligen Newport Casino untergebracht ist. Zur Zeit seiner Erbauung 1880, galt das Casino als exklusiver „Country Club". Auf dem immer noch benutzten Grün wurde 1881 das erste Turnier des amerikanischen Tennisverbands ausgetragen.
International Tennis Hall of Fame, *194 Bellevue Ave., www.tennisfame.com, tgl. 9.30–17 Uhr, $ 12.*

Cliff Walk und Ten Mile Ocean Drive

Traumhafter Spaziergang

Einen ersten Eindruck von der Pracht der Villen an der Bellevue Ave. erhält man, wenn man sich quasi von der Rückseite, auf dem **Cliff Walk** (www.cliff walk.com), „anschleicht". Dieser Küstenpfad folgt ab dem Memorial Blvd. (Easton's Beach) bis Lands End (ganz im Süden) der Küste und gibt auf 5,5 km bzw. in insgesamt rund 1,5 Stunden Gehstrecke einerseits Gelegenheit, in die Hinterhöfe der Villen zu blicken, andererseits, traumhafte Ausblicke auf den Rhode Island Sound zu genießen. Wer nicht die ganze Strecke ablaufen möchte, kann erst am Ende der Narragansett Ave. über die *Forty Steps* zum Cliff Walk hinabsteigen. Wanderfreudige

Spaziergang auf dem Cliff Walk

andererseits können den Weg westwärts fortsetzen und im Brenton Point State Park am Südwestende der Insel den Sonnenuntergang genießen.

Nach Besichtigung einiger der Villen (s. unten) sollte man sich mit einer Fahrt über den **Ten Mile Ocean Drive** von Newport verabschieden. Man passiert auf der Fahrt nach Westen erneut prächtige Villen, großteils in Privatbesitz und bewohnt, und genießt entlang der Küste atemberaubende Ausblicke. Es geht auch vorbei an der **Hammersmith Farm**, die 1887 an der Westseite Newports zur Narragansett Bay hin erbaut wurde und einst den Kennedys gehörte. Man passiert den **Fort Adams State Park** (Harrison Ave.), ein Naturschutzgebiet um das 1842 bis 1857 erbaute Fort mit Strand und Picknickplätzen. Auf seinem Grund befindet sich das **Museum of Yachting** (MoY). Passend, denn Newport gilt als Segelhauptstadt der Welt und war bereits Schauplatz zahlreicher angesehener Regatten. Hier wurde zwischen 1851 und 1983 24-mal der berühmte *America's Cup* ausgetragen.

Segelhauptstadt der Welt

Museum of Yachting, *Ocean Dr., Fort Adams SP, www.moy.org, Mitte Mai–Okt. Mi–So 10–17 Uhr, $ 5, außerdem* **MoY at IYRS**, *449 Thames St., Juni-Sept. Di–Sa 12–17 Uhr (Memorabilien America's Cup).*

Newports Mansions

Tipp für Besucher

Acht große Mansions stehen zur Besichtigung offen, sechs (mit * markiert) davon unterstehen der **Preservation Society of Newport County** (118 Mill St., www.newportmansions.org, HS tgl. 10–17 Uhr, NS siehe Internet, Einzeltickets $ 14,50 bzw. $ 19,50, daneben Kombi-Tickets wie Premium Tour ($ 49) oder Gesamtticket Mansions $ 31,50, außerdem Spezialtouren, Holiday Evenings, Sunday Afternoon Music u. a. Veranstaltungen.). Separat verwaltet werden **Belcourt Castle** (www.belcourtcastle.com) und **Rough Point** (www.newportrestoration.org).
Die Villen, ihre Geschichte und Ausstattung, würden allein Bücher füllen, deshalb soll nachfolgend nur eine Auswahl mit Kurzbeschreibung gegeben werden. Bei Zeitmangel besonders zu empfehlen sind **Rough Point**, **The Elms**, **Château-sur-Mer**, **The Breakers** und **Marble House**. Geparkt werden darf entlang der Bellevue Ave. und entlang Seitenstraßen nur auf ausgewiesenen Parkplätzen. Die Häuser reihen sich an der Bellevue Ave., von *Kingscote* im Norden bis *Marble House* im Süden auf, sie liegen zu Fuß maximal eine knappe Stunde auseinander. Es gibt einen Shuttlebus ab VC, der an allen Mansions hält.

Beechwood Mansion (8): Für Caroline Schermerhorn Astor, die „Queen of American Society", erbaut, die Mutter von John Jacob Astor IV, der bei dem Untergang der Titanic umkam.
Belcourt Castle (9): 1894 von Hunt erbautes „Jagdschloss" im Stil Louis XIII. in Versailles für Oliver Hazard Perry Belmont, dem Sohn von August

Belmont von der Rothschild Bank. Noch heute bewohnt (Tinney-Familie) und ausgestattet mit einer hervorragenden Kunstsammlung. Viel Holz, Waffen, Pferdemotive etc. in den 60 Zimmern.
***The Breakers** (Orchre Point Ave.): Nach dem Vorbild eines italienischen Renaissance-Palastes nach nur zwei Jahren Bauzeit von Richard Morris Hunt 1895 für Cornelius Vanderbilt II., Sohn des Eisenbahnmagnaten, fertig gestellt; der wohl herrlichste unter den Bauten mit viel Marmor, Alabaster, Vergoldungen, Mosaiken, Kristall und Buntglas in 70 extravaganten Räumen.
***Château-sur-Mer**: Das wohl auffälligste Gebäude, im viktorianischen Stil mit verschwenderischen architektonischen Details, Turm, Vorsprüngen und Erkern. 1852 für William S. Wetmore, tätig im Chinahandel, erbaut und 1862 von Hunt umfassend renoviert.
***The Elms**: 1898–1901 von Horace Trumbauer für den Kohlemagnaten Eduard Julius Berwind (Berwind-White Coal Mining Co., Winberg/PA) erbautes Haus im Stil eines „französisches Loire-Schlosses", das genau genommen verschiedene architektonische Stile vereint.
***Kingscote**: 1841 im Gothic-Revival-Stil für einen Plantagenbesitzer aus Georgia als eines der ersten Ferienhäusern in Newport fertig gestellt. Gekonnter Umgang mit Asymmetrien und Materialkombinationen; dennoch insgesamt eher zurückhaltend. Viel dunkles Holz im Inneren, Möbeln und chinesische Porzellansammlung sehenswert.
***Marble House**: Nach Plänen Hunts 1892 für William K. Vanderbilt, ältester Sohn des Eisenbahnmagnaten erbaut, strahlend weiß mit dominanter Eingangsportikus. Innen üppig mit mythologischen Szenen ausgemalt.
***Rosecliff** (1902): Für Mrs. Herman Oelrichs, die durch Silber reich geworden ist, von Stararchitekt Stanford White inklusive einer Kopie des Versailler Spiegelsaals erbaut. Auffällig weißer Bau mit vorspringenden Seitenflügeln und formaler Gartenanlage mit Brunnen.
Rough Point (10): Diese Villa gehörte Doris Duke, Tochter des Tabak-Magnaten aus North Carolina (Touren ab Gateway VC im eigenen Shuttle). Duke verbrachte bis zu ihrem Tod 1993 eine Menge Zeit hier und hatte 1968 mit Jackie Onassis Kennedy die *Newport Restoration Foundation* gegründet, die über 400 der kolonialen Häuser der Stadt vor dem Verfall gerettet hat. 1887 war die Villa für Frederik Vanderbilt erbaut und 1925 von James Duke gekauft worden. Er beauftragte den an The Elms tätigen Architekten aus Philadelphia, Horace Trumbauer, mit einschneidenden Umbauten.

Marble House

Reisepraktische Informationen Newport/RI

Information

***Newport Visitor Information Center**, 23 America's Cup Ave., www.GoNewport.com, tgl. 9–17 Uhr; Infos, Karten, Tickets, Busbahnhof und Parkplätze.*

Unterkunft

Das Angebot in und um Newport ist ebenso groß und edel wie teuer. Neben B&Bs lohnen besonders verschiedene luxuriöse Inns im Stadtgebiet. Bei der Planung helfen folgende Webpages: www.InnsofNewport.com oder www.10bestnewportinns.com.

***Artful Lodger** (14) $$-$$$, 503 Spring St., www.artfullodger.com; ein günstiger Tipp, nahe an den Mansions, kleines B&B mit fünf unterschiedlichen und schönen Zimmern.*

***Castle Hill Inn&Resort** (12) $$$$ (inkl. Frühstück), 590 Ocean Dr., ☏ (410) 849-3800, www.castlehillinn.com; kleines Hotel (25 Zimmer), romantisch und in spektakulärer Lage, in viktorianischem Haus von 1825. Mit Privatstrand, Whirlpools, Kamine u. a. Komfort, dazu eigenes Restaurant.*

***The Chanler at Cliff Walk** (11) $$$$$, 117 Memorial Blvd., ☏ (401) 847-1300, www.thechanler.com; Superluxushotel am Nordende des Cliff Walk, im ersten hier entstandenen Sommerhaus (1865). 14 unterschiedlich ausgestattete Zimmer im Haupthaus und dazu sechs Villen, alle mit höchst luxuriöser Ausstattung; zugehöriges Restaurant **Spiced Pear** (s. unten).*

Restaurants

***Castle Inn Restaurant**, im gleichnamigen Inn, ☏ (401) 849-3800; kreative Gerichte aus frischesten Zutaten, dazu Blick auf die Narragansett Bay.*

***Spiced Pear Restaurant** (11), im Chanler Hotel, ☏ (401) 847-1300; Chefkoch Richard Hamilton, zuvor in Paris und Las Vegas tätig, ist bekannt für seine innovativen Gerichte und stolz auf den gut sortierten Weinkeller.*

***Windward Grille** (13), One Goat Island, im Hyatt Regency Hotel, ☏ (401) 851-1234; Robert Daugherty studierte im **Culinary Institute** im Napa Valley/CA und serviert kalifornisch angehauchte Haute Cuisine.*

Einkaufen

***Bannister's Wharf**, America's Cup Ave., ca. 20 kleine Souvenirläden und Galerien am alten Hafen.*

***Bowen's Wharf**, neben der Bannister's Wharf, quasi dessen Fortsetzung.*

***Newport Vineyards**, 909 E. Main, (Hwy. 138), Middletown, www.newportvineyards.com; einer der kleinen Winzer Rhode Islands, Rebflächen gleich ans Weingut angrenzend; schöner Laden, berühmt für den Eiswein.*

Fähre nach Block Island

*Vor Newport liegt im Atlantik die 66 km² große **Block Island** (www.blockisland.com), eine beschauliche und romantische Insel. Regelmäßige Fährverbindungen (ca. 2 Std. Fahrtdauer) bietet **Block Island Ferry** (www.blockislandferry.com).*

Von Newport über Providence nach New Haven/CT

Providence und die Narragansett Bay

Von Newport führt der Hwy. 114 auf der Ostseite der **Narragansett Bay** nordwärts in die Hauptstadt des Bundesstaates Rhode Island, **Providence**. Bevor man die Stadt erreicht, lohnen ein paar Stopps: Gartenliebhaber sollten wenige Meilen nach Newport einen Stopp im Örtchen **Portsmouth** einplanen um die den **Green Animals Topiary Gardens**, entstanden um 1880 zu sehen. Über 80 verschiedene Bäume und Hecken wurden hier kunstvoll in unterschiedlichste Tierformen geschnitten.

Für Gartenliebhaber

Green Animals Topiary Gardens, *Cory's Lane, ab Hwy. 114, www.newportmansions.org/explore/green-animals-topiary-garden, Mai–Okt. tgl. 10–17 Uhr, $ 14,50.*

Hauptort an der East Bay ist das nette Hafenstädtchen **Bristol**. Einst wie Providence durch den Handel reich geworden, schlummert die Stadt heute vor sich hin. Sehenswert ist **Blithewold**, eine 1906 erbaute Villa, umgeben von einer fast noch sehenswerteren Gartenanlage. Augustus Van Wickle aus Pennsylvania ließ nicht nur einen Bau in einem ungewöhnlichen Stilgemisch errichten, sondern legte zugleich eines der ersten Arboreta in USA an, mit 50.000 Tulpen, einem japanischen Garten, dem größten *Giant Sequoia* östlich der Rocky Mountains und einem gelungen gestalteten Landschaftsgarten; Meerblick ist inklusive.

Blithewold, *101 Ferry Rd./Hwy. 114, ca. 3 km südl. Bristol, www.blithewold.org, HS tgl. 10–16 (So –15), Grund tgl. 10–17 Uhr, $ 11.*

Linden Place ist ein typisches Greek-Revival-Haus, wie man es sonst vor allem aus den Südstaaten kennt. George DeWolf hatte die Villa 1810 auf Pump in Auftrag gegeben. Als er die Schulden zurückzahlen sollte, setzte er sich 1825 bei Nacht und Nebel nach Kuba ab. Das Haus wurde von Gläubigern geplündert und obwohl schließlich ein Onkel die Schulden bezahlte, stand es 1865 zum Verkauf. Ein Erbe der legendären Waffenfirma Colt erwarb den Bau, der 1988 in Staatshände gelangte.

Wechselvolle Geschichte

Linden Place, *500 Hope St./Hwy. 114, www.lindenplace.org, HS Di–Sa 10–16 Uhr, $ 8.*

Providence

1631 war Roger Williams (1603–1683) mit Frau Mary in die neue Kolonie Massachusetts gekommen. Ursprünglich ein vehementer Verfechter puritanischer Ideen, setzte er sich angesichts der Engstirnigkeit der Obrigkeit in der Kolonie Massachusetts für mehr Toleranz ein. Damit geriet er immer wieder in Konflikt mit den Kirchenvertretern in Salem und Boston und um einer Verhaftung und einem Prozess als Ketzer zu entgehen, verließ er bei Nacht und Nebel mit seiner Familie und einigen Anhängern die Kolonie Massachusetts.

Kolonie der Toleranz

Zuflucht fand er auf dem Gebiet der Narragansett-Indianer, mit denen er sich anfreundete. Sie schenkten dem „Outlaw“ sogar Land und er gründete daraufhin 1636 die Stadt **Providence**, heute die drittgrößte Stadt Neuenglands (ca. 172.000 EW). Von Providence aus dehnte sich das Siedlungsgebiet langsam weiter aus und eine neue Kolonie, **Rhode Island**, entstand. Sie wurde vom englischen König Charles II. 1663 offiziell als *Rhode Island and Providence Plantations* anerkannt. Geprägt von Williams' religiöser und politischer Toleranz stammen gerade aus diesem Staat viele wegweisende Gesetze, wie z.B. bereits im 19. Jh. die Abschaffung der Todesstrafe.

„Triangle Trade“

Providence entwickelte sich im 18. Jh. zur bedeutenden Handelsstadt. Man verdiente besonders am sogenannten **„Triangle Trade“**: Rum aus Rhode Island wurde nach Afrika verschifft und dort gegen Sklaven eingetauscht, diese gelangten auf Schiffen von Rhode Island in die Karibik und wurden dort verkauft. Das erworbene Geld floss wieder in die Rumherstellung. Die Blüte dieses Dreiecksgeschäfts fiel in die Zeit zwischen den 1730ern und der offiziellen Ächtung des Sklavenhandels 1807. Danach wandte man sich verstärkt dem Handel mit China zu, bis sich mit der Eröffnung der *Slater Mill* zu Beginn des 19. Jh. im benachbarten **Pawtucket** der Wandel von Providence zur Industriestadt vollzog. Die **Slater Mill Historic Site**, die 1793 als erste mit Wasserkraft betriebene Baumwollspinnerei der USA entstand, ist heute ein Museum und Teil des **John H. Chafee Blackstone River Valley National Heritage Corridor**, der sich von Pawtucket den Blackstone River flussaufwärts nach Norden bis Worcester/MA hinzieht.

Brown University in Providence

Slater Mill Historic Site, *67 Roosevelt Ave./Main St., www.slatermill.org, HS Di–So 10–16 Uhr, $ 12.*

John H. Chafee Blackstone River Valley National Heritage Corridor, *VC in der Slater Mill Historic Site, www.nps.gov/blac, tgl. 9–17 Uhr, frei.*

Blackstone Valley: *www.blackstonevalley.org und www.tourblackstone.com*

Wie Rom ist Providence auf sieben Hügeln erbaut. Nurmehr College (offiziell: Prospect), Federal und Constitution Hill sind erkennbar, die anderen Erhebungen fallen im Stadtbild hingegen nicht mehr auf. Die Stadtbesichtigung sollte man am **State Capitol** auf dem **Constitution Hill** beginnen, denn von hier erhält man einen guten Überblick über die Innenstadt. Von 1891 bis 1904 erbaut, fällt das Kapitol besonders durch die große selbsttragende Kuppel auf. Sie soll die viertgrößte der Welt sein, nach der des Petersdoms in Rom, des State Capitols von Minnesota und dem indischen Taj Mahal. Highlight ist die *Royal Charter of 1663* – jenes Dokument, mit dem Charles II. den Status von Rhode Island als königliche Kolonie bestätigte.

Viertgrößte Kuppel der Welt

State Capitol, *82 Smith St., Mo–Fr 9–16.30, Touren Mo–Fr 9–11 Uhr, frei.*

Im Stadtzentrum interessant ist die **Kennedy Plaza** mit dem **Superman Building**, einem Hochhaus im Art-déco-Stil, und der renovierten **Providence Station**, dem **Turk's Head Building** (1913) und dem **Customs House** von 1856. Die Laterne auf der Kuppel hieß früher einmal aus China heimkehrende Schiffe willkommen. Heutzutage fast altmodisch mutet das erste Einkaufszentrum der Welt an, die 1828 im Greek-Revival-Stil erbaute **Arcade** (Weybosset St.). Die **Mile of History**, wie die auf der East Side gelegene Benefit St. und ihre Seitengassen genannt werden, erinnert mit über 200 restaurierten Gebäuden aus dem 18. und 19. Jh. an die Glanzzeit der Stadt und den Reichtum der Kapitäne und Händler.

Im **Old State House** (*150 Benefit St.*) rief am 4. Mai 1776 die Versammlung von Rhode Island ihre Unabhängigkeit aus, zwei Monate vor der Unterzeichnung der *Declaration of Independence* in Philadelphia. Als viertälteste Bücherei der USA gilt das 1753 gegründete **Providence Athenaeum** (*251 Benefit St.*) mit einer ungewöhnlichen Sammlung seltener Bücher, Drucke und Gemälde. Der heutige Bau wurde in den 1830ern im Greek-Revival-Stil errichtet.

Das **Museum of Art der Rhode Island School of Design** (RISD) beherbergt eine ungewöhnliche Sammlung amerikanischer und europäischer Kunst, orientalischer und antiker Stücke. 1876, nach der Weltausstellung von Philadelphia, war die Designschule (mit Museum) als erste derartige Einrichtung in den USA entstanden. Teil des Museums ist das **Pendleton House**, dessen Inhalt Charles Leonard Pendleton (1846–1904) dem Museum vermacht hat. Zu besichtigen ist zudem das **John Brown House**, 1786 für einen der reichsten Kaufleute in der Geschichte der Stadt erbaut. John Quincy Adams beschrieb das Haus einmal als „*prachtvollstes und elegantestes Herrenhaus, das ich je auf diesem Kontinent gesehen habe*". Es ist noch heute mit kostbaren Möbeln, Gemälden, Zinngeschirr, Silberwaren, Porzellan und Handelsware ausgestattet und sehenswert.

Prachtvolles Herrenhaus

RISD, *224 Benefit St., www.risdmuseum.org, Di–So 10–17 Uhr, $ 10.*

Die **Brown University** (www.brown.edu) wurde 1764 als „Rhode Island College" in Warren gegründet, 1770 nach Providence umgesiedelt und dann nach Spenden John Browns ihm zu Ehren umbenannt. Die Uni ist Mitglied der renommierten **Ivy League**, zu der auch Harvard oder Princeton gehören. Das älteste Gebäude ist die **University Hall** von 1770. Der Unicampus

nimmt den Ostteil von Providence (ab College St.) ein und zieht sich über den **College Hill** hin; zentrale Achse ist die Thayer St.
John Brown House, *52 Power St., www.rihs.org, Touren Di–Fr 13.30/15, Sa 10.30, 12/13.30/15 Uhr, $ 8.*

Westseite der Narragansett Bay

Noch mehr als die Ostseite gilt der Westteil der **Narragansett Bay** als Erholungsgebiet. Von Providence fährt man auf dem US Hwy. 1 Richtung Süden. **Wickford**, 1641 gegründet, war schon immer ein beliebter Ferienort; sehenswert ist **Smith's Castle** (*55 Richard Smith Dr., www.smithscastle.org*), 1638 von dem Händler Richard Smith als Trading Post errichtet. Sie wurde 1740 in eine der größten Plantagen von Rhode Island umgewandelt.

Im Süden, wo die Bucht in den Atlantik übergeht, liegt der Ort **Narragansett**, ebenfalls schon im 19. Jh. ein viel besuchter Erholungsort. Der Name erinnert an den Indianerstamm, der Roger Williams die Gründung der ersten weißen Siedlung ermöglicht hatte. Schon eine Generation nach Williams erlebte die Region mit dem **King Philip's War** ein dunkles Kapitel ihrer Geschichte.

King Philip's War

Hinter „King Philip" verbarg sich Metacoms, Häuptling der Wampanoag, und ihm war es in den 1670er Jahren gelungen, eine indianische Koalition gegen die sich ausbreitenden Kolonisten zu gründen. Nachdem im Dezember 1675 diese unter den Narranganset ein Massaker angerichtet hatten, setzte sich King Philip zur Wehr. Die Indianer hatten gegen die zahlen- und waffenmäßig überlegenen weißen Siedler nie eine Chance und als 1676 King Philip verraten, gefangen und hingerichtet wurde, brach der Widerstand zusammen.

An die Ureinwohner erinnert das **Narragansett Indian Monument** (*Kingstown Rd./Strathmore St.*), eine Douglas-Tanne, in die der Künstler Peter Toth Szenen aus der Geschichte einzelner Indianer-Stämme geschnitzt hat. Es gibt noch 41 weitere solche Monumente in ganz USA. Den Narragansett-Indianern, den einstigen Herren der ganzen Region, ist heute nurmehr eine kleine Reservation bei Charlestown geblieben.

Reisepraktische Informationen Providence/RI

Information

The Providence Warwick Convention & Visitors Bureau *(PWCVB), 144 Westminster St., ☎ 1-800-233-1636, www.goprovidence.com sowie* ***Visitor Information Center****, One Sabin St., Mo–Sa 9–17 Uhr.*

Unterkunft

Renaissance Providence Hotel *$$$$, 5 Avenue of the Arts, ☎ (401) 919-5000, www.RenaissanceHotels.com/PVDBR; im 1929 erbauten und neu renovierten Masonic Temple gegenüber dem State Capitol stehen rund 270 luxuriös und elegant modern ausgestattete Zimmer zur Verfügung; mit eigenem Restaurant* ***Temple Downtown****.*

Restaurants / Einkaufen

Little Italy *auf Federal Hill westlich der Innenstadt entlang der Atwells Ave. lohnt nicht nur wegen der italienischen Feinkostläden wie* ***Costantino's Venda Ravioli, Tony's*** *oder* ***Roma****, der* ***Scialo Bros. Bakery*** *oder* ***Gasbarro's*** *(Weinauswahl!), sondern auch wegen der italienischen Restaurants, z. B.* ***Angelo's*** *(141 Atwells Ave).*

The Arcade*, 65 Weybosset St., Mo–Fr 10–17, Sa 11–16 Uhr; erbaut 1828, ältestes Einkaufszentrum der USA*

Mystic and More

Wie New Bedford und Nantucket war auch **Mystic** eine legendäre Schiffsbauer-, Walfischfänger- und Hafenstadt. Von diesem Ruf lebt die Stadt noch heute gut: Rund eine halbe Million Besucher kommen alljährlich nach Mystic. Besonders der Schiffsbau hat Tradition: Nach den Goldfunden 1849 in Kalifornien erlebte dieser Industriezweig eine Blüte und jede Firma wollte den schnellsten Segler bauen. Der 1860 in Mystic zu Wasser gelassene Schnell-

Mystic Seaport

segler *Andrew Jackson* legte die Strecke um das Kap Horn nach San Francisco in der damaligen Weltrekordzeit von 89 Tagen und vier Stunden zurück.

An jene Blütezeiten erinnert die Hauptattraktion, **Mystic Seaport**. Es handelt sich um die exakte Nachbildung einer Hafenstadt aus der großen Zeit der Segelschifffahrt im 19. Jh. Auf einem Gelände von etwa 7 ha wurden seit 1929 über 60 Gebäude errichtet, ein Hafen angelegt und die alte Schiffswerft wiederbelebt. Zuletzt baute man hier die *Amistad* originalgetreu nach, jenes Handelsschiff, das Sklaven in die neue Welt brachte und durch den gleichnamigen Film von Steven Spielberg berühmt wurde.

Weiteres Highlight unter den vor Anker liegenden Segelschiffen ist die *Charles W. Morgan*, ein Original des Baujahrs 1841 und damit das letzte erhaltene Schiff der amerikanischen Walfängerflotte des 19. Jh. In den Häusern der nachgebauten Hafenstadt befinden sich Läden, und Handwerker führen vor, wie man im 18. und 19. Jh. Boote gebaut, Gallionsfiguren geschnitzt oder Möbel geschreinert hat. Zudem gibt es zahlreiche Ausstellungen zu wechselnden maritimen Themen. Nach der Besichtigung, für die man mindestens zwei bis drei Stunden einplanen sollte, lohnt eine Pause im zugehörigen Restaurant und danach ein Blick in den gut sortierten Museumsladen.

Nachbildung einer Hafenstadt

Mystic Seaport, *75 Greenmanville Ave., I-95 Exit 90, www.mysticseaport.org, HS tgl. 9–17, im Winter nur –16 Uhr, $ 24.*

Auch die zweite Attraktion der Stadt hat mit dem Meer zu tun: das **Mystic Aquarium & Institute for Exploration**. Becken und Freigehege erlauben Besuchern das „Abtauchen" in die Unterwasserwelt des Ozeans. Mit den Riesenanlagen in Kalifornien oder Florida kann sich dieses Aquarium zwar nicht vergleichen, doch es gibt ebenfalls viel zu sehen, z. B. die arktische Abteilung mit den Beluga-Walen. Zudem ist man aktiv an Forschungs- und Rettungsprogrammen beteiligt.

Unterwasserwelt

Herausragend ist die Ausstellung über Forschungsexpeditionen und Unterwasser-Archäologie – die Dr. Ballard, dem Entdecker der untergegangenen „Titanic" zu verdanken ist. Ebenfalls hochinteressant ist die Ausstellung zum „PT 109", dem Torpedoboot, auf dem John F. Kennedy im Zweiten Weltkrieg diente und bei dessen Untergang er knapp dem Tod entkam.

Mystic Aquarium & Institute for Exploration, *55 Coogan Blvd., I-95, Exit 90, www.mysticaquarium.org, HS tgl 10–17 Uhr, sonst kürzer, $ 29.*

Reisepraktische Informationen Mystic/CT

Information

www.mysticcountry.com

Unterkunft

***Steamboat Inn** $$$-$$$$, 75 Steamboat Wharf, ☏ (860) 536-8300, www.steamboatinnmystic.com; direkt am Mystic River und in der Altstadt gelegenes kleines Inn mit luxuriös ausgestatteten und geräumigen Zimmern (einige mit Kamin), toller Ausblick, Frühstück und nachmittags Sherry und Cookies inklusive.*

***Inn at Mystic** $$$-$$$$, Three Williams Ave., ☏ (860) 536-9604, www.innatmystic.com; in eine Parkanlage eingebautes Inn bestehend aus mehreren Teilen; elegant eingerichtete Zimmer und Restaurant.*

Restaurant / Einkaufen

***Captain Daniel Packer Inne**, 32 Water St.; beliebte Kneipe und Restaurant in einem alten Inn von 1754, bekannt für sein Essen und daher oft Wartezeiten, die man gut an der Bar überbrücken kann.*

Olde Mistick Village, *Coogan Blvd., Mo–Sa 10–18, So 12–17 Uhr; etwa 60 Läden und Restaurants in einem nachgebauten Dorfambiente.*

Durchs Indianerland nach New Haven/CT

Der direkte Weg nach New York führt über den US Hwy. 1 oder die Autobahn I-95, allerdings lohnt der Umweg durch das Hinterland. Während man in Mystic selbst kaum etwas über die einst hier lebenden **Pequot-Indianer** erfährt, gibt dieser Ausflug Gelegenheit, mehr über die Ureinwohner Neuenglands zu erfahren. Keine 30 km von Mystic entfernt – am besten über die I-95 Richtung Providence bis Exit 92, dann auf dem Hwy. 2 nach Westen, erreichbar – befindet sich mitten im **Mashantucket Pequot Reservat** eines der größten Casinos, **Foxwoods** (www.foxwoods.com). In diesem Riesenkomplex mit Ladenpassagen, Restaurants, Hotel und natürlich Spielhallen versucht man mehr zu bieten, z.B. Konzerte, Freizeit- und Wellnessprogramme sowie Golfkurse. Die Einnahmen aus dem Casino fließen in die Kasse des Pequot-Stammes, der rund 850 Mitglieder zählt, fast 20 % davon unter 20 Jahre alt. Ein Teil davon wurde für das **Mashantucket Pequot Museum and Research Center** verwendet, das nicht nur zu den größten Indianermuseen der Welt gehört, sondern auch eines der besten ist. Man sollte mindestens zwei, besser drei Stunden für den Besuch einplanen.

Ungewöhnliches Indianermuseum

Betritt man den auffällig schlichten, riesigen Bau – mit Aussichtsturm, der Überblick über das ganze Areal erlaubt –, steht man im Foyer und blickt durch eine Glaswand auf den umgebenden dichten Wald. Hier finden Veranstaltungen statt und gibt es ein Restaurant und einen Laden. Hier startet auch der Rundgang in eine andere Welt: Anhand von detailgenauen 1:1-Mo-

Das Mashantucket Pequot Museum

dellen geht es hinein in die historische Welt der Indianer. Sehenswert ist der Einführungsfilm, der die dramatischen Ereignisse während des Massakers 1637 schildert. Gefürchtet von benachbarten Stämmen und mit ihren Verwandten, den Mohegan, zerstritten, nutzten die weißen Kolonisten die Gunst der Stunde, um den mächtigsten Indianerstamm in Neuengland, die Pequot, auszuschalten. Wie fast 40 Jahre später die Narragansett und Wampanoag wollten sich die Pequot jedoch den Landforderungen der Weißen nicht beugen und wehrten sich gegen die Kolonisten. Am 26. Mai 1637 überfielen diese nachts das größte Pequot-Dorf bei Mystic, zerstörten es und massakrierten fast alle Bewohner. Trotz der anschließenden Jagd auf Überlebende konnte man den Stamm nicht ausrotten; einige Pequot versteckten sich bei anderen Gruppen. Heute treten die Nachkommen jener Verfolgten wieder selbst- und traditionsbewusst auf, allerdings ist eine gewisse Animosität gegenüber den Mohegan geblieben. Da das Museum auch als Forschungszentrum dient, hilft es den Pequot selbst, sich wieder auf ihre Wurzeln zu besinnen. 1983 wurden sie als Stamm offiziell von der Regierung anerkannt, 1992 eröffneten sie das Casino und 1998 das Museum.
Mashantucket Pequot Museum and Research Center, *110 Pequot Trail, ab Hwy. 2 ausgeschildert, www.pequotmuseum.org, Mi–Sa 9–16 Uhr, $ 15.*

Folgt man nach dem Besuch des Museums dem Hwy. 2 weiter, erreicht man den Hauptort der Region, **Norwich**. Die 1659 gegründete Siedlung zählt zu den ältesten in Connecticut und liegt am Zusammenfluss von Yantic und Shetucket River zum Thames River. Von Norwich geht es auf dem Hwy. 32 entlang dem Westufer des Thames River Richtung Süden. In Uncasville stößt man auf das zweite Großcasino Neuenglands, **Mohegan Sun** (*1 Mohegan Sun Blvd., I-395 Exit 79A, www.mohegansun.com*). Wie ihre Nachbarn, die Pequot, verdienen auch die Mohegan mit einarmigen Banditen, Läden, Restaurants und Hotelkomplex viel Geld. Sie investieren ihre Gewinne zu einem guten Teil in eine Sport- und Konzerthalle – sogar aus New York kommen Leute hierher zu Veranstaltungen – und betreiben zudem eine Frauen-Profibasketball-Mannschaft, die *Connecticut Sun* (www.wnba.com/sun). Das **Tantaquidgeon Indian Museum** erinnert an die Tradition der Mohegan und beherbergt eine interessante Sammlung an Kunsthandwerk der Waldlandindianer der Ostküste.

Mohegan Sun

Tantaquidgeon Indian Museum, *1819 Norwich-New London Turnpike, Hwy. 32, Mai–Okt. Mi–Sa 10–16 Uhr, Spende.*

Auf dem Hwy. 32 sind es nur wenige Kilometer zurück an die Küste und in den zentralen Ort **New London**. Auch diese Stadt (1646 gegrundet) hatte dank ihres natürlichen Hafens einst einen Namen im Walfanggeschäft. Heute unterstreichen die unzähligen Segeljachten und Fähren (nach Long oder Block Island) die immer noch wichtige Rolle New Londons als Hafenstadt in Connecticut. Vier Herrenhäuser an der **Whale Oil Row** in der Huntington St., in den 1830ern im Greek Revival Style errichtet, sind die letzten Zeugen dieser Ära. Seit 1876 ist in der Stadt die **US Coast Guard Academy** (*15 Mohegan Ave.*), eine der vier US-Militärakademien, beheimatet. Nächste interessante Ortschaft auf der Weiterfahrt Richtung New York (I-95 oder

Wichtige Hafenstadt

Hwy. 1) ist nach **Clinton** (wo das **Outlet Shopping Center** lohnt) das kleine Küstennest **Stony Creek** (via SR 146). Von hier aus kann man mit einem Dampfer die Küste und die sogenannten **Thimble Islands**, auf denen betuchte Familien seit Generationen ihre Sommerhäuser unterhalten, erkunden.

Das nahe **Branford** lohnt ebenfalls einen Stopp, es ist erfrischend „untouristisch". Läden und Lokale um das Village Green an der **Main Street** lohnen einen Bummel, die **mächtige James Blackstone Memorial Library** (mit Ausstellung, Internetzugang und Lesesaal) einen Blick ins Innere und **Branford Harbor** oder **Branford Point Park** mit kleinem Strand sind ideal für ein Päuschen.

Reisepraktische Informationen Branford/Thimble Islands/CT

Information
Branford Chamber of Commerce, *☏ (203) 488-5500, www.branford-ct.gov*

Touren
Thimble Island Cruises, *Stony Creek, www.thimbleislandcruise.com; Fahrten mit der „Sea Mist" entlang der Küste von Branford zu den Thimble Islands, verschiedene Touren ab $ 12, mehrere Touren tgl. Mai–Okt., auch Evening Cruises und Seal-Watch-Touren.*

Einkaufen
Clinton Crossing Premium Outlets, *I-95 Exit 63, Clinton, www.premiumoutlets.com; Schnäppchen von über 70 exklusiven Mode- u.a. Firmen.*

New Haven/CT

Das 1638 von Puritanern gegründete **New Haven** ist berühmt wegen ihrer Erfinder und bedeutenden Ingenieure, vor allem aber wegen der **Yale University**. Zwischen 1701 und 1873 war die Stadt zusammen mit Hartford Hauptstadt des Bundesstaats Connecticut gewesen und in die Jahre 1765 bis 1860 fallen auch die **großen Erfindungen**: So entwickelte Eli Whitney hier die Baumwollentkörnungsmaschine und war der Erste, der in seiner Fabrik Normteile einsetzte. Das wiederum führte zur Fließbandproduktion und läutete die industrielle Revolution ein. In New Haven wurde mit der Winchester-Büchse eines der berühmtesten Gewehre entwickelt und von hier stammen Stahlangelhaken, Fleischwolf, Korkenzieher oder Gummi. Charles Goodyear war 1800 hier geboren worden und fertigte ab 1852 Hartgummi.

Stadt der Erfindungen

Das in den letzten Jahren renovierte und wiederbelebte alte Stadtzentrum breitet sich um das **New Haven Green**, eine Parkanlage, die durch Elm,

Wahrzeichen der Yale University in New Haven, der Harkness Tower

Church, Chapel und College St. begrenzt wird, aus. An dieser Stelle waren 1638 die ersten Häuser der Stadt nach einheitlichem Plan entsstanden – weswegen New Haven als die erste „Planstadt" der USA gilt. Westlich davon liegt die berühmte **Yale University**, mit sehenswerten Bauten. Vorherrschend ist der *Gothic Revival*-Baustil, der auch bei den englischen Universitäten in Oxford und Cambridge vorherrscht.

Berühmte Eliteuni

Yale wurde 1701 in Old Saybrook gegründet und ist damit eine der ältesten Hochschulen des Landes. 1716 siedelte man nach New Haven um. Der Name geht auf Elihu Yale zurück, der der Uni 1887 nicht unerhebliche Mittel zur Verfügung gestellt hatte. Unistudenten führen Besucher über den sehenswerten Campus (Infos und Startpunkt: Yale VC, s.u.), dessen Zentrum der Old Campus mit dem unübersehbaren **Harkness Tower** markiert. Highlights sind die **Sterling Library** (*120 High St.*), das **Payne Whitnes Gymnasium** (*70 Tower Pkwy.*) das einer Kathedrale gleicht, der 1958 von Eero Saarinen entworfene **Ingalls Rink** (*73 Sachem St.*) oder die diversen prächtigen Residenzen der Fakultäten und des Präsidenten entlang der Hillhouse Ave.

Sehenswerte Museen der Uni sind die **Beinecke Rare Book and Manuscript Library**, die auf über fast eine halbe Million Bücher und mehr als eine Million Dokumente und Manuskripte, darunter eine Gutenberg-Bibel, stolz ist, und die **Yale University Art Gallery** mit Sammlungen afrikanischer und präkolumbischer Kunst sowie Meisterwerken europäischer Künstler. Das **Yale Center of British Art** zeigt Zeichnungen, Gemälden und Plastiken britischer Künstler und das **Yale Peabody Museum of Natural History** führt Besucher anhand von Diaramen in die Flora und Fauna Neuenglands ein.

Beinecke Rare Book and Manuscript Library, *121 Wall St., www. library.yale.edu/beinecke, Mo–Fr 8.30–17, Sa 10–17 Uhr, frei.*

Yale University Art Gallery, *1111 Chapel St., www.yale.edu/artgallery, Di–Sa 10–17, Do bis 20, So 13–18 Uhr, frei.*

Yale Center of British Art, *1080 Chapel St., www.yale.edu/ycba, Di–Sa 10–17, So 12–17 Uhr, frei.*

Yale Peabody Museum of Natural History, *170 Whitney Ave., www.peabody.yale.edu, Mo–Sa 10–17, So 12–17 Uhr, $ 9.*

Reisepraktische Informationen New Haven

Information

***Visit New Haven**, 127 Washington Ave., North Haven, ☎ (203) 777 8550, www.visitnewhaven.com*

***Mead Visitor Center**, 149 Elm St., www.yale.edu/visitor, Mo–Fr 9–16.30, Sa/So 11–16 Uhr, Infos und Ausgangspunkt kostenloser Führungen Mo–Fr 10.30/14, Sa/So 13.30 Uhr, auch Infos zu Veranstaltungen in den renommierten Uni-Theatern wie **Long Wharf Theater**, **Shubert Theatre** oder **Yale Repertory Theater** sowie zu den **Sportteams** der Uni.*

Unterkunft

***Omni Hotel Yale** $$$-$$$$, 155 Temple St., ☎ (203) 772-6664, www.omnihotels.com/findahotel/newhavenyale.aspx; mitten in der Stadt, nur wenige Schritte von New Haven Green und Yale entfernt gelegenes großes, jedoch luxuriöses Hotel mit gutem Service und modernen Zimmern.*

Restaurants

***MISO**, 15 Orange St., ☏ (203) 848-6472; Lin Wong betrieb erst ein japanisches Lokal in New York, nun bereitet er in New Haven Shushi und Sashimi.*

***Union League Café**, 1032 Chapel St., ☏ (203) 772-2053; ausgezeichnetes Restaurant mit französisch angehauchter Speisekarte, die auf lokale Produkte setzt.*

***ZINC**, 964 Chapel St., ☏ (203) 624-0507; Chefköchin Denise Appel setzt auf lokale Bioprodukte und zaubert kreative Weltküche.*

Von New Haven nach New York: Connecticuts Gold Coast

Hinweis zur Route

Die Hauptroute folgt dem US Hwy. 1 bzw. der I-95 entlang der Küste Connecticuts über New Haven und Bridgeport nach New York.

Der ca. 100 km lange Küstenabschnitt zwischen New Haven und New York nennt sich **Gold Coast**, da hier seit jeher die vermögenden New Yorker ihre Ferien- und Wochenendhäuser unterhalten. Zudem entstanden in vielen der Küstenorte kleine Künstlerkolonien. Größte Stadt ist **Bridgeport**, 1639 gegründet, und heute eine moderne Industriestadt mit fast 150.000 EW. Hauptattraktion ist das **Barnum Museum**, das dem berühmten Zirkusgründer gewidmet ist. In dem alten Gebäude, das durch einen spektakulären Neubau von Richard Meier erweitert wurde, erfährt man alles über Phineas Taylor Barnum (1810–1891), der zunächst mit Zirkus wenig am Hut hatte. Er wurde bekannt durch das erste Kuriositätenmuseum in New York und zahlreiche ausgefallene Shows. Legendär wurde Barnum jedoch durch eine von ihm veranstaltete Konzerttour 1850–52 mit der „schwedischen Nachtigall", der Sängerin Jenny Lind (1820–1887). Im Sommer erinnert Bridgeport mit einem eigenen Festival (www.barnumfestival.com) an den berühmten Sohn.

Festival für Zirkusgründer

Bridgeport war zugleich die Heimat eines fränkischen Einwanderers, der in der Geschichte des Motorflugs eine Rolle spielte: Gustav Weisskopf. „*Whitehead*", wie er sich in den USA nannte, soll noch vor den Gebrüdern Wright im August 1901 mit einem selbst gebastelten Motorfluggerät abgehoben sein – so behaupteten zumindest Zeitzeugen und die Lokalzeitung; Fotos gibt es allerdings keine. Auf den letzten etwa 50 km bis New York lohnt noch ein Stopp im **Maritime Aquarium** in **South Norwalk**, bekannt als Künstlergemeinde.

Der Flugpionier Gustav Weisskopf

Barnum Museum, *820 Main St., Bridgeport, zzt. wegen Renovierungsarbeiten nur Do/Fr 11–15 Uhr, aktuelle Infos unter www.barnum-museum.org*

Maritime Aquarium, *10 N Water St., South Norwalk, www.maritimeaquarium.org, tgl. 10–17/18 Uhr, $ 13,95, mit IMAX $ 25,45.*

5. DIE ZENTRALE OSTKÜSTE

New York City

New York City, die größte nordamerikanische Stadt, liegt an der Mündung des Hudson River in den Atlantik, auf ähnlicher Breite wie Neapel, allerdings ohne dasselbe mediterrane Klima aufzuweisen. Durch atlantische Einflüsse herrscht gemäßigtes Kontinentalklima mit sehr heißen Sommern und kalten Wintern mit Schnee und Blizzards.

New York City (**NYC**) ist mit knapp 800 km² Fläche und knapp 8,2 Mio. Menschen Heimat von etwa 45 % der Bewohner des Bundesstaates New York, dessen Hauptstadt Albany etwa 250 km weiter flussaufwärts am Hudson River liegt. Die Metropole New York besteht aus fünf Bezirken (*boroughs*): dem relativ kleinen **Manhattan** (1,6 Mio. EW), **Queens** (2,2 Mio.), **Staten Island** (0,5 Mio.), **Brooklyn** (2,5 Mio.) und die **Bronx** (ca. 1,4 Mio.), eigentlich allesamt Städte für sich. Nur die Bronx ist Teil des Festlands, während Staten Island ebenso wie Manhattan eine Insel ist und Brooklyn und Queens beide auf **Long Island** liegen.

Zum Inbegriff New Yorks wurde das knapp 60 km² große **Manhattan**, eine 21,5 km lange und 1,3 bis 3,7 km breite Insel, die durch Hudson, East und Harlem River vom Festland abgetrennt wird. Manhattans unverwechselbare **Skyline** gilt als Wahrzeichen der Weltmetropole. Hier befinden sich die meisten Sehenswürdigkeiten und touristischen Einrichtungen, hier spielt sich der Großteil des kulturellen Lebens ab.

NYC ist eine **Kulturstadt**, die ihren unverwechselbaren Charakter durch ihre **ethnische Vielfalt** erhält. Kaum anderswo auf der Welt findet man so viele unterschiedliche Hautfarben, Sprachen, Kulturen und Lebensphilosophien. New York ist seit jeher eine **Immigrantenstadt**, in der die einzelnen Ethnien Enklaven mit eigener Infrastruktur und spezifischem Charakter bilden. Die bekanntesten ethnischen Stadtviertel sind Chinatown, Little Italy und Harlem in Manhattan, doch vor allem in Queens und Brooklyn wächst die Zahl der Enklaven ständig. Nahezu **alle Religionen** sind in New York vertreten: Es soll rund 6.000 Kirchen, Synagogen, Moscheen und sonstige Gebetsräume geben.

NYC ist die **Finanzhauptstadt** der Welt, Sitz zahlreicher Banken und Versicherungsunternehmen, der legendären New York Stock Exchange (NYSE), der Amerikanischen Aktienbörse (NASDAQ) und zahlreicher Produktbörsen. Wichtigstes wirtschaftliches Standbein und Hauptarbeitgeber ist jedoch das Dienstleistungsgewerbe, vor allem Einzelhandel und **Tourismus**. New York ist seit eh und je die unangefochtene Nummer 1 als Reiseziel in den USA. Immerhin warten auf die über **50 Mio. Besucher** jährlich mehr als 150 Museen, über 5.000 Straßenfeste im Jahr, an die 300 Theater, 200 öffentliche Bibliotheken, unzählbare Läden und Lokale aller Genres und mit dem Central Park eine 340 ha große Grünfläche im Stadtzentrum – welche andere Stadt kann das schon bieten?

Besichtigungsvorschläge

Der „***Big Apple***" ist so groß, dass es unmöglich ist, ihn in wenigen Tagen zu erkunden. Die minimale Aufenthaltsdauer läge bei drei bis vier Tagen. Die nachfolgend aufgelisteten Sights sind als Vorschläge zu verstehen und abhängig von Interessenslage und Besichtigungstempo des Reisenden. Stadtrundfahrten sind zwar bequem, kosten jedoch Zeit und Geld und geben oft nur einen unbefriedigenden Überblick. Besser sind Walkingtouren oder Erkundung auf eigene Faust.

Am günstigsten beginnt man die Besichtigung im Süden und rückt mit der U-Bahn abschnittsweise nach Norden vor, wobei einzelne sehenswerte Viertel dann zu Fuß erkundet werden.

Lower Manhattan
Rundgang vorbei an WTC Site, Battery Park und Castle Clinton, South Street Seaport, City Hall, Federal Hall, Bowling Green und Wall Street. Abstecher nach SoHo und Greenwich Village, evtl. nach Chinatown und Little Italy. Abends: Gang über die Brooklyn Bridge zur Promenade und nach Brooklyn Heights.

Midtown
Startpunkt ist der Times Square mit dem Broadway und dem umliegenden Theater District. Vom Aussichtsdeck des nahen Empire State Building oder von jenem des Rockefeller Center sollte man bei klarer Sicht den Ausblick genießen. Radio City Music Hall und St. Patrick's Church sind weitere Pflicht-Attraktionen. Bei genügend Zeit lohnt ein Bummel im Areal um die Penn Station/ Madison Square Garden, ein Blick in den Grand Central Terminal und in ein paar Museen wie MoMA oder Pierpont Morgan Library. Auf der Fifth Ave. geht es nordwärts zum Central Park.

Uptown & Upper Manhattan
Am Endpunkt der 5th Ave. liegt die Grand Army Plaza und hier beginnt die „Museumsmeile“ mit renommierten Museen wie Frick Collection, Whitney Museum, Metropolitan, Guggenheim, Cooper-Hewitt, Museum of the City of New York und die Neue Galerie. Jenseits des Parks, der besonders während Veranstaltungen und sonntags lohnt, liegt das Natural History Museum. Im Norden befindet sich Harlem um den Martin Luther King Blvd./ 125th St. und Malcolm X Blvd.

Weitere sehenswerte Attraktionen
Ein Blick „über den Tellerrand“ sei allen, die etwas mehr Zeit haben, unbedingt nahe gelegt, z.B. Ausflüge nach
Brooklyn Heights: via Brooklyn Bridge zur Promenade (Aussicht!) und zu den neuen Brooklyn Piers bzw. Brooklyn Bridge Park (Erholungs- und Spielflächen)
Coney Island/Brighton Beach, Strandleben, Aquarium und ein ethnisch sehenswertes (russisches) Viertel in Brooklyn
Yankee Stadium (Bronx), eines der berühmtesten Sportstadien der Welt
Ellis und Liberty Island, evtl. Governors Island, leicht mit der Fähre erreichbar (mind. einen halben Tag einplanen)
The Cloisters ist die ungewöhnliche „Mittelalter-Filiale“ des Metropolitan Museums an der Nordspitze Manhattans
Fahrt mit der Linie 7 durch die vielgestaltigen ethnischen Viertel von Queens

Geschichte

New Yorks Aufstieg verlief nicht immer reibungslos, aber insgesamt zielstrebig und rasant: von den Wigwams der Mana-Hatta-Indianer über eine Handelsstation der Holländer und eine englische Kleinstadt bis hin zur größten Stadt Amerikas und zur einzigen **Weltmetropole**.

1524 sichtete der Italiener in französischen Diensten, Giovanni da Verrazano, als erster Europäer die Insel Manhattan.

1609 setzte mit dem Briten Henry Hudson erstmals ein Europäer seinen Fuß auf New Yorker Boden. Er suchte im Auftrag der holländischen Ostindien-Gesellschaft nach einer Nord-West-Passage nach China.

1626 gelang es Peter Minnewit (oder Minuit) aus Wesel, den Mana-Hatta-Indianern die Insel (menatay) abzukaufen. Der kleine Ort mit den paar Hundert holländischen Siedlern wurde **Nieuw Amsterdam** getauft. Dank der Ostindien-Gesellschaft blühte das Gemeinwesen binnen kürzester Zeit um einen alten Indianerpfad, den heutigen Broadway, auf.

1647-64 führte Gouverneur Peter Stuyvesant in Nieuw Amsterdam Steuergesetze ein und ließ eine Mauer entlang der heutigen Wall Street zum Schutz gegen Indianer und Engländer bauen.

Redaktionstipps

Sehens- und Erlebenswertes

- Die Aushängeschilder **Metropolitan** (S. 318), **Guggenheim** (S. 319) oder **American Museum of Natural History** (S. 322) muss man natürlich gesehen haben, allerdings sollte man weniger bekannte Museen wie das **Museum of the City of New York** (S. 320) oder das **Lower East Side Tenement Museum** (S. 298) ebenfalls „mitnehmen".
- Vom **Empire State Building** (S. 305) oder **Top of the Rock** (Rockefeller Center) (S. 310) den Ausblick genießen.
- Über die **Brooklyn Bridge** (S. 295) spazieren, im neuen **Brooklyn Bridge Park** erholen und auf der **Brooklyn Promenade** (S. 328) den Sonnenuntergang erleben.
- Nach **Coney Island** (S. 329) fahren, den Strand genießen und Hot Dogs bei Nathan's essen.
- Einen geruhsamen Sonntagnachmittag im **Central Park** (S. 315) verbringen.
- Ein Bummel durch **Viertel wie SoHo** (S. 298), das **Village** (S. 299), **Chinatown** (S. 297) oder **Harlem** (S. 323) zeigt erst das wahre Gesicht der Weltmetropole.
- Bei einer **Sportveranstaltung** (S. 340) lernt man die New Yorker erst richtig kennen.

Einkaufen

- New Yorks **Wochenmärkte** wie am Union Square, der **Essex Street Market** oder **Chelsea Market** (S. 338) und **Eataly** (S. 336) bieten eine breite Palette an lokalen Bio-Produkten und Delikatessen.
- Im riesigen Kaufhaus **Macy's** (S. 305) kann man sich fast verirren.
- Schräges und Ausgeflipptes finden kann man in den Boutiquen entlang dem Broadway in **SoHo**; in der **Lower East Side/Bowery** sind Schnäppchen zu machen, in **Chinatown** gibt's Asiatisches aller Art, im **Village** Boutiquen, Galerien und Kurioses, um den **Herald Square** stehen die großen Kaufhäuser und an der **5th Ave.** (51st–59th St.) exklusive Shops.
- Die **Upper East** und **West Side** gelten als Gourmet- und Galerienparadies (S. 338)

1664 musste sich Stuyvesant dem englischen König Charles II. beugen, die Stadt wurde britisch und zu Ehren des Herzogs von York, Bruder des englischen Königs, in **New York** umgetauft.

Mitte des 18. Jh. erlebte die Stadt eine kulturelle Blüte: **1725** wurde die *New York Gazette* gegründet, **1732** öffnete das erste Theater, **1733** erschien erstmals das *New York Weekly Journal* und **1752** wurde *King's College*, die spätere *Columbia University*, gegründet.

1776-83 Nach der *Boston Tea Party* 1773 wurde George Washington 1775 Oberbefehlshaber und machte New York kurzzeitig zum Hauptquartier seiner Truppen. Nach der Niederlage in der Schlacht von Long Island Ende August 1776 fiel die Stadt an die Engländer, die sie erst 1783 wieder räumten.

1789 Am 4. März wurde George Washington im New Yorker Rathaus als erster US-Präsident vereidigt.

1810 war New York mit über 100.000 EW die größte Stadt der USA.

1811 wurde wegen der wachsenden Zuwanderung aus Europa eine gezielte Stadtplanung in Angriff genommen: die Straßen nördlich der Houston St. wurden nach einem Rasterprinzip angelegt und durchnummeriert.

1851 Gründung der *New York Times*.

1869 Eröffnung des *Central Park* als nördliche Stadtgrenze

1880 Das *Metropolitan Museum of Art* öffnet seine Pforten.

1883 Einweihung der *Brooklyn Bridge* über den East River.

1885 wurde die **Freiheitsstatue** zum neuen New Yorker Symbol.

1898 **Greater New York** entstand aus dem Zusammenschluss der vormals unabhängigen Städte bzw. Landkreise *Manhattan, Brooklyn, Bronx, Queens* und *Staten Island*. Damit war New York zu Beginn des 20. Jh. mit gut 3,5 Mio. Menschen die größte Stadt der Welt.

1904 begann der Bau der U-Bahn;

1913 gewann der Eisenbahnverkehr mit der Eröffnung der *Grand Central Terminal* an Bedeutung.

1907 wurde mit 1,285 Mio. Immigranten der Höhepunkt der Einwanderungswelle erreicht. Bis zum Beginn des Ersten Weltkrieges machten insgesamt 12 Mio. Menschen New York zu ihrer neuen Heimat.

Am **29. Oktober 1929** markierte der „**Schwarze Freitag**“ an der New Yorker Börse das Ende einer Wirtschaftsblüte. Beginn der Weltwirtschaftskrise.

1932 Bürgermeister Fiorello H. La Guardia (1882–1947) sorgte für infrastrukturelle, verwaltungstechnische und soziale Verbesserungen; gleichzeitig neuer Bauboom.

1949 wurde New York fester Sitz der **UN** und bezog **1952** das Gebäude am East River.

In der Ära des populären demokratischen Bürgermeisters Ed Koch (1978–89) wird u.a. der Tourismus forciert.

19. Okt. 1987 Der Börsensturz am „**Black Monday**“ verstärkt die sozialen Konflikte erneut und lässt die Kriminalität aufblühen.

1994 begann Bürgermeister Rudolph Giuliani mit „eiserner Hand“ gegen Kriminalität und Missstände vorzugehen.

11. September 2001 Terroranschlag auf das World Trade Center, der über 2.800 Menschen das Leben kostete und verheerende Zerstörungen anrichtete.

2002 trat Michael R. Bloomberg das schwere Erbe von Bürgermeister Giuliani an, der sich mit seinem besonnenen Auftreten während der Rettungsarbeiten einen glanzvollen Abgang verschafft hatte.

Im Sommer 2003 begannen die Bauarbeiten auf der „*World Trade Center Site*“, sie dauern noch an.

2005 Bloomberg wurde zum zweiten Mal zum Bürgermeister gewählt.

Redaktionstipps

Restaurants

‣ Keine Stadt hat so viele ausgezeichnete **Restaurants** wie New York (S. 335), doch auch jene, die es preiswerter möchten, können aus einem breiten Spektrum wählen: **Delis** (wie **Katz's** oder **Zabar's**, S. 336), *Push Carts* oder *Gourmet Trucks* – das Angebot ist groß. Lokale wie **The Tangled Vine Wine Bar & Kitchen** (S. 336) – kreativ amerikanisch-spanisch –, **Paprika** (S. 337) oder **Numero** 28 (S. 337) – verschiedene italienische Regionalküchen – **Loreley** (S. 336), deutsch, oder **15 East** (S. 336), japanisch, bieten einen guten Einstieg.

Übernachten

‣ Statt in einem der (meist teuren) Hotels kann man angenehmer und mit „Familienanschluss“ in einem **B&B** (S. 335) nächtigen, z.B. im **Strange Dog Inn** in Brooklyn (S. 335) oder im **Easyliving – Harlem** (S. 335). Mehrere Hotels der preiswerteren Kategorie vereint „**Apple Core Hotels**“ (http://applecorehotels.com).

2009 Nicht nur zwei neue *Baseballstadien* werden eröffnet, zugleich demonstrieren der *High Line Park*, die *Hudson River Park Promenade* und die Schaffung zahlreicher *Fußgängerzonen* entlang dem Broadway und reaktivierter Piers New Yorks Bestreben, eine „grüne", **umweltbewusste Stadt** zu werden. Im gleichen Jahr wird Bloomberg für eine dritte Amtszeit wiedergewählt.

11. Sept. 2011 Das **National September 11 Memorial** wird zum 10. Jahrestag eingeweiht.

29. Okt. 2012 Hurricane Sandy richtet große Verwüstungen in New York und v.a. New Jersey an.

6. Nov. 2012 Präsident Obama wird wiedergewählt

Sehenswürdigkeiten in Manhattan

Manhattan lässt sich grob in vier Hauptabschnitte aufteilen:
Downtown oder **Lower Manhattan** – der Südteil der Insel, der historische Kern plus das nördlich angrenzende Gebiet bis zum Union Square an der 14th St. Hierzu gehören Neighborhoods wie das Bankenviertel um die Wall St., SoHo, Greenwich Village, Chinatown und Little Italy. Es handelt sich um die Keimzelle der Stadt mit noch unregelmäßigem Straßensystem.

Midtown – bezeichnet die Gegend zwischen Union Square und Central Park (14th–59th St.), mit der legendären 5th Ave., dem Times Square und

Blick auf Manhattan

dem Theaterviertel, Madison Square Garden, Empire State Building und UN Complex gehören ebenfalls dazu.
Uptown – umfasst die Region um den Central Park, Upper East und Upper West Side sowie die „Museumsmeile" an der 5th Ave.
Upper Manhattan – wird der nördlichste Teil Manhattans genannt, der hinauf bis zum Harlem River reicht. Dazu gehören Harlem, East Harlem, das Areal um die Columbia University und The Cloisters als Filiale des Metropolitan Museum.

Orientierung in Manhattan

Die Orientierung in Manhattan ist durch das **Rastersystem** der Straßen einfach – abgesehen von der Südspitze, wo die Straßen unregelmäßig verlaufen und Namen tragen. Ansonsten verlaufen **Streets** (St.) in **Ost-West-Richtung** und sind ab der 1st St. südlich des Washington Square nach Norden zu durchnummeriert; **Avenues** (Ave.) in **Nord-Süd-Richtung** und sind von Ost nach West nummeriert, von der 1st Ave. am East bis zur 11th Ave. am Hudson River. Einige **Avenues** tragen eigene bzw. zusätzlich Namen: York Ave., Lexington Ave., Park Ave., Madison Ave., Avenue of the Americas (= 6th Ave.), Columbus Ave., Amsterdam Ave., West End Ave. sowie in Harlem z.B. Frederick Douglass Blvd./8th Ave. oder Lenox Ave./7th Ave.

Die **5th Avenue** bildet die Zentralachse und unterteilt Manhattan in **East und West**. Eine Adresse wie 59 W. 44th Street bedeutet demnach: 44. Straße, westlich der 5th Ave., Nr. 59. Die Hausnummerierung auf den Avenues erfolgt von Süden nach Norden. Der **Broadway**, ein ehemaliger Indianerpfad, durchschneidet die Insel als einzige Ausnahme diagonal.

Lower Manhattan – die Südspitze

Historischer Kern New Yorks

Die Südspitze Manhattans umfasst den historischen Kern New Yorks mit Baudenkmälern aus der frühen Kolonialzeit, fungiert daneben aber auch als das weltgrößte Finanzzentrum mit der Börse, weist die höchsten Wolkenkratzer der Stadt auf und gibt den Blick frei auf den Hafen. Günstiger Start- und Zielpunkt für einen Rundgang ist die City Hall am City Hall Park.

Von der City Hall zum Battery Park

Viele sind erstaunt über die Bescheidenheit des New Yorker Rathauses, das den Kern des heutigen **Civic Center District** bildet. Als es zu Anfang des 19. Jh. im klassizistischen Stil errichtet wurde, war es für die 60.000-EW-Metropole groß genug. Damals lag die **City Hall** (1) noch am nördlichen Stadtrand und der heutige Park war ein offenes Feld, auf dem es wäh-

New York – Lower Manhattan
Hotels
1 Washington Square Hotel
2 Andaz Wall Street
Restaurants
1 Dean & Deluca
2 Russ & Daughters
3 Katz´s
4 Loreley
5 Peter Luger Steak House
6 Ferrara´s Bakery
7 L´Ecole
8 Paprika
9 Tasty Dumpling
N
0
500 m
GREENWICH
VILLAGE
WEST
VILLAGE
SOHO
LITTLE
ITALY
CHINA-
TOWN
TRIBECA
FINANCIAL
DISTRICT
Washington
Square Park
City Hall
Park
Battery
Park
City
Battery
Park
Robert F. Wagner
Jr. Park
Hudson River
Holland Tunnel
nach New Jersey
Pier 25
Pier A
Pier 17
Pier 11
NJ, W
Statue of Liberty,
Ellis Island
Staten Island
Governors Island
Brooklyn Battery Tunnel
Astor Place
Cooper Square
St. Mark's Place
Bleecker St.
West Houston St.
Canal St.
Delancey St.
Broome St.
Grand St.
Spring St.
Prince St.
Chambers St.
Warren St.
Vesey St.
Fulton St.
John St.
Liberty St.
Wall St.
Exchange Pl.
State St.
Old Slip
F. D. Roosevelt Drive
Broadway
Bowery
West St.
Washington St.
Hudson St.
Greenwich St.
Avenue of the Americas
Lafayette St.
Mulberry St.
Mott St.
Dover St.
Pearl St.
Park Row
Worth St.
Bayard St.
Hester St.
Franklin St.
Leonard St.
Thomas St.
Duane St.
Murray St.
Park St.
Church St.
Nassau St.
William St.
Broad St.
Whitehall St.
Water St.
First Place
Battery Place
Trinity Pl.
Albany St.
North End Ave.

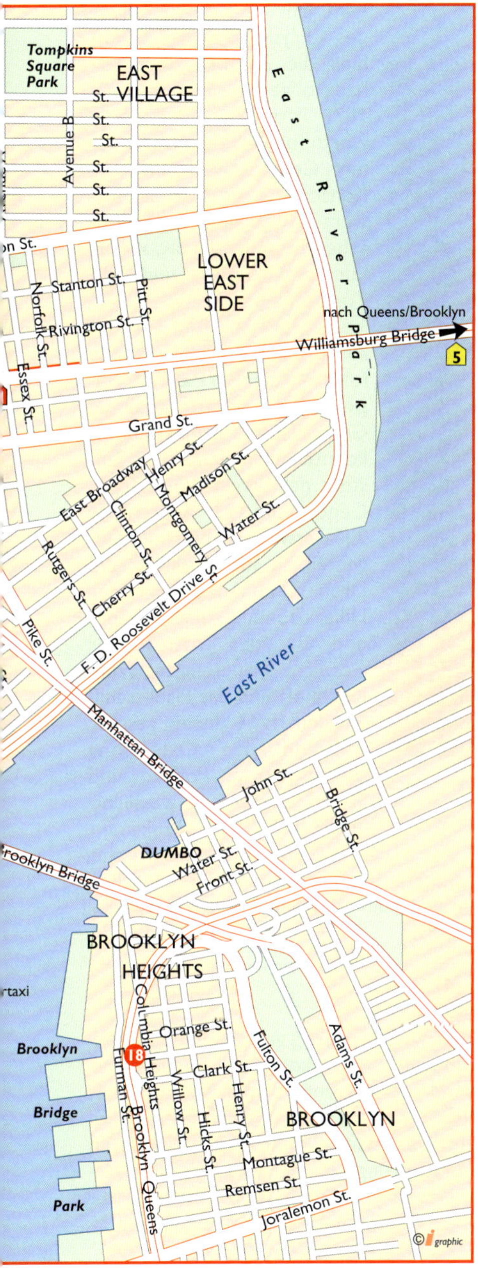

rend der Revolution zu mehreren Schlachten gekommen war. 1776 soll General Washington hier vor seinen Truppen die Unabhängigkeitserklärung verlesen haben.

Das **Rathaus** selbst gilt als eines der schönsten frühen Baudenkmäler in den USA. Es besteht aus einem dominanten Mitteltrakt mit Portikus und einer von einer Statue der *Justitia* (1819) bekrönten Kuppel sowie zwei seitlich vorspringenden Flügelbauten.

Zentrale des Kaufhauskonzerns

Am Broadway, am Rand des Parks, erhebt sich das berühmte **Woolworth Building (2)**, 1913 von Präsident Wilson als damals höchstes Gebäude der Welt (241 m) eröffnet. Bis 1930,

1 NY City Hall
2 Woolworth Building
3 St. Paul's Chapel
4 World Trade Center Site und National 9/11 Memorial & Museum
5 Tribute WTC Visitor Center
6 World Financial Center
7 Museum of Jewish Heritage
8 Castle Clinton NM
9 Shrine of Mother Seton
10 Fraunces Tavern
11 New York City Police Museum
12 National Museum of the American Indian
13 Trinity Church
14 Federal Hall
15 New York Stock Exchange
16 Museum of American Finance
17 South Street Seaport Historic District
18 Brooklyn Promenade
19 Museum of the Chinese in the Americas
20 Columbus Square
21 Lower East Side Tenement Museum
22 New Museum
23 Old St. Patrick's Cathedral
24 Bayard Building
25 New York University
26 Cooper Union Building
27 St. Mark's in the Bowery
28 Grace Church

New York City Hall

dem Jahr der Fertigstellung des Chrysler Building (319 m), hielt die Zentrale des Kaufhauskonzerns den Rekord. 1879 hatte Frank W. Woolworth mit der Idee, Waren für fünf Cent zu verkaufen, die Konsumwelt erobert. Sehenswert am Bau sind die neogotischen Fassadendetails, allerlei kurioses Getier, und die Türme.

Am Broadway/Ecke Fulton St. folgt mit der **St. Paul's Chapel** (3) das älteste erhaltene Gotteshaus in Manhattan. Ihr konnte nicht einmal der Einsturz des nahen World Trade Center am 11. September 2001 etwas anhaben – im Gegenteil, die Kirche wurde zum Dreh- und Angelpunkt der Hilfsaktionen, zum Ruhepol und Ort des Trostes. Der westliche Haupteingang (zum Kirchhof) und das Hauptschiff wurden 1766 fertig gestellt, während der Osteingang (Broadway) mit Portikus und Säulen sowie der westliche Turm erst 1794 dazukamen. Innen überrascht die Kirche, in der schon George Washington betete, mit einem hellen, freundlichen Raum, der vom französischen Architekten L'Enfant, dem Planer der Hauptstadt Washington, entworfen wurde.

Ort des Trostes

World Trade Center Site (4)

Seit der 1973 nach Plänen des Japaners Yamasaki fertig gestellte Mehrzweckkomplex am 11. September 2001 von Terroristen komplett in Schutt und Asche gelegt wurde und Tausende von Menschen unter sich begrub, vermisst man das ehemalige Wahrzeichen New Yorks mit seinen beiden über 400 m hohen Türmen und dem beliebten Aussichtsdeck schmerzlich. Immerhin wird nach vielerlei Querelen und Verzögerungen in der Vergangenheit derzeit eifrig auf der World Trade Center Site gebaut: Bereits vollendet ist das WTC 7 und WTC 1 (Freedom Tower), WTC 4 und National September 11

„Nine Eleven"

Memorial & Museum sind bereits weit fortgeschritten. Die allesamt von renommierten Architekten geplanten Tower 2, 3, und 5 wurden mittlerweile ebenfalls in Angriff genommen, und der WTC Transportation Hub soll 2015 eröffnet werden.

Für das Kernstück, den **Freedom Tower** (WTC 1), ist die Architekturfirma Skidmore, Owings & Merrill (SOM), genauer, Architekt David Childs, zuständig. Ganz anders als ursprünglich vom Wettbewerbsgewinner Daniel Libeskind geplant, entstand nun ein plumper und festungsartiger, angeblich „bombensicherer" Bau.
Das **National September 11 Memorial & Museum**, von Arad, Walker und Bond in Zusammenarbeit mit Snøhetta, besteht aus einer Inschriftenmauer, einem Wasserfall um zwei Becken in den *footprints* (den Grundrissen der Türme), einem Meditationsraum und einem Museum im Untergrund. Das Memorial wurde zum 10. Jahrestag des Attentats, am 11. September 2011, eingeweiht, das Museum soll voraussichtlich 2013 folgen.
Infos: www.renewnyc.com und www.panynj.gov/wtcprogress/index.html (Plan, Details zu einzelnen Projekten und zum Baufortschritt)
Tribute WTC VC (**5**), *120 Liberty St., www.tributewtc.org, Mo–Sa 10–18, So 10–17 Uhr, $ 15. Ausstellung sowie einstündige Touren ($ 10); Kombi $ 20*
9/11 Memorial, Zugang: *9/11 Memorial Welcome Site, 1 Albany St./Greenwich St. Zeitgebundene Gratistickets sollte man, da zahlenmäßig limitiert, vorher im Internet bestellen: www.911memorial.org/visitor-passes*
9/11 Memorial Preview Site, *20 Vesey/Church St., www.911memorial.org/preview-site, tgl. 10–19/19.30 Uhr. Kleine Ausstellung zur Neuplanung des Komplexes mit Shop.*

World Financial Center (6) und Battery Park City

Westlich der WTC Site erhebt sich das **World Financial Center**, 1981–88 nach Plänen des Argentiniers Cesar Pelli auf einem 90.000 m^2 großen Gelände errichtet. Sehenswert im Inneren ist der Wintergarten, in dem verschiedenste Veranstaltungen stattfinden. Ringsum entstand auf dem hier aufgeschütteten Aushub vom World Trade Center eine eigene „Stadt" – **Battery Park City** – mit Apartmentblöcken, Jachthafen, Promenade und Grünanlagen.

Welt-Finanzzentrum

Von der **Esplanade** mit ihren Parkbänken bietet sich ein fantastischer Ausblick auf den Hudson River, auf Ellis und Liberty Island und hinüber nach New Jersey. Die Promenade führt vorbei am **Museum of Jewish Heritage** (**7**) im Wagner Park – das eindrucksvoll mittels verschiedenster Medien die Geschichte der Juden ab 1880 schildert – zum Battery Park. Hier bietet sich ein Abstecher zum **Skyscraper Museum** im Bau des Ritz Carlton Hotels an der West St. an.
Museum of Jewish Heritage, *36 Battery Pl./Battery Park City, www.mjhnyc.org, So–Di/Do 10–17.45, Mi 10–20 Uhr, Fr 10–15/17 Uhr, $ 12 (Mi 16–20 Uhr Eintritt frei).*
Skyscraper Museum, *39 Battery Place, www.skyscraper.org, Mi–So 12–18 Uhr, $ 5, v.a. Wechselausstellungen.*

Battery Park und Castle Clinton

Vor der beeindruckenden Wolkenkratzerkulisse des Financial District liegt der **Battery Park** mit Denkmälern und Statuen von bedeutenden Denkern und Dichtern, von Immigranten(gruppen) und anderen wichtigen Persönlichkeiten. Von besonderer Bedeutung ist ein ursprünglich zwischen den Türmen des World Trade Centers aufgestelltes abstraktes Stahl-Bronze-Kunstwerk des Bayern Fritz König, genannt „**The Sphere**" (am Eingang Bowling Green). Es überstand nur leicht beschädigt den Einsturz der Bauten ringsum und soll später wieder an seinen angestammten Ort zurückkehren.

Nationale Gedenkstätte

Mitten im Battery Park – benannt nach einer hier ehemals aufgestellten Geschützreihe – fällt der massige runde Ziegelkomplex des **Castle Clinton National Monument** (8) ins Auge. In der Nähe des ehemaligen holländischen „Fort Amsterdam" war es als eine von mehreren Befestigungsanlagen zur Sicherung des Hafens während des britisch-amerikanischen Krieges 1812, mit dem Ufer durch eine Zugbrücke verbunden, entstanden. 1824 wurde ein Vergnügungspark, „Castle Garden", daraus. 1855–92 fungierte die mittlerweile mit dem Festland verbundene Festung als die Vorgängerin des berühmteren Ellis Island. Nach weiteren 45 Jahren als Heimat des New Yorker Aquariums drohte 1941 der Abriss, doch zum Glück erfolgte fünf Jahre später die Ausweisung als nationale Gedenkstätte. Abgesehen von Ausstellungssälen gibt es hier Informationsstände der Parkverwaltung und Ticketverkaufsstände für die Fähren nach Liberty und Ellis Island. Die Fähren, aber auch Hafenrundfahrten starten am Nordende des Parks (Pier A).
Castle Clinton NM, *Battery Park, www.nps.gov/cacl, tgl. 8.30–17 Uhr, Eintritt frei.*

Liberty Island und die Statue of Liberty

Ein Geschenk Frankreichs

Die **Statue of Liberty** war ein Geschenk des französischen Volkes an die Amerikaner. Das Kunstwerk sollte an die Waffenbrüderschaft in der Zeit der Revolution erinnern und an deren vornehmstes Symbol, die *Liberté*. Gleichzeitig diente der erhobene Arm der Figur mit der Fackel der Freiheit als Leuchtturm und fungierte als neuzeitliches Pendant zum antiken Koloss von Rhodos. Die Statue besteht aus gehämmerten Kupferplatten und ist ein Werk des Bildhauers Frédéric-Auguste Bartholdi unter Mithilfe von Gustave Eiffel, der für das tragende Eisengerüst zuständig war. Die viel bewunderte Figur mit ihren 46 m Höhe und 204 t Gewicht wurde auf der Pariser Weltausstellung 1884 ausgestellt, dann zerlegt und in einer spektakulären Aktion über den Atlantik nach New York gebracht. Am 28. Oktober 1886 wurde das Monument feierlich eröffnet und zum 100-jährigen Jubiläum im Jahr 1986 gründlich renoviert.

Im Inneren des Sockels informiert das **Statue of Liberty Museum** über Hintergrund und Bau der Freiheitsstatue, die für alle Amerikaner zum nationalen Heiligtum und zu einer viel besuchten Pilgerstätte geworden ist. Es wird derzeit noch renoviert und soll im Frühjahr 2013 wiedereröffnen.Die Krone darf seit 2009 in zahlenmäßig beschränkten Gruppen bestiegen werden, wobei langfristig vorher Ticketreservierung im Internet erforderlich ist.

Statue of Liberty & Statue of Liberty Museum, *Liberty Island, Fähren ab Castle Clinton/Battery Park, www.nps.gov/stli, Tickets siehe im Infokasten S. 292*

Ellis Island

Während die Freiheitsstatue die Einwanderer verheißungsvoll begrüßte, bedeutete die kleine Insel **Ellis Island** für viele zunächst einmal langes Warten. Fast drei Viertel aller US-Einwanderer passierten ab 1892 diesen Nachfolger von Castle Clinton, und die rund 12 Mio. Menschen, die bis 1954 durchgeschleust wurden – bis zu 5.000 täglich –, durchliefen hier eine gründliche Befragung und Inspektion. Vielfach dauerte das Verfahren mehrere Tage bis Wochen, und etwa 350.000 Personen wurden wieder abgeschoben. Besonders für „politisch oder moralisch Fragwürdige" und hauptsächlich während der beiden Weltkriege wurde Ellis Island für viele zur „Träneninsel". *„Träneninsel"*

Seit 1965 Nationalpark, sind bislang nur ein wenige der insgesamt rund 35 Gebäude zu besichtigen. Für die nähere Zukunft ist die Renovierung und Eröffnung weiterer Bauten im Hospitaltrakt geplant. Im Hauptbau mit der Great Hall, der Ankunftshalle, dem Fährbüro, Gepäckraum, Schlafsälen, Krankenstation und Speisesaal befindet sich das sehenswerte **Immigration Museum**, das zuletzt um einen neuen Teil, das **Peopling of America Center** erweitert wurde und noch eine weitere Abteilung zur „neueren Geschichte" der Immigration bekommen soll. Auf dem Freigelände befindet sich die **Wall of Honor** mit den Namen der Immigranten, außerdem gibt es eine große Forschungsbibliothek und ein Forschungsarchiv.

Ellis Island Immigration Museum, *Ellis Island, www.nps.gov/elis, mit Café und tollem Ausblick., Zugänglichkeit s. Infokasten S. 292*

Ellis Island – Durchgangsstation zahlloser Einwanderer

info

Statue of Liberty und Ellis Island – Ticket-Know-how

Ab Castle Clinton/Battery Park verkehren unterschiedlich häufig (mind. 9.30–17 Uhr, mind. alle 30 Min.) Fähren von **Statue Cruises** für derzeit $ 17 nach Liberty und Ellis Island. Um lange Wartezeit zu vermeiden, sollte man Tickets im Internet kaufen und vorreservieren, es bilden sich nämlich oft schon um 8 Uhr morgens Schlangen vor den Ticketschaltern. Auch wer einen CityPass hat, muss sich anstellen. Ellis Island ist im „Fähr-Paket" immer enthalten, doch nach 14 Uhr lohnt es sich nicht mehr, an beiden Inseln auszusteigen. Genügend Zeit einplanen, denn die Sicherheitskontrollen vor dem Einsteigen (keine Taschenmesser!) kosten Zeit. Für die Gesamttour mit Besichtigungen sind mindestens vier bis fünf Stunden einzuplanen.

Es gibt für die Statue of Liberty **drei Ticketvarianten**:
Reserve Ticket (kostenlos, im Fährticket enthalten): Zugang zu beiden Inseln
Pedestal/Museum Pass (kostenlos): Zugang zu Museum und Observation Deck im Sockel der Freiheitsstatue. Tickets auf „first-come, first-served"-Basis in begrenzter Zahl am Ticketschalter erhältlich.
Crown Ticket: Zugang zu Pedestal, Museum und zur Krone. Das Ticket muss im Internet oder telefonisch lange im Voraus bestellt werden.
Infos/Reservierung: ☏ 1-877-5239849 oder www.statuecruises.com

Staten und Governors Island

Ein modernes Gebäude im Süden von Castle Clinton, der **Whitehall Ferry Terminal**, fungiert als Fährbahnhof der *Staten Island Ferry*. Von hier verkehren regelmäßig (kostenlose) Boote nach **Staten Island**. Die Fahrt dauert einfach eine knappe halbe Stunde (Aussteigen nötig!) und das Faszinierende ist der Ausblick vom Schiff auf die Skyline, besonders auf der Rückfahrt.

Ein paar Schritte ostwärts liegt das **Battery Maritime Building** von 1905, das nach einem Feuer renoviert wurde und als Anlegestelle der ebenfalls kostenlosen Fähre nach **Governors Island** fungiert. Innerhalb weniger Minuten gelangt man auf die alte Festungsinsel, von deren Uferpromenade sich ein ungewöhnlicher Ausblick auf Stadt, Freiheitsstatue, Ellis Island, den Hafen und den East River bietet.

Während der Kolonialzeit im 18. Jh. war die Insel Privatbesitz des britischen Gouverneurs, dann Festung zum Schutz der Hafeneinfahrt und zuletzt Sitz der Küstenwache. Aus dem frühen 19. Jh. sind die Festungen *Fort Jay* und *Castle Williams* erhalten, dazu die *Colonel's Row* und die *Parade Grounds*. Als National Park ausgewiesen, bieten Parkranger Touren an, gibt es im Südteil der Insel einen Picknickplatz und sollen neue Grünflächen eingerichtet werden. In einen Teil der alten Bauten residieren zeitweise Künstler und es fin-

den Ausstellungen und andere Events statt. Man kann Fahrräder ausleihen oder sich im Sommer am hier befindlichen *Water Taxi Beach* vergnügen.
Historic Governors Island, *www. nps.gov/gois bzw. www.govisland.com, derzeit Ende Mai–Ende Sept. nur Sa–So, kostenlose Fähren ab Battery Maritime Building, 10 South/ Whitehall St., Touren auch Mi, Do und Fr.*

Das „alte" New York

Vorbei am **Shrine of Mother Seton (9)** an der State St. – das Haus einer Ordensschwester (1774–1821), die als erste Amerikanerin 1975 vom Papst heilig gesprochen wurde – geht es in den **Fraunces Tavern Historic District**, ein original erhaltener Straßenblock aus dem 18. Jh. Bei der **Fraunces Tavern (10)**, Pearl/Broad St., handelt es sich um eines der ältesten Privathäuser des Viertels, 1719 im georgianischen Stil erbaut. Im Inneren befinden sich ein Museum und ein Restaurant.

Von hier aus weiter auf der Pearl St. zum Hanover Square stößt man auf das India House von 1837 im Barockstil, Sitz der Baumwollbörse. Ein Stückchen weiter südlich, am Old Slip, zwischen Water und South St., befindet sich das **New York City Police Museum (11)**.
Shrine of Mother Seton, *7–8 State St., www.setonshrine.com, Di–So 10–16.30 Uhr, Eintritt frei.*
New York City Police Museum, *100 Old Slip/South St., www.nycpolicemuseum.org, Mo–Sa 10–17, im Sommer auch So 12–17 Uhr, $ 8.*

Bowling Green und Trinity Church

Vom Hanover Square ist es nicht weit zu Battery Park (via Beaver St.) und Bowling Green, am spitz zulaufenden Kopfende des Parks. Der Platz markiert jene Stelle, wo 1626 Peter Minnewit, der Deutsche in holländischen Diensten, den Manna-Hatta-Indianern ihre Insel „abgekauft" haben soll. Später fanden hier Viehmärkte und Paraden statt und eine Bowlingbahn entstand, der dem Platz seinen Namen gab.

New Yorks Wurzeln

Seine Nordspitze markiert ein bronzener Stier – Symbol für eine florierende Wirtschaft – vor der repräsentativen Kulisse des **US Custom House** aus dem Jahr 1907. Der vormalige Zollbau zeigt im Inneren Wandmalereien des amerikanischen Malers Reginald Marsh (1898-1954) mit Hafenszenen, und beherbergt das **National Museum of the American Indian (12)**, einen Ableger der Washingtoner Smithsonian Institution.
National Museum of the American Indian (NMAI), *George Gustav Heye Center – US Custom House, 1 Bowling Green, http://nmai.si.edu/visit/newyork/, tgl. 10–17, Do bis 20 Uhr, frei, Wechselausstellungen.*

Indianermuseum besichtigen!

Ein Stückchen den Broadway nordwärts, fällt zwischen modernen Wolkenkratzern, teils mit sehenswerter Bauplastik, die **Trinity Church** (Broadway/ Wall St.) **(13)** ins Auge. Ihr knapp 100 m hoher Turm hat bis Mitte des 19. Jh. das Viertel überragt. Die Kirche war Ende des 17. Jh. vom englischen König William III. gestiftet worden; das heutige Gotteshaus stammt aus dem Jahr

1846. Der Friedhof aus der Gründungszeit enthält sehenswerte alte Grabmäler; u.a. fand hier Alexander Hamilton, der erste Finanzminister der USA, seine letzte Ruhe. In das Innere der neogotischen Kirche mit ihren (deutschen) Buntglasfenstern gelangt man durch Bronzeportale nach dem Vorbild der Florentiner Paradiestür des Renaissance-Künstlers Lorenzo Ghiberti.

Das Finanzviertel

Wall Street Die **Wall Street** markierte einst wie eine „Mauer" die nördliche Stadtgrenze der holländischen Siedlung, heute ist sie die Schlagader des Finanzviertels. Die Stufen der **Federal Hall (14)** sind zur Lunchpause im Sommer beliebt – und von hier bietet sich ein guter Blick auf das hektische Treiben. Bei dem Gebäude selbst handelt es sich um das alte Zollhaus (1842), vorher befanden sich hier das alte Rathaus der Stadt, die *City Hall* (1701) und die *Federal Hall* (1788), die bis 1790 als erstes Kapitol der Vereinigten Staaten fungierte. 1789 hatte der erste Präsident der USA, George Washington, hier seinen Amtseid abgelegt und dafür 1883 eine Statue aufgestellt bekommen. Den Kern der *Federal Hall* bildet eine Rotunde im Stil des römischen Pantheon, wohingegen die Front sich am Athener Parthenon orientiert. Im Inneren erinnern eine Ausstellung mit Originaldokumenten und Memorabilien sowie ein Film an George Washington und seine Zeit.

Federal Hall, *26 Wall St., www.nps.gov/feha, Mo–Fr 9–17 Uhr, Eintritt frei.*

Die New York Stock Exchange in der Wall Street

Schräg gegenüber, an der Broad St., versteckt sich hinter einer klassisch-römischen Tempelfassade von 1903 die berühmte Wertpapierbörse **New York Stock Exchange (15)**, in der die Aktien der mehr als 1.500 mächtigsten Firmen der Welt gehandelt werden. Ihre Besuchergalerie ist seit dem 11. September 2001 geschlossen, doch dafür entschädigt das **Museum of American Finance (16)** ein wenig. Es befindet sich nur wenige Schritte entfernt in der ehemaligen Bank of New York (1927).

Museum of American Finance, *48 Wall St., www.financialhistory.org, Di–Sa 10–16 Uhr, $ 5, mit Shop (Souvenirs der NYSE) und Walkingtouren.*

Wall Street Walks, *Rundgänge durch die Hauptstadt der Finanzwelt und „Ground Zero", Infos: www.wallstreetwalks.com*

South Street Seaport

Der **South Street Seaport Historic District (17)**, der von der Water bis zur South St. und von Pier 14 bis Pier 17/18 bzw. von der Dover bis zur John St. reicht, erinnert an das alte Hafenviertel New Yorks, das nur knapp vor dem Verfall gerettet werden konnte. In die alten Häuser aus dem 19. Jh., vor allem Lagerhäuser, zogen ausgehend von der Schermerhorn Row (Fulton zwischen South und Front St.) Cafés, Lokale und Läden ein und verhalfen dem Viertel zu neuer Attraktivität. So auch auf dem revitalisierten Pier 17, wo zusätzlich eine Aussichtsterrasse und der Beekman Beer Garden mit Bar zur Verfügung stehen. Zudem wurde der nördlich angrenzende Bereich entlang dem Flussufer zur **East River Promenade** mit Grünflächen und Sitzgelegenheiten umgestaltet. Der nahe Pier 11/Wall St. ist ein wichtiger Fähranleger (East River Ferry, Water Taxi).

Renovierte Lagerhäuser

Schlendert man heute durch die alten Gassen – den Kern bilden vier Häuserblocks zwischen Beekman und John, Water und South St. – stößt man auf das **Titanic Memorial** (Fulton/Water St.), in Form eines kleinen Leuchtturms oder auf das alte **Meyer's Hotel** von 1873 (Peck Slip). Im **South Street Seaport Museum** (12 Fulton St.) gibt es in einer historischen Seefahrerherberge in der Schermerhorn Row interessante Abteilungen zur Seefahrer-, Hafen- und Handelsgeschichte der Stadt sowie Wechselausstellungen zu sehen. Von den besichtigbaren historischen Schiffen an den Piers 15 und 16 kann derzeit nur das Feuerschiff „Ambrose" (1907) besichtigt werden.

South Street Seaport, *Fulton/South St. (Pier 17), www.southstreetseaport.com und* **South Street Seaport Museum**, *12 Fulton St., www.southstreetseaportmuseum.org, $ 10 (Museum und Lightship Ambrose), tgl. 10–18 Uhr.*

Brooklyn Bridge

Vom South Street Seaport aus bietet sich, besonders bei Sonnenuntergang, ein Spaziergang über die **Brooklyn Bridge** zur **Brooklyn Promenade** (siehe S. 328) **(18)** an. Etwa 60 Brücken verbinden in New York die einzelnen Boroughs miteinander, die Brooklyn Bridge ist eine der ältesten und zweifellos die schönste. 1867 hatte der deutsche Einwanderer Johann August Roebling mit dieser kühnsten Ingenieurleistung der Epoche begonnen: 84 m hohe gotische Doppelbögen als Hauptpfeiler, an deren Ankerplatten die Hauptstahlseile befestigt wurden, die wiederum durch Stahlseile verstrebt waren.

Der Thüringer Ingenieur, der als „Erfinder des Stahlseils" galt, starb bereits drei Wochen nach Baubeginn. Roeblings Sohn Washington, dann dessen Frau Emily vollendeten das Werk im Jahr 1883. Damals war die Brooklyn Bridge nicht nur die erste Hängebrücke New Yorks, sondern mit einer Höhe von 40 m über dem East River und einer Länge von über 1 km (ohne Rampen) auch die längste. Bis 1903, der Fertigstellung der Williamsburg Bridge, blieb die Brooklyn Bridge die längste Hängebrücke der Welt.

Tolle Ingenieurleistung

Brooklyn Bridge, *Zugang zum Fußweg in Manhattan an der Ostseite der City Hall, Park Row, eine Treppe führt von der Drumgoogle Plaza (Gold/Frankfort St.) hinauf zum Fußweg der Brücke. Zurück geht es wieder über die Brücke, mit der Subway (Linie A/C High St.), von der Promenade Linie 2/3 Clark St.) oder per Fähre ab Pier 1 unterhalb der Brücke.*

Ein Meisterwerk der Ingenieurskunst, die Brooklyn Bridge

Lower Manhattan – zwischen Lower East Side und Village

Eine unverwechselbare Atmospäre kennzeichnet die Stadtviertel im Bereich zwischen Rathaus und 14th St. Oft verwischen die Grenzen, beispielsweise zwischen **Little Italy** und **Chinatown**, wo die Asiaten die Italiener mehr und mehr verdrängen. **SoHo** steht für Cast Iron Buildings, schicke Lofts, exklusive Boutiquen und ungewöhnliche Galerien, das südlich anschließende **TriBeCa** repräsentiert hingegen ein ehemaliges Industrie- und Lagerhausviertel im Wandel. Die **Bowery**, das ehemalige irische Viertel mit Bordellen und Spelunken, ist im Begriff auszuholen, wohingegen die **Lower East Side** (LES) sich längst zu einem schicken Viertel mausert und der frühere deutsche bzw. jüdische Charakter weitgehend abhanden gekommen ist. Das nördlich angrenzende **East Village** liegt als Künstler-, Kneipen- und Nightlife-Viertel voll im Trend und schloss zu seinem berühmten westlichen Nachbarn, dem **Greenwich Village**, auf.

Verschiedene Rundgänge

Chinatown

Obwohl die meisten der nach Amerika eingewanderten Chinesen ihre Gemeinden an der Westküste, in San Francisco und Vancouver, gründeten, ist auch das New Yorker Chinesenviertel dicht besiedelt und unverkennbar ostasiatisch, allerdings weniger touristisch geprägt. Es erstreckt sich im Areal von Canal St., Broadway und Bowery St. und die **Hauptachsen** sind Mott und Grand St.

Marktstände mit exotischen Früchten und fremde Gerüche, chinesische Schriftzeichen und Wortfetzen, eine Menge fernöstlicher Imbissbuden, Restaurants und Läden machen Chinatown zu einem besonderen Viertel. Über die chinesischen Amerikaner informiert das neue und auch architektonisch sehenswerte **Museum of the Chinese in the Americas (19)**.

Chinesisches Zentrum

Museum of the Chinese in the Americas, *211–215 Centre St., www.mocanyc.org, Di–So 11–18, Do bis 21 Uhr, $ 7 (Do frei).*

Über die **Canal Street**, Lebensachse von Lower Manhattan, und die die Mulberry St. geht es zum **Columbus Square (20)**, der das Zentrum Chinatowns bildet. Die parallel im Osten verlaufende **Mott Street** ist die Hauptstraße des Viertels mit zahlreichen chinesischen Restaurants und Läden.

Chinatown, lebendige „Stadt in der Stadt"

Lower East Side

Die Canal St. führt ostwärts in die **Lower East Side** (LES), zu der offiziell auch Chinatown, Little Italy und die Bowery gehören. Früher war die LES einmal fest in deutscher Hand, und Anfang des 20. Jh. befand sich her ein Zentrum der New Yorker Juden. An der Orchard St. mit vielerlei Shops liegt der **Lower East Side Historic District** und an der Ecke zur Delancey St. lädt das interessante **Lower East Side Tenement Museum (21)** zu einer Tour durch einige der Apartments der früheren Bewohner ein. Zuvor bietet das neue

Sehenswert!

Besucherzentrum einen Film und im Shop interessante Bücher und Souvenirs. Dabei wird eindrucksvoll über das Leben der Einwanderer um 1900 in diesem Viertel informiert.

Lower East Side Tenement Museum, *103 Orchard St., www.tenement.org, tgl. 10–18 Uhr, Tourtickets für verschiedene Hausführungen und eine Walking-Tour durch das Viertel ($ 22) im Visitor Center mit Shop.*

Neuestes Zeichen des Wandels in der LES ist das **New Museum (22)** in der Bowery. Die einstige *Skid Row* (das „Penner-Quartier") mit Obdachlosenheimen und Suppenküchen weicht zunehmend Boutiquen, neuen Hotels und Restaurants. Allein der ungewöhnliche Bau dieses Museums für zeitgenössische Kunst ragt optisch aus dem Umfeld der alten Backsteinbauten heraus: Es ist ein fensterloser, kubischer weißer Bau vom Reißbrett der japanischen Architekten Sejima/Nishizawa (SANAA). Innen gibt es neben Wechselausstellungen einen Shop und ein Café.

New Museum, *235 Bowery, www.newmuseum.org, Mi/Fr–So 11–18, Do bis 21 Uhr, $ 14, Do 19–21 Uhr frei.*

Little Italy

Pizza und Pasta

Die **Grand Street** ist eine der Lebensadern der LES. An der Kreuzung Grand/Mulberry St. schlägt das Herz von **Little Italy**, des alten Italienerviertels von Manhattan. Statt Dim Sum gibt es plötzlich Pasta und Pizza, anstelle der buddhistischen und taoistischen Tempel römisch-katholische Kirchen wie die **Old St. Patrick's Cathedral (23)** (260 Mulberry St.).

Die Nordgrenze von Little Italy bildet die Houston (gesprochen „Hauston") Street. Ein wenig nördlich davon steht das **Bayard Building (24)** von 1898 (65 Bleeker St.), ein Werk des berühmten Architekten Louis Sullivan, der in Chicago als Wegbereiter der modernen Hochhausarchitektur berühmt wurde.

SoHo

Gusseisen-Architektur prägend

1848 kam in Amerika erstmals Gusseisen bei der Konstruktion von Häusern zum Einsatz, in der zweiten Jahrhunderthälfte wurde diese Bauweise populär. Die meisten und schönsten der noch erhaltenen Cast-Iron-Bauten befinden sich in **SoHo**, kurz für *South of Houston*. Das Viertel trägt den Beinamen **Cast-Iron-District** und steht unter Denkmalschutz. Da die stabile Konstruktionsweise mit einem Skelett aus Eisenträgern, zwischen die gusseiserne vorfabrizierte Fassadenteile geschoben wurden, keine Stützwände benötigte, sind viele und hohe Fenster typisch für die meist fünf- bis achtstöckigen Gebäude. Die früheren *Sweat Shops*, Fabrikhallen der Leder- und v.a. Textilindustrie in den oberen Etagen, fungieren heute als schikke Lofts, unten sind Künstlerateliers und Galerien, Boutiquen und Cafés eingezogen. Inzwischen haben gestiegene Mietpreise mehr und mehr Bewohner nach **TriBeCa** (*Triangle Below Canal*) abwandern lassen, das im Begriff ist, sich zum neuen Szeneviertel zu entwickeln.

SoHo ist bekannt für seine Cast Iron Buildings

Einen Rundgang (auch ideal zum Shopping) durch SoHo startet man am besten an der Kreuzung Prince Street/Broadway, hier befindet sich auch eine Filiale von Dean&DeLuca, einem der besten Delis der Stadt. Ein Block weiter, am Broadway, finden sich einige der sehenswerten Cast-Iron-Bauten wie das **New Era Building** (495 Broadway) und daneben das **Haughwout Building**, in dem 1857 der erste dampfbetriebene Fahrstuhl in Betrieb genommen wurde. Auf der Greene Street (via Broome St.), hinauf zur Houston St., sieht man die schönsten Beispiele von Cast-Iron-Architektur.

Rundgänge im Village

Das „**Village**", wie das Areal zwischen Houston und 14th St. von seinen Bewohnern kurz genannt wird, besteht aus zwei Teilen: westlich vom Broadway das **Greenwich Village**, östlich davon das **East Village**. Wo schon im 18. Jh. Engländer ihre Gutshöfe bauten und sich im 19. Jh. schwarze, irische und italienische Einwanderer niederließen, blühte um 1900 das kulturelle Leben. Im Laufe der Jahrzehnte entwickelte sich das Areal zum Treff der Bohème, von Homosexuellen, Dichtern und Künstlern. Heute ist es v.a. ein Wohnort des besser verdienenden Mittelstandes.

Treff der Bohème

Der **Washington Square** ist der größte Platz in Lower Manhattan und ein beliebter Treff. Früher war er Richtstätte, Armenfriedhof, Exerzierplatz und ab 1828 öffentlicher Park. Der auffällige Triumphbogen von 1892 ist ein Denkmal für George Washington und heißt deshalb auch **Washington's Arch**.

N.Y. University

Östlich des immer belebten Platzes (im Sommer Konzerte und andere Shows) residiert in mehreren Gebäuden die **New York University (25)**. 1831 gegründet, ist sie eine der größten Privatuniversitäten der USA.

1 Stuyvesant Square
2 Pete's Tavern
3 Gramercy Park
4 Theodore Roosevelt Birthplace
5 Flatiron Building
6 Museum of Sex
7 Chelsea Hotel
8 Chelsea Historic District
9 Macy's
10 Madison Square Garden
11 Empire State Building
12 Morgan Library & Museum
13 New York Public Library
14 Intrepid Sea, Air & Space Museum
15 Jacob K. Javits Convention Center
16 Chrysler Building
17 Tudor City
18 United Nations
19 Radio City Music Hall
20 Rockefeller Center
21 St. Patrick's Cathedral
22 Museum of Modern Art
23 Trump Tower
24 Citicorp Center
25 Waldorf Astoria Hotel
26 Seagram Building
27 Park Plaza Hotel
28 Museum of Arts & Design
29 Hearst Tower

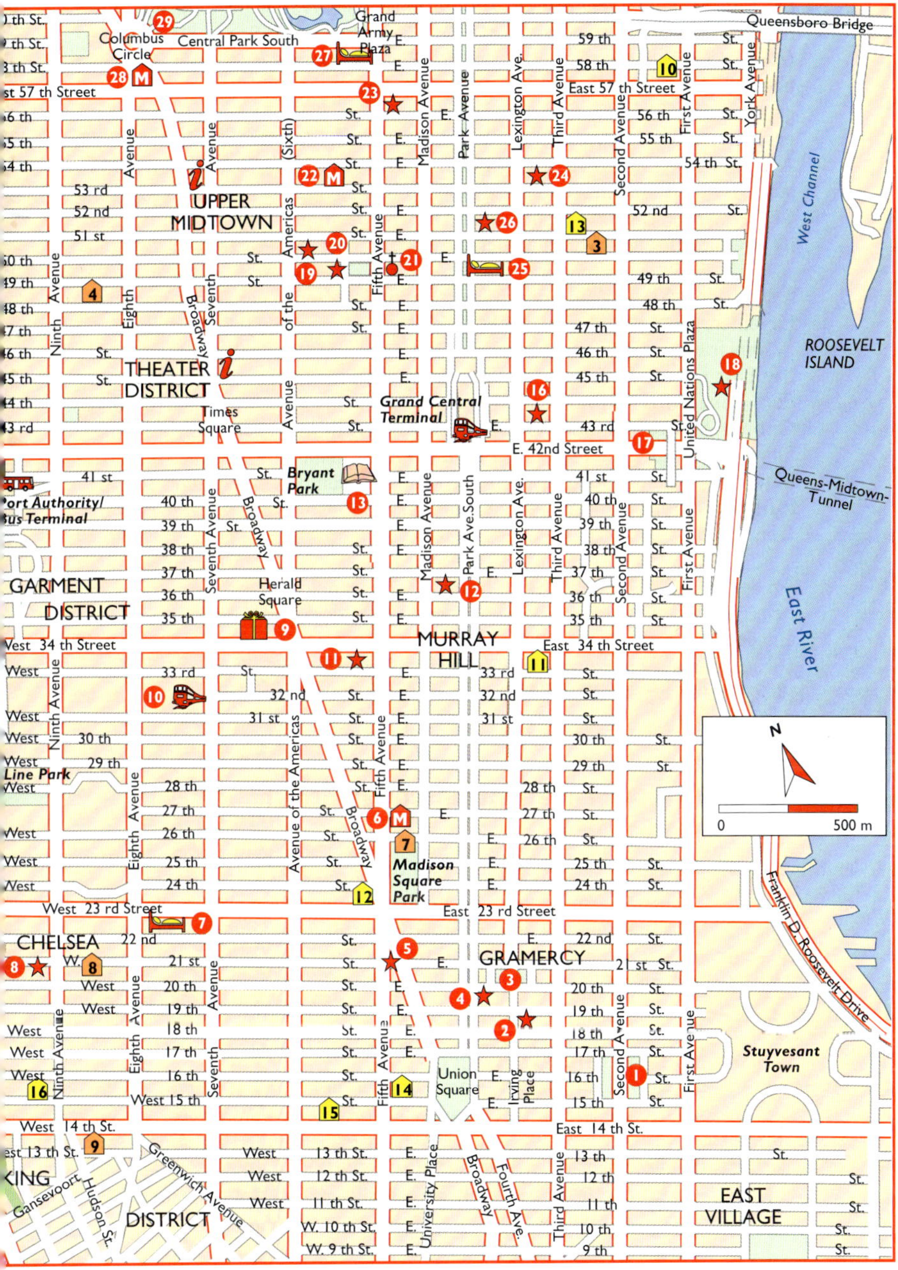
Columbus Circle
Central Park South
Grand Army Plaza
Queensboro Bridge
East 57 th Street
West 34 th Street
East 34 th Street
West 23 rd Street
East 23 rd Street
West 14 th St.
East 14 th St.
E. 42nd Street
UPPER MIDTOWN
THEATER DISTRICT
Times Square
Grand Central Terminal
Port Authority/ Bus Terminal
Bryant Park
GARMENT DISTRICT
Herald Square
MURRAY HILL
Line Park
Madison Square Park
CHELSEA
GRAMERCY
Union Square
Irving Place
Stuyvesant Town
EAST VILLAGE
DISTRICT
Greenwich Avenue
Gansevoort
Hudson St.
University Place
Fourth Ave.
Broadway
Ninth Avenue
Eighth Avenue
Seventh Avenue
Avenue of the Americas
(Sixth)
Fifth Avenue
Madison Avenue
Park Avenue
Park Ave.South
Lexington Ave.
Third Avenue
Second Avenue
First Avenue
York Avenue
United Nations Plaza
West Channel
ROOSEVELT ISLAND
Queens-Midtown-Tunnel
East River
Franklin D. Roosevelt Drive
N
0
500 m

Ein Rundgang im **Greenwich Village** führt vom Washington Square über die W. 4th St. mit Cafés, Buchläden und Galerien. Sie stößt auf die 6th Ave. (Ave. of the Americas), wobei sich im Bereich zwischen 6th und 7th Ave. ebenfalls Boutiquen und Shops, aber auch Lokale und Kneipen wie der legendäre *Club 55* oder das *Stonewall Inn*, aufreihen. Bleibt man auf der 4th St., erreicht man in nordwestlicher Richtung den **Sheridan Square** und die 7th Ave. Der Platz, an dem das **Jefferson Market Courthouse** von 1833 steht, ist das lebhafte Zentrum des Viertels. Hier kreuzt die **Christopher St.**, die wegen der *Christopher Street Day Parade* im Juni berühmt wurde, sie ist wie die **Bleeker St.** eine wichtige Lebensachse des Viertels.

Neues Künstlerzentrum

Östlich des Washington Square liegt **Astor Place**, idealer Ausgangspunkt für einen Rundgang durch das **East Village**. Dieses Viertel wandelte sich in den frühen 1980er Jahren vom Slum zum neuen Künstlerzentrum. An der East Houston verläuft die Südgrenze des East Village, dessen Herz um den **Tompkins Square** schlägt. Der Astor Place geht östlich in den Cooper Square mit dem **Cooper Union Building** (26) über. Von hier führt die 8th St., die jetzt **St. Mark's Place** heißt und reichlich Diskos, Bars, ausgefallene Läden und Kneipen aufzuweisen hat, direkt zum **Tompkins Square**, einem beliebten Demonstrationsort der Flower-Power-Generation.

An der Ecke 2nd Ave./10th St. steht mit der **St. Mark's in the Bowery** (27) eine der ältesten Kirchen der Stadt von 1799; Turm und Vorhalle stammen aus dem 19. Jh. Sie geht auf die Hauskapelle des Holländers Peter Stuyvesant zurück, der auf dem zugehörigen Friedhof beigesetzt ist. Ganz in der Nähe (802 Broadway) lohnt ein Blick in die neogotische **Grace Church** (28) aus dem Jahr 1846.

Zwischen Lower Manhattan und Midtown

Die Abgrenzung von Downtown und Midtown erfolgt durch zwei „Pufferzonen" zwischen der 14th und der 34th St., die wechselweise dieser oder jener Region zugerechnet werden: **Gramercy** im Osten, Richtung East River, und **Chelsea** im Westen, Richtung Hudson River. Mit dem **Flatiron District** südlich des gleichnamigen Gebäudes und der Fashion Row an der 23rd St. verfügen beide Viertel über Bummel- und Vergnügungszonen, zeichnen sich aber sonst durch keine herausragenden Sehenswürdigkeiten aus.

Union Square und Gramercy

Der **Union Square** liegt am Übergang vom Village zu Gramercy. Er gilt seit 1839 als Ort von Versammlungen und Demonstrationen und war lange Zeit als Drogenumschlagplatz berüchtigt. Das Viertel ringsum wurde von Künstlern und Aussteigern besiedelt und auch Andy Warhol unterhielt hier ein Atelier. Renoviert und verschönert, ist der Platz heute beliebter Treff und

Standort des besten Wochenmarkts der Stadt (14th St./Broadway, Mo/Mi/Fr/Sa 8–18 Uhr).
Ein Stückchen weiter östlich (via 14th St.) befindet sich mit dem **Stuyvesant Square** (1) ein weiterer markanter Platz auf ehemaligem Farmland Stuyvesants. Er wird u.a. gerahmt vom Versammlungshaus der Quäker und Mennoniten, dem **Rutherford Meeting House** (1861) und von der **St. George's Episcopal Church**.

Das Flatiron Building

Über den Irving Place, wo sich die älteste Kneipe New Yorks, **Pete's Tavern** (2), befindet, gelangt man zum **Gramercy Park** (3), ein 1840 angelegtes Grünareal 1840 für die Reichen und Schönen und noch heute der einzige Privatpark Manhattans. Umgeben von vornehmen Clubs, ist es nur einen Steinwurf von **Theodore Roosevelts Geburtshaus** (4) entfernt.
Theodore Roosevelt Birthplace, *28 E. 20th St., www.nps.gov/thrb, Di–Sa 9–17, Touren 10/11/13–16 Uhr, frei.*

Ebenfalls vornehm gibt sich der nördlich, am Kreuzpunkt von Broadway und 5th St. gelegene **Madison Square Park**, er wurde an Stelle des ehemaligen Roosevelt-Privatparks errichtet. Der Weg dorthin führt vorbei an **St. Luke's Place** (24th St./Park–Madison Ave.) – 15 Reihenhäuser aus den 1850er Jahren. An der Südwestecke des Platzes (5th Ave./Broadway/23rd St.) sorgte 1902 das erste Hochhaus von New York für Aufsehen: das **Flatiron Building** (5) von David Burnham.

Das erste Hochhaus

Die hier angewandte Konstruktionsweise erwies sich als bahnbrechend für die weitere Entwicklung der Hochhausarchitektur. Ungewöhnlich war schon

allein der dreieckige Grundriss des 20-stöckigen Gebäudes, der den vorn nur 2 m breiten Bau wie ein riesiges Bügeleisen aussehen ließ. Im Umkreis, an der 5th Ave., entwickelte sich der lebhafte **Flatiron District**, der heute ein Revival als Shoppingadresse erlebt. An der Ecke 5th Ave./27th St. befindet sich das in seiner Art einzigartige **Museum of Sex** (6).
Museum of Sex, *233 5th Ave/27th St., www.museumofsex.com, So–Do 10–20, Fr/Sa 10–21 Uhr, $ 19.*

Chelsea und Meatpacking District

Folgt man der 23rd St. Richtung Westen, taucht man in das Mittelklasse-Wohnviertel Chelsea ein. An der Hauptachse, der 23rd St., auch „Fashion Row" genannt, steht zwischen 7th und 8th Ave. das legendäre **Chelsea Hotel** (7), das schon zahlreiche prominente Gäste wie Ernest Hemingway, Bob Dylan oder Jack Kerouac beherbergte.

Am Hudson River

Ostwärts, bis zur 9th Ave., erstreckt sich rings um den Chelsea Square der **Chelsea Historic District** (8) mit schönen alten Backsteinhäuschen. Am Hudson River befand sich bis vor eingen Jahren außer einer Müllverbrennungshalle, dem Fleischmarkt und aufgelassenen Docks und Lagerhäusern nicht viel. Hier, wo einst die großen Ozeandampfer anlegten, entstanden in den späten 1990er Jahren die **Chelsea Piers** (Zugang: 16th oder 23rd St./ West Side Hwy.), ein vielseitiger Sportkomplex mit Eisbahn, Golfhalle, Bowlingbahn und Fitnessstudio. Ebenfalls kürzlich zu Freizeit- und Erholungszwecken umgestaltet wurden alte Pieranlagen wie Pier 45, 66 oder 84 am Hudson River und zuletzt, weiter südlich, Pier 25 (www.hudsonriverpark.org).

Zwischen West Chelsea und Greenwich Village (12th–14th St.), Hudson St. und Hudson River liegt der **Meatpacking District**. Ehemalige Fleischlagerhallen und Kühlhäuser, in die heute schicke Boutiquen, Galerien und Cafés eingezogen sind, erinnern noch an die vormalige Zweckbestimmung des Areals, das zudem bis in die 1990er-Jahre als Rotlichtviertel verrufen war. Heute befindet sich das ehemalige „Bermuda Triangle" im Aufwind und gehört zu den In-Vierteln Manhattans, auch dank des neu entstandenen High Line Park.

info

High Line Park

Der erste Abschnitt des **High Line Park** wurde im Juni 2009 eröffnet und schlug ein wie eine Bombe. Eine 1929–1934 als Stahlviadukt erbaute Hochbahntrasse der Eisenbahn, die einst das Viertel zwischen der 34th St. (Javits Convention Center) und Gansevoort St. im Meatpacking District auf rund 2,5 km Länge durchschnitt, war einer neuen Bestimmung zugeführt worden: Die in den 1970er-Jahren stillgelegte Trasse wurde und wird abschnittsweise in eine attraktive begrünte Promenade mit Bänken und Sonnenliegen, Aussichtspunkten und Kunstinstallationen, botanischen Raritäten und geschwungenen Wegen umgewandelt.

Auf den Südabschnitt von der Gansevoort bis zur 20th Street folgte im Sommer 2011 der Abschnitt nordwärts bis zur 30th St., der dritte und letzte Teil über den West Side Hwy. bis zur 34th St. nahe dem Javits Convention Center, ist in Planung und soll im Frühjahr 2014 eröffnen. Als öffentliches Grün- und Parkareal verleiht der High Line Park der West Side neue Attraktivität. Zeichen dieses Wandels sind auch neu entstandene Bauten im Umkreis der High Line wie der HL23 Tower (W. 23rd St.) oder Frank Gehrys IAC Headquarters (West Side Hw.y/18th St.). **Infos**: www.thehighline.org

info

Midtown

Midtown, wie das große Areal von der 34th St. nordwärts bis zum Central Park genannt wird, verfügt über die dichteste Konzentration an Wolkenkratzern, darunter so weltberühmte wie das Empire State oder das Chrysler Building. Aber auch der Theaterdistrikt und der schillernde Times Square, der riesige Komplex des Rockefeller Center, das Hauptquartier der Vereinten Nationen, Kaufhäuser, Hotelpaläste, Museen, interessante Plätze, der berühmte Madison Square Garden und elegante Einkaufsstraßen machen diesen Teil Manhattans zum meist frequentierten Teil der Stadt.

Garment District und Murray Hill

Das Zentrum des südlichen Teils von Midtown, das die Viertel **Garment District** und **Murray Hill** umfasst, ist der **Herald Square**. Der Platz an der Kreuzung von 34th St., 6th Ave. (Ave. of the Americas) und Broadway ist benannt nach der Tageszeitung *New York Herald*, deren Hauptquartier sich einst hier befand. Früher ein legendäres Rotlichtviertel, gab an der 34th St. das Kaufhaus **Macy's (9)** den Anstoß zur Sanierung. Als kleiner Laden an der W. 14th St. 1857 gegründet, entstand 1902 das nach eigenen Angaben größte Kaufhaus der Welt. *Macy's* ist vor allem bekannt für die **4th of July Fireworks** und eine große **Thanksgiving Parade**, die seit 1927 auf Betreiben der Firmenangestellten stattfindet.

Kaufhaus Macy's

Vom Herald Square lohnt ein Abstecher zum **Madison Square Garden (10)**, die bekannteste Sporthalle der Welt, in der fast jeden Abend eine große Sport-, Musik- oder sonstige Veranstaltung stattfindet. Besonders wenn die einheimischen Profi-Sportteams – die *Rangers* (Eishockey) oder *Knicks* (Basketball) – zu Hause spielen, sollte man sich das nicht entgehen lassen. Unter der Sporthalle befindet sich der zweite große Bahnhof der Stadt, die **Penn Station**, von der aus *Amtrak*- und Nahverkehrszüge verkehren.

An der Ecke 5th Ave./34th St. ragt das **Empire State Building (11)** auf. Durch *King Kong* 1933 bekannt geworden, frequentieren heute gut 3 Mio. Besucher jährlich das Aussichtsplateau, nachdem sie vorher strenge Sicherheitskontrollen durchlaufen und vor den Aufzügen Schlange gestanden sind.

King Kong und Weltwunder

Mit seinen 110 Stockwerken und einer Höhe von 381 m (mit Antenne 443 m) galt das Gebäude von seiner Fertigstellung 1931 bis zum Bau des World Trade Center im Jahr 1973 als das höchste Gebäude der Welt.
Empire State Building, *350 5th Ave./34th St., www.esbnyc.com, tgl. 8–1.15 Uhr, $ 25 (Aussichtsplateau 86th floor) bzw. $ 42 (86th und 102nd floor), empfehlenswert ist die Vorbestellung von Tickets unter www.esbnyc.com/buy_tickets.asp. Sicherheitskontrollen und Wartezeiten einplanen!.*

Nach Norden zu wird die 5th Ave. vornehmer. In Höhe der 36th St./Madison Ave. – bereits im Stadtviertel **Murray Hill** – kann man einen Blick in die prachtvoll ausgestattete **Morgan Library & Museum** (12) werfen, die eine beachtliche Sammlung alter Bücher und Manuskripte in sehenswertem Ambiente zeigt.
Morgan Library & Museum, *225 Madison Ave., www.themorgan.org, Di–Do 10.30–17, Fr 10.30–21, Sa 10–18, So 11–18 Uhr, $ 15.*

Oase der Ruhe

Weiter im Norden rückt dort, wo die 5th auf die 40th St. stößt, die **New York Public Library** (13) ins Blickfeld. Nach Westen zu schließt sich der **Bryant Park** an, eine Oase der Ruhe im geschäftigen Midtown. Als Überbleibsel der Weltausstellung von 1853 wird der Park heute zu verschiedensten Veranstaltungen genutzt. Gerahmt wird der Park von der lebhaften 42nd Street mit dem architektonisch auffälligen und als „grün“ kategorisierten Bank of America Building (42nd St./6th Ave.).

Times Square und Theater District

Seinen Namen erhielt der **Times Square** vom Verlagshaus der *New York Times*, die von 1904 bis vor ein paar Jahren hier residierte. Inzwischen ist sie in einen umwelt- und energiefreundlichen Neubau von Renzo Piano an der Ecke 42nd St./8th Ave. umgezogen. Das Besondere an dem Times-Square-Bau war der 1928 hoch oben angebrachte Großbildschirm, auf dem ständig Nachrichten liefen. Bekannt ist der Platz auch wegen des 1,80 m messenden Alu-Glitzerballs auf dem Dach des Gebäudes (1 Times Sq.), der an Silvester pünktlich um Mitternacht von einem Flaggenmast aus 23,5 m Höhe herabgelassen wird.

Eigentlich handelt es sich um zwei Plätze, die in den Dreiecken am Schnittpunkt von Broadway und 7th Ave. entstanden: der **Times Square** im Süden und der **Duffy Square** im Norden. 2009 wurde im Zuge einer Verkehrsberuhigung der Broadway zwischen 42nd und 47th St. zur **Fußgängerzone** umgestaltet. Stühle, Liegen, Pflanzkübel und der auffällig rote, bühnenartige Bau des Ticketoffice TKTS am Duffy Square haben das Areal zu einer Art Ruheinsel mitten im geschäftigen Midtown werden lassen. Dazu ist rings um den Platz ein attraktives Viertel entstanden, besonders entlang der **New 42nd Street**. Kinokomplexe und Theater, Hotels und Läden, Hochhäuser – wie das *Paramount Building* von 1927 oder das neue *New York Times Building* – sind markante Punkte.

Times Square, das Herz von Manhattan

Um den Times Square schlägt auch das Herz des **Theater District**, des Viertels zwischen 7th und 9th Ave., 42nd und 57th St., das mit seinen knapp 40 Broadway-Theatern und zahlreichen weiteren Off- und Off-off-Broadway-Bühnen weltberühmt ist. Schon ab dem späten 19. Jh. waren hier, im Rotlichtviertel um 42nd St. und Broadway, Theater- und Vergnügungsetablissements, Clubs und Bars entstanden. Der Broadway gilt als Symbol für Glanz und Glimmer, erlebte allerdings schon mehrere Tiefschläge: im Zweiten Weltkrieg oder während des „Theatersterbens" in den 1980ern.

Von der 42nd bis zur 45th St. konzentrieren sich besonders viele Theater, z.B. das **Victory** (42nd St./7-8th Ave.) als eines der ältesten, das Jugendstiltheater **New Amsterdam** (214 W. 42nd St.) oder in der Shubert Alley (44–45th St.) das **Booth** und **Shubert Theater**. Die W. 45th St. wird „Theater Row" genannt: **Royale**, **Golden** und **Lyceum Theatre** sind hier zu finden.

New Yorks Fußgängerzonen

info

Anfang 2010 erklärte Bürgermeister Bloomberg das Pilotprojekt „Fußgängerzone Times Square" zum ausbaufähigen Dauerzustand. Bislang wurden entlang dem Broadway vom Columbus Circle (59th St.) bis hinunter zum Madison Square Park (23rd St.) bzw. zum Union Square (14th St.) eine Reihe teilweise verkehrsberuhigter und mit Radwegen versehene Areale eingerichtet. Markiert durch roten oder grünen Bitumenboden und ausgestattet mit Stühlen, Tischen und Liegen sowie Pflanzkübeln sind Ruhezonen im tosenden Verkehr

info

entstanden. Die zentralen Bereiche liegen zwischen Times und Duffy Square (42nd–47th St.), am Herald Square (33rd–35th St.) und am Madison Square Park vor dem Flat Iron Buildung (25th–23rd St.). Das Projekt soll Richtung Columbus Circle ausgeweitet werden.

Abstecher zum Hudson River

Die 42nd St. führt zum Ufer des Hudson River, wobei sich in ihrem Verlauf das Stadtbild ändert: Von den Wolkenkratzern im Zentrum geht es zu den Mietskasernen der Westside, einstmals das Irenviertel **Hell's Kitchen**, das im Musical *Westside Story* verewigt wurde.

Auf Höhe der 8th Ave. passiert man den **Port Authority Bus Terminal**, einen der größten Busbahnhöfe der Welt. Nach Überqueren der 12th Ave. und des West Side Hwy. steht man vor den Schiffsanlegestellen am Hudson River. Vor allem an den nördlichen Piers 88 bis 94 legten früher die transatlantischen Passagierdampfer an, heute noch gelegentlich Kreuzfahrtschiffe. Einer der wichtigsten Piers ist die Nr. 83, wo Ausflugsboote zu Rundfahrten ablegen. Hier am Hudson River bekommt man auch einen Eindruck von der neuen Hinwendung der Stadt zum Wasser. Vom Financial Center nordwärts entlang dem **Hudson River Greenway** reihen sich Grünanlagen und Spielflächen, reaktivierte Piers und Freizeitareale auf.

Schiffs-anlegestellen

Auf Höhe der 45–46th St. liegt an Pier 86 der ausrangierte Flugzeugträger *USS Intrepid*, der heute als **Intrepid Sea, Air & Space Museum (14)** fungiert. Neben einer **Concord** gibt es hier inzwischen auch ein **Space Shuttle** zu bewundern. Drei Straßen weiter südlich befindet sich das gigantische **Jacob K. Javits Convention Center (15)**, das architektonisch auffällt, da es aus ineinander geschachtelten, verspiegelten Kuben besteht.
Intrepid Sea, Air & Space Museum, *Pier 86/W. 46th St./12th Ave., www.intrepidmuseum.org, Di–So 10–17 Uhr, (1.4.–30.9. auch Mo und Sa/So bis 18 Uhr), \$ 24, mit Space Shuttle \$ 30.*

Grand Central Terminal

Den östlichen Teil der 42nd St. dominiert eine prächtige „Eisenbahn-Kathedrale", der **Grand Central Terminal** (www.grandcentralterminal.com, auch Touren). Wo ab 1913 die Fernzüge hielten, verkehren heute nur noch Nahverkehrszüge in den Norden des Staates New York. Der zentrale Grand Concourse, die prunkvolle Empfangshalle, gilt als einer der größten überdachten Räume der Welt. Neben der altehrwürdigen Grand Central Oyster Bar und der Ladenpassage Grand Central Market, ist das New York Transit Museum zur Geschichte des New Yorker Schienenverkehrs einen Besuch wert.

Hinter dem Terminal fällt der Blick auf einen gut 260 m hohen architektonischen Meilenstein: Das ehemalige **PanAm Building** (200 Park Ave.), von

Walter Gropius 1963 erbaut, ist heute im Besitz der Versicherungsgesellschaft Metropolitan Life Insurance Company.

Auf der 42nd St. ostwärts folgt ein architektonisches Highlight im Art-déco-Stil: das **Chrysler Building** (405 Lexington Ave.) **(16)**. Walter P. Chrysler, der 1925 die gleichnamige Autofirma gründete, wollte mit dem 1930 eröffneten Gebäude das goldene Zeitalter des Autos symbolisieren und verwendete entsprechende Materialien, z.B. rostfreien Stahl, und Formen wie Kühlerhauben oder -figuren. Die gestaffelte Turmspitze mit ihren Bögen und pfeilförmigen Fenstern ist nachts beleuchtet, sehenswert sind auch die Lobby mit 18 Fahrstühlen mit Holzintarsien. Mit 319 m Höhe ohne Antenne galt das Chrysler bis zur Fertigstellung des *Empire State Building* 1931 als höchster Bau der Welt.

Art-déco-Hochhaus

Fast schon am East River fällt ein hufeisenförmiger Baukomplex ins Auge: die 1929 errichtete, städtebaulich wegweisende Wohnsiedlung **Tudor City (17)**, die sich am gleichnamigen englischen Architekturstil orientiert. Die beiden Teile dieser höher gelegten „Stadt in der Stadt" sind durch eine Brücke über die 42nd St. miteinander verbunden.

United Nations

Von Tudor City ist es nur ein Steinwurf zum Sitz der **United Nations (18)**, ein Areal aus mehreren Gebäuden, Straßen, Plätzen und Park. Die meisten Staaten der Welt sind Mitglied dieser Organisation, die aus verschiedenen Ausschüssen und Abteilungen – wie Vollversammlung, Sicherheitsrat, UNESCO, UNICEF u.a. – besteht. Landesflaggen markieren das Areal, das formal weder zu New York noch zu den USA gehört, sondern im Besitz der Staatengemeinschaft ist. 1952 bezog man den 73.000 m² großen Komplex, der von den Architekten Niermeyer (Brasilien) und Le Corbusier (Schweiz) geplant worden war. Am markantesten sind das 39 Stockwerke hohe, grüne Glashochhaus der Verwaltung, das **Secretarial Building**, und das geschwungene **General Assembly Building** mit dem Saal der Vollversammlung. Hier befindet sich auch der Besuchereingang.

Sitz der Vereinten Nationen

UNO Komplex, *General Assembly Building, 1st Ave./46th St., http://visit.un.org/wcm/content/, 45-Min.-Touren Mo–Fr 9.45–16.45 und Sa/So außer Jan./Feb. 10–16.15 Uhr Audiotouren, $ 16, Shop und Restaurant; wegen der Sicherheitskontrollen ca. 45 Min. eher dasein.*

Upper Midtown – zwischen Rockefeller Center und 5th Ave.

Idealer Ausgangspunkt für einen Rundgang durch Upper Midtown ist die **Radio City Music Hall (19)**. Das im Art-déco-Stil erbaute Theater wird auch „The Showplace of the Nation" genannt. 1932 eröffnet, wurde hier Musikgeschichte geschrieben, fanden und finden Galaveranstaltungen und

„Showplace of the Nation"

Rockefeller Center Plaza

Ehrungen statt und treten und traten viele Stars in Konzerten auf. Legendär ist in der Weihnachtszeit das *Radio City Christmas Spectacular* mit der Tanzgruppe *Rockettes*.

Das sich anschließende **Rockefeller Center (20)** besteht aus 21 miteinander verbundenen Gebäuden, die ab 1929 auf Initiative von John D. Rockefeller geplant wurden und täglich von rund einer Viertelmillion Menschen frequentiert werden. Ihre zentrale Achse bildet eine Promenade mit Flaggengalerie. Von hier aus blickt man auf die tiefer gelegene **Sunken Plaza** – mit Eisbahn im Winter – und, vor dem **International Building** (630 5th Ave.), auf die Statue eines **Atlas**, der den Globus schultert. In der Vorweihnachtszeit wird hier ein über 20 m hoher Christbaum aufgestellt.

Das älteste Gebäude ist das **General Electric Building**, in dessen 65. Stock sich der legendäre *Rainbow Room* befand. Im 70. Stock wurde 2005 die offene Aussichtsplattform im Stil eines Kreuzfahrtschiffes der 1930er Jahre mit Art-déco-Details wiedereröffnet. Im Erdgeschoss sind die Fernsehstudios der *NBC (National Broadcasting Company)* zu Hause, und vor dem Studiofenster scharen sich jeden Morgen Menschenmengen, um in der *NBC Today Show* gezeigt zu werden.

NBC Today-Show

Einen Block südlich (W. 47th St., 5th-6th Ave.) befindet sich die **Diamond Row**, das Zentrum des New Yorker Diamantenhandels.

Top of the Rock, *Zugang: W. 50th St., 5th–6th Ave., www.topoftherocknyc.com, zeitgebundene Tickets $ 25 (Online-Reservierung mgl.), tgl. 8–24 Uhr (letzter Aufzug: 23 Uhr).*

Fifth Avenue

Entlang der Luxusmeile **Fifth Avenue** reihen sich die teuersten und elitärsten Läden wie *Chanel, Tiffany, Ralph Lauren* oder *Bergdorf Goodman* auf, daneben gibt es renommierte Spezialgeschäfte, die potenzielle Kunden nur nach Klingeln und Gesichtskontrolle einlassen, und bekannte Markenläden. Wie ein Fels in der Brandung behauptet sich zwischen Shoppingpalästen die **St.**

Patrick's Cathedral (21), die in interessantem Kontrast zur modernen Hochhausarchitektur ringsum steht. An der neogotischen Kirche, die von Anfang an als Bischofskirche und Zentrum des New Yorker Katholizismus fungierte, wurde ab 1858 gearbeitet. 1879 erfolgte die Einweihung, 1888 waren auch die beiden 100 m hohen Westtürme fertig gestellt; im Jahr 1905 kam die östliche Marienkapelle hinzu.

Dort, wo die 5th Ave. auf die 53rd St. stößt, ist der Stopp am **Museum of Modern Art (22)**, kurz *MoMA* genannt, verpflichtend. Diese weltweit bedeutendste Sammlung moderner Kunst von 1880 bis zur Gegenwart befindet sich in einem architektonisch interessanten, von Philip Johnson entworfenen Gebäude. Seit es Ende 2004 enorm vergrößert neu eröffnet wurde, können Besucher in sechs Abteilungen – Malerei und Skulptur, Druckgrafik und Buchillustration, Grafik, Architektur und Design, Fotografie, Film und Medien – auf sechs Ebenen Stunden verbringen. Einige der größten Meisterwerke des Impressionismus, Expressionismus, Kubismus, Fauvismus und der amerikanischen abstrakten Kunst und Pop-Art sind hier zu bewundern. *MoMA*

MoMA, *11 W. 53rd St., 5th–6th Ave., www.moma.org, Mi–Mo 10.30–17.30, Fr 10.30–20 Uhr, $ 25 (Fr 16–20 Uhr frei).*

Zurück auf der 5th Ave. geht es zum **Sony Building**, dem ehemaligen *AT&T Building*, einem Musterbeispiel des postmodernen Stils aus rosafarbenem Granit, mit sechsstöckigem Portal und Chippendale-Giebel von Philip Johnson (1983). Der **Trump Tower (23)** an der Ecke zur 56th St. mit 68 Stockwerken war 1982 als exklusiver Büro- und Wohnturm von dem Immobilien- und Medienmogul Donald Trump privat finanziert worden. Viel Stahl und verspiegelte Glasflächen, im Inneren edelste Materialien – Marmor, Glas, viel Grün, großzügige Atrien – kennzeichnen dieses Luxuseinkaufszentrum mit einen der wohl teuersten Apartments der Stadt in den oberen Etagen. In nächster Nachbarschaft erhebt sich 43 Stockwerke hoch das **IBM Building** (590 Madison Ave./56th St.), ein weiteres Beispiel moderner Hochhausarchitektur (1982). Am Zugang steht eine Wasserskulptur, im Atrium befindet sich ein schöner Skulpturen- und Bambusgarten. *Luxus-Einkaufs-zentrum*

Wie die 5th oder Madison Ave. ist auch die **Park Avenue**, einen Block östlich des IBM Building, als exklusiver Boulevard, Flanier- und Einkaufsstraße, bekannt. An der Park Ave. und der parallel verlaufenden Lexington Ave. findet sich eine Reihe interessanter Gebäude, Kirchen und Hochhäuser. Einer der imposantesten Wolkenkratzer erhebt sich an der Ecke 53rd St./Lexington Ave.: das über 300 m hohe **Citicorp Center (24)** aus den Jahren 1973 78. Es fällt auf durch sein weithin sichtbares charakteristisches abgeschrägtes Dach. Nicht minder auffällig ist das **Lipstick Building** (855 3rd Ave./ 53rd. St.) dahinter, ein postmoderner Bau in Form eines Lippenstiftes vom Reißbrett von John Burgee und Philip Johnson. *Interessante Bauten*

Südlich vom Citicorp Center erreicht man auf der 50th St., im Block zwischen Lexington und Park Ave., das weltberühmte **Waldorf Astoria Hotel**

Wegweisende Architektur in NY: das Lipstick Building

(25) in einem der schönsten Art-déco-Bauten der Stadt. Der Name geht zurück auf die Familie des deutschen Einwanderers Jacob Astor aus Walldorf, der 1848 als einer der reichsten Männer New Yorks gestorben war. Die Familie, deren Zweige sich getrennt und zwei Hotels mit Namen „Astoria“ und „Waldorf“ eröffnet hatten, vereinigte sich mit diesem 1931 fertig gestellten Bau zumindest nominell wieder. Weiter nördlich an der Park Ave., zwischen 52nd/53rd St., folgt mit dem **Seagram Building (26)** ein weiterer architektonischer Meilenstein. Der sich über einer Granit-Plaza erhebende 100 m hohe Bau gilt als Paradebeispiel des International Style und wurde unter Leitung von Mies van der Rohe und dessen Schüler Philip Johnson 1958 errichtet.

Vorbei am renommierten **Park Plaza Hotel (27)**, 1907 errichtet, die „Grande Dame“ unter den New Yorker Hotels, tritt der Central Park ins Blickfeld. Mit großem Tamtam hatte das Hotel im April 2005 seine Pforten geschlossen um in einträglichere Eigentumswohnungen umgewandelt zu werden. Proteste führten schließlich zum Kompromiss: ca. 350 Hotelzimmer, der legendäre Palmenhof und die Oak Bar blieben erhalten.

info

Himmelwärts – New Yorks Wolkenkratzer

Beim Namen „New York“ denkt jeder an Wolkenkratzerschluchten und Skyline. New York bietet Alt und Neu, Konventionelles und Revolutionäres auf engstem Raum und das, obwohl die Anfänge der Metropole eher bescheiden waren: *Nieuw Amsterdam*, die erste Siedlung Manhattans, hatte sich ab dem zweiten Viertel des 17. Jh. noch weitgehend planlos entwickelt. Erst 1811 schlug Stadtbaumeister John Randall ein Rastersystem und Planquadrate vor und ließ die Straßen durchnummerieren. Als Mitte des 19. Jh. Gusseisen aufkam, waren dem Bauen in die Höhe keine Grenzen mehr gesetzt. William Le Baron Jenney hatte erstmals 1884 in Chicago Gusseisenträger eingesetzt und das erste Hochhaus errichtet, in SoHo entstanden Ende des 19. Jh. die ersten **Cast Iron Buildings**.

1903 realisierte der Chicagoer Architekt Daniel H. Burnham 21 Stockwerke beim **Flatiron Building**, doch erst das fünf Jahre später fertig gestellte **Singer Building** ging **als erster „Wolkenkratzer"** in die Annalen ein. Anfang des 20. Jh. entstanden repräsentative Bauten im klassizistischen bzw. anderen historisierenden Stilen – *Public Library*, *Grand Central Terminal*, *Morgan Library* oder *Farley Building* – und die maßgeblichen Architekturbüros hießen Carrère & Hastings oder McKim, Mead & White oder Cass & Gilbert. Das **Woolworth Building** (1910–13) belegt, wie freimütig man mit historischen Zitaten umging.

Nachdem 1915 das **Equitable Building** fertig gestellt worden war, wurden Bauvorschriften erlassen, die zu enges und zu hohes Bauen untersagten. Ende der 1920er Jahre feilschte man dann beim **Chrysler** und **Empire State Building** um Höhenmeter. Beide Bauten sind Musterbeispiele für den Art-déco-Stil.

Die beiden New Yorker Architekten Philip Johnson und Henry-Russell Hitchcock stießen mit einer Ausstellung und einem Manifest 1932 das Tor zur Moderne auf: Der **International Style** war geboren. Bauhaus-Anhänger wie Gropius, Le Corbusier oder Mies van der Rohe trugen dazu bei, dass dieser erste eigenständige Stil in den USA Verbreitung fand: Die 1950er und 1960er waren geprägt von stromlinienförmigen Glaspalästen, funktional und von eleganter Schlichtheit. Johnsons 1958 in Zusammenarbeit mit van der Rohe fertig gestelltes **Seagram Building** machte ihn weltweit bekannt. SOM und Eero Saarinen verewigten sich mit dem **TWA Building**, 1962, oder dem **CBS Building**, 1965, Le Corbusier war am **UN-Hauptquartier** (1952) beteiligt und Gropius schuf das **PanAm Building** (1963). Ein Baugesetz regelte 1961 erneut die zulässige Gebäudehöhe und schrieb Rücksprünge sowie das Vorhandensein öffentlicher Plätze vor. Diese wurden ab Ende der 1960er mit Skulpturen berühmter Künstler geschmückt, und man schuf große begrünte Foyers oder Wintergärten.

Neue Impulse erhielt die moderne Architektur in den 1970ern von Baumeistern wie Robert Venturi oder Charles Moore. Als Vertreter der **postmodernen Richtung** bedienten sie sich aus dem großen Repertoire vergangener Stile und ersetzten Funktionalität und Minimalismus durch einen neuen Eklektizismus. Die Architektengruppe der *New York Five*, mit Peter Eisenman, Michael Graves, John Hejdrik, Richard Meier und Charles Gwathmey, die sich 1972 formiert hatte, sorgte für Aufsehen. Selbst Johnson ließ sich von dem „neuen" Stil beeinflussen und schuf mit dem **Sony Building** 1984 den ersten postmodernen Bau der Welt, gefolgt vom symbolträchtigen **Lipstick Building** (1987).

info

Moderne und **Postmoderne**, diese beiden an sich divergenten und heftig diskutierten Strömungen finden sich in New York eindrucksvoll vereint, dazu kommen zahlreiche in den 1980ern und 1990ern entstandene „spät- oder nachmoderne" Bauten, teils ohne viel Dekor und eher unauffällig. Dazu zählen beispielsweise das **Javits Convention Center** von I. M. Pei, das **World Financial Center** von Cesar Pelli oder das **Citicorp Building**. Wichtige städtebauliche Projekte waren **Battery Park City**, **Times Square**, **Columbus Circle** und natürlich die **World Trade Center Site**. Dort sorgte erst Daniel Libeskind, dann David Childs von SOM für Aufsehen.

Wie sieht aber die architektonische Zukunft New Yorks aus? „Himmewärts" wird weiterhin die Devise heißen und Projekte jüngerer und jüngster Zeit wie der **Hearst Tower** von Sir Norman Foster oder Renzo Pianos **New York Times Tower** zeigen das kreative Potenzial der Stadt auf. Neue spektakuläre Einzelbauten sind beispielsweise Frank Gehrys **IAC/InterActiveCorp** in Chelsea oder sein **Beekman Tower** (8 Spruce Street) nahe der Brooklyn Bridge sowie Bernard Tschumis **Blue Building** in der Lower East Side und schließlich das **Bank of America Building** am Bryant Park (Cook+ Fox Architects), ein Musterbeispiel „grünen Bauens".

Uptown und Central Park

Auf geht's in die Museen

Zentraler Anziehungspunkt in Uptown ist die so genannte **Museum Mile**, die 5th Ave. im Osten des Parks, an der sich mehrere bedeutende Museen aneinander reihen. Sie liegen in der **Upper East Side** (UES), einem der Nobelwohnviertel Manhattans.

Die „gute Stube" der Stadt, der Central Park

Hinweis

Wie viele und welche Museen man auswählt und wie lange der Rundgang dauert, hängt von der zur Verfügung stehenden Zeit, der Kondition, von persönlichen Interessen und nicht zuletzt vom Geldbeutel ab. Im **Metropolitan Museum**, das in einem Atemzug mit Louvre, British Museum, Eremitage oder Vatikanischen Museen genannt werden muss, kann man Tage verbringen, etliche Stunden auch im **Guggenheim Museum**. Ruhiger und überschaubarer sind dagegen **Frick Collection** oder **Museum of the City of New York**; mit Kindern verbringt man möglicherweise viel Zeit im **National History Museum**. Gerade bei den großen Sammlungen ist es nötig, anhand der Lagepläne besonders interessante Abteilungen auszuwählen, ansonsten ist man bei dem Versuch, alles in kürzester Zeit sehen zu wollen, hoffnungslos verloren.

Der Central Park

So angenehm erholsam und grün der **Central Park** auch ist, es lohnt sich kaum, ihn in seiner gesamten Nord-Süd-Ausdehnung zu durchwandern. Am schönsten ist ein Besuch an einem sonnigen Sonntagnachmittag, wenn die New Yorker selbst ihre grüne Oase genießen und überall etwas geboten ist. Empfehlenswert ist besonders der Teil südlich des großen Sees, des *Reservoir*, vor majestätischer Wolkenkratzerkulisse. Als Erstes sollte man die alte **Dairy** (1), wo früher Kühe und Schafe Milch für bedürftige Kinder spendeten, im westlichen Teil des Parks nahe der 64th St. aufsuchen, da sich hier ein Besucherzentrum – wie auch neuerdings in der früheren *Tavern on the Green* (W. 67th St.) – befindet.

Als „Grüne Lunge" und „Gute Stube" New Yorks bekannt, als kühle **Ruheoase** im Sommer, als **Ort sportlicher Betätigung** und für **Picknicks** geschätzt – das ist der Central Park. Es gibt u.a. drei Seen und mehrere Teiche, einen Zoo, eine Eislaufbahn (*Wollman Rink*), einen Pool für Modellboote (*Conservatory Water*), verschiedenste Sport- und Spielplätze (*Heckscher Playground*), Open-Air-Bühnen, auf denen im Sommer Gratis-Konzerte und -Aufführungen stattfinden (*SummerStage/Rumsey Playfield, Delacorte Theater* u.a.), Picknickplätze, Aussichtspunkte, Liegewiesen, Springbrunnen und Statuen, Sport- und Spielflächen, Rad- und Fußwege. Die wenigen Autostraßen (*Transverse Roads*), die den Park queren, sind an Wochenenden für den Autoverkehr gesperrt und werden dann zum Eldorado für Jogger, Radfahrer und Skater.

Die bereits zwischen 1859 und 1873 am nördlichen Stadtrand von dem renommierten **Landschaftsarchitekten** Frederic Law Olmsted angelegte Grünanlage war groß proportioniert: Zwischen der 59th (Central Park South) und 110th St. und zwischen 5th und 8th Ave. (Central Park West) misst der Park rund 4 km in der Länge und 800 m in der Breite und bedeckt damit 1/20 der gesamten Bodenfläche Manhattans.

New York – Central Park und Uptown
Restaurants
17 Zabar´s
18 The Tangled Wine
19 Numero 28 Cucina
Hudson River
Henry Hudson Parkway
Riverside Drive
Riverside Park
West Side Highway
UPPER WEST SIDE
UPPER EAST SIDE
CENTRAL PARK
Harlem Meer
Jacquelin Kennedy Onassis Reservoir
The Great Lawn
The Lake
Sheep Meadow
Heck'scher Playground
The Pond
West 110 th Street
West 96 th Street
West 86 th Street
West 79 th St.
West 72 nd St.
Transverse RdA
Transverse Rd. 3
Transverse Rd. 2
Transverse Rd. I
Central Park South
Columbus Circle
Central Park West
West End Avenue
Broadway
Amsterdam Avenue
Columbus Avenue
Fifth Avenue
Madison Avenue
Park Avenue
Lexington Avenue
©graphic

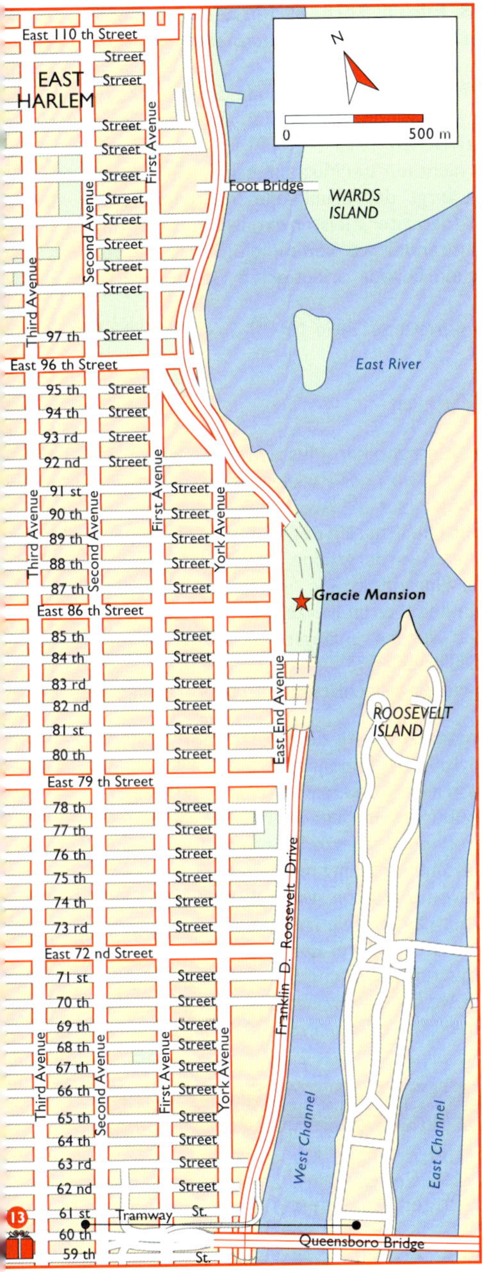

Central Park, *www.centralpark.com, www.centralparknyc.org, zu Veranstaltungen: siehe jeweils Link „Events".*

Museum Mile (Upper East Side)

Im Südosten des Central Parks, wo 5th Ave. und 59th St. aufeinander treffen, am Anfang der **Museum Mile**, verkörpert Manhattan vielleicht am deutlichsten die „Große Welt": Besucher besteigen Pferdekutschen, Straßenmusikanten und Künstler unterhalten ihr Publikum und Diener in Livree bewachen Hauseingänge.

Erster auffälliger Bau an der Museum Mile ist die Synagoge **Tempel Emanu-El** (2). Sie stammt aus dem Jahr 1929 und ist Sitz der reichsten jüdischen Gemeinde von New York. Mit 2.500 Plätzen ist das Gotteshaus (mit Ausstellung) nicht nur eines der größten der Stadt, sondern auch eine der größten Synagogen der Welt.

1. Dairy
2. Tempel Emanu-El
3. Frick Collection
4. Metropolitan Museum of Art
5. Yorkville
6. Neue Galerie, Museum for German and Austrian Art
7. Guggenheim Museum
8. Cooper-Hewitt National Design Museum
9. Jewish Museum
10. Museum of the City of New York
11. Museo del Barrio
12. Whitney Museum of American Art
13. Bloomingdale's
14. Time Warner Center
15. Lincoln Center
16. Dakota Building
17. New York Historical Society
18. American Museum of Natural History

Temple Emanu-El & Herbert & Eileen Bernard Museum, *1 E. 65th St., www.emanuelnyc.org, So–Do 10–16.30 Uhr, frei, auch Veranstaltungen.*

Weiter nördlich befindet sich in einem Beaux-Arts-Gebäude die **Frick Collection (3)**. Der dem Central Park zugewandte Bau mit Terrasse, Freitreppe und kleiner Grünfläche entstand zwischen 1913 und 1914 für den Stahlindustriellen Henry C. Frick und ist nicht nur ein Museum, sondern vielmehr ein Gesamtkunstwerk. Im Inneren birgt der prunkvolle Stadtpalast eine großartige Sammlung von 130 Gemälden alter Meister, exquisite Möblierung und elegante Innenarchitektur. Kaum anderswo kommt die Stimmung der Gründerzeit mit ihrem am klassischen Europa orientierten Geschmack so deutlich zum Tragen wie hier.
Frick Collection, *1 E. 70th St., www.frick.org, Di–Sa 10–18, So 11–17 Uhr, $ 18 (So 11–13 Uhr beliebiger Eintritt).*

Metropolitan Museum of Art (4)

Als einziger Museumsbau steht das Metropolitan Museum of Art im Park und nicht am Parkrand. Nähert man sich von der Parkseite, präsentiert sich das Museum als moderner Glaskomplex, zur 5th Ave. hin liegt dagegen der Haupteingang im historisierenden Stil. Die Wurzeln des Museums reichen ins Jahr 1870 und die Eigeninitiative einer Künstlergruppe zurück; der Kernbau entstand ab 1880, die monumentale Eingangsfassade Anfang des 20. Jh. und viele Ausstellungsflügel kamen erst in den letzten Jahrzehnten nach und nach dazu. Erweitert und neu arrangiert wurden unlängst die „19th Century European Paintings and Sculpture Galleries" und die „Galleries for Oceanic Art and Art of North America" sowie die griechisch-römische Abteilung.

Weltklasse-Museum

Das Museum birgt **die größte Kunstsammlung der westlichen Welt**; in etwa 300 Räumen werden rund 100.000 Exponate gezeigt, Kunst und Kunsthandwerk aller Epochen und von allen Kontinenten; dazu kommen ständig mehrere Wechselausstellungen. Außerdem verfügt das Museum über riesige Archive und eine Bibliothek, mehrere gut sortierte Shops und Restaurants. Besonders sehenswert sind die ägyptische Abteilung mit dem komplett nachgebauten *Tempel von Dendur*, gefolgt vom *American Wing* mit amerikanischen Meisterwerken und Wintergarten. Über das zentrale Treppenhaus gelangt man in das OG mit der Sammlung europäischer Malerei. Berühmt sind zudem die Abteilungen zu griechischer und römischer Kunst und zum Mittelalter.
Metropolitan Museum of Art, *5th Ave./82nd, www.metmuseum.org, So/Di–Do 9.30–17.30, Fr/Sa 9.30–21 Uhr, $ 25 (inkl. The Cloisters), mit Shops und Cafés.*

Hinweis

Wer möchte, kann nach dem Metropolitan Museum die Transverse Road 2 (79th St.) durch den Central Park zur Upper West Side einschlagen um zu den dortigen Museen (v.a. zum Museum of Natural History) zu gelangen.

Abstecher nach Yorkville (5)

Östlich der 5th Ave. erstreckt sich, von der Lexington Ave. bis zum East River, zwischen 71st und 96th St., das Viertel Yorkville, das einst als deutsches bzw. jüdisches Viertel bekannt war; die 86th St. galt als **German Broadway**. Viel ist davon nicht geblieben, sieht man von der Metzgerei *Schaller&Weber* oder dem *Heidelberg*-Restaurant ab.

Neue Galerie (6)

Etwa auf halbem Weg auf der 5th Ave. zwischen Metropolitan und Guggenheim Museum findet sich in einem nicht allzu auffälligen Beaux-Arts-Gebäude von 1914 die **Neue Galerie, Museum for German and Austrian Art**. Diese Sammlung entstand auf Initiative des deutschen Kunsthändlers Serge Sabarsky und zeigt deutsche und österreichische Kunst aller Genres aus der ersten Hälfte des 20. Jh., darunter Werke von Schiele, Klimt oder Klee.

Deutsches Zentrum

Neue Galerie, Museum for German and Austrian Art, *1048 5th Ave./86th St., www.neuegalerie.org, Do–Mo 11–18 Uhr, $ 20.*

Guggenheim Museum (7)

Allein der Bau, ein Meisterwerk des weltberühmten Architekten Frank Lloyd Wright, lohnt den Weg zum Guggenheim Museum. Der Architekt hatte 1943 von dem Industriellen Salomon Guggenheim den Auftrag erhalten, eine Behausung für seine Kunstsammlung zu entwerfen. Es sollten 16 Jahre bis zur Fertigstellung vergehen und Wright erlebte die Eröffnung selbst nicht mehr. Der gestaffelte Rundbau besteht im Kern aus einer 432 m langen Spirale, die nach außen fensterlos ist und sich um einen tiefen Innenraum legt. Inzwischen sind mehrere Anbauten hinzugekommen, doch das Raumerlebnis im Inneren und die thematischen Schwerpunkte sind dieselben geblieben: klassische moderne Kunst und spektakuläre Wechselausstellungen.

Guggenheim Museum, *1071 5th Ave./89th St., www.guggenheim.org, Fr/So–Mi 10–17.45, Sa 10–19.45 Uhr, $ 22 (Sa 17.45–19.45 Uhr beliebiger Eintritt), mit Restaurant* **The Wright** *(Chefkoch David Bouley).*

Das Guggenheim Museum an der Museum Mile

Weitere Museen an der Museum Mile

Vorbei am **Cooper-Hewitt National Design Museum (8)** – für Design-Interessierte durchaus sehenswert! – im alten Carnegie-Palast von 1902 und am **Jewish Museum (9)** geht es weiter nordwärts. Wer sich für die wechselvolle Geschichte der Stadt New York interessiert, darf das **Museum of the City of New York (10)** nicht versäumen. Dieses am nordöstlichen Rand des Central Parks gelegene, nicht allzu große, Museum zeigt auf fünf Stockwerken etwa 500.000 Exponate – alte Stadtansichten, Kostüme, Fahrzeuge, Schaufenster, Inneneinrichtungen, Spielsachen – von der Kolonialzeit bis heute, dazu gibt es immer wieder sehenswerte Wechselausstellungen. In nächster Nähe liegt das **Museo del Barrio (11)** eine modern aufgemachte Ausstellung zu lateinamerikanischer, puertorikanischer und karibischer Kunst und Kultur, mit Theater und Wechselausstellungen.

Nicht zu verachten!

Cooper-Hewitt National Design Museum, *2 E. 91st St./5th Ave., http://cooperhewitt.org, bis 2013 wegen Renovierung geschlossen.*
Jewish Museum, *1109 5th Ave./92nd St., www.thejewishmuseum.org, Fr–Di 11–17.45 , Do 11–20 Uhr, $ 12 (Sa 11–17.45 Uhr frei).*
Museum of the City of New York, *1220 5th Ave./103rd St., www.mcny.org, tgl. 10–18 Uhr, $ 10.*
Museo del Barrio, *1230 5th Ave./104th St., www.elmuseo.org, Di–Sa 11–18, So 13–17 Uhr, $ 9, mit Restaurant und Shop.*

Madison Avenue

Der Rundgang in der UES wäre nicht komplett ohne einen Bummel auf der **Madison Avenue**. New Yorker gehen vor allem wegen der Galerien hierher, aber auch wegen der Designerboutiquen und exklusiven Shops. Zudem befindet sich hier ein weiteres Museumshighlight: das **Whitney Museum of American Art (12)**. Dieses 1930 von der Bildhauerin Gertrude Vanderbild Whitney gegründete Museum birgt die wohl umfangreichste und wichtigste Sammlung amerikanischer Gegenwartskunst einschließlich Film- und Videokunst. Es ist darüber hinaus in einem interessanten und zur Umgebung kontrastierenden Gebäude des Architekten Marcel Breuer (1966) untergebracht.

Gegenwarts-kunst

Whitney Museum of American Art, *945 Madison Ave./75th St., www.whitney.org, Mi/Do und Sa/So 11–18, Fr 13–21 Uhr, $ 18 (Fr ab 18 Uhr beliebiger Eintritt), mit Shop und Café.*

Am Übergang der UES zu Midtown liegt mit **Bloomingdale's** (Lexington Ave./59th St.) **(13)**, ein Mekka für Shopper, das bereits 1872 gegründet wurde.

Columbus Circle und Upper West Side

Der **Columbus Circle** an der südwestlichen Ecke des Central Park wird durch einen überdimensionierten versilberten Erdball markiert. Es handelt sich um einen weiteren wichtigen Verkehrsknotenpunkt Manhattans, an dem Broadway, 8th Ave. und 59th St. (Central Park South) zusammentreffen. Ein

monumentales Denkmal ist Christopher Columbus, dem Entdecker der Neuen Welt, gewidmet. Architektonisch auffallend ist das von SOM geplante **Time Warner Center** (**14**), das zudem Shops und Lokale bietet, aber auch der **Trump International Hotel&Tower** von 1997.
In einen auffälligen Bau an der Südseite des Platzes befindet sich das **Museum of Arts & Design** (MAD) (**28**, Karte S. 300). Auf einer Fläche von 5000 qm und auf sechs Etagen wird Kunsthandwerk und Designgeschichte höchst anschaulich präentiert und die Verbindung von Handwerk, Kunst und Design thematisiert.
Museum of Arts & Design, *2 Columbus Circle, www.madmuseum.org, Mi–So 11–18, Do/Fr bis 21 Uhr, $ 15, mit Laden und Café.*

Etwas zurückversetzt an der 8th Ave. (56th–57th St.) tritt ein von Sir Norman Foster 2006 vollendeter Wolkenkratzer aus auffälligen Kuben und weißen Verstrebungen ins Blickfeld: der **Hearst Tower** (**29**, Karte S. 300). Das Besondere an dem 182 m hohen Glas-Stahl-Bau sind weder Höhe noch Architektur, sondern die Tatsache, dass zum einen der alte Bau von 1928 als Sockel verwendet wurde und es sich zum anderen um das erste „grüne Gebäude" in New York handelt. Nicht weit entfernt: die **Carnegie Hall** (Ecke 7th Ave.), jener weltberühmte Konzertsaal, der 1891 im Neorenaissance-Stil eröffnet wurde und wohl schon Tausende von Berühmtheiten gesehen hat.

Weltberühmter Konzertsaal

Carnegie Hall, *57th St./7th Ave., www.carnegiehall.org, Touren (außer Juli–Sept.) Mo–Fr 11.30/14/15 Uhr, $ 10, Rose Museum (Theatermemorabilien) tgl. 11–16.30 Uhr, frei*

Lincoln Center

Nur wenige Schritte vom Columbus Circle entfernt liegt das **Lincoln Center** (**15**). Zwischen 1959 und 1966 erbaut, umfasst dieser Komplex Musikschulen, mehrere Theater und Bühnen, Bibliotheken und ein Opernhaus. Die einzelnen Bauten gruppieren sich um die **Josie Robertson Plaza** mit Brunnen und der „Reclining Figure" von Henry Moore. Der Platz soll demnächst attraktiver gemacht und zur „Lincoln Center Promenade" umgestaltet werden. Am Kopfende steht das **Metropolitan Opera House**, die berühmte „Met", südlich grenzt der Damrosch Park mit Open-Air-Bühne *(Guggenheim Bandshell)* an. Den südlichen Flügel des Platzes nimmt das **David H. Koch Theater** ein, Sitz des *New York City Ballet*. Die 1962 erbaute **Avery Fisher Hall** an der Nordflanke ist die Heimat des *New York Philharmonic Orchestra*, das 1842 gegründete älteste Orchester der USA. An der Nordwestecke des Komplexes schließt sich das **Lincoln Center Theater** mit dem Vivian Beaumont und dem Mitzi E. Newhouse Theater an. Zwischen diesem und der Met: die New York Public Library for the Performing Arts. Das **West 65th Street Project** umfasst eine architektonisch gelungenen Erweiterung der Alice Tully Hall (65th St./Broadway) mit Plaza und neuer Tribüne; neu ist ebenfalls das **David Rubenstein Atrium at Lincoln Center**, ein Ticket-, Besucher- und Veranstaltungszentrum mit Café und Gratis-WLAN zwischen Broadway und Columbus Ave. (*W. 62nd–63rd St., Mo–Fr 8–22, Sa/So 9–22 Uhr*).

Die „Met"

Lincoln Center, *70 Lincoln Center Plaza, http://lc.lincolncenter.org, Touren ab Rubenstein Atrium, tgl. 10.30–16.30 Uhr (60 Min.), $ 17.*

Central Park West

Ab dem Columbus Circle heißt die 8th Ave. „Central Park West", und das Nobelviertel **Upper West Side** (UWS) schließt sich nach Westen zu an. Das gesamte Areal zwischen der 71st und 84th St., vor allem zwischen Columbus Ave. und Broadway, gilt als Shoppingparadies. In den hoch aufragenden, äußerlich klotzigen Wohnanlagen mit livrierten Türstehern und überdachten Zugängen von der Straße befinden sich die wohl teuersten Apartments der Stadt.

Wohnung John Lennons

Von besonderem Interesse sind Häuser wie das 1931 errichtete **Century** (62nd/ 63rd Sts.) oder das **Hotel des Artistes** (1 W. 67th St.) von 1910. Am bekanntesten dürfte jedoch das **Dakota Building** (**16**, 72nd St.) sein, das 1894 als erstes Luxusapartmentgebäude im historisierenden Stil erbaut wurde und bis heute die Adresse großer Stars aus Film und Showbusiness ist. Der Bau war Drehort von Roman Polanskis *Rosemary's Baby*, wurde aber vor allem durch **John Lennon** berühmt, der hier wohnte und vor der Tür ermordet wurde.

Türsteher vor einem Nobelwohnhaus in der UWS

Wenig bekannt, doch interessant ist das stadtälteste Museum, die **New-York Historical Society** (**17**), 77th St. Es wurde 1803 gegründet und informiert, ähnlich dem Museum of the City of New York (s. oben), umfassend und anschaulich über die Geschichte der Stadt.

New-York Historical Society, *170 Central Park W, www.nyhistory.org, Di–Sa 10–18, Fr 10–20, So 11–17 Uhr, $ 15 (Fr 18–20 Uhr, freiwillig).*

American Museum of Natural History (18)

Das American Museum of Natural History gilt als eines der ältesten Museen, und als eines der größten Naturkundemuseen der Welt. Der ursprüngliche Kernbau von 1877 erfuhr im Laufe der Zeit zahlreiche An- und Umbauten und zuletzt eine Modernisierung. Vor dem Museumseingang erinnert ein Reiterstandbild an Theodore Roosevelt, der sich der Natur besonders verpflichtet fühlte. Zu den wichtigsten Abteilungen gehören jene mit den Exponate der Ureinwohner Amerikas, aber auch der dritte Stock mit seinen spektakulären Dinosaurierskeletten. Kinder lassen sich gern von den Dioramen begeistern, die hinter Glas ausgestopfte Tiere in „natürlicher" Umgebung zeigen.

Weltgrößtes Naturkunde-museum

Zum Komplex gehört das **Hayden Planetarium**, in dem Interessierte ein Modell des Sonnensystems, Meteoriten, Filme, Dias und Modelle der Erde, der Planeten und des Mondes etc. sehen können. Der Sternenhimmel wird an Werktagen zweimal täglich, an Wochenenden nachmittags stündlich gezeigt, am Abend gibt es eine Lasershow. Das **Rose Center of Earth & Space** zeichnet ein hochmodernes, multimediales Konzept auf und geleitet Besucher gezielt durch die Phasen der Entstehung des Universums.
American Museum of Natural History, *Central Park W/79th St., www.amnh.org, tgl. 10–17.45 Uhr, mit Rose Center $ 19, mit IMAX und Space Show $ 33.*

Upper Manhattan

In **Upper Manhattan** reicht die Bandbreite vom afroamerikanischen Harlem über die größte neogotische Kirche der Welt und ein monumentales Mausoleum bis zur angesehenste Universität und einem ungewöhnlichen mediterranen Kloster.

Rundgang durch Harlem

Die **125th Street**, auch „Martin Luther King Blvd." benannt, bildet das **Herz von Harlem**, einem Viertel, das in den letzten Jahrzehnten einen enormen Wandel zum Positiven durchgemacht hat. Zu Harlem wird offiziell das Areal von der Nordgrenze des Central Parks (110th St.) bis zur 155th St. im Norden und von der 8th Ave. im Westen bis zur Madison Ave. im Osten gerechnet. Östlich schließt sich **East** oder **Spanish Harlem** an, schwerpunktmäßig das Viertel der Puertoricaner.

Der Name *Harlem* stammt aus der Kolonialzeit, als sich hier ein holländisches Dorf befand. In den 1920er Jahren waren gehäuft Afroamerikaner zugewandert und Harlem hatte sich zum *Black Capital* der westlichen Welt entwickelt. Die Künstler- und Literatenbewegung **Harlem Renaissance** kam auf, und die ***Roaring Twenties***, das Aufblühen von Jazz, Bebop, Blues und Soul, sorgten für weltweites Interesse und brachten das afroamerikanische Viertel, vor allem die Etablissements entlang der 125th St., wie das legendäre *Apollo Theater* oder den *Cotton Club*, ins Gespräch.
Das **Apollo Theater** (1) (253 W. 125th St.), ist ebenso eine Legende wie das **Restaurant Silvia's** (328 Lenox Ave./W. 126th St.). Das **Studio Muse-**

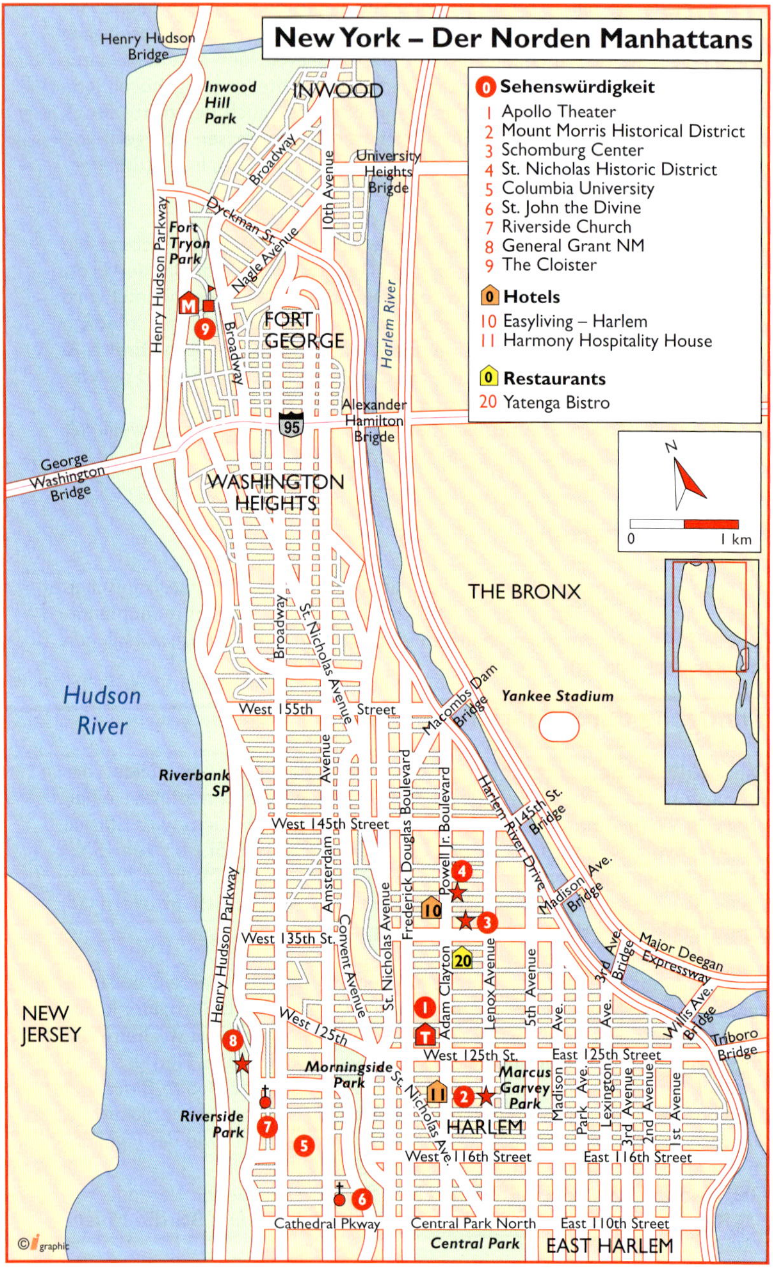
New York – Der Norden Manhattans
Sehenswürdigkeit
1 Apollo Theater
2 Mount Morris Historical District
3 Schomburg Center
4 St. Nicholas Historic District
5 Columbia University
6 St. John the Divine
7 Riverside Church
8 General Grant NM
9 The Cloister
Hotels
10 Easyliving – Harlem
11 Harmony Hospitality House
Restaurants
20 Yatenga Bistro
0
1 km
Henry Hudson Bridge
Inwood Hill Park
INWOOD
University Heights Brigde
Broadway
10th Avenue
Dyckman St.
Nagle Avenue
Fort Tryon Park
Henry Hudson Parkway
Harlem River
FORT GEORGE
Alexander Hamilton Brigde
95
George Washington Bridge
WASHINGTON HEIGHTS
THE BRONX
Hudson River
St. Nicholas Avenue
Macombs Dam Bridge
Yankee Stadium
West 155th Street
Riverbank SP
Amsterdam Avenue
Frederick Douglas Boulevard
Powell Jr. Boulevard
Harlem River Drive
145th St. Bridge
West 145th Street
Madison Ave. Bridge
West 135th St.
Convent Avenue
Adam Clayton
Lenox Avenue
5th Avenue
Madison Ave.
Park Ave.
Lexington Ave.
3rd Ave. Bridge
Major Deegan Expressway
Willis Ave. Bridge
Triboro Bridge
NEW JERSEY
West 125th
West 125th St.
East 125th Street
Morningside Park
Marcus Garvey Park
Riverside Park
HARLEM
3rd Avenue
2nd Avenue
1st Avenue
West 116th Street
East 116th Street
Cathedral Pkway
Central Park North
East 110th Street
Central Park
EAST HARLEM
© graphic

um of Harlem lohnt wegen der Ausstellung zeitgenössischer afroamerikanischer Kunst und einer großen, wechselnden Fotosammlung.
Studio Museum of Harlem, *144 W. 125th, www.studiomuseum.org, Do/Fr/So 12–18, Sa 10–18 Uhr, $ 7 (So frei), mit Official NYC Info Center (Mo–Fr 12–18, Sa/So 10–18 Uhr).*

Harlems Aushängeschild: das Apollo Theater

Das südlich angrenzende Areal zwischen W. 119th und 124th St. ist der **Mount Morris Historical District** (2), ein hübsches Viertel mit viktorianischen Reihenhäuschen aus dem späten 19. Jh. und Kirchenbauten an jeder Straßenecke. Ein Stück weiter nördlich, an der Lenox Ave./135th St., befindet sich das **Schomburg Center** (3), Museum und Forschungsstätte für afroamerikanische Kultur. Die weiter nördlich gelegene **Abyssinian Baptist Church** (132 W. 138th St.) ist eine der ältesten „schwarzen" Kirchen New Yorks und eine Touristenattraktion. Sie liegt im historischen **St. Nicholas Historic District** (4) (W. 138-139th St.) mit Reihenhäuschen aus dem späten 19. Jh.
Schomburg Center for Research in Black Culture, *515 Lenox Ave./ 135th St., www.nypl.org/research/sc/sc.html, Di–Do 12–20, Fr/Sa 10–18 Uhr, freier Eintritt.*

Tipp

In einem ruhigen, architektonisch sehenswerten Teil von Harlem befindet sich **Easyliving Harlem** (S. 335). Hier können Gäste günstig und höchst angenehm in vier hellen, großen Zimmern in einem historischen Brownstone-Reihenhaus nächtigen. Die Besitzerin Heidi spricht Deutsch und ist wie Tom ortskundig und hilfsbereit.

Columbia University (5)

Westlich von Harlem, im Viertel Washington Heights, erstreckt sich der Campus der privaten Columbia University. Mit etwa 20.000 Studenten ist sie die bekannteste und älteste städtische Institution, deren Ruf weit über die amerikanische Ostküste ausstrahlt. Sie war 1754 vom englischen König Georg II. als „King's College" gegründet worden. Mitten auf dem Campus liegt die **Low Memorial Library** (mit VC) von 1893. Neben diesem Bau finden sich die heutige Zentralbibliothek, die *Butler Library*, und ebenfalls am Platz die renommierte, von Joseph Pulitzer gegründete *School of Journalism*. Die *St. Paul's Chapel* (1907) an der Nordostecke wurde Anfang des 20. Jh. erbaut.

Renommierte Hochschule

St. John the Divine (6)

Läuft man von der Columbia University über die Amsterdam Ave. ein Stück in südliche Richtung, kann man den riesenhaften Bau der Kathedrale **St. John the Divine** nicht verfehlen. 1892 begonnen, ist das „größte gotische Gotteshaus der Welt" mit 42 m Höhe, 50 m Breite und 200 m Länge, dessen Vorbild Notre-Dame in Paris ist, bis heute nicht vollendet. Man finanziert sich allein aus Spenden und nutzt die authentisch mittelalterliche Bauweise, was sehr zeitaufwändig ist. Dennoch wird der neogotische Bau mit kleinem Kirchenmuseum und Garten bereits seit vielen Jahren genutzt.

Größtes Gotteshaus

Cathedral of St. John the Divine, *1047 Amsterdam Ave./110–112th St., www.stjohndivine.org, tgl. 7–18, So bis 19 Uhr, Eintritt frei, verschiedene Führungen werden angeboten, darunter auch Dachstuhlbesteigung (Aussicht), ab $ 10.*

Riverside Church (7) und General Grant NM

Auf der 112th St. westwärts erreicht man nach der Kreuzung mit dem Broadway den Riverside Drive am gleichnamigen Park. Richtung Norden fällt der Blick auf den imposanten Turm der **Riverside Church**. Von John D. Rockefeller gestiftet, wurde die Kirche mit ihrer gotischen Chartres-Fassade im Jahr 1930 fertig gestellt. Im Inneren sind europäische Glasmalereien des 16. Jh. zu sehen, außerdem Ehrentafeln und Statuen. Das eigentlich Ungewöhnliche aber ist der zwölfstöckige Turm, in dem ein Glockenspiel mit 74 Glocken an die Mutter Rockefellers erinnert.

Riverside Church, *490 Riverside Dr., www.theriversidechurchny.org; Gratistour nach dem Sonntagsgottesdienst, ab Balkon 12.15 Uhr, frei.*

Vis-à-vis der Kirche, an exponierter Stelle im Riverside Park, ragt **Grant's Tomb**, das Ehrengrabmal des Bürgerkriegsgenerals und US-Präsidenten Ulysses S. Grant (1869–77) am Hochufer des Hudson River. Der mächtige Zentralbau, der sich an antiken Vorbildern orientiert, wurde 1897 nach sechsjähriger Arbeit im antikisierenden Stil vollendet. Das **General Grant National Monument** (8), wie es offiziell heißt, birgt in der Krypta die Sarkophage Grants (1822-85) und seiner Frau.

Grabmal des Präsidenten Grant

General Grant National Monument, *W. 122nd St./Riverside Dr., www.nps.gov/gegr, tgl. 9–17 Uhr, frei.*

Washington Heights und Fort Tryon Park

Washington Heights heißt das Stadtviertel nördlich der 151st St. und südlich der I-95. Es wurde als Endstation des von Duke Ellington besungenen A-Train bekannt. Zahlreiche deutsche Emigranten hatten sich in der ersten Hälfte des 20. Jh. hier angesiedelt, wobei in den 1940er Jahren die deutschstämmigen Juden in der Überzahl waren. Auch Oskar Maria Graf lebte hier mit seiner jüdischen Frau Mirjam.

Direkt am Hudson River liegt der **Fort Tryon Park**, mit Manhattans höchstem natürlichem Punkt (76 m ü. d. M.). Der Blick fällt von hier über den Hudson River auf das gegenüberliegende Ufer, aber auch auf die weiter südlich gelegene **George Washington Bridge**, eine der längsten Brücken New Yorks. Als achtspurige Hängebrücke mit 2.650 m Länge 1931 vollendet, war ihre Kapazität bereits in den 1950er Jahren erschöpft und man zog in einem komplizierten Verfahren ein zweites sechsspuriges Deck ein.

Eindrucksvolle Hängebrücke

In erster Linie fährt man jedoch wegen **The Cloisters (9)** hierher, einem ungewöhnlichen Museum in idyllischer Umgebung, das einem das Gefühl gibt, irgendwo in Spanien oder Italien zu sein. Diese **Dependance des Metropolitan Museum** widmet sich der mittelalterlichen Sakralkunst und obwohl der Bau selbst neuzeitlich (1935–38) ist, wirkt der Komplex wie ein mittelalterliches Klostergebäude. Das liegt vor allem an den vielen originalen Architektur- und Ausstattungsteilen, die man aus den verschiedensten französischen, italienischen, spanischen, englischen und deutschen Kirchen, Kapellen und Klöstern zusammengetragen hat. Zu sehen gibt es von ganzen Kapellen über einzelne Bauteile und Skulpturen, Glaskunst und Gobelins auch wertvolle Schätze der Sakralkunst.

Sehenswertes Museum

The Cloisters, *99 Margaret Corbin Dr., Fort Tryon Park, www.metmuseum.org/cloisters, außer Mo tgl. 9.30–16.45 bzw. im Sommer bis 17.15 Uhr, $ 25 (mit MMA).*

Sehenswertes in den New Yorker Boroughs

1898 war ein einschneidendes Jahr für New York: Damals wurden die **Bronx**, **Queens**, **Brooklyn** und Richmond – letzteres 1975 in „**Staten Island**" umbenannt – in die vormals nur aus der Insel Manhattan bestehende New York City eingemeindet. Zugegeben, Manhattan allein sorgt für ein volles Besichtigungsprogramm, doch ohne einen Abstecher in zumindest einen der vier anderen **Boroughs** wäre eine New-York-Reise unvollständig.

Brooklyn

Brooklyn ist für sich genommen die viertgrößte Stadt der USA und war 1646 von Holländern gegründet worden. Lange Zeit galt es als der wenig beachtete „Hinterhof" New Yorks, heute heißt die Parole hingegen „*Brooklyn is hip, Brooklyn is hot*". In den späten 1990er-Jahren wurde Brooklyn von einer bis heute ungebremsten Aufbruchsstimmung erfasst. Eine Schlüsselrolle spielte dabei **Brooklyn Heights**, das Stadtviertel direkt am East River. Inzwischen sind jedoch nicht nur die hübschen Brownstone-Häuschen dort

Neue Top-Adresse

renoviert, auch andere Viertel erfreuen sich regen Zuspruchs: **DUMBO**, direkt unterhalb der Brooklyn Bridge, **Williamsburg** und **Greenpoint** sind längst zu neuen Bohèmevierteln, zu hippen und lebhaften Multikultizentren geworden. Auch die Wohnviertel **Cobble Hill**, **Boerum Hill** und **Carroll Gardens** um das einstige Hafenviertel **Red Hook** in South Brooklyn sind gefragt, ebenso **Park Slope** und **Prospect Heights** sowie **Sunset Park**, **Gowanus** oder **Bensonhurst**. Perfekt zum Bummel ist auch die **Atlantic Ave**. in Downtown Brooklyn, dort befindet sich auch das neu eröffnete **Barcleys Center**, die neue Sport-/Eventhalle neben der Subway-Station Atlantic Ave.

Schön zum Bummeln!

Brooklyn Heights

Über die Brooklyn Bridge gelangt man in das Stadtviertel **Brooklyn Heights**, der erste Historic District New Yorks von 1965. Hier wurden nach der Einrichtung der Fährverbindung mit Manhattan (1814) elegante Ein- oder Mehrfamilienhäuser in historisierenden Stilen gebaut. Besonders reizvoll ist der Kontrast zur gegenüberliegenden Hochhauskulisse Lower Manhattans, der am besten von der Uferpromenade **Brooklyn Heights Promenade** (**18**, Karte NY – Lower Manhattan, S. 286) – am schönsten bei Sonnenuntergang – bewundert werden kann.
Anfahrt: *Linien A/C, High St.", Linien 2/3 „Clark St."*

Brooklyn Bridge Park

Derzeit greift das Revival Brooklyns auch auf die alte Hafenfront über: Die alten Piers zwischen Brooklyn Brigde und Red Hook werden derzeit zu Parks, Event-Räumen und Naturarealen umgestaltet. Empire Fulton Ferry Park, Pier 1, 5 und 6 sind bereits fertig, andere Piers noch in Arbeit und 2013 sollen gut 2 km von der Manhattan Bridge bis zur Atlantic Ave. mit Grünanlagen und Fahrradwegen, Bühnen, Spielflächen, aber auch renaturiertem Marschland und Angelpiers ausgestattet sein.
Infos: *www.brooklynbridgeparknyc.org, Subway A/C „High St.", auch erreichbar per Spaziergang über die Brooklyn Bridge oder per Fähre; Zugang auch über die Atlantic Ave.*

Brooklyn Museum of Art

Beaux-Arts-Bau

Im Zentrum Brooklyns liegt der große **Prospect Park**, in dem sich der Botanische Garten und ein Museum von Weltruf befinden. Die Grünanlage war vom Planer des Central Parks, Frederic Law Olmsted, als Ort der Erholung, der körperlichen Ertüchtigung und der Geselligkeit, aber auch als Stätte der kulturellen Erbauung angelegt worden.

Am Nordostrand des Parks erhebt sich das **Brooklyn Museum of Art**, das mit seinen bedeutenden kulturhistorischen Sammlungen zu den wichtigsten in den USA gehört. In dem grandiosen Beaux-Arts-Bau (1897), der

2004 um einen umstrittenen modernen Glaspavillon und unlängst um eine neu gestaltete Lobby erweitert wurde, sind auf fünf Stockwerken völkerkundliche Exponate (Amerika, Afrika, Naher und Ferner Osten, Ozeanien), antike Kunst, eine der größten ägyptischen Sammlungen der Welt, europäische Malerei und neuzeitliche Architektur ausgestellt.
An das Museum grenzt der zwischen 1859 und 1869 angelegte **Brooklyn Botanic Garden** an. Die Anlage besteht aus mehreren unterschiedlichen Einzelgärten, es gibt Seen und ein schönes gründerzeitliches Bootshaus, einen Rosen- und einen Japanischen Garten.
Brooklyn Museum of Art, *200 Eastern Parkway, www.brooklynmuseum.org, So 11–18, Do bis 22 Uhr, $ 12, Kombiticket mit Botanic Garden: $ 20.*
Brooklyn Botanic Garden, *900 Washington Ave./Eastern Parkway, www.bbg.org, Di–Fr 8–18, Sa/So 10–18 Uhr, $ 10.*
Anfahrt: *Linien 2/3 „Eastern Pkwy./Brooklyn Museum"*

Amerikas Nationaldichter

info

Zu den berühmten Brooklynites gehört der Dichter **Walt Whitman**. Geboren 1819 als Sohn eines Baumeisters, erlernte Whitman das Druckerhandwerk und arbeitete zudem als Lehrer, Journalist und Zeitschriften-Herausgeber, aber auch als Handwerker in Brooklyn. Berühmt wurde er mit seinem 1855 erschienenen Gedichtband „Grashalme", in dem er nicht nur seine Eindrücke, sondern auch politische Vorstellungen und menschliche Gefühle grandios festgehalten hat. Im Laufe der Jahre erweiterte er den Band ständig, die 10. und letzte Auflage erschien im Jahr 1897, fünf Jahre nach seinem Tod. Bis heute strahlen seine Gedichte eine ungeheuere Kraft aus, feiern die Demokratie und die Schönheit des nordamerikanischen Kontinents. Viele amerikanische Schriftsteller und Dichter wurden durch Whitmans Werk beeinflusst, auch europäische Autoren.

Coney Island

Im äußersten Süden von Brooklyn liegt New Yorks Sommerfrische **Coney Island**. Seit 1920 mit Manhattan verbunden, war es bis zum Zweiten Weltkrieg das heiß geliebte Ausflugsziel der New Yorker, nicht nur wegen des Strands, sondern vor allem wegen des riesigen Vergnügungsparks. Nach Jahrzehnten des Verfalls und Diskussionen über die Zukunft, stehen heute wieder die Fahrge-

Coney Island: Boardwalk

Vergnügungen auf Coney Island

legenheiten und Vergnügungen, teils alt, teils neu, im Vordergrund. „Überlebt" haben z.B. der legendäre **Cyclone Rollercoaster** aus dem nicht mehr existenten **Astroland Amusement Park** oder **Deno's Wonder Wheel Amusement Park** mit Riesenrad. Der Fallschirmturm der Weltausstellung 1940, der **Parachute Jump**, markiert das Gelände und ist zum Wahrzeichen Coney Islands geworden. 2010 wurde **Luna Park** (www.lunaparknyc.com) mit sensationellen 23 Fahrgeschäften eröffnet, zur Sommersaison 2011 kam die **Scream Zone** neu dazu.

Nicht entgehen lassen sollte man sich nahe der neuen Subway-Endstation an der Stillwell Avenue – flächenmäßig die größte U-Bahn-Station der Welt – und dem kleinen Baseballstadion, MCU Park, einen Hot Dog bei **Nathan's**, dem „Erfinder" des Hot Dog (1871) – zumindest nach einer Version.

Der Spaziergang über den 4 km langen Riegelmann Boardwalk, eine hölzerne Strandpromenade, führt nach **Brighton Beach** in das sehenswerte ukrainisch-russische Viertel mit der Brighton Beach Ave. als lebhafter Hauptachse. **Anfahrt**: *Linien D, F, N und Q bis Coney Island/Stillwell Ave. oder Linien B und Q bis Brighton Beach*, **Infos**: *www.coneyisland.com (auch zu Events)*

Tipp: Brooklyn entdecken

„Made in Brooklyn"-Chef Dom Gervasi

Dom Gervasi – Brooklynite mit italienischen Vorfahren – gewährt bei seinen interessanten zweistündigen „Made in Brooklyn"-Walkingtouren Einblick in Teile seines Stadtezirks. Er führt Besucher durch die Viertel DUMBO, Red Hook, Williamsburg, Gowanus oder Bensonhurst. Abgesehen von historischen Informationen und Anekdoten werden vor allem Unternehmen vorgestellt, die in der früher boomenden Industriestadt Brooklyn verschiedene Waren herstellen – wie Wein, Kaffee, Schokolade, Glas, Kleidung, Möbel oder Keramik. Der Treffpunkt ist von Manhattan aus immer günstig mit dem öffentlichem Nahverkehr erreichbar.
Infos: Made in Brooklyn Tours, ☏ 917-747-1911, www.madeinbrooklyntours.com.

Queens

Die meisten Besucher betreten in **Queens** erstmals New Yorker Boden, nämlich auf dem **John F. Kennedy International Airport**. Hier finden aber auch die *US Open* statt, und hier gibt es mehr verschiedene Ethnien als sonstwo. Der „International Express", die **Subway-Linie 7** (ab Times Square), erlaubt es, zwanglos auf Weltreise zu gehen und die bunten Viertel von Queens zwischen der 33rd St. und dem Endpunkt in Flushing zu entdecken.

Zentrum von Queens ist **Long Island City**, wo sich zwei ungewöhnliche Museen befinden: das **P. S. 1**, in dem den allerneuesten, nicht immer leicht verständlichen Kunstentwicklungen Rechnung getragen wird. Steinskulpturen eines japanischen Bildhauers gibt es im architektonisch sehenswerten und mit Garten versehenen **Isamu Noguchi Garden Museum** zu betrachten.
P. S. 1, *22-25 Jackson Ave., http://momaps1.org, Do-Mo 12-18 Uhr, $ 10*
Isamu Noguchi Museum, *Vernon Blvd., 10th St.–33rd Rd., www.noguchi.org, Mi–Fr 10–17, Sa/So 11–18 Uhr, $ 10, Anfahrt: Linie N „Broadway" (So Shuttle ab Park Ave./70th St.).*

Im ehemaligen „Griechen-Viertel" **Astoria**, heute ein multikulturelles Viertel, lohnt der Bummel schon allein wegen der kulinarischen Vielfalt, aber auch wegen des eben neu eröffneten instruktiven **American Museum of Moving**, in dem es um alle Aspekte des „moving image" – Kunst, Geschichte, Technik, inklusive Filmvorführungen – geht.

Verschiedene ethnische Viertel

American Museum of the Moving Image, *35th Ave./37th St., www.movingimage.us, Di–Do 10.30–17, Fr 10.30–20 (frei ab 16 Uhr), Sa/So 10.30–19 Uhr, $ 12, mit Café und Shop; Anfahrt: Linie N „36th St." oder Linie R „Steinway St."*

In Flushing Meadow/Corona Park, wo alljährlich das Tennisturnier *US Open* stattfindet, und im **CitiField**, wo die zweite Baseball-Mannschaft der Stadt, die **Mets**, spielen, befindet sich auch das **Queens Museum of Art**. Es ist Teil des ehemaligen Weltausstellungsgeländes, neben der Unisphere, und lohnt vor allem wegen des weltgrößten **Architekturmodells** von New York einen Besuch.
Queens Museum of Art, *New York City Building, Flushing Meadows Corona Park, 111th St./47th Ave., www.queensmuseum.org, Mi–So 12–18 Uhr, im Sommer Fr bis 20 Uhr, $ 5, Anfahrt: Linie 7 „Mets–Willets Pt."*

Bronx

Die größte Attraktion der **Bronx** neben dem **Yankee Stadium**, der Heimat der weltbekannten Baseball-Mannschaft *New York Yankees*, ist der weltberühmte **Bronx Zoo**, Teil des *Wildlife Conservation Center* im **Bronx Park**. Hier leben über 4.000 Tiere, darunter schwerpunktmäßig Reptilien, Vögel und Säuger aus Malaysia, dem Himalaja, Afrikas Steppe und Asiens Dschungel; daneben ist auch die amerikanische Tierwelt vertreten. Mit dem

Heimat der „Yankees"

Zoo verbunden ist der nördlich gelegene **New York Botanical Garden**, der ebenso hohes Ansehen genießt, vor allem wegen des *Enid A. Haupt Conservatory*, des größten viktorianischen Glashauses der USA (1902) mit 30 m hoher Kuppel. Zudem gibt es mehrere Themengärten, Herbarien, Palmenhäuser und ein Museum.

New Yankee Stadium, *E. 161st St./ River Ave., www.yankees.com, Touren (vorab reservieren!) tgl. mind. 12- 13.40, bei erhöhter Nachfrage 9–16.40 Uhr, $ 20, großer Souvenirshop. Anfahrt: Subway-Linien 4, B und D bis 161st St./Yankee Stadium.*

Bronx Zoo, *2300 Southern Blvd., www.bronxzoo.com, mind. 10–16.30 Uhr, $ 17 (Mi beliebig), Parken $ 15. Anfahrt: Subway-Linie 2 bis Pelham Pkwy.*

New York Botanical Garden, *200th St./Kazimiroff Blvd., www.nybg.org, Di–So 10–mind. 17 Uhr, inkl. Conservatory $ 25, nur Garten $ 10, Anfahrt: Linien 2 oder 5 „Pelham Parkway".*

Reisepraktische Informationen New York City

Information

NYC & Company, *c/o Aviareps Tourism PR, Josephspitalstr. 15, 80331 München, ☎ (089) 552533-835, www.nycgo.com/de*

Official NYC Information Center, *810 7th Ave./53rd St., ☎ (212) 484-1200, www.nycgo.com, Mo–Fr 8.30–18, Sa/So 9–17 Uhr. Computer, Broschüren, sowie hilfsbereites – meist mehrsprachiges – Servicepersonal.*

Information Center – Times Square Alliance, *1560 Broadway, 46th–47th St., tgl. 8–20 Uhr. Infomaterial, Tickets, Touren, Souvenirs u.a. im historischen Theater, betrieben von der Times Square Alliance (www.timessquarenyc.org)*

Official NYC Information Kiosks *(meist Mo–Fr 9/10–17/18 Uhr):*

- *City Hall, Broadway, am Südende des City Hall Park, auch Sa/So*
- *Federal Hall, 26 Wall St.*
- *Chinatown, Ecke Canal/Walker/Baxter St.*
- *Studio Museum of Harlem, 144 W. 125th St., auch Sa/So*

Im ***Internet*** *sind interessant:*

www.nycgo.com – offizielle Webpage (auf Deutsch: www.nycgo.com/de) von NYC & Company, dem Tourismusamt, mit Listen, Informationen und Links.

www.nyc.gov – offizielle Webpage der Stadtverwaltung

http://newyork.citysearch.com –Veranstaltungen, Theater, Museen, Shopping u.v.A.

www.timeout.com/newyork – Website des gleichnamigen Wochenmagazins (s. unten) mit Infos zu Veranstaltungen, Restaurants und Nachtleben

http://nymag.com – Webpage des New York Magazine (s. unten)

http://innewyork.com – Tipps u.a. zu Shopping, Dining und Entertainment

Informative Medien *sind die Wochenend-Beilagen in der „New York Times", die Stadtmagazine „Time Out New York" (www.timeout.com/newyork), In New York (www. innewyork.com), New York Magazine (http://nymag.com) oder auch die Gratishefte „Village Voice" (www.villagevoice.com), „WHERE" oder „Quickguide".*

Internet

Es gibt WLAN-Hotspots in New York z.B. in Parks und auf Plätze wie dem Times Square, Bowling Green Park, Bryant Park, City Hall Park Pier 17 (South Street Seaport), Union Square Park, World Financial Center und Winter Garden sowie in einigen Subwaystationen.

In Hotels ist Internetzugang nicht immer kostenlos, hingegen gibt es in vielen Cafés (z.B. Starbucks), Geschäften und öffentlichen Einrichtungen (Public Library) ebenfalls WLAN-Hotspots oder internettaugliche Computer.

Listen der Hotspots finden sich unter: http://manhattan.about.com/od/citylife11/a/freewifihotspot_2.htm; ***Internetcafés****: http://anywwwhere.com/findalocation.aspx)*

Notfallnummern

Notruf *(Polizei, Notarzt, Feuerwehr): ☏* ***911***
Doctors House Call Service/Travelers Medical Center*, 952 5th Ave., ☏ (212) 737-1212, www.travelmd.com, mehrsprachig, tgl. 24 Std.*
Ambulanz*: St. Vincent's Hospital, 153 W. 11th St./7th Ave., ☏ (212) 604-7000*

Spartipp

Kostenersparnis bringen der **New York CityPass** (http://www.citypass.com/new-york, 9 Tage, 6 Attraktionen, $ 89), der **Explorer Pass** (www. smartdestinations.com, ab $ 75) oder der **New York Pass** (www. newyorkpass.com, für 1–7 Tage, ab $ 80) – im Internet zu ordern oder im VC erhältlich. Sie gelten mehrere Tage und gewähren freien Eintritt zu verschiedenen Attraktionen. Bei **TKTS** (Times/Duffy Sq., ☏ 212-221-0885 bzw. 768-1818, www.tdf.org/tkts) gibt es verbilligte Theater- und Konzertkarten für Veranstaltungen am selben Tag.

Touren

Bustouren *veranstalten Gray Line (www.newyorksightseeing.com), darunter auch eine mehrsprachige „Hop-on-hop-off"-Tour, ähnlich ist das Programm von City Sights New York (www.citysightsny.com).*
Gratis sind die Touren von ***Big Apple Greeter Program*** *(www.bigapplegreeter.org), durchgeführt von New Yorkern durch ihre jeweiligen Wohnviertel auf Anmeldung. Auch die* ***Historic Orchard St. Walking Tour*** *(www.lowereastsideny.com) durch die Lower East Side (So 11 Uhr, ohne Anm.) kostet nichts. Sonstige (kostenpflichtige) Touren gibt es zuhauf, z.B.*
Harlem Heritage Tours*, ☏ (212) 280-7888, www.harlemheritage.com. Walking-Touren durch Harlem mit unterschiedlichen Schwerpunkten (Gospel, Jazz, Hiphop, Salsa).*
A Slice of Brooklyn Bus Tours*, ☏ (212) 209-3370, www.asliceofbrooklyn.com. Interessante halbtägige Brooklyn-Touren im Bus mit Stopp an zwei Pizzerien und zu Filmschauplätzen; außerdem: „Brooklyn Neighborhood Tour"*
Made in Brooklyn Tours*, www.madeinbrooklyntours.com, s. S. 330*

On Location Tours, ☏ *(212) 209-3370, www.screentours.com. Auf den Spuren großer Stars und ihrer Filme New York entdecken, z.B. „Sex and the City".*
Circle Line *(www.circlelinedowntown.com) bietet in Cooperation mit New York Water Taxi (www.nywatertaxi.com) verschiedene Schiffstouren an, z.B. eine interessante Audubon Eco-Cruise auf dem East River.*

Tipp für Gourmets

Susan Rosenbaum bietet kulinarische Touren – **Enthusiastic Gourmet**, ☏ (646) 209-4724, www.enthusiasticgourmet.com – durch verschiedene ethnische Viertel wie die jüdische Lower East Side, Little Italy oder Chinatown an. Sie dauern gut 3 Stunden und kosten $ 50 inkl. Kostproben.

Unterkunft

Viele deutsche Reiseveranstalter bieten ein breites Angebot an Stadthotels, wobei die Preise bei etwa € 150 pro DZ in der NS beginnen. Der offizielle Durchschnittspreis liegt bei über $ 200, dazu kommen noch knapp 15 % Steuern. Günstig ist es, ein Hotel in Midtown zu wählen, da es die beste Ausgangsbasis für Stadtrundgänge bietet. Vorausbuchung ist in New York das ganze Jahr über empfehlenswert. Angesichts der ungeheuren Fülle von Unterkünften und wegen der ständigen Veränderungen, sind zutreffende und aktuelle Hotelbeschreibungen kaum möglich. Die Qualität der Unterkünfte variiert ebenso wie Preise und Ausstattung, wobei in New York das Preis-Leistungs-Verhältnis häufig nicht ganz stimmt.

Bei ***Buchung im Internet*** *helfen:*
www.expedia.de/hotels („New York")
www.hotelbook.com/hotels/new-york-city-hotels/all-hotels
www.nycgo.com/de („where to stay")
www.reservation-services.com/new-york-newyork-hotels.html

Hoteltipp für Sparsame

Apple Core bietet mehrere neu renovierte Hotels – *The Hotel@Times Square*, *New York Manhattan Hotel*, *Broadway@ Times Square*, La Quinta Manhattan und *Ramada Eastside* – in guter Lage zu meist günstigen Preisen an. **Infos**: http://applecorehotels.com.

GÜNSTIGE HOSTELS UND HOTELS
Eine Übersicht über preiswerte Herbergen/Hostels gibt es auf ***www.hostels.com/new-york/usa.***
Chelsea Highline Hotel (6), *184 11th Ave./24rd St.,* ☏ *(212) 3664129, www.jazzhostels.com/jazzchelsea.php. Gute Lage, verschiedene, neu eingerichtete, komfortable Zimmer zu erschwinglichen Preisen.*

Chelsea Lodge (9), *318 W. 20th St./zwischen 8-9th Ave., ☏ (212) 243-4499, www.chelsealodge.com; Brownstone-Bau in Chelsea mit 22 preiswerten, kleinen Zimmern mit Waschbecken und Dusche, WC auf dem Gang.*
The Gershwin (8), *7 E. 27th (Gramercy), ☏ (212) 545-8000, www.gershwinhotel.com; ca. 100 unterschiedliche Zimmer in prima Lage zwischen SoHo und Theater District, preiswerter mit Stockbetten.*
The Pod Hotel (3), *230 E. 51st St., ☏ 1-800-742-5945, www.thepodhotel.com; Midtown-Hotel mit ansprechenden Zimmern (360), gut ausgestattet wenn auch winzig. Freiluftterrasse für Gäste und Dachterrasse.*

MITTELKLASSE
The Belvedere (5), *319 W. 48th St., ☏ (212) 245-7000, www.belvederehotelnyc.com; Art-déco-Bau im Theater District, große Zimmer mit Kitchenette, breites Preisspektrum (ab ca. $ 140).*
YOTEL (5) *$$$, 570 10th Ave., ☏ (646) 449-7700, www.yotel.com/en/Hotels/New-York-City. Nahe Times Square mit verschiedenen „cabins", wie die Bäder eher klein, doch sehr hip. Gratis-WLAN.*
Washington Square Hotel (1), *103 Waverly Place, ☏ (212) 777-9515, www.washingtonsquarehotel.com; neu renovierte Zimmer mit Frühstück, besonders obere Etagen empfehlenswert.*

TOPHOTELS
Andaz Wall Street (2), *75 Wall St., ☏ (212) 590-1234, www.andaz.com; moderne Zimmer mit vielen Extras. Filiale: Andaz 5th Ave, 485 5th Ave./41st St., gegenüber der New York Public Library.*
Hotel Gansevoort (10), *18 9th Ave./13th St., ☏ (212) 206-6700, www.hotelgansevoort.com; luxuriöses Designer-Hotel (187 Zimmer) im trendigen Meatpacking District; Pool auf dem Dach, Spa und Restaurant.*
Waldorf Astoria, *301 Park Ave./50th St. bzw. 100 E. 50th St., ☏ (212) 335-3000, http://waldorfastoria.hilton.com; traditionsreiches Haus von Weltruf mit mehreren Restaurants.*

BED & BREAKFAST
Easyliving – Harlem (10), *214 W. 137th St., ☏ (646) 5995651, http://easylivingharlem.com; vier schöne Gästezimmer (ab $ 125) in historischem Brownstone House in gutem Viertel in Harlem, mit Gemeinschaftsküche und -wohnzimmer (mit TV), Garten, Gratis-WLAN und hilfsbereiten Gastgebern (Heidi ist Deutsche).*
Harmony Hospitality House (11), *216 W. 122nd St., ☏ (212) 662-2878, E-Mail: HAJA216@aol.com; zwei gut ausgestattete Studios für je 2 Personen mitten in ruhigen Viertel von Harlem.*
The Strange Dog Inn, *Paula & Gail Monroe, 51 DeKoven Court (Brooklyn), ☏ (718) 338-7051, www.strangedoginn.com; B&B in historischem Haus und ruhigem Wohnviertel, großes Apartment im Dachgeschoss (max. 4 Personen, Kitchenette), inkl. Gourmet-Frühstück. Reservierung langfristig im Voraus nötig.*
Private Bed & Bath, *68th St, Bay Ridge/Brooklyn, zu buchen über: www.airbnb.de/rooms/683093. Zimmer mit eigenem Bad in heller und modern eingerichteter Wohnung. Gäste können die gut ausgestattete Küche, Waschmaschine, Wohnzimmer mit Balkon, DVD Player und WiFi etc. benutzen. Gute Infrastruktur und naher Subway Stop, dazu extrem günstiger Preis!*

Restaurants

In New York ist das ganze Spektrum – von Fastfood aller Art über ethnische Spezialitäten bis hin zur Sterneküche – zu finden, die ganze Welt auf engstem Raum vertreten. Zum Preis auf der Speisekarte muss in New York insgesamt noch rund ein Viertel der Summe für ***tax*** *(MWSt.) und* ***tip*** *(Trinkgeld) addiert werden. Während der* ***Winter*** *bzw.* ***Summer Restaurant Week*** *bieten ausgewählte Restaurants Menüs zu festen Preisen an (www.nycgo.com/restaurantweek).*

Folgende Webseiten helfen bei der Suche nach bestimmten Lokalen:
http://nymag.com/restaurants
http://newyork.citysearch.com/find/section/newyork/restaurants.html
www.timeout.com/newyork/section/restaurants-bars
www.nyc.com/restaurants
www.chowhound.com/boards/18 (v.a. preiswerte Spots, Blogs, News, Rezepte)
www.eater.com (Was tut sich in der Restaurantszene?)

IMBISS

Chelsea Market **(16)**, *75 9th Ave.; „Gourmet Mall" mit vielerlei Läden und Imbissgelegenheiten.*

Dean&Deluca **(1)**, *560 Broadway/Prince St.; mit Espressobar und großer Käseauswahl. In nächster Nähe ebenfalls empfehlenswert:* **The Garage** *(453 Broome St.).*

Eataly **(12)**, *200 5th Ave./Madison Square Park, www.newyork.eataly.it; neue ialienische Marktstraße mit Cafés, Restaurants und Spezialitätenshops,*

Ferrara Bakery & Café **(6)**, *195 Grand St.; historisches Café von 1892 mit italienischen Spezialitäten wie cannoli.*

Katz's Delicatessen **(3)**, *205 E. Houston/Ludlow St.; Super-Sandwiches am Tresen bestellt.*

Tasty Dumpling **(9)**, *54 Mulberry St.; chinesische Teigtaschen mit unterschiedlichen Füllungen, gut und billig.*

Russ & Daughters **(2)**, *179 E. Houston St.; legendärer „appetizer store" von 1914 mit riesiger Auswahl an jüdischen (und anderen) Spezialitäten.*

Zabar's **(17)**, *2245 Broadway; Top-Gourmettempel mit allen erdenklichen Delikatessen plus Küchenaccessoires.*

2nd Avenue Deli **(11)**, *162 E. 33rd St./3rd Ave.; Pastrami, Cornedbeef, gehackte Leber u.a. (jüdische) Delikatessen.*

LOKALE

15 East **(15)**, *15 E. 15th St. (Union Sq.), ☏ (212) 647-0015; japanisches Restaurant mit eigenem Sushi-Meister, Sake-Karte und Sushi/Sashimi-Bar, hausgemachte Soba Nudeln, Thunfisch-Kreationen und günstiges Mittagsmenü!*

Alfama **(13)**, *214 E. 52nd St., ☏ (212) 759-5552; moderne portugiesische Küche mit guten Würsten, Oktopus und Kabeljau, dazu hausgemachte Backwaren und Cocktails. Günstige Festpreismenüs, Wochenend- Brunch und Fado-Musik.*

L'Ecole **(7)**, *462 Broadway (SoHo), ☏ (212) 219-3300; empfehlenswertes und vor allem mittags preiswertes Toplokal des French Culinary Institute (Kochschule).*

Loreley **(4)**, *7 Rivington St., ☏ (212) 253-7077 sowie 64 Frost St. (Williamsburg/Brooklyn), ☏ (718) 599-0025. Deutsche Küche, dazu deutsche Biere vom Fass; Bundesligaübertragungen und Biergarten.*

Peter Luger Steak House (5), *178 Broadway, Brooklyn, ☎ (718) 378-7400; für ein Steak in dieser 1887 gegründeten Institution nehmen New Yorker trotz Reservierung Wartezeiten in Kauf.*
Numero 28 Cucina (19), *660 Amsterdam Ave., ☎ (212) 706-7282. Rustikale italienische Trattoria mit offenem Holzofen, aus dem grandiose neapolitanische Pizzen kommen; außerdem moderne sizilianische Küche.*
Paprika (8), *110 St. Mark's Place, ☎ (212) 677-6463. Norditalienisch-österreichische Alpenküche mit Spätzle, Buchweizennudeln, Polenta, Lamm und Forelle. Es gibt überaus günstige Festpreis-Menüs.*
Sofrito (10), *400 E. 57th/1st Ave., ☎ (212) 7545999; puertorikanische Küche zu günstigen Preisen und in großen Portionen. Bar und Liveunterhaltung am Abend.*
The Tangled Vine (18), *434 Amsterdam Ave. (UWS), ☎ (646) 863-3896, ausgezeichnete Weinbar mit kreativer amerikanischer, spanisch-mediterran angehauchter Küche, dazu riesige Weinkarte.*
Tocqueville Restaurant (14), *1 E. 15th St. (Union Sq.), ☎ (212) 647-1515; französisch inspirierte, ungewöhnliche Haute Cuisine in angenehmem Ambiente.*
Yatenga Bistro (20), *2269 Powell Blvd/7th Ave. Das neben dem legendären Jazz- und Musikclub Shrine (2271 7th Ave, www.shrinenyc.com) gelegene Lokal bietet in rustikal-gemütlicher Atmosphäre französisch-afrikanisch angehauchte Gerichte.*

Nachtleben

Das Nachtleben im Big Apple ist legendär und vielseitig und konzentriert sich auf die Lower East Side, im East und Greenwich Village, in Chelsea und TriBeCa sowie, was Jazz und Gospel angeht, in Harlem. Neue und schicke nightspots befinden sich in Chelsea (W. 27th St., 10th–11th Ave.) und im Meat Packing District sowie zwischen Bowery und East Village, um Houston St. und Lafayette Ave. sowie um Tompkins Square und 6th St. Cool und angesagt sind Cocktailbars, die sich der „Mixology" verschrieben haben und Dachbars, vielfach in Verbindung mit den neuen, schicken Boutiquehotels. Gut aufgehoben sind Nachteulen auch in Brooklyn und dort vor allem Williamsburg (Bedford Ave.) und Greenpoint.
***Infos:** www.nycgo.com, www.joonbug.com oder www.ny.com/nightlife*

Einige Tipps:
Birdland, *315 W. 44th/8th Ave., ☎ (212) 581-3080, http://birdlandjazz.com; benannt nach Charlie „Bird" Parker, in dessen Fußstapfen heute andere Topstars treten; Progressive Jazz und dazu südamerikanische Küche.*
Blue Note, *131 W. 3rd St./MacDougal-6th Ave., ☎ (212) 475-0049, www.bluenote.net/newyork/index.shtml; wechselnde Bands (Jazz, R&B, Soul, Blues u.a.); hier traten schon Dizzy Gillespie, Ray Charles oder B.B. King auf.*
Boom Boom Room, *848 Washington St., ☎ (212) 645-4646; schicker, edler Lounge-Club im Standard Hotel, in dem Stars ein- und ausgehen. Im 18. Stock des Standard Hotel im Meatpacking District mit 360-Grad-Panoramablick!*
Village Vanguard, *178 7th Ave./11th St., ☎ (212) 255-4037, http://villagevanguard.com; einer der ältesten Jazzkeller der Stadt mit hochkarätigem Programm.*
55 Bar, *55 Christopher St./7th Ave., ☎ (212) 929-9883, www.55bar.com, tgl. Liveblues und -jazz im Village, schon seit 1919. Daneben liegt das legendäre historische* **Stonewall Inn**.

Einkaufen

*Die **Sales Tax** (Mehrwertsteuer), bestehend aus **City Tax** (4,5 %), **State Tax** (4 %) sowie **MCTD** (Metropolitan Commuter Transportation District) **Tax** (0,375 %), beträgt in New York City derzeit 8,875 %. Für Kleidung und Schuhe gilt eine Sonderregelung: Unter $ 110 Warenwert fallen keine Steuern an, an, darüber werden ebenso wie bei allen anderen Artikeln 8,875 % fällig.*

*Bei einem **Einkaufsparadies** wie New York ist es fast unmöglich, einzelnen Läden hervorzuheben, deshalb nachfolgend ein paar **regionale Schwerpunkte**:*

***Broadway**, zw. Canal-Houston-14th St.: zahllose billigere, aber auch feine Boutiquen*

***Lower East Side/Bowery** (Canal–Delancey und Orchard–Essex St.): Billigkleidung und Designer-Outlets, Lederwaren, Elektro- und Elektronikartikel.*

***Chinatown**, v.a. Canal/Mott St.: Souvenirs, Asiatisches.*

***SoHo**, rings um den Broadway: Kunstgalerien, Antiquitäten, Geschenke, Avantgarde-Kleidung.*

***Greenwich Village** (Umgebung Sheridan Sq. sowie Bleeker St.): Kunstgalerien, Boutiquen, Kurioses und Skurriles.*

***East Village**, St. Mark's Pl.–Tomkins Sq.: Flohmärkte, Boutiquen, Secondhandläden, Designermode, Bücher, Antiquitäten u.a.*

***5th Ave.**, 51st–59th St.: Luxus-Einkaufsmeile mit weltbekannten Läden wie Tiffany, Cartier, Chanel, Bergdorf, Apple, F.A.O. Schwarz.*

***Madison Ave.** (UES): Antiquitäten (Sotheby's), Schuh-, Museumsläden und Galerien, Luxusboutiquen.*

***Amsterdam Ave./Broadway** (UWS), 71st–84th St.): Designerkleidung, Antiquitäten, Galerien, Delis, Buchläden.*

*An großen **Kaufhäusern** und **Einkaufszentren** empfehlen sich besonders:*

***Bloomingdale's**, 1000 3rd Ave./59–60th St., und neu: 504 Broadway, Spring-Broome St. (SoHo). Ein Kaufhaus mit Tradition und Namen. Filiale: 504 Broadway.*

***Century 21 Department Store**, 22 Cortland St.; Kleidung, Haushaltswaren, Schuhe, Taschen u.v.m. zu sagenhaften Preisen.*

***Macy's**, Herald Square/34th St.; weltgrößtes Kaufhaus mit 5 Lokalen, ein Muss für jeden Besucher!*

***Manhattan Mall**, 6th Ave./33rd St.; Shopping Mall mit Eatery im OG, neben Macy's gelegen.*

***The Shops at Columbus Circle**, Time Warner Center, Columbus Circle; Einkaufszentrum mit exklusiven Shops und Bio-Supermarkt **Whole Foods**.*

Märkte

In New York findet in den Sommermonaten fast täglich irgendwo ein **Farmers**' oder **Greenmarket** statt. Bauern aus der Umgebung verkaufen ihre Produkte (vielfach aus biologischem Anbau), auch Backwaren, Honig, Eingemachtes, Käse, Cidre und weitere Köstlichkeiten. **Infos**: www.nyfarmersmarket.com oder www.grownyc.org/ourmarkets

Der größte, ganzjährig stattfindende Markt ist jener auf dem **Union Square** (Mo/Mi/Fr/Sa 8–18 Uhr), als „Gourmetmärkte“

gelten der **New Amsterdam Market** (South St./Peck Slip, Mai–Dez. So 11–14 Uhr, www.newamsterdammarket.org) und **Smorgasburg** (Williamsburg, N 6th/7th St. Mai–Mitte Nov. samstags, sowie DUMBO sonntags, www.brooklynflea.com/smorgasburg). Dazu gibt es zwei lohnende Märkte unter Dach:
Essex Street Market (120 Essex/Delancey St.) sowie **Chelsea Market** (75 9th Ave., www.chelseamarket.com)

Feste / Veranstaltungen

Informationen zu Events findet man außer in Tageszeitungen und Stadtmagazinen unter www.newyork.de (Rubrik „Kultur & Events") bzw. http:// nycgo.com/events
Es gibt eine Reihe ***regelmäßiger Veranstaltungen*** *wie*
1. Vollmond nach dem 19. Jan.: ***Chinese New Years Celebration****, 10-tägiges Neujahrsfest um die Mott St. mit Umzug, Feuerwerk u.a. Events (www.explorechinatown.com).*
17. März: ***St. Patrick's Day****, große Parade auf der 5th Ave. (44th–96th St.) und irisches Fest mit viel Grün, Guiness und Whiskey (www.nycpride.org/events).*
Letzter Junisonntag: ***PrideFest****, in Greenwich Village, mit Parade u.a. Events (www.nycpride.org/events).*
4. Juli: ***Independence Day****, amerikanischer Nationalfeiertag mit Parade u.a. Veranstaltungen rund um Battery Park/City Hall, Feuerwerk auf dem Hudson River.*
August (Schwerpunkt): ***Harlem Week Celebration****, u.a. Kino, Konzerte, aber auch Basketballturnieren (www. harlemweek.com)*
3. Wochenende im Sept.: ***Steuben Parade****, deutsch-amerikanische Parade auf der 5th Ave. in Erinnerung an General Friedrich Wilhelm von Steuben (www.germanparadenyc.org)*
31. Okt.: ***Village Halloween Parade*** *(6th Ave./SoHo-21st St.), Musik und Tanz (http:// halloween-nyc.com)*
1. So im Nov.: ***New York City Marathon*** *mit über 40.000 Profi- und Freizeitläufern (www.nycmarathon.org).*
letzter Do im Nov.: ***Macy's Thanksgiving Day Parade****, Central Park West-Columbus Circle und über den Broadway zum Herald Square (34th St.), zu Macy's. Sq. (www.macys.com).*
Vorweihnachtszeit (nach Thanksgiving): ***Tree Lightning Celebrations****, z.B. am Lincoln und Rockefeller Center, außerdem Weihnachtsmärkte im Grand Central Terminal, Bryant Park , Columbus Circle oder auf dem Union Square.*
New Year's Eve*: Silvesterparty am Times Square.*

Unterhaltung

Die meisten großen Theater konzentrieren sich um Broadway und Times Square, dazu kommen kleinere Off- und Off-off-Broadway-Theater – wobei sich „off" auf die Größe bezieht – verteilt über die ganze Stadt. Sonstige bedeutende Veranstaltungsorte sind die ***Carnegie Hall*** *(www.carnegiehall.org), das* ***Lincoln Center for the Performing Arts*** *(www.metopera.org),* ***Jazz at Lincoln Center*** *(www. jazzatlincolncenter.org), der* ***Madison Square Garden*** *(www. thegarden.com), die* ***Radio City Music Hall*** *(www.radiocity.com) oder die* ***Brooklyn Academy of Music/BAM*** *(www.bam.org).*

Infos:
www.nycgo.com/broadway – aktuelles Programm von NYC & Company
www.broadway.com – ausführliche Listen, was wo gespielt wird, mit Möglichkeit zur Ticketbestellung
www.nytheatre.com – Hintergrund und Besprechungen von Stücken
www.nytheatre-wire.com – Bühnen, News, Besprechungen und Vorschau

i The Broadway Collection

Die große Nachfrage nach **Broadway-Shows** führte zur Gründung der Broadway Collection. Sie ist für über 20 Top-Shows zuständig, darunter aktuelle Shows wie Spider-Man, Chicago, Mamma Mia!, Jersey Boys, Phantom of the Opera, Evita, Lion King oder Mary Poppins. Tickets sollten bereits vor Reiseantritt gebucht werden. Das ist über viele Reisebüros und Reiseveranstalter möglich. Außerdem gibt es Broadway-Tickets online über www.telecharge.com oder www.ticketmaster.com. **Informationen** zu den Shows: www.broadwaycollection.com

***Tickets** (auch ermäßigt für Veranstaltungen am selben Tag):*
***TKTS**, W. 47th St./ Broadway (Duffy Square), ☏ (212) 221-0885, www.tdf.org/TKTS; außerdem Stand am South Street Seaport und in Downtown Brooklyn (1 Metrotech Center, Jay St./Myrtle Ave.).*

***Kostenlose Konzerte** kann man den Sommer über in Parks (v.a. Central Park, Bryant Park, Washington Sq., Prospect Park), auf Plätzen (South Street Seaport, Chelsea Piers), in Museen (MoMA, Frick Collection, MMA, Whitney u.a.) oder in Kirchen (St. John Devine, St. Peter's, St. Pauls, Trinity Church) erleben. Die wichtigsten Konzertserien:*
***Juni–September**: HBO Bryant Park Summer Film Festival, Open-Air-Kino im Bryant Park (www.bryantpark.org)*
***Ende Mai–Ende August**: River to River Festival, (v.a. Musik-)Veranstaltungen zwischen Battery Park und City Hall (http://rivertorivernyc.com)*
***Mitte Juni–Mitte August**: Konzerte u.a. Veranstaltungen beim Central Park Summer Stage (Rumsey Playfield, Zugang: E. 69th St./5th Ave., www.cityparksfoundation.org/summerstage) und außerdem GMA (Good Morning America) Summer Concert Series (**Mitte Mai–Ende August**)*
Weitere Sommerveranstaltungen im Central Park siehe www.centralpark.com/events.

Sport
ZUSCHAUERSPORT

Es gibt in New York Profi-Mannschaften in allen vier Nationalsportarten – Basketball (NBA-Männer: Nov.–Anf. Juni; WNBA-Frauen: Juni–Aug.), Baseball (MLB, April–Okt.), American Football (NFL: Sept.–Jan.) und Eishockey (NHL: Okt.–Mai), dazu auch ein Fußballteam (Soccer/MLS: Apr.–Okt.). Zu Spielterminen und Orten sowie Ticketkauf helfen die Webpages der Teams weiter.

New York Yankees (MLB), www.yankees.com, Yankee Stadium (Bronx, Subway 4, B oder D)
New York Mets (MLB), www.mets.com, CitiField (Queens, Subway 7, Mets)
New York Rangers (NHL), http://rangers.nhl.com, Madison Square Garden
New York Knicks (NBA), www.nba.com/knicks, Madison Square Garden
New York Liberty (WNBA), www.wnba.com/liberty, Madison Square Garden
New York Giants (NFL), www.giants.com, Spiele im neuen Giants Stadium im Meadowlands Sports Complex New Jersey (S-Bahn-Anschluss ab Manhattan)
New York Jets (NFL), www.newyorkjets.com, Spiele im neuen Giants Stadium
New Jersey Devils (NHL), http://devils.nhl.com, Prudential Center in Newark (mit PATH aus Manhattan erreichbar)
Brooklyn Nets (NBA), www.nba.com/nets, Barclays Center (Brooklyn, Subway Atlantic Ave.)
New York Islanders (NHL), http://islanders.nhl.com, Nassau Veterans' Memorial Coliseum in Uniondale (Long Island), ab 2015 in Brooklyn (Barclays Center)
New York Red Bull (MLS), www.newyorkredbulls.com, Red Bull Arena in Harrison/NJ (mit PATH aus Manhattan erreichbar)

FREIZEITSPORT
Im **Central Park** (ebenso in Brooklyns Project Park) sind die verschiedensten Freizeitbeschäftigungen möglich, von Joggen über Fahrradfahren bis Eislaufen und Langlauf im Winter. **Infos** unter www.centralparknyc.org.
Der **Manhattan Waterfront Greenway**, ein Bike Trail, lädt v.a. entlang der West Side zwischen Battery Park und George Washington Bridge entlang dem Hudson River zur Radtour ein. **Infos**: www.nyc.gov/html/dcp/html/mwg/mwg home.shtml. Fahrradverleih und Radtouren bieten beispielsweise **Bike and Roll** (Pier 84, Hudson River Park, 557 12th Ave./43rd St., www.bikeandroll.com).
Citi Bike ist ein neues Bike-Sharing-Projekt. Ab März 2013 sollen an 400 solarbetriebenen Docking-Stationen in Manhattan und Brooklyn blaue Leihfahrräder zur Verfügung stehen. (**Infos**: http://citibikenyc.com/).

Flughäfen und Anfahrt

Von den drei New Yorker Flughäfen – **John F. Kennedy International** (JFK), **Newark Liberty International** (EWR) und **La Guardia Airport** (LGA, nur inneramerikanischer Flugverkehr) – ist der JFK in Queens der größte und wichtigste. Eine **Taxifahrt von JFK nach Manhattan** und umgekehrt kostet derzeit $ 52 plus Brückenzoll und Trinkgeld.

Mit insgesamt $ 7,50 wesentlich preiswerter, wenn auch zeitaufwändiger ist die Fahrt mit der **Subway**. Die Subwaystation „Howard Beach" erreicht man mit dem AirTrain von jedem Flughafenterminal und von dort geht es mit der Linie A („Far Rockaway") in 70–90 Min. nach Manhattan. Diese Variante ist wegen eventuell nötigen Umsteigens nur etwas für Leute mit leichtem Gepäck.
Infos: Metropolitan Transit Authority (MTA), www.mta.info bzw. www.panynj.gov/airports/jfk-public-transportation.html

Shuttle Busse verschiedener Unternehmen wie **GO Airlink** (www.goairlink shuttle.com) fahren für etwa $ 15–22 nach Manhattan. Am Informationsstand im

Flughafen können Auskünfte über die Preise, Abfahrtszeiten und Haltestellen (auch Manhattan-Hotels) eingeholt werden. **Infos**: www.panynj.gov/airports/jfk-taxi-car-van-service.html

Der **New York Airport Service Express Bus** (www.nyairportservice.com) kostet einfach $ 15, fährt ab an jedem JFK-Terminal und hält an Grand Central Terminal, Penn Station, Port Authority Bus Terminal, Penn Station und Bryant Park.

Der **Newark Liberty International Airport** (EWR), 26 km südwestlich von Manhattan in New Jersey gelegen, ist per AirTrain (zwischen Newark Liberty International Airport Station und Airport) und Nahverkehrszügen (NJ Transit oder Amtrak, z.B. nach/ab Penn Station) relativ gut erreichbar (5–2 Uhr, ca. $ 12,50, www.njtransit.com). Es gibt ebenfalls Shuttlebusse ($ 15-20) und Taxis ($ 60–80).

Infos:
www.panynj.gov/airports, Pläne, Verkehrsverbindungen, Services etc.
JFK International Airport, www.panynj.gov/airports/jfk.html, ☎ (718) 656-4520
Newark International Airport, www.panynj.gov/airports/newark-liberty.html, ☎ (201) 961-2000
La Guardia Airport, www.panynj.gov/airports/laguardia.html, ☎ (718) 476-5000

Taxi

New Yorks legendäre **gelbe Taxis** sind im Straßenbild unübersehbar. Grundsätzlich sollte man nur in gelbe Medallion-Taxis mit Taxameter, Foto des Fahrers und Lizenznummer einsteigen. Es ist üblich, ein Taxi auf der Straße anzuhalten, wobei ein erleuchtetes Schild auf dem Dach zeigt, dass das Taxi frei ist. Es werden auch mehrere nicht zusammengehörige Passagiere in die gleiche Fahrtrichtung befördert, wobei jeder für sich zahlt. Man sitzt immer auf der Rückbank, die von den Vordersitzen durch Plexiglas abgetrennt ist.

Taxipreise: Grundgebühr: $ 3 plus 50 c für jede zusätzliche 1/5 mi (ca. 300 m) bzw. pro Min. Wartezeit. Aufschläge können nachts, zu Stoßzeiten, bei viel Gepäck oder für besondere Fahrten anfallen. Dazu addieren sollte man ein Trinkgeld von ca. 15 %.

Nahverkehr

Der öffentliche Nahverkehr, d.h. **Busse** und **Subways,** unterstehen in New York City der **MTA** (Metropolitan Transit Authority). U-Bahnen („trains“) fahren in Manhattan entweder „Uptown“ (nach Norden) oder „Downtown“ (Süden) und sind mit Buchstaben oder Nummern sowie mit der Endstation gekennzeichnet. Busse (vorn Angabe der Endhaltestelle) sind wesentlich stärker verkehrsabhängig und erfordern mehr Zeit und bessere Ortskenntnis. Sie verkehren entlang den Avenues in Nord-Süd-Richtung und etwa jede 10. Straße ist das Umsteigen in „Crosstown-Busse“ – in West-Ost-Richtung – möglich. Bei Bussen und U-Bahnen wird zwischen „Express“ und „Local“ unterschieden. Erstere halten nicht überall und sind schneller (und im Fall der Busse teurer).

*Eine **Einzelfahrt** („Single-Ride") kostet $ 2,50 bzw. Expressbusse $ 5,50. Bei Bezahlung bar im Bus oder mit einer aufladbaren MetroCard („Regular") sind nur $ 2,25 fällig. MetroCards sind an Automaten oder Schaltern erhältlich, der Fahrpreis wird an einer Schranke automatisch abgebucht. Die Karte kann von mehreren Personen gleichzeitig benutzt werden und ab $ 10 gibt es einen Rabatt von 7 %. Umsteigen in ein anderes Verkehrsmittelist innerhalb von 2 Std. mit Transfer-Ticket (beim Schaffner bzw. am Automaten) möglich. Für Besucher empfehlenswert sind **Zeitkarten** („MetroCard Unlimited Ride") für beliebig viele Fahrten; die Wochenkarte kostet $ 29. Kinder unter 1,12 m Größe fahren gratis. **Infos:** ☏ (718) 330-1234 bzw. 330-4847 (mehrsprachig), www.mta.info (Infos, Karten und Fahrpläne). Interessant sind auch: www.straphangers.org und www.nycsubway.org. Für 2013 ist eine Preiserhöhung geplant.*

Fähren/Watertaxi

*Als regelmäßiger Schnellboot-Service verbindet **New York Water Taxi** verschiedene Anlegestellen in Manhattan und Brooklyn, es gibt zusätzlich Hop-on, Hop-off-Touren sowie eine Fähre zwischen Manhattan (Pier 11) und Red Hook (IKEA). **Infos:** www.nywatertaxi.com*

***Bootsrundfahrten** bieten außer Water Taxi auch das damit kooperierende Unternehmen **Circle Line Downtown**, von Pier 16 (www.harborexperience.com), und **New York Waterway** (www.nywaterway.com). Außer Rundtouren betreiben letztere neben dem Fährservice zwischen Manhattan und Weehawken, Hoboken, Jersey City (NJ) die **East River Ferry** (www.nywaterway.com/ERF-Home.aspx), die Lower Manhattan (Pier 11) mit Brooklyn (Pier1, Williamsburg), Queens (LIC) und Uptown Manhattan verbindet..*

*Lohnend sind zudem die kostenlosen Fahrten mit der **Staten Island Ferry** (Whitehall Terminal, Whitehall/South St., www.siferry.com) nach Staten Island. Ebenso gratis ist der Pendelverkehr mit der **Governors Island Ferry** (Battery Maritime Building, neben Ablegestelle der Staten Island Ferry) an Wochenenden zur gleichnamigen Insel.*

Bahn und Bus

*Die zwei größten Bahnhöfe der Stadt heißen **Grand Central Terminal** (Park Ave./42nd St.; MNR- Nahverkehrszüge Richtung NY State und Connecticut) und **Penn Station** (7th Ave./ 33rd St./Madison Square Garden, www.amtrak.com; PATH-, LIRR-Nahverkehrszüge nach New Jersey, Long Island sowie Amtrak-Fernzüge).*

*Die (halbstaatliche) **Eisenbahngesellschaft Amtrak** bietet sich dank der Acela-Express-Züge und Metroliner für Städtetrips entlang der Ostküste zwischen Boston, New York, Philadelphia und Washington an. Es verkehren auch Züge nach Chicago (und weiter an die Westküste) sowie nach Atlanta, New Orleans und Florida.*
***Infos:** www.amtrak.com bzw. www.crd.de/amtrak/bahnpaesse.php*

*Der Greyhound-Busbahnhof befindet sich am **Port Authority Bus Terminal** (W. 40th St./8th Ave.). Außerdem gibt es lokale Busgesellschaften wie **Megabus** oder **Boltbus** (siehe „Allgemeine Reisetipps, Busse") die ebenfalls die großen Ostküstenstädte (preiswert) miteinander verbinden.*

U-Bahn-Plan
New York City
Manhattan
Hudson River
Central Park
86 Street
1.9
86 Street
B.C
86 Street
4.5.6
Upper West Side
Upper East Side
79 Street
1.9
81 Street
B.C
77 Street
6
72 Street
1.2.3.9
72 Street
B.C
68 Street
Hunter College
6
66 Street
Lincoln Center
1.9
Lexington Av.
F
5Av.
N.R.W
Lexington Av.
N.R.W
59Street
Columbus Circle
A.B.C.D.1.9
7Av.
B.D.E
57St.
N.R.Q.W
57St.
F
5Av.
53St.
E.V
59St.
4.5.6
Lexington Av.
51St.
6
E.V
50Street
C.E
50St.
1.9
49St.
N.R.W
47-50St.
Rockefeller Center
B.D.F.V
West Side
Clinton
12 Avenue
42St.
Port Authority
Bus Terminal
A.C.E
42St.
Times Square
N.Q.R.S.W
1.2.3.7.9
5Av.
7
42St.
B.D.F.V
42St.
Grand Central
S 4 5 6 7
UN
Midtown
Javits Center
34Street
Penn Station
A.C.E
34St.
Penn Station
1.2.3.9
34St.
B.D.F
N.Q.R.V.W
Broadway
28St.
N.R.W
33Street
6
28Street
6
Murray Hill
28St.
1.9
23Street
C.E
23St.
1.9
23St.
F.V
23St.
N.R.W
23St.
6
Chelsea
18St.
1.9
14St.
Union Sq.
L.N.R.4.5.6
3 Avenue
1 Avenue
6 Av.
14Street
A.C.E
14St.
1.2.3.9
14St.
F.V
8St.
NYU
N.R.W
Astor Place
6
East Village
West 4St.
Washington Sq.
A.B.C.D.E.F.V
Christopher St.
Sheridan Square
1.9
Broadway-Lafayette St.
B.D.F.V
Bleecker St.
6
Lower East Side
2 Av.
F.V
Greenwich Village
West St.
Houston St.
1.9
Prince
N.R.W
Charlton St.
Spring St.
Spring St.
C.E
Spring St.
6
Bowery
J.M
SoHo
Little Italy
Canal St.
Canal St.
1.9
Canal St.
A.C.E
Canal
J.M.N.Q.R.W.Z.6
Grand St.
B.D
Tribeca
Franklin St.
1.9
Chinatown
Chambers St.
A.C
Chambers St.
1.2.3.9
Park Place
2.3
City Hall
R.W
Chambers St.
J M Z
Brooklyn Bridge
4.5.6
World Trade Center
WTC Site
Cortlandt St.
1.9
Cortlandt St.
R.W
Broadway
Nassau St.
A.C
Fulton St.
J M Z 2.3.4.5
Wall St.
4.5
Wall St.
2.3
Rector St.
1.9
Rector St.
R.W
Broad Street
J M Z
Financial Center
Bowling Green
4 5
Whitehall St.
South Ferry
R.W
South Ferry
1 9
N
0
ca. 1 km
Legende
Routennummer
Endstation
Haltestelle
hier stoppen nur die Expresszüge
hier stoppen alle Züge
kostenloses Umsteigen
Lokalzug
Expresszug
42 Street
Times Sq.
N-R
1-2-3
wird immer bedient
Endstation
© graphic

30 Avenue (Grand Ave.) N.W
Steinway St. R.V.G
46 Street R.V.G
Northern Blvd. R.V.G
65 St. R.V.G
74 St.-Broadway 7
82 St. 7
Elmhurst Av. R.V.G
Grand Av. R.V.G
Roosevelt Island
Long Island City
Broadway N.W
36 Avenue (Washington Av) N.W
39 Av. (Beebe Av.) N.W
36 St. R.V.G
Woodside
Roosevelt Av. Jackson Hts E.F.R.V.G
69 St. (Fisk Av.) 7
61 St. Woodside 7
52 St. (Lincoln Av.) 7
46 St. (Bliss St.) 7
40 St. (Lower St.) 7
33 St. (Rawson St.) 7
Sunnyside
Roosevelt Island F
21 Street-Queensbridge F
Queensboro Plaza N.W.7
Queensboro Br.
Queens Plaza E.R.V.G
23 St. (Ely Av.) E.V
Court Square G
45 Road Court House Sq N
21 Street (Van Alst) G
Hunters Point Av. 7
Vernon Blvd. Jackson Av. 7
Queens
Long Island Expwy
Maspeth
Grand Av.
Metropolitan Av.
East River
Greenpoint
Greenpoint Av. G
Nassau Av.
Bedford Av. L
Nassau Av. G
Lorimar St. L
Graham Av. L
Grand St. L
Montrose Av. L
Morgan Av. L
Jefferson St. L
DeKalb Av. L
Central Av. M
Metropolitan Av. G
Marcy Av. J.M.Z
Hewes St. J.M.
Broadway G
Lorimar St. J.M.
Flushing Av. J.M.
Myrtle Av. J.M.Z
Flushing Av. G
Myrtle-Willoughby Avs. G
Williamsburg
Bedford Av.
Williamsburg Br.
Delancey St. F
Essex St. J.M.Z
Brooklyn
Navy Yard
Lower East Side
Grand St. B.D
East Broadway F
York St. F
Bedford-Nostrand Avs. G
Classon Av. G
Washington Av.
Clinton-Washington Avs. G
Kingston-Throop Avs.
Nostrand Av. A.C
Chambers St.
Manhattan Br.
Brooklyn Bridge-City Hall
Brooklyn Br.
High St. Brooklyn Bridge A.C
Jay St.-Borough Hall A.C.F
Lawrence St.-MetroTech M.N.R
Fulton St. G
Franklin Av. C.S
Fort Greene
Clinton-Washington C
Clark St. 2.3
Brooklyn Heights
Hoyt St. 2.3
Fulton Mall
DeKalb Av. B.M.Q.R
Court St. M.R
Nevins 2.3.4.5
Lafayette Av. C
Atlantic Av. B.Q.2.3.4.5
Borough Hall 2.3.4.5
Hoyt-Schermerhorn Sts. A.C.G
Pacific St. D.M.N.R
7 Av. B.Q
Franklin Av. 2.3.4.5
Bergen St. F.G
Union St. M.R
Bergen St. 2.3
Grand Army Plaza 2.3
Eastern Pkwy. Brooklyn Mus. 2.3
Botanic Garden S
Prospect Park B.Q.S
Carroll St. F.G
Carroll Gardens
4 Av.-9 St. F.M.R
Park Slope

Von New York nach Philadelphia

Routenhinweis
Sobald der Hudson River durch Lincoln- oder Holland-Tunnel (beide gebührenpflichtig!) unterquert ist, gelangt man auf den ebenfalls gebührenpflichtigen **New Jersey Turnpike** – als Alternative bietet sich nach dem Holland-Tunnel der altbekannte US Hwy. 1 an – und befindet sich im Bundesstaat **New Jersey** (NJ), benannt nach der englischen Kanalinsel Jersey und auch „Garden State" genannt.
Südöstlich von East Brunswick hat man dem Großraum New York endgültig den Rücken gekehrt, zunehmend gewinnt die Landschaft die Oberhand. Fährt man bei Hightstown vom Turnpike herunter – bzw. verlässt bei Penn's Neck den US Hwy. 1 – und biegt auf den Hwy. 571 ein, findet man sich in einer englischen Parklandschaft mit altehrwürdigen efeuumrankten Gemäuern wieder: auf dem Uni-Campus von Princeton. Das Städtchen selbst liegt ein paar Kilometer weiter.

Eliteuniversität Princeton

Das Areal um **Princeton** wurde bereits 1685 besiedelt und am 3. Januar 1777 kam es in der Nähe zu einer entscheidenden Schlacht, bei der die Truppen unter George Washington die Briten besiegten. Von Juni bis November 1783 war Princeton – heute knapp 14.000 EW zählend – sogar kurzzeitig die Hauptstadt der Vereinigten Staaten. Natürlich wurde. Bereits 1756 war das *College of New Jersey* aus dem Städtchen **Elizabeth**, wo es zehn Jahre vorher gegründet worden war, hierher umgezogen. Im 150. Gründungsjahr – 1896 – erlangte das Institut den Status einer Universität und Woodrow Wilson, US-Präsident von 1913 bis 1921, fungierte als erster Präsident der Princeton University.

Lehrstatt berühmter Gelehrter

Viele große Köpfe waren fortan auf dem Uni-Campus zu Hause, darunter Albert Einstein, der im *Institute for Advanced Study* (heute „Einstein-Archiv") forschte, oder Thomas Mann, der von 1938 bis 1940 als Gastprofessor lehrte. Altehrwürdige Gebäude im neogotischen Stil – spaßhaft *Collegiate Gothic* genannt – umgeben von gepflegten Rasenflächen mit schattigen Baumriesen und begrenzt durch efeuüberrankte Mauern, prägen das Bild von Princeton. Als eine der renommiertesten Universitäten des Landes sind hier insgesamt 40 verschiedene Lehrstühle vereint, wobei Naturwissenschaften und Mathematik, Geistes- und Sozialwissenschaften, Ingenieurwesen, Architektur und Politikwissenschaften die Aushängeschilder der Uni sind, die über 12.000 Angestellte beschäftigt und damit zu den Hauptarbeitgebern der Region zählt.

Ein Rundgang über das weitläufige Gelände führt vorbei an der renommierten *Woodrow Wilson School of Public and International Affairs* (Politologie) in einem Gebäude von Minoru Yamasaki. Der *Reflecting Pool* sowie der *Fountain*

of Freedom wurden von James Fitzgerald gestaltet. Das älteste Gebäude auf dem Grund, 1756 errichtet, ist die *Nassau Hall*. Vom 16. Juni bis zum 4. November 1783 – als Princeton Hauptstadt war – tagte hier der 2. Kontinentalkongress und während des Bürgerkriegs fungierte der Bau als Kaserne. Das **Princeton University Art Museum** beherbergt eine gute Ausstellung amerikanischer Volkskunst sowie Kunstwerke aus dem Orient, Afrika, Südamerika und dem antiken Griechenland. Asiatische und arabische Kunst ist in der **H. S. Firestone Library** zu sehen, Historisches bietet die **Princeton Historical Society**.
Princeton University Center for Visitor&Conference Services, *Frist Campus Center, 71 University Place, www.princeton.edu/main/visiting; einstündige Walking-Touren (gratis) über das Unigelände werden regelmäßig angeboten.*

Reisepraktische Informationen Princeton/NJ

Information

***Princeton Regional Chamber of Commerce**, ☏ (609) 924-1776, www.princetonchamber.org*

Unterkunft/Restaurants/Einkaufen

***The Nassau Inn** $$$$$, Palmer Square, ☏ (609) 921-7500, www.nassauinn.com; seit 1756 betriebenes Inn, neu renoviert mit 203 Zimmern, direkt gegenüber dem Unicampus gelegen, elegante und dennoch gemütliche Atmosphäre.*
***Alchemist & Barrister** („A&B"), 28 Witherspoon St., ☏ (609) 924-5555; nahe Palmer Sq. gelegenes Restaurant in 100 Jahre altem Gebäude, beliebt und viel besucht, lokale amerikanische Küche.*
***Princeton University Store**, 36 University Place, kostenloser „Campus Guide", zudem Uni-Souvenirs wie T-Shirts, Caps oder Schreibwaren.*

Über Trenton nach Philadelphia

Die direkte Strecke von Princeton nach Philadelphia beträgt gerade einmal 100 km – ein Katzensprung für amerikanische Verhältnisse. Auf dem US Hwy. 1, dem schnellsten Weg nach Philadelphia, liegt die Hauptstadt von New Jersey, **Trenton**. 1679 gegründet, handelt es sich um ein bedeutendes Industrie- und Handelszentrum, denn nur bis hierher ist der Delaware River schiffbar. Historisch spielte Trenton ebenfalls eine bedeutende Rolle: Hier besiegte am 26. Dezember 1776 George Washington und seine Armee britische Truppen. Sehenswert ist im Ort das **State Capitol** (State St.), Amerikas zweitältestes Kapitol, das noch immer in Gebrauch ist. Es wurde 1792 errichtet und unter seiner goldenen Kuppel arbeitet die Regierung von New Jersey.

Sehenswerter Regierungssitz

Der **Delaware-River** markiert die Grenze zwischen New Jersey und Pennsylvania. **Pennsylvania** ist benannt nach Sir William Penn und wurde

1787 als zweiter Staat nach Delaware in die Union aufgenommen. Hauptstadt von Pennsylvania ist **Harrisburg**, eine wichtige Industriestadt (Eisen/Stahl) in Pennsylvania ist Pittsburgh und berühmte Firmen aus dem Staat sind der Feuerzeughersteller *Zippo* (Bradford), *Harley-Davidson* (York), *Heinz* (Ketchup, Pittsburgh) oder der Schokoladenfabrikant *Hershey's* (Hershey). Der **Tourismus** konzentriert sich auf Philadelphia und das Pennsylvania Dutch Country um Lancaster.

Philadelphia, die „Stadt der brüderlichen Liebe"

Philadelphia ist mit seinen gut 1,5 Mio. EW im Stadtgebiet nach New York, Los Angeles, Chicago, Houston und Phoenix die sechstgrößte Stadt der USA.

„Wiege der Nation"

Vor allem aber ist sie die „**Wiege der Nation**", da hier 1776 die **Unabhängigkeitserklärung** der Vereinigten Staaten ausgearbeitet, unterzeichnet und verkündet wurde. Zwischen 1790 und 1800, als Washington neu gebaut wurde, fungierte Philadelphia sogar kurzzeitig als US-Hauptstadt.

Philadelphia lebt jedoch nicht allein von der Vergangenheit, es bietet ein interessantes **Nebeneinander von Alt und Neu** und ist eine bunte, lebendige und kulturell vielseitige Stadt. Historische Gebäude, hübsch restaurierte Wohnviertel und ultramoderne Wolkenkratzer stehen nebeneinander, dazu Märkte und Shoppingcenter, Spitzenrestaurants und Brew Pubs. An die

Blick auf die Skyline von Philadelphia

50 Museen verschiedenster Genres sowie das weltberühmte *Philadelphia Orchestra* sind hier zu Hause. Philadelphia ist auch eine **Stadt der Kirchen**, in denen von Anfang an die unterschiedlichsten Religionsgruppen ihren Glauben frei praktizieren konnten – ganz nach der Vorstellung des Stadtgründers William Penn von religiöser Toleranz. ***„City of Brotherly Love"***, die „Stadt der brüderlichen Liebe", wird Philadelphia ebenfalls genannt – nach den beiden griechischen Wörtern *philos* (Liebe) und *adelphos* (Bruder).

Redaktionstipps

Sehens- und Erlebenswertes

- Rundgang durch den **Independence National Historical Park** (S. 353).
- Einen Museumstag einlegen und unbedingt neben dem **Philadelphia Museum of Art** (S. 363) das **Atwater Kent Museum** (S. 360) und die **Pennsylvania Academy of the Fine Arts** (S. 362) besuchen.

Restaurants

- Historisch speisen in der **City Tavern** (S. 369).
- Ein Eis bei *Bassett's*, ein *Philly Cheese Steak* oder die Spezialitäten der Amish im **Redding Terminal Market** (S. 369) probieren.

Einkaufen

- Einkaufen in der **King of Prussia Mall** (S. 365) – dem zweitgrößten Einkaufszentrum Nordamerikas.

Philadelphia liegt an zwei Flüssen: dem **Delaware River**, der die Grenze zu New Jersey bildet und wo sich der größte Süßwasserhafen der USA befindet, und dem **Schuylkill River**. Dank des Hafens am Delaware ist der Warenumschlag in der Stadt ein wichtiger Wirtschaftsfaktor. Daneben spielen vor allem Erdölraffinerien, Schiffsbau und Metallverarbeitung eine Rolle, und natürlich der Tourismus, der dank kräftiger Vermarktung in den letzten Jahren stetig anstieg.

Geschichte

1681 hatte König Charles II. dem 37-jährigen William Penn (1644–1718) eine Landparzelle von rund 520 ha zugestanden, um damit 16.000 Pfund Schulden, die er bei Penns Vater hatte, zu begleichen. Das Grundstück, für das Penn später die Susquehanna-Indianer am Delaware River entschädigte, war faktisch eine britische Kolonie. Penn war Quäker, Anhänger jener Religionsgemeinschaft, die sich offiziell „Religious Society of Friends" nannte und die in England verfolgt worden war. 1701 arbeitete Penn deshalb die *Charter of Privileges* aus, die allen Gruppen **religiöse Freiheit** garantieren sollte.

Penns *„Holy Experiment"*, seine Vision vom Staat nach revolutionären Prinzipien, in dem Menschen unterschiedlicher Herkunft und Religion friedlich zusammenleben und jeder Steuerzahler Wahlrecht hat, führte 1682 zur **Gründung von Philadelphia** am Zusammenfluss vom Schuylkill und Delaware River. 1701 erlangte die damals 4.500 EW, darunter rund ein Drittel Deutsche, zählende Gemeinde Stadtrecht.
Fortan stand der Entwicklung der geografisch begünstigten Stadt nichts mehr im Weg: Philadelphia stieg zum wirtschaftlichen, politischen und militä-

1 Independence Visitor Center
2 Independence Hall
3 American Philosophical Hall
4 Liberty Bell Center
5 National Constitution Center
6 National Liberty Museum
7 Franklin Court
8 New Hall Military Museum
9 Bishop White House
10 Todd House
11 City Tavern
12 AME Church
13 Old Pine Street Presbyterian Church
14 St. Peter's Church
15 Independence Seaport Museum
16 Christ Church
17 Elfreth's Alley
18 Fireman's Hall
19 Betsy Ross House
20 Arch Street Meeting House
21 Christ Church Burial Grou
22 Free Quaker Meeting Hou
23 Graff House
24 Philadelphia History Museu (Atwater Kent Museum)
25 African American Museum
26 Pennsylvania Academy of th
27 Quaker Information Cente
28 Academy of Natural Scienc
29 Franklin Institute Science M

Restaurants
1 Fork
2 Campo's Deli
3 Jim's Steaks
4 Butcher & Singer
5 White Dog Café
6 The Restaurant School at Walnut Hill College
30 Rodin Museum
31 Philadelphia Museum of Art
32 German Society of Pennsylvania
33 Edgar Allan Poe National Historical Site
34 Museum of Archaeology & Anthropology
35 Barnes Foundation
Hotels
1 Hyatt Regency at Penn's Landing
2 Penn's View Inn
3 Best Western Independence Park Inn
4 Latham Hotel
5 Rittenhouse 1715
Independence Mall Area
NORTHERN LIBERTIES
Fairmount Avenue
Spring Garden Street
Ridge Avenue
CHINA-TOWN
Franklin Square
Race Street
US Mint
Arch Street
Benjamin Franklin Bridge
Market Street
8th St.
5th St.
2nd St.
Penn' Landing
Christopher Columbus Boulevard
Chestnut Street
Walnut Street
Washington Square
Rose Garden
Magnolia Garden
Old St. Mary's
Korean War Memorial
River Link Ferry
Submarine Becuna
Cruiser Olympia
Spruce Street
Society Hill Synagogue
Vietnam War Memorial
Pine Street
Lombard Street
South Street
U-Bahnstation
0 400 m
Airport

rischen Zentrum unter den englischen Kolonien auf und genoss den Ruf als *Athens of the Americas*, als tolerantes **Kulturzentrum** und als **zweitgrößte englischsprachige Stadt** der Welt nach London.

Benjamin Franklin, der als 17-Jähriger 1723 aus Boston hergezogen war, trug wesentlich zum hohen Ansehen bei: Nicht nur die Universitätsgründung 1740 war sein Verdienst, sondern auch die erste Bibliothek des Landes (1731) und die erste Zeitung der USA (1728) sind ihm zu verdanken.

Lebendiges deutsches Erbe

Im 17. und 18. Jh. kamen zuhauf Einwanderer aus Europa, vor allem Religionsflüchtlinge aus England, der Schweiz und den Niederlanden, aus der Pfalz und dem Rheinland, nach Pennsylvanien. 1683 war Franz Daniel Pastorius aus Franken als Anführer von 13 Quäker-Familien aus Krefeld eingetroffen und hatte größere Ländereien erworben, die er per Los verteilte. „**Germantown**", heute 10 km vom Stadtzentrum Philadelphias entfernt, entstand damals als **erste deutsche Ansiedlung** in Amerika. Bei der Mehrzahl der frühen deutschen Zuwanderer handelte es sich um Mitglieder der Wiedertäufer-Gemeinschaften der Mennoniten und Amischen, die noch heute die „pennsylfaanische Sprache", einen altpfälzischen Dialekt mit amerikanischen Einschlägen pflegen und ihre Gottesdienste in (altem) Deutsch abhalten.

Wiege der Unabhängigkeit

Im September 1774 kam in der *Carpenters' Hall* der 1. Kontinentalkongress zusammen, und zwei Jahre später, am 4. Juli, erklärten im damaligen *State House* beim 3. Kontinentalkongress die 13 amerikanischen Kolonien ihre Unabhängigkeit vom britischen Mutterland und verlasen die **Declaration of Independence**. Bis zum Frühjahr 1778 besetzten Briten die Stadt, doch dann ging es Schlag auf Schlag: Vom 25. Mai bis zum 17. September 1778 trat in der Independence Hall die **Constitutional Convention** zu Beratungen zusammen und arbeitete unter Ägide Thomas Jeffersons eine demokratische Verfassung aus. 1787 wurde diese bis heute gültige Verfassung der Vereinigten Staaten, unterzeichnet von allen 13 Kolonien, verabschiedet.

„Benjamin Franklin" vor dem Independence Visitor Center

Bis zum Ende des Bürgerkrieges 1865 war die Stadt enorm angewachsen, viele Afroamerikaner aus dem Süden fanden hier Zuflucht und 1876 hatte die Stadt über 600.000 EW. Zur Zeit der Depression in den 1920er und 30er Jahren ging es in Philadelphia zunächst bergab, die Innenstadt kam herunter. Erste Sanierungsmaßnahmen setzten nach

Ende des Zweiten Weltkrieges ein: Der Historic District wurde restauriert und weitere **Revitalisierungsprogramme** verliehen der Innenstadt wieder Attraktivität.

Orientierung

Die **Center City** (Innenstadt) wird begrenzt durch den Delaware River im O, den Schuylkill River im W, die Vine St. im N und die South St. im S. Dank rechtwinkliger Anlage und Blocksystem mit durchnummerierten Nord-Süd-Achsen ist dieser Stadtteil gut überschaubar. Den Kern der Stadt – markiert durch eine Ansammmlung moderner Wolkenkratzer, wie *One Liberty Place* von Helmut Jahn – bildet der **Penn Square** mit der City Hall und dem *Reading Terminal Market*. Nördlich angrenzend an diesen einst bedeutenden Bahnhof und heutigen Markt befinden sich das Convention Center und **Chinatown**. Ringsum liegen vier weitere Plätze, die die Innenstadt wie ein Quadrat umschließen: der Franklin Square im NO, der Logan Square im NW, der Rittenhouse Square im SW und der Washington Square im SO. Die Innenstadt gliedert sich in mehrere **Stadtviertel**, die z.T. sehr unterschiedlich sind: Als **Historic** oder auch **Waterfront District** wird das Areal östlich der Independence Mall bzw. 6th St. bis hinunter zum Fluss mit Penn's Landing und südwärts bis zur South St. bezeichnet.

Nördlich der Market St. liegt der alte Kern der Stadt: **Old City Cultural District**, einst das Handelszentrum mit historischen Häusern, alten Kirchen und engen Straßen, heute ein Vergnügungsviertel mit Restaurants, Cafés und Clubs, Theatern und Studios. Ebenfalls synonym zu Bummeln, Nachtleben und Genuss stehen **Society Hill** und die South Street (Front–10th St.). Die **Avenue of the Arts** (Broad St.), ist bekannt für ihr Nachtleben mit mehreren Theatern und Kultureinrichtungen. Weiter im Westen bis zum Schuykill River erstreckt sich das Viertel um den **Rittenhouse Square**, dank seiner hochklassigen Lokale und ausgefallenen Shops und Boutiquen prädestiniert zum Bummel.

Gegenüber dem Schuykill River liegt der **University City District**, nördlich davon erstreckt sich der **Parkway/Museum District** mit dem Benjamin Franklin Parkway als Hauptachse – besuchenswert wegen der Museen. Von hier zieht sich der **Fairmount Park** nordwestwärts entlang dem Flussufer in Richtung **Chestnut Hill**, **Manayunk** und **Germantown**.

Rundgang im historischen Zentrum

Independence National Historical Park (INHP)

Im Zentrum der historischen Innenstadt steht der Independence National Historical Park. Erster Anlauf- und Ausgangspunkt für die Stadtbesichtigung ist das **Independence VC (1)**. Hier gibt es Informationen über Stadt und Umland, werden Unterkünfte und Veranstaltungstickets vermittelt, Reservierungen vorgenommen und können Fahrkarten für den öffentlichen Nahverkehr erworben werden. Außerdem erhält man hier Gratistickets für Independence-Hall-Touren.

Erster Anlaufpunkt

Tipp

Der erste Gang am Morgen sollte zum VC führen, um ein „frühes" Ticket (Zeitaufdruck!) für eine Tour durch die Independence Hall zu bekommen. Das ist in der HS und an Feiertagen nicht unbedingt einfach. Hinzu kommt, dass die Areale um Liberty Bell Center und Independence Hall als „Sicherheitszonen" ausgewiesen sind und Kontrollen durch Park Ranger zeitaufwändig sind.
Independence National Historic Park VC, *6th/Market St., www.nps.gov/inde bzw. www.independencevisitorcenter.com, tgl. 8.30–17 Uhr, erste Tour ab 9 Uhr alle 15 Min. (Tickets: ☎ 1-877-444-6777, www.nps.gov/inde/advance-ticket-information.htm)*

Meist gibt es zwischen Sicherheitskontrolle und Einlass in die Independence Hall eine Wartezeit. Diese kann man sinnvoll überbrücken, indem man sich im **West Wing** der **Independence Hall** (eigener Zugang) historische Dokumente und Druckausgaben der *Declaration of Independence* und der *Constitution* anschaut; die handschriftlichen Manuskripte befinden sich in den *National Archives* in Washington. Ein paar Schritte weiter steht die ebenso frei zugängliche **Congress Hall**. Hier kamen während der Zeit, als Philadelphia Hauptstadt war, die Vertreter der Staaten im Repräsentantenhaus im Erdgeschoss bzw. im luxuriöser ausgestatteten Senatssaal im Obergeschoss zusammen. Am anderen Ende des Areals, im Osten, bietet sich ein Blick in die **Old City Hall** an, das Rathaus, das während der zehn Jahre als Hauptstadt als Sitz des *US Supreme Court* fungierte.

Independence Hall (2)

Nach einer Einführung im Vorraum der **Independence Hall** beginnt die Tour durch das EG. Da hier am 4. Juli 1776 die Unabhängigkeitserklärung der Vereinigten Staaten ausgearbeitet wurde und 1787 die verfassungsgebende Versammlung tagte, handelt es sich um einen „nationalen Pilgerort". Der Bau war zwischen 1732 und 1748 als Parlamentsgebäude *(State House)* der Kolonie Pennsylvania errichtet und ab 1735 von der Legislative Pennsylvanias genutzt worden. Zwischen 1750 und 1753 kam ein Glockenturm hinzu, in dem ursprünglich die legendäre *Bell of Liberty* (siehe unten) hing.

Geschichtsträchtige Räume

Man betritt zunächst den Obersten Gerichtshof Pennsylvanias, die **Supreme Court Chamber**. Historisch bedeutender ist der anschließende **Assembly Room**, wo am 4. Juli 1776 Abgesandte der 13 Kolonien über die von Thomas Jefferson entworfene *Declaration of Independence* abstimmten.

Wo alles begann: die Independence Hall

Nach ihrer öffentlichen Verkündung am 8. Juli wurde sie hier am 2. August unterzeichnet. 1787 trafen sich erneut Abgesandte – die *Constitutional Convention* –, um die Verfassung auszuarbeiten.

American Philosophical Hall (3)

Die **American Philosophical Hall** ist von der 5th St. aus zugänglich. Diese wissenschaftliche Gesellschaft, der der Bau gehört, war 1743 von Benjamin Franklin gegründet worden. Er hatte den renommierten Porträtmaler Charles Willson Peale (1731–1827) beauftragt, hier ein Museum einzurichten – das erste in den USA. Franklin wollte seine vormals in der *Long Gallery* (im OG der Independence Hall) untergebrachten Kunst- und naturkundlichen Schätze adäquat ausstellen. Heute finden vor allem Wechselausstellungen statt. Die zugehörige Library liegt im Bau gegenüber, und ein Blick in den Eingangsbereich lohnt wegen der kleinen Ausstellung von Originalmanuskripten – wie William Penn's *Charter* oder einem Entwurf der *Declaration of Independence* von Jefferson.

American Philosophical Hall, *104 S. 5th St., www.apsmuseum.org, Do–So 10–16 Uhr, $ 1*

Liberty Bell Center (4)

Eine Glocke mit Symbolcharakter

Das **Liberty Bell Center** (Zugang gegenüber Independence Hall, 5th St., Sicherheitskontrolle) steht an jener Stelle, wo zur Zeit, als Philadelphia Landeshauptstadt war, das Wohnhaus der ersten beiden US-Präsidenten, George Washington und John Adams, stand. Auf dem Weg zu der berühmten Glocke

– dem wohl am meisten verehrten Freiheitssymbol der Welt – erhalten Besucher ausführliche Erläuterungen zu ihrer Geschichte und Bedeutung.

In England gegossen, war sie 1752 nach Philadelphia gelangt, bekam allerdings schon während des Probeläutens einen Sprung, dann noch einen weiteren, vermutlich, als sie 1786 zum Geburtstag von George Washington ertönte. 1753, zum 50. Jahrestag der Verfassung von Pennsylvania, hängte man sie im Turm des damaligen *Pennsylvania State House* (der späteren Independence Hall) auf. Das auf der Glocke eingravierte Zitat aus dem 3. Buch Mose – „Verkündet die Unabhängigkeit im ganzen Land allen Bewohnern" – sollte sich bewahrheiten: Am 8. Juli 1776 begleitete ihr Geläut die erste öffentliche Verlesung der Unabhängigkeitserklärung. 1835 sprang die Glocke während der Beisetzungsfeierlichkeiten vom Obersten Bundesrichter John Marshall erneut – und ist seither verstummt. In der Nähe soll bis 2015 das **American Revolution Center** entstehen. Es wird sich als erstes Museum überhaupt ganz dem Unabhängigkeitskrieg widmen (www.americanrevolutioncenter.org).

National Constitution Center (5)

Das neue National Constitution Center ist mit rund $ 130 Mio. Baukosten das teuerste und architektonisch auffälligste Projekt im **Independence National Historical Park**. Vorbei an den üblichen Serviceeinrichtungen (Shop und Café) im Erdgeschoss, gelangt man ins kreisrunde *Kimmel Theater*, wo es jede halbe Stunde eine Multimedia-Liveshow namens „*Freedom Rising*" gibt. Auf ungewöhnliche Weise wird „*The Story of ‚We the People'* " erzählt, werden Besucher ins Jahr 1787 versetzt und mit der Bedeutung der Unabhängigkeitserklärung für die Menschheit vertraut gemacht.
Vom Theater geht es direkt in die Ausstellung „*The American Experience*", die sich in einzelnen Abteilungen und mit interaktiven Ausstellungsstücken mit der Geschichte der Verfassung von der amerikanischen Revolution bis heute beschäftigt. In der *Signers' Hall* schließlich stehen die 42 lebensgroßen Bronzen jener Männer, die am 17. September 1787 die Verfassung unterzeichneten.
National Constitution Center, *525 Arch St., www.constitutioncenter.org, Mo–Fr 9.30–17, Sa 9.30–18, So 12–17 Uhr, $ 14,50, mit Shop und Café.*

Weitere Attraktionen im und um den INHP

An der 5th St., gegenüber der Liberty Bell, erhebt sich die **Bourse**, die erste Börse in den USA, und an der Chestnut zwischen 5th und 4th Street steht die im Greek-Revival-Stil erbaute **Second Bank of U.S.** (5) mit einer *Portrait Gallery* berühmter Amerikaner und Ausländer.

Franklins Wohnhaus

Schräg gegenüber folgt das **National Liberty Museum** (6), das „Home for Heroes". Anhand von rund 1000 „Helden", d.h. ungewöhnlichen Persönlichkeiten verschiedener Ethnien, wird hier in acht Ausstellungssälen Amerikas Freiheitsgedanke mit interaktiven Ausstellungsstücken und Videos nachgezeichnet. Hinter dem Museum liegt **Franklin Court** (Zugang über Market St.) (7), jener Platz, wo Benjamin Franklins Wohnhaus stand, das nicht mehr erhalten ist. Der Grundriss ist dafür farbig markiert und die Kontur des Hauses in Gestalt eines Stahlgerüstes widergegeben. Unterirdisch gibt es ein Museum mit Film und Ausstellungen zu Franklin, eine Druckerei aus dem 18. Jh. wurde rekonstruiert., und ein altes Postamt und eine archäologische Ausgrabungsstätte sind zu sehen.

Wieder auf der Chestnut St. führt der Rundgang vorbei am **New Hall Military Museum** (8), wo 1791/92 das Verteidigungsministerium saß und heute eine Ausstellung über die frühe Geschichte des US-Militärs informiert. Die folgende **First Bank of the US** war 1791 von Alexander Hamilton gegründet worden, dahinter liegt die **Carpenters' Hall**. In diesem 1770–74 von der Zimmermannszunft errichteten Bau tagte 1774 der 1. Kontinentalkongress. Daneben – an der Walnut St. – liegen das **Bishop White House** (9) und das **Todd House** (10). Das östliche Ende des INHP markiert die **City Tavern** (11), ein „historisches“ Restaurant, in dessen architektonischem Vorgänger schon die Gründerväter der USA speisten.
Carpenters' Hall, *320 Chestnut St., Di–So 10–16 Uhr, frei.*
National Liberty Museum, *321 Chestnut/4th St., www.libertymuseum.org, in der HS Di–Sa 10–17, So 12–16 Uhr, $ 7.*
Franklin Court Underground Museum, *derzeit Renovierung, Wiedereröffnung 2013. Printing Office (Mi–So 12–17 Uhr, frei) geöffnet.*

Society Hill und South Street

Ein Spaziergang durch **Society Hill** – südlich der City Tavern – und die **South Street** bedeutet, ein Stück „altes Philadelphia“ kennenzulernen. Essen, Entertainment, Bummeln verschmelzen in diesem alten Wohnviertel mit seinen Ziegelhäusern und Pflasterstraßen. Der Name hat nichts mit „High Society“ zu tun, obwohl diese die Gegend schon vor 200 Jahren als Wohnsitz bevorzugte. Vielmehr geht die Bezeichnung auf die *Free Society of Traders* zurück, eine Gruppe von Geschäftsleuten, die sich auf Anraten von William Penn hier niederließ und bis 1725 bestand.

Sehenswertes Altstadtviertel

Die Häuser waren und sind eng und klein, da aber bereits den ersten Siedlern genügend Lehm und Ton aus dem Delaware-Tal zur Verfügung stand, sind alle massiv mit Ziegeln erbaut. Einen Eindruck von der herrschenden religiösen Freiheit erhält man angesichts der zahlreich erhaltenen historischen Kirchen, z.B. die **AME Church** (12) (Lombard/6th St.), die **Old Pine Street Presbyterian Church** (13), (Pine/4th St.), die zentrale **St. Peter's Church** (14) (Lombard/3rd St.), die **Society Hill Holy Trinity Church** von 1789, die erste katholische deutsche Kirche **Holy Trinity** von 1789 (Spruce/6th St.) oder die **Society Hill Synagogue** von 1830 (418 Spruce St.).

Old City und Waterfront

Im Zentrum von **Old City**, dort, wo einst die ersten Siedler die Stadt gründeten, liegt die **Market Street**. Sie gilt dank ihrer Geschäfte,

Penn's Landing

Treff der Nachtschwärmer

Restaurants, Cafés und Bars, als Treff von Nachteulen und Gourmets. Die Straße endet am Delaware River bzw. bei Penn's Landing (Fußübergang über die I-95). Nahe der *City Tavern* führt ebenfalls ein Fußgängerüberweg (über I-95) dorthin.

Penn's Landing ist jener Ort, an dem William Penn im Jahr 1682 angelegt haben soll. Der Blick wird jedoch zunächst gefangen von der **Benjamin Franklin Bridge** aus dem Jahr 1926, der ersten Hängebrücke der Welt, die bis zur Eröffnung der Golden Gate Bridge 1937 auch die längste war. Entlang dem Flussufer zieht sich der *Penn's Landing Festival Pier* hin, ein vor allem an Wochenenden lebhaftes Vergnügungsviertel mit Geschäften und Restaurants in alten Piergebäuden sowie einem Bootshafen.

Das **Independence Seaport Museum (15)** vereint unter einem Dach interaktive Ausstellungen mit Modellen und zahlreichen Ausstellungsstücken und lädt im Freien überdies zur Erkundung des Cruisers „Olympia" und des U-Boots „Becuuna" ein. Nördlich davon befindet sich der Anlegeplatz der *RiverLink Ferry* hinüber nach New Jersey. Die Boote halten vor dem **Adventure Aquarium** an der Camden Waterfront.
Penn's Landing mit Independence Seaport Museum, *211 Columbus Blvd./Walnut St., www.phillyseaport.org, tgl. 10–17 Uhr, $ 12.*
Adventure Aquarium, *1 Riverside Dr., Camden/NJ, www.adventureaquarium.com, tgl. 10–17 Uhr, $ 23; erreichbar mit RiverLink.*

Kommt man von Penn's Landing über den Walkway an der Market Street zurück in die Old City, fällt der Blick zunächst auf die **Christ Church** (Market/2nd St.) **(16)**. Sie wurde 1727–54 im *Georgian Style* erbaut und diente der bereits 1695 in Philadelphia gegründeten anglikanischen Gemeinde als

Elfreth's Alley, die älteste Wohnstraße der USA

Gebetsort. Im Jahr 1789 wurde, nachdem man sich der britischen Vorherrschaft entledigt hatte, in der Christ Church die *Protestant Episcopal Church* als Nachfolgerkirche gegründet. Der Kirchengemeinde gehörten 15 Unterzeichner der Unabhängigkeitserklärung an, wovon sieben auf den beiden zugehörigen Friedhöfen bestattet sind. In „*The Nation's Church*“ beteten schon Betsy Ross, Benjamin Franklin, George Washington und Thomas Jefferson.

Ein Stück weiter auf der 2nd St. gilt es aufzupassen, denn die nur knapp 5 m breite **Elfreth's Alley (17)**, zwischen Arch und Race St., ist leicht zu übersehen. Das kopfsteingepflasterte Gässchen ist nach dem Schmied Jeremiah Elfreth benannt und gilt, da seit über 200 Jahren permanent bewohnt, als **älteste Wohnstraße in den USA**. Die 32 kleinen Häuschen im *Colonial* und *Federal Style*, die in den 1930er Jahren gerade noch vor dem Abriss bewahrt werden konnten, gelten heute als Topadresse. Das älteste Gebäude ist das Doppelhaus Nr. 120/122 an der Südseite, um 1724–1728 erbaut; die meisten anderen stammen aus der zweiten Hälfte des 18. Jh. Sie sind allesamt sehr schmal und zwei- bis dreistöckig. Wie das Innere der meist aus Werkstatt oder Laden im EG und Wohnung im OG bestehenden Häuschen aussah, sieht man in den Museumshäusern Nr. 124–126.

In der Old City

Elfreth's Alley, *mit Museum in Nr. 124, www.elfrethsalley.org, Di–Sa 10–17, So 12–17 Uhr, Jan.–März Do–So 11–15 Uhr, $ 5 (Touren).*

Ein kleines Stück weiter, an der 2nd St., steht mit der **Fireman's Hall (18)** ein Relikt der ältesten Feuerwehr der USA, von Benjamin Franklin gegründet. Das Haus an der Ecke Arch/3rd St. ist fast immer umlagert: das **Betsy Ross House (19)** war die Wohnung jener Quäkerin, die die erste amerikanische Flagge genäht haben soll.

Betsy Ross House, *239 Arch St., http://historicphiladelphia.org/betsy-ross-house/what-to-see/, tgl. 10–17 Uhr, NS Mo geschl., $ 5.*

Ein wenig zurückversetzt, an der nächsten Straßenkreuzung stadteinwärts, steht ein weiterer historischer Bau von 1804: Das **Arch Street Meeting House (20)** – ein bis heute aktives Quäker-Versammlungshaus. Wenige Schritte weiter: ein Friedhof, der Teil der *Christ Church* ist, aber wegen der Flussnähe stadteinwärts verlegt wurde. Hier auf dem **Christ Church Burial Ground (21)** liegt Benjamin Franklin begraben. Sein schlichtes Grab befindet sich am Zaun (Ecke Market/5th St.) und die Grabplatte ist ständig von Pennies bedeckt, denn Franklins Motto lautete: „*A penny saved is a penny earned*". Jenseits der 6th St. blickt man auf einen weiteren Quäker-Bau, das **Free Quaker Meeting House (22)**. Wer sich für die Quäker interessiert, sollte das **Quaker Information Center (27)** (Cherry/15th St., s. unten), besuchen.

Quäker-Versammlungshaus

City Center – „Downtown" Philadelphia

Denkmal für die Verfassung

Die Market St. führt ins moderne Stadtzentrum. Dabei passiert man an der 7th St. das **Graff House (23)**, den Nachbau jenes Hauses, in dem Thomas Jefferson den Entwurf der *Declaration of Independence* verfasste. Schräg gegenüber befindet sich in einem Greek-Revival-Bau von 1826 das wenig bekannte, aber sehenswerte Stadtmuseum, das **Philadelphia History Museum (Atwater Kent Museum) (24)**.
Es beschäftigt sich in mehreren interessanten Abteilungen mit der Stadtgeschichte. Besonderen Ruf genießt das Museum wegen der kompletten Sammlung von Titelbildern der „*Saturday Evening Post*", die Norman Rockwell (1898-1978) schuf. Das Blatt war 1728 von Franklin als „*Pennsylvania Gazette*" gegründet, 1821 umbenannt und ab 1898 als Wochenmagazin publiziert worden. Von 1916 bis zur Einstellung der Zeitschrift 1963 gestaltete Rockwell alle Titelbilder.

Interessantes Stadtmuseum

Philadelphia History Museum at the Atwater Kent, *15 S. 7th St., www.philadelphiahistory.org, Mi–Sa 11–16 Uhr, frei*

An der Ecke Market/8th St. bietet sich Gelegenheit zu einem Abstecher nach Norden, zum **African American Museum (25)** – einem Ableger der *Smithsonian Institution*, in dem vor allem Wechselausstellungen zu „schwarzen" Themen stattfinden – und nach **Chinatown**, mit dem auffälligen *Friendship Gate*, an der Ecke Arch/10th St.
African American Museum, *701 Arch St., www.aampmuseum.org, Di–Sa 10–17, So 12–17 Uhr, $ 10,80.*

Der **Reading Terminal Market** (Zugang Arch/Filbert St. oder durch das Convention Center) in einer großen quadratischen Halle gilt als einer der bestsortierten Märkte der USA. Besonders lohnend sind die Spezialitäten der *Amish People* aus dem *Dutch County*, die hier an vier Tagen in der Woche ihre Produkte verkaufen. Nicht versäumen sollte man, bei *„Bassett's“*, einem 1861 in Philadelphia gegründeten Milchladen, ein Eis zu essen.

Ein Muss: die Markthalle

City Hall und Umgebung

Im Zentrum zwischen Franklin, Washington, Rittenhouse und Logan Square, am Schnittpunkt der verschiedenen Stadtviertel und an der Kreuzung der beiden Hauptachsen Market und Broad St., erhebt sich einer Festung gleich die **City Hall**. Bevor man das Rathaus erreicht, passiert man Macy's, das sich im ehemaligen **Wanamaker's Department Store** (1902) befindet. Im Innern sollte man sich nicht die **Wanamaker Grand Court Organ**, mit 28.522 Pfeifen die größte spielbare Orgel der Welt, entgehen lassen. Der weithin sichtbare Rathausturm – er kann bestiegen werden – wird von einer über 10 m hohen Bronzestatue des Stadtgründers William Penn aus der Werkstatt von Alexander Calder gekrönt. Zwischen 1871 und 1901 erbaut, war es das größte Rathaus im Lande, reich ausgestattet mit über 100 Statuen, und zugleich der höchste Bau der Stadt, mit 167 m sogar höher als das Capitol in Washington, Zwischen 1984 und 1987 wuchsen dann erst *Liberty Place 1*, gefolgt von *Liberty Place 2* (Chestnut/16–17th St.), von Stararchitekt Helmut Jahn in den Himmel und überragten Penn.
City Hall, *Penn Sq./Broad/Market St., www.phila.gov/virtualch/body_pages/history.html, Observation Desk: Mo–Fr 9.30–16.15 Uhr, Tower Tours $ 5, Interior Tours Mo–Fr 12.30, $ 10, mit Souvenirshop und Broschüren.*

Die „breite“ Straße

Um die Broad Street

Die **Broad Street** ist mit etwa 30 km die längste schnurgerade Straße in einer Stadt. In ihrem Südabschnitt trägt sie wegen zahlreicher Kultureinrichtungen und Theater den Beinamen „**Avenue of the Arts**“: die **Academy of Music** (Broad/Locust St.) – Sitz des Balletts und der Oper –, das

Downtown Philadelphia ist stolz auf die Wandbilder

Wilma Theater (265 S. Broad St.), das **Kimmel Center for the Performing Arts** (260 S. Broad St.) – Heimat des Philadelphia Orchestra u.a. Ensembles –, oder die **University of the Arts** (320 Broad St.), um nur einige zu nennen, reihen sich hier auf.

Westlich der Broad St., bis zum Schuykill River, erstreckt sich der **Rittenhouse Square District** oder, kurz, die *Rittenhouse Row*. Der Platz erhielt seinen Namen von dem deutschstämmigen Wilhelm Rittenhausen, der 1690 bei Wissahickon Creek die erste Papiermühle in den USA gegründet hat. Rings um den Anfang des 20. Jh. nach französischen Vorbildern angelegten Platz mit Grünanlagen stehen repräsentative alte Häuser.

Mural Capital of the World

Philadelphia gilt als „*Mural Capital of the World*“: Mittlerweile über 3.000 Wandbilder sind das Resultat einer vom Museum of Art 1984 ins Leben gerufenen Aktion namens „Mural Arts Program“. Beispiele finden sich an der Ecke 13th/Locust, 22nd/ Walnut oder 12th/Vine und Broad/Vine St. und es verschiedene gibt Touren, u.a. **Love Letter Train Tours**, *Sa/So 10 Uhr ab Love Park Welcome Center (16th St./JFK Blvd.), Infos/Anm.: http://muralarts.org*

Von der City Hall zum Logan Square – Museum District

Nördlich der City Hall geht es vorbei am Masonic Temple, dem 1873 eingeweihten Haus der Freimaurer, zur altehrwürdigen **Pennsylvania Academy of the Fine Arts** (26), eine 1805 gegründeten, herausragenden und vor allem angenehm überschaubaren Sammlung amerikanischer Kunst vom 18. Jh. bis zur Moderne. In dem 1876 anlässlich der *Centennial Exhibition* eröffneten Bau liegt der Fokus auf einheimischen Künstlern.
Pennsylvania Academy of the Fine Arts, *Broad/Cherry St., www.pafa.org, Di–Sa 10–17, So 11–17 Uhr, $ 15, Sonderausstellungen extra.*

Vom Kunstmuseum aus, das offiziell bereits Teil des **Museum District** ist, lässt sich der Weg leicht nach Nordwesten fortsetzen, wo im Umkreis des Logan Square weitere Museen warten. Der Weg führt vorbei am **Quaker Information Center** (27) und an der monumentalen **Cathedral of St. Peter & Paul** (18th St./Franklin Pkwy.), einer 1864 erbauten katholischen Kirche. Hier befindet sich an der Westseite der **National Shrine of Saint John Neumann**, der an Johann Nepomuk Neumann, den ersten Heiligen der USA, erinnert.

Am Logan Square angelangt, gilt es sich zu entscheiden, wieviele und welche Museen man besucht. Südwestlich des Platzes kann man zunächst unter zwei naturkundlichen Museen wählen: der **Academy of Natural Sciences** (28) – interessant besonders die *Dinosaur Hall* – und dem **Franklin Institute**

Science Museum (29), eines der besten Technikmuseen an der Ostküste. 1824 gegründet, wurde das Museum zu Ehren Franklins benannt und an ihn erinnert in der Lobby des 1934 eröffneten Baus auch eine gut 6 m hohe Marmorstatue.

Technik-Museum

Academy of Natural Sciences, *1900 Ben Franklin Pkwy., www.ansp.org, Mo–Fr 10–16.30, Sa/So 10–17 Uhr, $ 15.*
Franklin Institute Science Museum, *222 N. 20th St./Benjamin Franklin Pkwy., www.fi.edu, tgl. 9.30–17 Uhr, IMAX So–Fr 10–19, Sa 10–17 , Basis-Eintritt $ 16, mit IMAX $ 22,50, IMAX allein $ 9.*

Barnes Foundation (35) und Rodin Museum (30)

Auf der nördlichen Seite des alleeartigen Franklin Pkwy. geht es vorbei am imposanten Bau der **Free Library of Pennsylvania**, der Stadtbücherei zur **Barnes Foundation (35)**. Seit 2012 ist die sehenswerte Kunstsammlung mitten in Philadelphia am Benjamin Franklin Parkway in einem würdig-eleganten Neubau von Tod Williams und Billie Tsien zuhause. Der Chemiker Dr. Albert C. Barnes, der durch eine Augenmedizin berühmt geworden war, machte seine Sammlung von über 2.500 Kunstwerken der Impressionisten und Nachimpressionisten schon 1925 der Öffentlichkeit in seiner Villa außerhalb der Stadt zugänglich. Schwerpunktmäßig hatte Barnes Bilder von Renoir (181), Cézanne (69) und Matisse (60) gesammelt, außerdem gibt es Werke von Picasso (44), Seurat, Rousseau, Modigliani, Monet, Manet oder Degas. Seine Villa in **Merion**, nordwestlich von Philadelphia, und der 1940 von Laura Barnes angelegte Park, ein Musterbeispiel für Gartenarchitektur mit großem Arboretum, sind ebenfalls besichtigbar.
Barnes Foundation, *2025 B. Franklin Pkwy., www.barnesfoundation.org, Mo/Mi–So 9.30–18, Fr bis 22 Uhr, $ 18*
The Barnes in Merion, *300 N. Latch's Lane, Merion Station, Wiedereröffnung Anf. 2013, Infos unter www.barnesfoundation.org.*

Gleich nebenan liegt das **Rodin Museum (30)**, bestehend aus historischem Gebäude und Neubau. Es birgt die größte Sammlung von Skulpturen des französischen Bildhauers Auguste Rodin außerhalb von Paris, in verschiedenen Herstellungsstadien bzw. Ausführungen, darunter Hauptwerke wie „Die drei Grazien“, „Johannes der Täufer“, „Der Denker“ (vor dem Eingang), „Adam und Eva“ oder „Die Bürger von Calais“. Das kleine Museum ist ein Geschenk des lokalen Geschäftsmanns Jules E. Mastbaum und wurde nach dessen Tod im Jahr 1926 eröffnet.
Rodin Museum, *22nd St./Franklin Pkwy., www.rodinmuseum.org, Mi–Mo 10–17 Uhr, $ 8 (Spende).*

Philadelphia Museum of Art (31)

Kunstsammlung der Extraklasse

Die meistbesuchte Attraktion im **Fairmount Park**, der am Rodin Museum beginnt, ist das **Philadelphia Museum of Art**, mit über 300.000 Objekten die drittgrößte Kunstsammlung in den USA. Der mit rund 3.600 ha größte

Das Philadelphia Museum of Art

städtische Park der Welt verfügt über mehrere spezielle Gartenanlagen, über Museen, den ältesten **Zoo** der USA (3400 W. Girard Ave.) und zahlreiche historische Häuser entlang dem ausgeschilderten *River Drive Recreational Loop*. Die etwa 15 km lange Route beginnt nordwestlich des Kunstmuseums und zieht sich wie der Park entlang dem Ost- und Westufer des Schuylkill River hin.

Erster Zoo Amerikas

Zahlreiche Wechselausstellungen finden jedes Jahr im **Philadelphia Museum of Art** statt, dazu Veranstaltungen. Der mächtige Bau im Stil eines griechischen Tempels mit zwei Seitenflügeln erhebt sich im Grünen, in der Achse des Franklin Pkwy., hinter dem *Eakins Oval* (mit Parkplatz). Die Gründung des Museums hängt mit der Weltausstellung 1876 zusammen: Damals wurde die *Memorial Hall* im Fairmount Park als Ausstellungshalle erbaut. Schenkungen vergrößerten die Sammlung, und 1924 wurde mit einem neuen Museumsbau begonnen, der sich aufgrund der Wirtschaftskrise jedoch bis 1928 hinzog. Den Schwerpunkt der Sammlung bildet europäische Malerei vom 14. bis 19. Jh., Bildhauerei und Kunsthandwerk sowie architektonische Entwürfe aus Europa, Asien und Amerika. Kunst der deutschen Auswanderer gibt es in der *German Gallery* (American Wing) zu sehen.
Philadelphia Museum of Art, *26th St./B. Franklin Pkwy., www.philamuseum.org, Di–So 10–17, Fr bis 20.45 Uhr, $ 20 (2 Tage gültig, inkl. Rodin Museum).*

Weitere Sehenswürdigkeiten

Wer genügend Zeit hat, sollte im Nordosten der Stadt der **German Society of Pennsylvania (32)** (611 Spring Garden St.) einen Besuch abstatten. Dieser 1764 gegründete gemeinnützige Hilfsverein für deutsche Einwanderer ist die älteste deutsche Organisation in den USA und bietet ein vielseitiges Sprach-, Informations- und Kulturprogramm sowie eine sehenswerte alte Bibliothek. In Sichtweite der Deutschen Gesellschaft steht das Haus, in dem der 1809 in Boston geborene Edgar Allan Poe von 1842 oder 1843 bis 1844 lebte: die **Edgar Allan Poe National Historical Site (33)**. Der gezeigte Film gibt einen guten Einblick in das Leben des Autors, während man beim Rundgang durch das Haus selbst, das komplett unmöbliert ist, etwas Fantasie benötigt.

Ein Muss für Kunstfreunde

Edgar Allan Poe NHS, *532 N. 7th/Spring Garden St., www.nps.gov/edal, Mi–So 9–17 Uhr, frei.*

West Philadelphia ist ein bunter Stadtteil mit zahlreichen Lokalen und Shops. Mehrere Museen, darunter das **Museum of Archaeology and Anthropology (34)**, 1887 gegründet, als beeindruckendstes, sind Teil der Universität. Im archäologischen Museum sind abgesehen von einer mehrere Tonnen schweren Sphinx und ägyptischer Architektur, Mumien und sumerischen Texten auch die griechischen und römischen Antiken sehenswert.

Penn Museum – University of Pennsylvania Museum of Archaeology and Anthropology, *3260 South St., www.penn.museum, Di–So 10–17, Mi bis 20 Uhr, $ 12.*

Ausflug zur King of Prussia Mall und nach Valley Forge

Von Philadelphia sind es auf der I-76 rund 25 km bis zur Abfahrt (Exit 228) zur **King of Prussia Mall** (www.kingofprussiamall.com), dem zweitgrößten Einkaufszentrum Nordamerikas nach der *West Edmonton Mall* mit über 400 (!) Läden und neun großen Kaufhäusern sowie unzähligen Imbissständen und Restaurants. Eine Abfahrt weiter (Exit 227) führt der Hwy. 422 direkt zum **Valley Forge National Historic Park**.

Valley Forge wird alljährlich von über einer Million Menschen besucht. Erster Anlaufpunkt für eine Besichtigung des Winterlagers 1777/78 der Revolutionsarmee sollte das **Welcome Center** (Hwy. 23/N. Gulph Rd.) sein. Dort gibt es eine interessante Einführung in die Ereignisse mittels Film und Ausstellungen. Ausgestellt werden u.a. General Washingtons Schlafzelt, Relikte von Soldaten, wie Knöpfe, Gürtelschnallen, Knochen, außerdem Dokumente, wie die fünf *„Orderly Books of Valley Forge“* von Washington, Gewehre, Kleidung und persönliche Dinge.Auf dem Gelände selbst, über den eine Rundstraße führt, wurden einfache Holzhütten der Soldaten nachgebaut und die verschiedenen Stationen und Aufstellungen der Truppen 1777/78 mit Markern und Kanonen,Wällen und Gräben nachgestellt; u.a. ist auch ein Denkmal General von Steubens zu sehen. Die Route geht vorbei an der *Muhlenberg Brigade*, dem primitiven Winterlager der Soldaten bestehend aus (rekonstruierten) Holzhütten, die an Wochenenden von „Soldaten“ bewohnt werden; weiter zum triumphbogenartigen *Memorial Arch*,

Winterlager der Revolutionsarmee

der 1917 zu Ehren aller, die in Valley Forge gedient haben, errichtet wurde, und der Statue von General Anthony Wayne.

Original erhaltenes Hauptquartier

Washingtons Headquarters sind original erhalten, wobei die Innenausstattung – die Büros und Schlafräume des Chefs und seiner Staff – „zeitgenössisch" nachgebaut wurde. Es handelt sich um das Haus, das Washington als seine „Zentrale" von *Isaac Potts* angemietet hatte. **Redoubt 3** und **4** sind Erdwälle, die die Verteidigungslinien markierten. **Artillery Park** war der strategisch günstige Ort, an dem die Artillery unter General Henry Knox ihre Kanonen aufgestellt hatte, um sie einerseits zu überholen und andererseits an ihnen zu trainieren.

In den **Varnum's Quarters** *(Stephens Farmhouse)* hatte sich vorübergehend General James Varnum aus Rhode Island eingemietet. Von hier hatte er einen Blick auf den Paradegrund. In der Nähe wird General von Steuben mit einer Statue gewürdigt. Die gotisierende **Washington Memorial Chapel** (Episcopal Church) war 1903 eröffnet und „Theodore Roosevelt Chapel" bezeichnet worden, da der Präsident sie 1904 besuchte. Zur Kirche gehört der *Washington Memorial National Carillon*, ein Turm mit Glockenspiel, der 1953 eröffnet wurde und allen amerikanischen Patrioten geweiht ist.
Valley Forge National Historic Park, *ab Hwy 422, Hwy. 23/N. Gulph Rd., www.nps.gov/vafo, frei; Welcome Center tgl. 9–17 Uhr; ganzjährig zugängliches Gelände von 7 Uhr bis SU, v.a. an Wochenenden zahlreiche Veranstaltungen und Konzerte auf dem Parkgrund.* **Infos zur Stadt**: *www.valleyforge.org*

info

Friedrich Wilhelm von Steuben oder „Wie man aus einem wilden Haufen eine schlagkräftige Armee macht"

Es war am 19. Dezember 1777, zu Beginn des Unabhängigkeitskrieges, als 12.000 Soldaten der aufständischen Kolonien in Valley Forge ihr Winterlager aufschlugen. Die Truppen unter George Washington, Oberbefehlshaber der Freischärler, hatte nicht verhindern können, dass die Briten Philadelphia besetzten. In strategisch günstiger Lage am Schuylkill River und mit Mount Joy und Misery als Erhebungen, schlugen Washingtons Truppen bei eisigen Temperaturen, mit wenig Proviant und unzureichender Bekleidung, das Lager auf. Bis zum Ende des Winters waren aufgrund fehlenden Nachschubs, durch Seuchen und Krankheiten 2.000 Männer gestorben.

Um die Moral der Soldaten zu stärken und vor allem ihre militärischen Fähigkeiten effektiv zu schulen, war der ehemalige preußische Offizier aus der Armee Friedrich des Großen, **Friedrich Wilhelm Baron von Steuben**, im Februar 1778 mit einem Empfehlungsschreiben von Benjamin Franklin zur Armee der Aufständischen gestoßen.

info

1730 in Magdeburg geboren, hatte von Steuben schon 17-jährig beim preußischen Militär angeheuert und hatte rasch seine strategischen Fähigkeiten unter Beweis gestellt. 1763 schied von Steuben im Rang eines Hauptmannes aus der preußischen Armee aus. Warum er entlassen wurde und ein Jahr später als Kammerherr des Prinzen von Hohenzollern-Hechingen in den Adelsstand erhoben wurde, bleibt unklar. Dem enttäuschten von Steuben gelang es 1777 in Paris Franklin von seinen Fähigkeiten zu überzeugen, und so tauchte er im Februar in Valley Forge auf.

Washington ernannte von Steuben zum „**Inspector General**" und dieser begann sofort mit der Ausbildung der Freiheitskämpfer, in dem er eine Musterkompanie von hundert Soldaten ausbildete. Es gelang ihm so nicht nur, die Kampfmoral zu heben, sondern er erzeugte zugleich Katalysatorwirkung, da die hundert Soldaten der ganzen Armee als Ausbilder dienten. In kürzester Zeit war so eine schlagkräftige Armee entstanden, die in der Folgzeit die Briten mehrmals besiegte. Auch in der entscheidenden Schlacht bei Yorktown 1781 erlebten die „Rotröcke" ihr „blaues Wunder". Aus einem vormals „wilden Haufen" war eine schlagkräftige Truppe geworden, die den Freiheitskampf für die USA entscheiden konnte.

Für seine Leistung wurde von Steuben mit dem Rang eines Generalmajors und der Anerkennung als amerikanische Staatsbürger 1784 gewürdigt. Er verfasste zudem ein **Handbuch**, das bis ins 19. Jh. hinein verwendet wurde, die „*Regulations for the Order and Discipline of the Troops of the United States*". Als von Steuben 1794 im Staat New York starb, war er zu einer Legende geworden und das, obwohl er bis zum Lebensende mit seinen Adjutanten William North und Benjamin Walker nur in Französisch kommunizierte und seine Order übersetzen ließ.

Reisepraktische Informationen Philadelphia

Information

***Philadelphia Convention & Visitors Bureau** (PCVB), c/o. Wiechmann Tourism Service, Scheidswaldstr. 73, 60385 Frankfurt, ☏ (069) 255-38250*

***Independence VC**, 6th/Market St., ☏ (215) 965-7676, 1-800-537-7676, www.independencevisitorcenter.com, tgl. 8.30–mind. 18 Uhr; Informationen aller Art, Unterkunftsvermittlung und Reservierungen, Ausstellungen, Film und Video sowie Veranstaltungstickets; März–Dez. gibt es hier Gratistickets für Independence-Hall-Touren.*

***Infos im Internet**: www.philadelphiausa.travel, www.visitphilly.com*

Notfallnummern

***Notruf** (Feuer, Polizei etc.): ☏ 911*
***Arzt-Service**: ☏ (215) 563-5343*
***Zahnarzt-Notdienst**: ☏ (215) 925-6050*

Spar-Tipp

Der **CityPass** für derzeit $ 59 gilt 9 Tage lang für 6 Attraktionen (*The Franklin, The Academy of Natural Sciences* oder *National Constitution Center, Please Touch Museum, Philadelphia Zoo, Adventure Aquarium, Philadelphia Trolley Works/Big Bus Company*). Der Pass ist u.a. im VC oder im Internet (www.citypass.com/philadelphia) erhältlich. Über **steuerfreies Einkaufen** in der Stadt informiert www.taxfreephilly.de.

Touren

***Philadelphia Trolley Works**, www.phillytour.com, 1 Tag $ 27; diverse Touren, u.a. in 90 Min. durch die Stadt mit Möglichkeit zum Aus- und Einsteigen an mehreren Stationen.*

***Landmark Tours**, www.philalandmarks.org/landmarks.aspx; 1- bis 2-stündige Touren mit Schwerpunkt Architektur, aber auch Spezialtouren (kombiniert mit Trolley/Bus) durch bestimmte Viertel oder zu interessanten architektonischen und historischen Themen (ab $ 10), außerdem architektonische Vortragsreihe.*

Unterkunft

***B&Bs** vermittelt „A Bed&Breakfast Connection of Philadelphia", www.bnbphiladelphia.com.*

***Best Western Independence Park Inn** (3) $$$, 235 Chestnut St., ☏ (215) 922-4443, www.independenceparkinn.com; das „great little hotel" der Stadt, ein renoviertes altes, zentral gelegenes Hotel mit 36 geräumigen Zimmern.*

***Hyatt Regency at Penn's Landing** (1) $$$-$$$$, 201 Columbus Blvd., ☏ (215) 928-1234, www.pennslanding.hyatt.com; das einzige Hotel der Stadt direkt am Delaware River, tolle Ausblicke von vielen der insgesamt 350 Zimmern, mit Pool, Sauna und Fitnesscenter sowie Restaurant **Keating's River Grill**, auch in D buchbar.*

***Latham Hotel** (4) $$$-$$$$, 17th/Walnut St., ☏ (215) 563-7474, http://lathamhotelphiladelphia.com; elegantes Traditionshotel mit persönlichem Service in zentraler Lage. Dazu nette Bar sowie gediegenes Restaurant Bogart's.*

***Penn's View Inn** (2) $$$$, 14 N. Front St., ☏ (215) 922-7600, www.pennsviewhotel.com; mit Blick auf den Delaware River mitten in Old Town gelegenes kleines Boutique-Hotel mit 52 geschmackvoll ausgestatteten und geräumigen Zimmern, inkl. Frühstück; mit italienischem Restaurant.*

***Rittenhouse 1715 – A Boutique Hotel** (5) $$$$$, 1715 Rittenhouse Sq., ☏ (215) 546-6500, www.rittenhouse1715.com; 10 elegante Zimmer mit viel Luxus in einer Mansion von 1911, frische Backwaren am Morgen, Wein am Abend.*

Restaurants

*Philadelphias Spezialitäten sind **Philly Cheese Steaks** – kleingeschnittenes Steak auf Sandwichsemmel mit Käse und Zwiebeln –, **Hoagies** (Fleisch, Käse, Salat, Tomate mit Öl oder Mayonnaise als Sandwich) und **Soft Pretzels** mit Senf, alles an zahlreichen Ständen in der Innenstadt zu haben. Mehrere empfehlenswerte*

Restaurants (und Bars) konzentrieren sich an der **Restaurant Row/Walnut St.** *nahe dem Rittenhouse Square (S. 18th/Walnut-Spruce St.), in* **Old City** *(Market St., www.old-city.org, mit Trendlokalen wie Fork) und an der* **South St.** *im Bereich Front–10th bzw. Lombard–Bainbridge St.*
An Werktagen lohnt sich ein Abstecher zum **Reading Terminal Market**, *preiswerte asiatische Küche gibt's in* **Chinatown** *(www.phillychinatown.com) und Italienisches rings um den* **Italian Market** *(www.phillyitalianmarket.com).*
Butcher & Singer (4), *1500 Walnut St./Rittenhouse Row, ☏ (215) 732-4444, www. butcherandsinger.com; Steaks & Chops und hervorragender Service in gediegener Ballhausatmosphäre.*
Campo's Deli@Market Street (2), *214 Market St.; klassischer Sandwichshop, bekannt für die lokale Spezialität Philly Hoagies, aber auch vielerlei Salate; alles relativ preiswert.*
City Tavern, *138 S. 2nd/Walnut St., ☏ (215) 413-1443, www.citytavern.com; dank Chefkoch Walter Staib eine Legende in Philadelphia. Serviert werden Gerichte nach alten Rezepten mit deutschem Touch in historischem Ambiente.*
Fork (1), *306 Market St., ☏ (215) 625-9425, www.forkrestaurant.com; eines der 20 besten Restaurants der Stadt mit kreativen Gerichten und großer Weinauswahl. Günstiger Lunch und Sonntagsbrunch!*
Jim's Steaks (3), *400 South St., ☏ (215) 928-1911; Steaks in allen Variationen, v.a. Philadelphia Cheese Steak! Gemütliche Atmosphäre in der hippen South Street.*
The Restaurant School at Walnut Hill College (6), *4207 Walnut St., ☏ (215) 222-4200, www.walnuthillcollege.com, Di–Sa abends werden in den vier unterschiedlichen Restaurants der Culinary School, Italian Trattoria, American Heartland, International Bistro und Great Chefs of Philadelphia Restaurant zu Preisen um die $ 20 Supermenüs serviert.*
White Dog Café (5), *3420 Sansom St., ☏ (215) 386-9224; Country-Inn in zwei viktorianischen Brownstones im University District. Serviert wird kreative amerikanische Küche unter Verwendung biologischer Produkte.*
Pizza Brain Restaurant & Museum, *2313 Frankford Ave., www.pizzabrain.org; im Herbst 2012 eröffnete Gourmet-Pizzeria mit dem einzigen Pizza-Museum der Welt.*

Nachtleben

Zentren sind die **Restaurant Row/Walnut St**. *(www.rittenhouserow.org) oder der* **Old City Arts District** *mit seinen Galerien, Bars und Clubs (www.old cityarts.org, v.a. südlich der Market an der 2nd St.).*
Die **South St**. *(Front–10th, Lombard–Bainbridge St.) wird nicht ohne Grund „the hippest street in town" genannt (www.philadelphia.com/nightlife).*

Einzelne Tipps:
Continental Restaurant & Martini Bar, *138 Market St., ☏ (215) 923-6069; berühmt für verschiedene Martinis u.a. Cocktails.*
Cuba Libre Restaurant & Rum Bar, *10 S. 2nd St., ☏ (215) 627-0666; immer volle Bar und bestes kubanisches Restaurant der Stadt.*

Einkaufen

Beliebte Viertel zum Einkaufen sind das Areal um **Rittenhouse Square** *(Walnut St.),* **South St.** *(10th–Front St.), der* **University City District** *im*

Bereich Chestnut/Sansom/Walnut/Locust St. (45th–34th St.), die **Jewelers' Row** (Sansom/7th–9th St.) und **Antique Row** (Pine/10th–13th St.), zudem **Chestnut Hill** (www.chestnuthillpa.com, 6500–8700 Germantown Ave.).
The Gallery, Market/8th–11th St., Haupteingang: 9th/Market St., www.galleryatmarketeast.com; größtes Shoppingcenter in Downtown mit 120 Stände/Läden und Kaufhäusern auf vier Ebenen, dazu Imbissstände.
The Bourse at Independence Mall, 111 S. Independence Mall E, www.bourse-pa.com; zentral gelegen und ideal für den Imbiss zwischendurch.
Macy's Center City, 1300 Market St., Filiale des berühmten New Yorker Kaufhauses im historischen Wanamaker's Dept. Store (1902) mit der weltgrößten bespielbaren Orgel.
Reading Terminal Market, 11th–12th, Filbert–Arch St., Mo–Sa 8–18 Uhr (Amish-Stände: Mi 8–15, Do–Sa 8–17 Uhr), www.readingterminalmarket.org; empfehlenswert sind vor allem Bassett's Icecream, Beiler's Bakery, Termini Brothers Bakery, Fisher's Soft Pretzels, Hatville Farms oder Dutch Eating Place (Frühstück). Außer Lebensmitteln auch Souvenirs und Geschenkartikel.
9th Street Italian Market, 9th/Wharton–Christian St. (South Philadelphia), Di–Sa 9–17, So 9–14 Uhr, www.phillyitalianmarket.com; v.a. italienische Produkte und Frischwaren, Käse, Fleisch/Wurstwaren, Fisch, Gebäck, Gewürze, Kaffee und Tee, aber auch Kochutensilien und Haushaltswaren. Mehrere Cafés und Imbissstände.
King of Prussia Mall, 160 N. Gulph Rd., King of Prussia (25 km nordwestlich), I-76 Exit 327/328 (ausgeschildert), www.kingofprussiamall.com; das größte Einkaufszentrum der USA mit acht großen Kaufhäusern und an die 400 Läden, Restaurants sowie Food Court.

Veranstaltungen / Unterhaltung

First Friday: jeweils am 1. Fr im Monat haben in Old City viele Galerien und Shops bis 21 Uhr (nördlich Market/um die 3rd St.) und Bars sogar bis 2 Uhr (südlich Market/2nd St.) geöffnet. Im Sommer Straßenfest mit Konzerten und Veranstaltungen (www.visitphilly.com/events/philadelphia/first-friday).

1. Sept.-Hälfte: **Philadelphia Fringe Festival – Performing Arts Festival**, www.pafringe.com; zwei Wochen über die Stadt verteilt Theater, Tanz, Musik, Literatur, Puppenspiel und Pantomime.

Im Sommer verschiedene Re-enactments und Vorführungen von **Historic Philadelphia**, www.historicphiladelphia.org; z.B. Lights of Liberty, Sound&Light-Spektakel im INHP.
Die **Broad St.** bzw. **Avenue of the Arts** bietet über 20 Bühnen u.a. Kultureinrichtungen, Infos unter www.avenueofthearts.org
Kimmel Center for the Performing Arts, ☎ (215) 893-1999 (Tickets), www.kimmelcenter.org; Heimatbühne von Philadelphia Orchestra, Kammerorchester und Philly Pops.

Ein renommiertes Theater in Old City ist das **Arden Theater** (www.ardentheatre.org), in der Delancey St. **Plays and Players** (www.playsandplayers.org) und in der University City das **Annenberg Theater** (www.pennpresents.org).

***The Legendary Blue Horizon**, 1314 N. Broad St., ☏ (215) 763-0500, www.legendarybluehorizon.com; legendäres Boxsport-Zentrum mit Museum und Veranstaltungen.*

Zuschauersport

*Die **Sportarenen** befinden sich alle im Süden der Stadt, an der Broad St. und sind leicht mit der U-Bahn zu erreichen (Endstation Orange Line „Patterson/Broad St.").*
***Philadelphia Eagles** (Am. Football – NFL), www.philadelphiaeagles.com, Spiele im Lincoln Financial Field*
***Philadelphia Flyers** (Eishockey – NHL), http://flyers.nhl.com, Spiele im Wells Fargo Center*
***Philadelphia Phillies** (Baseball – MLB), www.phillies.com; Citizens Bank Park Stadium*
***Philadelphia 76ers** (Basketball – NBA), www.nba.com/sixers, Wells Fargo Center*
***Philadelphia Union** (Fußball – MLS), www.philadelphiaunion.com, PPL Park*

Flughafen

*Der **Philadelphia International Airport** (☏ 215-937-6937, www.phl.org) liegt etwa 13 km südwestlich der Stadt und ist leicht erreichbar in 20 Min. per **Airport Line** (halbstündl. zwischen Center City und Airport, $ 7) oder **Taxi** (Festpreis $ 28,50). Der Flughafen wird täglich von US Airways, British Airways und Lufthansa nonstop angeflogen. Wer einen Weiterflug plant, sollte genügend Zeit einplanen, da es strenge Sicherheitskontrollen und weite Wege gibt.*

Nahverkehr

***SEPTA** (Southeastern Pennsylvania Transportation Authority) ist das Nahverkehrssystem der Stadt mit **Bussen** und zwei **U**-/sowie mehreren **S-Bahnen** (O-W: Market-Frankford Line; N-S: Broad St. Line). Zudem verkehren in der Innenstadt sechs **Straßenbahnlinien** (**Trolley** – Route 10. 11. 13. 15, 34 und 36).*
***Infos**: ☏ (215) 580-7800, www.septa.org; Informationszentrum: 15th/Market St.; Pläne und Tickets hier erhältlich, ebenso im Independence VC (6th/Market St., s. oben)*
***Tickets**: $ 2 pro Fahrt exakt (Token kosten $ 1,55, erhältlich in 2er, 5er und 10er Packs); Day Pass für $ 7 (8 freie Fahrten) bzw. beliebig viele Fahrten $ 11.*
***RiverLink** verbindet von 10–19 Uhr die Delaware River Front (Penn's Landing) und das NJ State Aquarium ($ 7 H/R, www.riverlinkferry.org).*

Eisenbahn und Bus

*Die **30th St. Station**, der Hauptbahnhof, liegt jenseits des Schuylkill River. Außer Nahverkehrszügen halten hier Fernzüge von Amtrak (u.a. von/nach Chicago sowie Richtung New York/Boston bzw. Washington/Baltimore).*
***Infos**: www.amtrak.com*

*Auch Überlandbusse, z.B. von **BoltBus**, verbindet Philadelphia mit Baltimore, Boston, New York, Washington. **Infos und Tickets**: ☏ 1-877-265-8287, www.boltbus.com*

Von Philadelphia nach Washington

Routenhinweis
Von Philadelphia sind es auf direktem Weg (I-95) nach Baltimore nur etwa 120 km. Da diese Autobahn aber erstens kostenpflichtig und zweitens vom Streckenverlauf her uninteressant ist, sollte man auf den weitgehend parallel verlaufenden US Hwy. 1 ausweichen. Dieser erlaubt eine idyllische Fahrt durch das **Brandywine Valley** im Südwesten Philadelphias. Dort, wo Delaware und Pennsylvania aufeinander treffen, stößt man auf schöne Landschaft, Weingüter, Farmen und einige andere Sights.
Zudem kann man auf diese Weise einen empfehlenswerten Schlenker ins **Pennsylvania Durch Country** (Lancaster County) einbauen. Von dessen Hauptort, Lancaster, ist es quasi ein Katzensprung nach **Gettysburg**, zu einem der bedeutendsten Schlachtfelder des Bürgerkrieges. Von hier aus gelangt man auf dem US Hwy. 140 in rund 1 1/2 Stunden (etwa 80 km) nach Baltimore.

Im Brandywine Valley

Entlang dem Delaware River, südlich von Philadelphia, befinden sich zahlreiche Kriegsschauplätze des Unabhängigkeitskrieges und finden immer wieder *re-enactments* statt, z.B. in *Fort Mifflin* am Delaware, im *Brandywine Battlefield Park*, in *Chadds Ford, Brandywine Park* oder auf der *Colonial Pennsylvania Plantation*. Der Brandywine selbst ist ein Nebenfluss des Delaware. Sein Tal beginnt nahe den westlichen Vororten Philadelphias und endet knapp 60 km südlich bei Wilmington, wo er in den Delaware mündet.

Das **Brandywine River Museum** in *Chadds Ford* befindet sich in einer alten Getreidemühle aus dem 19. Jh. direkt am Brandywine River, inmitten der **Brandywine Conservancy**, einem Naturschutzgebiet (www.brandywineconservancy.org). Dieses wird erschlossen durch Trails und umfasst verschiedene naturbelassene Teile mit Wildblumen, Sträuchern und Bäumen.

Außergewöhnliche Kunstsammlung

Gezeigt wird in dem gekonnt umfunktionierten Bau auf drei Etagen **eine außergewöhnliche Sammlung amerikanischer Kunst** aus dem 19. und 20. Jh., außerdem bieten sich durch die großen Glaswände hervorragende Ausblicke auf die Landschaft, die schon vor vielen Jahren Maler inspirierte. Der Großteil der Kunstwerke stammt von drei Generationen der **Wyeth-Familie** – N.C., Andrew und Jamie – und besonders sehenswert sind die Buchillustrationen von N. C. Wyeth zu Werken wie „Die Schatzinsel“ oder „Der Letzte Mohikaner“. Vom Museum aus können Touren zum 1 km entfernten Haus und Studio von N. C. Wyeth (1882–1945) arrangiert werden.
Brandywine River Museum, *US Hwy. 1, www.brandywinemuseum.org, tgl. 9.30–16.30 Uhr, $ 12, mit Museumsshop und Restaurant.*

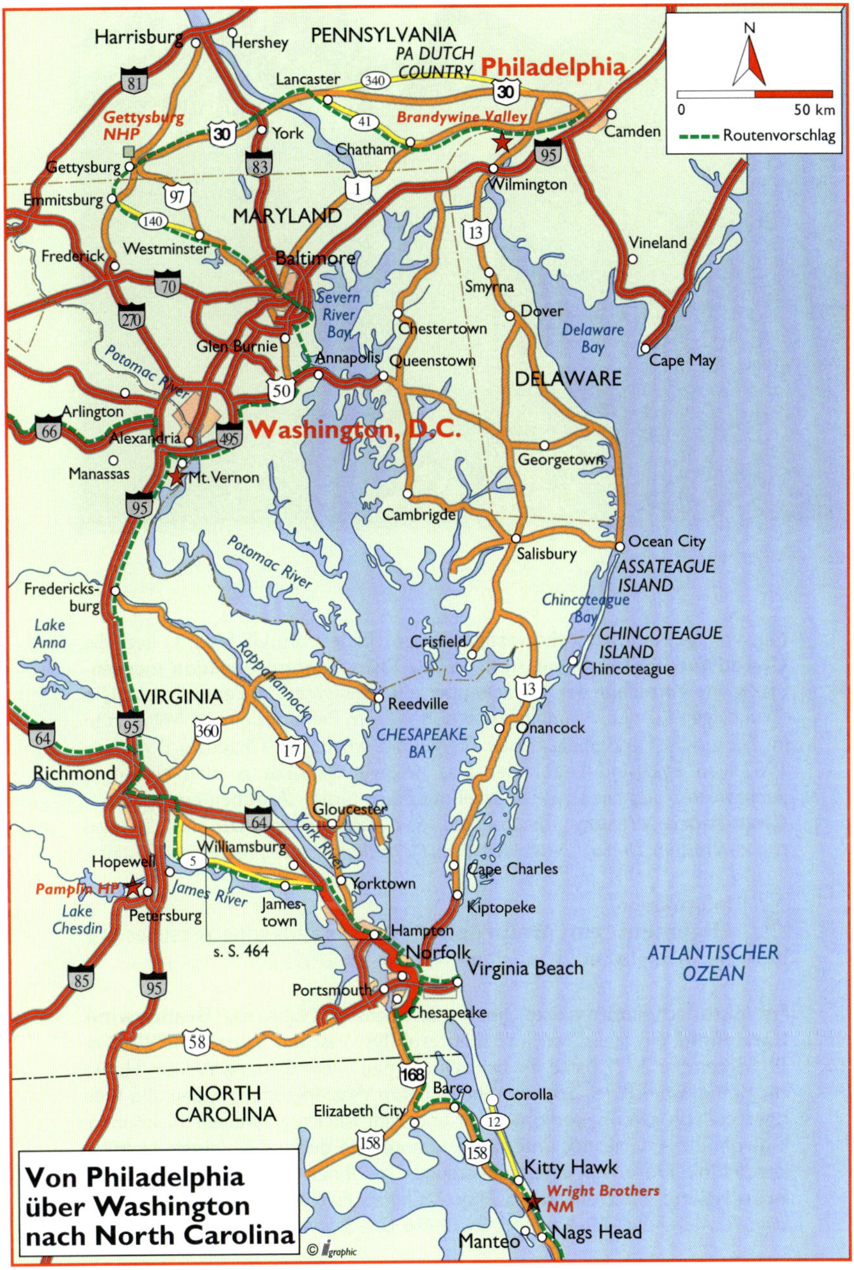

Von Philadelphia über Washington nach North Carolina

Das Brandywine River Museum

Nur wenige Kilometer südwestlich (ausgeschildert am US Hwy. 1) liegt die **Chaddsford Winery** mit rund 36.000 Kisten Jahresproduktion mengenmäßig im Mittelfeld der derzeit über 80 Weingüter in Pennsylvania. Die Grundlagen für den Weinbau soll schon William Penn mit einem Weingarten im Fairmount Park gelegt haben. Gegründet wurde die Chaddsford Winery 1982 von Eric und Lee Miller. Das Weingut gehörte zu den ersten in Pennsylvania und hat sich – speziell mit Pinot Noir – Ansehen erworben.
Chaddsford Winery, *Chadds Ford, 632 Baltimore Pike/US Hwy. 1, www.chaddsford.com, Di–So 12–18 Uhr, Shop, Picknickplatz sowie Touren und Tastings.*

Information
allgemein zur Weinregion: www.brandywinetreasures.org bzw. www.the brandywine.com

Schauplatz der Schlacht von 1777

Für historisch Interessierte gibt es in nächster Nähe das **Brandywine Battlefield**, ein State Park mit mehreren historischen Bauten und VC. Am 11. September 1777 hatte die britische Armee unter General William Howe am Brandywine River Stellung bezogen, um Washingtons Truppen, die hier lagerten, von zwei Seiten angreifen und zum Rückzug zwingen zu können. Obwohl die Amerikaner unterlagen, konnten sie durch ihre mutige Haltung letztlich die Franzosen davon überzeugen, mit ihnen eine Allianz zu bilden.
Brandywine Battlefield, *US Hwy. 1, Chadds Ford, www.ushistory.org/brandywine, VC März–Nov. Mi–Sa 9–16, So 12–16 Uhr, $ 5.*

In den Longwood Gardens

Letzter Stopp am US Hwy. 1 sind die besonders bei schönem Wetter sehenswerten **Longwood Gardens**, „*America's Versailles*", bestehend aus mehreren Gartenteilen im englischen, französischen und italienischen Stil und durchsetzt von Springbrunnen und Gewächshäusern. Dieser Botanische Garten befindet sich auf dem ehemaligen Landsitz von Pierre S. DuPont (1870–1954), dem Vorstandsvorsitzenden der Firma DuPont und von General Motors. Er hatte 1906 die 425 ha Land erworben, v.a. da den von den Vorbesitzern um 1798 gepflanzten Bäumen die Abholzung drohte.

Sehenswerter botanischer Garten

Das 1730 errichtete Wohnhaus diente der DuPont-Familie von 1906–1954 als Landsitz und wurde mehrmals erweitert, z.B. 1929 um einen großzügigen Tanzsaal mit Orgel. Das Haus ist ebenso zu besichtigen wie mehrere Gewächshäuser, darunter das **Estate Fruit House**, in dem sich DuPont selbst um Wein, seltene Früchte und Gemüse kümmerte. Das Freigelände ist abwechslungsreich gestaltet, mit italienischem Wassergarten, Seenareal, Rosen- und Blumengärten. Es gibt einen 20 m hohen Turm mit Glockenspiel und einen Wasserfall, vor allem erlebenswert ist aber der große im Barockstil gestaltete Springbrunnengarten mit 229 über 30 m hohen Wasserfontänen, die ein Wasserballett zu passender Musik „aufführen".
Longwood Gardens, *Kennett Square, US Hwy. 1/Hwy. 52, www.longwoodgardens.org, tgl. 9–17/18 Uhr (Mi–Sa im Sommer bis 21 Uhr), $ 18, ganzjährig Festivals und Veranstaltungen.*

Routenhinweis
Von Longwood führt der US Hwy. 1 direkt nach Baltimore. Man sollte sich jedoch unbedingt noch die Zeit für einen Abstecher ins **Pennsylvania Dutch Country** nehmen. Bei Chatham, rund 20 km von Chadds Ford entfernt, zweigt vom US Hwy. 1 der State Hwy. 41 ab, der hinein ins Dutch Country führt. Man trifft dort auf den US Hwy. 30 bzw. die idyllische, nördlich parallel verlaufenden Nebenroute 340, die beide durch das Kernland der Amish nach Lancaster, in die Hauptstadt des gleichnamigen County, führen. Auch direkt von Philadelphia aus (90 km) lässt sich über den US Hwy. 30 westwärts das Dutch Country bzw. Lancaster erreichen.

Pennsylvania Dutch Country (Lancaster County)

Lancaster bildet das Zentrum des **Pennsylvania Dutch County** (www.padutchcountry.com oder www.800padutch.com), wobei der Name ***Dutch*** mit der englischen Übersetzung „holländisch" nichts zu tun hat, sondern vielmehr eine Verballhornung von „deutsch" ist. Man befindet sich hier in einer „anderen Welt", nämlich im Siedlungsgebiet der **Amis**(**c**)**he**(**n**) oder **Amish People** und **Mennoniten** (ca. 24.000), die bis heute ihre mehr oder weniger altmodische Lebensweise pflegen und als sehr religiös, fleißig und konservativ gelten. Sie hatten ab Anfang des 18. Jh. West- und Mitteleuropa verlassen (müssen) und sich vor allem in dem heute dicht besiedelten Vorland der Appalachen zwischen den Flüssen Delaware (O) und Susquehanna (W) niedergelassen.

Heute sind in 23 US-Bundesstaaten Mennoniten zu finden, wobei in Pennsylvania die liberalsten Gruppen wohnen. Im **Lancaster County** leben die meisten Mennoniten und Amish verstreut auf einzelnen Gehöften bzw. in kleinen Dörfern. Ursprünglich herrschte in der Region reines Agrarland vor, auf dem die Amish People traditionell Milchbetriebe unterhalten und Viehzucht betreiben. Die Amish sind beispielsweise bis heute die Hauptlieferanten von Milch an die Schokoladenfabrik Hershey's, die im nahen **Hershey**, einem Ort nördlich von Lancaster bzw. östlich von Harrisburg, ihren Hauptfir-

Die Kutsche, das „Auto" der Amish

mensitz unterhält. Allerdings schwächelt in letzter Zeit dieser Wirtschaftszweig zunehmend und wird das Land immer mehr zum begehrten Baugrund für Städter. Neubausiedlungen schießen aus dem Boden und Bauernhöfe geben die Viehhaltung auf. Mehr und mehr Familien wenden sich dem **florierenden Tourismus** oder dem **Agrobusiness mit Bioprodukten** zu. Noch gelingt es, wenn auch mit Mühe, die Neubausiedlungen, Malls und Vergnügungsparks zu übersehen, noch gleicht die Fahrt durch diese Region einer Reise in die Vergangenheit, in eine friedliche, ruhige Landschaft mit gepflegten Bauernhöfen, in deren Gärten auf Leinen die Wäsche im Wind flattert und statt Autos die Buggys auf den Vorplätzen stehen. Auf den Straßen sind diese kleinen schwarzen, von nur einem Pferd gezogene Gefährte unterwegs, teils schwer beladen mit ganzen Familien in ihren typischen Kleidern, und Frauen flitzen auf Rollern von Gehöft zu Gehöft.

Reise in die Vergangenheit

Die **erste feste Siedlung** im Lancaster County entstand um 1700, gegründet von eingewanderten **Schweizer Mennoniten**, denen ebensolche aus Deutschland und dem Elsass folgten, außerdem walisische und englische Quäker, französische Hugenotten und Scots-Irish. Das County, am 10. Mai 1729 gegründet, erhielt seinen Namen von dem Engländer John Wright bzw. seiner Heimat, Lancashire. Wegen des fruchtbaren Bodens zog es mehr und mehr Deutsche hierher und um 1790 sollen sie schon rund 40 % der Bevölkerung ausgemacht haben. Die aus Deutschland, vor allem aus dem Rheinland und der Pfalz eingewanderten Amish haben über Jahrhunderte in dieser fruchtbaren Landschaft ihre althergebrachte Lebensweise bewahrt: Kleidung, Architektur, Fortbewegung und auch Sprache haben sich kaum verändert. Das „***Pennsylfaanische***", vom pfälzischen Dialekt abgeleitet, ist, wenn auch durchsetzt mit englischen Ausdrücken, immer noch verbreitet.

Die Pennsylvania Dutch

info

Die **Amish People** bilden die kleinste und bekannteste, da äußerlich auffälligste Gruppe unter den ehemaligen deutschsprechenden Siedlern in Pennsylvania, den Pennsylvania-Deutschen bzw. *Pennsylvania Dutch*. Ihre Geschichte beginnt in der Reformationszeit zu Anfang des 16. Jh. in der Nachfolge des Schweizer Reformators Zwingli. Vom Rat von Zürich verfolgt, verlagerte sich die Bewegung nach Deutschland, die Niederlande und Österreich.

Ein Holländer namens Menno Simons schloss sich 1536 ihr an und wurde zum charismatischen Anführer einer Splittergruppe, deren Mitglieder sich nach ihm „**Mennoniten**" nannten. Ihre speziellen Vorstellungen in Sachen Familie, Trennung von Kirche und Staat, gewaltloses Leben und Selbstverantwortlichkeit des Einzelnen, machten die **Anabaptisten** (Wiedertäufer) zu Außenseitern. Verfolgt und verachtet, fanden sie Ende des 17. Jh. im neu gegründeten Staat **Pennsylvania** einen toleranten Zufluchtsort. Unter dem elsässischen Mennonitenbischof Jacob Amann bildete sich ab 1693 eine konservative Splittergruppe, die nach ihm „**Amische**" hieß und

info

ebenfalls nach Pennsylvania auswanderte. Sie propagierten eine bescheidene, einfache Lebensweise und lehnten moderne Errungenschaften ab.

Heute existieren noch drei große Gruppen der deutschstämmigen Wiedertäufer: Neben den Amish und Mennoniten sind das die weniger bekannten **Brethren**. Letztere, Religionsflüchtlinge aus Schwarzenau/Deutschland, die sich 1708 unter Alexander Mack zusammenschlossen und in die USA einwanderten, gelten wie die Mennoniten als eher fortschrittlich.
Die **Mennoniten** leben heute auf der ganzen Welt verteilt, rund 350.000 allein in den USA. Die Amischen – die mit rund 20.000 von insgesamt 90.000 Mitgliedern die kleinste Gruppe im Lancaster County – konzentrieren sich hingegen auf die USA (Ohio, Pennsylvania und Indiana) und Kanada (Ontario).

Speziell die Amischen gingen und gehen schon immer ihren **eigenen Weg**. Sie schufen ihr eigenes einklassiges Schulsystem mit achtjähriger Schulpflicht für Mädchen und Jungen. Disziplin wird groß geschrieben, in der Schule wie auch danach, wenn mit etwa 15 Jahren das „Praktikum" beginnt. So sind amische Handwerker – besonders Zimmerleute und Schreiner – als hervorragende Fachleute bekannt und ihre Produkte, Möbel, Kutschen oder auch Bauten werden ebenso wie Quilts oder Handarbeiten viel bewundert und sind – wie die Lebensmittel – heiß begehrt. Bis zum Alter von rund 18 Jahren und der Taufe werden den Jungen größere Freiheiten zugestanden. Als „**Rumspringer**" haben sie Gelegenheit, sich darüber klar zu werden, ob sie wie ihre Eltern leben möchten – was 90 % tun – oder aber aus der Gemeinschaft aussteigen.

Bibel, Gemeinschaft und Familie, harte Arbeit, Land und Natur bestimmen **das Leben der Amischen**. Die Einstellung zu materiellen Gütern unterscheidet sich vom Rest der Welt: das Recht des Bedürfnisses hat Vorrang vor dem Recht auf Eigentum. In ihrer kompromisslosen Strenggläubigkeit lehnen sie Errungenschaften der modernen Zivilisation weit gehend ab und pflegen bis heute einen Lebensstil, der im Einklang mit der Natur steht. Auf schönen Schein und Luxusartikel wird kein Wert gelegt und das äußert sich auch an der Kleidung. Männer und Frauen tragen schlichte Anzüge bzw. züchtige Kleider. Während sich

Beim Buggy-Kauf

unverheiratete Männer rasieren, sind nach der Hochzeit Bärte üblich. Frauen tragen ihr Haar meist lang und zum Knoten gebunden, von einer weißen – vor der Heirat schwarzen – Haube bedeckt. Schmuck und buntbedruckte Stoffe sind ebenso verpönt wie Spiegel in der Wohnung oder Porträtfotos.

Anschluss an das öffentliche Stromnetz, die Gasversorgung oder das Telefonnetz sind tabu, ebenso Fernsehen oder Video. Man verwendet Propangas oder Dieselgeneratoren zur Stromerzeugung und ist bezüglich der Nutzung alternativer Stromquellen einfallsreich, ebenso im Umrüsten der Geräte. Der Besitz von Autos ist nicht erlaubt, das Fahren in Autos oder Bussen, wenn unvermeidlich, hingegen schon. Buggies, Tretroller oder Skates dienen der Fortbewegung über kleinere Distanzen. Man setzt moderne Farmgeräte ein, die jedoch von Pferden oder Ochsen, nicht von Traktoren gezogen werden.

Der **Glaube der Amischen** basiert einerseits auf der Bibelinterpretation, andererseits auf der mündlich überlieferten *Amish Ordnung*, die Verhaltensweisen, Auftreten usw. festlegt. Es gibt keine Gotteshäuser wie bei den Mennoniten, stattdessen findet alle zwei Wochen ein Sonntagsgottesdienst reihum bei einem Mitglied statt, das die Gäste nach dem Gottesdienst mit einem einfachen Mahl verköstigt. Die Amische(n) und die Mennoniten sind vollkommen demokratisch in ihrer religiösen Organisation. Die Gemeinde ist in Kirchendistrikte von 150 bis 200 Mitgliedern aufgeteilt und jede örtliche Gruppe entscheidet selbst über ihre Angelegenheiten. Zuschüsse und „Almosen" seitens des Staates werden abgelehnt, sei es für Schulen, öffentliche Einrichtungen oder andere gute Zwecke – denn nur die eigene, kleine Gruppe zählt.

Hinweise

An den Highways. 30 und 340 sowie an den sie verbindenden Nebenstrecken liegen zahlreiche Sehenswürdigkeiten, die allerdings nicht alle gleich interessant sind. Leider machen sich nämlich mehr und mehr dubiose Touristenattraktionen breit, bei denen immer häufiger die Amish People zum Klischeebild stilisiert werden; dennoch sind viele Läden mit typisch amischen Produkten zu finden.
Die nachfolgend vorgeschlagenen Punkte sollen lediglich als Anregungen dienen, die Liste erhebt keinen Anspruch auf Vollständigkeit. Bei den Besichtigungen ist zu beachten, dass Amish People nicht fotografiert werden möchten und man Privatgrund niemals ungefragt betreten sollte.

„The Amish Experience"

Am Hwy. 340, in der Ortschaft **Bird-in-Hand**, liegt eine Sehenswürdigkeit, die einen guten Einstieg in die Geschichte und das Leben der Amische(n)

Shop in Bird-in-Hand

gibt: Bei **The Amish Experience** handelt sich um einen mehrteiligen Farmkomplex mit Restaurant und Hotel, großem Shop, Theater und Farmhaus. Im *Amish Experience Theater* gibt es stündlich eine 3-D-Filmvorführung mit Spezialeffekten über das Leben der Amish, mit dem Titel „Jacob's Choice". Im Farmhouse, dem *Fisher Family Homestead*, lernt man während einer Tour das Leben einer amischen Familie, Möbel, Kleidung und Ausstattungsgegenstände, kennen. Es wird Wert auf Authentizität und Aktualität gelegt. In der *Plain & Fancy Farm* gibt es dann Essen „family-style".

Einblick in das Leben der Amische

The Amish Experience, *3121 Old Philadelphia Pike/Rte. 340, Bird-in-Hand, www.amishexperience.com, in der HS tgl. 10–17; umfassende Farmland Tours: Mt. März–Okt. tgl. 10/12.30/14.30 Mo–Sa, So 11/13.30 Uhr, in der NS nur an Wochenenden, $ 34,95, VIP-Tour $ 49,95.*

Lancaster

Das kleine Provinzstädtchen (60.000 EW) hat eine bewegte Vergangenheit, nicht nur, was die Besiedelung angeht. Während des Unabhängigkeits- und Bürgerkriegs eine Waffenschmiede, fungierte der Ort für einen Tag sogar als die Hauptstadt der USA, und zwar, als der Kongress am 27. September 1777 aus Philadelphia fliehen musste. Von 1799 bis 1812 Hauptstadt von Pennsylvania, ist der Ort heute nur noch das **Zentrum des Pennsylvania Dutch Country**.

Provinzstadt mit Markt

Im Zentrum informiert das **Mennonite Information Center** ausführlich über Leben und Geschichte der Amische(n) und Mennoniten, außerdem erhält man Tipps zu den verschiedenen Touren und Sehenswürdigkeiten im Umkreis, z.B. den **Central Market** (120 N. Duke St./Penn Sq.), 1742 gegründet. Auf diesem ältesten öffentlichen Markt in den USA hört man noch den altdeutschen Dialekt der Amish und bekommt farmfrische Produkte, aber auch Kunstgewerbe und Handarbeiten. Neueste Attraktion ist der **Lancaster Campus of History**, wo um das ehemalige Wohnhaus des Präsidenten James Buchanan ein Museumkomplex entstand.

Lancaster Campus of History – President James Buchanan's Wheatland, *230 N. President Ave., www.lancasterhistory.org, April–Okt. 10–15 Uhr, $ 10 (Neueröffnung Frühjahr 2013, inkl. dem ehemaligen Lancaster Quilt & Textile Museum)*

Mennonite Information Center, *2209 Millstream Rd., www.mennoniteinfoctr.com, Mo–Sa 8–17, im Winter 8.30–16.30 Uhr, frei. Film, Ausstellung, Touren.*

Landis Valley Museum

Das Museum 4 km nördlich Lancaster ist ein Freilichtmuseum, in dem es um die deutsche Zuwanderung zwischen 1740 und 1940, v.a. um das Alltagsleben, die Traditionen und Gebräuche geht. Kostümierte Führer und Dozenten erwecken das 18./19. Jh. zu neuem Leben, während man durch das Dorf mit seinen insgesamt rund 50 Bauten, von denen etwa 25 zugänglich sind, spaziert.

Museumsdorf

Dort, wo 1750 bereits ein kleines Dorf an der Kreuzung zweier Durchgangsstraßen entstanden war, stehen heute teils Originale, teils von anderen Orten umgesetzte Häuser, teils Nachbauten. Die meisten stammen aus dem frühen 19. Jh., einige aus den 1930er und 40er Jahren. Dazu gehören Bauernhof, Schmiede, Hotel, Schule, *Country Store*, Feuerwehrhaus, Töpferei, Scheune, Wirtshaus, Geräteschuppen – jeweils mit passenden Ausstellungen bzw. Vorführungen im Inneren. Zu Weihnachten kommt der *Belsnickel* (Knecht Ruprecht) und auch sonst ist fast ganzjährig etwas geboten. Das Museum geht auf eine Idee von George und Henry Landis zurück, die schon Ende des 19. Jh. das Erbe der Pennsylvania Dutch (einst 40 % der Bewohner des Staates) zu wahren versuchten und deshalb alle möglichen Hinterlassenschaften zusammentrugen.

Im Landis Valley Museum

Landis Valley Museum, *2451 Kissel Hill Rd./Hwy. 272, 4 km nördl. Lancaster, www.LandisValleyMuseum.org, Mo–Sa 9–17, So 12–17 Uhr, im Winter nur an Wochenenden, $ 12; mit Shop und Restaurant, Programme, Touren und Veranstaltungen.*

Das Hans Herr House

Deutsches Bauernhaus

In dem Örtchen **Willow Street**, rund 11 km südlich Lancaster, gibt es ein authentisches Relikt (deutscher) Zeiten von 1719. Inmitten idyllischer Landschaft steht das **Hans Herr House**, ein gutes Beispiel für **alte deutsche Bauernhofarchitektur** – ein schlichtes Steinhaus mit Giebel und Mittelkamin. Das *Hans Herr House* gilt als ältestes Haus in Lancaster County und zugleich als eines der wenigen erhaltenen Häuser früher deutscher Siedler in ganz USA. Wie der Name sagt, war es das Wohnhaus einer Mennonitenfamillie namens Herr und bis in die 1860er in Familienbesitz. Zu dem Museumskomplex gehören einige Nebengebäude, darunter eine Scheune, in der eine Ausstellung über das mennonitische Landleben gezeigt wird: „Faith and Furrow" (Glaube und Scholle). Außerdem gibt es eine Schmiede und einen Schuppen mit landwirtschaftlichen Geräten.

Im Jahr 1710 hatte eine Gruppe von Mennoniten unter Führung von Hans Herr die Pfalz verlassen, um sich in der Neuen Welt neu anzusiedeln. Das Haus war als erster Bau auf dem Grundstück entstanden, das die neun mennonitischen Männer zugewiesen bekommen hatten. Man legte Felder an, rodete Wälder und nutzte das Holz zum Hausbau. Keine zehn Jahre später

Das Hans Herr Haus von 1719

war die Siedlung auf über 50 Familien angewachsen. 1719 baute Christian Herr für sich, seine Frau Anna, die sieben Kinder – die im Speicher schliefen – sowie die Großeltern das **erste Steinhaus** mit Schindeldeckung. Es gab eine Stube, eine Küche, einen Kachelofen und andere typisch europäische Errungenschaften. Der Bau diente zugleich als Gemeindetreff, da Vater und Sohn Prediger waren, und das wiederum bedeutet, dass es sich um die **älteste Mennoniten-Kirche Amerikas** handelt. Auf dem Gelände entsteht derzeit ein **Longhouse**, das an die lokalen Indianer erinnern soll.
Hans Herr House, *1849 Hans Herr Dr./ Willow St., via Hwy. 222, www.hansherr.org, Mo–Sa 9–16 (1.4.–30.11.), $ 7 (Haustouren).*

Weitere Sehenswürdigkeiten im Dutch Country

Das **Amish Farm and House** ist eine *Working Farm* mit Bauernhaus von 1805, in deren verschiedenen Räumen es ebenfalls um die Lebensweise der Amish geht. Auf der Farm zu sehen sind Tiere und Anbauprodukte der Leute, außerdem Werkzeuge und Gefährte, ein Wasserrad, eine Windmühle, das Quellhaus u.v a. Es gibt Vorführungen eines Hufschmids und einer Quilt-Macherin und das zugehörige *Early Americana Museum* stellt Objekte aus, die im Lancaster County gefunden wurden, teils aus der Zeit der Ureinwohner.

Farmbetrieb

Amish Farm and House, *2395 Hwy. 30 E, 3 km östlich Soudersbourg, www.amishfarmandhouse.com, tgl. 9–18 Uhr, im Winter –16 Uhr, $ 8,50.*

Im **Railroad Museum of Pennsylvania** sind über 100 historische Lokomotiven, Wagons und Modellzüge zusammengetragen. Sie sind ein Relikt der 1832 gegründeten *Strasburg Railroad*, die auch heute noch Touristen in restaurierten Wagons mit Holzausstattung und Dampflok in die alte Zeit zurückversetzt. Sehenswert ist auch das bis heute aktive **Ephrata Cloister** (632 W. Main St., Ephrata), ein mittelalterlich anmutender Komplex aus neun Bauten im deutschen Baustil. Gegründet wurde dieses Kloster von Georg Konrad Beissel 1732 als Führer einer deutschen Pietisten-Gemeinde. Sie war bekannt für ihre Leistungen in den Bereichen Musik, Kalligrafie und Druckkunst.
Railroad Museum of Pennsylvania, *Hwy. 741, östl. Strasburg, www.rrmuseumpa.org, Mo–Sa 9–17, So 12–17 Uhr, $ 10, in der HS dreimal tgl. Fahrten in historischem Zug der Strasburg Railroad von Strasburg nach Paradise, siehe: www.strasburgrailroad.com.*

Schokoladen-Liebhaber sollten nicht den direkten Weg nach Gettysburg oder gleich nach Baltimore nehmen, sondern von Lancaster über den Hwy. 283 und 743 (ab Elizabethtown) nach **Hershey** fahren. Dort kann man in **Hershey's Chocolate World** die Produkte der berühmten Schokoladenfabrik kennenlernen und sich anschließend im Laden mit Leckereien eindecken. Für Familien bietet sich auch der **Hersheypark** an, ein riesiger Vergnügungspark mit zugehörigem Hotel Über Harrisburg und den US Hwy. 15 erreicht man von dort nach rund 50 km Gettysburg.

Schokoladenfabrik

Hershey's Chocolate World, *251 Park Blvd., www.hersheys.com/chocolateworld, tgl. 9–mind. 17 Uhr, Gratistouren und verschiedenste Veranstaltungen.*

Hersheypark, *100 W. Hersheypark Dr., www.hersheypark.com, Mai–Sept. 10–18/22 Uhr, Tagesticket $ 58,95.*

Reisepraktische Informationen Pennsylvania Dutch Country (Lancaster County/PA)

Information

***Pennsylvania Dutch VC**, 501 Greenfield Rd., Lancaster (ausgeschildert am US Hwy. 30), www.PADutchCountry.com, Mo–Sa 9–18, So 9–16 Uhr*
***Mennonite Information Center**, siehe oben*
*Mehr Background und Informationen gibt es in der monatlich erscheinenden Zeitschrift **Amish Country News** (www.amishnews.com).*

Touren

***Abe's Buggy Rides**, 2596 Old Philadelphia Pk., Hwy. 340, Bird-in-Hand, www.abesbuggyrides.com; verschiedene Touren Mo–Sa 10–16 Uhr (ohne Anm.) in typischen Amish-Buggies ab $ 10.*

Unterkunft & Restaurants

*Die Zahl der Unterkünfte ist riesig und die Palette reicht von preiswerten Kettenmotels bis hin zu Luxushotels. Besonders empfehlenswert sind **B&Bs und Farmhouses**, die konzentriert entlang dem Hwy. 284 zwischen East Petersburg und Marietta, außerdem am Hwy. 741 um Strasburg zu finden sind.*

Allgemeine Informationen und Buchungsmöglichkeiten:
***Lancaster County Reservation Center**, ☎ 1-800-723-8824, www.800padutch.com/mem-acc.shtml*
***Authentic B&Bs of Lancaster County**, ☎ 1-800-552-2632, www.authenticbandb.com*
***Lancaster County Farm Stay Association**, www.afarmstay.com („Urlaub auf dem Bauernhof")*

***Landis Farm** $$$, 2048 Gochlan Rd., Manheim, ☎ (717) 898-7028, www.landisfarm.com; auf dem Milchvieh-Hof wurde ein altes Steinhaus zu einem gemütlichen Gästehaus mit zwei Zimmern und Garten umgebaut.*
***General Sutter Inn** $$$, 14 E. Main St., Lititz, ☎ (717) 626-2115, www.generalsutterinn.com; kleines Viersternehotel im ehemaligen „Zum Anker"; 17 schöne Zimmer in traumhaftem Hotel, mit empfehlenswertem Restaurant. Auch der pittoreske Ort lohnt den Besuch.*
***Amish View Inn&Suites** $$$-$$$$, 3125 Old Philadelphia Pike (Hwy. 340), Bird-in-Hand, ☎ 1-866-735-1600, www.AmishViewInn.com; 50 neue große Zimmer und Suiten auf dem Grund der Plain&Fancy Farm mit Pools, Fitness-Zentrum und einigem Luxus.*
***Lancaster Brewing Co.**, 302 N. Plum/Walnut St., Lancaster, Kleinbrauerei mit eigener Kneipe, auch Touren (www.lancasterbrewing.com).*

Einkaufen

Adamstown *und* ***Stoudtburg*** *gelten als Amerikas Antiquitätenhauptstädte – Details siehe www.AntiquesCapital.com.*
Outlet Center *sind ebenfalls zahlreich vertreten, z.B. das* **Tanger Outlet Center** *am US Hwy. 30 im Osten von Lancaster (311 Stanley K. Tanger Blvd.).*
Sturgis Pretzel Bakery, *219 E. Main St., Lititz, www.juliussturgis.com, Touren Mo–Sa 9.30–16.30 Uhr; hier wurden die amerikanischen Pretzels 1861 erfunden.*
Yuengling Brewery, *5th/Mahantongo St., Pottsville, www.yuengling.com, Mo–Fr 9–16, Sa 10–15 Uhr; Touren durch die älteste noch bestehende Brauerei der USA, mit Shop.*
Farmstände, *die Obst, Gemüse u.a. Farmprodukte verkaufen, gibt es in den Sommermonaten entlang der Straßen, außerdem existieren „Pick-Your-Own-Farms" und Verkauf ab Bauernhof.*
Bird-in-Hand Farmers' Market, *Hwy. 340/Maple Ave., ganzjährig Fr/Sa, im Sommer auch Mi/Do.*
Cherry Hill Orchards Outlet, *400 Long Lane, Lancaster; Obst, Cidre, Backwaren, Käse, Gemüse.*
Country Barn Farm Market, *211 S. Donneville Rd., Lancaster; Obst, Gemüse, Konserven, Cidre, Backwaren und Milchprodukte.*
Kauffman's Fruit Farm&Market, *3097 Old Philadelphia Pike, Hwy. 340, Bird-in-Hand; Früchte Konserven, Feinkost, Cidre.*
Lancaster Central Market *at Penn Square, 23 N. Market St., ganzjährig Di/Fr 6–16, Sa 6–14 Uhr Marktbetrieb.*

Gettysburg/PA

Von Lancaster auf dem US Hwy. 30 westwärts sind es knapp 60 km nach Gettysburg – ein zwar nettes, aber an sich eher langweiliges Provinzstädtchen, das eigentlich davon lebt, dass sich hier das bedeutendste Schlachtfeld der USA befindet. Am Ortsrand hatte während des Bürgerkrieges vom 1. bis 3 Juli 1863 eine der entscheidenden Schlachten, die **Battle of Gettyburg**, stattgefunden. Jenes als „Three Days of Destiny" in die Chroniken eingegangene Ereignis markierte zugleich einen Wendepunkt: Von der hier erlittenen Niederlage erholten sich die Südstaaten nie mehr.

An die Geschehnisse damaliger Zeit erinnert der **Gettysburg National Military Park**. Das VC und das Cyclorama Center, in dem eine *Light& Sound*-Präsentation in einer Rotunde mit einem über 100 m langen Wandgemälde den Schlachtverlauf erklärt, sollten die ersten Anlaufpunkte sein. Anschließend sind entlang einer rund 30 km langen Route durch den *National Military Park* 16 wichtige Stationen der Schlacht durch Marker und Texttafeln ausgewiesen. Man passiert entlang der Strecke verschiedene Monumente, Schlachtstellungen und -aktionen, Friedhöfe und Denkmäler. Im Verlauf dieser Schlacht starben über 40.000 Menschen.

Erinnerungsstätte

Auf dem Schlachtfeld von Gettysburg

„ (...) diese Toten sollen ihr Leben nicht umsonst verloren haben (...)" – mit einer nur zweiminütigen, aber als „Gettysburg Address" in die Geschichtsbücher eingegangenen Rede hatte Präsident Abraham Lincoln schon im November 1863 den Friedhof von Gettysburg eingeweiht und bereits damals versöhnliche Töne gegenüber den Südstaaten – zwei Jahre vor Ende des verheerenden Bürgerkriegs am 9. April 1865 – angeschlagen.

Von 2011 bis 2015 wird anlässlich des 150. Jubiläums der *Battle of Gettysburg* und der *Gettysburg Address* mit zahlreichen Veranstaltungen an diesen wichtigen Meilenstein in der US-Geschichte gedacht (Infos: www.gettysburgcivilwar150.com).

Gettysburg National Military Park VC & Museum, *1195 Baltimore Pike (ausgeschildert), www.nps.gov/gett, tgl. 8–mind. 17 Uhr, Gelände frei, $ 12 für Museum, Film, Cyclorama; self-guided und Audio Tours. Teil des Parks ist außerdem das* **David Will's House**, *8 Lincoln Sq., www.davidwillshouse.org, tgl. 9–18 Uhr im Sommer, Frühjahr/Herbst Di–So 9–17, Winter Mi–So, $ 6,50.*

Routenhinweis

Von Gettysburg führt der US Hwy. 140 über etwa 80 km direkt nach Baltimore, das man nach etwa 90 Minuten Fahrtzeit erreicht.

Reisepraktische Informationen Gettysburg

Information

***Gettysburg CVB**, 35 Carlisle St., ☏ (717) 334-6274, www.gettysburg.travel.*

Unterkunft

Baladerry Inn *$$$, 40 Hospital Rd., ☏ (717) 337-1342, www.baladerryinn.com; in einem Bürgerkriegshospital von 1812 untergebrachtes kleines Hotel mit schönem Garten und Tennisplatz, 9 gemütliche Zimmer*

Best Western – Gettysburg Hotel *$$$, Lincoln Square, ☏ (717) 337-2000, www.gettysburg-hotel.com; nach dem Vorbild einer historischen Herberge von 1797 wurde das neue Hotel mit 96 geräumigen Zimmern mit allem Komfort.*

James Gettys Hotel *$$$, 27 Chambersburg St., ☏ 717-337-1334, www.jamesgettyshotel.com; historisches Haus von 1804 in dem 11 kleine Suiten zur Verfügung stehen; Frühstück im Preis enthalten.*

„... these dead shall not have died in vain ..."

info

„... dass diese Toten nicht umsonst gestorben sind ..." – lange hing dieser Satz der aus nur 272 Worten bestehenden und nur zwei Minuten dauernden Rede von Präsident Abraham Lincoln in der Luft. An jenem trüben 19. November 1863 hatte man sich auf dem Friedhof von Gettysburg versammelt und Lincoln hatte in seiner legendären **Gettysburg Address**, zwei Jahre vor Kriegsende, versöhnliche Töne gegenüber den Südstaaten eingeschlagen, nachdem sich diese nur wenige Monate zuvor, vom 1. bis 3. Juli 1863, mit den Unionstruppen eine der blutigsten Schlachten des Bürgerkriegs geliefert hatten. Jene „**Three Days of Destiny**" bedeuteten den Wendepunkt im Bruderkrieg zwischen Nord- und Südstaaten, Union und Konföderierten. Von der hier erlittenen Niederlage erholten sich die Südstaatler nicht mehr und mussten schließlich am 9. April 1865 im Appomattox Court House (Virginia) kapitulieren.

Der militärische Konflikt hatte am 12. April 1861 mit der Beschießung von Fort Sumpter vor Charleston seinen Lauf genommen und die folgenden vier Jahre sollten als erster „moderner" Krieg in die Geschichtsbücher eingehen. Bis 1865 lieferten sich beide Parteien über 10.000 Gefechte, besonders am Mississippi und in den Bundesstaaten Virginia, Tennessee und Georgia. Am Ende hatte das Gemetzel 620.000 Menschen das Leben gekostet und das Land nachhaltig verwüstet.

Bis zur **Schlacht von Gettysburg im Juli 1863** hatten es die Konföderierten unter ihrem Oberkommandieren General Robert E. Lee der Union schwer gemacht und etliche Schlachten gewinnen können. Im Juni 1863 ging General Lee zum ersten Mal in die Offensive und marschierte mit seinen Truppen nordwärts nach Maryland und Pennsylvania, ohne, wie geplant auf eine weitere kampfstarke Kavallerie-Einheit zu warten. Ein taktischer Fehler, wie sich später herausstellte.

Der Zufall wollte es, dass am 30. Juni 1863 die Konföderierten und eine sie verfolgende Unionstruppe unter General George Gordon

info

Meade bei **Gettysburg** aufeinander trafen. Drei Tage lang lieferte man sich erbitterte Kämpfe, dann griffen am 3. Juli nach zweistündigem Kanonenfeuer 12.000 Südstaatler auf offenem Feld die Verteidigungsgräben der Union an. Diese als *Pickett's Charge* in die Geschichtsbücher eingegangene Attacke kostete innerhalb einer Stunde nicht nur über 5.000 Soldaten das Leben, sondern endete für die Südstaatler desaströs: Die Konföderierten zogen sich am 4. Juli geschlagen und demoralisiert nach Virginia zurück.

Ein Wendepunkt, zumal sich die materielle und personelle Unterlegenheit der Südstaatenarmee immer deutlicher bemerkbar machte. Keine 20 Monate später mussten sich die Konföderierten geschlagen geben. Beide Seiten hatten insgesamt über 51.000 Tote, Verwundete und Vermisste zu beklagen und der Schock saß tief. Wohl deshalb ordnete bereits Tage nach der Schlacht der Gouverneur von Pennsylvania an, das Schlachtfeld zur Gedenkstätte und zum Soldatenfriedhof umzufunktionieren – und lud zur Eröffnung Präsident Lincoln ein.

„Charm City“ Baltimore

Blühende Hafenstadt

Baltimore nennt sich selbst gern „Charm City“. Wer die Lage der Stadt mit dem fünftgrößten Hafen der USA an der Chesapeake Bay erlebt hat, versteht die Liebe der etwa 621.000 Einwohner zu ihrer Stadt. Nicht nur ein reiches maritimes Erbe prägt sie, sondern man ist auch stolz auf die afroamerikanischen Wurzeln: über 60 % der Bewohner sind afroamerikanischer Herkunft.

Orientierung

Baltimores Innenstadt breitet sich um die **Historic Charles Street** als dominante Nord-Süd-Achse aus, Herz der Stadt ist der **Inner Harbor** mit seinen Sehenswürdigkeiten. Baltimores Innenstadt lässt sich gut zu Fuß erkunden: Im Osten, „landeinwärts“, liegen **Little Italy** (um Pratt, östlich President St.), das neue **Harbor East** und **Fell's Point**, das alte Hafenviertel Baltimores. Historisch aufgeputzt ist Fell's Point besonders beliebt bei Nachtschwärmern.
Westlich des Inner Harbor liegt **Camden Yards**, wegen der beiden Sportstadien interessant für Sportfans. **Downtown Baltimore** – das *City Center* um das Rathaus – erstreckt sich nördlich des Convention Center (Pratt St.) und geht nach Westen in die **Westside** über, die von der Howard St. als Hauptachse durchzogen wird. Dort stellt das historische **Fort McHenry** die Hauptattraktion dar. Weiter nach Norden folgt **Mount Vernon** mit dem Washington Monument als markantem Punkt. Es handelt sich um den „Kultur-Strip“ der Stadt, aber auch um jene Region, in sich im 18./19. Jh. die besten Adressen befanden.

Ganz im Norden, jenseits der *Amtrak Penn Station*, erstreckt sich im **Charles Village** der Campus der renommierten **John Hopkins Universität**. Der **Druid Hill Park** von 1688 im Nordwesten ist der zweitgrößte Park der USA und die grüne Lunge der Stadt. In der Nähe liegt **Hampdon**, eines der lebendigsten Viertel Baltimores.

Geschichte

Das am 8. August 1729 gegründete Baltimore blühte dank des Naturhafens rasch als **Handelsmetropole** auf. Die britischen Restriktionen in den 1760er und 70er Jahren trafen den Handelsort hart, weswegen auch die Beteiligung an den Befreiungskriegen besonders rege war. Als der wichtige Hafen von den Briten attackiert wurde, konnte man dank **Fort McHenry**, ganz an der Spitze der Landzunge im Süden des Hafens gelegen, diesen Angriff im September 1814 im „War of 1812“ abwehren. Dies war ein erster Schritt in Richtung Friedensschluss zwischen beiden Nationen.

Baltimore blieb weiter ein bedeutender Handelspunkt, vor allem der Warenumschlag mit den Karibischen Inseln und Südamerika florierte und Mehl war ein wichtiges Handelsgut: 1825 gab es an die 60 Mühlen im Großraum Baltimore, das damals zur **zweitgrößten Stadt** in den USA aufgestiegen war. Zudem entwickelte sich Baltimore zum wichtigen **Industrie- und Handelsstandort**. Doch auch das Streben westwärts dauerte an: Erst wurde der *Chesapeake & Ohio Canal* als Verbindung zwischen Potomac und Ohio River Valley eingeweiht, dann entstand die *B&O (Baltimore & Ohio) Railroad*, die 1842 Cumberland und 1874 Chicago erreichte. Nach dem

Der Inner Harbor, Baltimores maritimes Herz

Bürgerkrieg avancierte Baltimore **zum zweitwichtigsten Einwandererhafen** nach New York.

Ein verheerender Brand am 7./8. Februar 1904 – „**Baltimore Ablaze**" – zerstörte 86 Häuserblocks und damit fast die komplette Innenstadt. Allerdings gab es keine Toten, und es kam zum schnellen Wiederaufbau, der nur kurzzeitig durch Depression und Zweiten Weltkrieg gebremst wurde. In den 1970ern setzten Programme zur städtischen Erneuerung an und die **Revitalisierung** der Innenstadt wurde thematisiert. Man funktionierte Werften und Lagerhäuser zu Entertainment-Komplexen und Wohnarealen um, und der Shoppingkomplex *Harborplace* öffnete 1980, gefolgt von anderen Attraktionen und den beiden Sportstadien. Heute ist der **Inner Harbor** Baltimores Aushängeschild.

Inner Harbor

Der **Inner Harbor** wird durch Pratt (N) und Light St. (W) begrenzt. Rings um das Hafenbecken reihen sich Einkaufszentren, Cafés, Restaurants, Hotels, das Convention Center und einige Attraktionen und Museen auf. Hier ist dank Straßenmusikanten oder Open-Air-Konzerten immer etwas los, hier verkehren Wassertaxis, und Boote starten zu Hafenrundfahrten.

Topsight: Hafenareal

Zunächst lohnt der „Aufstieg" zum **Federal Hill** am Südufer des Inner Harbor. Von hier hat man einen schönen Überblick über die Stadt. Das **American Visionary Art Museum** (**AVAM**) (1) ist kein gewöhnliches Kunstmuseum, es fällt allein schon wegen des Baus und der ungewöhnlichen Gestaltung ringsum ins Auge. Innen findet sich höchst fantasievolle Kunst (*fantastic art*) in Dauer- und Wechselausstellungen, lustig, skurril, verrückt, autodidaktisch, hochqualitätvoll oder zusammengebastelt, aber immer sehenswert – im Hauptbau sowie der nebenan liegenden, umgebauten Lagerhalle, der **Tall Sculpture Barn** (mit kuriosen „Spielgeräten" und großformatigen Skulpturen), sowie dem **Wildflower Garden** (Garten mit Hochzeits-Altar und -Kapelle). Allein der Museumsladen mit Ausgefallenem und Kuriositäten, Künstlerischem und Kitschigem zu günstigen Preisen ist einen Besuch wert.
American Visionary Art Museum (**AVAM**), *800 Key Hwy., www.avam.org, Di–So 10–18 Uhr, $ 15,95, mit Café und Shop.*

1 American Visionary Art Museum (AVAM)
2 Maryland Science Center
3 Harborplace
4 Baltimore Maritime Museum
5 Top of the World Observation Level
6 National Aquarium
7 Power Plant
8 Port Discovery Children's Museum
9 Reginald F. Lewis Museum of Maryland African American History & Culture
10 Phoenix Shot Tower
11 Historic Charles Street
12 Babe Ruth Birthplace
13 Sports Legends Museum at Camden Yards
14 Lexington Market
15 B&O Railroad Museum
16 City Hall
17 Basilica of the Assumption
18 Washington Monument
19 Walters Art Gallery
20 Maryland Historical Society
21 Eubie Blake National Jazz Institute & Cultural Center
22 John Hopkins University
23 Baltimore Museum of Art
24 Lacrosse Museum & National Hall of Fame
25 Druid Hill Park & Lake
26 Hampden
27 Fort McHenry

Hotels

1 Fairfield Inn
2 Renaissance Harborpalace
3 Admiral Fell Inn
4 The Inn at Henderson's Wharf

Restaurants

1 Miss Shirley´s Café
2 Corks
3 The Black Olive
4 Langermann´s

Nur wenige Schritte von AVAM und Federal Hill entfernt, befindet sich, ebenfalls am Hafenbecken, eine der Hauptsehenswürdigkeiten der Stadt: das **Maryland Science Center (2)**. In diesem naturwissenschaftlichen Museum mit IMAX-Kino und Planetarium sind der Dinosaurier-Saal und die neue Chesapeake-Bay-Abteilung besonders sehenswert. Zum Komplex gehören ferner das *Davis Planetarium* und das *National Visitors' Center for the Hubble Space Telescope*.

Maryland Science Center, *601 Light St., www.mdsci.org, Di–Do 10–17, Fr 10–20, Sa 10–18, So 11–17 Uhr, $ 16,95, $ 14 nur IMAX, $ 20,95 mit Sonderausstellungen und IMAX.*

Ein Stück weiter, vorbei am **Infozentrum** (s. unten) und am Einkaufszentren **Harborplace (3)**, liegen die Boote des **Baltimore Maritime Museum (4)** vor Anker. An Pier 1 kann man das 1854 von Stapel gelaufene Segelkriegschiff „*USS Constellation*" und den kleinen Museumsbau besichtigen, außerdem an Pier 3 das U-Boot „*USS Torsk*", das Küstenwachschiff „*USCGC Taney*" und das Lightship „*Chesapeake*". Im Eintrittspreis enthalten ist zudem das *Seven-Foot Knoll Lighthouse*. Der gesamte Inner Harbor steht als **National Historic Seaport of Baltimore** unter Denkmalschutz. Bei schönem Wetter lohnt anschließend die Fahrt auf den benachbarten **Top of the World Observation Level (5)** im 27. Stock des World Trade Center, erbaut von dem Stararchitekten I. M. Pei.

Ausblick genießen

Baltimore Maritime Museum, *301 Pratt St., Piers 1, 3 & 5 Inner Harbor, www.historicships.org, tgl. mind. 10–16.30 Uhr, $ 11, für 1, $ 14 für 2 und $ 18 für alle 4 Schiffe.*

Top of the World Observation Level, *401 E. Pratt St., www.viewbaltimore.org, Mo–Do 10–18, Fr/Sa 10–19, So 11–18 Uhr, in NS Mo/Di geschl., $ 5.*

Nur Schritte neben dem WTC liegt auf einem Pier eine weitere, weithin bekannte Hauptattraktion der Stadt, das **National Aquarium (6)**. Im Zentrum steht ein mehrstöckiges Salzwasserbecken *(Atlantic Coral Reef & Open Ocean)*, dazu gibt es riesige, mit Pflanzen und Tieren hinter Glas über verschiedene Ebenen gestaltete Abteilungen wie *Tropical Rain Forest* oder *Animal Planet Australia* sowie eine eigene Delphin-Abteilung (Vorführungen!).

Faszinierendes Aquarium

National Aquarium Baltimore, *Pier 3/4, 501 E. Pratt St., www.aqua.org, tgl. mind. 9–17 Uhr, $ 29,95, verschiedene Kombitickets.*

In die **Power Plant (7)**, ein ehemaliges Kraftwerk an Pier 5 sind Cafés und Läden eingezogen, im **Pier Six Concert Pavilion** nebenan finden im Sommer verschiedenste Veranstaltungen statt. Im ehemaligen *Baltimore Fishmarket Building* ein Stück nördlich befindet sich mit dem **Port Discovery Children's Museum (8)**, eines der besten Kindermuseen der USA.

Port Discovery Children's Museum, *35 Market Place, www.portdiscovery.org, Di–Fr 9.30–16.30, Sa 10–17, So 12–17 Uhr, im Sommer tgl. 10–17, So 12–17 Uhr, $ 13,95.*

Östlich davon liegt das **Reginald F. Lewis Museum of Maryland African American History & Culture (9)**, ein Museum, das sich mit der Ge-

Zwei Highlights von Baltimore: das Maritime Museum und das Aquarium

schichte und dem Erbe Amerikaner afrikanischer Herkunft über die letzten 350 Jahre beschäftigt. Hier wird deutlich, warum Baltimore stolz auf seine afroamerikanischen Wurzeln ist. Daneben lohnt ein Blick ins **Star-Spangled Banner Flag House**, das sich der Auseinandersetzung zwischen Briten und USA während des „War of 1812“ und der Produktion der Nationalflagge widmet.
Reginald F. Lewis Museum of Maryland African American History & Culture, *830 E. Pratt St., www.africanamericanculture.org, Mi–Sa 10–17, So 12–17 Uhr, $ 8; mit Kino, Shop, Café und Archiv.*
Star-Spangled Banner Flag House, *844 E. Pratt St., www.flaghouse.org, Di–Sa 10–16 Uhr, $ 8.*

Phoenix Shot Tower und Carroll Museum

Ungewöhnlicher Turm

Markantes Wahrzeichen der Stadt an der Ecke Fayette/Front St., nahe dem Inner Harbor und bereits in **Historic Jonestown** gelegen, ist der **Phoenix Shot Tower (10)**. 1782 hatte ein Engländer namens William Watt den Herstellungsprozess von Bleikugeln rationalisiert, indem er Blei durch Röhren eines hohen Ziegelturms fließen ließ. Abgekühlt wurden daraus perfekt geformte runde Kugeln. Der Ziegelbau stammt von 1828 und misst knapp 72 m. Im Schatten des Turms steht das Haus von Charles Carroll, einem der Unterzeichner der Unabhängigkeitserklärung, mit dem **Carroll Museum**, das über die frühe Geschichte der Stadt informiert.
Phoenix Shot Tower, *801 E. Fayette St., Sa/So 16 Uhr Touren $ 5.*
Carroll Museum, *800 E. Lombard St., www.carrollmuseums.org, Sa/So 12–16 Uhr, $ 5 nur Touren.*

Unterwegs nach Fell's Point

Das sich an den Inner Harbor östlich anschließende **Fell's Point** gilt als eines der ältesten Viertel Baltimores. Die alten Pflasterstraßen des ehemaligen Hafenviertels, das um 1730 entstanden war, rahmen Gebäude aus dem 18. Jh. und in sie sind Pubs, Galerien und Kneipen eingezogen.

Zwischen Hafen und Fell's Point befindet sich im Bereich der Fawn Street **Little Italy**, für Besucher in erster Linie interessant wegen der italienischen Lokale. Südlich davon hat sich als neuestes Viertel am Hafen **Harbor East** entwickelt, mit teuren Wohnungen, noblen Läden und Lokalen.

City Center, Camden Yards und Westside

Die Innenstadt Baltimores schließt sich nördlich an den Inner Harbor an. Hauptachse ist die **Historic Charles Street (11)** mit ihrer teils alten Architektur. Hier reihen sich Geschäfte, Restaurants, Galerien, Museen und Kirchen aneinander. Südwestlich liegen die beiden gigantischen Sportstadien der Stadt: **Oriole Park at Camden Yards** – die Heimat der Profibaseballer *Baltimore Orioles* – und das Stadion der American Footballer *Baltimore Ravens*, das **M&T Bank Stadium**.

Baltimores berühmtester Sohn: Baseballer Babe Ruth

Babe Ruth Birthplace (12) und das **Sports Legends Museum at Camden Yards (13)** würdigt einen der berühmtesten Baseballspieler aller Zeiten sowie die Sportteams der Stadt anhand von Fotos und Memorabilien, mit interaktiven Stücken und Videos. Im OG des Sportmuseums befindet sich das sehenswerte **Geppi's Entertainment Museum**, ein einzigartiges Museum über Comics und Popkultur. Die weltweit einmalige Sammlung von Originalen, Figuren und Memorabilien von der Frühzeit bis heute, von *Superman* über *Batman* und *Mickey Mouse* bis hin zu *Barbie*, zusammengetragen von Stephen A. Geppi ist ein Muss für Fans, aber auch für alle Anderen sehenswert.

Babe Ruth Birthplace, *216 Emory St., www.baberuthmuseum.com, tgl. 10–17 Uhr, an Spieltagen bis 19 Uhr, Nov.–März Mo geschl., $ 6.*
Sports Legends Museum at Camden Yards, *301 W. Camden St., tgl. 10–17 Uhr, $ 8 bzw. Kombiticket mit Babe Ruth Birthplace $ 12.*
Geppi's Entertainment Museum, *301 W. Camden St., www.geppismuseum.com, Di–So 10–18 Uhr, $ 10*

Ein Stück weiter nördlich, im afroamerikanischen Stadtviertel **Westside**, das touristisch sonst wenig zu bieten hat, befindet sich seit 1782 der **Lexington Market** **(14)** – rund 140 Marktstände unter einem Dach, günstige Imbissgelegenheiten und Lebensmittel aller Art. Er bildet das Zentrum des so genannten **Market Center** zwischen Franklin, Liberty, Baltimore und Greene St., mit Geschäften und Lokalen verschiedenster Art.

Bunter Wochenmarkt

Lexington Market, *400 W. Lexington St., Mo–Sa 8.30–18 Uhr, www.lexingtonmarket.com, z.B. gut zum Imbiss: Faidley's Seafood oder Mary Mervis Deli.*

An der Pratt St. befindet sich im Westen der Innenstadt in einem alten Bahnhofsgebäude das **B&O Railroad Museum (15)**, eine Ausstellung zur Geschichte der amerikanischen Eisenbahn, speziell der *B&O Railroad*, mit Eisenbahnreliquien, historischen Loks und Wagen.
B&O Railroad Museum, *901 W. Pratt St., www.borail.org, Mo–Sa 10–16, So 11–16 Uhr, $ 16.*

Das eigentliche Stadtzentrum wird dominiert von der **City Hall** (100 N. Holliday St.) **(16)**, mit einer sehenswerten, über 30 m hohen Kuppel und Ausstellungen zur Stadtgeschichte. Ein Stück weiter, bereits in Mount Vernon, erhebt sich an der Ecke Cathedral/W. Mulberry St. die **Basilica of the Assumption (17)**, die erste katholische Kirche in den USA, erbaut nach Plänen von Benjamin Henry Latrobe, der u.a. für das United States Capitol in Washington verantwortlich zeichnet.

Mount Vernon

Das **Washington Monument** (N. Charles St./Mount Vernon Pl.) **(18)**, markiert das Stadtviertel Mount Vernon. Über 228 Stufen gelangt man zur Spitze der rund 60 m hohen Säule. Sie ist damit niedriger als ihr 169 m hohes Pendant in Washington, D. C., das vom selben Erbauer, Robert Mills, stammt. Dafür wurde das Denkmal in Baltimore früher, nämlich schon 1815 erbaut.

Die **Walters Art Gallery (19)** genießt unter Kunsthistorikern und Archäologen den Ruf eines der renommiertesten Museen der USA zu sein und ist für spektakuläre Wechselausstellungen bekannt. Es umfasst auf fünf Stockwerken über 20.000 Kunstwerke, darunter Werke der Ur- und Frühgeschichte (Ägypten, Griechen, Römer, Byzantiner u.a.), des Mittelalters, der Renaissance und des Barock, außerdem asiatische Kunst, französische Gemälde des 19. Jh. und moderne Kunst des 20. Jh. Zwei Blöcke westlich davon steht das Gebäude der **Maryland Historical Society (20)** mit dem *Carey*

Renommiertes Museum

Center for Maryland Life sowie einer Gemäldegalerie mit Bildern von Maryland im Laufe der Jahrhunderte. Dazu gibt es Kunsthandwerk, Möbeln und Americana aller Art zu sehen.

Für Jazzfans

An der nördlich gelegenen *Antique Row* informiert das **Eubie Blake National Jazz Institute & Cultural Center** (21) auf vier Etagen nicht nur über den großen Jazzpianisten Eubie Blake, sondern auch über andere Jazzlegenden der Stadt, z.B. Billie Holiday oder Chick Webb.

Walters Art Gallery, *600 N. Charles St., www.thewalters.org, Mi–So 10–17 Uhr, frei, mit Café und Shop.*

Maryland Historical Society Museum, *201 W. Monument St., www.mdhs.org, Mi–Sa 10–17, So 12–17 Uhr, $ 6.*

Eubie Blake National Jazz Institute & Cultural Center, *847 N. Howard St., www.eubieblake.org, Mi–Fr 13–18, Sa 11–15 Uhr, $ 5.*

Im Norden der Stadt

Die im Norden gelegene **John Hopkins University** (22) wurde 1876 gegründet und ist Heimat von rund 3.600 Studenten. Sie liegt im Viertel **Charles Village** um die Charles Street. Am Südrand des Campus befindet sich das wegen seiner modernen Kunstsammlung mit Werken von Matisse, Picasso, Monet, van Gogh, Cézanne u.a. großen Künstlern berühmte **Baltimore Museum of Art** (23).

Baltimore Museum of Art, *10 Art Museum Dr., www.artbma.org, Mi–Fr 10–17, Sa/So 11–18 Uhr, frei außer Sonderausstellungen; derzeit einige Galerien wegen Renovierungsarbeiten geschlossen.*

Grüne Lunge der Stadt

Interessant für Sportfreunde ist das **Lacrosse Museum & National Hall of Fame** (24), eine Würdigung an die älteste Sportart Nordamerikas, Lacrosse. Westlich des Campus' schließt die grüne Lunge der Stadt an, der **Druid Hill Park & Lake** (25) mit Zoo und Botanischem Garten. Zwischen Park und Uni erstreckt sich das Viertel **Hampden** (26) mit kleinen Läden und Lokalen um die Kreuzung W. 36th St./Chestnut Ave. Berühmt in der 34th Street ist die aufwändige Dekoration in der Vorweihnachtszeit.

Lacrosse Museum & National Hall of Fame, *113 W. University Pkwy., www.uslacrosse.org/museum/halloffame.phtml, Mo–Fr 11–15 Uhr, $ 3.*

Fort McHenry National Monument & Historic Shrine

Das im Süden der Stadt, direkt an der Hafeneinfahrt gelegene **Fort McHenry** (27) gehört zu den historischen Juwelen der USA. 1798 erbaut, widerstand das Fort im „War of 1812" unter dem Kommando von Major George Armistead dem 25-stündige Bombardement der britischen Flotte am 13. und 14. September 1814. Zuvor hatten die Briten schon die Hauptstadt Washington zerstört und nun sollte die Einnahme von Baltimore den Krieg zugunsten der Briten beenden. Doch diese konnten weder das Fort noch die Stadt ein-

nehmen und zogen wieder ab. So entschied sich hier der Krieg und es kam Ende Dezember zum Friedensschluss. Das Fort ging aber auch aus einem anderen Grund in die Geschichtsbücher ein: Die während der Beschießung über dem Fort wehende Flagge – sie befindet sich im *National Museum of American History in Washington D.C.* – wurde vor Ort von *Mary Young Pickersgill* angefertigt und insprierte Francis Scott Key zum Gedicht „**The Star-Spangled Banner**", der heutigen Nationalhymne.
Fort McHenry NM, *2400 E. Fort Ave., www.nps.gov/fomc, Gelände tgl. 8–17 Uhr. VC und Fort tgl. 8–16.45 Uhr, $ 7.*

Reisepraktische Informationen Baltimore

Information

Baltimore VC *(BACVA), 451 Light St., www.baltimore.org, tgl. 9/10–16/17 Uhr, im Winter nur Mi–So; großes VC direkt am Inner Harbor, vielerlei Broschüren, Auskünfte, Ticketverkauf sowie Hotelreservierungsservice, Touch-Screen-Kiosks, interaktive Ausstellungen, Film u.a.*
Capital Region*, siehe Washington D.C. S.423*

Spar-Tipp

Der **Harbor Pass** ist für $ 49,95 im Internet (http://baltimore.org/harborpass) aber auch etwas teurer im VC erhältlich. Er ist vier Tage lang für fünf Attraktionen (*National Aquarium, Maryland Science Center, Sports Legends Museum, Top of the World Observation Level, Port Discovery Children's Museum* oder *AVAM*) gültig.

Touren / Führungen

Baltimore Black Heritage Tours, *☏ (410) 783-5469, http://mysite.verizon.net/vze1ta3t/bbhtour; Touren mit Lou Fields zur afroamerikanischen Geschichte der Stadt sowie zu anderen Themen.*

Unterkunft

Admiral Fell Inn **(3)** *$$$, 888 S. Broadway, ☏ (410) 522-7377, www.AdmiralFell.com; renoviertes historisches Hotel an der Waterfront mit gemütlich ausgestatteten Zimmern und Ausblick.*
Fairfield Inn & Suites Baltimore Inner Harbor **(1)** *$$$, 101 President St., ☏ (410) 837-9900, www.greenfairfieldinn.com; das erste „grüne" Hotel der Stadt liegt günstig und bietet Zimmer mit allem Komfort.*
The Inn at Henderson's Wharf **(4)** *$$$-$$$$, 1000 Fells St., ☏ (410) 522-7777, www.hendersonswharf.com/inn; 38 schöne Zimmer in denkmalgeschütztem Haus mit Garten, inkl. Frühstück.*
Renaissance Harborplace Hotel **(2)** *$$$$, 202 E. Pratt St., ☏ (410) 547-1200, www.renaissanceharborplace.com; direkt am Inner Harbor gelegenes Hotel mit neu renovierten, geräumigen und modern ausgestatteten Zimmern; von den Südzimmern Blick auf den Hafen!*

Restaurants

*Das Viertel **Fell's Point** ist bekannt für Dining und Nightlife, Antiquitätenshops und Boutiquen.*

***The Black Olive** (3), 814 S. Bond St., ☏ (410) 276-7141; mediterrane Küche mit Schwerpunkt griechische Spezialitäten, frischer Fisch und organische Produkte.*

***Corks Restaurant** (2), 1026 S. Charles St., ☏ (410) 752-3810; Chef Jerry Pellegrino zaubert in diesem schicken Bistro kreative Gerichte, dazu komplett amerikanische Weinliste!*

***Langermann's** (4), 2400 Boston St., ☏ (410) 534-3287; beliebtes Lokal mit leckeren Gerichten mit Südstaaten-Touch, aber auch tolle Burger, Salate und Sandwiches und Happy Hour!*

***Miss Shirley's Café** (1), 750 E. Pratt St., Mo–Fr 7–15, Sa/So 7.30–15.30 Uhr; ideal zum Frühstück oder Mittagessen: üppige, großproportionierte Gerichte mit Südstaaten-Touch und Baltimore-Twist. V.a. große Auswahl an Frühstücksgerichten!*

Einkaufen

***Harborplace & The Gallery at Harborplace**, 200 E. Pratt St., www.harborplace.com; u.a. 16 Restaurants wie Five Guy's Burgers oder Lenny's Deli, dazu ca. 100 Shops und Verkaufsstände sowie Food Court. Ein Teil des Einkaufszentrums liegt direkt am Inner Harbor, der andere jenseits der Pratt St.*

***Lexington Market**, 400 W. Lexington St., www.lexingtonmarket.com; großer Marktbau mit vielen Imbissständen (Seafood und Südstaatenküche); Viertel abends nicht empfehlenswert!*

Unterhaltung / Veranstaltungen

***Infos/Tickets**: www.baltimorewaterfrontfestival.com und im VC*

***Power Plant Live**, 601 E. Pratt St., Pier 4, www.powerplantlive.com; Entertainment-Komplex gegenüber dem historischen Kraftwerk, in dem sich eine große* Barnes&Noble-Filiale *(Bücher, CDs) befindet.*

Zuschauersport

***Baltimore Ravens** (Am. Football – NFL), Spiele im zentral gelegenen* M&T Bank Stadium, *www.baltimoreravens.com*

***Baltimore Orioles** (Baseball – MLB), Spiele im Oriole Park at Camden Yards, http://baltimore.orioles.mlb.com*

Flughafen

***Baltimore-Washington International Airport** (BWI), siehe „Reisepraktische Tipps Washington D.C.“*

Eisenbahn

*Baltimore liegt an der Hauptbahnstrecke zwischen Washington und New York. Hauptbahnhof ist die **Baltimore Penn Station** (1515 N. Charles St.), am nördlichen Innenstadtrand (kostenloser Circulatur-Bus Richtung Inner Harbor).*

Nahverkehr

Ideal für Besucher sind die vier **kostenlosen Buslinien** *des* **Charm City Circulator**. *Die* **Purple Line** *verkehrt zwischen Pen Station und Federal Hill (Charles/Light St.), die* **Orange Line** *zwischen Westside und Little Italy (Pratt/ Lombard St.) und die* **Green Line** *zwischen City Center und Fell's Point und die* **Banner Route** *verbindet den Inner Harbor mit Fort McHenry. Der* **Harbor Connector** *stellt die Verbindung auf dem Wasser von Harbor East zu Harbor View (Federal Hill) bzw. zwischen Maritime Park, Tide Point und Canton Waterfront Park her.*

Circulator: *www.charmcitycirculator.com, kostenlos, Mo–Do 6.30–20/21, Fr 6.30–24, Sa 9–24, So 9–20/21 Uhr*

Mass Transit Administration *(MTA): http://mta.maryland.gov; die Metrolinie quert die Stadt von W nach O, Light Rail fährt in N-S-Richtung; Einzelticket $ 1,60, Day Pass $ 3,50; außerdem Light Rail (Straßenbahn) und Busse.*

Baltimore Water Taxi: *http://baltimorewatertaxi.com, 3 Routen: „Inside Route" mit Stopps im Hafenbecken, Express Route zum Fell's Point und Far East Fort McHenry Route. Insgesamt 17 Stopps, Tageskarte $ 12.*

Annapolis, Segelhauptstadt Amerikas

Der Hwy. 2 führt über Glen Burnie nach **Annapolis**, etwa auf halbem Weg zwischen Baltimore und Washington (je ca. 50 km) gelegen und **Hauptstadt** des Bundesstaats Maryland. Der „Old Line State", der 1788 der Union beitrat, wurde nach Henriette Maria, der Gemahlin Charles I. von England, benannt.

Segelhauptstadt Amerikas

Annapolis ist eine gemütliche Stadt, mit hübsch restaurierten historischen Häuschen von der Kolonialzeit bis ins 20. Jh. in verschiedensten architektonischen Stilen, verteilt auf enge, verwinkelte Gässchen. Der malerische Hafen liegt an der *Severn River Bay*, die in die **Chesapeake Bay** übergeht, und diese geografische Lage hat Annapolis zur „**Segelhauptstadt Amerikas**" gemacht. Alljährlich Anfang Oktober findet die *US Sailboat Show* statt, die größte Segelschiff-Ausstellung der Welt. Annapolis ist auch Sitz der berühmten **U.S. Naval Academy**.

Dazu handelt es sich um eine der **traditionsreichsten Städte** an der amerikanischen Ostküste. Die Hauptstadt des Bundesstaates Maryland wurde 1649 als „*Providence*" gegründet, dann nach der Frau von Cecilius Calvert, dem zweiten Lord of Baltimore, der die ersten Siedler dieser Gegend mit Geld unterstützte „*Anne Arundel Town*" genannt. Im Jahr 1694 erhielt der Ort seinen heutigen Namen von Prinzessin Anne, der späteren Königin von England. Ein Jahr später begann man mit der Anlage eines Straßennetzes, das noch heute durch Church und State Circle bestimmt wird; davon gehen die Straßen radial aus.

Einen **wirtschaftlichen Aufschwung** erlebte Annapolis zwischen 1750 und 1790 als Umschlagplatz für Tabak. Damals entwickelte es sich zum wirtschaftlichen, sozialen und politischen Zentrum von Maryland. Außerdem entstanden die erste Bibliothek und das erste Theater in den Kolonien, die erste öffentliche Schule und das *St. John's College*. Zwischen November 1783 und August 1784 war Annapolis die **erste Hauptstadt der USA** zu Friedenszeiten und Ort der Unterzeichnung des Frieden von Paris, der offiziellen Bestätigung der Unabhängigkeit der 13 amerikanischen Kolonien.

Sehenswürdigkeiten

Hübsches Altstadtviertel

Das **Maryland State House** erhebt sich unübersehbar auf einer Anhöhe im Stadtzentrum und ist von einem ansehnlichen Altstadtviertel umgeben. Der **älteste Regierungssitz der USA**, der bis heute in Funktion ist, wurde 1772 bis 1779 mit einem Holzdach erbaut und fungierte von November 1783 bis August 1784 als Kapitol. Heute ist das State House Sitz der Regierung von Maryland und steht der Öffentlichkeit zur Besichtigung offen. Sehenswert sind *The Old Senate Chamber*, wo 1783/84 der Kongress tagte und auch der *Treaty of Paris* am 17. Januar 1784 ratifiziert wurde.
Maryland State House, *State Circle, www.msa.md.gov, Mo–Fr 8–17, frei, Touren ab 9 Uhr.*

Der Campus der **U.S. Naval Academy** im Nordosten der Stadt wird als „*Yard*" bezeichnet. „Welcome on board" heißt der standesgemäße Gruß unter Kadetten und Offiziersanwärtern, die diese 1845 von George Bancroft gegründete Marineschule auf dem Gelände von *Fort Severn* (1845) besuchen. Knapp 5.000 junge Männer und Frauen durchlaufen derzeit die vierjährige Ausbildung an der Eliteschule. Ansehen sollte man sich vor allem das **U.S. Naval Academy Museum** und die **Naval Academy Chapel**; Letztere ist innen ganz in den Marinefarben Gold und Blau gehalten.
U.S. Naval Academy, *Zugang: Gate 1, King George/Randall St., tgl. 9–16/17 Uhr, www.usna.edu/visit.htm; Ausweiskontrolle, Zugang nur zu Fuß. Im Armel-Leftwich VC gibt es eine Ausstellung, Filmvorführung, Gift Shop und Snackbar, außerdem stündl. Führungen ($ 6) sowie Paradeaufmärsche (Mo–Fr 9/11/14/16, Sa 9/11 Uhr)*
U.S. Naval Academy Museum/Preble Hall, *118 Maryland Ave., Mo–Sa 9–17, So 11–17 Uhr, frei.*

Das **William Paca House&Garden** ist zusammen mit dem **Hammond-Harwood House** das wohl sehenswerteste der besichtigbaren historischen Häuser von Annapolis, die die *Historic Annapolis Foundation* verwaltet. 1764/65 wurde das Haus im *Georgian Style* erbaut. Der Unterzeichner der Unabhängigkeitserklärung und spätere Gouverneur von Maryland, William Paca, legte Wert auf einen formal angelegten Garten mit kleinen Bächen, einer chinesischen Brücke und Terrassen. Zur Anlage gehört aber auch ein *Wilderness Garden*, ein kleines Sommerhaus und eine Merkur-Statue, die während archäologischer Ausgrabungen auf dem Grund zum Vorschein kamen.
William Paca House&Garden, *186 Prince George St., www.annapolis.org, Touren Mo–Sa 10–17, So 12–17 Uhr, im Winter nur an Wochenenden, Haus und Garten $ 10.*

Hammond-Harwood House, *19 Maryland Ave., www.hammondharwood house.org, Di–So 12–17 Uhr, stündl. Touren, $ 7.*

Reisepraktische Tipps Annapolis/MD

Information

***Annapolis and Anne Arundel County CVB**, 26 West St., www.visitan napolis.org*
***Historic Annapolis Foundation**, HistoryQuest at the St. Clair Wright Center, 99 Main St. (nahe City Dock), So–Fr 9.30–17.30, Sa 9.30–19 Uhr, ☏ (410) 267-6656, http://annapolis.org; Infos, Reservierungen, Tickets und Ausgangspunkt für Touren.*

Touren

***Watermark Cruises**, ab City Dock/Main St., www.watermarkcruises.com; verschieden lange Bootstouren in die Chesapeake Bay, große Flotte.*

Unterkunft

***Loews Annapolis Hotel** $$$$, 126 West St., ☏ (410) 263-7777, www. loewshotels.com/en/Annapolis-Hotel; modernes Hotel etwas außerhalb des historischen Stadtkerns mit über 200 Zimmern.*
***Historic Inns of Annapolis**, 58 State Circle, ☏ (410) 263-2641, www.historic innsofannapolis.com; nach jahrelangen Bemühungen eines lokalen Unternehmers um die Rettung historischer Gebäude in der Innenstadt, stehen diese nun Gästen zur Verfügung. 128 verschiedene Zimmer, z.B. im **Maryland Inn** $$$$$ (16 Church Circle) von 1776, mit dem erstklassigen Restaurant „Treaty of Paris"; im **Governor Calvert House** $$$$ (58 State Circle) oder im **Robert Johnson House** $$$ (23 State Circle) aus dem Jahr 1765, gegenüber dem Maryland State House.*
*Mehrere B&Bs werden von der **Annapolis B&B Association**, ☏ (410) 263-6124, www.annapolisbandb.com, verwaltet, darunter das **Ark and Dove** ($$$, 149 Prince George St., ☏ (410) 268-6277, mit Zimmern in einem eleganten, liebevoll restaurierten Wohnhaus mit Garten, inkl. Frühstück)*

Restaurants

***Carrol's Creek**, 410 Severn Ave. (Eastport), ☏ (410) 263-8102; am Hafen gelegenes bekanntes Fischlokal.*
***Middleton Tavern**, 2 Market Space, City Dock, ☏ (410) 263-3323; in einem 1750 erbauten Haus mit Blick auf den Hafen, v.a. für Fischgerichte und Meeresfrüchte bekannt.*
***Treaty of Paris at the Maryland Inn**, siehe oben, ☏ (410) 263-6340; gemütliches Restaurant, das zu den besten in Maryland zählt; amerikanische Küche mit französischem Touch.*

Routenhinweis

Von Annapolis führt der Hwy. 50 – oder die idyllischere Nebenstrecke Nr. 450 – über nur etwa 50 km nach Westen und damit direkt nach Washington D. C.

Die Hauptstadt Washington D. C.

Keine Wolkenkratzer

Die US-Hauptstadt **Washington D. C.** mit ihren gut 618.000 Einwohnern (etwa 5,6 Mio. im Großraum), über die Hälfte davon Afroamerikaner, ist Schaltzentrale der Weltpolitik, einzigartiges Kulturzentrum und Heimat der modernen Demokratie. „D.C.“, wie man die Hauptstadt kurz nennt, ist **keine typisch amerikanische Stadt**: Es gibt keine Hochhäuser – Bauten mit mehr als 13 Etagen sind untersagt –, sondern stattdessen eine Menge funktionaler Verwaltungs- und Bürobauten, teils im klassizistischen Stil, teils modern und insgesamt architektonisch wenig aufregend. Dazwischen „gestreut“ fallen immer wieder prächtige Repräsentationsbauten ins Auge. Auffallend sind die ausgedehnten Grünflächen, die breiten Alleen und die Ballung von Museen und Monumenten rings um eine großzügige Rasenfläche, die **National Mall**.

Hinweis

Das **Nahverkehrssystem** ist hervorragend ausgebaut und mit Metro und Bussen (siehe „Reisepraktische Informationen“) kommt man schnell und gut durch die Stadt. Wer auf der Durchreise ist, sollte das Auto auf dem **Hotelparkplatz** stehenlassen, zumal Parken in der Innenstadt fast unmöglich und Parkhäuser teuer sind.

Washington ist verwaltungstechnisch ein **Unikum**, denn Stadt und Bundesbezirk, **District of Columbia**, sind identisch. Erst seit 1964 dürfen die bis dahin einem Sonderstatus unterliegenden Bewohner von D. C. an den Präsidentschaftswahlen teilnehmen, seit 1970 auch an den Kongresswahlen, allerdings sitzt bis heute kein Vertreter der Stadt im Senat. Seit 1974 verfügt Washington über eine eigenständige Verwaltung mit einem Bürgermeister, der zusammen mit dem 13-köpfigen Stadtrat direkt gewählt wird.

Das Staatsgebiet bildet ein Karree von rund 16 km Seitenlänge und 160 km^2 Fläche und wird von Maryland und Virginia umschlossen. Die Stadt liegt am Ostufer des **Potomac River**, der rund 30 km südöstlich in die Chesapeake Bay mündet. Als Industriestandort spielt die Stadt keine Rolle, wohl aber sind Forschungsinstitute und Laboratorien, die im Auftrag der Regierung arbeiten, zahlreich vertreten, außerdem große Rüstungs- und Telekommunikationsfirmen. Daneben spielt der **Tourismus** eine wichtige wirtschaftliche Rolle, schwerpunktmäßig auf nationaler Ebene.

Geschichte

Im Jahr der Unabhängigkeitserklärung, 1776, verfügten die 13 Unionsstaaten noch über keine permanente Hauptstadt. Man tagte einmal in Baltimore, einmal in Philadelphia, insgesamt an acht verschiedenen Orten. Als in Philadelphia 1783 die Truppen wegen ihres Solds meuterten, entschlossen sich die schutzlos ausgelieferten Kongressmitglieder, eine „richtige“ Hauptstadt zu gründen, die sich durch ihre zentrale Lage zu den 13 Gründerstaaten auszeichnen sollte. Washington war eine **Notlösung**, denn die Gründerväter der USA konnten sich auf keine Stadt einigen. Daher wählte George Washington höchstpersönlich ein Stück bis dato weitgehend unbesiedelten Lands am Potomac River aus, das man „**District of Columbia**“ nannte. Maryland stellte dafür insgesamt 179 km², Virginia 80 km² zur Verfügung.

1791 beauftragte man den auf der Seite der Revolutionstruppen kampfbewährten, aus Frankreich stammenden Offizier und gelernten Architekten Pierre L'Enfant mit der **Stadtplanung**. Er entwarf eine weitläufige Stadt für 100.000 Einwohner, obwohl um 1800 gerade einmal rund 3.000 Menschen in der neuen Hauptstadt lebten. Der Plan sah ein rechtwinkliges Straßennetz – ein Raster mit klar gekennzeichneten Straßen, eingeteilt in vier Quadranten – vor.

Redaktionstipps

Sehens- und Erlebenswertes

- Ein Rundgang über die **National Mall** (S. 410) ist ein Muss: abgesehen von Kapitol (S. 416) und Library of Congress (S. 418) liegt hier eine Reihe sehenswerter Museen (S. 413), z.B. das **Smithsonian American Art Museum** (S. 420) oder das **National Museum of American History** (S. 415) und stehen beeindruckende Denkmäler wie das **Washington Monument** (S. 413).
- Nicht versäumen: das einzige Medienmuseum der Welt, **Newseum** (S. 419) und das kuriose **Spy Museum** (S. 420)
- Die Aussicht vom **Washington Monument** (S. 413) oder der Dachterasse des **Newseum** (S. 419) genießen.
- Ein Spaziergang durch das „alte“ **Georgetown** zeigt Washington (S. 421) von seiner anderen Seite.
- Auf dem Militärfriedhof **Arlington** (S. 422) einen Wachwechsel erleben.

Restaurants

- Ein Imbiss in **Ben's Chili Bowl** (S. 425) ist ein Muss, während das **Corduroy** (S. 425) ein Geheimtipp – teuer, aber excellent – ist.

Unterkunft

- In den **Eldon Luxury Suites** (S. 424) fühlt man sich wie daheim.

Baugeschichte

Hauptachse, Prachtmeile und Aushängeschild sollte die 500 m breite Grand Avenue, vom Kapitol zum Potomac, genannt **The National Mall**, sein. Ursprünglich war diese als grüne Erholungsoase vorgesehen, doch dann wurde sie im Laufe der Zeit von Museen und Monumenten gesäumt. Zwischen **Kapitol** und **Weißem Haus** als Ankerpunkte entstand die Pennsylvania Ave., eine von mehreren Diagonalstraßen, die nach den 13 Gründerstaaten benannt wurden.

Um 1800 standen die ersten Gebäude, das Weiße Haus und das Kongressgebäude waren fertig und im **November 1800** konnte zum ersten Mal der Kongress tagen. Die Realisierung der Bauvorhaben schritt voran, bis 1814

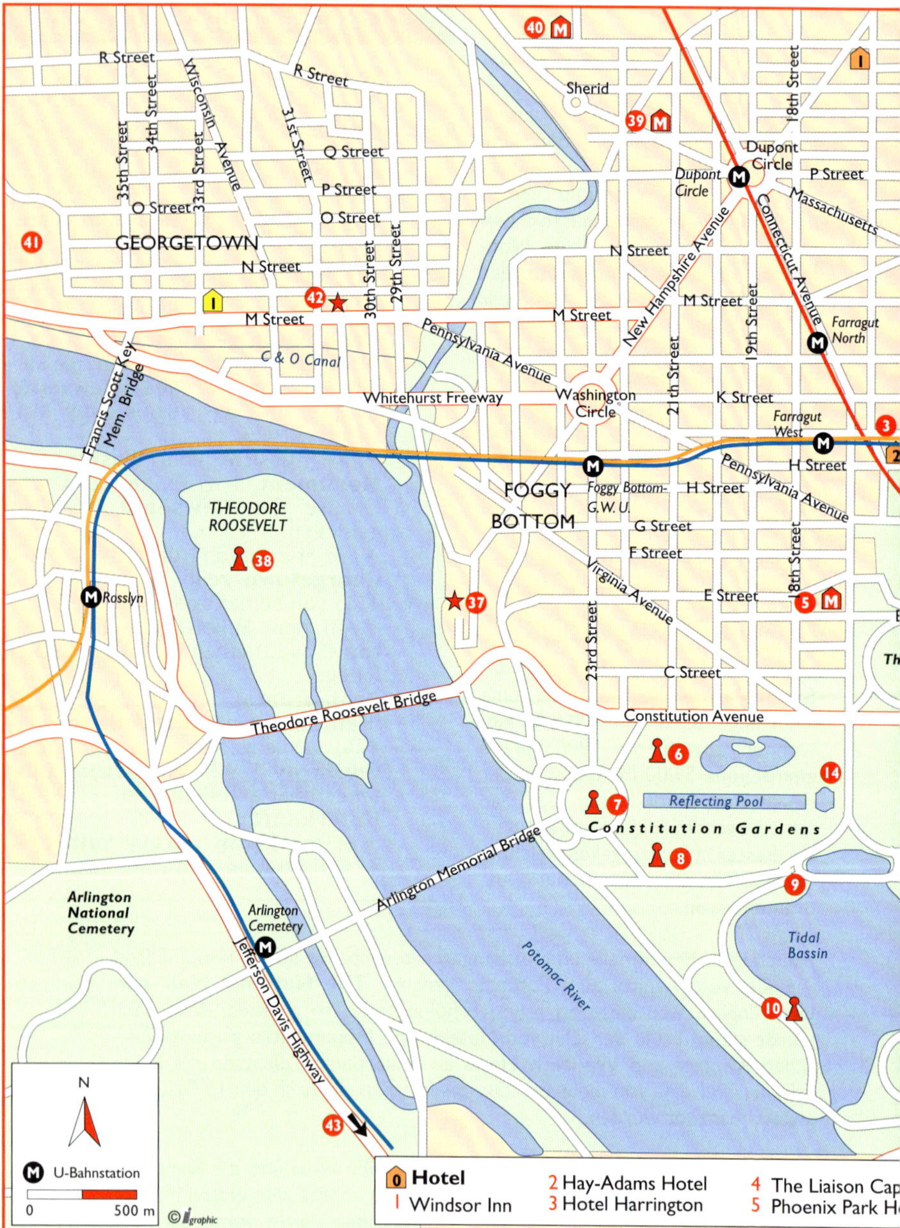
R Street
35th Street
34th Street
33rd Street
Wisconsin Avenue
R Street
31st Street
Q Street
P Street
O Street
O Street
GEORGETOWN
N Street
30th Street
29th Street
M Street
C & O Canal
Francis Scott Key Mem. Bridge
Sherid
Dupont Circle
Dupont Circle
P Street
18th Street
Massachusetts
Connecticut Avenue
N Street
New Hampshire Avenue
M Street
M Street
19th Street
Farragut North
Pennsylvania Avenue
Whitehurst Freeway
Washington Circle
21 th Street
K Street
Farragut West
H Street
FOGGY BOTTOM
Foggy Bottom-G.W.U.
H Street
Pennsylvania Avenue
G Street
F Street
THEODORE ROOSEVELT
Rosslyn
Virginia Avenue
E Street
18th Street
23rd Street
C Street
Theodore Roosevelt Bridge
Constitution Avenue
Reflecting Pool
Constitution Gardens
Arlington Memorial Bridge
Arlington National Cemetery
Arlington Cemetery
Jefferson Davis Highway
Potomac River
Tidal Bassin
N
U-Bahnstation
0
500 m
Hotel
1 Windsor Inn
2 Hay-Adams Hotel
3 Hotel Harrington
4 The Liaison Cap
5 Phoenix Park H
©graphic

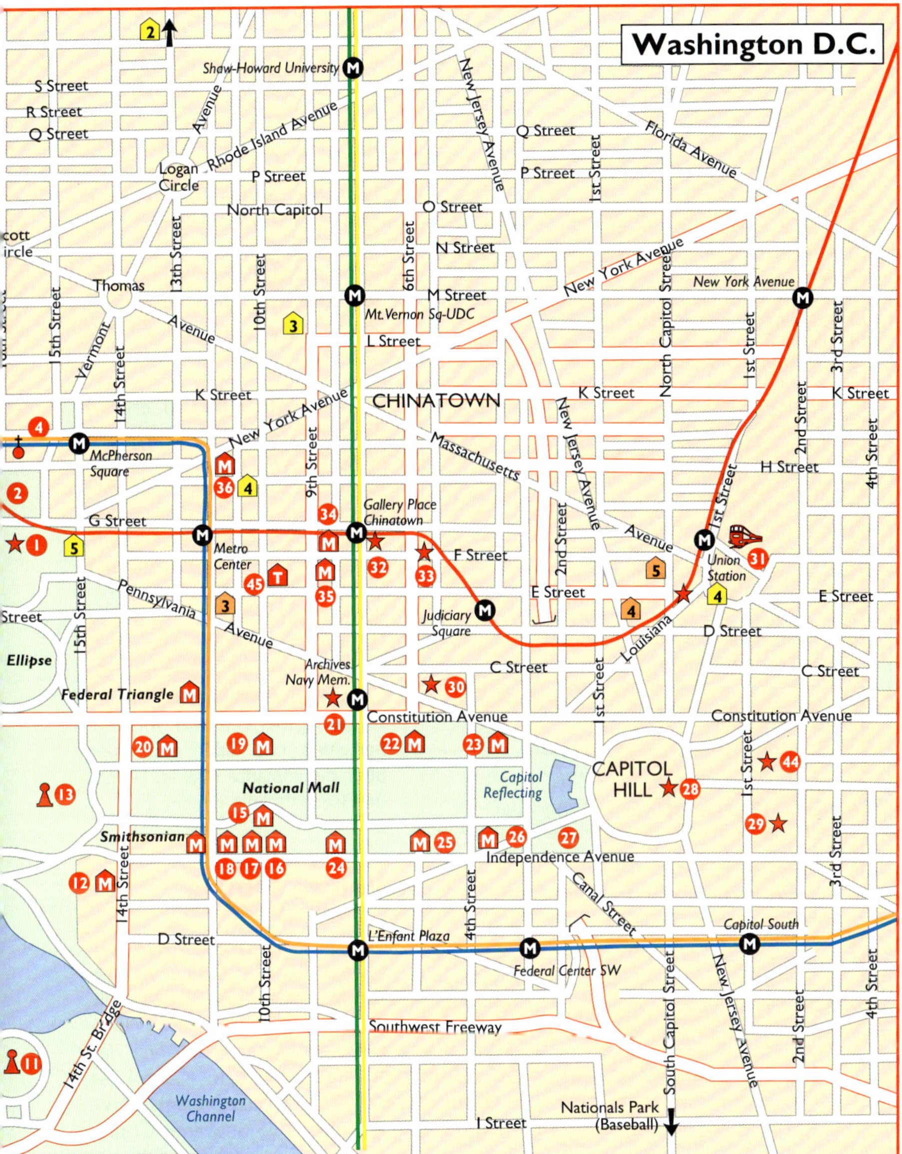

itol Hill
otel

0 **Restaurant**
1 Clyde's of Georgetown
2 Chili Bowl
3 Corduroy
4 Capitol City Brewing
5 Old Ebbitt Grill

0 Sehenswürdigkeit
1 White House
2 LaFayette Square
3 Hay-Adams Hotel
4 St. John's Church
5 Corcoran Gallery of Art
6 Vietnam Veterans Memorial
7 Lincoln Memorial
8 Korean War Veterans Memorial
9 Martin Luther King Jr. Memorial
10 Franklin D. Roosevelt Memorial
11 Jefferson Memorial
12 US Holocaust Memorial Museums
13 Washington Monument
14 National World War II Memorial
15 Smithsonian Institution Building
16 National Museum of African Art
17 Arthur M. Sackler Gallery
18 Freer Gallery of Art
19 National Museum of Natural History
20 National Museum of American History
21 National Archives
22 National Gallery of Art West Building
23 National Gallery of Art East Building
24 Hirshhorn Museum
25 National Air and Space Museum
26 National Museum of the American Indian
27 U.S. Botanic Garden
28 United States Capitol
29 Library of Congress
30 Newseum
31 Union Station
32 Verizon Center
33 German-American Heritage Museum
34 Smithsonian American Art Museum
35 International Spy Museum
36 National Museum of Women in the Arts
37 John F. Kennedy Center for the Performing Arts
38 Theodore Roosevelt Memorial
39 Phillips Collection
40 Woodrow Wilson House Museum
41 Georgetown University
42 Old Stone House
43 Pentagon
44 United States Supreme Court
45 Ford's Theater

die Briten die Hauptstadt im **War of 1812** zu großen Teilen niederbrannten. In den folgenden Jahren ging der Wiederaufbau nur zögerlich voran und löste sich immer stärker von den ursprünglichen Plänen. Als dann der Bundesstaat Virginia monierte, dass die Union den zur Verfügung gestellten Virginia-Teil vernachlässige, verzichtete der Kongress 1846 auf dieses Stück Land (heute Arlington/VA).

In den **1860er Jahren** erlebte die Stadt während des Bürgerkrieges dank der florierenden Rüstungsindustrie und als Armeestützpunkt einen neuerlichen Aufschwung. Nach Kriegsende zogen viele befreite Sklaven nach Washington, was den heute großen afroamerikanischen Bevölkerungsanteil erklärt. Um 1900 erinnerte man sich wieder an die Originalpläne, realisierte Mall und Regierungsbereich wie vorgesehen, und riss dafür eine quer über die geplante Mall verlaufende Eisenbahnlinie wieder ab.

White House

„*1600 Pennsylvania Avenue, Washington D. C.*“ ist eine der berühmtesten Adressen der Welt. Hier befindet sich das **White House** (1), seit 1800 Sitz der Präsidenten, die Schaltzentrale der Nation und neben dem Kapitol die Hauptattraktion Washingtons. **Exekutive** (White House), **Legislative** (US Capitol) und **Oberster Bundesgerichtshof** (US Supreme Court) liegen damit keine halbe Stunde zu Fuß voneinander entfernt. Obwohl bereits George Washington 1792 den Grundstein für den Präsidentensitz gelegt hat, residierte er selbst nie hier. Erst sein Amtsnachfolger, John Adams (1797–1801) zog ins Weiße Haus ein.

Orientierung und Besuchsprogramm

Das touristische Zentrum Washingtons liegt um die **National Mall** zwischen Capitol/Union Station (Capitol Hill) im Osten und Potomac River bzw. Lincoln Memorial im Westen. Dazwischen befinden sich das Washington Monument, das Weiße Haus und mehrere hochkarätige Museen.

Downtown schließt sich östlich an das Weiße Haus an und reicht bis zum Bahnhof, der *Union Station*. **Capitol Hill** bezeichnet das Wohnareal hinter Capitol und Union Station. Der Zugang zu **Chinatown** ($6^{th}/8^{th}$ bzw.G/H St.) erfolgt durch ein monumentales Tor in der H Street.

Das Viertel **Adams Morgan** (Columbia Rd. NW/18th St./Florida Ave.) ist bekannt für seine zahlreichen internationalen Läden und Restaurants sowie sein Nachtleben. Die **Waterfront** (v.a. Maine Ave. SW) am Washington Channel bietet Piers, Yachten, Fischerboote, Fischmärkte, Restaurants und das neue Baseballstadion. Das historische **Georgetown** schließlich liegt rund 5 km im Nordwesten der Innenstadt.

Die Nord-Süd-Achse Capitol Street und die Mall als Ost-West-Achse gliedern die Stadt in **vier Sektoren**: NW, NO, SO und SW – Bezeichnungen, die den Straßennamen als Zusatz beigefügt werden. Straßen in Ost-West-Richtung tragen Buchstaben, jene in Nord-Süd-Richtung sind von der Capitol St. aus durchnummeriert. Ferner gibt es diagonal verlaufende Avenues, benannt nach den 13 Gründerstaaten.

Je nach Interesse, Kondition und Zahl und Dauer der Museumsbesuche sind für die Besichtigung der Mall **mindestens zwei Tage** nötig. Berücksichtigt man die sonstigen Sehenswürdigkeiten, ist ein Aufenthalt von **drei Tagen** für Washington sinnvoll.

Im August 1814 besetzten die Briten Washington und brannten das Weiße Haus nieder. Nur die äußeren Sandsteinmauern sowie die inneren Ziegelwände überstanden das Feuer, nicht aber das Mobiliar. 1815 begann der Wiederaufbau, in dessen Verlauf man u.a. die Außenwände weiß strich und damit dem Gebäude seinen Namen gab. Im September 1817 konnte Präsident James Monroe (1817–25) wieder einziehen. 1902/03 erfolgten ein Umbau und eine Erweiterung und unter Harry S. Truman wurde das White House 1948–52 einer gründlichen Renovierung unterzogen.

Für die Modernisierung der Inneneinrichtung setzte sich vor allem J. F. Kennedy (1961–63) ein. Während der Regierung der folgenden Präsidenten kam es immer wieder zu kleineren Um- und Neugestaltungen.

Zu Besuch im White House

Rundgang durch die Präsidentenwohnung

Das Weiße Haus ist ein zweistöckiges Gebäude mit vorgelagerter Portikus und verfügt über insgesamt 132 Räume. Im **Untergeschoss** befinden sich *Library, Vermeil Room, China Room, Map Room* und *Diplomatic Reception Room*; im Hauptgeschoss, dem **State Floor**, die repräsentativen Säle: *East, Green* und *Blue Room* mit *South Portico, Red Room, State Dining* und *Family Dining Room* sowie die *Entrance Hall*. In den **oberen Stockwerken** sind die privaten Räumlichkeiten der Präsidentenfamilie.

Unmengen von antiquarischen Bänden lagern in der **Library**, Karten im **Map Room**, zur Ausstattung gehören kostbares Geschirr und wertvolle Gemälde. Der **East Room** ist der größte Raum im Weißen Hauses (24 m lang und 7 m hoch). Er dient in erster Linie als Ballsaal, wird aber auch zu anderen Anlässen, wie Trauerfeierlichkeiten, genutzt. Gemälde von George Washington und Dolley Madison, Gattin des von 1809–17 regierenden 4. US-Präsidenten James Madison, von Gilbert Stuart, stellen Highlights dar.

Im **Green Room** ist teilweise noch die typische Einrichtung des 18. Jh. erhalten, im **Blue Room**, mit blauem Bodenbelag, hängen die Porträts der ersten acht Präsidenten der USA. Der anschließende **Red Room** wird für kleine Empfänge genutzt, wohingegen im **State Dining Room** – dem zweit-

Das Weiße Haus, Machtzentrale der USA

Besucherinformationen White House

Für ausländische Besucher (und auch für die meisten amerikanischen Touristen) gibt es seit dem 11.9.2001 keine Touren mehr. Dafür entschädigt ein großes Infozentrum mit Ausstellung und Einführungsfilm:
White House Visitor Pavilion, 1450 Pennsylvania Ave., 15th/E. St. NW, www.nps.gov/whho/planyourvisit/hours.htm; an der NO-Ecke des White House, tgl. 7.30–16 Uhr mit Shop (Bücher und Souvenirs), derzeit Renovierung.
Infos zum Weißen Haus: www.whitehouse.gov

größten Raum im Weißen Haus – bis zu 140 Gäste bewirtet werden können. Unter dem Porträt von Abraham Lincoln von G. P.A. Healy (1869) liest man ein Zitat von John Adams, dem 2. US-Präsidenten: „Möge Gott dieses Haus segnen und alle, die es später bewohnen werden. Mögen stets ehrenhafte und weise Männer unter diesem Dach regieren."

LaFayette Square

Nördlich an das Weiße Haus anschließend, jenseits der Pennsylvania Ave., erreicht man den parkähnlichen **LaFayette Square** (2). In der Mitte steht das 1853 geschaffene Reiterdenkmal von Andrew Jackson, 7. Präsident der USA (1829–37). Er war 1815 erfolgreich in der letzten großen Schlacht gegen die Engländer.

Statuen über Statuen

An den Platzecken erinnern vier Statuen an jene Europäer, die sich im Verlauf des Unabhängigkeitskrieges gegen England verdient gemacht haben: **Friedrich Wilhelm von Steuben**, 1730 in Magdeburg geboren, hatte unter George Washington in Valley Forge die Armee neu organisiert und war maßgeblich am Sieg gegen die Briten beteiligt gewesen. Er befehligte die Armee bei der großen Entscheidungsschlacht bei Yorktown (1781). Später lebte von Steuben als amerikanischer Staatsbürger in New York, wo er 1794 verstarb. Ihm zu Ehren findet alljährlich im Herbst die Steuben-Parade in New York statt.

Der Pole **Tadeusz Kosciusko** (1746–1817) engagierte sich, was die Qualität der Ausbildung der Streitkräfte anging, während **Marquis de La Fayette** (1757–1834) ab 1777 am Unabhängigkeitskampf der 13 Kolonien teilnahm. Er trug entscheidend zur Kapitulation der Briten bei Yorktown 1781 bei. Er galt als leidenschaftlicher Verfechter des Freiheitsgedankens und legte 1789 der französischen Nationalversammlung einen Entwurf zur Erklärung der Menschenrechte vor.

Auch sein Landsmann **Comte de Rochambeau** war Truppenoberbefehlshaber und auch er half im Oktober 1781 George Washington, die Briten bei Yorktown zu schlagen.

Das **Blair House** zwischen Jackson Place und 17th St. fungiert als das offizielle Gästehaus für die Staatsgäste der US-Regierung. Beinahe ebenso gediegen kann der Normalsterbliche im **Hay-Adams Hotel (3)**, 16th/H St. NW, gegenüber dem White House, nächtigen.

Die Kirche der Präsidenten

In nächster Nähe erhebt sich die **St. John's Church (4)** aus dem Jahr 1815, die wegen ihrer Nähe zum Weißen Haus auch „Church of the Presidents" genannt wird. Ein Platz in Reihe 54 gehört dem jeweils amtierenden Staatsoberhaupt.

Umrundet man das Weiße Haus, blickt man auf dessen Südseite in den Garten und auf die **Ellipse**, ein großer Park, der das White-House-Areal mit der National Mall verbindet. An der Westseite des Parks liegt die **Corcoran Gallery of Art (5)**. Hier sind neben Beispielen amerikanischer Malerei und Skulptur des 18. Jh. bis zur Gegenwart auch Werke europäischer Maler zu sehen.

Corcoran Gallery of Art, *500 17th/E. St., www.corcoran.org, Mi, Fr–So 10–17 Uhr, Do bis 21 Uhr, $ 10.*

Attraktionen an der National Mall

Zwischen US Capitol im Osten und Lincoln Monument im Westen erstreckt sich die **National Mall**, ein knapp 2 km langer, breiter Grünstreifen zwischen Kapitol im Osten und White House im Westen, an dem sich mehrere Museen aufreihen, die zur **Smithsonian Institution** gehören (siehe unten).

Memorials im Westteil

Im Westteil der Mall erinnern mehrere **Memorials** an den zweiten Weltkrieg, an Vietnam- und Korea-Krieg, aber auch an vier der bedeutendsten Präsidenten Abraham Lincoln, Franklin D. Roosevelt, Thomas Jefferson und George Washington sowie an Martin Luther King, Jr. Aus dem Rahmen fällt das **Albert Einstein Memorial** am Nordwestrand der Mall (Constitution Ave./21st St.), vor der Akademie der Wissenschaften. Die etwa 2 m große Bronzefigur stammt von Robert Berks, der auch King, Hemingway, Kennedy und Lincoln nachgeformt hat.

Gedenkstätte für Kriegsopfer

Beim gegenüberliegenden, 1982 errichteten **Vietnam Veterans Memorial (6)** handelt sich um ein schlichtes, aber eindrucksvolles Denkmal der Künstlerin Maya Lin. Schwarze Granitplatten bilden eine ca. 75 m lange, sanft geschwungene Linie und tragen über 58.000 Namen von im Krieg gefallenen oder vermissten US-Bürgern. Eindrucksvoll ist hier die große Motorradrally „Rolling Thunder", alljährlich am Memorial Day. In nächster Nähe, südlich, sind zwei Skulpturengruppen zu sehen: eine mit drei Soldaten – einem Latino, einem Weißen und einem Afroamerikaner – von Frederick E. Hart (1984); eine zweite mit Frauenfiguren von Glenna Goodacre (1993),

Besichtigung der National Mall

Es bietet sich an, zunächst den Westteil der Mall – *die Constitution Gardens*, mit dem *Reflecting Pool* – zu besichtigen. Hier erinnern mehrere Denkmäler an Kriege und an vier der bedeutendsten Präsidenten. Der Rundgang führt vom Weißen Haus Richtung Lincoln Memorial, dann mit Abstechern zum Roosevelt Memorial und Jefferson-Denkmal zum Washington Monument, wieder auf Höhe des Weißen Hauses. Der zweite Teil des Rundgangs gilt dem östlichen Bereich der National Mall mit den Smithsonian Museen bis zum Kapitol.

die an den Dienst von Frauen in der Armee erinnert. An prominenter Stelle, am Potomac River, genau auf einer Achse mit Washington Monument und Kapitol, steht, einem riesigen Tempel gleich, das **Lincoln Memorial (7)**. 1867 geplant, begann der New Yorker Architekt Henry Bacon 1914 mit der Ausführung. Er orientierte sich dabei am Athener Parthenon und verwendete eine Vielzahl unterschiedlicher amerikanischer Marmorsorten. Hinauf zum Bau führen 58 Stufen, symbolisch für Lincolns Alter. Die 36 gut 13 m hohen dorischen Säulen stehen für die 36 Bundesstaaten, die es zur Zeit Lincolns gab. Bei Vollendung des Baus 1922 waren es bereits 48 und man entschloss sich, die Namen aller in die Treppenwangen einzuritzen. Die letzten beiden – Alaska und Hawaii – stehen auf einer Extraplatte am Fuß der Treppe.

Lincoln Memorial

Im Inneren sieht man das 6 m hohe und fast ebenso ausladende **Sitzbild von Abraham Lincoln** von Daniel Chester French, außerdem eine kleine Ausstellung. Das Präsidenten-Monument setzt sich aus insgesamt 28 nahtlos aneinander gefügten Blöcken weißen Tennessee-Marmors zusammen und wird gerahmt von Wandgemälden, die die Haupttugenden Freiheit, Gerechtigkeit, Einigkeit, Brüderlichkeit und Fürsorge zeigen. Außerdem sind auf zwei großen Steintischen Inschriften zu finden: auf der linken Seite Lincolns Text der berühmten *Gettysburg Address* von 1864, dem Wendepunkt im amerikanischen Bürgerkrieg, und auf der rechten Seite Auszüge seiner Antrittsrede 1865, als er zum zweiten Mal Präsident wurde.

Üppig ausgestattetes Lincoln Memorial

1995 wurde das nur wenige Schritte südöstlich gelegene **Korean War Veterans Memorial (8)** eingeweiht. Im Zentrum der runden Anlage schuf der Bildhauer Frank Gaylord 19 Bronze-Statuen, die auf Patrouille durch ein Minenfeld dargestellt sind und überraschend individuell gestaltet sind. Sie spiegeln sich in einer Granitwand, die die Künstlerin Louise Nevelson (1899–1988) mit sandgestrahlten Kriegsszenen und den Namen der 22 UN-Nationen, die am Krieg beteiligt waren, versehen hat.

Südöstlich des Korea Memorial wurde im Sommer 2011 als neuestes Denkmal das **Martin Luther King Jr. Memorial (9)** eingeweiht. In dem Park mit seinen 24 Nischen, die einzelnen Persönlichkeiten der Bürgerrechtsbewegung gewidmet sind, stehen Wasser, Stein und Bäume für Gerechtigkeit, Demokratie und Hoffnung. Zentraler Punkt ist der rund 10 m hohe *Stone of Hope* mit dem Porträt Kings, geschaffen von dem chinesischen Künstler Lei Yixin. Das Memorial liegt direkt am **Tidal Basin**, einer Bucht des Potomac River. Hier befindet sich auch das 1997 erbaute **Franklin D. Roosevelt Memorial (10)**, ein Konglomerat verschiedener Bauteile. Jeder der „Four Rooms" beschäftigt sich mit einer Präsidentschaftsperiode des insgesamt zwölf Jahre, von 1933–45, regierenden Franklin D. Roosevelt (1882–1945) und zeichnet sein Leben und Wirken nach.

Roosevelts Räume

Am Südufer der Bucht erhebt sich das **Jefferson Memorial (11)**. Es steht in engem Bezug zum Weißen Haus und zum Lincoln Memorial und bildet eine Ecke eines zwischen diesen Punkten geschlagenen gleichschenkligen Dreiecks. Besonders attraktiv präsentiert sich das Areal, wenn im Frühjahr die 650 Kirschbäume, ein Geschenk der Stadt Tokio von 1912, zartrosa blühen. Das weiße Marmormonument – auf den ersten Blick eine architektonische Mischung aus Athener Parthenon und römischem Pantheon – wurde zum 200. Geburtstag des 3. US-Präsidenten am 13. April 1943 eingeweiht, vier Jahre nach Grundsteinlegung durch Franklin D. Roosevelt. John Russell Pope hatte sich bewusst an Jeffersons architektonischen Vorlieben orientiert und die vom Präsidenten erstmals in Monticello eingesetzte Rotunde als Bauform gewählt. Der Präsident (1743–1826, im Amt 1801–09) – ein geniales Multitalent, Philosoph, Politiker, Architekt, Musiker, Literat, Naturwissenschaftler, Diplomat, Erfinder und Farmer in einer Person – wurde im Inneren durch eine überlebensgroße Bronzestatue auf schwarzem Granitsockel verewigt.

Multitalent Jefferson

Bevor man mit dem Washington Monument den ersten Teil des Rundgangs beendet, lohnt ein Besuch des **US Holocaust Memorial Museums (12)**. Allein die Architektur des Museums, das 1993 nach Plänen von James Ingo Freed entstand, ist außergewöhnlich – zum einen wegen der Farb- und Materialkontraste, zum anderen aufgrund der nachempfundenen Wachttürme eines Konzentrationslagers. Ebenso eindrucksvoll werden im Inneren auf fünf Etagen unter Einsatz verschiedenster Medien die Stationen der systematischen Vernichtung der Juden nachgezeichnet.
US Holocaust Memorial Museum, *100 Raoul Wallenberg Place SW, Zugang: 14th St., www.ushmm.org, tgl. 10–17.30 Uhr, mit Shop, frei, Mai–Aug. zeitgebundene Tickets.*

Das **Washington Monument (13)**, ungefähr im Zentrum der National Mall und weithin sichtbar, ist ein 169 m hoher Obelisk aus weißem Maryland-Marmor und ist dem ersten Präsidenten der USA, George Washington, gewidmet. Obwohl das Monument 1833 vom Kongress genehmigt wurde und bereits 1848 mit dem Bau begonnen worden war, wurde es erst 1884 vollendet, da während des Bürgerkrieges das Geld ausgegangen war. Seit 1888 ist das Denkmal für die Öffentlichkeit zugänglich. Mit einem zeitgebundenen Gratistickets und nach Sicherheitskontrolle geht es grüppchenweise mit Park Rangern im Aufzug hinauf auf die 153 m hohe Aussichtsplattform. Die im Treppenhaus mit 897 Stufen befindlichen *Commemorative Stones*, 193 Steintafeln mit Widmungen von Bundesstaaten und Städten an Geroge Washington, die großteils aus der Mitte des 19. Jh. stammen, kann man heute nur noch während gelegentlicher Spezialführungen bewundern.
Washington Monument, *www.nps.gov/wamo, tgl. 9–16.45 Uhr Touren, frei, Gratis-Zeittickets auf „first-come, first-served basis" am Kiosk in der Washington Monument Lodge, im Osten, nahe 15th St., erhältlich (derzeit wegen Renovierung geschlossen)*

Das 2004 eingeweihte **National World War II Memorial (14)** westlich vom Washington Memorial stammt aus der Feder des aus Österreich stammenden Architekten Friedrich St. Florian. Es besteht es aus einer kreisförmigen Wasserfläche von ca. 100 m Durchmesser, die von Säulen, zwei Pavillons und den beiden *Freedom Walls* eingefasst wird und erinnert an die 400.000 US-Soldaten, die im Zweiten Weltkrieg in Europa und im Pazifik getötet wurden.

i **Infos** zu allen dem National Park Service unterstehenden **Ehrendenkmälern** (alle frei): **www.nps.gov/nacc**.

Museen an der Mall

Entlang der National Mall gibt es mehrere, gleichermaßen sehenswerte Museen. Hier gilt es nach Zeit und persönlichem Interesse auszuwählen. Ausführliche Informationen zu allen Museen und einen ersten Überblick erhält man im zentral gelegenen **Smithsonian Institution Building (15)**.

Museen für Alle

Der auffällige rote Sandsteinbau mit seinen Türmchen ist das älteste Gebäude an der Mall. Es wurde 1855 von James Renwick Jr. erbaut und aus offensichtlichen Gründen ***The Castle*** genannt. Das nebenan liegende **Arts & Industries Building** von 1880 widmet sich in erster Linie der Weltausstellung 1876 in Philadelphia; es ist wegen Renovierung bis 2014 geschlossen.

Beide Bauten verbindet ein schöner Garten und von ihm aus ist das **National Museum of African Art (16)** mit einer sehenswerten Sammlung afrikanischer Kunst und Kultur zugänglich. Durch die Grünanlage erreicht man auch die **Arthur M. Sackler Gallery (17)** – eine eindrucksvolle Sammlung asiatischer Kunst und Kultur mit spektakulären Wechselausstellungen und gut sortiertem Museumsshop. Direkt damit verbunden, auch durch einen unterirdischen Gang, ist die **Freer Gallery of Art (18)**, wo neben orientalischer Kunst aus dem Nahen und Fernen Osten amerikanische Kunst des 19. und 20. Jh., darunter die größte Sammlung von Werken des Malers James McNeill Whistler (1834–1903), ausgestellt ist.

Das National Museum of the American Indian an der Mall

Gegenüber dem *Castle* liegt auf der Nordseite der Mall das **National Museum of Natural History (19)**, mit über 120 Mio. naturwissenschaftlichen Objekten aus den Gebieten der Geologie, Biologie, Anthropologie und Archäologie. Es gibt hier einen afrikanischen Elefanten, den berühmten Hope-Diamanten, Modelle von Walen, Dinosauriern und anderen prähistorischen Lebewesen zu sehen, Meeresökosysteme wurden nachgebildet und ein *Discovery Room* steht für Kinder zur Verfügung.

Benachbart: das **National Museum of American History (20)**, eines der meistbesuchten und vielseitigsten Museen an der Mall. Es zeigt eine bunte Vielfalt an Ausstellungsstücken – Möbel, Haushaltwaren, Silber, Porzellan, Münzen u.a. –, die Zeugnis über die sozialen, kulturellen, wissenschaftlichen und technischen Errungenschaften in der über 200-jährigen US-Geschichte ablegen. Highlight ist der *Star Spangled Banner*, eine der ältsten US-Flaggen, die die Beschießung von Fort McHenry vor Baltimore im September 1814 überstand und Francis Scott Key anregte ein gleichnamiges Gedicht zu schreiben – heute der Text der Nationalhymne.

Dokumente aus der Geschichte zeigt auch die *Exhibition Hall* in den schräg gegenüberliegenden **National Archives (21)** (www.archives.gov), u.a. die Unabhängigkeitserklärung, die Verfassung, die *Bill of Rights* und eine Kopie der *Magna Charta* von 1297.

Raffael, Tizian und moderne Kunst

Durch den **Sculpture Garden** erreicht man die **National Gallery of Art** mit einer sehenswerten Kunstsammlung, die sich auf zwei durch einen Tunnel miteinander verbundene Gebäude verteilt und mit ihren rund 40.000 Ausstellungsstücken zu den bedeutendsten der Welt zählt. Den Kern der Sammlungen bildete eine Schenkung des Bankiers Andrew W. Mellon, darunter Werke von Raffael und Tizian. In dem älteren **West Building (22)** befinden sich die europäischen Sammlungen, während im **East Building (23)** moderne Kunst ausgestellt ist und vielbeachtete Wechselausstellungen stattfinden.

Nächste Station für Kunstfreunde ist das wieder gegenüber, auf der Südseite, gelegene **Hirshhorn Museum (24)**. Die hochkarätige Kunstsammlung des Finanziers Joseph H. Hirshhorn (1899–1981) – über 4.000 Gemälde und 2.000 Skulpturen aus dem 19. und v.a. 20. Jh. – befindet sich in einem auffälligen Marmor-Rundbau von 70 m Durchmesser auf Säulen. Im vorgelagerten Skulpturengarten sind Werke von Rodin, Moore, Calder, Hopper, de Kooning, Dubuffet, Matisse oder Warhol zu sehen.

Östlich anschließend ist das **National Air and Space Museum (25)** besonders etwas für Fans der Luft- und Raumfahrt. In 23 Ausstellungsräumen beschäftigt es sich mit der Entwicklung des Fliegens. Ein Highlight ist das erste Motorflugzeug der Gebrüder Wright (1903) oder Charles Lindberghs „Spirit of St. Louis", mit der er 1927 erstmals den Atlantik überquerte.

Neue Heimat der „Discovery"

In der Filiale des Museums, im **Steven F. Uvar-Hazy Center** (www.nasm.si.edu/udvarhazy) am Washington Dulles International Airport wurde kürzlich die „Discovery", das ausgemusterte Weltraum-Shuttle, aufgestellt. Abgesehen von anderen ausgestellten Flugzeugen und einer Gemini VII Kapsel bietet sich vom Donald D. Engen Observation Tower ein ausgezeichneter Ausblick.

Weltgrößtes Indianermuseum

Das folgende **National Museum of the American Indian** (NMAI) **(26)** ist ein absolutes Muss im Besuchsprogramm. Im September 2004 neu eröffnet, gilt das NMAI als größtes Indianermuseum der Welt. In gelungenem architektonischem Rahmen, der von einem indianischen Komitee mitgestaltet und von GBQC & Douglas Cardinal, Ltd. professionell durchgeführt wurde, ist die umfassende Sammlung des New Yorkers George Gustav Heye (1874-1957) untergebracht. Es geht dabei um vielerlei Aspekte, von den Hinterlassenschaften der Plains Indianer über die Navajos bis hin zu den Volksgruppen Mittel- und Südamerikas sowie der Karibik. Gleichzeitig werden verschiedenste Genres – Kleidung, Tonkunst, Korbwaren, Holzschnitzereien, Federschmuck etc. – abgedeckt und es gibt einen empfehlenswerten, großen Laden, ein Café mit indianischen Leckerbissen und immer wieder Veranstaltungen wie Kunsthandwerksausstellungen oder Powwows.

Letzte Station an der Mall ist der **U.S. Botanic Garden (27)** in der Südostecke. Im Garten werden regionale Pflanzen USA gezeigt, während im Glashaus, dem Conservatory, Pflanzen in ihren jeweiligen Ökosystemen wachsen.

info

Die Smithsonian Institution

Die Smithsonian Institution geht auf eine Spende des britischen Chemikers und Gelehrten James Smithson zurück, der bei seinem Tod 1829 den USA Geld für die Erweiterung und Verbreitung von Wissen testamentarisch vermachte. 1846 wurde die Smithsonian Institution offiziell gegründet. Sie umfasst heute neben 19 Museen und Galerien neun Forschungseinrichtungen und den National Zoo. Der Großteil konzentriert sich an der National Mall, vier Sights, darunter der Zoo, sind in der Washington Metro Area zu Hause und zwei in New York (*American Indian Museum Heye Center* und *Cooper-Hewitt Museum*). Die Institution finanziert sich bis heute über ihre Mitglieder und aus Spenden.

Infos: **Smithsonian Institution Building/The Castle**, Jefferson Dr./19th St. SW, www.si.edu, tgl. 8.30–17.30 Uhr; Infos zu den **Museen** (meist tgl. 10–17.30 Uhr, Eintritt frei) finden sich unter www.si.edu/museums mit Links.

United States Capitol und Library of Congress

Das **United States Capitol (28)**, zwischen Constitution Ave. und Independence Ave., der Sitz des amerikanischen Kongresses, erhebt sich unübersehbar auf dem etwa 30 m hohen **Capitol Hill**. Es ist ein imposanter Bau mit 229 m Länge, 107 m Breite und 82 m Höhe, versehen mit einer mächtigen Kuppel, die von der 6 m hohen *Statue of Freedom* bekrönt wird. Den

US Capitol, Sitz von Senat und Repräsentantenhaus

Grundstein hatte George Washington gelegt, gebaut wurde zwischen 1793 und 1812, und 1814 wurde das Gebäude von den Briten in Brand gesetzt. 1829 war der Wiederaufbau aus Sandstein vollendet, allerdings zunächst nur mit einer kleinen Holzkuppel, die erst 1863 durch eine gusseiserne, dem Petersdom nachempfundene Kuppel ersetzt wurde. Die Hauptfront des Kapitols liegt im Osten, eigentlich der Mall abgewandt. Auf den 35 Stufen, die zum Haupteingang führen, legt jeder neu gewählte Präsident den Amtseid ab. Als mit dem Bau begonnen wurde, waren die Stadtväter davon ausgegangen, dass sich die Stadt nach Osten ausdehnt, daher die Ausrichtung. Als sich diese Prognose jedoch nicht erfüllte, baute man später an der Westseite zusätzlich eine 269 m lange Marmorterrasse mit zwei ausladenden Freitreppen an.

Schaltzentralen der amerikanischen Regierung

Im Kapitol tagt der ***Congress***, der aus dem Senat und dem Repräsentantenhaus, die gemeinsam die **Legislative** bilden, besteht. Das Repräsentantenhaus ist im südlichen Gebäudeflügel, der Senat im nördlichen Flügel zu Hause. Der **Senat** besteht aus 100 für jeweils sechs Jahre gewählten Senatoren, zwei pro Bundesstaat. Ihnen obliegt die Abstimmung über außenpolitische Angelegenheiten, die Zustimmung bei der Ernennung wichtiger Amtspersonen und überregionale Belange. Den Vorsitz führt der Vizepräsident. Das **Repräsentantenhaus** besteht aus 435 auf zwei Jahre vom Volk gewählten Abgeordneten, wobei die Zahl der Abgeordneten der einzelnen Bundesstaaten von deren jeweiliger Bevölkerungsdichte abhängt. Den Vorsitz hat der *Speaker*.

Die geführten Touren starten nach strengen Sicherheitskontrollen mit einem Einführungsfilm, dann geht es in die **Rotunda**, die von einer großen, 1863 fertig gestellten Kuppel überspannt wird. Die Halle hat einen Durchmesser von etwa 30 m und ist 55 m hoch. In ihrem Zentrum befindet sich der vom ersten Stadtplaner L'Enfant angelegte Schnittpunkt aller Hauptstraßen in westliche, östliche, nördliche und südliche Richtung. Die über 400-jährige Geschichte Nordamerikas wird höchst eindrucksvoll illustriert durch einen Rundfries mit Fresken, Malereien in der Kuppel, Skulpturen, Statuen, Gemälde, Friese und Wandbilder.

Illustrierte amerikanische Geschichte

Über den vier großen **Durchgängen**, die von der Rotunda in die anderen Räumlichkeiten führen, sieht man 1. die Ankunft der Pilgerväter mit der „Mayflower"; 2. William Penn, den Gründer von Philadelphia; 3. Pocahontas als Retterin von John Smith und 4. Daniel Boone im Kampf gegen Indianer. Auch unterhalb der Rotundenkuppel sind wichtige historische Szenen von Kolumbus, die Pilger und großen Entdecker über den Unabhängigkeitskrieg, Goldrausch und Bürgerkrieg bis hin zur Moderne dargestellt. Die Kuppel zeigt eine beeindruckende Darstellung der Apotheose von George Washington, der gerahmt von *Victoria* und *Liberty* sitzt und von Repräsentanten der 13 Gründerstaaten umgeben ist.

Im Alten Senat (**Old Senat Chamber**) konnte nur bis 1859 getagt werden, da der Saal gerade groß genug war für die Vertreter der damals 32 Staaten. Der im Nordosten an die Rotunda angrenzende Saal, der einst als Vorraum zum alten Saal des Repräsentantenhauses diente, wird auch „**Flüsterkabinett**" genannt, denn die erstaunlich gute Akustik machte es möglich, selbst leise Gespräche der Gegenpartei mitzuhören.

Geheimabsprachen unmöglich

In der **National Statuary Hall**, einem halbrunden Saal im Süden der Rotunda, der einst als Sitzungssaal des Repräsentantenhauses diente, befindet sich heute die „*National Statuary Hall Collection*". Seit 1870 werden von einzelnen Staaten in Erinnerung an bedeutende Persönlichkeiten Statuen gestiftet. Inzwischen reicht der Platz allerdings nicht mehr aus: 38 Statuen stehen hier, der Rest wurde auf andere Räume verteilt. Besichtigbar sind das **House Chamber** und das **Senate Chamber**, die Sitzungssäle des Repräsentantenhauses und des Senats, zu deren Sitzungen Besucher auf eigenen Tribünen zugelassen sind.

Gegenüber dem Kapitol liegen östlich der **United States Supreme Court (44)**, Sitz des Obersten Gerichtshofes, und die **Library of Congress (29)** von 1897, durch einen unterirdischen Gang mit dem Capitol verbunden. Letztere ist zweifelsohne eine der eindrucksvollsten Bibliotheken, angeblich die größte der Welt, die sich auf mehrere Gebäude verteilt. Kernbau ist das *Thomas Jefferson Building* mit der *Great Hall* (kostenlose Führungen ab Infozentrum im UG). Bis 1814 hatte sich die 1800 von John Adams gegründete Bibliothek im Capitol befunden. Nach der Zerstörung der Bestände durch die Briten stiftete Jefferson dann seine Privatbibliothek (sehenswerte Ausstellung im OG!). Die 6.387 Bände, die er für $ 23.950 übergab, bilden bis heute den Kern der über 100 Mio. (!) Bände umfassenden Bestandes, der jährlich wächst. Dazu kommen mehrere Millionen Manuskripte und Fotos, Grafiken, Karten und Atlanten, knapp 100.000 Zeitschriften und Zeitungen, die bis ins 17. Jh. zurückreichen. Außerdem werden hier Copyrights vergeben.

Prächtig ausgemalt und reich bestückt: die Library of Congress

United States Capitol, *unterirdisch gelegenes VC (Sicherheitskontrollen), Zugang an der Ostseite, 2nd St./E. Capitol St. NE, www.visitthecapitol.gov, Mo–Sa 8.30–16.30 Uhr, Ausstellungen sowie Shop und Cafeteria, kostenlose Touren (http://tours.visitthecapitol.gov) Mo–Sa 8.50–15.20 Uhr.*
Library of Congress, *Thomas Jefferson Building, 1st St. SE, Independence Ave.–E. Capitol St., www.loc.gov/visit, Mo–Sa 8.30–16.30 Uhr, Gratistouren*

Weitere Sehenswürdigkeiten in Downtown Washington

Nur wenige Schritte von Kapitol und Mall entfernt und nicht zu übersehen ist das **Newseum (30)**, vor dem alle Zeitungen der USA hinter Glas ausgestellt sind. Dieses Multimedia-Museum widmet sich auf mehreren Stockwerken der Geschichte der Medien und der Presse in allen Aspekten. Dazu gehört das „Freedom Forum", das sich der Presse-, Rede- und Meinungsfreiheit in aller Welt verschrieben hat. Dank der instruktiven Ausstellungen, vieler Hands-on-Objekte und mithilfe von zahlreichen Filmen und Filmausschnitten, Hörproben und Dokumenten, kann man in diesem Museum leicht drei Stunden verbringen. Von der Terasse im obersten Stockwerk genießt man einen guten Blick auf Kapitol und Mall. *Medienmuseum*
Newseum, *555 Pennsylvania Ave. NW, www.newseum.org, tgl. 9–17 Uhr, $ 23, mit Café und Shop.*

Vom Newseum sind es nur ein paar Blocks ins Zentrum zwischen Bahnhof und Potomac River. Der prachtvolle Bau der **Union Station (31)** wurde 1909 im klassizistischen Stil erbaut und gilt heute als Musterbeispiel gelungener Restaurierung. Nahverkehrszüge, Amtrak-Fernzüge und die Metro fahren hier ab; es gibt Einkaufsarkaden, Restaurants und im UG einen großes Imbissareal, den *Food Circle*.

Um die etwas weiter im Westen gelegene Sporthalle, **Verizon Center (32)**, wo u.a. die Eishockeymannschaft *Washington Capitals* und die Basketballer *Washington Wizards* zuhause sind, breitet sich das kleine **Chinatown** aus. Klein, aber dennoch interessant ist das neben dem Stadion gelegene **German-American Heritage Museum (33)**, das knapp und informativ mit Hörproben, Filmen und Fotos, Dokumenten und Memorabilien über die deutsche Einwanderung und die Deutschamerikaner erzählt.
German-American Heritage Museum, *719 6th St., www.ugac.org/gahm/gahm.html, Do/Fr 11–18, Sa/So 12–17 Uhr, frei.*

Westlich der Sporthalle birgt das empfehlenswerte **Smithsonian American Art Museum (34)**, eine Sammlung von rund 40.000 Werken amerikanischer Kunst vom 19. Jh. bis in die Moderne, darunter große Namen wie Bierstadt, Homer, Cassatt, Rauschenberg oder Hopper. In der angeschlossenen **National Portrait Gallery** im historischen *Patent Office Building* lassen sich dann Porträts der US-Präsidenten bewundern, daneben Darstellungen von Martin Luther King, Marilyn Monroe oder Babe Ruth und anderer Berühmtheiten. Sehenswert ist auch die Porträtgallerie indianischer Häuptlinge von George Catlin und die ganz anders geartete, großzügig weite, bunte *Lincoln Gallery* mit zeitgenössischen Kunstwerken und Installationen.
Smithsonian American Art Museum, *8th/F St. NW, http://americanart.si.edu, tgl. 11.30–19 Uhr; Dependance:* **Renwick Gallery**, *1661 Pennsylvania Ave. NW/17th St., tgl. 10–17.30 Uhr;* **National Portrait Gallery**, *www.npg.si.edu, tgl. 11.30–19 Uhr – alle frei.*

James-Bond-Fans sollten sich das gegenübergelegene **International Spy Museum (35)** nicht entgehen lassen. Hier erfährt man mittels vielerlei Medien und Ausstellungsstücken viel über große Spione, deren „Werkzeuge", die Welt der Geheimdienste und Kriegsspionage und v.a.; dazu kann man selbst Spion spielen.
International Spy Museum, *8th/F St., www.spymuseum.org, tgl. 9.30/10–18/19 Uhr, $ 20, mit großem Laden und dem Spy City Café, in dem u.a. Spy City Dogs serviert werden.*

Das **Ford's Theater (45)** erlangte zweifelhaften Ruhm da hier am 14. April 1865 Präsident Abraham Lincoln erschossen wurde. Das altehrwürdige Theater erstrahlt heute wieder im Glanz der 1860er Jahre und steht zur Besichtigung (mit kleinem Museum im Untergeschoss) sowie zu Aufführungen offen.

Frauen in der Kunstgeschichte

Ein paar Blocks nordwestlich davon liegt ein ungewöhnliches Museum: das **National Museum of Women in the Arts (36)**, in dem ausschließlich Künstlerinnen aus aller Welt mit über 1.500 Werken vertreten sind.
Ford's Theatre & Museum, *511 10th St. NW, www.fordstheatre.org, tgl. 9–17 Uhr, freie Touren (Gratisticket nötig; am Abend Veranstaltungen).*
National Museum of Women in the Arts, *1250 New York Ave. NW, www.nmwa.org, Mo–Sa 10–17, So 12–17 Uhr, $ 10.*

Westlich des Weißen Hauses erstreckt sich das Viertel **Foggy Bottom**, Heimat der **George Washington University**, einer Reihe von Ministerien, wie dem *Department of State*, und dem **John F. Kennedy Center for the Performing Arts (37)**, dem größten Kulturzentrum der Stadt und zugleich einer Kennedy-Gedenkstätte. Das legendäre **Watergate Building** nördlich ist untrennbar verbunden mit der gleichnamigen Affäre, die Präsident Richard Nixon 1974 zum Rücktritt zwang. Vom Kennedy Center fällt der Blick auf eine Insel im Potomac River: **Theodore Roosevelt Island**. Hier ehrte man mit dem **Theodore Roosevelt Memorial (38)** Teddy Roosevelt, den Schöpfer der Nationalparks. Die Insel ist nur über eine Fußgängerbrücke von Westen (Arlington) her erreichbar.

Jüngere Geschichte Amerikas

Am **Dupont Circle** – zugleich ein buntes, umtriebiges Viertel – im Nordwesten der Stadt treffen mehrere Avenues zusammen. Eine davon ist die Massachusetts Ave., eine Prachtallee, an der sich rund 100 monumentale Botschaftsgebäude aufreihen. Deshalb nennt man die Straße, an der viele Politiker und wohlhabende Leute wohnen, auch „*Embassy Row*".

Lebendiges Viertel

Zwei Blocks westlich des Platzes werden in der **Phillips Collection (39)** Werke des 19. und 20. Jh., u.a. von Renoir, Klee und Rodin, ausgestellt. Das erste amerikanische Museum für moderne Kunst ist berühmt für seine Sammlung impressionistischer und nachimpressionistischer Kunst und dazu für ein vielseitiges Veranstaltungsprogramm. Nordwestlich davon befindet sich das **Woodrow Wilson House Museum (40)**. In dem äußerlich unscheinbaren Haus lebte der 28. Präsident der USA, im Amt von 1913 bis 1921. Woodrow Wilson, geboren 1856 in Staunton/Virginia, nutzte das Haus als Altersruhesitz.

The Phillips Collection, *1600 21st St. NW, www.phillipscollection.org, Di–Sa 10–17, Do 10–20.30, So 11–18 Uhr, Di–Fr freiwillige Spende für Dauerausstellung, Sonderausstellung sowie Sa/So $ 12, „Phillips after 5" (1. Do im Monat), Sunday Concerts u.a. Veranstaltungen*

Woodrow Wilson House, *2340 S. St. NW, www.woodrowwilsonhouse.org, Touren Di–So 10–16 Uhr, $ 10.*

Georgetown

Mit dem Bus ist es nur ein Katzensprung in das alte nordwestliche Stadtviertel **Georgetown**. Es weist einen völlig eigenständigen und andersartigen Charakter auf und das ist nicht verwunderlich: Georgetown ist viel älter als Washington und entstand 1789 als Universitätssitz und Hafen, als Umschlagsplatz für Getreide und Tabak.

Die angesehene **Georgetown University** (37th/O St.) **(41)**, war im selben Jahr gegründet worden und gilt als älteste katholische Hochschule der USA mit sehenswertem Campus. Als es in Folge des amerikanischen Bürgerkrieges mit Georgetown wirtschaftlich bergab ging und die Hauptstadt wuchs, schwand die Bedeutung Georgetowns. Erst in den 1930er Jahren entdeckte die Washingtoner Elite den Ort als Wohnadresse wieder.

Blick ins Smithsonian American Art Museum

Nach Jahren des Niedergangs und etlichen Sanierungs- und Restaurierungsprojekten präsentiert sich Georgetown heute wieder attraktiv mit grünen Alleen und engen kopfsteingepflasterten Gassen.

Bummelt man durch das geschäftige Zentrum um die **Kreuzung M St. und Wisconsin Ave.** findet man Shops und Cafés in Hülle und Fülle. Einige hübsche Häuschen aus der Kolonialzeit – wie das **Old Stone House** (3051 M St.) **(42)** als ältestes existierendes Privathaus von 1765 – bringen den alten Glanz zurück, und auch am Hafen, am schmalen ***Chesapeake & Ohio Canal***, der vom Potomac River abgezweigt wurde, hat man die alten Lagerhallen für Läden und Apartments, Kneipen und Cafés renoviert. Sitzt man am Ufer des Potomac River und genießt den guten Ausblick, u.a. man auf Kennedy Center und Watergate Complex, fühlt man sich in eine andere Welt versetzt.
Old Stone House, *3051 M St., NW, www.nps.gov/nr/travel/wash/dc17.htm, Mi–So 12–17 Uhr, frei.*

Ausflug nach Arlington

Berühmter Soldatenfriedhof

Jenseits des Potomac River liegt, bereits in Virginia, die Stadt **Arlington**. Dort stehen die einzigen Wolkenkratzer im Umkreis der Hauptstadt. Einzige Sehenswürdigkeit hier ist der gleichnamige Soldatenfriedhof, die letzte Ruhestätte vieler berühmter amerikanischer Persönlichkeiten, der **Arlington National Cemetery** (Metro Blue Line). Der Friedhof wurde 1864 auf dem Grund der Custis-Lee-Familie angelegt, zu der auch der Oberbefehlshaber der Südstaatenarmee, Robert E. Lee, gehörte. Die ehemalige Custis-Lee-Mansion, das **Arlington House**, steht zur Besichtigung offen.
Arlington House, **The Robert E. Lee Memorial**, *www.nps.gov/arho, tgl. 9.30–16.30 Uhr, frei.*

Erste Soldatengräber entstanden ab 1863, während des Bürgerkriegs, nach diesem zählte man bereits 16.000, und heute verteilen sich rund 250.000 Gräber auf 250 ha Fläche – eine riesige Totenstadt ist entstanden (Plan im

Besucherzentrum). Es sind in erster Linie Soldaten und deren Angehörige, die auf dem nationalen Gedenkfriedhof der USA ihre letzte Ruhe fanden und finden. Auch Militärs, die 20 Jahre gedient und ehrenvoll entlassen worden sind, werden hier beigesetzt, dazu kommen Verstorbene anderer Nationen (u.a. ein deutscher Kriegsgefangener) sowie nichtmilitärische Persönlichkeiten wie Joe Louis oder Lee Marvin. Am **Grab des Unbekannten Soldaten**, das 1921 unter Woodrow Wilson entstanden ist, findet von April bis September regelmäßig ein eindrucksvoll exakter Wachwechsel statt. Die *3rd US Infantry* – „*The Old Guard*" – mit rund 1.300 Soldaten begleitet jährlich etwa 3.500 offizielle Zeremonien.

Kennedys Grabstätte

Hauptanziehungspunkt auf dem Friedhof ist das schlichte, mit einem ewigen Licht geschmückte **Grab von John F. Kennedy**, der 1963 einem Attentat zum Opfer fiel. Vor dem Aufgang zum Grab sind wichtige Zitate von Kennedy auf einer geschwungenen Mauer zu lesen. Neben John F. Kennedy sind zwei seiner Kinder begraben: ein Junge, der nur ein paar Stunden alt wurde, und ein Mädchen, das tot zur Welt gekommen war. Außerdem liegt hier sein Bruder Robert F. Kennedy (1925–68), der ebenfalls ermordet wurde.

In unmittelbarer Nähe, etwas nördlich des Friedhofs, befindet sich das **Iwo-Jima-Denkmal**, ein eindrucksvolles Monument für die Eliteeinheit der *US Marines*, die von George Washington 1775 ins Leben gerufenen „Ledernacken". Von den hier dargestellten sechs Soldaten sind drei während des Zweiten Weltkrieges gefallen. Bei der Person im Hintergrund handelt es sich um einen Pima-Indianer, der stellvertretend für die Ureinwohner und ihre wichtige Rolle bei der Nachrichtenübermittlung im Kampf gegen die Japaner – diese konnten die Indianersprache nicht entschlüsseln – steht. Südlich des Friedhofs, in einem burgartigen Fünfecksbau, befindet sich das **Pentagon (43)**, das Verteidigungsministerium, 1941–43 erbaut.

Arlington National Cemetery, *Arlington/VA (Metro „Arlington"), www.arlingtoncemetery.mil, tgl. 8–mind. 17 Uhr, Infos im VC des Friedhofs (ausgeschildert), Wachwechsel am Grab des Unbekannten Soldaten stündlich.*

Reisepraktische Information Washington D.C.

Information

Capital Region, *c/o Claasen Communication, Hindenburgstr. 2, 64655 Alsbach, ☏ (06257) 68781, www.capitalregionusa.de*

Destination DC, *901 7th St. NW, ☏ (202) 789-7000, www.washington.org*

Touren

Mehrere **Walkingtouren**, *auch durch Georgetown, sind zusammengefasst unter:* **www.washingtonwalks.com**

Old Town Trolley Tours, *3150 V St. NW, 9–16/19 Uhr alle 30 Min. 2-stündige Rundfahrten, $ 39, www.trolleytours.com/Washington-DC; 19 Stationen inklusive Georgetown, beliebiges Ein- und Aussteigen möglich.*

***ANCTOUR**, www.anctours.com; Mall Express von Union St. entlang der Mall bis Arlington Cemetery, versch. Stopps ($ 5 einfach), auch Cemetery Tour ($ 8,75).*

Unterkunft

Allein im Stadtzentrum gibt es über 100 Hotels – meist eher teuer. P reiswerter ist es im Umkreis, z.B. am Capital Beltway I-495/95, günstig mit der Metro erreichbar. Zu Engpässen kann es in der Ferienzeit oder bei großen Kongressen und Veranstaltungen kommen. Es empfiehlt sich dann, im Voraus zu reservieren – was auch über deutsche Veranstalter möglich ist. Besonders an Wochenenden sind Special Rates erhältlich. Reservierungen sind auch über folgende Stellen möglich: ***www.visitdc.com*** *und* ***www.washingtondchotels.com***

Übernachtungs-Tipp

Wie daheim: die Eldon Suites
Beim Eldon Suites Hotel bezieht man kein gewöhnliches Hotelzimmer, sondern eine gut ausgestattete Wohnung. Man schlüpft in Slipper und Bademantel, legt sich aufs Sofa, setzt einen Kaffee auf oder bereitet sich einen Snack, sieht fern und setzt die Massagedusche in Gang ehe man unters weiche Federbett schlüpft. Das Eldon Suites Hotel liegt nahe dem Convention Center, nur wenige Schritte von der nächsten Metro Station und gut eine Viertelstunde zu Fuß von der National Mall entfernt. Der zehnstöckige Bau von 1929 fungierte bis 2009 als Apartmenthaus, dann wurde er zum Hotel umgestaltet. Seither stehen Gästen 50 Suiten mit ein bis drei Schlafzimmern und voll eingerichteten Küchen zur Verfügung, die bis zu sechs Personen aufnehmen können. Schon die kleinste Suite, die ab etwa $ 140 inkl. Frühstück und WiFi zu haben ist, erfüllt den Zweck voll.
The Eldon Luxury Suites, *933 L St. NW, Washington DC, ☏ 209-540-5000, www.eldonsuites.com*

***Hotel Harrington** (3) $$-$$$, 11th/E. St. NW, ☏ (202) 628-8140, www.hotel-harrington.com; zentral gelegenes Hotel in historischem Bau.*
***Windsor Inn** (1) $$-$$$, 1842 16th St., ☏ (202) 662-0300, www.windsor-inn-hotel-dc.com; gute Lage zwischen DuPont Circle und Adams Morgan in historischem Bau. 46 Zimmer, Gratis-WiFi und -Frühstück.*
***The Liaison Capitol Hill** (4) $$$-$$$$$, 415 New Jersey Ave. NW, ☏ (202) 638-1616, www.affinia.com; 343 Zimmer superluxuriös und geschmackvoll im Capitol Hill Neighborhood mit Dachterrassenbar. Schöne Zimmer, Pool, Flat-TVs und empfehlenswertes Art & Soul Restaurant.*
***Phoenix Park Hotel** (5) $$$-$$$$, 520 N. Capitol St. NW, neben der Union Station, ☏ (202) 638-6900, www.phoenixparkhotel.com; historisches Hotel mit 150 Zimmer mit altehrwürdigem, irisch angehauchtem Charme.*
***Hay-Adams Hotel** (2) $$$$$, One Lafayette Square (16th/H St. NW), ☏ (202) 638-6600, www.hayadams.com; superteures, edles Luxushotel in denkmalgeschütztem Haus mit Blick aufs Weiße Haus; zugehörig: Top-Restaurant Lafayette.*

Restaurants

Das Stadtviertel Capitol Hill ist bekannt für gutes Essen, Bummeln und Nightlife. Ein weiterer attraktiver Treff ist Georgetown, wo es neben Studentenkneipen auch feine Lokale gibt, besonders um die M St./Wisconsin Ave. Ethnische Lokale und einladende Bars/Kneipen finden sich im Viertel Adams Morgan, v.a. um den Dupont Circle.

Ben's Chili Bowl **(2)**, *1213 U St. NW (Metro „U Street"); seit 1958 bekannt für „chili half-smokes" und „chili dogs"; erst durch Bill Cosby, dann durch Präsident Barack Obama berühmt gewordener Imbiss.*

Capitol City Brewing Co. **(4)**, *2 Massachusetts Ave. NW und 1100 NY Ave NW, www.capcitybrew.com; die älteste Hausbrauerei der Stadt, gutes Bier und schmackhafte Gerichte.*

Clyde's of Georgetown **(1)**, *3236 M St. NW, ☏ (202) 333-9180; nettes, erschwingliches Restaurant und Bar mit Atmosphäre, beliebter Treff vieler Washingtoner.*

Corduroy **(3)**, *1122 9th St. NW, ☏ (202) 5898-0699, www.corduroydc.com; nicht eben billig, dafür aber ausgezeichnete Gerichte mit leichtem asiatischem Touch, in ungewöhnlichem Ambiente – einem renovierten Reihenhaus –, mit kleiner Bar im OG.*

Lafayette Room *im Hay-Adams Hotel (s. oben), ☏ (202) 638-6600; fein und teuer, innovative „Weltküche" der Spitzenklasse.*

Old Ebbitt Grill **(5)**, *675 15th St. NW, ☏ (202) 347-4801; der älteste Saloon der Stadt wurde 1856 gegründet, äußerst pittoresk; zwanglose Atmosphäre, nett und preiswert, v.a. zum Lunch.*

Nachtleben & Unterhaltung

Beliebt bei Nachtschwärmern sind die ***U Street*** *(*Bohemian Caverns, Polly's*) oder die* ***H Street*** *nördlich Union Station (Atlas District). Nähere Infos gibt es unter: www.washington.org/visiting/experience-dc/urban-explorer/night-life*

John F. Kennedy Center for the Performing Arts, *2700 D St. NW/Rock Creek Pkwy., www.kennedy-center.org; u.a. Sitz des* National Symphony Orchestra.

H Street Playhouse, *1365 H St. NE, www.hstreetplayhouse.com; Sitz der bekannten* Theater Alliance *(www.theateralliance.com).*

POV Rooftop Bar *im W Hotel, 15th St./Pennsylvania Ave.; elegante, schicke Tapasbar mit erlesenen Cocktails und Ausblick auf Weißes Haus und diverse Monumente. So–Do 17–2, Fr/Sa bis 3 Uhr.*

Einkaufen

Nach D.C. fährt man wegen der Sehenswürdigkeiten und nicht unbedingt zum Shoppen. Teile ***Georgetowns*** *(teure Boutiquen und Lokale/Cafés entlang der M St.) sowie* ***Capitol Hill*** *sind dennoch geeignet. Lohnend sind auch die unterschiedlich sortierten* ***Museums-Shops*** *an der Mall.*

Zuschauersport

DC United *(Soccer/Fußball – MLS), Spiele im RFK Stadium (Metro „Stadium Armory"), www.dcunited.com*

Washington Nationals *(Baseball – MLB), Spiele im Nationals Park (im SO direkt am Anacostia River, Metro „Navy Yard"), http://washington.nationals.mlb.com*

Washington Capitals *(Eishockey – NHL), Spiele im Verizon Center (Downtown, Metro „Gallery Place/Chinatown"), http://capitals.nhl.com*
Washington Wizards *(Basketball – NBA), ebenso Verizon Center, www.nba.com/wizards*
Washington Redskins *(Am. Football – NFL), Spiele im FedExField im östlich gelegenen Vorort Landover/Maryland, www.redskins.com*

Flughäfen

*Der **Washington Dulles International Airport** (www.mwaa.com/dulles) ist Hauptknotenpunkt von United Airlines und liegt ca. 40 km im Nordwesten der Hauptstadt in VA. Unlängst wurde eine neue (4.) Startbahn und 15 neue Gates im Abflugbereich B in Betrieb genommen, dazu ein neues Aero Train-System, das die alten „People Mover" zwischen Terminal und neuem Gate ablöste.*
***Verbindung zur Stadt:** Ein Metro-Anschluss ist in Bau (bis 2014), ansonsten Busverbindung **Washington Flyer Coach** (www.washfly.com/coach.html) alle 45 Min. zur Metro-Station West Falls Church Station ($ 10, Orange Line) oder **Metrobus 5A** zur L'Enfant Plaza, dort Metro-Station ($ 6). Taxis verlangen ca. $ 60, blaue Shuttlebusse (door-to-door) von SuperShuttle $ 29 (www.washfly.com/super_shuttle.htm).*
*Der nationale **Ronald Reagan National Airport**, im Süden, ist außer mit* Washington Flyer *und* SuperShuttle *(s. oben) sowie Taxis (ca. $ 30) auch mit der Metro (Blue/Yellow Line) an die Stadt angebunden.*

*Dritter Flughafen in der Capital Region ist der **Baltimore-Washington International Airport/BWI** (www.bwiairport.com), am günstigsten per Bahn (S-Bahn und Amtrak) von der BWI Rail Station (kostenloser Pendelbus vom Terminal) zur Union Station (Washington) erreichbar.*

Eisenbahn und Bus

***Amtrak** verbindet Washington mit allen großen Städten an der Ostküste (Acela- und Metroliner-Service) sowie Chicago, Atlanta und New Orleans. Der sehenswerte und renovierte Bahnhof, die **Union Station**, liegt nahe beim Capitol, 50 Massachusetts Ave. NE (Metro „Union Station"). **Infos:** www.amtrak.com*

*Auch verschiedene **Busgesellschaften**, wie BoltBus, verbinden die Ostküstenstädte miteinander (☏ 1-877-265-8287, www.boltbus.com).*

Nahverkehr

*Die **Washington Metropolitan Area Transit Authority** betreibt Busse (Metro-Bus) und Metro (Metrorail). Es gibt fünf farblich unterschiedene U-Bahn-Linien, die zwischen 5.30 bzw. 8 Uhr und Mitternacht verkehren. Der so genannte **Circulator** (www.dccirculator.com, $ 1 Einzelticket), sechs ebenfalls farblich gekennzeichnete Buslinien, sorgt in der Innenstadt für schnelle Verbindungen.*

***Metrorail und Metro-Bus:** www.wmata.com. Tickets gibt es an jeder Station an Automaten, die Fahrpreise sind gestaffelt nach Entfernung und Tageszeit ($ 1,70–5,75). Vorsicht: das Ticket wird bei Fahrtende benötigt, um durch die Schranke zu kommen, ggf. muss nachgelöst werden (additional fare). Günstig ist der **One Day Pass** für MetroRail zu $ 14 (ohne Zeitbeschränkung), Bustickets kosten $ 1,80.*

Virginia-Rundfahrt

Routenhinweis

Von Washington sind es gut 100 km bis **Front Royal**, dem Zugangstor zum **Shenandoah NP**. Dorthin gelangt man am besten auf der Autobahn I-66, doch sollte man einen Stopp in **Manassas** einplanen. Von dort fährt man dann auf dem idyllischen Hwy. 55 nach Front Royal, kurz hinter dem Ort liegt die Nord-Zufahrt zum Shenandoah NP. Auf dem **Skyline Drive** geht es entlang dem Bergrücken der *Blue Ridge Mountains* knapp 170 km weit nach Süden, bis Waynesboro. Dort schließt lückenlos der **Blue Ridge Parkway** an, der 750 km auf dem Gebirgskamm weiter südwärts verläuft (Info-Kasten S. 437). Westlich dieses Schnittpunktes liegen zwei sehenswerte Städtchen: **Staunton** (ca. 20 km) und **Lexington** (von Staunton ca. 55 km). Vom Südende des Skyline Drive führt die I-64 dann vorbei an **Charlottesville** und Monticello nach **Richmond**, der Hauptstadt Virginias.
Wer vorhat, entlang der Küste von Washington Richtung Süden zu reisen, sollte sich bei genügend Zeit die Fahrt durch Virginia – etwa drei Tage – nicht entgehen lassen. Bei Richmond, der Hauptstadt Virginias, stößt man anschließend wieder auf die Hauptroute.

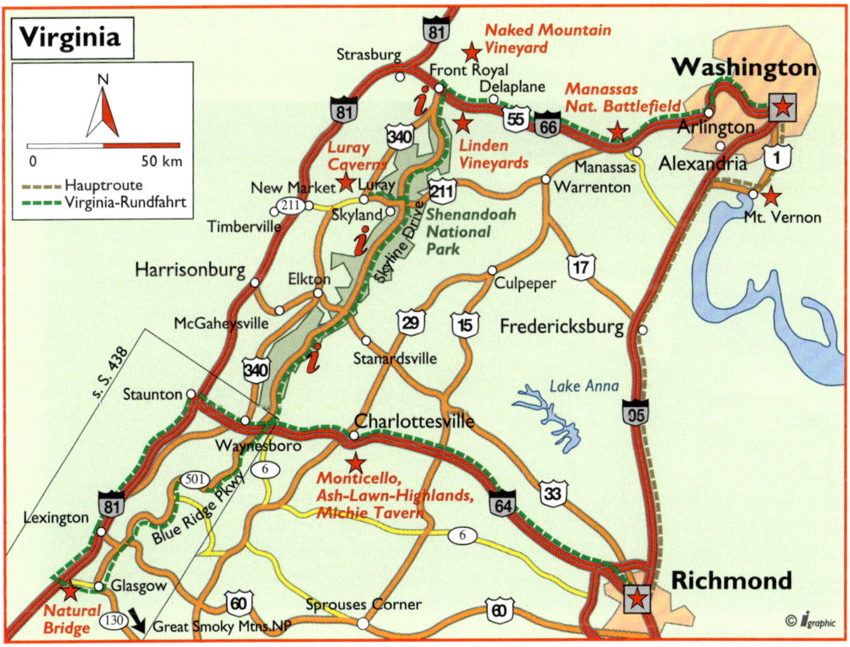

Von Washington zum Shenandoah National Park

Manassas

Der Ort, gut 50 km von Washington entfernt, ist aus zwei Gründen besuchenswert: Erstens wegen des **Manassas National Battlefield** und, zweitens, wegen der gut erhaltenen Altstadt, der **Old Town**. Die Architektur dort stammt großteils von der Jahrhundertwende und an den Hauptachsen der Innenstadt, Center und Battle St., reihen sich hübsche Antiquitätenshops, Galerien und Lokale auf. Besonders sehenswert sind das **County Courthouse** und das **Manassas Railroad Depot** von 1911/14, heute S-Bahnhof für Washington-Pendler.

Im Bürgerkrieg hatte Manassas strategische Bedeutung, wegen seiner Lage an mehreren Flüssen – *Bull Run* und *Occoquan River* im Norden, *Potomac* im Osten und *Chopawamsic Creek* im Süden – und als Eisenbahnknotenpunkt. Die **First Battle of Manassas** am 21. Juli 1861 war das erste Aufeinandertreffen der Unions- und der konföderierten Truppen. Ziemlich überheblich hatten die Yankees aus dem Norden die Begegnung zum „Event" hochstilisiert und halb Washington war am Schlachtfeld „live" mit von der Partie. Als jedoch die Südstaatler dank strategischer Glanzleistungen von Offizieren wie „Stonewall" Jackson einen überraschenden Sieg errangen, suchten Zuschauer wie Soldaten schnell das Weite. Auch als sich im August 1862 Union und Konföderierte hier erneut gegenüberstanden, gingen am Ende die Südstaatler als Sieger hervor.

Blick auf das Manassas Battlefield

Jeden Sommer werden heute die beiden Schlachten, **1st** und **2nd Manassas** – von den Nordstaaten „**Battles of Bull Run**" genannt – in Re-enactments nachgestellt; besonders dann lohnt sich ein Besuch. Die Besichtigung des 2.000 ha großen Schlachtfelds beginnt man am Visitor Center nach einer Diashow und einem Rundgang durch eine Ausstellung mit Modell. Wer möchte, kann den 1,5 km langen Fußweg über das Schlachtfeld wählen oder eine knapp 20 km lange PkW-Rundroute, die an mehreren rekonstruierten Stellungen und Monumenten vorbeiführt.
Manassas National Battlefield, *Henry Hill VC, ausgeschildert, 12521 Lee Hwy., ab I-66 Exit 47B dann Hwy. 234, www.nps.gov/mana, tgl. 8.30–17 Uhr, $ 3, Film $ 3 extra, Ausstellung mit instruktivem Modell sowie ausgewiesene Routen über das Schlachtfeld.*

Bereits im Appalachen-Vorland gelegen, machen in den letzten Jahren **Virginias Weingüter** (www.virginiawine.org) von sich Reden. Zwei empfehlenswerte Güter liegen gut ausgeschildert direkt auf der Strecke zum Nationalpark, am Hwy. 55: In Markham sind es **Naked Mountain Vineyard& Winery** und die für ihre hervorragenden Chardonnays berühmten **Linden Vineyards**.

Auf zur Weinprobe!

Linden Vineyards, *Linden, 33708 Harrels Corner Rd. (I-66, Exit 13, ausgeschildert), www.lindenvineyards.com, Mi–So 11–17 Uhr (im Winter nur an Wochenenden); berühmt für Chardonnays, mit Laden und Selbstpflück-Apfelplantage.*
Naked Mountain Vineyard&Winery, *Markham, Hwy. 688 (I-66, Exit 18, ausgeschildert), www.nakedmtnwinery.com, Mo–Do 11–17, Fr–So 11–18 Uhr; schön gelegen und dazu ausgezeichnete Weine (Tastings) und Laden.*

Reisepraktische Informationen Manassas/VA

Information
***Manassas VC at the Train Depot**, 9431 West St., ☏ (703) 361-6599, www.visitmanassas. org, tgl. 9–17 Uhr.*

Unterkunft
***Hampton Inn** $$, 7295 Williamson Blvd., I-66 Exit 47, ☏ (703) 369-1100, www.manassasva.hamptoninn.com; günstig zwischen Innenstadt und Schlachtfeld gelegen und dazu relativ preiswert.*
***Olde Town Inn** $$$, 9403 Main St., ☏ (703) 368-9191, www.oldetowneinn.com; in der Innenstadt gelegenes kleines historisches Motel.*

Shenandoah National Park und Skyline Drive

Der **Shenandoah NP** ist Teil der Appalachen, einer Bergkette, die es an Monumentalität zwar nicht mit den Rocky Mountains aufnehmen kann, die aber landschaftlich trotzdem viel zu bieten hat. Das Gebirge bildete einst die

Unterwegs im Shenandoah National Park

frontier zwischen den besiedelten Gebieten an der Ostküste und dem riesigen *unknown land* westlich davon. Die 1936 von Franklin D. Roosevelt zum Nationalpark erklärte Region bedeckt eine Fläche von insgesamt 790 km^2 und misst von Nordosten bis Südwesten rund 100 km. Das Parkgebiet umfasst den 3–21 km schmalen Gipfelbereich der so genannten *Blue Ridge*, die ihren Namen von dem bläulichen Dunstschleier erhielt, der fast ständig über der Landschaft hängt. Dieser Gebirgszug erreicht Höhen von rund 1.200 m. Er geht nach Osten ins Piedmont-Plateau über und fällt nach Westen zu ins große Appalachental mit dem Shenandoah River ab.

Berglandschaft

Erste **menschliche Besiedlungsspuren** im Shenandoah NP reichen etwa 9.000 Jahre zurück. Archäologische Funde – Pfeil- und Speerspitzen aus behauenem Quarzstein sowie Grabhügel – belegen darüber hinaus, dass bis vor 500 Jahren Indianer im Shenandoah-Gebiet lebten, vor allem in den Flusstälern auf der Ost- und Westseite der Blue Ridge. *Shenandoah* stammt schließlich aus der Indianersprache und heißt so viel wie „Tochter der Sterne". Die ersten weißen Siedler hatten sich um 1725 niedergelassen, anfangs im Shenandoah-Tal, dann auch im Bergwald. Das hatte zur Folge, dass binnen eines Jahrhunderts die Natur stark litt und Wälder rücksichtslos abgeholzt wurden. Bis zum amerikanischen Bürgerkrieg hielt der Einwandererstrom an, erst mit der Eisenbahn verlagerte sich dann die Zuwanderung westwärts. Um 1900 entdeckte man die Bergregion als erhaltenswerten Erholungsraum, den man 1926 als *National Monument* auswies, aber erst zehn Jahre später nach Zukauf von Privatland zum Nationalpark erklärte.

Der Shenandoah-Park besteht heute wieder zur Hälfte aus **unzugänglicher Wildnis**, durchsetzt von Wasserfällen, Wildblumenwiesen und Bergen, und wird vom **Skyline Drive** durchzogen. Diese rund 170 km lange ***Scenic Route,*** die 1939 fertig gestellt wurde, geht in den 750 km langen *Blue Ridge Parkway* über und verbindet Shenandoah und Great Smoky Mountains NP miteinander. Die kurvige, teils enge Strecke verläuft meist auf dem Bergkamm, in 700 bis 1.000 m Höhe und das Tempolimit beträgt 35 mph (55 km/h). Vor allem während der Hochsaison im Oktober, zur Zeit der

Laubfärbung, geht es nur langsam voran. Unzählige **Aussichtspunkte** geben Gelegenheit, den Blick auf das **Shenandoah River Valley** zu genießen. Es gibt Raststätten, Campingplätze, Besucherzentren und Ausgangspunkte für unterschiedlich lange Wanderungen entlang der Route und Abstecher zu Naturdenkmälern und historischen Städtchen wie Staunton, Lexington oder Charlottesville (s. unten) sind möglich. Bei **Skyland** erreicht man den höchsten Punkt der Straße mit rund 1.200 m. Hier befindet sich ein Resorthotel, ein Laden, eine Ranger Station und Trails.

Ein Abstecher vom Skyline Drive zu den **Luray Caverns** lohnt wegen des 19 ha großen Höhlensystems mit unvergleichlichen Stalaktiten- und Stalagmiten-Formationen. Dieses ist zugleich ein interessantes Beispiel für die amerikanische Fähigkeit, ein Naturdenkmal zu schützen und gleichzeitig so zu vermarkten, dass pro Jahr rund eine halbe Million Menschen den Weg hierher finden. Es gibt Versorgungseinrichtungen aller Art: ein Motel und ein Resorthotel, Restaurants, Shops, einen botanischen Garten und Museen. Eigentlich sehenswert ist nur das Höhlensystem, das 1878 von Andrew Campbell und Benton Stebbins – einem Kupferschmied und einem Fotografen – entdeckt worden war. Es handelt sich um die **größte Tropfsteinhöhle im Osten der USA**.

Beeindruckende Tropfsteinhöhle

Luray Caverns, *US Hwy. 211/Bypass 340, ca. 2 km westl. Luray, www.luraycaverns.com, einstündige Touren tgl. 9–18/19 bzw. bis 16/17 Uhr in der NS, $ 24 inkl. Carriage Museum.*

Reisepraktische Informationen Shenandoah NP

Information

***Shenandoah NP**, drei VCs:* Dickey Ridge VC *(N-Zugang), Harry F. Byrd VC (Zentrum) und Loft Mountain VC (S-Zugang), www.nps.gov/shen, www.visitshenandoah.com, Eintritt $ 15/PkW, im Winter $ 10; Museen, Diashows und Buch/Souvenirläden, Infos für Wanderer und Camper sowie Backcountry Permits.*

Unterkunft

Obwohl die meisten Besucher außerhalb der Parkgrenzen nächtigen, bieten sich im Park mehrere Lodges und Campgrounds (s.u.) an, die alle schön gelegen sind und uneingeschränktes Naturerlebnis bieten. Zentrale Reservierungsstelle für alle Unterkünfte ist:

***ARAMARK Shenandoah National Park Lodging** $$-$$$, ☏ 1-888-896-3833, www.visitshenandoah.com; besonders zu empfehlen: **Skyland Resort** (mi 42), am höchsten Punkt des Skyline Drive gelegen (Zimmer und Cabins, Restaurant, Ausritte, Wanderwege u.a.); **Big Meadows Lodge** (mi 51), Zimmer in einer denkmalgeschützten Stein-Lodge von 1939 (Restaurants und Wandermöglichkeiten) sowie **Lewis Mountain Cabins** (mi 58), die rustikalste der drei Lodges.*

***Lafayette Inn** $$$-$$$$, 146 Main St., Stanardsville (am Ostrand des NP, ca. 45 km nordwestl. Charlottesville), ☏ (434) 985-6345, www.thelafayette.com; kleines Inn mit fünf schönen Zimmern und einer Cottage sowie Restaurant.*

Camping
Über die vier Campingplätze (Mathews Arm, Big Meadows, Lewis Mountain und Loft Mountain) entlang der Route erteilen die VCs (s. o.) Auskunft. Sie sind ideale Ausgangspunkte für Wanderungen.
***Infos:** www.recreation.gov. Alle Plätze sind wetterabhängig von ca. Mai–Okt. geöffnet.*

Restaurants
***Hank's Smokehouse**, 49 Bloomer Springs Rd. (Rte. 33), McGaheysville (Westrand des NP, östl. Harrisonburg), www.hankssmokehouse.com; alteingesessener BBQ-Place mit leckeren Südstaatenspezialitäten vom Grill, lohnt jeden Umweg!*

Wandern
Wanderfreunde finden im Park etwa 800 km an Trails und können aus verschiedenen Rangerprogrammen wählen. Wanderkarten sind in den VCs erhältlich.

Beschauliches Staunton

Beschaulicher Ort

Die kleine Stadt **Staunton** im **Shenandoah Valley** (ca. 24.000 EW) liegt abseits der Touristenpfade und ist Geburtsort des 27. US-Präsidenten Woodrow Wilson. Es ist ein beschaulicher Ort mit viel historischer Bausubstanz und dank etlicher netter B&Bs und Restaurants ideal zum Übernachten. Wie Manassas spielte Staunton im Bürgerkrieg eine bedeutende Rolle; auch hier fanden etliche Bürgerkriegsschlachten statt. Aufgrund seiner Lage im Süden des Shenandoah-River-Tals fungierte der Ort als Zentrum des **Breadbasket of the Confederacy**, des Nachschublagers der Südstaatler. Beim Einmarsch der Unionstruppen am 6. Juni 1864 gelang es mithilfe vieler hier lebender Unions-Sympathisanten, die Stadt vor der Zerstörung zu bewahren. Auf diese Weise blieb die Altstadt mit zahlreichen Antebellum-Gebäuden, in die Antiquitätenshops und Galerien, Boutiquen und Cafés, Pubs und Kneipen eingezogen sind, intakt erhalten. Staunton ist stolz auf seinen Ruf als Antiquitäten-, Kultur- und Bildungszentrum. Hauptattraktion von Staunton ist das **Woodrow Wilson Birthplace & Museum & Presidential Library**, das Geburtshaus des 28. Präsidenten der USA von 1846. Hier erblickte Woodrow Wilson als Pfarrerssohn am 28. Dezember 1856 das Licht der Welt. Das Haus wurde liebevoll restauriert und vermittelt ein gutes Bild vom Leben einer Familie in der Vorbürgerkriegszeit. An den eher bescheidenen Bau mit zeitgenössischer Möblierung schließt sich ein prächtiger Garten an.

Geburtsort von Woodrow Wilson

Woodrow Wilson Birthplace & Museum, *18-24 N. Coalter/Frederick St., www.woodrowwilson.org, Mo–Sa 9–17, So 12–17 Uhr, NS Di/Mi geschl., $ 14, Haustouren und Gift Shop.*

Im Osten des Ortes befindet sich das **Frontier Culture Museum**, ein Freilicht- oder *Living History Museum*, in dem man das Leben der ersten Siedler im fruchtbaren Shenandoah River Valley durch Museumsangestellte vorgeführt bekommt. Zum weitläufigen Museumskomplex gehören außer dem Besucherzentrum mit Museum und Filmvorführung verschiedene Originalbauten aus Europa, die hierher verschifft und wieder aufgebaut wurden: die *German Farm* (Haus und Scheune von 1688–1730 aus Hördt am Rhein), die *Ulster Farm* aus Irland um 1800 – ein Haus mit angebautem Schuppen, Schweine/Hühnerhaus und Kuhstall –, die *Ulster Forge* (eine Schmiede aus Irland), eine *English Farm* (Fachwerkbau aus dem spätem 17. Jh. aus Worcestershire) und schließlich eine *American Farm* aus Virginia aus dem 1850ern. Sie alle legen Zeugnis von der Arbeit und Lebensweise der frühen „Grenzland"-Siedler ab. Man erfährt über die unterschiedliche Herkunft und Traditionen der Siedler und deren Zusammenleben in der Neuen Welt.

Frontier Culture Museum, *Zufahrt ab I-81 Exit 222, Hwy. 250 W, www.frontiermuseum.org, tgl. 9–17, Dez.–Mitte März 10–16 Uhr, $ 10, außer Jan./Feb. tgl. Vorführungen und Veranstaltungen.*

Die German Farm, Teil des Frontier Culture Museums

Reisepraktische Informationen Staunton/VA

Information

***Staunton VC**, S. New St., ☏ (540) 332-3971, Apr.–Okt. Mo–So 9–18, sonst 9.30–17.30 Uhr., www.visitstaunton.com; vielerlei Infos, Broschüren, Stadtplan etc., Filiale im Frontier Culture Museum; zum touristischen Angebot im Shenandoah Valley: www.visitshenandoah.org.*

Unterkunft

***Ann Hathaway's Cottage** $$$, 950 W. Beverley St., ☏ (540) 855-8885, www.anne-hathaways-cottage.com; B&B im Stil eines englischen Cottage umgeben von traumhaftem Garten; drei Zimmer mit allem Komfort, inkl. Frühstück.*

***Miller House B&B Inn** $$$, 210 N. New St., ☏ (540) 886-3186, www.millerhousebandb.com; opulente viktorianische Villa von 1896 mit eleganten und doch gemütlichen fünf Zimmern mit Bad und Kamin und Frühstück.*

Restaurant

***Beverley Restaurant**, 12 E. Beverley St., seit über 45 Jahren beliebtes Familienrestaurant mit regionaler Küche (Mi/So geschl.).*

Lexington, kleiner Ort mit großen Bewohnern

Von Staunton führt die I-81 nach Lexington (ca. 55 km). Die übersichtliche Innenstadt mit Zentrum um Main und Washington Street ist attraktiv und zeugt vom Status als Uni-Städtchen. Der Ort war zudem Heimat eines der legendären Helden der Konföderierten: „Stonewall" Jackson, der in einer der beiden Hochschulen des Ortes, dem **Virginia Military Institute/VMI**, eine der berühmtesten Militärakademien der USA, lehrte. Zweite Hochschule ist die ältere **Washington & Lee-Universität**.

Heimat einer Legende

Das **VMI** wurde 1839 gegründet und ist damit die älteste Militär-Hochschule der USA. Der Universitätscampus ist frei zugänglich, nicht so die festungsartige Kadettenkaserne, *The Barracks*, die wie andere wichtige Bauten am *Parade Ground* steht. Obwohl man Uniform trägt und es militärisch diszipliniert zugeht, mündet das (teure) Studium nicht zwangsläufig in eine Militärlaufbahn. Abgesehen von einem halbjährigen militärischen und sportlichen Drillprogramm studieren die Kadetten, auch Frauen, die verschiedensten Fächer und nicht einmal ein Fünftel schlägt die Karriere des Berufssoldaten ein. Berühmtester Professor am VMI war „Stonewall" Jackson, der 1851–61 Naturphilosophie und Ballistik lehrte, ehe er sich im Bürgerkrieg einen Namen machte. Über die Geschichte des Instituts und seine berühmtesten Abgänger informiert das **VMI Museum**.
Virginia Military Institute/VMI, *Letcher Ave., ab Main St., Campus-Touren werktags ab VC am Parade Ground, www.vmi.edu, Kadetten-Paraden im Frühjahr und Herbst Fr 16 Uhr. mit* ***VMI Museum****, Lexington Arsenal, tgl. 9–17 Uhr, frei.*

Marshall-Plan

Das **George C. Marshall Museum** erinnert an einen anderen berühmten Absolventen des VMI: George Marshall, ranghöchster General und später Friedensnobelpreisträger, berühmt geworden durch den Marshall-Plan. 1880 in Pennsylvania geboren, errang er im Ersten wie im Zweiten Weltkrieg große Verdienste, u.a. bei der Invasion in der Normandie. 1944 war er zum ersten 5-Sterne-General befördert worden und nach dem Krieg fungierte er als Außenminister der Vereinigten Staaten. Um dem sich ausbreitenden Kommunismus in Osteuropa zu begegnen, entwarf er einen *European Recovery Plan*, der später als „**Marshall-Plan**" bekannt wurde. Für dieses Konzept erhielt er 1953 zusammen mit Albert Schweitzer den Friedensnobelpreis.
George C. Marshall Museum, *VMI Parade Ground, www.marshallfoundation.org/museum/index.html, Di–Sa 9–17, So 13–17 Uhr, $ 5.*

Gleich angrenzend an das VMI liegt der Campus der privaten **Washington & Lee University** (www.wlu.edu), bereits 1749 gegründet. Heute liegen die Studienschwerpunkte auf Geisteswissenschaften und Jura. Ihren Namen verdankt sie George Washington, der 1786 ein Aktienpaket stiftete, außerdem dem legendären Südstaatengeneral Robert E. Lee, der ihr als Präsident vorstand und hier begraben liegt (Kapelle mit kleinem Museum).
In ganz anderem Licht erscheint der im Kampf knallharte und draufgängerische Südstaatenoffizier „Stonewall" Jackson, wenn man sein bescheidenes,

gemütliches Haus in der East Washington St. besichtigt. Das 1801 gebaute **Stonewall Jackson House**, in das der Offizier nach seiner Heirat 1859 eingezogen war und wo er bis zum Kriegsbeginn 1861 lebte, zeugt von einem bescheidenen und sehr disziplinierten Mann, der seiner Tätigkeit am VMI gewissenhaft nachging. Begraben ist Jackson auf dem **Stonewall Jackson Memorial Cemetery** in der Main St.
Stonewall Jackson House, *8 E. Washington St., www.stonewalljackson.org, Mo–Sa 9–17, So 13–17 Uhr, $ 8, Touren, mit kl. Museum und Garten.*

info

„There stands Jackson like a stonewall!"

Thomas Jonathan Jackson (1824–63) war nicht zum Held geboren und wollte auch nie einer sein. Es war vielmehr ein zurückhaltender Mann, der am 10.Mai 1863 recht unspektakulär an den Folgen einer Schussverletzung, die ihm ein eigener Soldat zugefügt hatte, starb. Dennoch wird „**Stonewall**" **Jackson**, wie der Südstaaten-General schon zu Lebzeiten genannt wurde, als Held verehrt und später zusammen mit Oberbefehlshaber Robert E. Lee und Konföderiertenpräsident Jefferson Davis am **Stone Mountain** bei Atlanta in einem überdimensionalen Monument verewigt. Zwei Jahre als Offizier im Bürgerkrieg hatten genügt, um den unscheinbaren Lehrer am VMI unsterblich zu machen. 1851 hatte Jackson nach Abschluss der *Military Academy* in *West Point* und Einsatz im mexikanisch-amerikanischen Krieg die *Professur für Natural Philosophy* und *Artillery Tactics* am VMI angenommen und lebte zehn Jahre lang friedlich in Staunton. Seine Naturphilosophie-Vorlesungen an der Hochschule waren als langweilig und öde bekannt, anders seine nachmittäglichen Artillerietaktik-Übungen, bei denen er voll in seinem Element war.

Ordnung und Disziplin spielten im Leben des introvertierten und wortkargen Mannes eine große Rolle. Sein Leben glich dem vieler Stauntoner Bürger: Jackson leitete eine Sonntagsschule für Schwarze, gehörte dem lokalen Literatur- und Politik-Club an und folgte einem stets gleich bleibenden Tagesablauf. Der Gesundheit wegen legte er Wert auf gesunde Ernährung, Spaziergänge und Wasserkuren.

Als er sich am 21. April 1861 von seiner Frau Mary Anna verabschiedete, um seiner Pflicht als Berufsoffizier in der Armee von Robert E. Lee nachzukommen, sollte er in nur zwei Jahren Militärgeschichte schreiben. Mit eiserner Disziplin und taktischer Finesse gelang es ihm, den anfänglichen Ansturm der Nordstaaten jäh zu unterbinden. Am 16. Juli 1861 bei Manassas hatten sich in der ersten Schlacht des Bürgerkriegs die Nordstaatler schon als sichere Gewinner gefühlt, als Jacksons Truppen eine Wende einleiteten. Mit dem Ruf „*There stands Jackson like a stonewall!*" setzte Offizier Barnard Bee zum **entscheidenden Gegenschlag** an. Seitdem hielt Stonewall die Unionstruppen in Schach und ging vor allem wegen seiner Verteidigungsgefechte 1862 im Shenandoah Valley in die Geschichte ein.

Ausflug zur Natural Bridge

Die Natural Bridge

Fast ein noch größerer „Rummelplatz" als die *Luray Caverns* (s. oben) – mit Restaurants und Hotels, diversen, etwas dubiosen kleineren Museen und Shops, abendlichen *Light&Sound Shows* und Bibellesungen – ist die **Natural Bridge**. Bei diesem an sich sehenswerten **Naturdenkmal**, 20 km südlich von Lexington (Hwy. 11), handelt sich um eine 65 m hohe, rund 40 m starke und etwa 100 m breite natürliche Felsbrücke über den *Cedar Creek*, eine Kalksteinformation, die dadurch entstand, dass sich über Jahrtausende der Strom in den Fels grub und so einen Durchbruch in Form eines Torbogens schuf.

Bei den Ureinwohnern, die den Ort als heilig betrachteten, hieß sie „*Bridge of God*". George Washington verewigte sich 1750 mit einer Inschrift im Fels auf der gegenüberliegenden Seite unterhalb der Brücke und Thomas Jefferson kaufte das Land um die Natural Bridge dem englischen König George II. 1774 für ein paar Groschen ab.

Natural Bridge of Virginia, *US Hwy 11, www.naturalbridgeva.com, tgl. 9–19/21 Uhr, $ 19, inkl. Caverns $ 28.*
Natural Bridge Caverns, *US Hwy. 11, www.naturalbridgecaverns.com; tiefstes Höhlensystem im Osten der USA mit großer Fledermauspopulation, tgl. 10–16 Uhr versch. Touren ab $ 19, auch Kombitickets mit Natural Bridge.*

Reisepraktische Informationen Lexington/VA

Information

***Lexington VC**, 106 E. Washington St., www.lexingtonvirginia.com, tgl. 9–17 Uhr.*

Unterkunft

***Historic Country Inns of Lexington** $$$, 11 N. Main St., ☎ (540) 463-2044, www.lexingtonhistoricinns.com; schöne, gut ausgestattete Zimmer in drei historischen Häusern wie dem **Maple Hall Country Inn** $$$ (3111 N. Lee Hwy., nordöstl. der Stadt, via US Hwy. 11, ☎ 540-463-6400, 21 Zimmern in Greek Revival Plantation Home von 1850 in traumhafter Lage).*

Routenhinweis
Um zur nächsten Station, Charlottesville, zu kommen, folgt man zunächst dem Hwy. 130 bis Glasgow und dann dem Hwy. 510 wenige Kilometer ostwärts bis zur Auffahrt zum **Blue Ridge Parkway**. Man folgt dieser Route Richtung Norden (ca. 100 km), bis man bei Waynesboro das Ende des Parkway und die Zufahrt zur I-64, die direkt nach Charlottesville führt, erreicht.

Der Blue Ridge Parkway

info

Der **Blue Ridge Parkway** ist die 750 km lange Fortsetzung des Skyline Drive Richtung Südwesten. Präsident Franklin D. Roosevelt hatte im Rahmen des New Deal in den 1930ern mit dem Bau der Straße begonnen, die jedoch erst 1987 mit der Passage beim Grandfather Mountain in North Carolina fertig gestellt wurde.
Der Parkway, Teil des Nationalpark-Systems, schlängelt sich durch die Appalachen, vom **Shenandoah Nationalpark** im Norden bis zum **Great Smoky Mountains NP** bei Cherokee im Süden und durchquert dabei Teile von Virginia und North Carolina. Die Strecke bietet sich auch als Alternativroute für Reisende an, denen die Küstenroute von Washington nach Georgia bereits bekannt ist oder die von Washington bzw. Atlanta eine Rundreise durch den Südosten planen.

Die zweispurige Straße führt durch **fast unberührte Natur- und Agrarlandschaft** und besticht nicht durch spektakuläre Städte oder

Stimmungsvoll Fahrt auf dem Blue Ridge Parkway

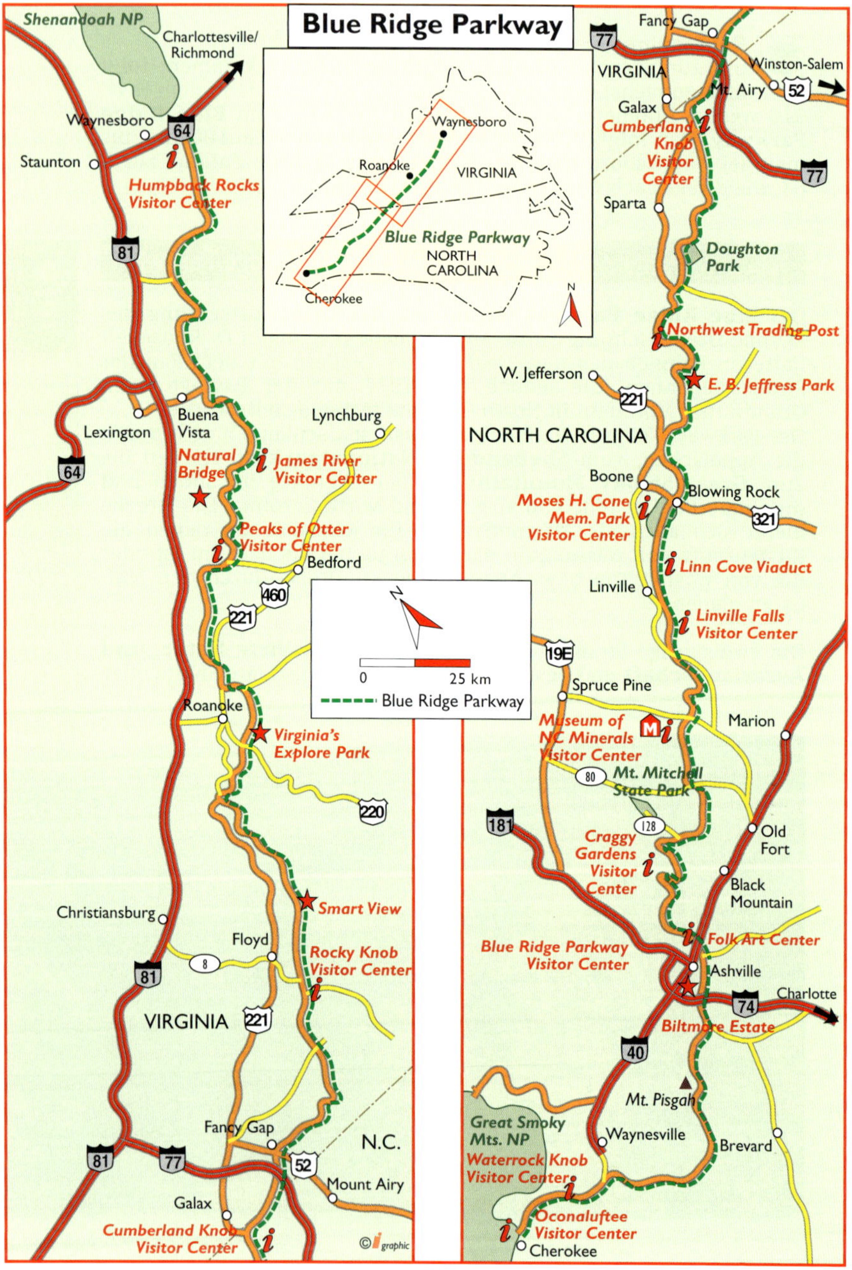
Blue Ridge Parkway
Shenandoah NP
Charlottesville/ Richmond
Waynesboro
Staunton
Humpback Rocks Visitor Center
Lexington
Buena Vista
Natural Bridge
James River Visitor Center
Lynchburg
Peaks of Otter Visitor Center
Bedford
Roanoke
Virginia's Explore Park
Christiansburg
Floyd
Smart View
Rocky Knob Visitor Center
VIRGINIA
Fancy Gap
N.C.
Mount Airy
Galax
Cumberland Knob Visitor Center
Roanoke
VIRGINIA
Blue Ridge Parkway
NORTH CAROLINA
Cherokee
0
25 km
Blue Ridge Parkway
Winston-Salem
Mt. Airy
Sparta
Doughton Park
Northwest Trading Post
W. Jefferson
E. B. Jeffress Park
NORTH CAROLINA
Boone
Blowing Rock
Moses H. Cone Mem. Park Visitor Center
Linn Cove Viaduct
Linville
Linville Falls Visitor Center
Spruce Pine
Marion
Museum of NC Minerals Visitor Center
Mt. Mitchell State Park
Old Fort
Craggy Gardens Visitor Center
Black Mountain
Folk Art Center
Blue Ridge Parkway Visitor Center
Ashville
Charlotte
Biltmore Estate
Mt. Pisgah
Great Smoky Mts. NP
Waynesville
Brevard
Waterrock Knob Visitor Center
Oconaluftee Visitor Center
©graphic

info

Attraktionen sondern gilt vielmehr als Mekka für Naturfreaks und Wanderfreunde. State Parks, Aussichtspunkte, historische Marker, informative Besucherzentren und eine nicht allzu ausgeprägte touristische Infrastruktur kennzeichnen das Areal.

Um den gesamten Parkway abzufahren, sollte man mindestens drei Tage einplanen, wobei der Herbst mit seiner Laubfärbung die beste Reisezeit ist. An sich ist die Landstraße mit 45 mi/h (70 km/h) Höchstgeschwindigkeit ganzjährig befahrbar, allerdings sind krasse Wetterumschwünge aufgrund der Höhenlage nicht auszuschließen und besonders im Sommer und Frühherbst kann es wegen der über 25 Mio. Besucher jährlich zu „stop&go" kommen. Es gibt an der Straße selbst nur eine Hand voll Läden, Tankstellen, einige Lodges und einfache Campgrounds. Es empfiehlt sich, aus Preisgründen bzw. wegen des Andrangs zum Einkaufen, Tanken, Essen oder Übernachten den Parkway zu verlassen.

Wenige Kilometer südlich des Parkway-Anfangs bei Waynesboro (Zufahrt I-64, Exit 99) liegt das **Humpback Rocks VC**, in dem man sich mit Infos über Route und Umgebung eindecken kann. Beim **Cumberland Knob VC** befindet sich der Reisende auf etwa 860 m Höhe und bereits in North Carolina. Nun beginnt der bergigste Teil der Route, mit Gelegenheiten zum Wandern. Erfahrene Wanderer können auch die gesamte Strecke ablaufen, da entlang dem Parkway der von Massachusetts nach Alabama reichende **Appalachian Trail** verläuft. Der Parkway passiert vor Asheville den Mount Mitchell (steile Zufahrt), den mit über 2.000 m höchsten Berg östlich des Mississippi. Vorbei an Asheville erreicht man das Ende des Parkway vor der Zufahrt in den Great Smoky Mountains NP im Reservat der Cherokee-Indianer.
Blue Ridge Parkway, 400 BB&T Building, Asheville/NC, www.nps.gov/blri; mehrere VCs an der Route zwischen VA und NC: **Humpback Rocks VC**, am Anfang des Pkwy. bei Waynesboro (Zufahrt I-64 Exit 99), **James River VC** (mi 63,6), **Rocky Knob VC** (mi. 169) sowie **Blue Ridge Parkway VC** (mi. 384) bei Asheville.
Tipp: www.goblueridgecard.com (Attraktionen-Sparpass)
www.blueridgeparkway.org: Infos zu VCs, Attraktionen, Unterkunft, Camping und Restaurants.

Universitätsstadt Charlottesville

Geburtsort von Thomas Jefferson

Einst war **Charlottesville** die Hauptstadt Virginias, heute ist der Ort mit seinen knapp 44.000 Einwohnern ein lebhaftes, aber insgesamt etwas provinzielles Studentenstädtchen. Bereits Mitte des 18. Jh. war die fruchtbare Region besiedelt gewesen, Berühmtheit erlangte man aber als Geburtsort von Thomas Jefferson und als prächtiger Sitz der von ihm gegründeten **University of Virginia**, die fast den ganzen Westteil der Stadt einnimmt. Die heute bekannteste Bürgerin der Stadt ist die weltberühmte Autorin Rita Mae Brown.

Die **University of Virginia** (UVA) wurde 1816 als *Central College* von Thomas Jefferson gegründet und nach dessen eigenen Plänen zwischen 1822 und 1826 erbaut. Nach seinen Vorstellungen sollte eine akademische Kleinstadt mit Unterbringung aller Beteiligten in nächster Nähe zum Lehrinstitut entstehen. Als Grundlage für seinen Entwurf dienten ihm klassische Vorbilder, besonders die Renaissance-Bauten des italienischen Architekten Andrea Palladio und das Pantheon in Rom.

Klassizistische Rotunde

Im Zentrum des Universitätscampus steht unübersehbar die **Rotunde**, ein Musterbeispiel klassizistischen Bauens in den USA. Der als Bibliothek und Vorlesungsstätte genutzte Bau war kurz nach Jeffersons Tod mit einem hässlichen Anbau versehen worden, wurde dann jedoch während einer Renovierungsmaßnahme zwischen 1973 und 1976 wieder in den Urzustand zurückversetzt. Die Rotunde steht am Kopfende von Kolonnadengängen, die hufeisenförmig um eine große Rasenfläche, den **Lawn**, angeordnet sind. Ursprünglich hatte Jefferson geplant, dass das der Rotunde gegenüberliegende Ende unverbaut bleiben sollte um freien Blick auf die Bergwelt der Appalachen zu gewähren; nach seinem Tod wurde jedoch auch hier gebaut.
University of Virginia VC, *Ivy Road (Hwy. 250 Buss.), tgl. geöffnet, www.virginia.edu, kostenlose Touren ab Foyer im UG der Rotunde tgl. 10/11/14/15/16 Uhr (www.virginia.edu/uvatours/rotunda).*

Reisepraktische Informationen Charlottesville/VA

Information

***Charlottesville Downtown VC**, 610 E. Main St., tgl. 9–17 Uhr, www.visitcharlottesville.org*

Unterkunft

***English Inn of Charlottesville** $$, 2000 Morton Dr. (US Hwy. 29), ☏ (434) 971-9900, www.englishinncharlottesville.com; 88 große Zimmer (Minisuiten), Hallenbad und Fitnessraum.*
***Inn at Monticello** $$$$, 1188 Scottsville Rd. (I-64 Exit 121, dann Hwy. 20), ☏ (434) 979-3593, www.innatmonticello.com; fünf Zimmern im Ambiente der 1850er in altem, renovierten Landhaus, inkl. hervorragendes Frühstück und ideal gelegen für die Besichtigung von Monticello und Umgebung.*

Restaurants

*Zahlreiche Lokale und Cafés reihen sich entlang der **Downtown Mall** auf, z.B. **Rapture, Bizou** oder **Nook Restaurant** (eine Art Diner in historischem Bau, billig und gut). Dank der Universität ist die Kneipenszene lebhaft und man findet leicht das Passende, z.B. in der **South Street Brewery**, 106 South St.; asiatisch-karibische Gerichte und dazu Bier aus der Hausbrauerei und Livemusik am Wochenende.*

Zuschauersport

*Die Teams der University of Virginia, die **Cavaliers**, bieten hochklassigen Collegesport (American Football im Scott Stadium und Basketball in der John Paul Jones Arena, 295 Massie Rd.), Infos: www.virginiasports.com*

Monticello, Jeffersons „Essay on Architecture“

Jeffersons Wohnsitz

Monticello ist nicht nur der herrschaftliche Wohnsitz des 3. US-Präsidenten Thomas Jefferson (1743–1826), sondern wurde auch von ihm höchstpersönlich entworfen. Jefferson war nur zwei Meilen von Monticello (altitalienisch für „kleiner Berg“) entfernt aufgewachsen und hatte 1764 das Grundstück seines Vaters, die rund 2.000 ha große Plantage *Poplar Forest*, geerbt. Vier Jahre später wurde mit der Abtragung der Bergkuppe begonnen, um ein Plateau für den geplanten Landsitz zu schaffen.
Ein Feuer in seinem vormaligen Wohnhaus zwang dann jedoch zu übereiltem Handeln und Jefferson bezog zunächst ein schlichtes Einraumhaus auf dem Hügel. Dort lebte er auch noch nach seiner Hochzeit 1772 mit Martha Wayles Skleton. Als diese zehn Jahre später starb und sich Jefferson mehr und mehr der Politik widmete, stagnierten die Arbeiten am neuen Haus.

Jefferson reiste viel, auch nach Frankreich, wo er als Handelsbeauftragter und später als Außenminister der USA fungierte. Was er in Europa sah – repräsentative Bauten in Paris ebenso wie die *Maison Carrée* in Nimes – prägte sich ein und als er 1789 mit seinen beiden Töchtern Martha und Maria aus Frankreich zurückkehrte, war sein Kopf voller neuer Ideen. Er begann die Pläne zu ändern, bereits Vorhandenes abreißen bzw. umgestalten zu lassen. Er plante ein größeres Haus, beeinflusst von der klassisch-römischen Architektur wie von den Ideen des italienischen Renaissance-Baumeister Andrea Palladio. 1792 waren die Bauarbeiten wieder voll im Gange und Jefferson ließ nicht nur neues Material herschaffen, sondern engagierte

Monticello, Thomas Jeffersons herrschaftliches Haus

auch geschickte Handwerker und Künstler, zumeist aus Europa, und mehr Sklaven als Arbeiter.

Als „**Essay on Architecture**" bezeichnete Jefferson Monticello, Ausdruck seines Architekturverständnisses und seiner Vorliebe für Innovationen. In Europa kennengelernte Baudetails, z.B. überhohe Räume, Kuppeln, Alkoven, Oberlichter oder Wendeltreppen, wurden hier realisiert. Dazu gehörten auch **ungewöhnliche Errungenschaften** wie ein Aufzug zwischen Weinkeller und Speisezimmer, ungewöhnliche Wanddurchbrüche, Fenster und Grundrisse, die damals in den USA noch unbekannten Platz sparenden Wandschränke und die höchst effektiven Rumford-Kamine aus England. Das **Universalgenie Jefferson** war jedoch nicht nur als Baumeister tätig, sondern auch als Designer und Gärtner. Er entwarf Vorhänge und Möbel, erwarb Kunstwerke und Ausstattungsgegenstände in Williamsburg, Paris, London, New York und Philadelphia. Nach seinen Entwürfen entstanden Dekorationen, Stuckornamente an Decken oder Kamin-Ummantelungen, wobei die Details vielfach römischen Bauten abgeschaut waren. Jefferson verstand sich zudem auf geschickte Inszenierungen von Kunstwerken und Sammlerstücken und so entwickelte sich Monticello Stück für Stück zum geschmackvollen und für seine Zeit **revolutionären Gesamtkunstwerk**.

Universalgenie Jefferson

Selbst während seiner Präsidentschaft, die er 1800 antrat, überwachte Jefferson die Bauarbeiten in Monticello vom Weißen Haus aus. Als er 1809 in „Pension" ging, war das Haus weitgehend fertig und er zog zusammen mit seiner Tochter Martha Jefferson Randolph und ihrem Ehemann Thomas Mann Randolph und deren elf Kindern 1809 ein. Doch Jeffersons Leidenschaft für Architektur war damit nicht erloschen. Ab 1819 plante er die **University of Virginia**; sie wurde kurz vor seinem Tod fertig gestellt. Jefferson starb am 4. Juli 1826 in Monticello, auf den Tag genau 50 Jahre nach der Verkündung der Unabhängigkeit. Er hinterließ hohe Schulden und der Großteil seines Besitzes inklusive der Sklaven wurde im Januar 1827 versteigert. 1923 erwarb die *Thomas Jefferson Memorial Foundation* das Anwesen und Teile seiner Ausstattung zurück, rettete es vor dem Verfall und machte es der Öffentlichkeit zugänglich.

Rundgang durch Monticello

Jeffersons Monticello fällt schon äußerlich durch den Kontrast von dunklem Ziegel und weiß abgesetzten Stuckaturen und Säulen auf. Er wählte den klassischen **Grundriss eines Kreuzes** mit einer Hauptachse, die beidseitig in einer Säulenportikus endet und als prägnantes Merkmal eine höhere Kuppel im Zentrum aufweist. Beidseitig an diese Rotunde schließen sich zwei Seitenflügel mit jeweils vier Räumen unterschiedlichen Grundrisses an. Das zweistöckige Haus besitzt insgesamt 45 Räume, davon zwölf im Kellergeschoss. Besichtigt werden kann nur das Erdgeschoss. Der Großteil der Hausausstattung stammt von Jefferson.

Wohnhaus und Museum

Das Monticello Visitor Center

Die Eingangshalle, **Entrance Hall**, die der Besucher durch den **East Portico** betritt, hatte schon Jefferson als Art Museum geplant. Über der Tür befindet sich eine von ihm selbst entworfene 7-Tage-Uhr mit sechs kanonenkugelartigen Gewichten, rechts an der Wand, die Wochentag und ungefähre Tageszeit durch ihr Hinabgleiten markierten. Da kein Platz mehr für den Samstag war, wurden Löcher in den Boden gebohrt und die Markierung für diesen Tag an der Kellerwand angebracht. In der Eingangshalle befinden sich auch Erinnerungsstücke von Jeffersons Reisen und Relikte der berühmten Lewis&Clark-Expedition, die zwischen 1804 und 1806 den Westen Nordamerikas erschloss. Hinter dem Eingangsraum öffnet sich der **Parlor** – Familientreff, Musikzimmer und offizieller Empfangsraum. Der mit Kunstwerken, vor allem zeitgenössischen Porträts, angefüllte Salon hat einen damals ungewöhnlichen Parkettfußboden aus Kirsch- und Buchenholz und sich simultan öffnende Türen.

Auf der Südseite liegen die Privaträume, u.a. das Wohnzimmer (**Sitting Room**) der Familie – mit einem Porträt von Martha Mann Randolph, die nach dem Tod ihrer Mutter die Hausfrauenpflichten übernommen hatte, über dem Kaminsims – und die Bibliothek (**Book Room**). Jefferson war eine Leseratte und seine mehrere Tausend Bände umfassende Bibliothek bildet seit 1815 den Kern der **Library of Congress** in Washington (s. dort). Die in Monticello aufgestellten Bücher sind zeitgenössische Repliken. Sein Zeichentisch steht vor dem Fenster und auf dem drehbaren Aktentisch steht Jeffersons „Camera obscura", die dazu diente, Scherenschnitte, wie jenen neben dem Fenster von sich selbst, anzufertigen.

In dem hellen Wintergarten (**Greenhouse**) soll die Familie gelegentlich gefrühstückt haben, ehe sich Jefferson in sein Arbeitszimmer, das **Cabinet**, zurückzog, um getreu seinem **Motto „Knowledge is Power**" (Wissen ist Macht) seiner Beschäftigung mit Literatur und Naturwissenschaften nachzugehen. Im Arbeitszimmer soll er rund 20.000 Briefe geschrieben haben, wobei er in den späteren Jahren eine bequeme Kombination von Drehstuhl, Drehtisch und Liege benutzte. Ein manuelles Kopiergerät – ein von Jefferson verbesserter Polygraph – erleichterte das Vervielfältigen von Briefen und ein Teleskop erlaubte die Sternenbeobachtung.

„Knowledge is power"

Um keine Zeit zu verlieren, stand Jeffersons Bett in einer Alkove zwischen Arbeitszimmer und angrenzendem Schlafzimmer (**Jefferson's Bedroom**); darüber befinden sich Platz sparende Wandschränke.

Im Westtrakt liegt der **Dining Room** mit seinem ungewöhnlichen Speiseaufzug, der vor allem für den Transport von Wein aus dem darunter liegenden **Weinkeller** benutzt wurde. Jefferson war bekanntermaßen Feinschmecker und Weinkenner, der sogar einen seiner Sklaven, James Hemings, in Frankreich zum Koch ausbilden ließ. An das mit Doppelfenstern und Doppelschiebetüren isolierte Speisezimmer schließt sich ein heller, mehrekkiger **Tea Room** für Drinks und Zigarren sowie Diskussionen nach dem Mahl an. Jefferson selbst bezeichnete diesen Raum als seine „ehrenwerteste Suite" und ließ sie mit Büsten von ihm verehrter Persönlichkeiten, amerikanischer Helden und befreundeter Größen seiner Zeit dekorieren. Im Westtrakt befinden sich ferner zwei Gästezimmer (**Guest Bedrooms**), von denen der oktagonal geformte Raum für seinen Freund James Madison und seine Frau Dolley reserviert war. Außerdem fällt der gelb ausgemalte „**Dome**" oder „Sky Room" auf. In den nicht zugänglichen **Upper Floors** befanden sich weitere Gästezimmer und Räume für die Familie seiner Tochter.

Über eine Terrasse am Hauptbau erreicht man den **South Pavilion**, in dem Jefferson zu Anfang seiner Ehe in den 1770ern, lebte. Passend dazu wurde 1809 der **North Pavilion** erbaut. Lebensmittellager, Weinkeller und drei andere Räume zur Herstellung und Abfüllung von Bier und Cidre befanden sich direkt unter dem Haus. Die perfekt ausgestattete Küche, der **Cook's Room**, das **Smoke House** (Räucherhaus) und die **Dairy** (Molkerei) lagen unter der Südterrasse, **Eishaus**, **Pferdeställe** und **Kutschenhaus** unter der Nordterrasse. Diese Wirtschaftsräume waren durch überdachte Passagen mit dem Haus verbunden.

Die Außenanlagen

Auch das Gelände rings um das Haus ist nach Jeffersons Plänen angelegt worden. Rund 200 Sklaven, aber auch freie Arbeiter waren für die Bewirtschaftung des fast autonomen Gutsbetriebes zuständig. Sie lebten in Hütten entlang der **Mulberry Row** im Südwesten des Haupthauses. Außerdem befanden sich hier zahlreiche **Werkstätten**, z.B. eine Nagel- und Kupferschmiede, ein Waschhaus, eine Schreinerei und eine Sattlerei. Obwohl Jefferson die Sklaverei *„ein scheußliches Verbrechen“* nannte, war er ein Kind seiner Zeit und baute darauf, dass sich das Problem von selbst lösen würde. Das Verhältnis, das er mit seiner Haussklavin Sally Hemings unterhalten haben soll, wird bis heute kontrovers diskutiert.

Fast genauso berühmt wie das Wohnhaus ist **Jeffersons Garten**, Ausdruck seines Experimentiergeistes und seiner umfassenden biologischen Interessen. Dank seiner genauen Wetter- und Pflanzenaufzeichnungen ab 1770 war es möglich, einen Teil der historischen Pflanzen neu zu kultivieren. Interessant sind heute vor allem *Vegetable* und *Fruit Garden*, die als Nahrungslieferant, aber auch als Experimentierfeld für unzählige verschiedene Sorten derselben Gemüse- bzw. Obstarten dienten. 20 Bohnensorten, 18 Apfel-, 38 Pfirsich- und 14 Kirschsorten sind hier zu finden, dazu Rebflächen.

Vielfältiger Garten

Eher formal, im Stil englischer und französischer Gärten präsentiert sich der Teil der Anlage nahe dem Haus. Am Westrand des Geländes befindet sich schließlich der **Friedhof**, wo neben Familienmitgliedern und Freunden auch Jefferson seine letzte Ruhe fand.

Monticello – Thomas Jefferson VC and Smith Education Center, *Thomas Jefferson Parkway (Hwy. 53, ab I-64, Exit 121, dann Hwy. 20, ausgeschildert), www.monticello.org, tgl. 9–18, Winter 9–16.30 Uhr; Haustour und Grund $ 24, sowie Sondertouren durch Gärten und Sklavenquartiere (unterschiedl. Preise, empfehlenswerter* ***Presidents' Pass*** *für Monticello, Ash Lawn-Highland und Mitchie Tavern, $ 40). Im VC gibt es Infos, Tickets, verschiedene Ausstellungen und einen Einführungsfilm, Shop und Café. Vor dem Eingang zum Haus (Shuttle-Bus vom Center) starten die obligatorischen 30-minütigen Haustouren. Rechtzeitige Anmeldung ist v.a. im Sommer ratsam, z.B. im Internet unter: www.monticello.org. Zurück zum Parkplatz am VC geht es per Bus oder zu Fuß (Fußweg etwa 0,5 km).*

Thomas Jefferson – ein Mann der Visionen und Talente

info

Geboren am 13. April 1743 als Sohn eines Plantagenbesitzers in Shadwell, Virginia, schlug Thomas Jefferson nach seinem Studium die Laufbahn eines Rechtsanwalts ein. Sein Aufstieg zu einem der einflussreichsten Politiker in der Geschichte der USA begann in den Jahren 1769 bis 1775 als Mitglied des Abgeordnetenhauses von Virginia, 1775 folgte die Wahl in den First Continental Congress.

In Philadelphia oblag ihm die **Abfassung der Declaration of Independence**, die am 4. Juli 1776 verabschiedet wurde. Zwischen 1779 und 1781 fungierte Jefferson als Gouverneur von Virginia,

info

1783 wurde er in den Kongress gewählt, von 1784 zog er als Nachfolger von Benjamin Franklin als US-Gesandter nach Frankreich und 1790 berief ihn Präsident George Washington zum ersten Secretary of State. 1796 kandidierte Jefferson erstmals für das Präsidentenamt, unterlag jedoch gegen John Adams. Vier Jahre später setzte er sich dann in einer denkbar knappen Wahl durch und wurde als **dritter Präsident** vereidigt. Zwei Amtsperioden lang, 1801–1809, leitete Jefferson die Geschicke der USA, danach zog er sich auf seinen Landsitz in Monticello zurück.

Jefferson gilt zu Recht als einer der **Gründerväter der USA**, als **Verfasser der Unabhängigkeitserklärung** und **Demokrat der ersten Stunde**, als vehementer **Verfechter der Menschenrechte** und Vorreiter des **Erziehungssystems** von der Elementary School bis zur State University. Doch Jefferson war ein **Universaltalent**, vielseitig interessiert an Natur und Landbau, Technik und Naturwissenschaften, Architektur, Literatur und Philosophie – und alles andere als ein Theoretiker. Seiner wissenschaftlichen Neugier und politischen Weitsicht war es auch zu verdanken, dass sich das **Tor zum „Wilden Westen**" öffnete.

Thomas Jefferson – Porträt am Mount Rushmore/SD

Jefferson war von Jugend an vom weiten und unbekannten Land jenseits des Mississippi fasziniert gewesen. Er hatte erkannt, wie bedeutend der Westen des Kontinents für die junge Nation sein würde, und ihm ist letztendlich zu verdanken, dass das französische Einflussgebiet westlich des Mississippi mit dem **Louisiana Purchase** von 1803 Napoleon zum Schnäppchenpreis abgekauft werden konnte. Auf seine Initiative hin war nach gründlicher Vorbereitung am 14. Mai 1804 ein Trupp ausgewählter Männer von St. Louis aus aufgebrochen, angeführt von Jeffersons persönlichem Adjutanten Meriwether Lewis und dessen Offiziersfreund William Clark. Ziel dieser gut zweijährigen **Forschungsexpedition** war, einen schiffbaren Weg vom

info

Mississippi an den Pazifik zu finden, Informationen über Ressourcen und Bewohner, über Flora und Fauna einzuholen, Kontakte mit den Indianern zu knüpfen – und so die Inbesitznahme und Öffnung des Westens einzuleiten. Ergebnis war eine der bedeutendsten Expeditionen der Weltgeschichte, die Jefferson ebenso wie die Formulierung der Unabhängigkeitserklärung unsterblich machen sollte.

Weitere Sehenwürdigkeiten im Umkreis von Monticello

Nur wenige Kilometer westlich von Monticello liegt **Ash-Lawn-Highland**, der Wohnsitz des 5. US-Präsidenten, James Monroe (1758–1831). Monroe war ein enger Freund und Nachbar von Jefferson, stammte allerdings nicht wie dieser aus wohlhabender Familie, sondern hatte sich aus einfachen Verhältnissen hochgearbeitet. Jefferson überredete den geschätzten Freund, sich in seiner Nähe niederzulassen, suchte den Bauplatz aus – die ehemalige Farm der Jeffersons mit Waldflächen, Obstplantagen, Weinbergen und Tabak- und Getreidefeldern – und plante das Haus, allerdings in wesentlich bescheideneren Ausmaßen als Monticello.

Noch ein Präsidentenhaus

Das Innere spiegelt das Wesen Monroes wieder, der sich eher dem einfachen Farmerleben verbunden fühlte als dem Luxus. Er wohnte hier von 1799 bis zur Präsidentenwahl 1817. 1826, nach dem Ende der zweiten Präsidentschaft, zwangen Geldnot und Gesundheitsprobleme die Monroes, ihr „*Cabin Castle*" zu verkaufen. Monroes Präsidentschaft ging als „*Era of Good Feelings*" in die Geschichtsbücher ein, berühmt wurde vor allem seine Rede 1823, die so genannte **Monroe Doctrine**. Sie legte den Grundstein für Amerikas Außenpolitik und umfasste u.a. den Grundsatz strikter Nichteinmischung in die Angelegenheiten europäischer Staaten. Ebenso wurden Kolonisationsversuche und Interventionen außeramerikanischer Mächte auf amerikanischem Boden abgelehnt.
Ash-Lawn-Highland, *James Monroe Parkway/Hwy. 795, www.ashlawnhighland.org, tgl. 9–18, Winter 11–17 Uhr, $ 11, außerdem Presidents' Pass s. o. Monticello.*

Über den Hwy. 53 ist es nur ein Katzensprung zur **Michie Tavern**. Es handelt sich um einen bis heute betriebenen Gasthof aus dem späten 18. Jh., in dem schon Jefferson eingekehrt sein soll. Im zugehörigen kleinen Museum wie im *General Store* gibt es Informationen zum Leben in damaliger Zeit, dazu werden im ehemaligen Sklavenhaus authentische Gerichte serviert.
Michie Tavern, *683 Thomas Jefferson Parkway/Hwy. 53, www.michietavern.com; Touren für $ 9, tgl. 9–17 Uhr, Presidents' Pass s. o. Monticello.*

Routenhinweis
Von Charlottesville sind es rund 100 km auf der I-64 nach Richmond, der Hauptstadt Virginias – hier trifft man wieder auf die Hauptroute von Washington nach Süden.

6. DIE SÜDOSTKÜSTE

Überblick

Hinweis zur Route

Die Hauptroute führt von Washington D. C. durch den Osten Virginias, vorbei an Richmond, Colonial Williamsburg und der Chesapeake Bay zu den Outer Banks, den der Küste North Carolinas vorgelagerten Inseln.

Zurück auf dem Festland beim Städtchen New Bern/NC gilt es sich zu entscheiden: Eine Route führt entlang der Küste **südwärts**, über die berühmten Südstaatenmetropolen Charleston und Savannah, die andere Route verläuft ab New Bern **durch das Inland** in die Bergwelt der Appalachen zum Great Smoky Mountains NP und von dort durch Ost-Tennessee nach Atlanta.

Die Bundesstaaten an der Ostküste südlich der Hauptstadt Washington D. C. laufen unter dem Begriff „**Südstaaten**". Im weiteren Sinne gehören alle ehemals sklavenhaltenden Bundesstaaten der USA dazu, nach allgemeinem Sprachgebrauch jedoch nur die elf Staaten, die sich während des Bürgerkriegs zu den **Confederate States**, den Konföderierten Staaten von Amerika, zusammengeschlossen haben, nämlich Virginia, North und South Carolina, Tennessee, Georgia, Florida, Alabama, Mississippi, Arkansas, Louisiana und Texas. Bestandteil dieses Reisehandbuchs sind die Bundesstaaten Virginia (VA), North und South Carolina (NC/SC), Georgia (GA), Ost-Tennessee (TN) und Florida (FL).

Neben dem Westen hat wohl keine andere Region der USA für derart viele **Mythen und Legenden** gesorgt wie der Süden. Viele Klischees haben lange den Blick auf eine Region getrübt, die eine wechselvolle und schmerzhafte Geschichte hinter sich hat und sich erst gegen Ende des letzten Jahrhunderts aus dem Schatten des verlorenen Bürgerkriegs zu neuen Höhen aufschwang. *Wechselvolle Geschichte*

Von Washington nach North Carolina (New Bern)

Redaktionstipps

Sehens- und Erlebenswertes

- Ein Besuch bei Präsident George Washington in **Mt. Vernon** (S. 451).
- Dem **Colonial Parkway** folgend, in den Fußstapfen der ersten Siedler Williamsburg, Jamestown und Yorkville erkunden (S. 462).
- Auf den **Outer Banks** (S. 473) den „Flugplatz" der Wright-Brüder in Kittihawk besichtigen.
- Im **Roanoke Island Festival Park** (S. 476) über das mysteriöse Verschwinden der „Lost Colony" nachgrübeln.
- Durch **New Bern** (S. 481) bummeln und den Tryon Palace und einige historische Häuser besichtigen.

Unterkunft/Restaurants

- Zumindest einen Blick ins historische **Jefferson Hotel** (S. 458) in Richmond werfen, besser noch dort essen oder übernachten.
- In **Williamsburg** oder **New Bern** sich einmal den Luxus eines B&Bs oder Historic Inns gönnen und z.B. im **Williamsburg Sampler** (S. 469) oder im **Antebellum Meadows Inn** (S. 483) absteigen.

Alexandria

Alexandria, leicht per Metro (Station „King Street", Blue/Yellow Line) von Washington aus erreichbar, lohnt einen Zwischenstopp. Die **alte Hafenstadt** am Potomac River wurde um 1730/40 von schottischen Kaufleuten gegründet – und ist damit älter als Washington. In den Jahren 1791–1846 gehörte das Städtchen ursprünglich zum ausgewiesenen 10-Meilen-Quadranten für die neu geplante Hauptstadt, doch wurde dieser „Virginia-Anteil" 1846 auf Kongressbeschluss wieder an den Staat zurückgegeben. Das Städtchen wurde gleich zu Beginn des Bürgerkriegs, am 24. Mai 1861, von Unionstruppen besetzt, als Material- und Nachschubbasis genutzt und daher nicht zerstört. George Washington und Robert E. Lee haben Teile ihres Lebens hier verbracht.

Attraktiver Stadtkern

Besonders attraktiv ist der alte Stadtkern um die **King St.**, außerdem die **Riverfront** am Potomac-River. In viele der historischen Gebäude sind Galerien, Boutiquen, nette Restaurants, Cafés und Bars eingezogen. Sehenswert sind neben der **Christ Church** (Cameron/N. Washington St.) von 1767, einige der historischen Häuser wie das **Gadsby's Tavern Museum**, einst im späten 18. Jh. Lieblingskneipe zahlreicher Politiker, oder das **Carlyle House** von 1752. In die im Bürgerkrieg entstandene Torpedofabrik am Ufer sind das **Torpedo Factory Art Center** und das **Archaeology Museum** eingezogen.

Gadsby's Tavern Museum, *134 N. Royal St., http://alexandriava.gov/GadsbysTavern, Di–Sa 10–17, So/Mo 13–17 Uhr (im Winter kürzer und nicht Mo/Di), $ 5.*

Carlyle House Historic Park, *121 N. Fairfax St., www.carlylehouse.org, Di–Sa 10–16, So 12–16 Uhr, $ 5.*

Torpedo Factory Art Center, *105 N. Union St., www.torpedofactory.org, tgl. 10–18 Uhr, frei.*

Mount Vernon, das Haus des ersten US-Präsidenten

Archaeology Museum, *105 N. Union St., http://alexandriava.gov/Archaeology, Di–Fr 10–15, Sa 10–17, So 13–17 Uhr, frei.*

Mount Vernon

Etwa 10 km südlich von Alexandria (via George Washington Memorial Pkwy.) liegt mitten in den Parkanlagen **Mount Vernon**, die Heimat von George Washington. Das von ihm selbst gestaltete Anwesen liegt schön über dem Potomac River, umgeben von großen Gärten und mit einer Flusspromenade. Der erste Präsident der USA hatte seinen Besitz nach Admiral Vernon, seinen vormaligen Militärchef bei der britischen Flotte, benannt. Schon nach damaligen Maßstäben galt der Besitz als groß: Über 300 Sklaven arbeiteten für den gestrengen Herrn, rund 90 wohnten in unmittelbarer Nähe in schlichten Backsteinhäusern bzw. in Hütten in der Nähe der Tabak- und Weizenfelder. Washington ließ nach dem Unabhängigkeitskrieg alle frei und war damit seiner Zeit weit voraus.

Heimatort der Familie Washington

1674 hatte Washingtons Urgroßvater John Washington das Land per Zuteilung erhalten und ein erstes Haus erbaut. Im Jahr 1726 übernahm Augustine Washington, der Vater des späteren ersten Präsidenten, den Besitz, zog jedoch erst 1735 ein. Nach seinem Tod 1743 wohnte Georges älterer Halbbruder Lawrence auf Mount Vernon und als er 1754 starb, pachtet der Präsident in spe das Gut von seiner Schwägerin und begann mit Umbauarbeiten. Bei ihrem Tod 1761 erbte **George Washington** Mount Vernon und ließ sich hier mit seiner Frau Martha Dandridge Custis auf Dauer nieder. 1799 wurde er in der alten Familiengruft auf dem Grundstück begraben. Martha kam über den Tod ihres Gatten nie hinweg und betrat das gemeinsame Schlafzimmer bis zu ihrem Tod im Jahre 1802 nie wieder.

1858 erwarb die *Mount Vernon Ladies' Association* das Landgut und macht es als Denkmal der Öffentlichkeit zugänglich. Das Haupthaus kann man im Rahmen von Touren besichtigen und im Sommer bilden sich lange Warteschlangen. Es besteht dann zwar Gefahr, ohne nähere Erläuterungen, durch das Haus geschleust zu werden, doch das sollte einen nicht abhalten, sich dem **Rundgang** durch Bibliothek, Speise-, Schlaf- und Sterbezimmer anzuschließen. Wichtiger als einzelne Details im Haus ist die Tatsache, dass man hier eine gute Vorstellung von der damaligen Zeit erhält und die Washingtons selbst besser „kennen lernt". Das Haus und sein Interieur können **gutbürgerlich**, auf keinen Fall luxuriös genannt werden. Man empfing hier ständig Gäste und diese wussten die gepflegte Atmosphäre zu schätzen. Porzellan, gediegenes Silber und geschmackvolle Möbel legen Zeugnis davon ab. Im zum Komplex gehörigen **Museum** wird der Einblick in das Privatleben von George und Martha Washington vertieft. Neben interessanten Memorabilien und mehreren Filmen ist eine vom Bildhauer Jean Antoine Houdon gefertigte Büste zu sehen, die als bestes Abbild des ersten US-Präsidenten gilt.

Gepflegte Atmosphäre bei Washingtons

George Washington's Mount Vernon Estate & Gardens, *George Washington Pkwy. (ab US Hwy 1, ausgeschildert, ca. 10 km südl. Alexandria), www.mountvernon.org, tgl. 8–17 im Sommer, sonst 9–16/17 Uhr, Touren, $ 15, mit Restaurant und Shops;* **Ford Orientation Center** *(VC) und* **Donald W. Reynolds Museum and Education Center** *mit Theatern und Ausstellungen bilden einen sehenswerten unterirdischen Museumskomplex.*

info

George Washington, Held wider Willen

Der erste Präsident der USA wurde am 22. Februar 1732 in Pope's Creek/Virginia als Sohn englischer Kolonisten geboren. George Washingtons Karriere begann als Landvermesser, doch zu Geld und Besitz gelangte er als Tabakpflanzer, durch Erbschaft, Heirat und erfolgreiche Spekulationen. Zwischen 1753 und 1758 kämpfte er im French-Indian War als Milizoberst der britischen Kolonie Virginia im Ohio-Tal gegen die Franzosen. Ziel war die Sicherung der Westgrenze Virginias. Seit 1759 gehörte er dem Abgeordnetenhaus der Kolonie Virginia an und engagierte sich bereits früh gegen die Bevormundung aus dem Mutterland. 1774/75 zog Washington als Delegierter Virginias in den 1. Kontinentalkongress nach Philadelphia und erhielt dort überraschend den Oberbefehl über die amerikanischen Revolutionstruppen. Trotz geringer Truppengröße und schlechter materieller Ausrüstung war der „**Held wider Willen**" rasch erfolgreich. Washington galt als charakterstarker, organisatorisch überaus begabter General, der mithilfe europäischer Offiziere wie von Steuben oder Lafayette eine schlagkräftige Armee aufbaute und so die britischen Kolonialtruppen zur Kapitulation zwang.

1783, nach dem *Vertrag von Paris* und der offiziellen Anerkennung der USA, trat Washington aus der Armee aus und zog sich ins Privatleben zurück. 1787 überredeten ihn dann Freunde zur **Präsidentschaftskandidatur** und nach einer überwältigend eindeutigen Wahl 1789 zog der erste Präsident der Vereinigten Staaten nach New York, in den damaligen Amtssitz. Innerhalb von zwei Amtsperioden baute er mit politischen Freunden wie Hamilton und Jefferson ein funktionierendes, staatenübergreifendes Verwaltungssystem auf, führte die einheitliche nationale Währung ein, gründete die Staatsbank, die Post und reorganisierte Heer und Flotte.

Während der Französischen Revolution kam es im Kontext der britisch-französischen Auseinandersetzungen zu wachsenden Spannungen unter Washingtons Gefolgsleuten: Alexander Hamilton schlug sich auf die englische Seite, Jefferson auf die französische. Sie avancierten zu Anführern verschiedener Parteien, den „**Federalists**" (Hamilton) und den „**Republicans**" (Jefferson). Es war Washington zu verdanken, dass beide letztlich wieder auf eine gemeinsame politische Linie gebracht werden konnten.

Der Kontroversen müde, zog er sich 1796, nach seiner zweiten Amtsperiode, endgültig aus dem politischen Leben zurück und verbrachte seine letzten Lebensjahre auf seinem Landsitz Mount Vernon, wo er am 14. Dezember 1799 starb.

Reisepraktische Informationen Alexandria/VA

Information

***Alexandria VC at Ramsay House**, 221 King St., www.visitalexandriava.com, tgl. 9–17 Uhr; Auskünfte, Broschüren, Stadtplan sowie Hilfe bei der Hotelsuche.*

Unterkunft

***Morrison House** $$$–$$$$, 116 S.Alfred St., ☏ (703) 838-8000, www.morrisonhouse.com; elegantes, luxuriöses kleines Hotel in einem Haus aus dem 18. Jh., 45 Zimmer inkl. Frühstück. Zugehöriges Restaurant „Elysium".*

Restaurants

***Fish Market**, 105 King St., tgl. frischer Hummer, Krabben, Langusten, am Abend Ragtime-Musik, bekannt für* crab cakes.

***Taverna Cretekou**, 818 King St., ☏ (703) 548 8688; faszinierende Mischung kretischer und amerikanischer Küche.*

Einkaufen

***Potomac Mills**, 2700 Potomac Mills Circle, I-95 Exit 156 bzw. 158-B, Prince William, www.potomacmills.com; südlich der Stadt gelegenes Einkaufszentrum mit über 200 Geschäften und Restaurants.*

Fredericksburg

Im Bürgerkrieg gebeutelt

An der I-95, kaum 80 km südwestlich von Alexandria, liegt das Städtchen **Fredericksburg**, das im Bürgerkrieg mehrfach im Zentrum von Auseinandersetzungen stand. Berühmt wurde die **Battle of Fredericksburg** im Dezember 1862, während der die Unionstruppen eine empfindliche Schlappe erlitten. Darüber erfährt man mehr im **Fredericksburg and Spotsylvania National Military Park**, der Hauptattraktion der Stadt.
National Military Park VC, *1013 Lafayette Blvd., www.nps.gov/frsp, tgl. 9–18 Uhr (in der NS verkürzt), $ 2 für den Film.*

Allerdings war die Stadt auch Heimat George Washingtons und mehrere Gebäude erinnern an ihn und seine Familie. **Old Town Fredericksburg** ist nicht allzu groß, lohnt jedoch einen Zwischenstopp, und sei es nur zum Lunch oder auf eine Tasse Kaffee. Die Hauptachse ist die **Lower Carolina St.**, deren Bauten zum Teil noch aus dem späten 18. Jh. stammen; parallel dazu verlaufen im Süden bzw. Norden Princess Anne und Sophia St. An letztgenannter befand sich einst das *City Dock*, die Anlegestelle von Sklavenschiffen auf der Fahrt nach Süden. Interessant ist ein Blick in den **Hugh Mercer Apothecary Shop**, der eine Einführung in Medizin und Pharmazie des 18. Jh. bietet.
Hugh Mercer Apothecary Shop, *1020 Caroline St., tgl. 9/10–15/16, So 12–16 Uhr, $ 5, http://preservationvirginia.org.*

An den Politiker James Monroe – Minister unter Washington und Jefferson, Staatssekretär unter Madison, Kriegssekretär 1814/15 sowie 5. US-Präsident zwischen 1817 und 1825 – erinnert das **James Monroe Museum**. Mon-

Die Rising Sun Tavern

roe, der Unterzeichner des *Louisiana Purchase* im Jahre 1803, wurde bekannt durch die **Monroe Doctrine**, jene Rede an den Kongress vom 2. Dezember 1823, die die amerikanische Außenpolitik erstmals regelte. In diesem Manifest wurde festgehalten, dass der amerikanische Kontinent in Zukunft für die europäische Kolonialisierung tabu sei und fremde Versuche, andere Systeme einzuführen, als Gefährdung zu betrachten seien; zudem wollten sich die USA künftig aus europäischen Auseinandersetzungen heraushalten. Im Haus zeichnen zahlreiche Dokumente, persönliche Gegenstände und Möbel das Leben des Ehepaars Monroe nach. Geboren 1758 im Westmoreland County, hatte Monroe am *College of William & Mary* in Williamsburg studiert, war Offizier in den Revolutionskriegen und heiratete 1786. Er zog 1799 nach *Ash Lawn-Highland* bei Charlottesville und siedelte nach dem Tod seiner Frau zu seiner Tochter nach New York um, wo er am 4. Juli 1831 starb.

Regeln der US-Außenpolitik

James Monroe Museum, *908 Charles St., http://jamesmonroemuseum.umw.edu, Mo–Sa 10–17, So 13–17 Uhr, $ 5.*

An die Familie Washington erinnert die **Kenmore Plantation**. Erhalten ist hier lediglich das Haus von Betty Washington (*1201 Washington Ave.*), der Schwester von George Washington. Ihr Ehemann, Colonel Fielding Lewis, hatte dieses elegante *Plantation Home* 1752 in Auftrag gegeben; Ergebnis war ein Musterbeispiel für die Kolonialarchitektur Virginias.

Kenmore Plantation, *1201 Washington Ave., www.kenmore.org, tgl. 10–17 Uhr, $ 10, mit Washington's Ferry Farm (268 Kings Hwy.) $ 15 Kombiticket.*

Weitere Bauten in der Stadt erinnern ebenfalls an den ersten Präsidenten: Das **Mary Washington House** (*1200 Charles St., tgl. 9/10–16/17 Uhr, $ 5*) fungierte als Altersruhesitz der Präsidentenmutter und die **Rising Sun Tavern** (*1304 Caroline St., tgl. 9/10–16/17 Uhr, $ 5*) erbaute und betrieb ab 1760 ein Bruder von Washington.

Schließlich ist da noch **George Washington's Ferry Farm** im Osten der Stadt, jenseits des Rappahannock River, auf der Washington von 1738 bis 1752 seine Jugend verbrachte.

Ferry Farm, *268 Kings Hwy. (ab SR 3), tgl. 10–17/16 Uhr, Touren, $ 8 (Kombi mit Kenmore $ 15).*

Eine ungewöhnliche Attraktion der Stadt ist **Belmont** bzw. **Gari Melchers Estate & Memorial Gallery** im nördlich gelegenen Vorort Falmouth. 1916 erwarb der deutschstämmige Maler Gary Melchers (1860–1932) das Landgut und ließ sich hier mit Ehefrau Corinne nieder. Er galt damals schon als renommierter Porträtmaler der High Society, der sich in der ländlichen Idylle jedoch stärker impressionistischen Landschaften und Alltagszenen zuwandte. Zu besichtigen sind das Wohnhaus aus dem späten 18. Jh., das von den Melchers liebe- und geschmackvoll umgebaut, modernisiert und mit einer schönen Gartenanlage versehen wurde, außerdem das Studio in einem Steinbau von 1924.

Wohnhaus des deutschstämmigen Malers

Gari Melchers Estate and Memorial Gallery, *224 Washington St., http://garimelchers.umw.edu/, tgl. außer Mi 10–17, $ 10.*

Reisepraktische Informationen Fredericksburg/VA

Information
***Fredericksburg VC**, 706 Caroline St., www.visitfred.com, Mo–Sa 9–17 Uhr; Infos und Karten, zudem „Timeless Ticket" ($ 32) für alle Hauptattraktionen.*

Unterkunft
***Inn at the Olde Silk Mill** $$, 1707 Princess Anne St., ☏ (540) 371-5666, www.InnAtTheOldeSilkMill.com; etwas in die Jahre gekommen, strahlt es den Flair vergangener Zeiten aus, 30 Zimmer und Suiten.*
***Richard Johnston Inn** $$–$$$, 711 Caroline St., ☏ (540) 899-7606, www.therichardjohnstoninn.com; schönes B&B in einem Townhouse aus dem 18. Jh., mitten in der Altstadt, mit acht eleganten Zimmern und üppigem Frühstück.*

Restaurants
Zahlreiche Restaurants und Cafés in Old Town, z.B.:
***Beans in the Burg**, 813 Caroline St.; leckere hausgemachte Suppen und Sandwiches, auch Kaffee und Kuchen.*
***Blue and Gray Brewing**, 3321 Dill Smith Dr., Bowman Center; kleine Brauerei, Sa 10–13 Uhr Touren und Tasting, zudem Mi 14–18, Fr 15–20, Sa 10–13 Uhr.*
***Merriman's**, 715 Caroline St., ☏ (540) 371-7723; kreative Gerichte aus frischen und lokalen Produkten.*

Richmond, Virginias Hauptstadt

Alte Hauptstadt des Südens

Richmond, ca. 90 km südlich von Fredericksburg (I-95 oder US Hyw. 1), wurde bereits 1737 gegründet und ist seit 1780 Hauptstadt von Virginia. Während des amerikanischen Bürgerkriegs fungierte es als **Hauptstadt der Südstaaten**, was verheerende Zerstörungen zur Folge hatte. Daraus erklärt sich das moderne Stadtzentrum, das, wie die ganze Stadt, in den letzten Jahren an Attraktivität gewann. Einige historische Viertel und Punkte haben sich erhalten, so **Newtowne West**, das alte afroamerikanische **Jackson Ward**, die **Virginia Commonwealth University Area**, **Church Hill** (18./19. Jh.) mit der alten **St. John's Church**, der viktorianische **Fan District** oder **Shockoe Slip**. Letzteres ist das alte Handelszentrum der Stadt mit Lagerhäusern, die heute Dining, Shopping und Entertainment bieten, mit der **Main Street Station** sowie dem **17th St. Farmer's Market**.

Sehenswertes

Das klassizistische **Virginia State Capitol** gilt als erstes öffentliches Gebäude der Neuen Welt und wurde 1788 eingeweiht. Drei Jahre zuvor hatte man Thomas Jefferson (damals Botschafter in Frankreich) gebeten, einen

Virginia State Capitol

geeigneten Architekten zu finden. Dieser entschloss sich jedoch, seine eigenen Ideen in Kooperation mit dem Architekten Charles-Louis Clérisseau zu verwirklichen. Die Entwürfe trafen 1786 zusammen mit einem Modell in Richmond ein und riefen Begeisterung hervor. Viel später, zwischen 1904 und 1906, kamen dann die beiden Seitenflügel – im Osten das House of Delegates, im Westen der Senat – dazu und 1962 und 2007 wurde das Innere modernisiert.

Besichtigung des Kapitols

In der **Capitol Rotunda** steht eine lebensgroße Statue von George Washington aus Carrara-Marmor, 1784 vom Parlament in Auftrag gegeben. Jefferson konnte dafür den berühmten französischen Bildhauer Jean Antoine Houdon, der 1785 in die USA gekommen war, gewinnen. Zu sehen sind außerdem Büsten aller sieben in Virginia geborenen Präsidenten – Jefferson, James Madison, James Monroe, William Henry Harrison, John Tyler, Zachary Taylor und Woodrow Wilson.

Im **Old House of Delegates**, 1788–1906 in Gebrauch, stehen ebenfalls verschiedene Statuen und Büsten, während im **Old Senate** vor allem die Monumentalbilder zur Besiedelung des Landes und zu politischen Ereignissen sehenswert sind. Die **Legislative Chambers** von 1906 in den Flügelbauten sind, sofern keine Sitzungen stattfinden, ebenfalls zu besichtigen. Im **Park** um das Capitol sind weitere Statuen großer Persönlichkeiten verteilt – z.B. von Edgar A. Poe, „Stonewall" Jackson und ein Reiterstandbild von George Washington. Außerdem steht hier die **Executive Mansion**, seit 1813 Gouverneurssitz, und der **Old Bell Tower** von 1824 (mit Infokiosk).

Virginia State Capitol, *10th/Bank St., www.virginiacapitol.gov, Mo–Sa 8–17, So 13–17 Uhr, frei, regelmäßig einstündige Touren.*

Relikte aus dem Bürgerkrieg

Im **Museum of the Confederacy** liegt das Hauptaugenmerk auf Originalrelikten aus dem Bürgerkrieg und – interessant – der Rolle der Medizin. Von den etwa 260.000 konföderierten Soldaten, die während des Kriegs ums Leben kamen, starben 166.000 an Krankheiten und nicht an den Kampffolgen. Neben dem Museum steht das **White House of Confederacy**, in dem sich persönliche Gegenstände von verschiedenen hohen Militärs befinden und in dem die Headquarter von Robert E. Lee rekonstruiert wurden.
Museum of the Confederacy, *1201 Clay St., www.moc.org, tgl. 10–17 Uhr, $ 10 (Mus.) und $ 10 (White House), Kombiticket $ 15.*

Das nahe gelegene **Valentine Richmond History Center** ist ein interessantes Stadtmuseum, das auf die Sammlung der Familie Valentine zurückgeht, die durch den *Valentine's Meat Juice*, eine Art Allzweck-Medizin, ab 1870 zu Reichtum gelangte. Edward V. Valentine (1838–1930) hatte Kunst in Richmond und Deutschland studiert und sein Bildhauerstudio mit Gipssammlung ist erhalten. Das an das Museum angrenzende **Wickham House**, 1812 vom reichsten Mann der Stadt erbaut und mit aufwändigen Stuckaturen und Holzschnitzarbeiten versehen, kann ebenso besichtigt werden wie das **E.V.V. Sculpture Studio** und das nahe **J. Marshall House**.
Valentine Richmond History Center, *1015 E. Clay St., www.richmondhistorycenter.com, Di–Sa 10–17, So 12–17 Uhr, $ 8 bzw. $ 10 für Center, die erwähnten Häuser sowie das Black History Museum (s. unten).*

Eine weitere Attraktion der Stadt ist das **American Civil War Center At Historic Tredegar**. Das Museum, das zugleich als Besucherzentrum des **Richmond NBP** (s. unten) fungiert, befindet sich in einer renovierten Fabrik am James River mitten in der Stadt. Hier wird in multimedialer Form der Bürgerkrieg aus verschiedenen Blickwinkeln anschaulich erläutert.
American Civil War Center At Historic Tredegar, *500 Tredegar St., www.tredegar.org, tgl. 9–17 Uhr, $ 8.*

Lincoln-Statue mit Sohn, an seinen Besuch nach dem Fall Richmonds erinnernd

Selbst wer sich eine Übernachtung im „**Jefferson**" (s. S. 462) nicht leisten kann, sollte einen Blick ins Innere dieses Luxushotels werfen. Außer etlichen

US-Präsidenten haben hier schon viele illustre Gäste wie Elvis Presley, Gertrude Stein, Charlie Chaplin oder Sarah Bernhardt residiert. Das unter Denkmalschutz stehende „Traumhotel“ wurde ab 1890 vom renommierten New Yorker Architekturbüro Carrère&Hastings erbaut und 1895 eröffnet.

Kontrastprogramm bietet **Jackson Ward**, der „*Birthplace of Black Capitalism*“. In diesem alten afroamerikanischen Stadtviertel waren einst zahlreiche schwarze Unternehmer zu Hause. Nachdem in den letzten Jahrzehnten das Areal heruntergekommen ist, laufen nun Bestrebungen, die historischen Bauten wieder herzurichten und die ruhmvolle Vergangenheit aufleben zu lassen. Das **Jackson Center** *(501 N. 2nd St.)* wurde bereits 1991 als Symbol der Revitalisierung eröffnet. Interessant ist das **Black History Museum & Cultural Center of Virginia** in einem Bau von 1832.

Black History Museum, *200 Clay St., www.blackhistorymuseum.org, derzeit Renovierungen, deshalb nur Fr/Sa 10–17 Uhr, $ 5.*

Das Black History Museum

Edgar Allan Poe lebte hier

Ein Muss für jeden Besucher ist das **Edgar A. Poe Museum**, jenseits des Autobahnrings (I-95) im Südosten der Stadt. Es befindet sich seit 1922 im **Old Stone House**, dem ältesten erhaltenen Haus der Stadt. Der Autor war in Richmond aufgewachsen und hatte auch später noch viele Jahre hier verbracht. Der schöne Garten wurde nach dem „*Enchanted Garden*“ in Poes Gedichten „*To One in Paradise*“ und „*To Helen*“ gestaltet. Während der Touren – nach einem Film – erfährt man viel Wissenswertes (und Unbekanntes) über Poes Leben und Werk sowie über das alte Richmond.

Edgar A. Poe Museum, *1914 E. Main St., www.poemuseum.org, Di–Sa 10–17, So 11–17, stündl. Touren, $ 6.*

Eines der Highlights der Stadt ist das **Virginia Museum of Fine Arts**, das mit einem breiten Kunstspektrum von der Frühzeit bis zur Moderne zu den Top-Kunstmuseen des Südens gehört. Besonders sehenswert ist die *Mellon Collection* – englische, amerikanische und französische Malerei des 18. bis 20. Jh. –, außerdem die *Lewis Collection* mit moderner und zeitgenössischer Kunst. Dazu gibt es eine bedeutende *Jugendstil-* und *Art-déco-Sammlung*, die *Pratt Collection* (u.a. russische Fabergé-Ostereier) und Abteilungen mit griechischen, römischen, ägyptischen und asiatischen Kunstwerken.

Für Art-Déco-Kenner

Virginia Museum of Fine Arts, *200 N. Blvd., Exit 78 I-64/I-95, www.vmfa.state.va.us, Sa–Mi 10–17, Do/Fr 10–21 Uhr, frei.*

Richmond National Battlefield Park

Kriegsschauplätze

Der Ereignisse während des Bürgerkriegs wird in Richmond an zahlreichen historischen Stätten rund um die Stadt gedacht, die zum **Richmond NBP** zusammengefasst sind. Ein insgesamt 130 km langer Rundkurs verbindet die Schlachtschauplätze und Befestigungswälle miteinander. Am besten informiert man sich zunächst im Headquarter des Richmond NBP, im **Civil War Center At Historic Tredegar** (s. S. 458), über Ereignisse, Route und Sehenswürdigkeiten im Umkreis. Es gibt dort einen Einführungsvideo, ein Museum und natürlich einen Shop. Sehenswert ist auch das **Chimborazo Medical Museum** (*3215 E. Broad St., tgl. 9-17 Uhr*). Von hier oben, wo sich im Bürgerkrieg ein Militärkrankenhaus befand, hat man zugleich einen spektakulären Ausblick auf die Stadt.

Trotz großer Anstrengungen war es den Unionstruppen in zwei Vorstößen, 1862 und 1864, nicht gelungen, die Stadt einzunehmen. Es kam zu mehreren blutigen Zusammenstößen im Umkreis Richmonds. Erst als die Südstaatler nach vier Kriegsjahren nur noch zu Rückzugsgefechten in der Lage waren, gelang es dem Oberkommandieren der Union, General Ulysses S. Grant, im April 1865 Robert E. Lee und die Reste der konföderierten Armee aus Richmond zu vertreiben – zuvor setzten jene aber die Stadt selbst in Brand. Wenige Tage später unterzeichneten Lee und Grant im **Appomattox Courthouse**, westlich von Richmond, den Kapitulationsvertrag der Konföderierten.

Civil War VC, *470 Tredegar St., www.nps.gov/rich, frei, tgl. 9–17 Uhr.*

Tipp

Wer sich dafür interessiert und Zeit hat: Eindrucksvoll über die Ereignisse jener Tage berichtet im nur ca. 30 km entfernten **Petersburg** (I-95, südlich) das **National Museum of the Civil War Soldier**, zweifellos eines der besten Bürgerkriegsmuseen im Süden und Teil des **Pamplin Historical Park**.

Pamplin Historical Park & National Museum of the Civil War Soldier, *6125 Boydton Plank Rd., I-85/Exit 63 A, www.pamplinpark.org, NS nur Mi–So, tgl. 9–17 Uhr, $ 12.*

Plantation Road nach Williamsburg

Am schnellsten gelangt man auf der I-64 oder dem dazu parallel verlaufenden Hwy. 60 nach Williamsburg, empfehlenswerter ist die etwas längere Fahrt auf dem Hwy. 5 durch die idyllische Landschaft am **James River**. Die Straße nennt sich **Plantation Road**, weil sich an ihr eine ganze Reihe von alten Plantagen aufreihen (www.jamesriverplantations.org). Die Region hatte seit dem frühen 17. Jh. als **Tabakzentrum** gegolten. Lange vor der Ankunft der Europäer befanden sich hier mehrere größere **Indianersiedlungen**, wie die von Chief Powhatan. Dessen Tochter **Pocahontas** erlangte dank des gleichnamigen Disneyfilms nach über 250 Jahren Berühmtheit.

Eine Reihe der alten **James River Plantations** können besichtigt werden. Sie liegen alle etwas abseits des Hwy. 5, sind jedoch gut ausgeschildert und leicht zu finden. Die **Shirley Plantation** gilt als älteste erhaltene Plantage Virginias und ist zugleich historisch bedeutend, weil hier die Mutter des Südstaaten-Oberkommandierenden Robert E. Lee geboren und aufgewachsen ist. Der Landsitz war 1613, kurz nach der Gründung von Jamestown, von Sir Thomas West errichtet worden. Das heutige Haus entstand 1723–38 und ist, da großteils im Originalzustand, architektonisch sehenswert.

Alte Plantagen

Shirley Plantation, *501 Shirley Plantation Rd., Charles City, www.shirleyplantation.com, tgl. 9.30–16.30 Uhr, NS kürzer, $ 11.*

Als Signalposten diente die auf der Route als nächste gelegene, 1849 erbaute **Edgewood Plantation** (*4800 John Tyler Hwy.*) – heute fungiert sie als B&B (www.edgewoodplantation.com) und ist nur auf Voranmeldung zu besichtigen.

Ein weiteres Highlight, wie die nachfolgend erwähnten Häuser in Charles City, ist **Berkeley** (*12602 Harrison Landing Rd.*), wo 1619 das erste Thanksgiving gefeiert wurde und Benjamin Harrison, einer der Unterzeichner der *Declaration of Independence*, das Licht der Welt erblickte. Zu besichtigen sind das authentisch ausgestattete Haus von 1726 und formale Gartenanlagen, die schon George Washington bewundert haben soll. **Westover Plantation** (*7000 Westover Rd.*) ist eines der elegantesten Herrenhäuser (nicht zu besichtigen), 1730 für William Byrd II.,

Berkeley, der Geburtsort von Benjamin Harrison

dem Gründer Richmonds, im Georgian Style erbaut. In **Sherwood Forest** (*14501 John Tyler Hwy.*) – das Haus von Präsident John Tyler (1841–45) aus den 1730ern – wohnen noch heute Nachfahren Tylers.
Allgemeine Infos *zu den Plantagen: www.jamesriverplantations.org*

Reisepraktische Informationen Richmond/VA

Information

***Richmond VC**, 405 N. 3rd St., www.visitrichmondva.com, tgl. 9–17 Uhr; mit Theater, Shop und vielerlei Informationen.*

Unterkunft

***Linden Row Inn** $$$–$$$$, 100 E. Franklin/First St., ☏ (804) 783-7000, www.lindenrowinn.com; kleines Hotel inmitten einer Reihe von Wohnhäusern, die ab 1847 erbaut worden waren und 1950 vor dem Abriss gerettet werden konnten; in einem davon wuchs Edgar A. Poe auf. 70 neu renovierte, elegante Zimmer, mit Restaurant.*
***The Berkeley Hotel** $$$$, 1200 E. Cary St., ☏ (804) 780-1300, www.berkeleyhotel.com; kleines Hotel im historischen Shockoe Slip District mit 55 geschmackvollen Zimmern und ausgezeichnetem Restaurant.*
***The Jefferson Hotel** $$$$, Franklin/ Adams St., ☏ (804) 649-4676, www.jeffersonhotel.com; historisches Grandhotel von 1895 mit 275 superluxuriösen Zimmern, hervorragendem Service, Restaurant, Pool, Fitness-Zentrum etc.*

Restaurants

***Cabo's Corner Bistro**, 2053 W. Broad St., ☏ (804) 355-1144; Chef Jeff Bryant zaubert leckere amerikanische Gerichte in renoviertem Bau aus den 1920ern; abends Livemusik.*
***The Dining Room at The Berkeley**, s. oben; das beste Restaurant der Stadt, mehrfach für seine innovative „Weltküche" ausgezeichnet.*
***Legend Brewing Co.**, 321 W 7th St.; Brewpub und Restaurant; zum ausgezeichneten hausgebrauten Bier gibt es Gegrilltes, Burger, Salate, etc.*

Einkaufen

*Neues Bummelareal ist „**Carytown**" entlang der West Cary St. zwischen Colonial und Auburn Ave. mit zahlreichen kleinen Läden und Boutiquen sowie einigen Lokalen.*

Colonial Virginia: Williamsburg, Jamestown und Yorktown

Den Osten Virginias prägt die zerklüftete **Chesapeake Bay** mit ihren wie Tentakeln weit ins Land hineinragenden Zuflüssen – Potomac, York und

James River. Allerdings ist es weniger die Landschaft als die Geschichtsträchtigkeit des Landstrichs, die Besucher in den Bann zieht. Hier liegt **Colonial Virginia**, der Kern der ersten Besiedelung des nordamerikanischen Kontinents durch die Briten Anfang des 17. Jh. Marketingstrategisch geschickt, fasst man unter dem Begriff drei Orte zusammen und nennt sie zugleich **Virginia's Historic Triangle**: **Jamestown** als die älteste britische Siedlung an der Ostküste, **Williamsburg**, von 1699 bis 1776 Hauptstadt der britischen Kolonie Virginia, und **Yorktown**, wo 1781 die amerikanisch-französische Armee unter George Washington die Briten entscheidend besiegte.

Leben der ersten Siedler

Jamestown und Yorktown werden durch den **Colonial Parkway** verbunden und etwa in der Mitte liegt Williamsburg. Der Colonial Parkway ist wie Jamestown und Yorktown Teil des **Colonial National Historical Park**. Die rund 40 km lange Straße wurde 1930 zur Verbindung der beiden historischen Orte ins Leben gerufen und 1957 fertiggestellt. Das in einer schönen Flusslandschaft gelegene Parkareal vermittelt ein eindrucksvolles Bild vom Leben der ersten Siedler im 17. Jh. 107 Briten waren am **24. Mai 1607** in **Jamestown** an Land gegangen und hatten anfangs mit erheblichen Problemen zu kämpfen. Die meisten Neuankömmlinge, die unter dem Kommando von Captain Christopher Newport standen, waren keine Handwerker, sondern eher Abenteurer. Ihnen ging es weniger um den Aufbau einer Kolonie als vielmehr um „schnelle Kohle". Das Leben in der Neuen Welt war hart und entbehrungsreich, dazu kam es zu Unruhen unter den Kolonisten und Hunger und Krankheiten trugen dazu bei, dass im Herbst nur 38 Siedler übrig waren. Erst Captain John Smith sorgte für Ordnung und die Verhältnisse besserten sich etwas, als im Folgejahr neue – diesmal geeignetere – Siedler aus England eintrafen. Dennoch plante man bereits,

Das Fife & Drum Corps erinnert an die koloniale Vergangenheit

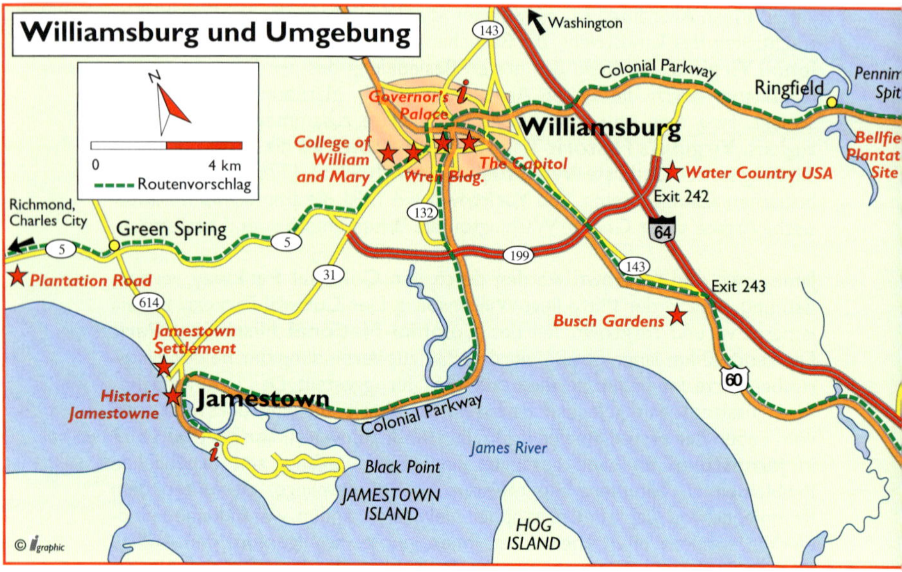

Jamestown wieder aufzugeben und nach Neufundland zu ziehen, als 1610 eine Proviantlieferung kam und der Landbau erste Früchte trug.

John Rolfe, einer der Siedler, hatte bemerkt, dass die Wachstumsbedingungen für Tabak optimal waren, und schon 1617 exportierte man Rohtabak ins Mutterland. Die anfänglichen Auseinandersetzungen mit den Indianern flauten ab, als Rolfe die Tochter des Indianerhäuptlings Powhatan, Pocahontas, heiratete. Als der Vater starb und ihr Bruder das Regiment übernahm, kam es jedoch erneut zu Konflikten. Die Siedler errichteten quer über die Halbinsel zwischen York und James River einen Pfahlzaun und derart gesichert wuchs eine Siedlung heran, die man *Middle Plantation* nannte und aus der sich später **Williamsburg** entwickelte. Als das *State House* von Jamestown einer Feuersbrunst zum Opfer fiel, wurde 1699 der Regierungssitz in das „sicherere" Williamsburg verlegt.

Williamsburg als bedeutendes Zentrum

Die neue Hauptstadt der Kolonie Virginia nahm ihre Rolle bis 1780 wahr, als die Regierung nach Richmond wechselte. 81 Jahre lang war Williamsburg ein bedeutender **politischer, sozialer und kultureller Mittelpunkt** an der Ostküste gewesen. Nach König William II. benannt, war die Stadt dem britischen Mutterland zunächst stark verbunden, doch schon bald wuchs das Verlangen nach Unabhängigkeit. 1775 wurde es sogar dem englischen Gouverneur zu heiß und er floh. Im Oktober 1781 fand dann die entscheidende Schlacht um die Unabhängigkeit gegen die Engländer im nahen **Yorktown** statt: Die Briten mussten unter dem Kommando Cornwallis' kapitulieren – und der Unabhängigkeitskrieg war zu Ende.

Colonial Williamsburg

Nach der Verlegung des Regierungssitzes 1780 nach Richmond fiel Williamsburg in einen Dornröschenschlaf, die historische Bausubstanz kam herunter. Es ist Reverend W.A.R. Goodwin zu verdanken, dass Williamsburg vor dem Verfall gerettet wurde. Er war es, der John D. Rockefeller Jr. von seiner Vision einer wiederhergestellten prächtigen Stadt des 18. Jh. überzeugte. Der Großindustrielle unterstützte 30 Jahre lang, bis zu seinem Tod 1960, den Wiederaufbau von **Colonial Williamsburg**. Alte, noch intakte Häuser wurden originalgetreu instand gesetzt und übernahmen wieder ihre alte historische Funktion, wohingegen neuere Häuser abgerissen und originalgetreu wieder aufgebaut wurden. 88 Originalgebäude wurden restauriert und weitere 50 Gebäude rekonstruiert.

Historisches Erbe

Colonial Williamsburg ist ein vorbildlich am Leben erhaltenes historisches Erbe. Es handelt sich um ein riesiges Freiluftmuseum, ein städteplanerisches und architektonisches Kleinod des 17./18. Jh., das Einblick in das damalige Leben in einer frühen nordamerikanischen Kolonie gewährt. Man kann beispielsweise Akteuren in zeitgenössischen Gewändern bei alten handwerklichen Tätigkeiten zuschauen, z.B. Schuhmachern, Korbflechtern, Buchbindern, Schmiedemeistern, Küfern oder Instrumentenbauern.

Riesiges Freiluftmuseum

i Besichtigung Colonial Williamsburg

Colonial Williamsburg bezeichnet den historischen Stadtkern, die für den Verkehr gesperrte **Historic Area** von nicht einmal 4 km² Größe. An ihrem Westende liegt das Capitol, am Ostende das berühmte *College of William and Mary*. Gemäß dem alten Straßenplan von 1699 fungieren Francis, Nicholson und v.a. die Duke of Gloucester St. als Längsachsen. **Tickets** sind in Colonial Williamsburg nur für einige Bauten und Museen sowie für die Benutzung der Shuttle-Busse notwendig, das Gelände ist – entgegen dem vermittelten Eindruck – frei zugänglich.

Colonial Williamsburg Foundation, *101A Visitor Center Dr./Hwy 132Y, www.colonialwilliamsburg.org, tgl. 9–17 Uhr, mehrere Ticket-Typen, z.B. Tagesticket $ 39,95, Mehrtagesticket $ 47,95, Extratickets für Veranstaltungen, für mehrere Tage und verschiedene Kombinationen und Touren; Infos im Besucherzentrum (mit Parkplatz und Shuttlebussen) oder im Internet.*

Die Gärten des Governors Palace in Colonial Williamsburg

Nach dem Besuch des VCs, wo ein Film gezeigt wird, geht es zu Fuß oder per Bus zum **Capitol**, 1704 und 1780 Sitz der Kolonialregierung Virginias. 1701 erbaut, wurde es 1747 durch einen Brand zerstört, aber rasch wieder aufgebaut. 1832 richtete ein Brand erneut großen Schaden an und erst 1934 wurde der Bau restauriert. An der Hauptachse, die dorthin führt, der **Duke of Gloucester St.,** reihen sich einige interessante Bauten auf: Der **Pasteur & Galt Apothecary Shop** wurde um 1760 erbaut und im Stil einer Apotheke des 18. Jh. eingerichtet. In der **Shields Tavern** kann man noch heute „englisch" frühstücken, während die **King's Arms Tavern** wegen ihrer Spezialitäten wie *Peanut Soup* (Erdnusssuppe) oder *Virginia Ham* (Pökelschinken) beliebt ist. Die gegenüberliegende **Raleigh Tavern Kitchen** wurde nach alten Radierungen sowie archäologischen Funden nachgebaut. In Kolonialzeiten war das Lokal ein beliebter Treff der Politiker.

Historische Gärten

Gleich hinter der *King's Arms Tavern* liegt der Laden eines Perückenmachers, während im weiteren Verlauf ein *Silver Smith* (Silberschmied), ein *Milliner* (Hutmacher), eine Druckerei und Buchbinderei Einblick in verschiedene Handwerke geben. Verstreut zwischen den Häusern befinden sich Gartenanlagen, die nach altem Muster und mit historischen Pflanzen angelegt wurden, außerdem Ziergärten in englischer Manier. Das **Magazine and Guard House** wurde 1715 für Waffen und Munition gebaut, während das **Courthouse** aus dem Jahre 1770 bis 1932 als Gerichtsgebäude fungierte. Ringsum fanden außerdem wichtige öffentliche Kundgebungen statt, beispielsweise erfuhren hier 1776 die Bürger von der Unabhängigkeitserklärung.

Am **Palace Green** angelangt, sind es nur noch ein paar Schritte zum **Governor's Palace**. 1706 musste das Kolonialparlament 2.000 Pfund zum Bau dieses Gouverneurspalastes bereitstellen, der von Henry Cary, dem Architekten des Capitols, entworfen wurde. In dem Gebäude im Stil eines englischen Herrensitzes residierten die Gouverneure der britischen Krone bis zur Flucht des letzten britischen Gouverneurs 1775. Das Gebäude brannte 1781 völlig ab und wurde ab 1930 an gleicher Stelle nach alten Plänen und Inventarlisten rekonstruiert. Beim Wiederaufbau halfen Zeichnungen von Thomas Jefferson, der zwei Jahre vor der Zerstörung alles säuberlich festgehalten hatte.

Fast am westlichen Ende der Duke of Gloucester St. steht die **Bruton Parish Church**. Die Kirchengemeinde war 1674 gegründet worden war, der Bau stammt von 1715. W.A.R. Goodwin, jener Herr, der Rockefeller von der Notwendigkeit einer Restaurierung überzeugt hatte, war hier Pfarrer. Das Äußere der Kirche einschließlich der Fenster sowie der Innenwände befinden sich im Originalzustand, nur die alte Bestuhlung wurde im 19. Jh. gegen viktorianische Kirchenstühle ausgetauscht.

Zweitälteste Universität der USA

Bereits außerhalb des Museumsareals, im Westen der Innenstadt, liegt das **College of William and Mary**. Dieses nach **Harvard** zweitälteste College der Vereinigten Staaten wurde 1693 gegründet und nach dem damaligen König William III. sowie seiner Frau Mary benannt. Das Erscheinungsbild entspricht noch heute dem der Jahre 1716–1859, mit dem imposanten **Wren Building** als Hauptgebäude, benannt nach seinem Architekten Sir Christopher Wren.

Jamestown – „The Original Site"

Älteste britische Siedlung

Jamestown Original Site – am Westende des Colonial Parkway, ca. 8 km südlich Williamsburg – steht unter dem Motto „... **where a nation began**" („wo eine Nation geboren wurde"), denn hier befand sich die älteste britische Siedlung Nordamerikas. Vom alten Jamestown steht lediglich noch der Kirchturm, der auf die erste anglikanische Kirche von 1647 zurückgeht. Auf dem Freigelände erinnern nurmehr Häuserruinen und Grundmauerreste an den Ort, den die ersten Siedler östlich des Forts von 1607 erbauten, ebenso aufgestellte Denkmäler wie jene für Pocahontas oder Captain John Smith. Noch immer finden unter der Ägide der **Preservation of Virginia Antiquities**/APVA (http://preservationvirginia.org) Ausgrabungen statt. Nachdem in den 1950ern erste Siedlungsreste zu Tage traten, bemüht sich seither die APVA, das originale *James Fort*, das sogenannte „*Old Towne*" von 1607, weiter zu untersuchen.

Abgesehen von diesen Grabungen und dem **Archaearium**, das eine Zeitreise (www.historicjamestowne.org) erlaubt, lohnen das **VC**, das **Glasshouse** (Glasbläser-Vorführungen) und die etwa 6 km lange Rundroute auf **Jamestown Island** durch Marschland und Wälder. Sie zeigt, wie man sich die Landschaft zu Anfang des 17. Jh. vorstellen muss.

i Colonial National Historical Park

Zum **Colonial NHP** gehören **Historic Jamestown** und **Historic Yorktown**, verbunden über den **Colonial Parkway**. Es gibt in Jamestown und Yorktown **Besucherzentren** (tgl. 9–17 Uhr), der Eintritt für alle drei Teile und sieben Tage beträgt $ 10.
Infos: www.nps.gov/colo sowie www.nps.gov/jame und www.nps.gov/york

Die „Susan Constant" des Freizeitparks Jamestown Settlement

An der Zufahrt nach Jamestown, außerhalb des Colonial NHP, liegt **Jamestown Settlement**, ein „historischer Vergnügungspark", der anlässlich der 400-Jahrfeier 2007 noch erweitert wurde. Mittels Nachbauten der Siedlung und der drei Schiffe, die die Weißen hergebracht hatten, des Powhatan-Indianerdorfes und belebt durch kostümierte Museumsangestellte, versucht man, das Leben zu Anfang des 17. Jh. zu demonstrieren. Im zugehörigen Theater wird u.a. der zweistündige Film *Jamestown: The Beginning* gezeigt und Ausstellungen informieren über Einzelaspekte des damaligen Lebens.

Jamestown Settlement, *Rte. 31 S, gegenüber Jamestown Original Site, www.historyisfun.org, tgl. 9–17 Uhr, $ 15,50 oder $ 20 (Kombiticket mit Yorktown Victory Center), mit Einführungsfilm.*

Nach rund 45-minütiger Fahrt auf dem Colonial Parkway steht man vor dem zweiten historischen Vergnügungspark der Region, dem **Yorktown Victory Center** (s. unten). Hier stehen nicht Frühgeschichte der Besiedlung und Indianer im Mittelpunkt, sondern die Amerikanische Revolution, der Kampf der jungen Kolonien um die Unabhängigkeit.

Yorktown

Entscheidende Schlacht

Am Ostende des Parkways liegt **Yorktown**, das unter dem Motto „...**where freedom was won**" („wo die Freiheit errungen wurde") steht. Vom 9.–19. Oktober 1781 fand hier die entscheidende Schlacht zwischen den Briten und den nach Unabhängigkeit strebenden Kolonisten statt. Unter Führung von George Washington, dem deutschen Generalmajor Friedrich Wilhelm von Steuben sowie den französischen Generälen Marquis de LaFayette und Rochambeau erlitten die Briten eine endgültige Niederlage. Ihre Truppen unter Oberbefehlshaber Lord Charles Cornwallis mussten kapitulieren und das Ende des Unabhängigkeitskrieges war besiegelt.

Historic Yorktown, 1691 als Ableger von Jamestown gegründet, kann man leicht zu Fuß besichtigen. Vom Parkplatz am VC gelangt man vorbei am **Yorktown Victory Center** zum „Dorf" mit einigen erhaltenen alten Bauten. Hauptanziehungspunkt ist jedoch das **Battlefield**, für das eine *Battlefield Driving Tour* mit Erläuterung zu verschiedenen Aufstellungen, Lagern, Gräben und Wällen etc. konzipiert wurde. Ein VC auf dem ehemaligen Schlachtgelände (Wegweiser im Ort) informiert über die „**Siege of Yorktown**" – die Belagerung der Stadt – inklusive Film, Ausstellung und Aussichtsterrasse, Ranger-Touren und gelegentlichen Re-enactments. *„Siege of Yorktown"*

Yorktown Victory Center, *200 Water St./Rte. 1020,* über *Old SR 238 bzw. ab Colonial Parkway ausgeschildert, www.historyisfun.org, tgl. 9–17 Uhr, im Sommer bis 18 Uhr, $ 9,75 (Kombi mit Jamestown Settlement $ 20).*

Reisepraktische Informationen Colonial Virginia (Williamsburg/Jamestown/Yorktown)

Information

***Colonial Williamsburg VC**, 101A Visitor Center Dr./Hwy 132Y, tgl. 9–17 Uhr, VC für den historischen Bezirks sowie die ganze Region, **Internet**: www.visitwilliamsburg.com, www.history.org bzw. www.jamestown-yorktown.state.va.us*

Unterkunft

***Williamsburg Sampler B&B Inn** $$$, 922 Jamestown Rd, ☎ (757) 253-0398 oder 1-800-722-1169, www.williamsburgsampler.com; Haus mit original-rekonstruiertem Kutschenhaus aus Colonial Williamsburg im Garten. Fünf Gästezimmer, davon zwei Suiten mit Balkon, Kühlschrank, Kamin, inkl. Frühstück und freundlichen Besitzern.*

***Colonial Williamsburg Inc.** (☎ 1-800-447-8679 oder 757-220-7645, www.colonialwilliamsburg.com/stay/) betreibt selbst teilweise historische Unterkünfte (zwischen $$ und $$$$) im Umfeld der Historic Area, wie das elegante **Williamsburg Inn** und die noble **Williamsburg Lodge** (beide Francis St. am Südrand der Historic Area), **Williamsburg Woodlands** (am VC), das einfache **Governor's Inn** (SR 132, nördl. der Area) oder die **Colonial Houses**.*

Die Campbell Tavern in Colonial Williamsburg

Restaurants

Mehrere Restaurants befinden sich auf dem Grund von Colonial Williamsburg, in denen authentische Gerichte der Zeit serviert werden (Reservierung: ☏ 757-229-2141):
***Christiana Campbell's Tavern**, Waller St.; legendär, da hier schon George Washington dinnierte.*
***Shields Tavern**, Waller St.; gemütlich, auch moderne Südstaatenküche.*
***Chowning's Tavern**, Duke of Gloucester St.; einfache Gerichte und leckere Ales.*
***King's Arms Tavern**, Duke of Gloucester St.; eher elegant.*

Einkaufen

*In der **Historic Area** von Colonial Williamsburg befinden sich einige Läden, die hübsche Mitbringsel, Kunsthandwerk, Bücher u.a. anbieten.*
***Williamsburg Premium Outlets**, 5715-62A Richmond Rd (Hwy. 60 W); Einkaufszentrum etwa 10 km nordwestl. der Stadt.*

Veranstaltungen

In Colonial Williamsburg finden fast tgl. Veranstaltungen statt – Military Drills, Militärlager, Markttage, Kutschfahrten, Lesungen, Tanz- und Musikveranstaltungen, Mystery-Touren, Familien-Programme, archäologische Führungen, History Walks. Daneben gibt es regelmäßig Vorführungen zu alten Handwerkstechniken und zum einstigen Alltagsleben in verschiedenen Häusern (www.colonialwilliamsburg.com/plan/calendar).

Vergnügungsparks

***Busch Gardens**, One Busch Garden Blvd, US Hwy 60 E. via I-64/Exit 242 A, www.buschgardens.com, tgl. mind. 10–16, im Sommer länger, Tickets ab $ 75; neben Achterbahnen gibt es ein englisches, französisches, italienisches und deutsches „Dorf" mit entsprechenden „landestypischen" Restaurants, Shops etc.*
***Water Country USA**, I-64 Exit 57 B, Hwy. 199 E, www.watercountryusa.com/wc, tgl. 10–17, im Sommer –20 Uhr, ab $ 48, auch Kombitickets mit Busch Gardens; Wasserrutschen, Wellenbad und andere Wasserattraktionen.*

Von Williamsburg über die Outer Banks nach New Bern

Städtekonglomerat

Von Yorktown folgt man dem US Hwy. 17 (von Williamsburg dem US Hwy. 60 oder der I-64), um nach Hampton Roads zu kommen. **Hampton Roads** ist eigentlich der Name eines Seitenarms der Chesapeake Bay, zugleich aber Sammelbegriff für ein Konglomerat aus neun Städten in sechs Counties – u.a. **Hampton, Newport News, Norfolk, Portsmouth, Suffolk** und **Virginia Beach**. Von Norden kommend, führt die I-64 rund 3 km durch den Hampton-Roads-Tunnel unter der Bay hindurch nach Norfolk, die größte Stadt der Region. Aufgrund der strategisch günstigen Lage an der Mündung der Chesapeake Bay in den Atlantik prägen Hafenanlagen und *Navy*, Wasser, Brücken und Tunnels das Bild, wohingegen wirkliche Sehenswürdigkeiten eher spärlich gesät sind und ein längerer Aufenthalt kaum lohnt.

Hampton Roads Area

Die erste Stadt in der Hampton Roads Area ist **Newport News** am James River. Zu den Attraktionen gehört das **Mariners' Museum**, eines der größten Seefahrtsmuseen der Welt. Auf dem Weg dorthin könnte man einen Stopp am **Virginia Living Museum** mit Wildlife Park, Aquarien, Planetarium, Vogelhäusern, Gärten und anderen Ausstellungen zur Flora und Fauna Virginias einlegen. Bevor man auf die Brücke nach Norfolk fährt, lohnt in Hampton noch ein Abstecher zu **Fort Monroe**. Diese historische Küstenfestung aus dem 17. Jh. wurde 2011 zum National Monument erklärt.

Sehenswertes Seefahrtsmuseum

Mariners' Museum, *100 Museum Dr. (I-64 Exit 258), www.mariner.org, Mo, Mi–Sa 10–17, So 12–17 Uhr, $ 12.*
Virginia Living Museum, *524 J. Clyde Morris Blvd. (I-64, Exit 258A), www.thevlm.org, tgl. 9–17, in der NS ebenso, aber So nur 12–17 Uhr, $ 17, $ 21 mit Planetarium.*
Fort Monroe NM, *41 Bernard Rd. (I-64 Exit 268), www.nps.gov/fomr, tgl. 9–17 Uhr, frei.*

Norfolk (knapp 242.000 Einwohner) liegt an der Mündung der Chesapeake Bay. 1682 gegründet, entwickelte sich die Siedlung rasch und ist heute Sitz zweier Universitäten – Old Dominion und Norfolk State University –, vor allem aber eine bedeutende **Industrie- und Hafenstadt**. Zusammen mit dem angrenzenden Portsmouth ist Norfolk Hauptquartier der US-Atlantik- und Mittelmeerflotte. Die **Norfolk Naval Base and Norfolk Naval Air Station** (*Hampton Blvd./I-564*) gilt als größter Kriegsmarine-Hafen der Welt.

Blick auf die Waterfront von Norfolk

Portsmouth wurde 1752 von Colonel William Crawford gegründet und nach der gleichnamigen englischen Stadt benannt. Im Bürgerkrieg fand hier die legendäre Seeschlacht zwischen den beiden Panzerbooten „Monitor“ und „Merrimac“ statt.
Sehenswert ist der **Olde Towne Historic District** (*Middle/North/ Washington St.*), in dem sich Bauten des späten 18. Jh. hübsch restauriert vereint finden.

In der Innenstadt von Norfolk lohnt das **National Maritime Center Nauticus**, dessen Bau in Gestalt eines am Kai liegenden Schiffes sofort ins Auge fällt. Dem Museum angeschlossen sind das **Tugboat Museum** (frei) und ein kleines **Besucherzentrum** für die Region. Filmvorführungen, Forschungslabore, ein riesiges Haifischbecken, „Touch Pools“, eine interaktive Ausstellung zum Wetter und schließlich der zugehörige International Pier mit zu besichtigenden Schiffen machen klar, welche Bedeutung das Wassers in diesem Teil Virginias spielte und spielt.
National Maritime Center Nauticus, *One Waterside Dr., www.nauticus.org, HS tgl. 10–17 Uhr, $ 13,95, mit kleinem VC für die Region.*

Virginia Beach

Östlich von Norfolk liegt der Badeort **Virginia Beach** mit rund 437.000 Einwohnern. Charakteristikum ist die scheinbar endlose Kette von Hotels und Motels entlang dem Strand, an der Atlantic Ave., lediglich unterbrochen durch Restaurants und Shops, vorzugsweise mit Strandzubehör aller Art, durch Surfschulen und Sportgeräteverleihstellen. Nur wer auf Rummel aus ist, sollte hier bleiben, denn dieses „**Miami Beach en miniature**“ steht als längster Vergnügungsstrand der Welt im *Guinness Book of Records*.

Erste Landung der Engländer

Am **Cape Henry Memorial Landing Place of the English** (US Hwy. 60 durch Fort Story) legten 1607 englische Siedler erstmals auf nordamerikanischem Boden an, ehe sie in die Bucht hineinsegelten und am 13. Mai 1607 Jamestown gründeten. Hier war es 1781 auch zur *Battle of the Capes* zwischen britischer Flotte und französischem Hilfskommando gekommen. Von einem Aussichtsplateau genießt man einen guten Ausblick auf Bucht und Meer. In Sichtweite liegt das **Old Cape Henry Lighthouse** aus dem späten 18. Jh., der älteste staatlich erbaute Leuchtturm in den USA.

Zu den Attraktionen der Stadt gehören das **Virginia Contemporary Art Center** (*2200 Parks Ave., www.virginiamoca.org, Di–Fr 10–17, Sa 10–16, So 12–16 Uhr, $ 8*), das **Old Coast Guard Station and Life-saving Museum** (*24th St./Boardwalk, www.oldcoastguardstation.com, Mo–Sa 10–17, So 12–17 Uhr, $ 4*) und das **Virginia Aquarium and Marine Science Center** (*717 General Booth Blvd., www.virginiaaquarium.com; HS tgl. 9–18 Uhr, $ 21, mit IMAX $ 27*).

Reisepraktische Informationen Virginia Beach/VA

Information

***Virginia Beach VC**, 2100 Parks Ave./21st St., www.visitvirginiabeach.com/visitors, tgl. 9–17 Uhr.*

***Chesapeake Bay Center**, First Landing SP, 2500 Shore Dr., Virginia Beach, tgl. 9–17 Uhr.*

Unterkunft

Zahlreiche M/Hotels reihen sich entlang der Oceanfront (Atlantic Ave. und Seitenstraßen) auf, z.B.:

***Alamar Resort Inn** $$, 311 16th St., ☏ (757) 428-7582, www.alamarresortinn.net; kleines, feines Hotel, umgeben von eher hässlichen „Hotelbunkern". Mit 22 schön ausgestatteten und geräumigen Zimmern; preiswert, da keine direkte Strandlage.*

***The Breakers Resort Inn** $$, 1503 Atlantic Ave. (at 16th St.), ☏ (757) 428-1821, www.breakersresort.com; kleineres Hotel (9 Stockwerke) direkt am Strand mit 56 Zimmern, alle mit Balkon!*

***Barclay Cottage B&B** $$–$$$, 400 16th St., ☏ (757) 422-1956, www.barclaycottage.com; kleines B&B mit fünf Zimmern in schön renoviertem, über 100 Jahre altem Cottage mit Garten, inkl. gutem Frühstück.*

Restaurants

***Alexander's On The Bay Restaurant**, 4536 Ocean View Ave., ☏ (757) 464-4999; schön an der Chesapeake Bay gelegenes Lokal (Ausblick!), das bekannt ist für Steaks und frischen Fisch.*

***Lynnhaven Fish House Restaurant**, 2350 Starfish Rd., ☏ (757) 481-0003; nicht nur schön gelegen, sondern auch berühmt für seine Fischgerichte.*

Hinweis zur Route

Von Virginia Beach kann man mangels Verbindung nicht direkt zu den Outer Banks in North Carolina gelangen. Man folgt deshalb zunächst dem Hwy. 168 S, der beim Ort Barco in den US Hwy 158 mündet. Dieser führt nach Kitty Hawk und damit auf die Outer Banks.

Die Outer Banks

Die **Outer Banks** sind der bekannteste Abschnitt der sogenannten **Barrier Islands**, Inselketten, die der Atlantikküste zwischen Maine und Florida vorgelagert sind. Es handelt sich dabei geomorphologisch betrachtet um „**Nehrungen**" – einen Landstreifen, der durch Sandverdriftung entstanden ist und eine Meeresbucht – im Falle der Outer Banks den **Pamlico Sound** – einschließt. An der dem offenen Meer zugewandten Seite sind die Nehrungen von feinsandigem Strand gesäumt, während die der Bucht (Haff) zugewandte Seite eher Marschland ist. Den Sammelnamen „Outer Banks"

Strandidylle...

Strandhäuser in den Outer Banks

trägt diese lange Inselkette deshalb, weil sie sich weiter ins Meer hinausschiebt als anderswo; bis zu 50 km sind manche Inseln vom Festland entfernt. Sie ziehen sich über knapp 200 km von der Südgrenze Virginias (Back Bay) bis etwa zur Mitte der Küste North Carolinas und sind mit dem Festland entweder durch Brücken oder mittels Fähren verbunden. Die Namen der Inseln lauten (von N nach SW): **Knotts Island**, **Bodie Island**, **Roanoke Island**, **Pea Island**, **Hatteras Island**, **Ocracoke Island**, **Cedar Island**, **Portsmouth Island** und **Harkers Island**.

... manchmal in Gefahr

Fast jeden Herbst streift einer der tropischen Stürme, die vom Atlantik landeinwärts ziehen, die Barrier Islands und hat Evakuierungen und Verwüstungen zur Folge. **Hurricanes** stellen aber nicht die einzige Gefahr dar, Strömungen, Untiefen und Sandbänke verhalfen der Region zu dem wenig rühmlichen Beinamen „**Graveyard of the Atlantic**". Schon unzählige Schiffe sollen hier untergegangen sein und noch heute sind sechs Leuchttürme auf dem gesamten 480 km langen Küstenabschnitt von North Carolina in Betrieb. Zudem betreibt der *US Lifesaving Service*, der Vorläufer der *US Coast Guard*, seit 1874 sieben Lebensrettungs-Stationen allein auf dem Abschnitt der Outer Banks.

Das Klima auf den Inseln ist von heißen Sommern und kalten Wintern geprägt. Der Golfstrom sorgt für angenehme Temperaturen und warme südliche Winde aus der Karibik sind die Regel. Die Region gilt als **Urlauberparadies** und *Scuba Diving*, Windsurfing und Wellenreiten, aber auch *Hang Gliding* sind beliebte Freizeitaktivitäten; dazu kommen Angler, Paddler, Wanderer, Radler und Badefreunde auf ihre Kosten.

Wright Brothers National Memorial

Geburtsort der Luftfahrt

In der windigen Dünenlandschaft am Atlantik unternahmen die Gebrüder Wright zu Beginn des 20. Jh. ihre ersten bahnbrechenden Flugversuche. In **Kitty Hawk**, einem etwas verschlafenen Ort direkt am Meer, vermag der Besucher die Leistung der Wrights nachzuvollziehen und versteht, warum man von der „**Geburtsstätte der motorisierten Luftfahrt**" spricht.

Von hier starteten die Wright Brothers ihre ersten Flugversuche

Das **Wright Brothers NM** liegt wenige Kilometer vor dem Ort Kill Devil Hills bei Kitty Hawk. Im VC gibt es Informationen, Schautafeln und Modelle, Fotos und historische Dokumente. Auf dem Freigelände sind zwei Schuppen zu besichtigen, zum einen der restaurierte Werkstattschuppen/Hangar der Flugpioniere, zum anderen die Wohnhütte der Wrights, gleich daneben dann das Flugfeld mit Markierungen der ersten Flugstrecken.

Der **Wright Memorial Shaft**, ein imposantes, 18 m hohes Granit-Denkmal, steht unübersehbar auf jener Düne, von der aus die Brüder die ersten Gleitversuche unternahmen.

Wright Brothers NM, *ausgeschildert ab US Hwy 158/SR 12 Bypass, mi 8, Kill Devil Hills, www.nps.gov/wrbr, tgl. 9–17 Uhr, $ 4.*

Die fliegenden Brüder

info

Die **Gebrüder Wright** waren keine studierten Ingenieure, ihre Vorkenntnisse bezogen sich auf Fahrräder, denn in einem Fahrradgeschäft in Dayton, Ohio, hatten sie 1892 ihre technischen Fähigkeiten erstmals erprobt. Wilbur (1867–1912) – der Ältere, Introvertierte – und Orville (1871–1948) – wortgewandt und umgänglich – hatten 1899 begonnen, sich ernsthaft mit der Entwicklung von Fluggeräten zu beschäftigen.

Das **erste Motorflugzeug** entstand denn auch im Fahrradladen in Ohio, die ersten Flugversuche fanden jedoch in Kitty Hawk statt. Dieser Ort war wegen der herrschenden Windstärken für die ersten Gleitversuche optimal. Der sandige Untergrund bot zudem die Gewähr für weiche Landungen und die baum- und strauchlosen Hügel und Dünen reduzierten die Gefahr beim Experimentieren.

info

Es gab durchaus Vorgänger, Flugpioniere wie der Deutsche Otto Lilienthal (1848–96), der die ersten Gleitflüge unternahm, oder Gustav Weisskopf, „Whitehead", der noch vor den Brüdern im August 1901 mit einem selbst gebastelten Motorfluggerät abgehoben sein soll. Was allerdings nicht belegt ist, und deshalb gelten die Wrights offiziell als die Ersten, die Kontrolle über das Fluggerät hatten und es über längere Zeit in der Luft halten konnten.

Am 14. Dezember 1903 war der erste Versuch aufgrund der Windverhältnisse gescheitert und das Flugzeug beschädigt worden. Nur drei Tage später, am 17. Dezember, glückten dann die **Flugversuche**: Um 10.35 Uhr flog Orville erstmals in 12 Sekunden 37 m weit. Drei weitere Flüge folgten, wobei sich beim letzten Versuch um 12 Uhr mittags Wilbur immerhin 59 Sekunden in der Luft halten konnte und 260 m weit flog. Die Freude der „fliegenden" Brüder und ihrer Beobachter war groß, die Sensationsmeldung ging durch die Zeitungen, doch längerfristig war die Resonanz gedämpft: Die Wright-Brüder boten ihr Fluggerät zunächst erfolglos der US Army an. Erst 1908 kam ein Vertrag zu Stande und sorgte die Erfindung richtig für Furore.

Technische Daten des 1. Motorflugzeugs

Flügelspannweite: 12.3 m	Flügelfläche: 47 m^2
Länge: 6.4 m	Höhenruderfläche: 1.9 m^2
Höhe: 2.5 m	Querruderfläche: 4.4 m^2
Leergewicht: 275 kg	Motorenstärke: knapp 12 PS
Flügelabstand: 1.9 m	Motorendrehzahl bei Voll-Leistung: 1090 U/ min

Auf der Suche nach der „Lost Colony"

Der Ort **Nags Head** südlich des Wright Memorial ist in erster Linie eine Ferienkolonie mit entsprechender Infrastruktur und ein wichtiges Versorgungszentrum. Hauptsehenswürdigkeit ist bei Ebbe das historische Schiffswrack der **USS Huron**, die 1877 auf der Fahrt von Virginia vor der Küste in einem schweren Sturm versank und 98 Männer mit in den Tod riss (Zufahrt ausgeschildert via Bladen St.). In Nags Head lockt mit dem **Jockey's Ridge State Park** (www.jockeysridgestatepark.com) auch ein idyllisches Naturschutzgebiet mit seltener Flora und Fauna und den größten natürlichen Sanddünen an der Ostküste mit rund 42 m Höhe.

Historisches Schiffswrack

Auch wer plant, weiter auf dem Hwy 12 auf den Outer Banks südwärts zu fahren, sollte bei Whalebone Junction einen Abstecher nach **Roanoke Island** einplanen. Beim dortigen Hauptort **Manteo** hatten die Briten im späten 16. Jh. erstmals versucht, Fuß zu fassen. Unter dem Namen „**Roanoke Island Festival Park**" firmiert dort ein mehrteiliger Komplex aus Freilufttheater (Konzerte u.a. Veranstaltungen im Sommer), VC (45-Min.-Film *The Legend of Two Path* über die Indianer) und Museum (mit Shop und Café). Die

Lebendige Vergangenheit im Roanoke Island Festival Park

Ausstellungen widmen sich den Neuankömmlingen und dem ersten am 18. August 1587 in Nordamerika geborenen Kind namens Virginia, außerdem den Ureinwohnern und der späteren Entwicklung von Manteo/Roanoke zum *Seaside Resort* und Fischereizentrum. Erläutert wird die Geschichte anhand von 1:1-Modellen, verschiedenen Medien und Hands-on-Ausstellungsstücken. Auf dem Freigelände ist ein Dorf nachgebaut und liegt die Elizabeth II. vor Anker, ein Nachbau des Schiffes der englischen Siedler, die 1585 hier die erste Kolonie einrichteten. An Wochenenden stellen kostümierte Museumsangestellte das harte Leben im 16. und 17. Jh. nach.

Roanoke Island Festival Park, *ausgeschildert ab Hwy 64 E, http://.roanokeisland.com, März–Dez. tgl. 9–17 Uhr, $ 10.*

Malerisch am Roanoke Sound liegt etwas weiter westlich das **Fort Raleigh National Monument**, der Nachbau einer Befestigung mit Wall, Graben und Schautafeln. Hier sollen Ende des 16. Jh. über 100 Menschen für immer verschwunden sein. Im nebenan liegenden **Waterside Theatre** wird seit 1937 von Mitte Juni bis Ende August die Geschichte der Kolonialisation in einer aufwändigen Aufführung nach der Vorlage von Paul Greens *The Lost Colony* gezeigt. Auch im Besucherzentrum wird ein Film vorgeführt; außerdem sind im zugehörigen kleinen Museum Zeugnisse aus dem Leben der Kolonisten ausgestellt.

„The Lost Colony" auf der Bühne

Neben Fort Raleigh erstreckt sich zudem mit den **Elizabethan Gardens** ein besuchenswerter Botanischer Garten, der von einem früheren britischen Botschafter ins Leben gerufen worden ist. Neben einem englischen Garten gibt es u.a. Rosen-, Kräuter- und Senkgarten sowie verschiedene Gewächshäuser.

Fort Raleigh NM, *1401 National Park Dr., ab US Hwy 64, westlich Manteo, www.nps.gov/fora, mit Lindsay Warren VC, tgl. 9–17/18 Uhr, frei.*

Waterside Theatre, *1409 National Park Dr., westl. Manteo, www.thelostcolony.org, Aufführungen im Sommer Fr–So 20.30 Uhr, ab $ 26,50.*

Elizabethan Gardens, *National Park Dr., westl. Manteo, www.elizabethangardens.org, tgl. 9–17/18/19 Uhr, $ 8.*

info

„The Lost Colony"

1562 begannen die Briten damit, die nordamerikanische Küste zu erkunden. Als 1564 wieder einmal eine Expedition euphorisch nach London zurückkehrte, beschloss auch Sir Walter Raleigh (1552–1618) eine Kolonistengruppe zusammenzustellen. 1585 machten sich also 500 Siedler auf sieben Segelschiffen auf den Weg in die „Virginia" genannte Kolonie, um auf Roanoke Island ein Fort und eine Siedlung zu gründen.

Die Anfänge verliefen friedlich und man verstand sich zunächst gut mit den Ureinwohnern. Erst als die Versorgung knapp wurde, kam es zu Konflikten und bald hatten die Siedler die Nase voll von dem ungastlichen Land. Der Großteil packte eine sich bietende Gelegenheit beim Schopf und heuerte auf dem vorbeisegelnden Schiff von Sir Francis Drake an. Als endlich das von Raleigh geschickte, sehnlichst erwartete Nachschubschiff auf Roanoke Island anlegte, fand man nur noch jene 15 Männer vor, die zur Bewachung der Siedlung zurückgeblieben waren. 1586 wurden hundert neue Siedler unter Führung von John White, der bereits beim ersten Mal dabei gewesen war, entsandt, um die Kolonisierung diesmal erfolgreicher zu betreiben. Ursprünglich war nur ein Zwischenstopp auf Roanoke Island vorgesehen gewesen, ehe man auf dem Festland nach einem besseren Siedlungsplatz suchen wollte. Doch man fand die 15 zurückgelassenen Männer massakriert vor und dazu zwang der Wintereinbruch die Siedler zum Bleiben.

White musste sich mangels Nachschub erneut auf die Reise ins Mutterland begeben – die Rückkehr in die Kolonie zog sich hin. Erst 1590 kehrte White mit Waren beladen auf die Insel zurück, fand allerdings außer einer Inschrift an einem Baumstamm, „CRO", keinerlei Spuren von den Siedlern. White nahm zunächst an, dass die Nachricht auf den Umzug auf eine benachbarte Insel hinwies, doch eine groß angelegte Suche blieb erfolglos – bis heute. Niemals wurden nämlich Spuren der verschollenen Siedler gefunden – der Mythos der „**Lost Colony**" war geboren: Wurden die Siedler von Indianern umgebracht oder verschleppt? Haben sie sich freiwillig friedlichen Ureinwohnern angeschlossen? Oder auf dem Festland eine neue Heimat gesucht?

Cape Hatteras National Seashore

Von Roanoke Island geht es zurück auf **Bodie Island** und damit wieder auf die Outer Banks. Auf der Fahrt Richtung Süden auf dem Hwy. 12 passiert man noch vor dem *Oregon Inlet* das **Coquina Beach Bathhouse** und das **Bodie Island Lighthouse** mit altem Leuchtturmwärterhaus (www.lighthousefriends.com) und *Nature Trail* durch die **Body Island Marshes**. Südlich von Nags Head beginnt die **Cape Hatteras National Seashore**, die sich fast 100 km südwärts bis zum *Ocracoke Inlet* hinzieht. Über eine

Leuchtturm auf Cape Hatteras

Brücke erreicht man **Hatteras Island** und das **Pea Island National Wildlife Refuge** (www.fws.gov/peaisland), ein Vogelschutzgebiet, in dem über 250 Vogelarten beobachtet werden können. Am „Knie" von Hatteras Island, dort wo die Insel nach Westen umbiegt, befindet sich bei Buxton der höchste Leuchtturm an der amerikanischen Küste: das 63 m hohe **Cape Hatteras Lighthouse**, 1870–1936 in Betrieb. Man kann den Leuchtturm über 260 Stufen besteigen und den herrlichen Ausblick genießen.

Höchster Leuchtturm

Cape Hatteras National Seashore – Island VC, *Hwy. 12, www.nps.gov/caha oder www.hatteras-nc.com/CHNS, tgl. 9–17/18 Uhr, frei.*
Cape Hatteras Lighthouse, *ab Hwy. 12, ca. 2 km südöstl. Buxton, www.hatteras-nc.com/light oder www.nps.gov/caha, Ostern–Okt. Touren 9–16.30/17.30 Uhr, $ 7.*

Im nahen Ort **Hatteras** endet die Straße und eine kostenlose Autofähre bringt Besucher in ca. 40 Minuten über das Hatteras Inlet nach **Ocracoke Island**. Obwohl diese Insel eines der ersten Erholungsgebiete auf den Outer Banks war, ist sie naturverbunden geblieben und mit Ausnahme des netten **Ocracoke Village** als National Park ausgewiesen. Im VC (s. u.) erfährt man Wissenswertes zur Insel sowie zu Flora und Fauna.

Naturparadies zum Ausruhen

Sehenswert ist das östlich des Ortes am Meer gelegene **Ocracoke Island Lighthouse** von 1823 (nicht zu besichtigen). Ocracoke war im 18. Jh. beliebter Unterschlupf von Piraten wie *Blackbeard* („Schwarzbart"). Vor allem in den Jahren 1713–18 hatte die Piraterie Hochkonjunktur und regelmäßig wurden Handelsschiffe überfallen. Flache Küstengewässer und eine bestechliche Beamtenschaft begünstigten das Unwesen. Erst als der Gouverneur von Virginia Blackbeard 1718 dingfest machen konnte, wurde dem Piratenwesen ein Ende gesetzt.

Ocracoke Island VC, *Hwy. 12, Ocracoke, ☏ (252) 928-4531, www.ocracokeisland.com bzw. www.nps.gov/caha, tgl. 9–17 Uhr*

Ocracoke Village, *www.ocracokevillage.com bzw. www.ocracokeisland.com/walking_tour.htm (Walkingtour durch den Ort).*

Hinweis zur Route

Von Ocracoke gelangt man per Fähre in gut zwei Stunden über das Ocracoke Inlet nach Cedar Island. Von dort führen Hwy.12 und anschließend US Hwy 70 über das sehenswerte Hafenstädtchen **Beaufort** und **Morehead City** nach New Bern.

Ausflug zum Cape Lookout

Im Sommer ließe sich zuvor noch ein Abstecher zur **Cape Lookout National Seashore** einplanen. Kleine Ausflugsboote verbinden im Sommer Ocracoke Island mit dem südlich gelegenen Portsmouth Island und den Core Banks. Auf diesem unbewohnten und unerschlossenen Naturgebiet sind u.a. die bedrohten *Loggerhead Turtles*, eine Schildkrötenart, noch zahlreich vertreten. Das Freizeitangebot ist vielseitig und an der äußersten Südspitze befindet sich ein weiterer Leuchtturm, **Cape Lookout** , der mit einer Personenfähre von Harkers Island (ab US Hwy. 70) erreichbar ist (*www.nps.gov/calo/planyourvisit/lighthouse-climbs.htm*).

Vielseitiges Angebot

Cape Lookout National Seashore, *www.nps.gov/calo, tgl. 9–17 Uhr, frei; Beach Shuttle-Service ($ 3,50) und Fähren ($ 10–16 pro Person H/R).*

Reisepraktische Informationen Outer Banks/NC

Information

***Outer Banks Visitors Bureau**, 1 Visitor Center Circle (Hwy. 64), Manteo, www.outerbanks.org, tgl. 9–17.30 Uhr; Karten und Infos sowie Hotelverzeichnis.*

Unterkunft

***Sea Ranch Hotel** $$, Hwy. 12, mi 7, Kill Devil Hills, ☏ (252) 441-7126, www.searanchhotel.com; einfaches, aber ordentliches Motel mit 50 geräumigen Zimmern, direkt am Strand.*

***The Captain's Landing** $$$, 324 Hwy 12, Ocracoke, ☏ (252) 928-1999, www.thecaptainslanding.com; schön am Silver Sea gelegene Cottages und Suiten in kleinem Gebäude, mit Terrasse und Seeblick.*

***Roanoke Island Inn** $$$$–$$$$$, 305 Fernando St., Manteo, ☏ (252) 473-5511, www.roanokeislandinn.com; seit 1937 in Familienbesitz und als Gästehaus betrieben, schön an einer Bucht, nahe dem Roanoke Island Festival Park gelegen. Zimmer gut ausgestattet und inkl. Frühstück sowie Gratisgetränken und Snacks.*

***Sanderling Inn Resort&Spa** $$$$, 1461 Duck Rd., Duck (ca. 16 km nördl. Kitty Hawk), ☏ (252) 261-4111, www.thesanderling.com; Strand, Sanddünen* *und große, geschmackvolle Zimmer, mit Restaurant und Freizeit- und Wellness-Programm.*

Restaurants

***Full Moon Café**, 208 Queen Elizabeth Ave., Manteo, ☏ (252) 473-6666; gutbürgerliche amerikanische Küche zu angemessenen Preisen.*

***Port o'Call Restaurant & Gaslight Saloon**, Beach Rd., Kill Devils Hills, nahe mi 8,5, ☏ (252) 441-7484; Fischgerichte, Steaks und Pasta, preiswert und gut. Abends Livemusik im Saloon.*

***Sanderling Restaurant**, im Sanderling Inn Resort, s. oben, ☏ (252) 449-6654; Toplokal der Outer Banks mit lokalen Spezialitäten aus frischesten Zutaten.*

Fähren

Zwischen Hatteras Island und Ocracoke Island verkehrt über das Hatteras Inlet eine kostenlose Fähre (stündl. 5–24 Uhr, in der HS alle 30 Min.). Zwei Linien verbinden Ocracoke, den südlichsten Punkt der über den Hwy. 12 zugänglichen Outer Banks, mit dem Festland, nämlich mit Cedar Island und Swan Quarter.

***Infos** (Fahrplan und Preise): www.ncdot.gov/ferry bzw. www.outer-banks.com/ferry*

New Bern, erste Hauptstadt der Carolinas

Rund 120 km von der Fährstation auf Cedar Island entfernt, im Landesinneren, liegt am Neuse River das sehenswerte Städtchen **New Bern**. Der Ort befindet sich an der Grenze zwischen Küstenregion und dem agrarisch genutzten *Low Country*, in dem vor allem Baumwolle, Getreide, Mais und Erdnüsse angebaut werden. New Bern gilt nach Williamsburg als **die bedeutendste restaurierte alte Siedlung** an der Südostküste mit sehenswerten historischen Bauten und Kirchen. Das Städtchen wurde 1710 von deutschen und Schweizer Siedlern – daher der Name – gegründet und fungierte zwischen 1766 und 1776, vor Raleigh, als **Hauptstadt der Kolonie North Carolina**. Seit 1896 ist der Ort offizielle Partnerstadt der gleichnamigen Schweizer Stadt.

Schweizer und deutsche Wurzeln

Die Hauptattraktion der Stadt, die auch *Little Charleston* genannt wird, ist **Tryon Palace Historic Sites & Gardens** am südwestlichen Altstadtrand. Es ist sinnvoll, zunächst im VC den Film anzusehen, ehe man sich in den aus Haupthaus und Nebengebäuden sowie Gartenanlagen bestehenden Komplex umsieht. Der Palast war nach Plänen des englischen Architekten John Hawks, nach palladianischen Vorbildern, zwischen 1767 und 1770 errichtet worden. Er galt gleich nach Fertigstellung als schönstes Regierungsgebäude im kolonialen Amerika und war Sitz der englischen Gouverneure, erst von William Tryon, dann von dessen Nachfolger, der 1775 vertrieben wurde. Während der Revolutionskriege fanden hier Treffen der Generalversammlung statt. 1798 brannte der Bau vollständig ab und in den 1950ern begann man mit dem ehrgeizigen Projekt, Architektur und Innenausstattung anhand

Schöner Amtssitz

Stanly House in New Bern

von Inventarlisten, Zeichnungen u.a. Zeugnissen originalgetreu wieder auf- und einzurichten. Die umgebenden Gärten sind prächtig, teils formal im europäischen Stil des 18. Jh., teils parkartig wie englische Gärten. Im Umkreis des Palastes befinden sich mehrere zu besichtigende historische Häuser. So nächtigte im **John Wright Stanly House** (*307 George St.*) von 1779 schon Präsident George Washington.

Schräg gegenüber dem Besucherzentrum lädt im **Jones House** ein Museumsshop zum Zwischenstopp ein, während an der Eden St. im **Hay House** aus dem frühen 19. Jh. ein schottischer Kutschenmacher lebte. Heute finden hier Vorführungen verschiedener Handwerkstechniken und Kochdemonstrationen statt. Nächster Besichtigungspunkt ist das **Dixon Stevenson House** (*619 Pollock St.*), von 1826 bis 1833 erbaut für einen Händler. Im **North Carolina History Center at Tryon Palace** (*529 S. Front St.*) wird die Stadtgeschichte von der Gründung 1710 über Bürgerkrieg und Rekonstruktionszeit bis zur Moderne anschauliche und sehenswert illustriert. Zugleich dient es als VC.

Tryon Palace, *610 Pollock St., www.tryonpalace.org, mit mehreren besichtigbaren historischen Häusern; erster Anlaufpunkt sollte das* **VC** *im* **North Carolina History Center**, *529 S. Front St., sein, Mo–Sa 9–17 und So 13–17 Uhr, ltz. Tour 16 Uhr, $ 20 (für Bauten und Garten) sein.*

New Bern ist nicht nur ein sehenswertes historisches Städtchen, die Stadt gilt auch als **Birthplace of Pepsi-Cola**, denn hier wurde das Brausegetränk

1898 erfunden. Ein Apotheker namens Caleb Bradham (1867–1934) mixte aus Kolanuss, Vanille und verschiedenen Ölen ein neues Heil- und Erfrischungsgetränk. Koffein wurde erst später zugefügt, schließlich wollte man mit dem etwas früher, 1886, in Atlanta erfundenen „Coca Cola" mithalten. **Brad's Drink** wurde als **Pepsi-Cola** vermarktet und 1902 entstand die erste Fabrik. Bis zu einem Brand in den 1930ern unterhielt Bradham seine Apotheke, danach stand der Bau lange leer. Erst 1998, zum 100. Geburtstag des Getränks, wurde der Gründungsort entsprechend gewürdigt und fungiert heute als Museum mit Souvenirshop und Soda-Bar.

Caleb Bradshaw erfand Pepsi

Birthplace of Pepsi-Cola, *256 Middle St., www.pepsistore.com, Mo–Sa 10–18, So (März–Dez.) 12–16 Uhr, frei; Shop und Museum in Einem.*

Reisepraktische Informationen New Bern/NC

Information

***Craven County CVB**, 203 S. Front St., www.visitnewbern.com, Mo–Fr 8–17, Sa 10–17 So 11–16 Uhr.*

Unterkunft

***Antebellum Meadows Inn** $$$, 212 Pollock St., ☎ (252) 638-1776, www.meadowsinn-nc.com; in einem Gebäude von in 1847 stehen neun geräumige, gemütliche Zimmer mit Kamin und historischer Möblierung zur Verfügung; inkl. Frühstück.*

***Harmony House Inn** $$$, 215 Pollock St., ☎ 1-800-636-3113, www.harmonyhouseinn.com; historisches Haus mit liebevoll ausgestattetet Zimmern mit Frühstück.*

***The Harvey Mansion Historic Inn** $$$, 221 S. Front St., ☎ (252) 635-3232, http://theharveymansion.com/bed-and-breakfast; drei geräumige und luxuriöse Zimmer mit Blick auf den Fluss in liebevoll restauriertem alten Gasthaus aus dem 18. Jh. mit ausgezeichnetem Restaurant (s. u.)*

Restaurants

***The Chelsea Restaurant**, 335 Middle St.; hervorragende Küche mit Südstaatentouch.*

***Harvey Mansion Restaurant**, im gleichnamigen Inn, s. oben; renoviertes historisches Haus, hervorragende Mischung aus internationaler und lokaler Küche sowie erlesene Weinkarte.*

Einkaufen

*Ideal zum Shopping ist der **Governor's Walk**, das Viertel um Pollock, Craven, Middle St. und Tryon Place Dr., mit zahlreichen Shops, Cafés und Restaurants.*

***Farmers Market**, 401 S. Front St., Sa 6–14 Uhr.*

Feste / Veranstaltungen

***New Bern Spring Homes & Gardens Tour**, am ersten Wochenende im April können rund zehn Privathäuser und einige Gärten für $ 15 (Vorverkauf) bzw. $ 20 besichtigt werden. Infos im VC (s. o.) oder unter http://newbernhistorical.org*

Die Inlandsroute von North Carolina (New Bern) nach Atlanta

Redaktionstipps

Sehens- und Erlebenswertes

- Das Leben der Moravier in **Old Salem** (S. 494).
- Besuch der **NASCAR Hall of Fame** in **Charlotte** (S. 497)
- Die 255 Zimmer und Gärten von **Biltmore Estate** (S. 503) bei **Asheville** bestaunen.
- Die **Great Smokies** (S. 507) erkunden
- Im **Museum of the Cherokee Indian** (S. 506) die Geschichte und Tradition dieses Stammes kennen lernen.
- Ein Besuch im eindrucksvollen **Tennessee Aquarium** in **Chattanooga** (S. 519)
- Vom **Lookout Mountain** in **Chattanooga** (S. 521) den atemberaubenden Blick genießen

Restaurants/Übernachten

- In **Old Salems Gaststätten** „moravisch" speisen und im **Augustus T. Zevely Inn** „historisch" nächtigen (S. 496)
- Über **Raleighs City Market** bummeln und bei **Big Ed's** „Chicken Pot Pie" essen (S. 488)
- Eine Tour durch die **Biltmore Estate Winery** mitmachen und die Weine probieren (S. 505)

Hinweis zur Route

Die **Inlandsroute** von der Küste North Carolinas verbindet Küste und Bergwelt der Appalachen mit Atlanta. Verlässt man New Bern westwärts auf dem US Hwy. 70, ist nach etwa zweistündiger Fahrt (ca. 170 km) die Hauptstadt North Carolinas, **Raleigh**, erreicht. Die I-40 führt von hier durch das **Research Triangle** nach **Winston-Salem** (ca. 165 km) und von dort ist es auf dem US Hwy. 52 und der I-85 ein „Katzensprung" von rund 130 km nach **Charlotte**.

Folgt man ab Charlotte der I-85 W, zweigt hinter Gastonia der US Hwy. 74 ab, der nach **Asheville** (ca. 190 km) und in die Appalachen führt. Hier gelangt man auf dem letzten Teilstück des **Blue Ridge Parkway** nach Cherokee (130 km), dem Tor zum **Great Smoky Mountains NP**. Hat man diesen durchquert, befindet man sich in Tennessee und der Hwy. 411 führt an der Westseite der Appalachen nach **Chattanooga**. Von dort wäre die I-75 der schnellste Weg nach **Atlanta**.

Raleigh und das Research Triangle

Der Gartenarchitekt Frederik L. Olmsted war entzückt, als er 1840 **Raleigh** sah und lobte die breiten Alleen und die schönen Gärten. Die 1792 gegründete Hauptstadt North Carolinas hat sich mittlerweile zu einem Verwaltungszentrum mit rund 416.000 Einwohnern entwickelt. Zusammen mit dem 40 km nordwestlich gelegenen **Durham** und dem benachbarten **Chapel Hill** ist hier ein prosperierendes Wirtschaftszentrum, das sogenannte **Research Triangle** entstanden. Der Grundstein für einen solchen Zusammenschluss wurde 1936 durch die **University of North Carolina** (UNC) gelegt. UNC bildet seither mit der **North Carolina State University** in Raleigh und der **Duke University** in Durham die Eckpunkte dieses „Forschungsdreiecks". Der Research Triangle Park ist jedoch mehr, denn auf dem gut 2.400 ha großes Areal widmen sich auch rund 50 Firmen verschiedenster Sparten der Forschung und Entwicklung.

Raleigh – die Hauptstadt North Carolinas

Auf Geheiß der *North Carolina General Assembly*, der Generalversammlung, sollte Raleigh 1792 innerhalb von zehn Meilen Umkreis der historischen *Isaac Hunter's Tavern* als neue Hauptstadt aus dem Boden gestampft werden. Ein Gitterraster mit einem quadratischen Platz (Union Square) im Zentrum wurde angelegt und das umliegende Land an Privatleute verkauft, sodass das Kapitol sowie der Gouverneurssitz finanziert werden konnte. Das Kapitol wurde 1831 durch ein Feuer beschädigt und die Gouverneurs-Residenz im Verlauf des Bürgerkriegs zerstört. Beide Gebäude wurden wieder aufgebaut.

Benannt ist die Stadt nach **Sir Walter Raleigh**. Um 1552 geboren, war er ein berühmter Seefahrer und Schriftsteller. 1584 in den Adelsstand erhoben, galt Raleigh als Günstling von Queen Elizabeth I., die ihn beauftragte, Entdeckungsfahrten nach Nordamerika zu unternehmen, um die Vormachtstellung der Spanier zu brechen. 1603, nach dem Tod seiner Gönnerin, wurde er wegen Hochverrats zum Tode verurteilt, doch seine Strafe wurde zunächst ausgesetzt, ehe das Todesurteil am 29. Oktober 1618 dann doch vollstreckt wurde.

Aufgrund des rasterförmigen Straßennetzes findet man sich in der Hauptstadt Raleigh gut zurecht und kann vieles zu Fuß besichtigen. Die meisten Sehenswürdigkeiten liegen in nächster Nähe zum State Capitol, auf das die *Fayetteville Street Mall* von Süden und die *Bicentennial Plaza* von Norden zuführt. Lediglich die Universität und das *Museum of Art* liegen etwas abseits. Einen Rundgang beginnt man am **City Market** (Martin St.) von 1914, wo das Lokal **Big Ed's** ein empfehlenswertes Südstaaten-Kuriosum – Lokal und Museum in Einem – ist. Durch das Downtown Art District genannte Areal rings um den Markt gelangt man mit ein paar Schritten zum **Marbles Kids Museum**, einem von Architektur, Idee und Konzeption her ungewöhnlichem Kindermuseum. Weder trocken und wissenschaftlich, noch naiv-spielerisch, bietet es spannende und vergnügliche Erfahrungen für alle Altersgruppen.

Ungewöhnliches Kinder-Museum

Marbles Kids Museum, *201 E. Hargett St., www.marbleskidsmuseum.org, Di–So 9–17 Uhr, Museum $ 5, IMAX $ 9.*

Ein paar Blocks weiter steht man mitten im Regierungsviertel und blickt auf das **State Capitol**. Es wurde 1833 bis 1840 als Nachfolger eines kleineren Baus (1792–96) im Greek-Revival-Stil erbaut. Im Zentrum der überwölbten Rotunde, am Schnittpunkt des kreuzförmigen Grundrisses, steht eine 1970

angefertigte Replik der 1831 durch Brand zerstörten Washington-Statue des italienischen Künstlers Canova (1821).
State Capitol, *Capitol Square, www.ncstatecapitol.org, Mo–Sa 9–17, frei, Touren Sa 11/14 Uhr.*

Gerahmt wird das Capitol von zwei Museen: zum einen dem sehenswerten **North Carolina Museum of History**, in dem anhand unterschiedlichster Medien die Geschichte, Kultur und Bevölkerung North Carolinas zu neuem Leben erweckt werden. Im Museum befindet sich ein Besucherzentrum zur Region. Gegenüber liegt das **North Carolina Museum of Natural Sciences**, wo es außer Dinosauriern interessante Abteilungen wie „Coastal Carolina" oder „Mountains to Sea" gibt. In ihnen sind verschiedene Landschaften North Carolinas authentisch nachgebildet.
NC Museum of History, *109 E. Edenton St., www.ncmuseumofhistory.org, Mo–Sa 9–17, So 12–17 Uhr, frei, mit* **Capital Area Visitor Services** *(CAVC).*
NC Museum of Natural Sciences, *Bicentennial Plaza, www.naturalsciences.org, Mo–Sa 9–17, So 12–17 Uhr, frei.*

Eins der besten Kunstmuseen der Ostküste

Das **North Carolina Museum of Art** (NCMA) überrascht mit einem ungewöhnlich breiten Spektrum an Kunststilen und -gattungen. Zu Recht gilt es als eines der besten Kunstmuseen an der Ostküste. Abgesehen von spektakulären Sonderschauen wird in der Dauerausstellung eine Spanne von

über 5.000 Jahren – von der Antike über präkolumbianische Kunst und Judaica, einer hochkarätigen europäischen Sammlung bis hin zu zahlreichen Beispielen der amerikanischen Kunst vom 18. bis zum 20. Jh. – abdeckt. Dazu gehört der *Museum Park*, ein Skulpturengarten, un derzeit ist eine umfangreiche Expansion im Gang.
NC Museum of Art, *2110 Blue Ridge Rd., www.ncartmuseum.org, Di–Do/Sa/So 10–17, Fr 10–21, frei (außer Sonderausstellg.)*

Reisepraktische Informationen Raleigh/NC

Information
***Raleigh VC**, 500 Fayetteville St. (nahe Convention Center), www.visitraleigh.com, Mo–Fr 8–17, Sa 9–17, So 13–17 Uhr.*

Unterkunft
***Plantation Inn Resort** $–$$, 6401 Capital Blvd., ☎ (919) 876-1411; Hotel in altem Herrenhaus (93 Zimmer) mit zwei Restaurants.*
***Clarion Hotel State Capitol** $$, 320 Hillsborough St., ☎ (919) 832-0501, www.raleighclarion.com; empfehlenswertes Hotel in ungewöhnlichem Turm und daher mit herrlichem Ausblick von fast allen Zimmern, besonders in den oberen Etagen.*

***Oakwood Inn B&B** $$$, 411 N. Bloodworth St., ☏ (919) 832-9712, www.oakwoodinnbb.com; sechs mit Antiquitäten ausgestattete Zimmer in alter viktorianischer Villa von 1871 im Historic-Oakwood-Viertel; mit Garten und Gourmet-Frühstück, Gratis-Snacks und Softdrinks sowie Nachmittagstee.*

Restaurants

***Angus Barn**, 9401 Glenwood Ave. (Hwy. 70/Aviation Pkwy.), ☏ (919) 781-2444; tgl. Dinner, Bar und Shop. In rustikaler Scheunenatmosphäre gibt's die besten Steaks weit und breit.*

***Big Ed's**, 220 Wolfe St., mit Filiale im State Farmer's Market (1201 Agriculture St.), nur Mo–Sa 10–14 Uhr; handfeste und billige Südstaaten-Hausmannsküche in einem Gastraum, der einem Museum gleicht.*

***42nd Street Oyster Bar & Seafood Grill**, 508 W. Jones/West St., ☏ (919) 831 2811; das beliebteste Lokal in der Stadt, wo sich in Bierhallenambiente „Normal-Bürger", Prominente und Politiker treffen. Seit 1931 bekannt für Austern und Fischgerichte.*

Einkaufen

***State Farmers Market**, 1201 Agriculture St., tgl. Mo–Sa 5–20, So 12–18 Uhr; Wochenmarkt mit zahlreichen Imbissmöglichkeiten.*

*Im Umkreis des **City Market** (Martin/Blount St.) gibt es außer Kneipen und Cafés auch ausgefallene Läden, Boutiquen und Galerien.*

Zuschauersport

***Carolina Hurricanes**, Mitglied der Eishockey-Profiliga NHL (National Hockey League), Spiele im RBC Center, Wade Blvd., Edwards Mill/Arena Exit, Infos und Tickets: http://hurricanes.nhl.com.*

Durham – „City of Medicine" und Tabakzentrum

Zwei Dinge prägten **Durham**, etwa 40 km nordwestlich von Raleigh an der I-40 gelegen und mit etwa 233.000 Einwohnern die fünftgrößte Stadt North Carolinas: einst die **Tabakindustrie**, heute ist es die **Duke University**, die mit ihrer berühmten medizinischen Fakultät der Stadt zum Beinamen *City of Medicine USA* verhalf.

Ein Tabakzentrum

Die Stadt war ab 1869 um den Bahnhof herum entstanden, was das Tabakgeschäft ankurbelte. Washington Duke war nach dem Bürgerkrieg 1865 auf seine unversehrt gebliebene Tabakfarm zurückgekehrt und hatte den Tabakhandel in der Region maßgeblich forciert. Es begann in einer Scheune, die heute als **Duke Homestead State Historic Site & Tobacco Museum** interessante Informationen zu den Anfängen des Duke-Imperiums und über die Geschichte des Tabakanbaus liefert. Erst Sohn Brodie Duke konnte 1870 dann eine richtige Produktionsstätte eröffnen. Durham mauserte sich zum Tabakzentrum der USA und die Dukes zu einer der reichsten Familien der USA.

Tobacco Museum, *2828 Duke Homestead Rd., www.ibiblio.org/dukehome, Di–Sa 9–17 Uhr, frei, Touren und Film.*

In der Innenstadt, um Main St. und Five Points, steht der **Historic District** (*Morgan/Peabody St./Loop*) stellvertretend für das erste Handelszentrum der Stadt mit alten, teilweise renovierten Tabak-Lagerhäusern. Der ebenfalls hier befindliche alte **Durham Athletic Park** von 1926 war die Heimat des 1902 gegründeten Traditions-Baseballclubs **Durham Bulls**. Dort, wo 1988 der Film „*Bull Durham*" mit Kevin Costner gedreht wurde, wird heute nicht mehr gespielt. Das Baseballteam ist mittlerweile in ein nur wenige Schritte weiter nördlich gelegenes, neues Stadion (*409 Blackwell St.*) umgezogen.

Blick auf den Campus der Duke University mit Duke Chapel

James B. „Buck" Duke hatte dem 1892 gegründeten Trinity College die Summe von $ 6 Mio. gespendet. Aus Dankbarkeit wurde die Hochschule in **Duke University** umbenannt (www.duke.edu), noch heute fließt der Hochschule Geld aus dem Duke'schen Familienvermögen zu. Die *Medical School* mit eigenem Krebszentrum und die *Fuqua School of Business* sorgen für den Weltruf der exklusiven Elite-Privatuniversität.

Bedeutende Universität

Der Universitätskomplex im Westen von Downtown besteht aus zwei Teilen: einmal dem alten *Trinity College* von 1892, heute **East Campus** genannt und gekennzeichnet durch Architektur im *Georgian Style*. Das **Nasher Museum of Art** beherbergt griechische und römische Antiken sowie mittelalterliche Skulpturen, außerdem präkolumbianische, afrikanische, asiatische, amerikanische und europäische Kunst. Architektonisch fällt der neogotische **West Campus** fast stärker auf. 1925 ebenfalls von James B. Duke finanziert ist sein Herzstück die **Duke University Chapel**, ein 1931 fertiggestellter neugotischer Kirchenbau mit schönen Glasfenstern. Neben der Kirche steht

der über 50 m hohe **Morehead-Patterson Memorial Bell Tower** (*South Rd./Stadium Dr.*) mit zehn Glocken, die die Studenten an den Beginn der Unterrichtsstunden erinnern sollen.
Nasher Museum of Art, *2001 Campus Dr., East Campus, www.nasher.duke.edu, Di–Fr 10–17, Do bis 21, So 12–17 Uhr, $ 5.*

Reisepraktische Informationen Durham/NC

Information

***Durham CVB,** Visitor Information Center, 101 E. Morgan St., www.durham-nc.com, Mo–Fr 8.30–17, Sa 10–14 Uhr.*

Unterkunft

***Washington Duke Inn & Golf Club** $$$$$, 3001 Cameron Blvd, ☏ (919) 490-0999 oder 1-800-443-3853, www.washingtondukeinn.com; luxuriöses Resorthotel in unmittelbarer Nachbarschaft zu Unicampus und Duke Chapel. 171 grandiose Zimmer, Pool, Fitness, Golfplatz.*

Restaurants

***Bullock's Bar-B-Que**, 3330 Quebec Dr.; gegrilltes Schwein in allen Variationen – das Warten auf einen freien Tisch lohnt!*
***Foster's Market**, 2694 Durham-Chapel Hill Blvd.; Gourmetshop und Imbiss.*
***Fowler's Gourmet**, 112 S. Duke St.; großer Shop mit Feinkost aus aller Welt.*

Einkaufen

***Brightleaf Square**, 905 W. Main/Gregson St.; nettes Einkaufszentrum in ehemaligem Tabak-Lagerhaus von der Wende 19./20. Jh.*
***The Streets of Southpoint and Main Street**, 6910 Fayettevill Rd., www.streetsatsouthpoint.com; Kaufhäuser wie Belk, JCPenney, Nordstrom, Sears, viele kleine Shops und Cafes/Lokale.*

Veranstaltungen / Zuschauersport

***Duke Jazz Series**, Konzertserie im Baldwin Auditorium von Duke, Ende Jan.–Ende Apr., Programm: http://music.duke.edu/.*
***Bull Durham Blues Festival**, Mitte Sept., www.hayti.org, im Historic Durham Athletic Park.*
***College Basketball der Duke Blue Devils**, Infos und Tickets: www.goduke.com*
***Durham Bulls Athletic Park**, 409 Blackwell St., www.dbulls.com, Ballpark des Baseball-Nachwuchsteams der Tampa Bay Rays.*

Universitätsstädtchen Chapel Hill

Nur rund 12 km entfernt vom West Campus der Duke University liegt **Chapel Hill** (US Hwy. 15). Seinen Namen erhielt die Stadt von der *New Hope*

Chapel, die auf einem Hügel an der Wegkreuzung zweier Hauptstraßen stand. Der Ort erwachte aus seinem Dornröschenschlaf, als man sich 1793 entschloss, hier die Zentrale der **University of North Carolina/UNC** (www. unc.edu) einzurichten. Die räumliche Nähe der beiden Hochschulen, Duke und UNC, hat eine besondere Rivalität entstehen lassen, die sich besonders im Sport auswirkt. Während eines American Football- oder Basketballspiels ist hier, wo der höchste Bildungsstandard im Lande herrschen soll, die Hölle los. Berühmt ist die Uni v.a. für ihre Basketballmannschaften – bei den *Tar Heels* begann der unvergessene Michael Jordan seine Karriere.

University of North Carolina in Chapel Hill/NC

Heute frequentieren um die 25.000 Studenten die 127 Einzelbauten auf dem weitläufigen Campusgelände, in denen u.a. 14 verschiedene Colleges/Schools untergebracht sind. Ein Rundgang über den Campus lohnt nicht allein wegen der Bauten, die zum Teil aus der Gründungszeit stammen (z.B. **Old East Hall** oder **Person Hall**), sondern auch wegen einiger Museen. Im **Ackland Art Museum** findet sich ein breites Angebot von griechischen Antiken über Renaissance-Altarbilder bis zu Gegenwartskunst. Lohnend ist auch ein Besuch des **Morehead Planetarium** mit dem NASA-Trainingszentrum.

NASA-Trainingszentrum

Ackland Art Museum, *S. Columbia/Franklin St., www.ackland.org, Mi–Sa 10–17, Do 10–20, So 13–17 Uhr, frei.*
Morehead Planetarium, *250 E. Franklin St., www.moreheadplanetarium.org, Mo–Sa 10–15.30, So 12–16.30 Uhr, $ 7,25; Shows im Star Theater und im NASA Digital Theater, mit Gift Shop.*

Erholsam ist ein Spaziergang im **North Carolina Botanical Garden**, der als größter Botanischer Garten im ganzen Südosten gilt. Das Zentrum von

Chapel Hill bildet der **Historic Franklin Street District**. An der Straße trifft man sich in den Shops, Restaurants und Cafés.
North Carolina Botanical Garden, *Old Mason Farm Rd., www.ncbg.unc.edu, Mo–Fr 8–17, Sa 9–17/18 und So 13–17/18 Uhr, frei*

Reisepraktische Informationen Chapel Hill/NC

Information

Downtown Welcome Center, *501 W. Franklin St., Chapel Hill, www.chocvb.org, Mo–Fr 8.30–17, Sa 10–14 Uhr.*
UNC Visitors' Center, *West Lobby Morehead Planetarium, 250 E Franklin St., www. unc.edu/visitors, Mo–Fr 9–17 Uhr.*

Unterkunft

***Inn at Bingham School** $$$, 6720 Mebane Oaks Rd. (NC Hwy. 54 W), Chapel Hill (ca. 10 km westl.), Tel. (919) 563-5583, www.chapel-hill-inn.com; vier Zimmer in historischem Inn, moderne Ausstattung und tolle Lage.*

Restaurants

***Carolina Brewery**, 460 W. Franklin St., www.carolinabrewery.com; beliebter Brewpub mit eigenen Bieren, dazu gutes, preiswertes Essen.*
***Sutton's Drugstore**, 159 W. Franklin St.; legendärer Studentenimbiss mit Soda Fountain und Lunch Counter.*

Zuschauersport

***College Basketball der UNC Tar Heels**, Infos und Tickets: http://goheels.com.*

Vom Research Triangle über Winston Salem nach Charlotte

Kaum eine Stunde, nachdem man Durham auf der I-40 hinter sich gelassen hat, erreicht man **Greensboro**. Benannt nach General Nathanael Greene, der während der Revolutionskriege 1781 hier eine wichtige Schlacht – die **Battle of Guilford Courthouse** – gegen den englischen Feldherrn Charles Earl Cornwallis schlug, war es die 1856 fertig gestellte Eisenbahnlinie, die Reichtum und industrielles Wachstum in Gestalt der Textilindustrie brachte.
Bekanntester Sohn der Stadt war der Schriftsteller William Sydney Porter, besser bekannt unter dem Kürzel „*O. Henry*". Kurioserweise war es sein Onkel gewesen, der in seinem Drugstore in den 1890ern die *Vicks Family Remedies* erfunden hat. Unter dem Namen *Vick VapoRub* trat die Einreibung ihren Siegeszug um die Welt an.

Old Greensboro, zwischen Elm, Greene, Davie und Washington St., war das einstige Handels- und Industrieareal. Besonders die **State Street Station** (*N. Elm/ Church St.*), kein Bahnhof, sondern ein revitalisiertes Nobelwohnviertel aus den 1920ern mit Shops, Restaurants und Boutiquen, lädt zum Bummel ein, ebenso die ehemalige Textilfabrik **Cotton Mill** (*801 Merritt Dr./Spring Garden St.*).
Guilford Courthouse National Military Park, *2332 New Garden Rd., www.nps.gov/guco; VC tgl. 8.30–17 Uhr, frei, Teil des*
Tannenbaum Historic Park, *2200 New Garden Rd., http://colonial.museum.com, Di–Sa 10–16 Uhr, frei.*

Winston-Salem

North Carolinas Piedmont-Region zwischen den Appalachen und dem Küstentiefland wurde lange Zeit vom Tabak regiert; heute spielen Textilindustrie und Tourismus die wichtigsten Rollen. Die historischen Wurzeln von **Winston-Salem**, im Zentrum des Areals, sind deutsch-mährisch, denn das alte **Salem** war 1766 von Moraviern aus Pennsylvania gegründet worden. Der zweite Teil der Doppelstadt, **Winston**, entstand erst über 80 Jahre später und schloss sich 1913 mit Salem zusammen. *Doppelstadt*

Im **Reynolda House – Museum of American Art** wird die bedeutende Kunstsammlung des Firmengründers der *R. J. Reynolds Tobaco Company*, Richard Joshua Reynolds (1850–1918) und seiner Frau Katharine Smith (1880–1924) aufbewahrt. Der an die Landschaft angepasste Bungalow mit 64 Räumen und einer repräsentativen zweistöckigen Empfangshalle war 1918 bezugsfertig. Ein künstlicher See, Weingärten, Golf- und Tennisplätze sowie ein Swimming-Pool gehörten dazu und angeschlossen war **Historic Reynolda Village**, eine Arbeitersiedlung mit Postamt, zwei Kirchen, zwei Schulen und mehr als 20 Häusern sowie einem Bauernhof für die Lebensmittelversorgung. Heute sind in die Bauten Shops, Galerien und Restaurants eingezogen. Reynolds Enkelin, Barbara Babcock Millhouse, setzte sich in den 1960ern für die Einrichtung eines Museums ein, das eine herausragende Sammlung amerikanischer Kunst von 1755 bis heute birgt.
Reynolda House – Museum of American Art, *2201 Reynolda Rd., www.reynoldahouse.org, Di–Sa 9.30–16.30, So 13.30–13.30 Uhr, $ 10.*

Nahe dem Reynolda House befindet sich das **Southeastern Center for Contemporary Art-SECCA**, ein vielseitiges Kunstzentrum für zeitgenössische Kunst aller Sparten, schwerpunktmäßig des Südostens. Vor allem finden Wechselausstellungen, aber auch vielerlei verschiedene Veranstaltungen statt. Das Kunstzentrum war 1956 gegründet worden und besteht aus einem Haus von 1929 im Tudor-Stil von James G. Hanes – dem Unterwäschefabrikanten – sowie einem Neubau (1977).
Southeastern Center for Contemporary Art-SECCA, *750 Marguerite Dr., www.secca.org, Di–Sa 10–17, Do 10–20, So 13–17 Uhr, frei.*

Rundgang durch Old Salem

Lebendiges Museumsdorf

Von den 90 Bauten von **Old Salem** (Zufahrt ab I-40 ausgeschildert), die zwischen 1766 und 1850 entstanden sind, gewährt etwa ein Dutzend als „Museumshäuser" Einblick in das damalige Leben. Viele weitere alte Bauten auf dem frei zugänglichen Grund zählen zu den gefragtesten Wohnadressen der Stadt. Da Old Salem autofreie Zone ist (Ausnahme sind Anwohner und Hotelgäste), muss der Wagen auf den großen Parkplätzen vor dem **Old Salem VC** (*600 S. Main St.*) abgestellt werden. Nach einem Film und versorgt mit Informationen und ggf. Tickets für Innenbesichtigungen, kann der Rundgang beginnen. Jedes der zugänglichen Häuser steht unter einem bestimmten Motto und gemäß diesem finden tageweise wechselnde Vorführungen statt.

Erste Station auf dem Rundgang ist das **Single Brothers House** (*600 S. Main/Academy St.*) von 1769, in dem Jungen ab 14 Jahren und unverheiratete Männer lebten. 1794 wurde schräg gegenüber die **Boys School** erbaut, die heute als Heimatmuseum *(Wachovia Museum)* fungiert. Folgt man der Main St. weiter nordwärts, erreicht man den **Miksch Tobacco Shop** von 1771 und kann sich schräg gegenüber in der **Winkler Bakery** (*525 S. Main*) an frischen Backwaren nach altem Rezept laben. Biegt man rechts in die Bank St. ein, steht man an deren Ende vor dem **Vierling House**, der Privatwohnung des Arztes Dr. Benjamin Vierling mit angeschlossener Apotheke. Das **Fourth House** daneben (*450 S. Main St.*) von 1768 gilt als ältestes Haus im Ort.

Im Norden der Church St. erstreckt sich **God's Acre**, der alte Friedhof von 1771, und weiter südwärts folgt das 1772 als Mädchenschule gegründete **Salem College**, noch heute ein vornehmes Privat-College für Frauen. Benachbart ragt der Turm der **Home Moravian Church** himmelwärts, das traditionsreiche religiöse Zentrum von 1800. Vor Kirche und College, zwischen College und Main St., breitet sich der **Salem Square** aus. An der Main St., an der NW-Ecke des Platzes, schließen sich an das schon erwähnte Single Brothers House nach Süden zu mehrere historische Bauten an: ein Nachbau des **Market-Fire House** von 1803, der Laden **T. Bagge Merchant** (*Main/West St.*), das **John Vogler House** des Silberschmids und Uhrmachers gleichen Namens von 1819, der **Shoemaker Shop** von 1827 und die seit 1784 betriebene **Salem Tavern** (Restaurant). Gegenüber liegt das **Augustus T. Zevely Inn**, ein empfehlenswertes B&B.
Abgesehen von den historischen Bauten ist **The Children's Museum at Old Salem** (*924 S. Main St.*) sehenswert, v.a. jedoch das **Museum of Early Southern Decorative Arts MESDA/The Gallery at Old Salem** (*924 S. Main St.*), das sich ganz der dekorativen Kunst von 1690–1820 – Möbeln, Gemälde, Textilien, Keramik, Metallwaren – verschrieben hat.
Old Salem VC, *900 Old Salem Rd. (Zufahrt ab I-40 ausgeschildert), www.oldsalem.org, Di–Sa 9–17, So 12.30–17 Uhr, Museen Di–Sa 9.30–16.30, So 13–16.30 Uhr; Einführungsfilm, Ausstellung und Shops; Gelände frei zugänglich, nur Häuser und Museen kosten Eintritt: All-in-One $ 21 (1 Tag) oder $ 24 (2 Tage) bzw. $ 14 (für nur zwei Attraktionen).*

In Old Salem scheint die Zeit stehen geblieben zu sein

Historic Bethabara Park

Der **Historic Bethabara Park** entführt Besucher in die Zeit der frühen Moraviersiedlung von 1753. Die Moravier waren eine Glaubensgemeinschaft, die auf den Ideen des böhmischen Predigers Jan Hus (1370–1415) basierte, der die Verweltlichung der katholischen Kirche anprangerte. Sie sahen ihr oberstes Ziel in der missionarischen Verbreitung ihrer Religion, und so trafen im April 1735 zehn Leute unter Führung des sächsischen Fürst Nicholas Ludwig von Zinzendorf (1700–1760), der zum Bischof dieser evangelischen Freikirche ernannt worden war, in Nordamerika ein, um die Indianer und weißen Siedler zu bekehren.

An der „frontier"

Das *House of Passage* war nur als Durchgangslager geplant, da Salem die Hauptsiedlung werden sollte, was allerdings erst Ende des 18. Jh. geschah. Um die damalige *frontier* urbar zu machen, hatte der englische König eine Gruppe von 120 Moraviern, bekannt für ihre handwerklichen Fähigkeiten und ihren ausgeprägten Gemeinschaftssinn, in die Wildnis von North Carolina geschickt.

Der Park ist seit 1970 zugänglich und auf einem Rundgang über das Gelände, allein oder mit Führung, gewinnt man eine Vorstellung von jenen Tagen, als die Moravier die Wildnis bändigten. Auf dem weitläufigen Freigelände, teilweise Naturschutzgebiet, kann das „**Gemeinhaus**" von 1788, die einzige deutsche Kirche aus der Kolonialzeit (bis 1950 in Gebrauch) mit Pfarrerswohnung und Schulraum besichtigt werden, außerdem das **Brewer's**

House von 1803 und das **Potter's House** von 1782, eines der ältesten Ziegelhäuser im Umkreis. Bei Ausgrabungen sind außerdem die Grundmauern des **French and Indian War Fort** ans Tageslicht gekommen, die Reste einer alten Befestigungsanlage der Moravier von 1756. Sehenwert sind zudem der wieder angelegte Gemeindegarten von 1759 und die nachgebaute Ursiedlung von 1754.
Historic Bethabara Park, *2147 Bethabara Rd., www.bethabarapark.org, Park Sonnenauf- bis -untergang, Bauten Apr.–Anf. Dez. Di–Fr 10.30–16.30, Sa/So 13.30–16.30 Uhr, $ 4 Touren, Gelände frei.*

Reisepraktische Informationen Winston-Salem/NC

Information
***Winston Salem VC**, 200 Brookstown Ave., www.visitwinstonsalem.com, Mo–Fr 8.30–17, HS auch Sa 10–16 Uhr, Infomaterial und Auskünfte sowie Einführungsfilm.*

Unterkunft / Restaurant
***Augustus T. Zevely Inn** $$$, 803 S. Main St., ☏ (336) 748-9299, www.winston-salem-inn.com; einst Haus des Arztes, Sattlers und Bürgermeisters Augustus Theophilus Zevely (1816–72) mitten in Old Salem. 12 unterschiedlich große und geschmackvoll ausgestattete Zimmer, Garten und große Veranda, inkl. Frühstück.*
***Old Salem Tavern**, Main St., gegenüber Zevely Inn. In authentisch historischem Ambiente gibt es hervorragende Küche aus frischen, lokalen Zutaten, u.a. Moravian Chicken Pie.*

Einkaufen
*Zum Shopping lohnen das **Reynolda Village** (Reynolda Rd.) und die Läden in **Old Salem** (z.B. Winkler Bakery).*

Unterwegs nach Charlotte

Von Winston-Salem südwärts stößt der US Hwy. 52 auf die I-85, die direkt nach Charlotte, dem nächsten Reiseziel, führt. Ehe man jedoch in die moderne und boomende Südstaatenmetropole eintaucht, lohnen zwei Attraktionen eine kurze Reiseunterbrechung: Zum einen erinnert die **Reed Gold Mine State Historic Site** in Stanfield, ca. 24 km südlich von Concord, an die ersten Goldfunde in den USA 1799 durch den deutschen Einwanderersohn John Reed und das harte Geschäft der frühen Goldgewinnung.

Der erste Goldrausch

Reed Gold Mine State Historic Site, *9621 Reed Mine Rd., Stanfield, ab I-85 Exit 58, dann Hwy. 601 und 200, www.reedmine.com, Di–Sa 9–17 Uhr, VC mit Ausstellung, Trails, Gift Shop und stündl. Touren, frei, Gold Panning Apr.–Okt. $ 2.*

Ein zweite Sehenswürdigkeit befindet sich etwa 20 km im Nordosten von Charlotte und 5 km südwestlich Concord am US Hwy. 29 (ab I-85 ausgeschildert): der **Charlotte Motor Speedway**. Der Speedway gehört zu den legendären Rennstrecken des NASCAR-Rennzirkus, ist eine „Stadt in der Stadt“ mit Apartments, Hospital, Polizei, Clubhaus, Speedway Club Restaurant und Campingplatz für Fahrer, Familien und Begleitpersonal sowie Besucherzentrum. Wer über die Rennen Genaueres erfahren möchte, sollte die **NASCAR Hall of Fame** in Charlotte besuchen (s. S. 499).

NASCAR-Rennen

Charlotte Motor Speedway, *US Hwy. 29, ca. 10 km nordöstl. Concord, www.charlottemotorspeedway.com, Touren ab $ 9, Shop und Film.*

Die „Queen City“ Charlotte

Charlotte hat sich zum bedeutenden Finanz- und Handelszentrum an der Ostküste entwickelt. Größenmäßig stellt Charlotte mit rund 750.000 Einwohnern (1,8 Mio. im Großraum) nach Washington und Atlanta die **drittgrößte Metropole an der Südostküste** dar. Zudem ist Charlotte ein wichtiges Service- und Verteilerzentrum und Sitz von über 300 ausländischen Firmen.
Den Anspruch als **Wirtschaftsmetropole** manifestieren die seit den 1990ern aus dem Boden geschossenen Wolkenkratzer. Der *NCNB Charter Properties Office Tower* ist mit seinen 50 Stockwerken das höchste Gebäude zwischen Philadelphia und Atlanta.

Dabei hat alles bescheiden begonnen: Charlotte war von **irischen und schottischen Einwanderern** am Kreuzungspunkt alter Handelswege der *Catawba*-Indianer 1768 gegründet worden. Der Name der Stadt geht auf die Gemahlin des englischen Königs George III., Sophia Charlotte von Mecklenburg-Strelitz, zurück.
In der deshalb auch als „**Queen City**“ bezeichneten Stadt, Teil des Mecklenburg County, legte man schon am 31. Mai 1775, also ein Jahr vor der Unabhängigkeitserklärung, mit der „*Mecklenburg Declaration of Independence*“ den Grundstein für die Loslösung von der Kolonialmacht. Noch heute gibt es Stimmen in Charlotte, die behaupten, Thomas Jefferson hätte diese Erklärung als Vorlage benutzt. Als der britische Oberbefehlshaber Lord Cornwallis die Stadt im Jahr 1780 besetzte, war er über den unerwartet heftigen Widerstand der Patrioten so erschrocken, dass er die Stadt als „**Hornissennest**“ (*hornet's nest*) bezeichnete – eine Bezeichnung, die ins Stadtwappen einging.

Das „Hornissennest“

1799 wurde in der Region Gold entdeckt und bis zum großen kalifornischen Goldrausch 1848 wurde hier das meiste Gold in den USA abgebaut. Der Bürgerkrieg zog an der Stadt vorbei und danach etablierte sich rasch eine Möbel- und Textilindustrie; Textilfabriken spielen noch heute eine Rolle. Das beginnende 20. Jh. brachte weiteren Aufschwung, Banken und der Flughafen (1937) eröffneten und die Entwicklung zur Handels- und Bankenmetropole schritt voran, einhergehend mit zukunftsweisenden Revitalisierungs- und Renovierungsprogrammen in der Innenstadt.

Orientierung

„Downtown“ sucht man in Charlotte vergebens, hier spricht man von **Center City** oder **Uptown**. Dieses Zentrum überzieht ein regelmäßig und rechtwinklig angeordnetes Straßennetz, das vom „Loop“, einem Autobahnring, begrenzt wird. **Uptown** erstreckt sich entlang der Hauptachse Tryon St. (ungefähr 1st–9th St.) mit der E. Trade St. als Querachse. Im Zentrum liegt der **Independence Square** (Trade/Tryon). Verwaltungstechnisch ist die Innenstadt in vier Verwaltungseinheiten, *wards*, unterteilt; der bekannteste ist **Fourth Ward** (5th–10th, nördlich Tryon–Graham St.).

Rundgang durch Center City

Modernes Stadtzentrum Charlottes

Das Stadtzentrum um den **Independence Square** lässt sich leicht zu Fuß erkunden. Direkt am Square liegt einer der neuesten Bauten der Stadt, das **Bank of America Corporate Center** von Cesare Pelli (1992). Dazu gehören die **Founders Hall**, ein Einkaufszentrum mit Glasatrium und Veranstaltungshalle namens **NC Blumenthal Performing Arts Center**. Das nahe gelegene **Mint Museum Uptown** bietet neben Wechselausstellungen zur modernen Kunst eine sehenswerte Dauerausstellung zu verschiedenen Kunst- und Handwerkstechniken und -materialien.
Mint Museum Uptown, *500 S. Tryon St., www.mintmuseum.org, Di–Sa 10–18, Di –21, So 13–17 Uhr, $ 10 inkl. Mint Museum of Art, Di 10–21 Uhr frei.*

Ungewöhnlich ist das **Tryon Center for Visual Art** (*721 N. Tryon St.*), ein Kunst- und Kulturzentrum mit Künstlerwerkstätten, Ausstellungen, Veran-

Die „Queen City“ Charlotte

staltungen aller Art in einer renovierten alten Kirche. Das sehenswerte **Levine Museum of New South** führt den Besucher mittels interaktiver Ausstellungsstücke in die Geschichte der Region seit dem Bürgerkrieg ein.
Levine Museum of New South, *200 E. 7th St., www.museumofthenewsouth.org, Mo–Sa 10–17, So 12–17 Uhr, $ 8, mit Visitor Information.*

Im Nordwesten von Uptown liegt der Stadt **Historic Fourth Ward**. Mittels der im Besucherzentrum erhältlichen Walking-Tour-Broschüre durchwandert man hier die Vergangenheit, passiert Häuser im Queen-Anne-Stil neben modernen Bauten. Am Rand von Fourth Ward liegt **Discovery Place**. Ein rekonstruierter Regenwald, ein riesiges Aquarium, und zahlreiche interaktive Ausstellungsstücke führen Jung und Alt unterhaltsam in verschiedene Naturwissenschaften ein. Zum Museum gehören das **Kelly Space Voyager Planetarium**, ein **OMNIMAX**-Theater und das **Challenger Learning Center** mit Weltraumfahrt-Simulation.
Discovery Place, *301 N.Tryon St., www.discoveryplace.org, Fr 9–16, Sa 10–18, So/Mo 12–17 Uhr, $ 12, mit IMAX $ 17.*

Zu den Attraktionen in Uptown gehören auch drei „Sporttempel“: das **Bank of America Stadium** (*Mint/Graham/Morehead St.*), in dem die **Carolina Panthers**, die American-Football-Profimannschaft (NFL/National Football League), ihre Heimspiele austragen, die **Time Warner Cable Arena** (*333 E. Trade St.*), in der die Basketballer der **Charlotte Bobcats** in der NBA (National Basketball Association) mitmischen, sowie die **NASCAR Hall of Fame**. In über 50 interaktiven Stationen erfährt der Besucher alles über die gerade in den Südstaaten so beliebten Stockcar-Rennen, die im *Charlotte Motor Speedway* (s. S. 497) an vielen Wochenenden Zehntausende Motorsportfreunde anziehen. Sehenswert ist auch das unweit gelegene, 2010 eröffnete **Bechtler Museum of Modern Art** in einem Bau des Schweizer Architekten Mario Botta (*420 South Tryon Street, www.bechtler.org, Mi–Mo 10–17 Uhr, $ 8*).
NASCAR Hall of Fame, *400 E. Martin Luther King Blvd., www.nascarhall.com, tgl. 10–18 Uhr, $ 19,95 mit Museumsladen und Café.*

Sehenswertes außerhalb der Innenstadt

Ein Highlight Charlottes ist das **Mint Museum Randolph**, wenige Kilometer südöstlich des Loop im Vorort Eastover gelegen. Dieses erste Kunstmuseum North Carolinas befindet sich in der ehemaligen Münzprägeanstalt im Greek-Revival-Stil von 1835/36. Im Bürgerkrieg diente der Bau als Hospital und nach 1913 als Postamt, ehe er 1933 von der Innenstadt hierher versetzt und 1936 zum **Kunstmuseum** umfunktioniert wurde. Europäische Malerei ab dem 15. Jh. und amerikanische vom 18. Jh. bis heute bilden zusammen mit spanischer Kolonial- und präkolumbianischer Kunst und der beachtlichen Keramiksammlung Schwerpunkte. Kunstgenuss
Mint Museum Randolph, *2730 Randolph Rd., www.mintmuseum.org, Di 10–21, Mi–Sa 10–18, So 12–17 Uhr, $ 10.*

Historisch und volkskundlich Interessierte sollten das **Charlotte Museum of History and Hezekiah Alexander Homesite**, rund 5 km östlich vom Zentrum, nicht versäumen. Das Steinhaus von 1774 gehörte Hezekiah Alexander (1721–1801), Politiker und Unterzeichner der „*Mecklenburg Declaration of Independence*". Das hier eröffnete historische Museum erweckt auf eindrucksvolle Weise 300 Jahre Geschichte von *Southern Piedmont* zu neuem Leben.
Charlotte Museum of History, *3500 Shamrock Dr., www.charlottemuseum.org, derzeit geschlossen.*

Reisepraktische Informationen Charlotte/NC

Information
***Visit Charlotte Visitor Information Center**, 330 S. Tryon St., www.charlottesgotalot.com, Mo–Fr 8.30–17, Sa 9–15, So 12–16 Uhr; Filiale im Flughafen und im Levine Museum of the New South.*

Unterkunft
***The Dunhill Hotel** $$$, 237 N. Tryon St., ☏ (704) 332-4141, www.dunhillhotel.com; liebevoll renoviertes historisches, kleines Hotel in der Innenstadt, mit 60 geräumigen Zimmern und einer Suite sowie dem Restaurant Monticello (amerikanisch-mediterrane Küche, tolle Desserts).*
***The Morehead Inn** $$$–$$$$, 1122 E. Morehead St. (South End), ☏ (704) 376-3357, www.moreheadinn.com; historisches Hotel von 1917, das zu den besten Inns im Süden zählt. Zwölf luxuriöse Zimmern und großer Gemeinschaftsraum, üppiges Frühstück.*

Restaurants / Nightlife
*Charlotte ist ein Gourmet- und Biermekka und hat einige **Microbreweries** mit Pubs zu bieten, z.B. **Southend Brewery&Smokehouse**, 2100 South Blvd. (Historic South End), ☏ (704) 358-4677, www.southendbrewery.com.*
*Beliebte Viertel zum Essen und Vergnügen befinden sich im **North End Arts & Entertainment District** (N. Davidson St.) und in **Plaza-Central** (Thomas St.), z.B.:*
***Cosmos Café**, 300 N. College/6th St. (North End); bekannt für Mezes und Tapas, außerdem Holzofenpizza und gute Desserts.*
***Mert's Heart & Soul**, N. College St. (North End), ☏ (704) 342-4222; Südstaaten- und Cajun-Küche, ein Hauch „tiefer Süden".*
***Sonny's Real Pit Bar-B-Q**, 440 Tyvola Rd. und 3351 Pineville Matthews Rd; bestes BBQ der Stadt, dazu preiswert!*

Einkaufen
***Concord Mills**, 8111 Concord Mills Blvd., Concord (I-85 Exit 49, ausgeschildert), www.concordmills.com; Shopping-Zentrum mit über 200 Läden, Vergnügungseinrichtungen, Restaurants u.v.a.*
***Outlet Marketplace**, 3700 Ave. of the Carolinas, Fort Mill (I-77 Exit 90); Markenartikel zu Schnäppchenpreisen.*

Zuschauersport
***Charlotte Bobcats**, Spiele der NBA-Basketballer in der Time Warner Cable Arena, www.nba.com/bobcats*
***Carolina Panthers**, Spiele der Profi-Footballer der NFL (National Football League) Bank of America Stadium, www.panthers.com*
***Charlotte Motor Speedway**, s. o.*

Flughafen
***Charlotte/Douglas International Airport**, 5501 Josh Birmingham Pkwy., www.charlotteairport.com; im Westen der Stadt zwischen I-85 und I-77; Drehkreuz von US Airways (www.usairways.com), wird von Lufthansa nonstop ab Frankfurt oder München angeflogen.*

Von Charlotte zum Great Smoky Mountains National Park

Hinweis zur Route
Von Charlotte aus führt die Route in die herrliche Bergwelt der südwestlichen Appalachen (*Blue Ridge Mountains*) und in den hier befindlichen **Great Smoky Mountains NP**. Erst auf der I-85 unterwegs, biegt man bei Gastonia auf den US Hwy. 74/64 ab, der nach Asheville führt. Ungefähr 40 km vor dem Bergort lohnt eine Pause am **Chimney Rock State Park** (*www.chimneyrockpark.com, tgl. 8.30/10–16.30/17.30 Uhr, $ 15*). Von der per Aufzug erreichbaren „Sky Lounge" reicht die Sicht bei gutem Wetter bis zu 120 km weit Richtung *Blue Ridge Mountains*. Die umgebende Berg- und Waldlandschaft wird durch verschiedene Trails erschlossen.

Tipp

Wer sich intensiver für Routen durch die Südstaaten interessiert, sollte zum ständig aktualisierten **Iwanowski's Reisehandbuch USA-Süden** greifen.

Der Luftkurort Asheville

Die Gründung von **Asheville**, einem Städtchen mit rund 84.000 Einwohnern, reicht ins Jahr 1794 zurück. Seit den frühen 1920er Jahren entwickelte es sich zum **Haupt-Fremdenverkehrsort** in den Blue Ridge Mountains und wird als Luftkurort oder „**The Quiet Pleasure**" mit einem breiten Angebot an Freizeitaktivitäten, wie Skifahren, Reiten, Golfen, Fischen oder Wandern, vermarktet. Die Einrichtung des *Great Smoky Mountains NP* und

Historisches Flair: der Mast General Store

des *Blue Ridge Parkway* brachte nach einer Krise in den 1930ern einen neuerlichen Boom und heute präsentiert sich *Downtown Asheville* revitalisiert wie zu Zeiten der Sommerfrische um 1900.

Mit Stolz verweist man auf gleich mehrere **berühmte Bewohner**: Thomas Wolfe, Gail Godwin, F. Scott Fitzgerald oder O. Henry. Zudem befand sich mit dem **Black Mountain College** wenige Kilometer östlich eine der renommiertesten Kunstschulen. 1933 von John Rice begründet, war sie nach 1941 als unorthodoxe, jedoch einflussreiche Lehranstalt berühmt geworden. Während ihrer nur 24-jährigen Existenz traf sich hier die Avantgarde: Literaten, Künstler und Wissenschaftler, darunter Josef Albers (später Bauhaus), Thornton Wilder, Albert Einstein, Henry Miller, der Tänzer Merce Cunningham, Musiker John Cage oder Pop-Art-Künstler Robert Rauschenberg studierten oder lehrten hier.

Renommierte Kunstschule

Am VC kann man parken und sich mit Infos eindecken, ehe man zu Fuß südwärts auf der Haywood St. loszieht. Das Zentrum, der **Pack Square**, an der Kreuzung Patton Ave. und Biltmore Ave., war einst Eisenbahnknotenpunkt, Handelszentrum und Treff.
Shops und Restaurants, Kultureinrichtungen und Museen, darunter das **Asheville Art Museum** mit einer Dauerausstellung zu amerikanischer Kunst des 20. und 21. Jh., laden zu einer schöpferischen oder kulinarischen Pause ein.
Asheville Art Museum, *2 S. Pack Sq., www.ashevilleart.org, Di–Sa 10–17, So 13–17 Uhr, $ 8.*

Thomas Wolfe

Ein Besichtigungs-Muss ist die **Thomas Wolfe Memorial State Historic Site** im Nordosten der Innenstadt. Im Besucherzentrum gibt es eine Fülle von Infos und einen Film über den Autor, ehe man das benachbarte Haus von 1883, in dem Thomas Wolfe aufwuchs, besichtigt. Begraben wurde Wolfe auf dem **Riverside Cemetery** (*53 Birch St.*), wo auch der Schriftsteller O. Henry seine letzte Ruhe fand.
Thomas Wolfe Memorial, *52 N. Market St., www.wolfememorial.com, Di–Sa 9–17, So 13–17, $ 5 Haustouren.*

Reisepraktische Informationen Asheville/NC

Information

***Asheville CVB**, 36 Montford Ave., www.exploreasheville.com, Mo–Fr 8.30–17.30, Sa/So 9–17 Uhr.*

Unterkunft

***Beaufort House Victorian Inn** $$$, 61 N. Liberty St., ☏ (828) 254-8334, www.beauforthouse.com; elf helle und luftige Zimmer in denkmalgeschütztem viktorianischen Haus von 1894, inkl. Vier-Gänge-Frühstück.*

***Cedar Crest Victorian Inn** $$$–$$$$, 674 Biltmore Ave., ☏ (828) 252-1389, www.cedarcrestinn.com; schmucke Villa von 1890 mit elf elegant ausgestatteten Zimmern und großer Veranda sowie Cottage mit zwei Zimmern und Carriage House (für bis zu acht Gäste).*

***Inn on Biltmore Estate**, s. unten*

Restaurants

***The Market Place Restaurant & Wine Bar**, 20 Wall St., nettes zentral gelegenes Lokal, wo kreative Gerichte aus frischen Zutaten auf der Karte stehen; dazu prima Weinauswahl.*

***Luella's Bar-B-Que**, 501 Merrimon Ave.; auch in North Carolina gibt es leckeres BBQ, wie ein Besuch in Luella's zeigt, neben Ribs lohnen das Brisket oder der „Luellaphant", ein gigantisches Sandwich.*

Einkaufen

***Folk Art Center**, Blue Ridge Parkway, mi 382 (nördl. Asheville); Ausstellung und Verkauf von lokaler Handwerkskunst wie Schnitzereien, Handarbeiten, Schmuck, Kunstwerke etc. Ein Tipp!*

Biltmore Estate, Schloss in den Bergen

Im Süden von Asheville, gut ausgeschildert und unübersehbar, thront an einem Berghang der Blue Ridge Mountains ein monumentales und prunkvolles „Schloss": **Biltmore Estate**. Hier wohnte jedoch nicht der Hochadel, wie man vermuten möchte, sondern eine der reichsten Familien der USA, die Vanderbilts. Der Palast wurde für George Washington Vanderbilt II. 1890–95 mit über 250 Zimmern erbaut. Ein Teil davon kann inklusive der originalen Ausstattung besichtigt werden und man merkt schnell, dass in diesem Prachtbau alles ungewöhnlich und aufwändig war. Der Eisenbahnmagnat galt als leidenschaftlicher Sammler von antiken Möbeln und Raritäten. Die Außenanlagen gleichen mit ihren verschieden gestalteten Teilen und Gewächshäusern, Brunnen und verschlungenen Pfaden einem Botanischen Garten.

Vanderbilts Privatschloss

Biltmore Estate, Schloss in den Bergen

Den sagenhaften Reichtum des **Vanderbilt-Clans** begründete der am 27. Mai 1794 in Richmond (Staten Island/NY) geborene „*Commodore*", Cornelius Vanderbilt, ein Nachfahre holländischer Siedler. Den Grundstock seines Vermögens erwirtschaftete er mit dem Bau und Betrieb von Dampfschiffen, v.a. der Einrichtung eines geregelten Fährverkehrs von Staten Island nach Manhattan. Er legte jedoch auch den Grundstein für den Einstieg seiner Familie ins Eisenbahngeschäft. Als er am 4. Januar 1877 starb, hinterließ er ein Vermögen von $ 105 Mio.

Eisenbahnmagnat

Cornelius Sohn William Henry Vanderbilt (1821–1885) stieg richtig ins Eisenbahngeschäft ein, wurde zum „New Yorker Eisenbahnmagnaten". In seine Fußstapfen trat einer seiner Söhne, Cornelius Vanderbilt II. Dessen Bruder George Washington Vanderbilt II. (1862–1914) – der Erbauer von Biltmore Estate – heiratete Edith und hatte mit ihr eine einzige Tochter, Cornelia (1900–76). Sie heiratete Sir John Francis Amherst Cecil. 1928 wurde als zweiter Sohn William A. Vanderbilt Cecil geboren und dessen Sohn, William A.V. Cecil Jr., ist heute Vorstandsvorsitzender der Biltmore Company.

Stararchitekt Richard Morris Hunt erhielt 1888 von George Washington Vanderbilt II. den Auftrag, ein Haus nach dem Vorbild französischer Loire-Schlösser im Renaissance-Stil zu bauen. Mit der Gartengestaltung beauftragte Vanderbilt II. den berühmten Landschaftsarchitekten Frederick Law Olmsted, der bereits den Central Park in New York geplant hatte und von 1890 bis zu seinem Tod 1903 hier sein Geld verdiente. An Baumaterial, Arbeitern und Künstlern wurde kein Aufwand gescheut und zeitweise waren bis zu 1.000 Leute am Bau beschäftigt. Tonnen von Kalkstein aus Indiana wurden mithilfe einer speziell eingerichteten Eisenbahnlinie hergeschafft. Nach fünfjähriger Bauzeit veranstaltete Vanderbilt 1895 auf dem „**Landsitz eines großen Gentleman**" erstmals eine Weihnachtsfeier in großem Stil.

Biltmore Estate – zusammengesetzt aus „*Bildt*“ (holländisch: Region) und „*more*“ (altenglisch: Hügelland) – gilt als das **größte Privathaus der USA**, auch wenn von den insgesamt 255 Zimmern nur 22 von den Vanderbilts selbst bewohnt wurden. 65 Kamine, 43 Badezimmer, 34 Schlafzimmer und drei große Küchen standen zur Verfügung. Das wohl beeindruckendste Merkmal, auf das man beim Rundgang immer wieder stößt, ist jedoch der zeituntypisch hohe Komfort: Das ganze Haus war voll elektrifiziert und wurde zentral beheizt, es gab fließend Heiß- und Kaltwasser, Rufanlagen, Aufzüge und Telefone.

Modernster Komfort

In den Bibliotheken standen rund 23.000 Bände und Möbel aus 13 Ländern und Kunstschätze aus allen Epochen und Regionen zeugten von Kennerschaft und Geschmack. Im Erdgeschoss und den oberen Etagen residierten Gäste und Hausherr wie Fürsten, Wirkungsbereiche der rund 80 Bediensteten waren hingegen die ebenfalls topmodern ausgestatteten Wirtschaftsräume und Küchen im Untergeschoss. Sie verfügten hier über einen eigenen Speisesaal und modern ausgestattete Dienstbotenräume. In derselben Etage untergebracht war ein „Fitness-Center“ bestehend aus Turnhalle, Pool, Kegelbahn und 17 Umkleideräumen.

Das Schloss umgeben verschiedene Nationengärten, Wasserbecken, Brunnen und eine üppige Pflanzenvielfalt – vor allem Azaleen, Rosen und Palmen; auf dem Grund steht außerdem ein Jugendstil-Gewächshaus. Auf dem Grundstück befanden sich mehrere Nebengebäude, denn Vanderbilt hatte Wert auf ein sich selbstversorgendes „Dorf“ mit Landwirtschaft gelegt. Es gab u.a. eine Molkerei, in der heute statt Milch- jedoch Weinflaschen lagern. Biltmore Estate ist eines der meistbesuchten Weingüter an der Ostküste.
Biltmore Estate, *ca. 7 km südl. Asheville, US Hwy 25 (I-40 Exit 50), www.biltmore.com, Welcome Center tgl. 9–16.30 Uhr, Tickets (self-guided Haus- und Gartentour) je nach Saison und Wochentag $ 44–64, zusätzlich kostenpflichtige Führungen. Zum Komplex gehören Weingut, Restaurants und ein Hotel:*
Inn on Biltmore Estate *$$$$–$$$$$, 1 Antler Hill Rd., ☏ 1-800-411-3812, www.biltmore.com/stay/inn/default.asp; 213-Zimmer-Luxushotel.*

In der Heimat der Cherokee-Indianer

Am Ende des **Blue Ridge Parkway** (S. 437), noch vor der Zufahrt in den **Great Smoky Mountains NP**, erstreckt sich das Reservat von rund 10.000 **Cherokee-Indianern**. Einst lebten sie zwischen dem Ohio River und den Appalachen. Man verstand sich gut mit den europäischen Siedlern und übernahm sogar viele der neuen „weißen“ Ideen. So entwickelte 1821 **Sequoyah** (1760–1843) eine eigene Schrift – eine Lautschrift, deren Silbentabelle die phonetische Umschreibung von Wörtern und das einfache Erlernen der Schrift ermöglichte. Wenig später, in den 1840ern, erschien darüber hinaus eine eigene Indianer-Zeitung mit dem Titel „The Phoenix“.

Häuptling Sequoyah

In der Heimat der Cherokee-Indianer

Doch der Frieden währte nicht lange, im 19. Jh. wuchs der Siedlungsdruck und 1835 unterzeichnete Präsident Andrew Jackson den **Removal Treaty Act**, der die Cherokee zur Umsiedelung nach Westen zwang. Unter dem Kommando von General Winfield Scott schaffte man bis Herbst 1838 mindestens 16.000 Indianer mit Wagen, Booten und zu Fuß Richtung Oklahoma. Nur etwa zwei Drittel überlebten den vier bis sechs Monate dauernden Marsch über fast 2.000 km, viele – besonders Alte und Kinder – starben an Erschöpfung, am ungewohnten Klima, an Seuchen und Trauer. Eine kleine Gruppe entging der Zwangsumsiedelung, indem sie sich in den Bergen versteckte und die Nachkommen jener Mutigen leben heute im Reservat um Cherokee. Zur Erinnerung an die Vertreibung wurde 1987 der **Trail of Tears National Historic Trail** (www.nps.gov/trte) mit Markern zur Geschichte und Kultur der Indianer eingerichtet.

Geschichte der Cherokee

Der Ort **Cherokee** ist das Zentrum der **Qualla Boundary Cherokee Indian Reservation**. Hier ist das **Museum of the Cherokee Indian** ein Highlight. Markiert wird es durch eine weithin sichtbare, über 6 m große Holzstatue von Sequoyah. Im didaktisch hervorragend aufgemachten Museum wird die Geschichte der Cherokee-Indianer bis zum *Trail of Tears* mittels verschiedenster Medien anschaulich geschildert.

Museum of the Cherokee Indian, *Drama Rd./Tsali Blvd. (US Hwy. 441 N), www.cherokeemuseum.org, tgl. 9–17, im Sommer bis 19 Uhr, $ 10; mit empfehlenswertem Shop.*

Thematisch gut anschließen ließe sich das rund 4 km nördlich gelegene **Oconaluftee Indian Village**. In diesem rekonstruierten Indianerdorf demonstrieren indianische Handwerker ihre Kunstfertigkeit und entführen die Besucher ins 18. Jh. Im zugehörigen Freilufttheater lockt das zweistündige historische Drama „**Unto These Hills**" – eine Darstellung der Geschichte der Cherokee von 1540–1839 – in den Sommermonaten Tausende von Besuchern an.

Oconaluftee Indian Village, *ab US Hwy. 441 N ausgeschildert, www.cherokeehistorical.org, Anf. Mai–Ende Okt. tgl. 10–17 Uhr, $ 18, Anf. Juni–Ende Aug. Mo–Sa 20 Uhr Freiluft-Theater-Aufführungen, $ 18–22.*

Reisepraktische Informationen Cherokee/NC

Information

Cherokee Welcome Center, *498 Tsali Blvd., http://visitcherokeenc.com, tgl. 8–17, im Sommer –22 Uhr*

Oconaluftee VC, *US 441/Newfound Gap Rd., 2 mi nördl. Cherokee, www.cherokeesmokies.com; neues VC mit Ausstellungen, Broschüren, Büchern und Souvenirs. Infos über Veranstaltungen wie* **Cherokee Indian Fair**.

Unterkunft

Über 50 relativ gleichartige Motels auf Reservatsgrund, v.a. entlang US Hwy. 19 und 441 N, wobei Zimmer ab ca. $ 60 zu bekommen sind.

Im Great Smoky Mountains National Park

Das südliche Zentrum der in Ost-West-Richtung verlaufenden Appalachenkette nimmt der **Great Smoky Mountains NP** ein. „Shaconage", Ort des ewig blauen Rauches, nannten die Cherokee-Indianer ihre alte Heimat. Wer an einem sonnigen Herbstmorgen auf einem der Hügel steht, versteht warum: Bläulich schimmernd steigen die Nebelschwaden langsam aus den Tälern auf, um sich über den bewaldeten Bergen, wie von Zauberhand weggewischt, im Sonnenlicht aufzulösen.

In den Great Smoky Mountains

Der Great Smoky Mountains NP zählt zu den **meist besuchten Nationalparks** der Vereinigten Staaten. Quer durch den Park verläuft die Staatsgrenze zwischen North Carolina (NC) und Tennessee (TN) und das 2.107 km² große Parkareal liegt zu etwa gleichen Teilen in beiden Bundesstaaten. Ganzjährig geöffnet und durch gute Bergstraßen erschlossen, werden jährlich an die 15 Mio. Gäste registriert. Im Sommer und besonders im Herbst bei Laubfärbung herrscht großer Andrang und der Park stößt an die Grenzen der Belastbarkeit.

Um den NP breitet sich eines der **größten zusammenhängenden Wald-**

gebiete der USA aus. Den besonderen Reiz des Parks, dessen höchster Berg der gut 2.000 m hohe **Clingsmans Dome** ist, macht seine Lage an der Grenze zwischen südlicher und nördlicher Vegetationszone aus. In den südlichen Appalachen gedeihen in den „Great Smokies" über 125 Baum-, 1300 Pflanzen- und 200 Pilzsorten und sind mehr als 200 Vogel- und 27 Salamanderarten zu Hause. Trails laden zu Wanderungen durch die vielseitige Vegetation und zum Kennenlernen der verschiedener Baumarten (Fichten-, Tannen-, Pinien- und Laubwälder) und der entsprechenden Tierwelt – Schwarzbären, Füchsen, Raubkatzen, Schildkröten, Truthähnen etc. – ein.

Artenvielfalt

Der Nationalpark wurde 1934 ins Leben gerufen. Eine blühende Holzwirtschaft hatte damals fast zur Rodung des einzigartigen Waldbestands der

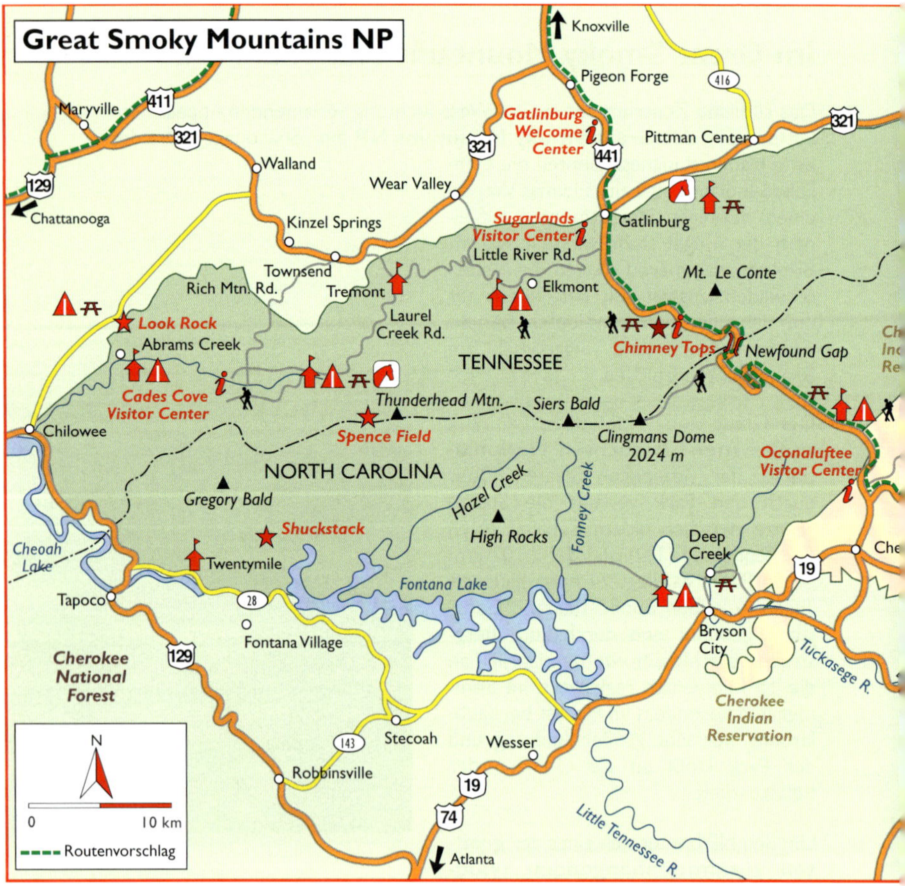

Appalachen geführt. Maßnahmen zur Umsiedelung der Holzindustrie in den Westen, vor allem aber der energische Einsatz von Horace Kephart, eines Unternehmers aus St. Louis, für die Rettung des Waldes, fruchteten: Am 15. Juni 1934 wurde das Areal zum **Nationalpark** erklärt. Dies war durch Spenden – $ 5 Mio. allein von John D. Rockefeller – und Landgeschenke der beiden involvierten Bundesstaaten NC und TN ermöglicht worden.

Die **New Found Gap Road** (US Hwy. 441) ist die Hauptachse durch den Park und verbindet Cherokee/NC im Süden mit Gatlinburg/TN im Norden. Sie führt über den **New Found Gap** (1.539 m) und bietet von dort spektakulären Ausblick auf die Berge und Wälder des Naturparks. Von ihr zweigen verschiedene Nebenrouten ab, die Besuchern mit mehr Zeit Gelegenheit bieten, tiefer in die Bergwelt vorzudringen.

Reisepraktische Informationen Great Smoky Mountains NP

Information

***Great Smoky Mountains NP**, NP Information Center: 107 Park Headquarter Rd./US 441 S, Gatlinburg/TN, www.nps.gov/grsm, tgl. mind. 8–17.30 Uhr, frei. In vier Besucherzentren – dem **Oconaluftee VC** (s.o.) am Südzugang in NC, dem **Sugarlands VC** an der Nordzufahrt (TN), **Clingmans Dome, Cades Cove VC** im Westen (TN) –, erhält man kostenlos Kartenmaterial sowie Informationen und Hinweise zu Veranstaltungen, Touren, Camping, Wanderungen und sonstigen Aktivitäten.*

Unterkunft

*Auf dem Parkareal befindet sich **Le Conte Lodge** $ (inkl. HP $$), rustikale Cabins aus den 1920ern auf dem Mount Le Conte, nur zu Fuß erreichbar (ca. 8–10 km) und nur Mitte März–Mitte Nov. auf Vorreservierung geöffnet: www.lecontelodge.com.*

*Außerhalb des Parkareals gibt es Übernachtungsmöglichkeiten in **Cherokee**, an der S-Zufahrt zum NP (s. oben) sowie in **Gatlinburg** und **Pigeon Forge** am N-Eingang (s. unten).*

***Blackberry Farm** $$$$ (inkl. VP), 1471 W. Millers Cove Rd., Walland/TN (ca. 45 km westl. Pigeon Forge, US Hwy. 321), ☏ (865) 984-8166, www.blackberryfarm.com; neuenglisch anmutendes Luxus-Inn mitten in den Appalachen, ruhig und abgeschieden.*

Camping

Auf dem Parkgelände stehen 10 unterschiedlich hoch gelegene, einfache Campgrounds zur Verfügung: Abrams Creek, Balsam Mountain, Big Creek, Cades Cove, Cataloochee, Cosby, Deep Creek, Elkmont, Look Rock und Smokemont. ***Infos und Plan****: www.nps.gov/grsm/planyourvisit/carcamping.htm bzw. Auskünfte in den oben genannten VCs. Reservierung ist nur für die größeren Plätze Elkmont, Smokemont und Cades Cove möglich (☏ 1-800-365-2267 bzw. www.recreation.gov), sonst gilt „first-come, first serve".*

Wandern u.a. Touren

Im Parkgebiet gibt es über 1.000 km an Wanderwegen. Der Großteil entfällt auf den ***Appalachian Trail****, der von Maine in den Südteil der Appalachen führt. Daneben gibt es eine Vielzahl kurzer Trails, die meist durch dichten Wald und an Bächen entlang zu Wasserfällen führen.* ***Infos****: www.nps.gov/grsm/planyour visit/hiking.htm sowie www.hikinginthesmokys.com.*

Durch East Tennessee nach Atlanta

Hinweis zur Route

Vom Great Smoky Mountains NP lohnt zunächst ein Abstecher nach **Knoxville** (Hwy. 441). Von dort folgt man dem Hwy. 411 entlang der Westflanke der Berge Richtung Süden durch die **Tennessee Overhill Region**. Kurz vor der Grenze zu Georgia geht es auf dem Hwy. 64 nach **Chattanooga**. Auf den Spuren des Bürgerkriegs geht es von dort auf der I-75 in die Südstaatenmetropole **Atlanta**. Wer nicht in Eile ist und sich für Country Music interessiert, sollte den Abstecher verlängern und Tennessees berühmte Country-Musik-Metropole **Nashville** „mitnehmen".

Im Westen der Great Smokies

Direkt am Nordausgang des Great Smoky Mountains NP, am Hwy. 441, liegt das Nest **Gatlinburg** mit knapp 3.500 Einwohnern. Im Sommer drängeln sich in diesem westlichen Zugangsort zum Park, wo auch dessen Headquarters liegen, täglich bis zu 50.000 Besucher – mit Folgen, was Infrastruktur und Kommerz angeht. Ende des 18. Jh. gegründet, eröffnete hier schon 1916 das erste Hotel. Mit Fertigstellung des Hwy. 441 1926 bzw. Teerung 1936 trat der Tourismus in Gatlinburg seinen Siegeszug an und machte die Stadt zum „**Favorite Mountain Getaway in the South**". Zu den lokalen Attraktionen gehören mehrere von Ripley's betriebene Vergügungsparks (www.ripleys.com/gatlinburg) wie:

Guinness World Records Museum, *631 Parkway, tgl. 10–23 Uhr, $ 10.*
Ripley's Believe it or not Museum, *800 Hwy 441, tgl. 10–mind. 21 Uhr, $ 15.*

Ripley's Aquarium of the Smokies, *88 River Rd., tgl. 9–mind. 21 Uhr, $ 25*, ein riesiges Aquarium mitten in der Bergwelt.

Ober-Gatlinburg (*www.obergatlinburg.com; Mo–Sa 10–24, So 10–17 Uhr, NS kürzer*) ist dagegen ein per Seilbahn (*Aerial Tramway, $ 11*) erreichbares, skurriles Alpen-Vergnügungsdorf mit allerlei Wasser-, Ski- und sonstigen Attraktionen und Unterhaltung (unterschiedl. Einzelpreise, s. Website).

Etwas weitläufiger wirkt das wenige Meilen nördlich gelegene (US Hwy. 441) **Pigeon Forge**, ansonsten ist der Unterschied zu Gatlinburg nicht sehr groß. Während Gatlinburg über ein kleines Zentrum verfügt, erstreckt sich Pigeon Forge entlang dem Highway. Pigeon Forge ist ebenfalls ein Erholungs- und Outdoor-Zentrum und wird vor allem als **Familienziel** – mit Entertainment aller Art, von Bungee Jumping über Gokart-Fahren hin zu Outlet Malls – vermarktet. Anders als in Gatlinburg setzte der Tourismusboom hier erst 1986 ein, als die vollbusige, blonde Country-Music-Sängerin Dolly Parton aus dem ehemaligen „*Silver Dollar City*" das neue **Dollywood** machen ließ. Der Erlebnis- und Musikpark versucht mit Shops, Imbissbuden, Fahrgeschäften, Ausstellungen, Veranstaltungen und Vorführungen eine Verbindung zu den verschiedenen Aspekten des Lebens und Traditionen der Appalachians herzustellen – und befasst sich nebenbei natürlich mit Leben und Werk von Dolly Parton. Abwechslung bieten Auftritte von Country- und Blue-Grass-Musikern sowie Kunsthandwerksstände. Dolly Parton

Dollywood, *1020 Dollywood Ln., www.dollywood.com, jahreszeitlich wechselnde Öffnungszeiten, im Sommer tgl. 9–20 Uhr, ab $ 56 (Parken extra).*

Neueste Attraktion im Ort ist **Titanic Pigeon Forge**, ein Nachbau des legendären, 1912 gesunkenen Schiffs mit informativen Ausstellungen zum Schiff, zu Passagieren und zur Katastrophe.

Titanic Pigeon Forge, *2134 Parkway, www.titanicpigeonforge.com, tgl. 9–20 Uhr, $ 23.*

Reisepraktische Informationen Gatlinburg und Pigeon Forge/TN

Information

***Gatlinburg Welcome Center**, 811 East Parkway (Hwy. 441), www.gatlinburg.com, tgl. 9–17 Uhr, mit Shop.*

***Pigeon Forge Welcome Center**, 1950 Parkway (Hwy. 441/321), www.mypigeonforge.com, Mo–Sa 8.30–17, So 13–17 Uhr.*

Unterkunft

Hotels und Motels aller gängigen Ketten reihen sich in beiden Orten entlang der Hauptstraße (US Hwy. 441) in Gatlinburg aneinander, außerdem z.B.:

***Quality Inn**, $–$$, 3756 Parkway (US Hwy. 441), Pigeon Forge, ☎ (865) 453-3490, www.qualityinnpigeonforge.com; ordentlich ausgestattete und geräumige Zimmer.*

Rocky Waters Motor Inn *$–$$, 333 Parkway (US Hwy. 441), Gatlinburg, ☏ (865) 436-7861, www.rockywatersmotorinn.com; schöne Anlage direkt am Little Pigeon River, Zimmer und Cabins.*

Einkaufen

Great Smoky Arts & Crafts Community*, Hwy 321 N, 5 km von Downtown Gatlinburg, www.gatlinburgcrafts.com, tgl. 9–17 Uhr. An einer Rundroute liegen Läden, Studios, Galerien, in denen es lokale Kunst und Kunsthandwerk zu kaufen gibt.*

Knoxville – „Gateway to the Smokies“

Tor zum „Wilden Westen“

Vor 200 Jahren galt **Knoxville** noch als das Tor der weißen Siedler in den „Wilden Westen“, heute nennt sich die etwa 178.000 Einwohner zählende Stadt „*Gateway to the Smokies*“ und ist Sitz der **University of Tennessee** und der **TVA** *(Tennessee Valley Authority)*. 1791 ließ der erste Territorial-Gouverneur, William Blount, das **James White's Fort** (am Ostrand von Downtown) errichten und der Ort diente bis 1811 als Hauptstadt des Territoriums und des späteren Bundesstaates Tennessee. Danach versank die Stadt in einen Dornröschenschlaf, aus dem sie erst zur Weltausstellung 1982 erwachte. Damals verwandelte sich das Provinznest in eine moderne und ansehnliche Stadt.

Knoxville gilt auch als Heimat der **Country** und **Bluegrass Music** – als „*Training ground before Nashville*“. Viele Stars, die später in Nashville ihr großes Geld verdien(t)en, unterne(a)hmen in Knoxville ihre ersten Schritte, z.B. Roy Acuff oder Dolly Parton.
Für die Verbreitung der lokalen Musikszene sorgt seit über zehn Jahren der Country-Sender **WDVX**, den man überall im Umkreis der Stadt hören kann (www.wdvx.com).

Orientierung / Informationen

Die Stadt liegt am Kreuzungspunkt von zwei wichtigen Interstates, I-40 und I-75, im Tennessee River Valley. Die rasterförmig angelegte Innenstadt reicht vom Tennessee River bis zum Old City District im N (Jackson St.) und zum *World's Fair Park* im W, der durch den **Sunsphere Tower** markiert ist. Im SW schließt das Universitätsgelände mit dem *Neyland Stadion* an.

Die Stadt verfügt über ein interessantes Infozentrum: das **Knoxville VC** (s. S. 515) mitten in der Stadt. Im Stil eines Coffee Shop mit Buchladen gibt es neben Auskünften auch eine Bühne, auf der werktags um 12 Uhr gratis Bluegrass-Konzerte gegeben werden.

Womens' Basketball Hall of Fame

Stadtrundgang

Nahe der **Riverfront** eröffnete 1999 die Hauptattraktion der Stadt: die **Womens' Basketball Hall of Fame**. In diesem architektonisch wie inhaltlich beeindruckenden Museum wird die Rolle der Frau in einer der populärsten Sportarten der Welt gewürdigt. Unter dem Motto „*Honor the Past, Celebrate the Present and Promote the Future*" und unter Einsatz verschiedenster Medien und modernster Ausstellungstechniken werden große und kleine Fans auf instruktive und unterhaltsame Weise in Geschichte und Gegenwart des Frauenbasketballs eingeführt. Nicht ohne Grund befindet sich diese Einrichtung in Knoxville: Die hier ansässige **Uni Tennessee** ist eine der Hochburgen des Frauenbasketballs und Trainerin Pat Summitt eine lebende Legende.

Hochburg des Frauenbasketball

Womens' Basketball Hall of Fame, *700 Hall of Fame Dr., www.wbhof.com, Mo–Sa 10/11–17 Uhr, in der NS So/Mo geschlossen, $ 8.*

Der **Old City Historic District** (*Jackson Ave./Central St.*) erinnert an das hohe Aussehen der Stadt zu Beginn des 20. Jh. In die renovierten Bürohäuser und Lagerhallen sind in den 1990ern Kneipen, Cafés, Bars, Shops sowie das **Tennessee Theatre** (*604 S. Gay St., www.TennesseeTheatre.com*) und die Poster-Druckerei **Yee-Haw** (*413 S. Gay St.*) eingezogen und sorgten für eine Wiederbelebung der Innenstadt. An die Frühzeit der Stadt zu Ende des 18. Jh erinnert **James White's Fort**, ein Freilichtmuseum mit sieben rekonstruierten und historisch eingerichteten Blockhütten. Die **Blount Mansion** ist das zwischen 1792 und 1830 erbaute Wohnhaus von Gouverneur William Blount. Es gibt nicht nur Einblick in das Leben an der Frontier, sondern fungierte bis 1800 auch als Verwaltungssitz des damaligen *Southwest Territory*.

Über die Geschichte der Stadt und Region informiert das modern gestaltete **East Tennessee History Center & Museum**.
James White's Fort, *205 E. Hill Ave., www.jameswhitesfort.org, Mo–Sa 9.30/10–16.30 Uhr, $ 5.*
Blount Mansion, *200 W. Hill Ave., www.blountmansion.org, Di–Sa 9.30–17, stündl. Touren, $ 7, mit Museumsshop.*
East Tennessee History Center/Museum, *601 S. Gay St., www.easttnhistory.org, Mo–Fr 9–16, Sa 10–16, So 13–17 Uhr, $ 5.*

Auf dem ehemaligen Weltausstellungsgelände, dem **World's Fair Park**, feiert die Stadt heute im Sommer ihre Feste, außerdem befindet sich hier ein Freilichttheater, das Kongresszentrum und das **Knoxville Museum of Art**, das eine exzellente Sammlung moderner Kunst beherbergt und v.a. Wechselausstellungen zeigt.
Knoxville Museum of Art, *410 10th St., www.knoxart.org, Di–Sa 10–17, So 13–17 Uhr, frei.*

Gigantisches Football-Stadion

Neben dem Knoxville Museum of Art fällt die alte **Candy Factory**, ein Fabrikgebäude, ins Auge, in die Shops und Restaurants eingezogen sind. Beherrscht wird das Stadtbild von der **University of Tennessee** (www. utk.edu) mit dem großen **Neyland Stadium** (American Football) und dem **Frank H. Mc Clung Museum**, das sich der Ur- und Frühgeschichte, den Ureinwohnern Tennessees und der Erforschung ihrer Hinterlassenschaften, dem alten Ägypten mit sehenswerten archäologischen Exponaten, dem Bürgerkrieg und seinen Folgen in Tennessee, aber auch der Geologie der Region widmet.
Frank H. McClung Museum, *1327 Circle Park Dr., http://mcclungmuseum.utk.edu, Mo–Sa 9–17, So 13–17 Uhr, frei.*

Der **Campus** der Uni Tennessee wird vom *Strip*, der **Cumberland Ave.**, durchzogen, wobei **The Hill** der älteste Teil der Ende des 18. Jh. gegründeten Hochschule ist. Die wichtigsten Fakultäten sind Agrarwissenschaften und Sport. Entlang dem Kingston Pike, der Fortsetzung der Cumberland Ave. Richtung Westen, reihen sich mehrere alter Häuser auf, z.B. das **Armstrong-Lockett House** von 1834, wegen seiner Lage an einer Kehre des Tennessee River auch als *Crescent Bend* bekannt, mit den sehenswerten **W. P. Toms Memorial Gardens**. Interessant ist auch die **Confederate Memorial Hall**, ein Antebellum-Haus, das im Bürgerkrieg als Hauptquartier der Konföderierten diente.
Crescent Bend – Armstrong-Lockett House W. P. Toms Memorial Gardens, *2728 Kingston Pike, www.knoxvilletennessee.com/crescent-bend.html, März–Dez. Di–Fr 10–16, Sa 10–14, So 13–16 Uhr, $ 7.*
Confederate Memorial Hall, *3148 Kingston Pike, 3,5 km südwestl., www.knoxvillecmh.org, Touren Di, Mi, Fr 13–16 Uhr, $ 5.*

Wer Zeit hat und sich für das Leben der Appalachen-Bewohner interessiert, sollte einen Abstecher zum **Museum of Appalachia** im rund 25 km nördlich gelegenen Ort **Norris** unternehmen. Dieses *Living Mountain Village* gibt

einen hervorragenden Einblick in das Leben der Bergbewohner Tennessees, oft als „Hinterwäldler" belächelt, aber vor allem in letzter Zeit wegen ihrer Bluegrass-Musik bekannt geworden. Es gibt Gebäude aus dem 18. Jh. und Vorführungen aller Art (Musik, Handwerkstechniken, Leben auf dem Bauernhof etc.) stehen auf dem Programm.
Museum of Appalachia, *I-75 Exit 122/US Hwy 61, 2819 Andersonville Hwy., Clinton, www.museumofappalachia.org, tgl. 9–18 Uhr (NS kürzer), $ 18.*

Reisepraktische Informationen Knoxville/TN

Information
***Knoxville VC**, 301 S. Gay St., www.knoxville.org, Mo–Fr 8–17, Sa 9–17, So 12–16 Uhr, mit Shop und Café, zudem regelmäßige Veranstaltungen wie werktags 12 Uhr kostenlose Bluegrass-Konzerte.*

Touren
***Star of Knoxville**, 300 Neyland Dr., Mai–Dez., www.tnriverboat.com, Raddampfer-Rundfahrten auf dem Tennessee River, Tickets ab $ 15,30.*

Unterkunft
An Wochenenden im Herbst, wenn die Uni Tennessee Football spielt, sind Zimmer rar und zudem fallen Aufschläge an.
***Maple Grove Inn** $$$, 8800 Westland Dr., ☎ (865) 951-2315, www.maplegroveinn.com; sieben liebevoll und elegant ausgestattete Zimmer in renoviertem Haus von 1799, einem der ältesten der Stadt, inmitten einer Parkanlage; mit eigenem Restaurant The Cottage.*
***Tennessee Boat & Breakfast** $$$-$$$$$, 956 Volunteer Landing Lane, ☎ (865) 363-9663, http://tennesseeboatrest.com; eine ungewöhnliche Unterkunftsmöglichkeit: Nächtigen auf einem Boot (Hausboote verschiedener Größe und Ausstattung).*

Restaurants
***The Strip**, wie die Cumberland Ave. genannt wird, führt vom Unicampus nach N und bietet preiswertes Essen, Cafés, Shops und Studententreffs. An Kleinbrauereien lohnen die **New Knoxville Brewing Co.** (708 E. Depot Ave.) oder die **Great Southern Brewing Co.** (424 S. Gay St.).*
***Calhoun's**, mehrere Niederlassungen (auch in Nashville oder Gatlinburg), 400 Neyland Dr. am Tennessee River oder auch 10020 Kingston Pike und 3001 Industrial Pkwy. East; die wohl besten BBQ-Rippchen im ganzen Süden mit Super-Saucen, dazu Beilagen nach Wahl und süffiges Bier.*

Zuschauersport
***Uni of Tennessee „Volunteers"**, College Football-Heimspiele (Sept./Okt.) im **Neyland Stadium** (100.000 Fassungsvermögen), Basketballspiele (Dez.–Feb.) der Frauen und Männer in der **Thompson-Boling Arena** (24.535 Zuschauer), beide Neyland Dr., Infos und Tickets: www.utsports.com*

info

College Football – „Nationalsport" der Südstaaten

Wenn an den Samstagen im Herbst die American-Football-Mannschaft der Universität Tennessee, die **Volunteers**, ihre Heimspiele im Neyland Stadion austragen, leuchtet ganz Ost-Tennessee in Orange. Die Parole lautet nämlich **Our Blood Runs Orange** – die Farbe der Uni-Teams von Knoxville. Die 100.000 Zuschauer im Stadion und die Fans und Studenten vor TV- und Radio-Geräten malen sich die Gesichter orange an, ziehen sich orange Trikots an und feuern ihre Volunteers frenetisch an. Was in Knoxville die Farbe Orange bedeutet, ist in Alabama Burgunderrot, in Florida Blau, in Georgia Rot, in Louisiana Violett und Gold – die Farben der großen Universitäten des jeweiligen Staates. Was alle verbindet, ist die Tatsache, dass der ganze Süden aus dem Häuschen gerät, wenn Studententeams **College Football** spielen.

American Football gilt als der zweite **US-Nationalsport** neben Baseball und es waren die Studenten, die den American Football vor über 100 Jahren aus der Wiege gehoben, fortentwickelt und ihm zum Durchbruch verholfen haben. Der Name *College Football* hat sich eingebürgert, um die von Colleges und Unis betriebene höchste Amateurklasse von den Profiteams der NFL (National Football League) abzugrenzen. Was die Popularität angeht, stehen die Studenten den Profis keinesfalls nach, was die Stimmung angeht, übertreffen sie diese sogar. Auch an Professionalität kann man es mit den Profiligen fast aufnehmen – mit einem „kleinen" Unterschied: Die Aktiven erhalten keinen Cent, sie werden „nur" mit Stipendien belohnt.

In der Tradition britischer Hochschulen – „*mens sana in corpore sano*" – begann bereits in der zweiten Hälfte des 19. Jh. ein regelmäßiges sportliches Kräftemessen zwischen den Universitäten in den USA. Ein Hauptcharakteristikum des Hochschulsports ist seither, dass Studenten nur während ihrer vier Studienjahre – *Freshman*, *Sophomore*, *Junior* und *Senior* – aktiv sein dürfen. Danach geht es mit Glück ins Profilager. Im American Football wie im Basketball – die beiden wichtigsten College-Sportarten – fungieren nämlich die Unis als **Nachwuchsreservoir für die Proficlubs**.

Anders als in Deutschland ist Sport an US-Hochschulen mehr als nur ein bisschen Körperertüchtigung oder Freizeitbeschäftigung und dient zudem nicht in erster Linie der Ausbildung von Sportlehrern und Trainern. In den 1920ern schlossen sich die Unis regional zu Ligen zusammen und begannen einen geregelten Spielbetrieb. Sport wurde damit zu einem wichtigen Faktor bei der **Selbstdarstellung** der Hochschulen: Eine erfolgreiche Mannschaft wirkt sich positiv auf das Image aus, lässt Spendengelder fließen und verhilft zu Einnahmen in Millionenhöhe aus Preisgeldern und TV-Übertragungsrechten. Wer einmal über einen Uni-Campus schlendert, kann die riesigen Sporthallen, -stadien und Trainingsanlagen nicht übersehen. Welche Rolle der American Football spielt, zeigen die zwischen 50.000

und 100.000 Zuschauer fassenden Footballarenen auf dem Grund größerer Universitäten. Vor allem im Mittleren Westen und in den Südstaaten dominiert College Football eindeutig die Sportszene.

College Football

Ein College-Football-Spiel ist ein **Erlebnis der besonderen Art**. Von der Tailgate Party vor dem Spiel über die Auftritte von Marching Bands und Cheerleaders bis hin zu den Feiern und Schlachtgesängen der in Vereinsfarben geschmückten Studenten und Fans auf den Rängen – all das erzeugt eine unbeschwert heitere Stimmung. Über hundert Universitäten, in zehn regionale Ligen eingeteilt – z.B. *SEC* (*Southeastern Conference*), *Big 12*, *Big 10*, *ACC* (*Atlantic Coast Conference*) oder *Pacific 10* – bilden die **oberste Klasse im College Football**. Die Zugehörigkeit zu dieser sogenannten *NCAA Football Bowl Subdivision* (*FBS*) hängt weniger vom sportlichen Können ab – Auf- und Abstieg sind unbekannt –, sondern von der finanziellen Ausstattung des *Athletic Departments*, der Größe des Stadions und dem Zuschauerschnitt, der über 30.000 liegen muss. Die anderen Uni-Teams sind nach entsprechend abgestuften Kriterien unterklassigen Kategorien zugeordnet, der *NCAA Football Championship Subdivision* und den Divisions II und III.

Tradition wird im College Football groß geschrieben und daher wird die Saison auch nicht, wie üblich, mit einer Endrunde abgeschlossen. Stattdessen werden die besten Unis zwischen Weihnachten und Neujahr zu viel beachteten **College Bowls** (Pokalspielen) eingeladen. Während manche *Bowls* Verträge mit einzelnen Ligen haben und jeweils deren Meister einladen, wählen andere unter den 25 besten Unis aus. Die beiden Topteams bestreiten dann das wichtigste Spiel – jedes Jahr in einem anderen Bowl – um die Meisterschaft.

Die Footballsaison dauert von September bis Anfang Januar. Wer Gelegenheit hat, sollte es nicht versäumen, in einer der College-Football-Hochburgen wie Knoxville/TN (Tennessee Volunteers), Athens/GA (Georgia Bulldogs), Gainesville/FL (Florida Gators), Tuscaloosa/AL (Alabama Crimson Tide), Austin/TX (Texas Longhorns) oder Baton Rouge/LA (Louisiana State Tigers) ein Spiel zu besuchen.

Tennessee Overhill

Die nachfolgend beschriebene Nebenstrecke zwischen Knoxville und Chattanooga, abseits der I-75, gehört zu den schönsten Routen Tennessees. Auf Landstraßen geht es durch die reizvolle Berglandschaft am Westabhang der Appalachen und vorbei an kleinen Ortschaften, durch eine Region namens **Tennessee Overhill**. Man folgt dem US Hwy 411 in südwestliche Richtung. Im winzigen **Vonore** am Little Tennessee River lohnt ein Besuch des **Sequoyah Birthplace Museum**. Dem gleichnamigen Cherokee-Häuptling (1776–1843) war es gelungen, für die Cherokee-Laute einprägsame Zeichen zu finden und eine Schrift zu entwickeln. Dank dieser Leistung entwickelten sich zwischen 1821 und 1825 die Cherokee zur westlichen Kulturnation mit eigener Zeitung, Staatsverfassung und Bibelübersetzung.
Sequoyah Birthplace Museum, *576 Hwy. 360, www.sequoyahmuseum.org, Mo–Sa 9–17, So 12–17 Uhr, $ 3.*

Von Vonore lohnt ein Abstecher (SR 360) in die nur wenige Kilometer entfernte **Fort Loudoun State Historic Area** (ab TN Hwy. 360 ausgeschildert, tgl. 8 Uhr bis Sonnenuntergang, frei), wo in den Jahren 1756 bis 1760 ein Fort als westlichster Außenposten des Britischen Weltreichs mitten im Cherokee-Siedlungsgebiet errichtet wurde. Nächste Station auf dem US Hwy. 411 Richtung Chattanooga ist **Etowah**, mit dem vorbildlich restaurierten Bahnhof der *Louisville & Nashville Railroad* von 1906 (*727 Tennessee Ave.*). Zu sehen ist hier die informative Ausstellung „*Growing Up with the L&N: Life and Times in a Railroad Town*".

Hotspot des Wildwassersports

Wenige Meilen südlich, nahe der Kreuzung der US Hwys. 411 und 64 bei der Ortschaft **Ocoee** (www.raft.com), erreicht man eines der Top-Wildwasserzentren der USA, an Hiwassee und Ocoee River gelegen. Seit 1996, als hier olympische Wettkämpfe stattfanden, kennt man die fantastischen Gegebenheiten und seither treffen sich hier jeden Sommer Wildwassersportfreunde aus aller Welt. Empfehlenswert ist das **Ocoee Rafting Center & Café** in Ducktown am Hwy. 64 (www.ocoeeraftingcenter.com).

Chattanooga – „Tor zum Süden"

Schon die Indianer, besonders die hier lebenden Cherokee, hatten die strategisch günstige Lage von **Chattanooga** am **Tennessee River**, inmitten eines von den Appalachen gebildeten Kessels und mit einem wichtigen Pass nach Süden zu, erkannt. Wichtige Verbindungswege der Ureinwohner, darunter der **Great Indian Warpath**, und die letzte Hauptstadt der Cherokee vor ihrer Deportation ab 1838 befanden sich hier. 1815 hatte ein gewisser Daniel Ross einen Handelsstützpunkt mit Fährverbindung ins Leben gerufen, doch eine richtige Stadt war erst nach der Indianerdeportation entstanden. Sie entwickelte sich schnell zum Eisenbahnknotenpunkt.

Die strategische Bedeutung machte das „**Tor zum Süden**" während des Bürgerkrieges 1863/64 zum Zankapfel zwischen Nord und Süd und führte zu einigen der blutigsten Schlachten mit rund 34.000 Toten. Aus der **Battle of Chickamauga** waren die Konföderierten als Sieger hervorgegangen, doch die massiv aufgerüsteten Unionstruppen ließen nicht locker. In mehreren **Battles for Chattanooga**, darunter die *Battle Above the Clouds*, nach der die Union den Lookout Mountain einnehmen konnte, eroberte Unionsgeneral Bill Sherman die Stadt und begann von hier seinen berühmt-berüchtigten *March to the Sea*. Der **Chicamauga and Chattanooga National Military Park** (s. S. 522) wurde von Bürgerkriegsveteranen 1895 eingerichtet und erinnert eindrucksvoll an diese Ereignisse. Langsam erholte sich Chattanooga wieder, wurde zum Stahl- und Kohlezentrum und schließlich zum Standpunkt des Energieversorgers **Tennessee Valley Authority** (TVA), der heute neben Tourismus, Transportindustrie und Dienstleistungsgewerbe Hauptarbeitgeber der Region ist.

In der Innenstadt kann man getrost sein Auto stehen lassen, am besten am Choo-Choo-Bahnhof (1400 Market St.), von wo aus ein kostenloser Shuttlebus zur Riverfront verkehrt. Es war Glenn Millers Song „*Chattanooga Choo-Choo*“ (1941) für den Film „*Sun Valley Serenade*“, der die frühere Bedeutung der Stadt als Eisenbahnknotenpunkt ins Bewusstsein rückte und sie bekannt machte. Schon 1850 hatte die *Western & Atlantic Railroad* die erste Eisenbahn von Atlanta nach Chattanooga betrieben und wenig später war die *Nashville & Chattanooga Railroad* fertig gestellt worden. In der Glanzzeit des Eisenbahnzeitalters verkehrten hier täglich 68 Züge, doch seit 1970 herrscht Stille. Die **Chattanooga Choo-Choo & Terminal Station** (*1400 Market St.*), ein Bahnhofsgebäude, erbaut zwischen 1906 und 1909, konnte zum Glück vor dem Verfall gerettet werden und beherbergt heute ein Hotel mit Restaurants und Shops. Für Eisenbahnfans gibt es eine Modelleisenbahn-Ausstellung, eine Rundfahrt mit einer New Orleans Trolley (Straßenbahn) von 1924 sowie zahlreiche alte Wagen und Loks zu besichtigen. Im Sommer machen die Züge der **Tennessee Valley Railroad**/TNVR auf ihren einstündigen Rundfahrten auch hier Station (s. S. 521).

Chattanooga Choo-Choo

Der Endstopp des Shuttlebusses befindet sich an **Ross's Landing Park and Plaza**, direkt am **Tennessee River**. Die Parkanlage ist außergewöhnlich, da hier die Geschichte des Staates anhand verschiedener Mikrokosmen, durch unterschiedliche Pflasterungen und Bodenniveaus erläutert wird. Über den Fluss zur führt die **Walnut Street Bridge** von 1891, heute mit 720 m die längste Fußgängerbrücke der Welt, zur „North Shore“ und hier reihen sich Restaurants, Shops und die Anlegestelle des Chattanooga Star Riverboats auf. Ross's Landing und Brücke sind Teile des **Tennessee River Park**, ein attraktives Erholungsgebiet, das sich rund 30 km den Fluss östlich und westlich von Ross's Landing erstreckt.

Hauptattraktion an Ross's Landing ist das **Tennessee Aquarium**, das allein wegen seiner ungewöhnlichen Architektur als modernes Wahrzeichen der Stadt gilt. Die Besichtigung dieses **größten Süßwasseraquariums der Welt** beginnt im Hauptbau, unter dem Dach, im Wintergarten. Von dort wird der Besucher über mehrere Etagen durch verschiedene Regionen des rund

Super-Aquarium!

Chattanooga Lookout Mountain

1.000 km langen Tennessee River bis in die Mündungsregion des Mississippi geführt. Ein zweites Gebäude heißt *Ocean Journey* und widmet sich der Salzwasser Flora und Fauna. Hier gibt es auch einen Bereich, in dem Pinguine unter naturnahen Bedingungen leben sowie einen *Butterfly Garden* (Schmetterlinge).
Tennessee Aquarium, *Broad St., www.tnaqua.org, tgl. 10–18 Uhr, Aquarium $ 24,95, IMAX Theater $ 9,95, Bootstouren (River Gorge Explorer) $ 29, Behind-the-scenes-Tours u.a. Angebote.*

Nicht weit vom Aquarium entfernt befindet sich das **Hunter Museum of American Art**. Es beherbergt im eindrucksvollen Ambiente einer *Classical Revival*-Villa und in einem spektakulären Neubau von Randall Stout von 2005 eine beachtliche Sammlung amerikanischer Kunst des 19. und 20. Jh. 1904 errichtet für Ross Faxon, hatte die Witwe des Betreibers der ersten Coca-Cola-Abfüllanlage 1920 den Bau erworben. Ihr Neffe und Erbe George Thomas Hunter vermachte ihn zusammen mit dem Kern der Sammlung 1950 der *Chattanooga Art Association*.
Hunter Museum of American Art, *10 Bluff View, www.huntermuseum.org, Mo/Di/Fr/Sa 10–17, Mi/So 12–17, Do 10–20 Uhr, $ 9,95.*

i Zahnradbahn auf dem Lookout-Mountain

Auf den Lookout Mountain gelangt man auch mit der **Incline Railway**, einer Zahnradbahn von 1895, die auf 1,6 km Strecke 72,7 % Steigung überwindet und damit als steilste Strecke der Welt gilt.
Incline Railway, Parkplatz und Startpunkt: St. Elmo Ave. bzw. 827 E. Brow Rd., www.ridetheincline.com, tgl. 9–21.30 bzw. 9–18 Uhr im Winter, Roundtrip $ 14, versch. Kombitickets (mit Rock City/Ruby Falls).

Der **Lookout Mountain** mit dem **Point Park** gilt als Wahrzeichen der Stadt. Von hier oben bietet sich ein atemberaubender Blick auf die Stadt, auf das Tennessee-River-Tal und die Appalachen, außerdem versteht man nach Besuch des VC und des kleinen Museums die strategische Bedeutung dieses Platzes und seine Rolle im Bürgerkrieg besser.

Markanter Aussichtspunkt

Neben dem *Point Park* informiert das **Battles for Chattanooga Electric Map & Museum** mit einem dreidimensionalen Modell über die Bürgerkriegsschlachten ringsum. Der Lookout Mountain ist aber auch ein Naturareal mit Attraktionen wie den **Rock City Gardens**, den **Ruby Falls** oder dem **Chattanooga Nature Center** (ausgeschilderter Scenic Highway).

Chickamauga & Chattonooga Nat. Military Park, *Lookout Mountain Battlefield VC, E. Brow Rd., www.nps.gov/chch, tgl. 9–17 Uhr, $ 3; Infos, Film zur „Battle of Lookout Mountain".*

Battles for Chattanooga Electric Map & Museum, *1110 E. Brow Rd., www.battlesforchattanooga.com, tgl. 9–18 bzw. 10–17 Uhr im Winter, $ 8.*

Rock City Gardens, *1400 Patten Rd., www.seerockcity.com, tgl. 8.30–17 Uhr, $ 18,95.*

Ruby Falls, *1720 S. Scenic Hwy., www.rubyfalls.com, einstünd. Touren 8–20 Uhr, $ 17,95, auch Kombis mit Rock City: $ 33.90.*

Chattanooga Nature Center, *400 Garden Rd., www.chattanooganature center.org, Mo–Sa 9–17, So (Apr.–Okt.) 13–17 Uhr, $ 8.*

Reisepraktische Informationen Chattanooga/TN

Information

Chattanooga VC, *215 Broad St., www.chattanoogafun.com, tgl. 9–17 Uhr; Infos und Hilfe aller Art.*

Nahverkeh und Touren

*Kostenloser **Shuttle-Busverkehr** zwischen Chattanooga Choo-Choo (Parkplätze) und Riverfront, Mo–Do 10–19, Fr–So 10–20.30 bzw. Mo–So 10–19 Uhr.*

Tennessee Valley Railroad, *4119 Cromwell Rd., www.tvrail.com; tgl. im Sommer Fahrten mit historischen Zügen, ab $ 15.*

Unterkunft

Bluff View Inn *$$$, 411 E. 2nd St., ☏ (423) 265-5033, www.bluffview inn.com; malerisch am Fluss im Art District gelegen, 16 Zimmer in drei schönen Gebäuden von etwa 1900.*

Sheraton Read House Hotel *$$$, 827 Broad St., ☏ (423) 266-4121, www. readhousehotel.com; vorbildhaft restauriertes Hotel aus dem 19. Jh., in dem schon Berühmtheiten wie Winston Churchill, Gary Cooper oder Al Capone abgestiegen sind; schöne Zimmer und gute Lage.*

Chattanooga Choo Choo *$$$–$$$$, 1400 Market St., ☏ (423) 266-5000, www.choochoo.com; außer normalen Hotelzimmern im umgebauten, ehemaligen Bahnhof werden Schlafwagenabteile in alten Eisenbahnwaggons auf Schienen angeboten.*

Restaurants

***Back Inn Café**, 412 E. 2nd St.; italienisch angehauchtes Bistro in einem historischen Gebäude am Fluss.*

***Big River Grille & Brewing Works**, 222 Broad St., nahe dem Aquarium. Dieses gemütliche Lokal lohnt wegen des hausgebrauten Biers und des handfesten Essens.*

Einkaufen

***Hamilton Place**, 2100 Hamilton Place Blvd. (I-75 Exit 4A oder Exit 5); größte Shopping Mall in Tennessee: www.hamiltonplace.com.*

***Prime Outlets at Warehouse Row**, 1110 Market St.; mehr als 40 preiswerte (Designer-)Shops in einem alten Lagerhaus.*

In den Georgia Mountains

An der südlichen Stadtgrenze von Chattanooga, auf dem Lookout Mountain, beginnt Georgia. Im Norden dieses Staates erstrecken sich die Ausläufer der Appalachen, die **Georgia Mountains**. Die Bergregion gliedert sich in einen östlichen Teil, der primär zur Erholung dient – besonders um das „bayerische" **Helen** –, früher jedoch von der Holzindustrie abhing und 1828 um **Dahlonega** den ersten richtigen Goldrausch der USA erlebte. Der Westteil war das Siedlungszentrum der Creek- und Cherokee-Indianer. Mitten durch das Areal verlief seit jeher eine wichtige Verbindungsstrecke nach Atlanta bzw. dem Süden; heute entspricht diese der Autobahn I-75.

„March to the Sea"

Kaum hat man Tennessee verlassen, stößt man im **Chickamauga & Chattanooga National Military Park** erneut auf Spuren des Bürgerkriegs. Es handelt sich um den größten und ältesten Militärpark der USA. An dieser Stelle nahm der Vernichtungszug von Unionsgeneral W. Sherman über Atlanta an die Küste, der **March to the Sea**, seinen Ausgang.
Chickamauga & Chattanooga NMP, *Hwy 27, I-75, Exit 141, 3370 Lafayette Rd., südl. Fort Oglethorpe/GA, www.nps.gov/chch, VC tgl. 8.30–17 Uhr, frei, mit Museum und Cravens House; verschiedene Veranstaltungen im Sommer.*

Nur rund 40 km nordwestlich von Atlanta liegt mit dem **Kennesaw Mountain National Battlefield Park** ein weiterer Militärpark, der an die Spuren der Verwüstung durch Sherman und die Verteidigung der Südstaatenmetropole Atlanta erinnert. Am **Kennesaw Mountain** hatten die Südstaatentruppen im Sommer 1864 ein Bollwerk errichtet um den Vormarsch der Unionstruppen unter General William „Tecumseh" Sherman zu stoppen. Trotz erbitterten Widerstands konnten die Konföderierten die überlegenen Unionstruppen am Ende nicht aufhalten. Atlanta konnte gerade noch evakuiert werden, ehe die Union die Stadt in Schutt und Asche legte.
Kennesaw Mountain NBP, *I-75, Exit 116/Hwy 41, www.nps.gov/kemo, VC tgl. 8.30– mind. 17 Uhr, $ 2 für Shuttle am Wochenende (Zufahrt zum Berg für Pkw am Wochenende gesperrt).*

Die Küstenroute von North Carolina (New Bern) nach Georgia

Hinweis zur Route

Die nachfolgend beschriebene Küstenroute beginnt in New Bern und folgt dem US Hwy. 17 der Küste entlang über Wilmington/NC und Charleston/SC nach Savannah und die Golden Isles in Georgia. Von dort führt dann die Hauptroute ins Landesinnere über Macon nach Atlanta. Wer mehr Zeit hat und einen Florida-(Bade-)Urlaub anschließen möchte, findet am Ende dieses Kapitels Hinweise auf die Küstenroute. Ausführliche Informationen dazu gibt es im **Iwanowski's Reisehandbuch Florida**.

Redaktionstipps

Sehens- und Erlebenswertes

- Den Historic District von **Wilmington** (S. 524) durchstreifen.
- Stadtrundgang durch **Charleston** (S. 533).
- Den einstigen Wohlstand der Plantagenbesitzer in den **Villen um Charleston** (S. 538) kennen lernen.
- In **Savannah** (S. 548) von Platz zu Platz schlendern.
- Bei einem Bootstrip durch den **Okefenokee Swamp** (S. 555) die Alligatoren grüßen.

Restaurants/Einkaufen

- Über **Charlestons City Market** (S. 534) bummeln.
- In **Mrs. Wilkes Dining Room** in Savannah zu Mittag essen und am Abend an der Riverfront (S. 547) einen Drink einnehmen.
- Auf **Tybee Island** (S. 550) Seafood vom Feinsten genießen.

Unterkunft

- In den alten Südstaatenmetropolen **Charleston** oder **Savannah** in einem der historischen Hotels oder B&Bs übernachten (S. 541 und S. 551).
- Auf den **Golden Isles** (S. 553) ein paar erholsame Tage verbringen und sich auf Little St. Simons, in The Cloister oder im Jekyll Island Club einquartieren.

Von New Bern nach Charleston

Die Küstenregion zwischen New Bern und der Grenze zu South Carolina heißt **Cape Fear Coast**. Im Mittelpunkt liegt das zwei Autostunden (ca. 145 km) von New Bern entfernte **Wilmington** und die durch den Intracoastal Waterway abgetrennten vorgelagerten Inseln **Wrightsville Beach** und **Pleasure Island**. Auch reine Naturgebiete wie Masonboro Island oder Zeke's Island gehören zur Cape Fear Coast, die ihren Namen wegen der gefährlichen Strömungen und der konstanten Hurricane-Gefahr erhielt. Dennoch gilt die Küste North Carolinas als beliebtes Urlaubsziel für Familien.

Wilmington

Das Hafenstädtchen, in dem heute rund 106.000 Menschen leben, wurde 1732 gegründet. Es gibt Historiker, die behaupten, dass die Kolonie sogar

schon 1664 entstanden sei und damit älter als Charleston ist, doch das ist umstritten. Wilmington ist seit jeher der **Haupthafen North Carolinas** und blickt auf eine bewegte Geschichte zurück. Im Jahre 1765, bereits acht Jahre vor der Boston Tea Party, widersetzten sich die Bürger Wilmingtons der Besteuerung von Gütern und 1781 nutzten die Briten unter Kommandant Cornwallis die Stadt als Operationsbasis im Unabhängigkeitskrieg.

Im Bürgerkrieg wurde Wilmington zum wichtigen Anlaufpunkt für Blockadebrecher, Boote, die zu Versorgungszwecken die Seeblockade der Nordstaatler zu durchbrechen versuchten, ehe der Hafen 1865 als letzter an die Unionstruppen fiel. Nach dem Krieg erholte sich die Stadt schnell, vor allem dank des Hafens, der bis heute neben Tourismus und Filmindustrie, Universität und medizinischen Institutionen ein wichtiger Wirtschaftsfaktor ist. Wilmington ist nicht nur stolz auf viele **große Persönlichkeiten**, die hier zu Hause waren – z.B. Basketball-Superstar Michael Jordan, Sammy Davis, Minnie Evans, Woodrow Wilson –, sondern auch auf seine mehr als 230 registrierten **historischen Bauten**.

Im Zentrum der historischen Altstadt steht die **City Hall** und die 1855–58 im *Greek Revival Style* erbaute und nach aufwändiger Renovierung 2010 neu eröffnete **Thalian Hall** (*102 N. 3rd St., www.thalianhall.com*), heute ein prächtiges Theater. Die alte Baumwollbörse, **Cotton Exchange**, an der Front St., und **Chandler's Wharf** (*2 Ann St.*) befinden sich im Hafenviertel an der Riverfront mit schöner Promenade. Bei beiden Bauten handelt es sich um restaurierte ehemalige Lagerhauskomplexe, in denen Restaurants und Geschäfte zum Bummeln und Verweilen einladen.

Blick auf die Hafenstadt Wilmington

Es gibt zahlreiche zur Besichtigung geöffnete Privathäuser, die vom einstigen Wohlstand der Hafenstadt zeugen, z.B. das **Burgwin-Wright Museum House & Gardens** aus der Kolonialzeit (um 1770). Es wurde im schlichten georgianischen Stil über den massiven Fundamenten des alten Stadtgefängnisses erbaut und ist von einer sehenswerten Gartenanlage umgeben. Das **Latimer House Museum** entstand 1852 im Auftrag einer reichen Wilmingtoner Händlerfamilie im Italianate-Revival-Stil; es dient heute als Archiv und Sitz der *Cape Fear Historical Society*. Die **Bellamy Mansion** von 1859 (Greek Revival) schließlich beherbergt das vielseitige **Museum of History & Design Arts**.

Garten-anlage

Burgwin-Wright Museum House&Gardens, *224 Market St., www.burgwinwrighthouse.com, Touren Di–Sa 10–16 Uhr, $ 10.*
Latimer House Museum, *126 S. 3rd St., http://hslcf.org, Mo–Sa 10.30–15.30, $ 10, Kombiticket für alle Häuser $ 24.*
Bellamy Mansion, *503 Market St., www.bellamymansion.org; Di–Sa 10–17, So 13–17 Uhr, stündl. Touren $ 10.*

Im Norden des Stadtzentrums lohnt schließlich das **Cape Fear Museum of History & Science** einen Besuch. In diesem 1898 gegründeten Museum erhält man einen guten Einblick in die regionale Geschichte, Geografie, Flora und Fauna.
Cape Fear Museum of History & Science, *814 Market St., www.capefearmuseum.com, Di–Sa 9–17, So 13–17 Uhr, HS auch Mo, $ 7.*

Den Abschluss der Besichtigung bildet das **U.S.S. North Carolina Battleship Memorial**. Das Kriegsschiff, das von 1942 bis 1945 im Pazifik kreuzte,

Drachen-Festival am Wrightsville Beach

galt als schnellstes Schlachtschiff der US Navy. Dass es nicht, wie geplant, auf dem Schrottplatz landete, sondern heute besichtigt werden kann, ist der Privatinitiative einer Gruppe Wilmingtoner Bürger zu verdanken.

U.S.S. North Carolina Battleship Memorial, *ab US Hwy. 17, am Cape Fear River, www.battleshipnc.com, HS tgl. 8–20, NS 8–17 Uhr, $ 12.*

Der Großraum Wilmington besteht aus mehreren Strandkommunen, so wie **Carolina Beach** und **Kure Beach** auf **Pleasure Island** (via Hwy. 421), einer größeren, der Küste vorgelagerten Insel. Sie ist als Erholungs- und Ferienziel beliebt und entlang dem Hwy. 421 reihen sich zahlreiche H/Motels und Ferienhäuser auf, Bootsausflüge werden angeboten und es gibt einige Vergnügungsparks. In **Kure Beach** laden gleich zwei wichtige Sights ein: das **North Carolina Aquarium** und das **Fort Fisher State Historic Site & Museum**. Die 1862 errichtete Befestigungsanlage, bestehend aus *Civil War Museum* und *Battlefield*, diente bis zur Einnahme durch die Unionstruppen 1865 als Bollwerk, als letzter Haupthafen der Konföderierten und Heimat der „Blockade Runner".

North Carolina Aquarium, *Hwy. 421, ca. 25 km südl. Wilmington, ausgeschildert, www.ncaquariums.com, tgl. 9–17 Uhr, $ 8.*

Fort Fisher State Historic Site & Museum, *Hwy. 421, VC mit kleiner Ausstellung und Film zur Geschichte des Forts, www.nchistoricsites.org; Mo–Sa 9–17, So 13–17 Uhr, in der NS Di–Sa 9–17 Uhr, frei.*

In **Wrightsville Beach**, 17 km östlich von Wilmington (Hwy. 74/76), befinden sich neben dem rund 8 km langen paradiesisch weißen Sandstrand die **Airlie Gardens**. Diese schöne Gartenanlage war um 1900 von R. A. Topel, dem Gärtner von Kaiser Wilhelm, begonnen und 1933 vollendet worden.

Airlie Gardens, *300 Airlie Rd., www.airliegardens.org, tgl. 9–17 Uhr, in der NS So geschl., $ 5.*

Reisepraktische Informationen Wilmington/NC

Information

***Wilmington/Cape Fear Coast CVB**, 505 Nutt St., www.wilmingtonandbeaches.com, Mo–Fr 8.30–17, Sa 9–16, So 13–16 Uhr, außerdem im Sommer Infostand an der Riverfront, Market/Water St., 9–17 Uhr.*

Touren

***Cape Fear Riverboats**, ab Riverfront Park (Market/Water St.), www.cfrboats.com; Bootsfahrten mit der Henrietta III. auf dem Cape Fear River.*
***Wilmington Adventure Tour**, Apr.–Okt., tgl. 10 Uhr ab Market/Water St., ☏ (910) 763-1785, $ 10. Spaziergänge durch die Altstadt mit dem stadtbekannten Original Bob Jenkins.*

Unterkunft

***Blockade Runner Resort Beach Resort** $$$, Wrightsville Beach Island, 275 Waynick Blvd., ☏ (910) 256-2251, www.blockade-runner.com; modernes Resort-Hotel mit viel Luxus und in traumhafter Lage direkt am Atlantik; ausgezeichnetes Restaurant zugehörig.*
***Graystone Inn** $$$$, 100 S. 3rd St., ☏ (910) 763-2000, www.graystoneinn.com; geräumiges, elegantes Greek Revival-Haus mit sieben geräumigen und geschmackvoll ausgestatteten großen Zimmern. Hervorragendes Frühstück im Dining Room serviert.*

Restaurants / Einkaufen

***Chandler's Wharf** (Ann/Water St.) sowie das Areal um Front/3rd/Market St. sind ideal zum Bummeln und Essen. Auch in die alten Warehouses in der Water St. sind Shops, Cafés und Kneipen eingezogen.*
*Die **Cotton Exchange** (321 N. Front St.) besteht aus acht miteinander verbundenen historischen Gebäuden und beinhaltet Shops, Cafés und Lokale.*
*An der **Front St.** reihen sich Shops, Kneipen und Cafés auf wie die **Dock Street Oyster Bar** oder die **Front Street Brewery**.*
***The Oceanic**, 703 S. Lumina Ave., Wrightsville Beach, ☏ (901) 256-5551; direkt am Wasser gelegenes Restaurant mit tollem Ausblick und hervorragenden Fischgerichten.*

Veranstaltungstipp

*Das seit 1948 stattfindende **Azalea Festival** (Anf. Apr.), mit Parade, Straßenfest, Konzerten, Home&Garden-Tour, Umzug, Feuerwerk und anderen Veranstaltungen gehört zu den Top 100 Festivals der USA (Infos: www.ncazaleafestival.org)*

Grand Strand – die Küste South Carolinas

Trubel am Grand Strand

Weiter nach South Carolina geht es auf dem US Hwy. 17. Bereits an die Strände Floridas erinnert der gut 100 km lange **Grand Strand**. Dieser Küstenabschnitt von South Carolina, der sich von der Grenze North Carolinas bis etwa Georgetown/SC erstreckt, ist seit 1901, als das erste Hotel, das *Seaside Inn*, eröffnet wurde, eines der beliebtesten **Ferienziele für Pauschaltouristen**. Besonders in den 1980er Jahren erlebte der Strand enormen Zulauf und Infrastruktur und Freizeitangebot sind entsprechend gut ausgebaut.

Es gibt schönere und vor allem ruhigere Orte als das Zentrum des Grand Strand, **Myrtle Beach**. An manchen Wochenenden tummeln sich über 300.000 Besucher auf engstem Raum. Braun gebrannte Strandnixen, bodygestylte Jünglinge und röhrende Harleys prägen das Bild, Strandartikel- und Souvenirshops, Amusement- und Water-Parks, Minigolfwelten und Wedding Chapels, Lokale und Resorthotels reihen sich fast lückenlos aneinander.

Die einzige Attraktion sind die 30 km südlich Myrtle Beach gelegenen **Brookgreen Gardens**. Sie befinden sich im **Huntington Beach SP** und bieten willkommene Abwechslung zum Strandtrubel. Vor gut 50 Jahren wurde als Teil der Gardens das **Garden Museum of American Sculpture** nach dem Vorbild englischer Landschaftsgärten des mittleren 18. Jh. von dem Eisenbahn-Erben Archer M. Huntington und seiner Frau, der Bildhauerin Anna Hyatt Huntington, auf einer ehemaligen Reis- und Indigoplantage angelegt. Zwischen altem Baumbestand und exotischen Pflanzen sind über 500 Skulpturen amerikanischer Künstler verteilt.
Brookgreen Gardens, *US Hwy. 17, ausgeschildert, www.brookgreen.org, tgl. 9.30–17 Uhr, $ 14.*

Reiszentrum

Das südlich von Myrtle Beach gelegene Städtchen **Georgetown** mit etwa 9.100 EW verfügt über einen Hafen mit langer Tradition. 1526 hatten die Spanier angelegt, gegründet wurde die Stadt jedoch erst 1734, benannt wurde sie nach dem englischen King George II. Von der Blüte der Stadt, die erst dem Indigo-, dann dem Reisanbau zu verdanken war, zeugen noch etliche gut erhaltene und architektonisch sehenswerte **Antebellum-Häuser**. Dass sich hier einst ein Zentrum des Reisanbaus befand und um 1840 in Georgetown fast die Hälfte des gesamten amerikanischen Reis produziert wurde, erfährt man im hochinteressanten **Rice Museum**.
Rice Museum, *633 Front St., www.ricemuseum.org, Mo–Sa 10–16.30 Uhr, $ 7.*

Wie viel Geld mit diesem Geschäft zu verdienen war, zeigen im Umkreis der Stadt zwei prächtige Plantagen: rund 20 km südlich die **Hopsewee Plantation** mit dem 1740 erbauten Geburtshaus von Thomas Lynch Jr., einem Unterzeichner der *Declaration of Independence*. 4 km weiter südlich, in Mc Clellanville, liegt die **Hampton Plantation State Historic Site** am Santee River, eine prächtige Villa im Greek-Revival-Stil deren Kern aus den 1740er Jahren stammt.
Hopsewee Plantation, *494 Hopsewee Rd., ab US Hwy 17, www.hopsewee.com, Feb.–Nov. Di–Fr 10–16, Sa 12–16 Uhr, $ 17,50 Touren.*
Hampton Plantation, *1950 Rudledge Rd., www.southcarolinaparks.com, Gelände tgl. 9–17, Haustouren Sa–Di 13, 14 und 15 Uhr, $ 7,50.*

Reisepraktische Informationen Grand Strand/SC

i Information

***Myrtle Beach Welcome Center**, 1200 N. Oak St., www.visitmyrtlebeach.com*
***Georgetown County**: www.hammockcoastsc.com*

Unterkunft

Am Grand Strand von **Myrtle Beach** *besteht an Unterkünften aller Art kein Mangel. Teils liegen sie direkt am Strand (***S. Ocean Blvd.***, konzentriert zwischen 29th und 3rd Ave. in Downtown, sowie nördlich am* **N. Ocean Blvd.***, zwischen 60 und 80th Ave., teils am US Hwy. 17 Bus (Kings Hwy.). Meist liegen die luxuriöseren Resorthotels direkt am Strand, die preiswerteren Motels hingegen in zweiter Reihe.*

Infos*: www.myrtlebeach.com/hotels*

Harbour House B&B *$$$$, 15 Cannon St., ☏ (843) 546-6532, www.harborhousebb.com; beschauliches Haus mit vier Zimmern, gutes Frühstück inklusive.*

Unterhaltung

Im „Number 1 Family Resort" existiert ein breites Angebot an Fun/Waterparks, Nightlife und Sport (Tennis/ Golf, Wassersport). Am meisten los ist im März, wenn die Studenten „Spring Break" (Ferien) haben. **Infos***: www.myrtlebeach.com/listings/myrtle-beach-things-to-do*

Charleston – „La Belle of the Old South"

Charleston mit seinen rund 122.000 Einwohnern liegt auf einer Halbinsel, die durch den Cooper River im Osten sowie den Ashley River im Westen begrenzt wird. Im Mündungsgebiet der beiden Flüsse ins Meer sicherte das historische Fort Sumter den strategisch günstig gelegenen, da geschützten Hafen.

Top-Reiseziel!

Beliebt: Touren mit der Kutsche durch die Altstadt

1670 von englischen Kolonisten, genauer, Aristokraten, angelegt, galt „*Charles Towne*" im 18. und frühen 19. Jh. als die **Kulturmetropole des neuen Kontinents**. Man nannte sie „**La Belle of the Old South**", die „Perle des Alten Südens", und bereits 1763 rühmte der Autor eines zeitgenössischen Reiseberichts, dass es „1.100 Wohnhäuser großteils von auffälligem Äußeren und elegant möbliert", gäbe. Noch heute kann man in Charleston nachvollziehen, welche Reichtümer die früheren Kaufleute durch Anbau und Handel mit Baumwolle, Reis und Indigo angehäuft hatten.

Die Stadt wirkt wie ein Verschnitt aus New Orleans, San Francisco, Barbados und Boston und zählt zu den beliebtesten Zielen an der südlichen Ostküste. Im Frühjahr, wenn Azaleen, Kamelien, Magnolien und Rhododendren in den zahlreichen Gärten und Parks blühen, bietet Charleston ein farbenprächtiges Bild. Kein Wunder, dass der Tourismus neben der Landwirtschaft und dem Militär – Charleston ist Stützpunkt der *US Navy* sowie der *US Air Force* – eine wichtige Rolle spielt. **The Citadel** von 1842 genießt zudem hohes Ansehen als eine der staatlichen Militärhochschulen in den USA.
Dass Charleston heute als **architektonisches Freiluftmuseum** mit Bilderbuch-Architektur gilt, ist das Verdienst der **Historic Charleston Foundation** (*40 E. Bay St.*) und der **Preservation Society of Charleston** (*147 King St.*). 73 Häuser aus der Kolonialzeit, 136 aus dem späten 18. Jh. und 623 aus der Zeit vor 1840 sind noch erhalten; als ältestes gilt das *William Rhett House* aus der Kolonialzeit. Nach der Unabhängigkeit war Charleston eine der reichsten Städte der USA und der herrschende Luxus war immens. Dabei gaben sich die Häuser äußerlich eher schlicht und konzentrierte sich der Prunk im Inneren.

Historischer Überblick

Wie alles begann

Charleston zählt zu den **ältesten europäischen Ansiedlungen** auf dem neuen Kontinent. Die Gründung hängt mit einer Landschenkung durch König Charles II. von England im Jahre 1663 an acht seiner Freunde, die sogenannten Lord Proprietors, zusammen. Er vermachte ihnen den Landstreifen zwischen 29. und 36. Breitengrad, das Gebiet zwischen dem heutigen Virginia und Florida. Dass gerade der Abschnitt um das heutige Charleston besiedelt wurde, geht auf eine Entscheidung von Lord Anthony Ashley Cooper, Graf von Shaftesbury, zurück. Er ließ durch den berühmten Philosophen John Locke eine Verfassung für die Kolonie Carolina ausarbeiten, deren Ziel es war, ein begrenztes, elitär ausgerichtetes demokratisches System zu begründen, das auf Landbesitz und Sklavenhaltung basierte.

Die ersten 147 Siedler gelangten auf drei Schiffen zu Beginn des Jahres 1670 an das Westufer des die Halbinsel abtrennenden Flusses und nannten ihn **Ashley**; das Gebiet ringsum tauften sie nach einem ihrer Schiffe zunächst **Albermale Point**, später zu Ehren des Königs „**Charles Towne**". Etwa zehn Jahre später zogen sie dann auf die Halbinsel, in das Gebiet des heutigen Charleston, um. Ab 1730 regierte ein königlicher Gouverneur und von den Un-

den „Untertanen“ stand lediglich jenen ein gewisses Mitspracherecht zu, die der britischen Staatskirche angehörten und Land und Sklaven besaßen. In der Kolonie Carolina sollten ursprünglich jene Produkte angebaut werden, die im kühleren Norden von Amerika nicht gediehen, z.B. Zitrusfrüchte, Datteln, Feigen und Zuckerrohr. Doch die Erträge waren deprimierend und es waren letztendlich drei andere Anbauprodukte, die die Region reich machten: **Reis, Indigo** und **Baumwolle**.

Reis, Indigo und Baumwolle

Ganze Heere von Sklaven als billige Arbeitskräfte trugen dazu bei, dass sich Charleston zu der fünftgrößten Stadt Amerikas mit dem sechsfachen Pro-Kopf-Einkommen von New York entwickelte. Die Plantagenbesitzer waren zu enormem Reichtum gelangt und es hatte sich eine kulturell gebildete Oberschicht herausgebildet. Man ging auf „*Grand Tour*“ nach Europa und stu-

Historisches Flair in Charleston

dierte dort. Der Charlestoner Kaufmann Christopher Gadsden war einer der Ersten, der über eine Trennung vom Mutterland laut nachdachte. Er lenkte damit das Augenmerk der Engländer auf Charleston und in der Folge wurden Plantagen verwüstet, Häuser und Waffenlager geplündert und Vieh getötet. 1780 belagerten die Briten die Stadt, die sich wenig später ergeben musste, und zogen erst im Herbst 1782 wieder ab. Auch im Bürgerkrieg (1861–65) spielte Charleston eine – wenn auch nicht ruhmreiche – Rolle. Nachdem am 20. Dezember 1860 Politiker aus South Carolina in Charleston die **Ordinance of Secession** unterzeichnet und sich damit von der Union losgesprochen hatten, waren andere Südstaaten gefolgt. Die Beschießung und Eroberung der Festung **Fort Sumter** im Mündungsdelta, die als Stützpunkt der Unionstruppen diente, löste am **12. April 1861** den Krieg aus.

Nach dem Bürgerkrieg lag die einstige Metropole in Schutt und Asche und hatte ihre herausragende Stellung und ihren Reichtum verloren. Glücklicherweise fehlte das Geld, die im Bürgerkrieg beschädigten Gebäude abzureißen, man war „*too poor to paint, too proud to whitewash*" – zu arm, um gründlich zu renovieren, und zu stolz, um nur ein bisschen auszubessern. 1920 konnte eine energische und wohlhabende Dame namens Susan Pringle Frost die Misere nicht länger mit ansehen und beschloss, die Häuser an der Tradd St. renovieren zu lassen. Sie legte den Grundstein für die **Preservation Society of Charleston** (*1931), deren erste Großtat die Bewahrung des Joseph Manigault House (Meeting St.) vor dem Abriss war.

Rettung vor dem Verfall

1947 kam die **Historic Charleston Foundation** dazu und 1974 wurde ein **Inventory and Historic Preservation Plan** erstellt, der u.a. Instandhaltungspflicht und Verbot des Weiterverkaufs festhielt.

Rundgang durch die Innenstadt

Ein Auto ist zur Besichtigung der Innenstadt nicht nötig. Die Stadt ist leicht zu Fuß zu erkunden, außerdem gibt es Shuttlebusse ab dem Besucherzentrum, das als Ausgangspunkt ideal ist (mit großem Parkplatz und Haltestelle,

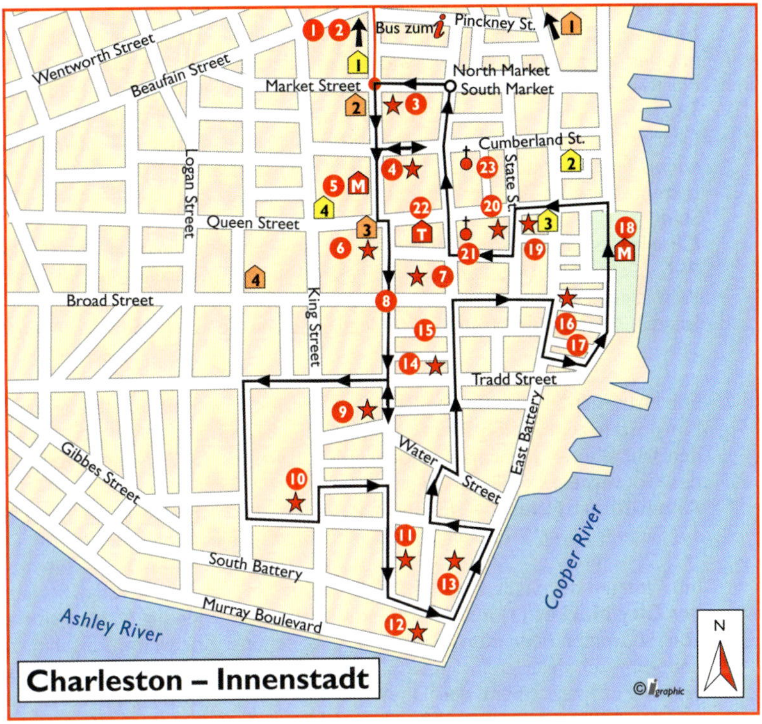

0 Sehenswürdigkeit

1 Charleston Museum und Manigault House
2 Aiken-Rhett House
3 City Market mit Market Hall
4 Powder Magazin
5 Gibbes Museum of Art
6 Hibernian Hall
7 Fireproof Building
8 Four Corners of Law
9 Nathaniel Russell House
10 Mike Brewton House
11 Calhoun Mansion
12 The Battery
13 Edmondston-Alston House
14 Heyward-Washington House
15 Cabbage Row
16 Old Exchange
17 Rainbow Row
18 Waterfront Park und South Carolina Aquarium
19 Thomas Elfe Workshop
20 Old Slave Mart
21 French Protestant (Huguenot)Church
22 Historic Dock Street Theater
23 St. Philip's Episcopal Church

0 Hotels

1 Maison Dupré
2 The Meeting Street Inn
3 The Mills House Hotel
4 John Rutledge House Inn

0 Restaurants

1 Hyman's Seafood Company
2 Robert's of Charleston
3 Southend Brewery Smokehouse
4 82 Queen Restaurant

i Informationsbüro mit Parkplätzen (Shuttle-Service)

Rundgang
Shuttle Bus

0 300 m

Ältestes Museum der USA

375 Meeting St.). Gleich gegenüber dem VC ist dann das **Charleston Museum (1)** der erste Stopp. Dieses älteste Museum der USA von 1773 – in einem neuen Baukomplex – widmet sich der Geschichte und Naturkunde der Region und der Stadt. Angeschlossen ist das **Joseph Manigault House**, 1803 von Gabriel Manigault (1758–1809) – dem führenden Architekten Charlestons und des Südens neben Robert Mills – erbaut und erstmals im *Adams Style* gestaltet. Joseph Manigault (1763–1843), der Bruder des Architekten, zählte als Besitzer einer Reisplantage zu den reichsten Männern der Stadt.

Charleston Museum, *360 Meeting St., www.charlestonmuseum.org, Mo–Sa 9–17, So 13–17 Uhr, $ 10, auch Kombitickets mit Manigault und Heyward-Washington House $ 16 bzw. 22.*

Joseph Manigault House, *350 Meeting St., Mo–Sa 10–17, So 13–17 Uhr, $ 10.*

Ehe man sich direkt ins Stadtzentrum begibt, lohnt ein Abstecher nach Nordosten, zum **Aiken-Rhett House (2)**. 1817 erbaut und in den folgenden Jahrzehnten mehrmals „modernisiert“, war es 1833–77 der Wohnsitz des Gouverneurs William Aiken.

Aiken-Rhett House, *48 Elizabeth St., www.historiccharleston.org, Mo–Sa 10–17, So 14–17 Uhr, $ 10, Kombitickets mit Nathaniel Russell House $ 16.*

Korbwaren ansehen

Im Zentrum der Stadt, zwischen S/N. Market, Meeting und East Bay St., liegt der **City Market (3)** mit der **Market Hall** an der Meeting St. Hier gibt es von Souvenirs über Kunsthandwerk, z.B. schöne Korbwaren, bis hin zu Lebensmittel vielerlei zu kaufen. Das Land war 1788 von Charles Cotesworth Pinckney, einem der Unterzeichner der Unabhängigkeitserklärung, mit der Auflage, hier einen öffentlichen Markt einzurichten, vermacht worden. Nach dem dominanten Hauptgebäude in Form eines griechischen Tempels entstanden zwischen 1804 und 1841 drei weitere Markthallen für Fleisch, Fisch, Gemüse und Obst; heute befinden sich hier Läden und Verkaufsstände. Im OG befindet sich das kleine **Confederate Museum**.

Confederate Museum, *188 Meeting St., www.csa-scla.org/articles/ConfederateMuseum.htm, Di–Sa 11–15.30 Uhr, $ 5.*

Die Meeting St. verläuft vom Marktareal in die Altstadt. Etwas abseits, in der Cumberland St., steht das älteste öffentliche Gebäude der Stadt: das **Powder Magazin (4)** von 1713. Es hatte während des Unabhängigkeitskrieges als Munitionsdepot gedient und beherbergt heute ein historisches Museum. Das **Gibbes Museum of Art (5)** war 1905 gegründet worden und zeigt neben Meisterwerken aus den Südstaaten, darunter beachtlichen 300 Miniaturporträts von Charles Fraser, auch qualitätvolle japanische Drucke.

Powder Magazin, *79 Cumberland St., www.powdermag.org, Mo–Sa 10–16, So 13–16 Uhr, $ 2.*

Gibbes Museum of Art, *135 Meeting St., www.gibbesmuseum.org, Di–Sa 10–17, So 13–17 Uhr, $ 9.*

Gegenüber dem Museum liegt die **Circular Congregational Church**, 1806 von Robert Mills als Rundbau errichtet. 1861 bei einem Feuer beschädigt, wurde sie 30 Jahre später renoviert. Gleichermaßen unübersehbar: die schräg gegenüber liegende **Hibernian Hall** (*105 Meeting St.*) **(6)**. 1839/40 als Clubhaus für irische Einwanderer erbaut, gilt sie mit ihrer zweistöckigen dorischen Säulenhalle als Prototyp des *Greek Revival Style*. Der wohl auffälligste Bau von Charleston ist das **Fireproof Building (7)** (*100 Meeting/ Chalmers St.*), Sitz der **South Carolina Historical Society** (www.southcarolinahistoricalsociety.org) mit Bibliothek. Revolutionär war, dass dieser von Mills im Auftrag der Stadtverwaltung zwischen 1822 und 1826 errichtete Archivbau als komplett brandsicher galt.

An der Kreuzung Meeting/ Broad St. befand sich einst das wirtschaftliche Zentrum der Stadt und dieses wurde durch vier Gebäude markiert. An den „**Four Corners of Law**“ **(8)** – ein von der lokalen Autorin A. Ripley in ihrem Roman „Believe it or not“ geprägter Begriff – sind die vier Gewalten vertreten: die städtische, die Bezirks- und die Bundes-Verwaltung sowie die Kirche. Vom Markt her kommend, erhebt sich rechter Hand das **Charleston County Courthouse**, um 1760 erbaut, 1788 abgebrannt und neu errichtet.

Gegenüber, am Washington Square, dann die **City Hall** (*80 Broad St.*), die 1801 als „*The First Bank of the United States*“ von Gabriel Manigault erbaut worden war, doch ab 1818 als Rathaus diente. 1752–61 entstand an der Südostecke die **St. Michael's Episcopal Church** als zweite Kirche der Stadt. Die Uhr (1764) auf dem 57 m hohen Turm funktioniert noch heute.

Unterwegs in Charleston

Das **U.S. Courthouse and Post Office** von 1886 bildet schließlich den vierten Teil.

Das äußerlich schlichte **Nathaniel Russell House** (**9**) gilt innen als eines der besten Beispiele für den *Adam*-Stil. Es wurde 1809 für den Kaufmann N. Russell aus Rhode Island für die damals utopische Summe von $ 80.000 erbaut. Schon damals schwärmte ein Zeitgenosse, dass das Haus „*beyond all comparison, the finest establishment in Charleston*" sei.
Nathaniel Russell House, *51 Meeting St., www.historiccharleston.org, Mo–Sa 10–17, So 14–17 Uhr, $ 10, kombiniert mit Aiken-Rhett House $ 16.*

National Historic District

Einen Rundgang über die Tradd, Legare, Lamboll, King und Ladsdon zurück zur Meeting St. gibt Einblick in die Blütezeit der Stadt. Der seit 1966 ausgewiesene **National Historic District** ist eines der Aushängeschilder Charlestons. Höhepunkt auf der Route ist das **Mile Brewton House** (**10**) (*27 King St.*), eines der schönsten Antebellum-Häuser der Stadt von 1765, das nicht besichtigt werden kann. Die **Calhoun Mansion** (**11**) gilt als Beispiel für die „Spätzeit" der Stadt. Das Haus war erst nach dem Bürgerkrieg, bereits zu Zeiten des wirtschaftlichen Niedergangs im viktorianischen Stil erbaut worden. Umso erstaunlicher sind die Dimensionen – 5 m hohe Innenräume, ein 15 m hoher Ballsaal sowie ein fast 25 m hohes Treppenhaus – und der Prunk.
Calhoun Mansion, *16 Meeting St., www.calhounmansion.net, Touren tgl. 11–17 Uhr, $ 15.*

Wenige Schritte von der Calhoun Mansion ist die Südspitze Charlestons, am Zusammenfluss von Ashley und Cooper River, erreicht. **The Battery** (**12**), wie die „gute Stube" der Stadt genannt wird, besteht aus einer Grünanlage mit alten, Schatten spendenden Bäumen und farbprächtigen Azaleen. Zu sehen sind noch Nachbauten jener Kanonen, die das gegenüberliegende Fort Sumter einst unter Beschuss nahmen und damit 1861 den Bürgerkrieg auslösten. Vorbei an beeindruckenden Stadtvillen entlang der East Bay St. – allesamt nach 1820 entstanden – erreicht man das **Edmondston-Alston House** (**13**). Der Kaufmann und Werftbesitzer Charles Edmonston hatte diese Villa 1838 William Alston, einem reichen Reisplantagen-Besitzer, abgekauft und im Greek-Revival-Stil „modernisiert". Abgesehen von Dokumenten, Porträts, zeitgenössischen Möbeln, Silber und Porzellan offenbart sich besonders in der großen Bibliothek das hohe Bildungsniveau der Besitzer.
Edmondston-Alston House, *21 East Battery, www.edmondstonalston.com, Di–Sa 10–16.30, So–Mo 13.30–16.30 Uhr, $ 12.*

Biegt man nach dem Haus in die Atlantic St. ein und folgt der Church St. weiter nordwärts, fällt an der Kreuzung zur Tradd St. und in den umliegenden Gassen ein Wandel auf: Hier offenbart sich der ursprüngliche dörfliche Charakter der Stadt. Das **Heyward-Washington House** (**14**) wurde 1770 im Auftrag des Plantagenbesitzers Daniel Heyward erbaut und entspricht dem Typus des verbreiteten Charlestoner Doppelhauses mit zentraler Halle und je zwei Räumen zu beiden Seiten. Sein Sohn Thomas, Mitunterzeichner der Unabhängigkeitserklärung, zog 1772–94 ein und zeitweise lebte hier sogar George Washington. Das Ambiente – mit Zypressenholz getäfelte Wände und erlesene Möbel – legen erneut Zeugnis von der Wohnkultur Ende des 18. Jh. ab. Ein Nachfahre der Heywards war der Autor Du Boise Heyward, Autor von *„Porgy"*, jenem Stück, das George Gershwin als Vorlage für seine Oper *„Porgy and Bess"* benutzte. Vorbild für die fiktive *„Catfish Row"* war der sich dem Haus anschließende Gebäudekomplex – die **Cabbage Row (15)** *(89–91 Church St.)*.

Luxuriöse Wohnkultur

Heyward-Washington House, *87 Church St., www.charlestonmuseum.org, Mo–Sa 10–17, So 13–17 Uhr, $ 10, auch Kombi mit Charleston Museum und Manigault House $ 16 bzw. 22.*

Zurück auf der Broad St. geht es Richtung East Bay, zur **Old Exchange and Provost Dungeon (16)**. 1767–71 im palladianischen Stil als Zollhaus erbaut, fand hier 1774 die Wahl der Abgeordneten South Carolinas für den ersten *Continental Congress* und 1787 die Ratifizierung der US-Verfassung statt. Im ehemaligen Gefängnis im UG befindet sich heute ein historisches Wachsfiguren-Museum.

Old Exchange and Provost Dungeon, *122 East Bay St., www.oldexchange.com, tgl. 9–17 Uhr, $ 8, Kombi mit Old Slave Mart $ 13.*

Die nahe **Rainbow Row (17)** *(83–107 East Bay St.)* ist Teil des alten Hafenviertels. Die 14 ab 1740 entlang der Waterfront entstandenen Häuser sind wegen ihrer pastellfarbenen Fassaden besonders fotogen. Durch eine der gepflasterten Gassen des alten Hafenviertels, vorbei an den alten Häusern, in denen die Leute einst über ihren Geschäften wohnten, erreicht man die Hafenpromenade. Entlang dem Ufer des Cooper River erstreckt sich eine Grünfläche, der **Waterfront Park (18)**, mit Pier, Picknick- und Spielplätzen und Blick auf Mount Pleasant. Hauptattraktion ist hier das **South Carolina Aquarium**, das Einblick in das Leben im Atlantik, aber auch in andere Ökosysteme der Region gewährt.

Im Hafenviertel

South Carolina Aquarium, *350 Concord St., www.scaquarium.org, tgl. 9–16 bzw. 17, So ab 12 Uhr, $ 24,95.*

Nach dem Einbiegen in die Queen St. – gepflastert mit Steinen die auf entladenen Schiffen als Ballast dienten – steht auf Nr. 54 der **Thomas Elfe Workshop (19)** von 1760, die Werkstatt des gleichnamigen Tischlers (nicht besichtigbar). Der nahe **Old Slave Mart – Museum and Gallery (20)**, wo bis zum Bürgerkrieg Sklavenversteigerungen stattfanden, liefert anhand von alten Dokumenten, persönlichen Besitztümern u.a. Relikten Informationen über Sklavenhalterei und afroamerikanische Kultur.

Old Slave Mart – Museum and Gallery, *6 Chalmers St., www.nps.gov/nr/travel/charleston/osm.htm, Mo–Sa 9–17 Uhr, $ 7, mit Old Exchange $ 13.*

An der Ecke Church/Queen St. steht der wichtigste Kirchenbau der Stadt: die **French Protestant (Huguenot) Church (21)**. Hugenotten, die bereits ab dem späten 17. Jh. auf der Suche nach Religionsfreiheit zugewandert waren, hatten sich hier 1844/45 ein Gotteshaus im *Gothic Revival Style* erbauen lassen. Gegenüber eröffnete am 12. Februar 1736 das erste Theater Nordamerikas, das **Historic Dock Street Theater (22)** (*135 Church St.*), das im Laufe der Geschichte unterschiedliche Aufgaben erfüllt. Es diente in der ersten Hälfte des 19. Jh. sogar als „Planter's Hotel". 2007–10 wurde der Bau renoviert und wieder als Theater eröffnet (Infos und Tickets: www.charlestonstage.com).

Kirche und Theater

Bei der **St. Philip's Episcopal Church (23)** handelt es sich um die Mutterkirche der Provinz. Das ursprüngliche Gebäude dieser ersten anglikanischen Gemeinde in den Carolinas von 1681 war noch aus Holz gewesen, das jetzige Steingebäude stammt von Joseph Hyde (1835–38). Auf dem Friedhof liegen viele berühmte Söhne der Stadt begraben, u.a. C. Calhoun, E. Rudledge, DuBoise Heyward.

Luxuriöse Herrenhäuser

Prachtvolle Herrenhäuser

Im Umland von Charleston reihte sich einst eine riesige **Plantage** an die nächste, entstanden ab der Mitte des 18. Jh. bis zum Bürgerkrieg. Die **luxuriösen Herrenhäuser** wurden im 20. Jh. restauriert und öffentlich zugänglich gemacht. Je nach Interesse und Zeit sollte man sich ein oder zwei der nicht eben preiswerten „Paläste" mit ihren prachtvollen Gartenanlagen ansehen. Hier wohnten die Plantagenbesitzer während der Wintermonate, während sie im Sommer das Leben in der luftigeren und insektenärmeren Hafenstadt vorzogen. Familien sollten zuvor die stadtnahe **Charles Town Landing State Historic Site**, eine Mischung aus Vergnügungspark, Zoo, Botanischem Garten und Living History Museum, besuchen.

Charles Town Landing State Historic Site, *I-26 Exit 216, dann Hwy. 7 und 171, http://southcarolinaparks.com/ctl/introduction.aspx, tgl. 9–17 Uhr, $ 7,50.*

Hochherrschaftlicher Luxus: Boone Hall Plantation

Drayton Hall, 15 km nordwestlich von Charleston, ist das architektonisch sehenswerteste der Plantagenhäuser, obwohl im Inneren unmöbliert. 1738–42 erbaut, gilt es zudem als das älteste Beispiel früher Kolonialarchitektur. Angloamerikanische Architekturelemente ver-

schmelzen hier mit italienischen Vorbildern, heimische Baustoffe mit teuer importierten Materialien wie englischem Kalkstein oder westindischem Mahagoniholz.
Drayton Hall, *3380 Ashely River Rd./ Hwy 61, www.draytonhall.org, Mo–Sa 9–15.30, So 11.30–15.30 Uhr, stündlich Touren, $ 18.*

Die **Magnolia Plantation & Gardens** entstanden ab 1670 und liegt wenige Kilometer weiter nördlich. Das 1680 erbaute Haus brannte ab und ein Nachfolgerbau wurde am Ende des amerikanischen Bürgerkrieges zerstört. Die bereits von den Besitzern angelegten Gärten blieben weitgehend unversehrt und bilden den Kern eines berühmten Botanischen Gartens.
Magnolia Plantation & Gardens, *3550 Ashley River Rd./Hwy. 61, www.magnoliaplantation.com, tgl. 8–17.30, NS 9–16.30 Uhr, $ 15, $ 8 (Haus).*

Wieder ein paar Kilometer weiter nördlich lockt ebenfalls Natur: **Middleton Place** liegt am Ufer des Ashley River. Die angeblich älteste Gartenanlage der USA mit Kamelien, Magnolien, Wasserbecken und uraltem Eichenbestand wurde 1741 nach dem Muster einer französischen Gartenanlage symmetrisch angelegt. Das Herrenhaus war im Bürgerkrieg zerstört worden, danach diente der Gästeflügel von 1755 als Wohnung.

Älteste Garten-anlage der USA

Middleton Place, *4300 Ashley River Rd./Hwy. 61, www.middletonplace.org, tgl. 9–17 Uhr, $ 25, $ 37 mit Haustour und Gärten, mit eigenem Restaurant und Hotel* **Inn at Middleton Place** *(www.middletonplace.org/the-inn.html).*

Die mächtige Eichenallee, die **Avenue of Oaks**, wurde in dem Film „North and South", im deutschsprachigen Raum besser bekannt unter „Fackeln im Sturm", als Drehort verwendet und trug dazu bei, dass **Boone Hall** eine der wohl meist fotografierten Plantagen Amerikas ist. John Boone war einer der ersten Siedler gewesen. Im 18. und 19. Jh. wurde auf seinem Grund fast ausschließlich Baumwolle, später Pecannüsse angebaut. Sohn Thomas hatte das Herrenhaus in Auftrag gegeben und 1743 die Eichen anpflanzen lassen. Sehenswert sind nicht nur die Eichenallee, sondern auch die formalen Gärten, das ursprünglich um 1750 erbaute Herrenhaus und Nebengebäude wie eine **Cotton Gin** (Baumwollspinnerei), ein **Smoke House** (Räucher-

Berühmte Plantage

Die Eichenallee von Boone Hall

haus, heute 4. Haus an derselben Stelle) oder die **Slave Street** mit neun Sklavenhütten.
Boone Hall Plantation, *US Hwy. 17 N, Mt. Pleasant (ca. 13 km nordöstl. Charleston), http://boonehallplantation.com, HS: Mo–Sa 8.30–18.30, So 12–17 Uhr, sonst verkürzt, $ 19,50, mit vielerlei Veranstaltungen.*

Spuren des Bürgerkriegs

Die 2005 erbaute **Arthur Ravenel Bridge** (*Silver Gate*) gilt als Nordamerikas längste Zugseilbrücke und führt von Charleston über den Cooper River hinüber nach Mt. Pleasant mit Blick auf **Fort Sumter**. Diese Befestigungsanlage liegt auf der kleinen, künstlich aufgeschütteten Sullivan's Island, dem Hafen von Charleston vorgelagert. In der Geschichte des Bürgerkrieges kommt dem Fort eine Schlüsselstellung zu: South Carolina war im Dezember 1860 aus der Union ausgetreten, im April 1861 verlangten die Konföderierten die Räumung des Forts, nahmen es 34 Stunden unter Dauerbeschuss und bewirkten damit, dass die Unionssoldaten abzogen. Das im Jahr 2000 wieder entdeckte und gehobene Bürgerkriegs-U-Boot *CSS H.L. Hunley* ist jetzt im **Warren Lasch Conservation Center** zu besichtigen.

U-Boot aus dem 19. Jh.

Fort Sumter NM, *Sullivan's Island, Fähre ab Fort Sumter Visitor Education Center, Liberty Sq./340 Concord St., ☏ (843) 883-3123, www.nps.gov/fosu, tgl. 8.30–17 Uhr, frei, Fähre $ 17, Infos: www.spiritlinecruises.com/sumter_overview.asp.*
Warren Lasch Conservation Center, *1250 Supply St., Building 255, Old Naval Base, North Charleston, www.hunley.org, Touren Sa 10–17, So 12–17 Uhr, $ 12 (Voranm. empfohlen).*

Reisepraktische Informationen Charleston/SC

Information

***Charleston VC**, 375 Meeting St., www.charlestoncvb.com, tgl. 8.30–17 Uhr; Broschüren und Pläne aller Art, Auskünfte u.a. über das vielseitige Tourangebot (Kutsch-, Schifffahrten, Plantagentouren, Walking Tours) und Hilfe bei der Zimmersuche. Film über die Stadt ($ 3). Vier weitere VCs auf **Kiawah Island** (22 Beachwalker Dr.), in **North Charleston** (4975-B Centre Pointe Dr.), in **Mt. Pleasant/Isle of Palm** (Johnnie Dodds Blvd.) und **Santee** (I-95, Mile 99).*
***Historic Charleston Foundation**, Preservation Center im Missroon House, 40 E. Bay St., www.historiccharleston.org.*
***Preservation Society Infocenter**, 147 King St., www.preservationsociety.org*

Touren

***Carolina Carriage Tours**, 16 Hayne St., www.cpcc.com, $ 22; mit der Pferdekutsche durch die Stadt, kommentiert von Mitgliedern alt eingesessener Charlestoner Familien, einstündig und auch abends.*
***Gullah Tours**, 9 Trachelle Ln., www.gullahtours.com; Alphonso Brown führt Besucher in die Welt der afroamerikanischen Gemeinde ein. Zweistündig, $ 18.*

Unterkunft

Charleston bietet eine große Auswahl erstklassiger B&Bs und Inns, allerdings sind die Preise hoch. Vielfach handelt es sich um restaurierte Häuser, die an sich schon sehenswert sind. Ein Unterkunftsverzeichnis über B&Bs erhält man bei Historic Charleston B&B (www.historiccharlestonbedandbreakfast.com) oder im VC (s. oben). Hier ein paar Tipps:

Maison Dupré *$$$–$$$$* **(1)**, *317 East Bay St., ☏ (843) 723-8691, www.maisondupre.com; aus drei historischen Häusern und zwei Kutschenhäusern bestehende Herberge mit 15 Zimmern; zählt zu den „most romantic inns of America".*

The Meeting Street Inn *$$$$* **(2)**, *173 Meeting St., ☏ (843) 723-1882, www.meetingstreetinn.com; Villa mit 56 Zimmern und Flair des 19. Jh., aber hochmoderner Ausstattung. Schöner Garten, Pool, üppiges Frühstück und abends Hors d'Oeuvres und Wein.*

John Rutledge House Inn *$$$$–$$$$$* **(4)**, *116 Broad St., ☏ (843) 720-2609, www.johnrutledgehouseinn.com; 1763 für John Rutledge erbaut, 1853 erneuert, dann zum Hotel umgestaltet und heute eines der „Historic Hotels of America" mit 19 eleganten Zimmern.*

The Mills House Hotel *$$$$$* **(3)**, *115 Meeting St., ☏ (843) 577-2400, www. millshouse.com; zentral gelegenes, historisches Luxushotel aus der Mitte des 19. Jh. mit 215 großen Räumen in gediegener Ausstattung, Pool und Restaurant.*

Restaurants

Barbadoes Room, *Mills House Hotel, s.oben, ☏ (843) 577-2400; bekannt für lokale „Low Country Kitchen", Spezialität sind u.a. Shrimp Middleton und der Sonntagsbrunch.*

Hyman's Seafood Company (1), *215 Meeting St.; eine Institution seit 1890, preiswerte und frische Fischgerichte.*

Robert's of Charleston (2), *182 E. Bay St., ☏ (843) 577-7565; Robert Dickson ist Besitzer, Koch und Sänger und unterhält seine Gäste während des Vier-Gänge-Menüs.*

Southend Brewery Smokehouse (3), *161 E. Bay St., www.southendbrewery.com; frisch gezapftes Bier aus eigener Microbrewery und preiswerte Pub-Gerichte.*

82 Queen Restaurant (4), *82 Queen St., ☏ (843) 723-7591; gilt seit Jahren als eines der besten Restaurants im Süden; regionale Spezialitäten in romantischer Südstaaten-Atmosphäre.*

Einkaufen

Sullivans Island, *ab Mount Pleasant, ist ein Zentrum der Sweetgrass-Korbflechterei. Solche Körbe sind schöne, wenn auch nicht ganz billige Mitbrinsel, die auch sonst in der Stadt, z.B. auf dem City Market, und billiger an kleinen Ständen an den Ausfallstraßen, angeboten werden.*

Historic Charleston Foundation Museum Shop, *108 Meeting St.; Künstlerisches, Bücher, Schnickschnack.*

Historic Charleston Reproductions Shop, *105 Broad St.; Kunsthandwerk und nachgemachte Antiquitäten, Bücher, Poster und Karten.*

City Market, *N./S. Market St., tgl. 10–16 Uhr; alles von Lebensmitteln bis Souvenirs.*

Veranstaltungstipp

Spoleto Festival USA *im Mai/Juni – 1977 von Gian Carlo Menotti ins Leben gerufen, Brückenschlag zwischen den USA und Europa, zwischen dem umbrischen Städtchens Spoleto – das im Mittelalter in der Versenkung verschwand – und Charleston, das nach dem Bürgerkrieg unbedeutend wurde.* ***Infos:*** *www.spoletousa.org*

Nahverkehr und Parken

Parkplätze mit Parkuhren findet man mit Glück an der King St., etwas teurer ist es auf ausgewiesenen Parkplätzen oder in Tiefgaragen, von denen es genügend gibt. Günstig ist das große ***Parkhaus am Charleston VC*** *(kostenpflichtig, s. oben), da von dort der* ***DASH Trolley*** *($ 1, Tageskarte $ 6), ein* ***Shuttlebus****, in die Innenstadt verkehrt.* ***DASH*** *betreibt zwei weitere Trolleys (zwischen VC und Aquarium sowie entlang der Waterfront und weitere Buslinien in der Stadt, Tageskarte $ 6, Einzelfahrt $ 1,75, Infos: www.ridecarta.com).*

Von Charleston nach Savannah

Hinweis zur Route

Von Charleston folgt man dem US Hwy.17 Richtung Savannah. Unterwegs bietet sich bei Gardens Corner ein Abstecher via US Hwy. 21 nach **Beaufort** an und von dort ist es auf den Nebenstrecken 170 und 278 ein Katzensprung nach **Hilton Head Island**, 150 km südlich von Charleston. Von Hilton Head Island folgt man dann am besten wieder dem Hwy. 278, der bei Hardeeville wieder auf den US Hwy. 17 trifft. Dieser führt direkt nach Savannah.

Gleich hinter Charleston lohnt ein kurzer Stopp am **Caw Caw Interpretive Center**. Dieser State Park befindet sich auf dem Land einer ehemaligen Reisplantage, mitten im **Caw Caw Swamp**. Man erhält hier nicht nur eine Vorstellung vom harten Leben der Sklaven im 19. Jh., sondern kann zugleich auf Trails ein Sumpfgebiet erkunden. Alligatoren sonnen sich auf den Dämmen zwischen den ehemaligen Reisfeldern, Wasserratten und anderes Getier tummelt sich zwischen Zypressen und Sweet Grass.
Caw Caw Interpretive Center, *US Hwy. 17/5200 Savannah Hwy., Ravenel, www.ccprc.com/index.aspx?nid=53; Mi–So 9–17 Uhr, $ 1.*

Wer ein paar Tage angenehm ruhig und luxuriös an der Atlantik-Küste ausspannen möchte, kann das auf **Hilton Head Island** tun. Die schönste Route dorthin ist der Hwy. 21 über **Beaufort**. Dieses 1711 gegründete Städtchen gilt als zweitälteste Siedlung South Carolinas und hat interessante Architektur aus der Kolonial- und Vorbürgerkriegs(Antebellum)-Zeit zu bieten.

In rund 50 km erreicht man auf Nebenstraßen (Hwy. 170/278) **Hilton Head Island**, die größte der Küste vorgelagerte Insel zwischen New Jersey und Florida: knapp 20 km lang und maximal 8 km breit, mit 108 km² Fläche.

Kaum 37.000 Menschen leben hier, doch bis zu 2 Mio. Besucher tummeln sich jährlich auf der Insel. Man genießt die sauberen breiten Sandstrände, das subtropische Klima und die angenehmen Wassertemperaturen. Benannt wurde die Insel durch William Hilton, der 1663 aus Barbados gekommen war um neues Plantagenland für den Zuckerrohr- und Indigoanbau zu erschließen. Der erste Siedler hieß John Barnwell, der 1717 die *Hilton Head Plantation* gründete; 1860 gab es bereits 24 Plantagen. Nach dem Bürgerkrieg wurde die Insel der Natur und den befreiten Sklaven, den **Gullah**, überlassen, die sich mit Jagd, Fischfang und Kleinfarmen über Wasser hielten. Reste der alten Plantagen und Forts sind noch erhalten und auch Nachkommen der Gullah leben hier und haben sich ihre eigene Sprache und Kultur erhalten.

Ferienparadies

Reisepraktische Informationen Hilton Head Island/SC

Information

***Beauford VC**, 713 Craven St., Mo–Sa 9–17, So 12–17 Uhr, www.beaufortsc.org*

***Hilton Head Island CVB**, 1 Chamber Dr., www.hiltonheadisland.org*

Unterkunft

***Palmetto Dunes Resort** $$–$$$$, US Hwy. 278, ☏ (843) 785-1161, www.palmettodunes.com; neben 480 Zimmern im Haupthaus werden kleine Ferienbungalows mit allem Komfort vermietet. Privatstrand und Sportanlagen direkt am Meer; für Familien eine ideale Alternative zu den üblichen Hotels!*

Camping

***Outdoor Resorts RV Resort & Yacht Club**, 43 Jenkins Rd., Hilton Head Island, ☏ (843) 681-3256; schön am Intercoastal Waterway gelegener, komfortabler Campingplatz.*

Historic Savannah

Savannah ist es gewohnt, im Schatten zu stehen, in jenem der epiphytenbehangenen Bäume, die der Stadt den Beinamen „**Tree City**" einbrachten, aber vor allem im Schatten von Charleston. Die Stadt am Mündungsdelta des Savannah River in den Atlantik kann jedoch, was Reiz und Atmosphäre angeht, auf alle Fälle mit Charleston mithalten, unterscheidet sich jedoch trotz der Nachbarschaft deutlich von der Konkurrentin.

Stadt der Bäume

Die Attraktivität Savannahs beruht weniger auf Einzelbauten als auf ihrer außergewöhnlichen, einheitlichen Stadtplanung und dem sich daraus ergebenden **historischen Stadtbild**. Man gruppierte *wards*, gleichförmige Blocks, um einen zentralen Platz und reihte diese modulartig aneinander. 24 solche Einheiten bilden den Stadtkern und sind fast alle im Originalzustand erhalten.Der **Hafen Savannahs** gilt als größter und am schnellsten wach-

Die East River Street entlang dem Fluss

sender an der Südatlantik-Küste. Die Flugzeugindustrie *(Gulfstream Aerospace)*, *Union Camp*, die weltgrößte Papiermühle, Zuckerraffinerien und Lebensmittelproduktion *(Savannah Foods)* sind neben dem größten Arbeitgeber, dem Militär, die wirtschaftlichen Hauptstützen neben dem stetig zunehmenden Tourismus.

Lesetipp

John Berendts „**Midnight in the Garden of Good and Evil**" (1993, auch dt. erhältlich), eine brilliante Schilderung der skurrilen Einwohner und ihrer Stadt, verbrämt als kurioser Kriminalfall.

Historischer Überblick

Am 12. Februar 1733 landete James Edward Oglethorpe mit 120 Kolonisten bei Yamacraw Bluff am Savannah River. Hier sollte die letzte der 13 britischen Kronkolonien, **Georgia**, gegründet werden, einerseits als Puffer zum spanischen Florida, andererseits, um den Handel zwischen dem Mutterland und der Neuen Welt zu intensivieren, und letztlich auch um gewisse dubiose „Subjekte", vor allem ehemalige Schuldhäftlinge aus dem Mutterland, loszuwerden. Dieses Experiment setzte eine gezielte Auswahl der Siedler nach ihren Fähigkeiten und eine **Stadtplanung**, die gleiche Voraussetzungen für alle schuf, voraus. Grundlage waren **Module**, die bis etwa 1755 von innen nach außen wuchsen. Gleich große Grundstücke (*tythings*) wurden zu Wohnblöcken *(wards)* zusammengefasst. Jede Siedlerfamilie erhielt ein etwa zwei Hektar großes Stück Land, ein Gartenanteil war vorgesehen und außerhalb der Stadt wurden zusätzlich 18 ha große Farmgrundstücke vergeben. Der Erholung und als Treffpunkte dienten 24 *town squares* – öffentliche Plätze mit Grünanlagen.

Wegweisende Stadtplanung

Am Hafen entstanden ein Geschäftsviertel und Kaianlagen und der Seehandel blühte auf. Nach England wurden landwirtschaftliche Produkte exportiert, zunächst **Reis**, später **Baumwolle**. 1819 querte von hier die *Savannah* als erstes Dampfschiff den Atlantik und erreichte unter großem Jubel Liverpool. Durch den florierenden Baumwollhandel verdoppelte sich die Einwohnerzahl und wuchs der Reichtum – bis zum Bürgerkrieg.

Obwohl die Stadt lange nicht eingenommen werden konnte, litt sie unter der Seeblockade der Unionsstaaten. Als General Sherman im Dezember 1864 aus dem bereits zerstörten Atlanta anrückte, kapitulierten die Bewohner Savannahs und verhinderten so eine Zerstörung ihrer Stadt. Sherman sandte damals eine großzügige Gabe an Präsident Lincoln: *„Als Weihnachtsgeschenk überreiche ich Ihnen die Stadt Savannah mit 150 schweren Kanonen, Munition und etwa 25.000 Ballen Baumwolle.“*

Ende des 19. Jh. versank die Stadt, mit fallenden Baumwollpreisen, in der Vergessenheit. Erst in den 1920ern und 30er Jahren setzten zaghafte Versuche ein, die Bausubstanz der Stadt zu retten, und der **Historic Savannah Foundation** war es schließlich zu verdanken, dass die Altstadt weitgehend intakt erhalten blieb. 1955 hatten sieben Damen eines der ersten und erfolgreichsten Restaurierungsprogramme der USA ins Leben gerufen: Über 1.000 Objekte konnten gerettet werden und 21 der ursprünglich 24 Squares sind weit gehend originalgetreu mit ihrer ursprünglichen Bebauung erhalten.

Altstadt noch intakt

Orientierung

Savannah ist eine „Fußgängerstadt“, in der dank symmetrischer Stadtplanung die Orientierung leicht fällt. Der **Savannah Historic District** wird im Westen durch die W. Broad, im Osten durch die E. Broad, im Süden durch die Huntington St. und im Norden durch den Savannah River begrenzt. Von der Riverfront ausgehend, bildet die Bull St. die N-S-Hauptachse. An ihr liegen fünf Squares, weitere 19 Plätze schließen sich im Osten und Westen an, ausgehend von den *wards* an der Bull St. Die Oglethorpe Ave., etwa im Zentrum, markiert nicht nur die Südgrenze der ersten Siedlung, sondern bildet auch die zentrale O-W-Achse der Innenstadt.

Rundgang Savannah

Maritime Geschichte

Den Rundgang beginnt man im zentral gelegenen **VC** im **Tricentennial Park**. Es befindet sich im alten Bahnhof (*301 M. L. King Blvd., großer Parkplatz*), ebenso wie das **Savannah History Museum (1)**, der nebenan liegende **Battlefield Memorial Park** und das **Georgia State Railroad Museum** sind Teil des Parkkomplexes. Auch ein Blick ins nahe **Ships of the Sea Maritime Museum (2)** lohnt, da es die maritime Geschichte der Stadt unter Zuhilfenahme exakter Modelle erläutert.

Savannah History Museum, *303 Martin Luther King, Jr. Blvd., www.chsgeorgia.org, Mo–Fr 8.30–17. Sa/So 9–17 Uhr, $ 7.*

Ships of the Sea Maritime Museum, *41 M.L. King Blvd., http://shipsofthesea.org, Di–So 10–17 Uhr, $ 8.*

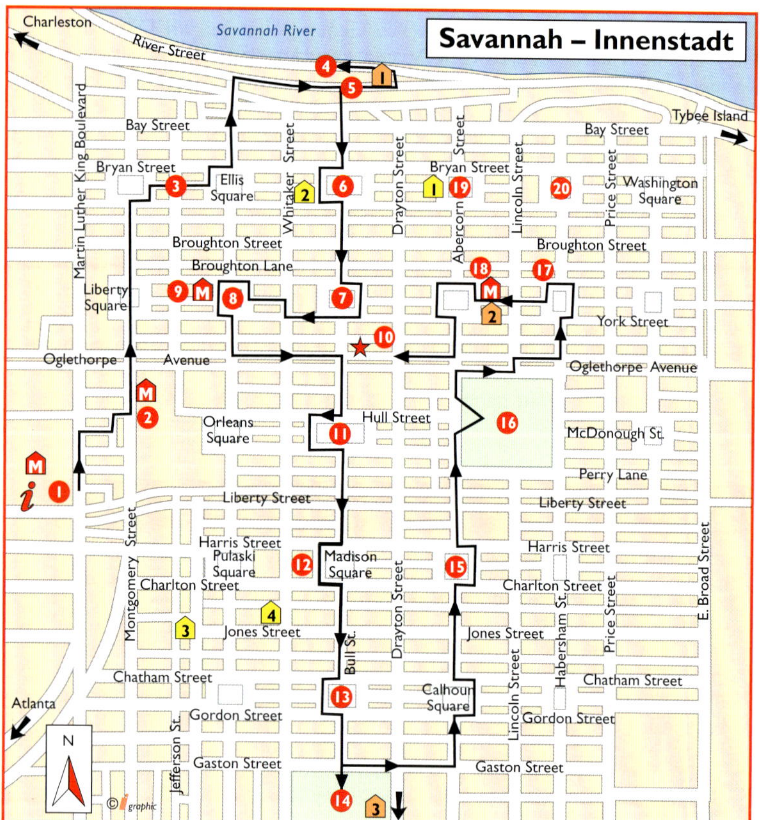

Wenige Schritte entfernt liegt der **City Market** (3) (*219 W. Bryan St.*). Die ursprünglichen Marktgebäude hatten in den 1950ern zu großen Teilen einem Parkhaus weichen müssen. Erhalten sind zwei renovierte Bauten, um die herum Fußgängerzonen ausgewiesen sind und in denen sich Läden, Galerien und Boutiquen, Cafés und Kneipen befinden.

Die Montgomery St. führt weiter zur **Riverfront** (4), die wegen ihrer Anlage ungewöhnlich ist. 1733 hatte Stadtgründer Oglethorpe die Vorteile des Steilufers erkannt. Von hier oben ließen sich die Hafenanlage unten und der Fluss trockenen Fußes und ohne schwirrende Insektenschwärme kontrollieren. Mit der Hafenbefestigung 1840 entstanden die heute noch erhaltenen Lager- und Verwaltungsbauten der Baumwollhändler. Im untersten, zum Fluss hin gerichteten Geschoss befanden sich Lager, in den oberen Stockwerken, ebenerdig von der Stadtseite zugänglich, richtete man Büros ein. Treppen und Stege verbanden die einzelnen Ebenen und Bauten miteinander. Der sogenannte **Factor's Walk** (5) auf der Stadtseite bildet das Kernstück des renovierten Lagerhausviertels. Im Mittelpunkt steht die auffällige **Cotton & Naval Stores Exchange**, die 1886 erbaute Baumwollbörse. Steigt man die Stufen zwischen den alten Lagerhallen hinab, steht man unvermittelt am Fluss.

Der **Riverwalk** entlang dem Savannah River führt vorbei an mehr Geschäften, Bars und Restaurants. Der Bereich zwischen Straße und Fluss wurde zur **Esplanade**, einer Promenade ausgebaut. Sie lädt zum Verweilen und *ship watching* ein – immerhin passieren rund 1.800 Schiffe im Jahr den Hafen. Besonders bei Nacht erwacht der Riverwalk als touristisches Zentrum der Stadt zum Leben. Im Westen blickt man auf das moderne Wahrzeichen der Stadt, die **Great Savannah Bridge**. Die 1991 fertig gestellte Hängebrücke misst 125 m in der Höhe und ist über 600 m lang.

0 Sehenswürdigkeit

1 Savannah History Museum/Tricentennial Park
2 Ships of the Sea Maritime Museum
3 City Market
4 Riverfront
5 Factor's Walk
6 Johnson Square
7 Wright Square
8 Telfair Square
9 Telfair Mansion and Art Museum
10 Jullette Gordon Low Girl Scout National Center
11 Chippewa Square
12 Green-Meldrim Home
13 Monterey Square
14 Forsyth Park
15 Lafayette Square mit Hamilton-Turner Mansion (B&B)
16 Colonial Park Cemetery
17 Columbia Square mit Davenport House
18 Oglethorpe Square mit Owens-Thomas House
19 Reynolds Square
20 Warren Square

0 Hotels

1 River Street Inn
2 Presidents' Quarters
3 Fairfield Inn

0 Restaurants

1 The Olde Pink House
2 The Lady and Sons
3 Crystal Beer Parlor
4 Mrs. Wilkes Dining Room

i Informationsbüro (Parkplatz)

→ Rundgang

0 200 m

Historisches Flair in Savannahs Parks

Begrüßt werden die Schiffe vom **Waving Girl**, dem Wahrzeichen der Stadt. Die Bronzefigur verkörpert Florence Martus, die zusammen mit ihrem Bruder von 1887 bis 1931 den Leuchtturm auf dem vorgelagerten Elba Island betrieb. Nach einer Legende soll ihr Verlobter mit einem Schiff auf Nimmerwiedersehen verschwunden sein, doch Miss Florence hoffte bis zu ihrem Tod 1943 auf seine Rückkehr. Jenseits des Flusses fällt der Blick auf das moderne **Savannah International Trade & Convention Center**.

„Warten auf den Liebsten"

Savannahs Squares

Der Film *Forrest Gump* machte **Savannahs Squares** berühmt. Die nach lokalen Persönlichkeiten, die im Zentrum jeweils durch Denkmäler verewigt sind, benannten Plätze haben sich bis heute ihr Südstaatenflair bewahrt: Mit *Spanish Moss* (Epiphyten) behangene *Live Oaks* (immergrüne Eichen) gruppieren sich um die Sitzbänke und machen die Plätze zu einen beliebten, im Sommer kühlen Treff. Der erste Platz vom Fluss her kommend, ist der **Johnson Square** (6) an der Bull St., bis heute Zentrum der Stadt. Er entstand 1733 und wird überragt von der **Christ Episcopal Church** (*E. St. Julian St.*) von 1838 und der **City Hall** (*Bull/Bay St.*) von 1905. Davor steht das **US-Customs-House** (*Bull St.*) von 1852, an jener Stelle, an der einst Stadtgründer Oglethorpe wohnte.

Nächster Platz an der Bull St. ist der **Wright Square** (7), benannt nach Sir James Wright, dem letzten Kolonial-Gouverneur. Hier befindet sich auch die **Evangelical Lutheran Church of the Ascension**, 1878 von den aus Salzburg vertriebenen Protestanten erbaut. Oglethorpe hatte den zu Beginn des 18. Jh. vom Salzburger Bischof vertriebenen Protestanten, die zunächst in Augsburg Unterschlupf gefunden hatten, Asyl gewährt.

Westlich davon liegt der **Telfair Square** (8) (1883) und hier lohnt ein Blick in die **Telfair Academy** (9). Hier hatte sich Edward Telfair zwischen 1818 und 1820 von William Jay, der auch in Charleston tätig war, sein Haus errichten lassen. Sehenswert ist die Innenarchitektur und natürlich die älteste

Kunstsammlung im Südosten (1885) mit amerikanischer und europäischer sowie dekorativer Kunst. 2006 wurde ebenfalls am Telfair Square nach Plänen des bekannten Architekten Moshe Safdie das **Jepson Center** (*207 W. York St.*) eröffnet, das die zeitgenössische Kunstsammlung beherbergt.

Telfair Museums, *121 Barnard St., www.telfair.org, mit* **Telfair Academy**, *Mo 12–17, Di–Sa 10–17, So 13–17 Uhr, $ 20 inkl.* **Jepson Center** *(Mo–Mi, Fr, Sa 10–17, Do 10–20, So 12–17 Uhr) und* **Owens-Thomas House** *(s. unten).*

Auf dem Chippewa Square: Stadtgründer Oglethorpe

Zurück auf der Bull St. geht es vorbei am **Wayne-Gordon House** von 1821, das das **Juliette Gordon Low Girl Scout National Center (10)** beherbergt. Juliette Gordon Low (1860–1927), die Begründerin der Pfadfinderinnen (*1912), wurde hier geboren.

Juliette Gordon Low Birthplace, *1 E. Oglethorpe Ave., www.juliettegordonlowbirthplace.org, Mo–Sa 10–16, So 11–16 Uhr, $ 8.*

Auf dem nächsten Platz, dem **Chippewa Square (11)** (*Bull St.*) von 1813 steht die Statue des Stadtgründers Oglethorpe. An der Westecke des **Madison Square** (*Bull St.*) – 1839 angelegt – fungierte das **Green-Meldrim-Home (12)**, ein Wohnhaus aus den 1850er Jahren im neogotischen Stil, 1864 als Hauptquartier von Unionsgeneral Sherman und ist heute das Gemeindehaus der St. John's Episcopal Church. Letzter Platz in der Reihe ist der **Monterey Square (13)** (1847), der vom **Temple Mickve Israel** (*E. Gordon St.*) von 1878, der drittältesten Synagoge der USA, dominiert wird. Zwei Blöcke weiter schließt sich der 1851 eingerichtete **Forsyth Park (14)** an.

Sehenswerte historische Häuser

Über den **Calhoun Square** von 1851 geht es auf der Abercorn St. zum **Lafayette Square (15)** (1837). An seiner Nordostecke steht die **Cathedral of Saint John the Baptist**, 1876 von der ältesten römisch-katholischen Gemeinde Georgias im neogotischen Stil erbaut. 1873 hatte sich Samuel P. Hamilton, Bankier, Händler und Bürgermeister von Savannah hier niedergelassen. Seine **Hamilton-Turner Mansion** (*330 Abercorn St.*) gilt heute als eines

der besten B&Bs der Stadt. Das **Andrew Low House** gegenüber hatte ebenfalls ein Händler, allerdings schon 1848, bauen lassen. In den frühen 1920ern lebte hier Juliette Gordon Low, die Gründerin der Girl Scouts (s. oben).
Andrew Low House, *329 Abercorn St., www.andrewlowhouse.com, Mo–Sa 10–16, So 12–16 Uhr, $ 8.*

Nördlich der St. John Kathedrale erstreckt sich der **Colonial Park Cemetery (16)**, als zweiter Friedhof der Stadt entstanden und von 1750 bis 1853 Bestattungsort großer Persönlichkeiten. Über die Oglethorpe Ave. geht es zum **Columbia Square (17)** mit dem sehenswerten **Davenport House**. 1815–20 erbaut, ist es ein hervorragendes Beispiel für den *Federal Style*. Als der Abriss drohte, protestierten die Bürger von Savannah erfolgreich dagegen und gaben damit den Anstoß zu einem 1955 begonnenen Restaurierungsprojekt.
Davenport House, *324 E. State St., www.davenporthousemuseum.org, Mo–Sa 10–16, So 13–16 Uhr, stündl. Touren $ 8.*

Der letzte Platz des Rundgangs ist der **Oglethorpe Square (18)** (1749), wo als letztes Highlight das **Owens-Thomas-House and Museum**, seit 1954 Teil des *Telfair Museums*, wartet. Es war 1816–19 nach Plänen des englischen Architekten William Jay im Stil einer englischen Landvilla errichtet worden. Zur Eingangsportikus mit ionischen Säulen führen beidseitig geschwungene Treppenaufgänge, ein für Savannah charakteristisches Architekturmerkmal; ungewöhnlich ist dagegen der zur Straße hin gerichtete Garten. Im Inneren zu sehen sind aufwändige Stuckaturen und Zeugnisse der Experimentierfreude des Architekten. Nördlich schließt sich noch der **Reynolds Square (19)** an, östlich davon **Warren (20)** und **Washington Square**.
Owens-Thomas-House and Museum, *124 Abercorn St., www.telfair.org; Mo 12–17, Di–Sa 10–17, So 13–17 Uhr, mit Telfair Museums, s.oben, $ 20.*

Ausflug nach Tybee Island

Etwa 32 km östlich von Savannah liegt mit **Tybee Island** (*www.tybeeisland.com, VC Campbell Ave./Hwy. 80, Mo–So 9–17.30 Uhr*) ein Naturidyll und beliebtes Naherholungsziel. Die nördlichste dieser Kette von *Barrier Islands*, die der Georgia-Küste vorgelagert ist, erreicht man auf dem US Hwy. 80. Dabei geht es vorbei an alten Festungen, die einst die Zufahrt in den Hafen von Savannah sicherten. Eine davon ist das 5 km östlich von Savannah gelegene **Fort Jackson** von 1808.

Naturidyll

Old Fort Jackson, *1 Fort Jackson Rd., 5 km östl. Savannah, www.chsgeorgia.org, tgl. 9–17 Uhr, $ 6.*

Bedeutender war jedoch **Fort Pulaski**, das ab 1829 innerhalb von 18 Jahren entstand. Benannt nach Casimir Pulaski, einem aus Polen stammenden Befehlshaber der amerikanischen Revolutionsarmee, der bei dem vergeblichen Versuch, Savannah 1779 von den Engländern zu befreien, ums Leben kam.

Der sehr massiv wirkende Ziegelkomplex wurde 1862 im Bürgerkrieg nach nur 30-stündigem Beschuss von den Unionstruppen erobert. Der US Hwy. 80 führt weiter durch ausgedehnte Marschlandschaften nach Tybee Island mit traumhaftem **Sandstrand**.
Fort Pulaski National Monument, *24 km östl. Savannah, US Hwy 80, www.nps.gov/fopu, tgl. 9–17 Uhr, $ 5.*

Reisepraktische Informationen Savannah/GA

Information

***MLK Visitor Information Center**, im alten Bahnhof, 301 M. L. King Blvd., www.savannahvisit. com, Mo–Fr 8.30–17, Sa–So 9–17 Uhr; Auskünfte und Info-Material, Zimmervermittlung, Souvenirs und kleines Museum. Filiale im Savannah Airport, im Sommer Stände an der River St. und auf Tybee Island.*
***Visit Savannah Visitor Information Center**, 101 E. Bay St., Mo–Fr 8.30–17 Uhr, Filialen im Airport sowie auf Tybee Island.*

Touren

***Carriage Tours of Savannah**, www.carriagetoursofsavannah.com, tgl. 9–22 Uhr; Pferdekutschfahrten ab $ 20.*
***Savannah Riverboat Cruises**, www.savannahriverboat.com; Hafenrundfahrten ab River St., $ 19,95, und Dinner Cruises mit „Savannah River Queen" oder „Georgia Queen".*

Unterkunft

Über 20 Historic Inns und B&Bs stehen in Savannah zur Verfügung, meist in historischen Gebäuden und mit allem Luxus zu entsprechenden Preisen (Infos und Buchung: www.historicinnsofsavannah.com). Preiswerte H/Motels befinden sich westl. der Innenstadt an der I-95 (Exits 14/16/19) sowie entlang dem Hwy. 204, der ins Zentrum führt. Ein paar Tipps:
***Fairfield Inn** (3) $–$$, 2 Lee Blvd. (ab Abercorn im SW der Altstadt), ☏ (912) 353-7100, www.marriott.com/hotels/travel/savfi-fairfield-inn-savannah-midtown; sauberes Mittelklasse-Motel, zentral gelegen, 135 Zimmer inkl. Frühstück.*
***Presidents' Quarters** (2) $$$$, 225 E. President St., ☏ (912) 233-1600, www.presidentsquarters.com; Wohnhaus von 1855 mit 16 perfekt eingerichteten Räumen; nachmittags Getränke und Kuchen, außerdem kleiner Pool.*
***River Street Inn** (1) $$$–$$$$, 115 E. River St., ☏ (912) 234-6400, www.riverstreetinn.com; am Fluss, in der Factor's Row, gelegenes Hotel mit geräumigen Zimmern, teils mit Balkonen zum Fluss hin, abendliche Manager's Reception und Frühstücksbuffet.*
***Camping**: Mehrere Plätze liegen in Richtung bzw. auf Tybee Island bzw. im Skidaway Island SP (www.gastateparks.org/info/skidaway).*

Restaurants

***Crystal Beer Parlor** (3), 301 W. Jones St.; populäre Kneipe mit herzhaften Spezialitäten wie Seafood Gumbo oder Shrimp Salad Sandwiches, dazu frisch gezaptes Bier.*

***The Lady and Sons* (2)**, *102 W. Congress St., ☏ (912) 233-2600; Restaurant der legendären TV-Köchin Paula Deen und ihrer beiden Söhne, Südstaatenküche (keine Res.) vom Buffet und à la carte.*
***Mrs. Wilkes Dining Room* (4)**, *107 W. Jones St.; die Institution schlechthin, nur zum L (Mo–Fr 11–14 Uhr) geöffnet, wobei man Glück haben muss, einen Platz an einem der langen Tische zu ergattern (keine Res. mögl.). Schüsselweise Südstaatenkost zur (quasi unendlichen) Selbstbedienung zum günstigen Fixpreis.*
***The Olde Pink House* (1)**, *23 Abercorn St., ☏ (912) 232-4286; Feinschmeckerlokal in 1771 erbautem Haus mit viel Flair; moderne amerikanische und Südstaatenküche.*
The Crab Shack at Chimney Creek, *40 A Estill Hammock Rd., Tybee Island, ab US Hwy 80 (ausgeschildert); hier isst selbst die Haute Volée mit den Fingern. Legendäre Seafood-Kneipe in abrissgefährdet wirkender Hütte (mit Souvenir-und Anglershop) direkt am Bootspier.*

Nachtleben

An der Riverfront hat man die Qual der Wahl, was Essen und Trinken angeht, manchmal ist auch Livemusik geboten. Z.B. ***Moon River Brewery*, *The Boar's Head*** *(1 N. Lincoln/River St.) oder* ***Olympic Café*** *(5 E. River St.) – der Grieche von Savannah, gutes Eis!*

Nahverkehr und Parken

Vom ***VC*** *(s. oben) verkehrt der* ***CAT Shuttle*** *durch die Innenstadt (gratis). Parkplätze sind in der Stadt relativ einfach zu finden, z.B. billig an Parkuhren an der River oder Bay St. und auf dem großen Parkplatz (Gebühr) am VC. Entlang der Riverfront fährt inzwischen auch eine* ***Straßenbahn*** *(Do–Sa 12–20 Uhr).*

Hinweis zur Route

Von Georgias Küste führt der schnellste Weg Richtung Atlanta über die Autobahn I-16 (ca. 400 km). Die Küste Georgias und den Okefenokee Swamp könnte man von Savannah aus in einem Tagesausflug erkunden oder, indem man eine Übernachtung auf den Golden Isles einplant. Von Savannah nach Brunswick sind es 80 km, zum Okefenokee Swamp sind es von dort noch einmal 80 km.

Colonial Coast – Georgias „goldene" Küste

Colonial Coast nennt sich der unter Vogelbeobachtern beliebte Küstenstreifen zwischen Savannah und dem südlich gelegenen Brunswick. Die vorgelagerten Barrier Islands bilden ein Bollwerk, das starke Gezeiten hervorruft, und reichen von Tybee Island im Norden bis hinunter zur Cumberland Island an der Grenze Floridas.

Bekannteste Inselgruppe ist die **Golden Isles**, die vom zentral gelegenen **Brunswick** (an der I-95) leicht erreichbar ist.

Der ganze Küstenstreifen mit seinen vorgelagerten Inseln und Inselchen und dem milden Seeklima gilt seit jeher als **reizvolle Ferienregion**. Große Teile stehen unter Naturschutz und manche Landschaften sind nicht allgemein zugänglich. Fährt man auf dem US Hwy. 17, der parallel zur I-95 verläuft, von Savannah südwärts, gelangt man kurz vor Darien, einer von Schotten 1736 gegründeten Siedlung, zur **Fort King George State Historic Site**. Diese englische Befestigung aus der Mitte des 18. Jh. bildete zwischen 1721 und 1736 den südlichsten Außenposten der englischen Kolonien Nordamerikas. **Fort King George SHS**, *US Hwy. 17, www.gastateparks.org/info/ftkinggeorge; Di–So 9–17 Uhr, $ 6,50.*

Gateway to the Golden Isles wird das kleine Städtchen **Brunswick** genannt. Es wurde 1771 gegründet, doch das Stadtbild prägen heute vor allem die hübschen viktorianischen Häuser aus dem späten 19. Jh. in Old Town, zwischen London bzw. Prince und Albany bzw. Ellis St. Die „*Lover's Oak*" – eine große Eiche – soll schon von den Ureinwohnern als Rendezvous-Plätzchen beliebt gewesen sein. An der Waterfront entlang der Bay St. befinden sich ein Fischerhafen und Shrimp Docks – der Ort trägt den Beinamen „**Shrimp Capital of the World**" nicht zu Unrecht.

Rendezvous-Plätzchen

Die Golden Isles

Die Inselgruppe östlich von Brunswick erhielt ihren Namen von den Spaniern, die hier schon im 16. Jh. – vergeblich – nach Gold suchten. Ab 1763 setzten sich schließlich britische Siedler hier fest. Die erste Insel und zugleich die größte, mit Ausmaßen wie etwa Manhattan/New York, ist **St. Simons Island**. Der St. Simons Causeway führt zum Hauptort „The Village". Hier befand sich in der Kolonialzeit ein Hafen und 1742 handelten sich die Spanier in der **Battle of Bloody Marsh** gegen die Briten unter Oglethorpe eine deftige Niederlage ein. Oglethorpe hatte bereits sechs Jahre zuvor mit **Fort Frederica**, als **National Monument** auf der Insel zu besichtigen (*ausgeschildert ab Lawrence Rd., www.nps.gov/fofr, tgl. 9–17 Uhr, $ 3*), den ersten Militärposten in Georgia gegründet.

Eine Brücke verbindet St. Simons mit **Sea Island**. Dieser großteils in Privatbesitz befindliche Erholungsort verfügt mit **The Cloister** über eines der Top-Resorthotels der Welt und ist beliebt bei den Reichen und Schönen. Ein Idyll der besonderen Art ist **Little St. Simons**, wohin man nur per Boot gelangt. Die kleine Insel auf der einst Guale-Indianer siedelten, steht heute unter Naturschutz und Besucher sind nur in begrenzter Zahl zugelassen und nächtigen in dem hier befindlichen einzigartigen Hotelkomplex.

Insel unter Naturschutz

Jekyll Island (Jekyll Causeway, ab US Hwy. 17, südlich von Brunswick) ist mit ausgedehnten Naturschutzgebieten ausgestattet und befindet sich in Staatsbesitz, doch das war nicht immer so: Den 16 km feinen Sandstrand schätzten schon Ende des 19. Jh. betuchte „Yankees". Sie taten sich zusammen und erwarben die Insel als Privatrefugium, machten Jekyll Island zu **Millio-**

naire's Island. Besuchenswert ist das **Georgia Sea Turtle Center**, das über *Sea Turtles* informiert, die auf den Inseln ihre Eier ablegen, wo gestrandete Tier aufpäppelt und wieder ausgewildert werden.

Georgia Sea Turtle Center, *214 Stable Rd., www.georgiaseaturtlecenter.org, Mo 10–14, Di–So 9–17 Uhr, $ 7.*

Die südlichste der Golden Isles, **Cumberland Island**, steht unter Naturschutz und ist als **National Seashore** nur per Fähre im Sommer von St. Marys aus erreichbar. Die Küstenflora und -fauna ist besonders vielfältig und reicht von Wildpferden bis hin zu Alligatoren. Am fast 30 km langen weißen Sandstrand stehen Dünen wie auch die Marschregionen, unter Schutz. Schließlich sind hier zahlreiche seltene oder gefährdete Tiere, wie *Loggerhead Turtles* (Meeresschildkröten), zu Hause.

Cumberland Island, *Fähre ab St. Marys Ferry Dock, www.nps.gov/cuis, VC 8–16.30 Uhr, $ 4, Reservierung für Fähre ($ 20; www.nps.gov/cuis/reservations.htm) und für Camping nötig.*

Reisepraktische Informationen Golden Isles/GA

Information

Brunswick & Golden Isles, *www.goldenisles.com, Welcome Center an der I-95 S, Exits 42–38*

Jekyll Island Welcome Center, *901 Jekyll Island Causeway, www.jekyllisland.com, tgl. 9–17 Uhr.*

St. Simons Island VC, *530-B Beachview Dr., nahe Leuchtturm, www.explorestsimonsisland.com, tgl. 9–17 Uhr.*

Unterkunft

Jekyll Island Club Hotel *$$$–$$$$, 371 Riverview Dr., Jekyll Island, ☎ (912) 635-2600, www.jekyllclub.com; 1886 gegründetes historisches Hotel mit 134 Zimmern, in dem der Hauch vergangener Glanzzeiten noch durch die Gänge weht.*

The Cloister *$$$$$, Sea Island Dr., Sea Island, ☎ (912) 638-3611, www.seaisland.com; eines der besten Luxusresorthotels in den USA, mit 286 Zimmern, auch Halb-/Vollpension. Hier nächtigten u.a. die englische Königin und beinahe jeder US-Präsident.*

Tipp

The Lodge on Little St. Simons $$$$$, ☎ (912) 638-7472, www.littlestsimonsisland.com; nur per Boot erreichbar (Abholung für Hotelgäste), Parkplatz am Pier am Ende der Lawrence Rd. im N. von St. Simons Island; Naturidyll mit mehrteiligem Inn (Haupthaus und weitläufig verteilte Gästelodges), Pool, Tourangebot und Vollpension sowie individueller Service.

Restaurants

Außer den Restaurants in den oben genannten Resorthotels sind z.B. empfehlenswert:

The Royal Café, *1618 Newcastle St., Brunswick; typische Südstaatenküche.*

Marshside Grill, *1200 Glynn Ave., Brunswick; bekannt für seine frischen Fischgerichte, aber auch BBQ und andere leckere Gerichte, allein die Lage ist einen Besuch wert..*

Der Okefenokee Swamp

Von Brunswick sind es landeinwärts auf dem US Hwy. 82 rund 80 km zum **Okefenokee Swamp**, einem der größten Sumpfgebiete der USA, genauer, zum Hauptort **Waycross**. Der Zugang zu diesem „Swamp" liegt am US Hwy. 1, der weiter nach Florida führt. Im Okefenokee Swamp gewinnt man eine Vorstellung von jener Landschaftsform, die so typisch für die südlichen Regionen mit flachem Land und subtropischem Klima ist.

Riesiges Sumpfgebiet

Der Okefenokee Swamp bedeckt eine Fläche von 2.079 km², misst an der breitesten Stelle von West nach Ost 32 km und an der längsten (Nord–Süd) 64 km. 90 % des Gebiets stehen als **Okefenokee National Wildlife Reserve** unter Naturschutz. Wie ein Schwamm speichert das Sumpfgebiet Wasser und wird so zum Quellgebiet des Suwannee River, der in den Golf von Mexiko mündet, und des St. Mary's River, der in den Atlantik fließt.

Die flachgründigen Seen mit ihrem tiefbraunen Wasser werden von schwimmenden Pflanzeninseln durchsetzt. Diese entstanden aus abgestorbenen

Auch Waschbären gibt es im Okefenokee Swamp

Wasserpflanzen, bilden eine locker-fruchtbare Torfmasse, auf der erst niedrige Gräser, dann Kiefern, Zypressen oder Magnolien wachsen. Die Indianer nannten wegen der schwammigen Bodenbeschaffenheit diese Stellen „*okefenokee*", „das Land der bebenden Erde". Je unzugänglicher die Gebiete sind, desto mehr stellen sie ein Paradies für alle wasserliebenden Tiere dar. Neben Alligatoren leben hier unzählige Gänse, Wasservögel, Ottern, Schildkröten, Frösche. Wie alle sumpfigen Niederungen ist die Region natürlich auch die Heimat vieler Mücken, weswegen ein Besuch im Sommer, speziell Camping, nicht unbedingt empfehlenswert ist.

Tierparadies

i Information Okefenokee Swamp

Es gibt **vier Zufahrten** in das Sumpfgebiet des **Okefenokee National Wildlife Refuge** (Allgemeine Infos: www.fws.gov/okefenokee, $ 5 Tagesticket):
Okefenokee Swamp Park: 13 km südlich von Waycross über US Hwy. 1/23 und GA 177, www.okeswamp.com, tgl. 9–17.30 Uhr, $ 15; Mischung aus Freizeitpark, Naturschutzgebiet und Zoo, mit Bootstrips in die Sumpflandschaft
Kingfisher Landing: Zufahrt im O, ab US Hwy. 1, verschiedene Trails führen ins Gelände, kleiner Infokiosk (tgl. 9–17.30 Uhr).
Suwannee Canal Recreation Area, Zufahrt im SO des Sumpfgeländes, ca. 15 km südwestl. **Folkston** (via US Hwy.1 und Hwy. 23/121, tgl. Sonnenaufgang–17.30/19.30 Uhr).

Im zugehörigen **Richard S. Bolt VC** (tgl. 9–17 Uhr) sind Ausstellung, Film und vielerlei Informationen geboten, es gibt Trails und die Möglichkeit, Boote und Fahrräder zu mieten.
Stephen C. Foster SP (tgl. 7-19/22 Uhr): Im W liegt der wenig frequentierte Zugang, erreichbar über den Hwy. 177, der etwa 27 km nordöstlich von **Fargo** liegt. Dort kann man Kanus mieten und es gibt Zeltplätze sowie Cabins, Gelegenheit zum Fischen und ein kleines Museum.
Nächste Stadt ist Waycross, Infos im **Waycross Welcome Center**, 315-A Plant Ave., im historischen Train Depot (ausgeschildert), www.swampgeorgia.com, Mo–Fr 9–17 Uhr.

In der Heimat der Gators

info

Der **Alligator** gehört zur Familie der Krokodile (*crocodylus*), unterscheidet sich jedoch von diesen durch eine breite Schnauze mit einer Tasche im Oberkiefer, die einen speziellen, vergrößerten vierten Zahn aufnimmt. Die im Süden lebenden sogenannten Mississippi-Alligatoren, im Süden kurz „*gators*" genannt, können bis zu 6 m lang werden. Die scheinbar schwerfälligen Kaltblütler entwickeln auf kurze Distanzen eine überraschende Geschwindigkeit und stellen damit eine Gefahr für andere Bewohner der Marschregionen und Sümpfe des US-Südostens, selten auch für Menschen dar.

Gator-Weibchen werden im Schnitt bis 3, Männchen bis 4 m lang. Im späten Frühjahr legen die Weibchen 50 bis 100 Eier in ein kunstvoll überdecktes und bewachtes Nest und nach gut zwei Monaten schlüpfen 20 cm lange Jungtiere aus. Diese sind zwar sofort selbstständig und wachsen schnell, haben jedoch auch allerhand Feinde. Jene, die die Jugendjahre überstehen, können 50 Jahre alt werden. Nachdem die Gators vor Jahren fast ausgerottet worden waren, haben sich die Bestände in letzter Zeit dank Jagdbeschränkungen und Artenschutzbestimmungen wieder erholt. So stark, dass in einigen Regionen wie in Louisiana im Herbst wieder streng reglementierte Jagden stattfinden.

Ein „Gator" genießt die Sonne

Ausflug in den Sonnenstaat Florida

Hinweis für Florida-Reisende

Von Brunswick und den Golden Isles in Georgia folgt man dem US Hwy. 17, vom Okefenokee Swamp dem US Hwy. 1 nach Florida (Jacksonville). Dort hält man sich an den US Hwy. 1, der entlang der Atlantikküste hinunter nach Key West führt. Im Folgenden nur einige Hinweise für eine mögliche Fahrt von der Küste Georgias nach Orlando. Ausführlich beschäftigt sich damit **Iwanowski's Reise-Handbuch Florida**.

Neben Kalifornien und New York zählt **Florida** zu den Top-Reisezielen der Deutschen in den USA. Obwohl der Sonnenstaat synonym für Sonne, Strand und Meer steht, ist es ein vielseitiger Staat, der oft verkannt wird. Traumstrände am Atlantik im Osten und am Golf von Mexiko im Westen und in der Panhandle-Region sind nur ein Aspekt, ebenso ist die „Kunststadt" Orlando eine Ausnahme. Speziell im Norden präsentiert sich Florida landschaftlich, historisch und kulturell deutlich als **Teil der Südstaaten**. Andere Teile Floridas erinnern mehr an Texas und man vergisst nur allzu schnell, dass Florida mit rund 21.000 Ranches eines der größten **Rinderzuchtgebiete** der USA ist. Cowboys und Viehherden gehören im Sonnenstaat ebenso zum Alltag wie Badenixen, Delfine und Gators.

Rinderherden und Badenixen

Traumstrand im Nordwesten Floridas

Auch historisch gesehen ist Florida einerseits typischer Südstaat, andererseits sorgen **spanisches Erbe** – St. Augustine ist die älteste europäische Siedlung auf dem nordamerikanischen Kontinent – und der große **kubanische Bevölkerungsanteil** für südländisches Flair. Von 1565 an manifestierten sich hier über 250 Jahre spanischer Herrschaft, bis – unterbrochen von einem britischen Intermezzo 1763 bis 1783 – die Spanier 1821 Florida an die USA verkauften. Seither entwickelte sich der Staat zum Agrar- und Urlaubsparadies.

Amelia Island und Jacksonville

Bevor man in den Großraum von Jacksonville eintaucht, sollte man über den Hwy. A1A nach **Amelia Island** fahren. Die A1A verläuft von hier direkt entlang der Küste bis hinunter nach Miami parallel zum US Hwy. 1. Die nördlichste der zu Florida gehörigen *Barrier Islands* und ehemalige Plantageninsel der Engländer hat sich im 20. Jh. zum Ferien- und Wassersportparadies gemausert.

Jacksonville hat zwar „nur" knapp 830.000 Einwohner, ist aber mit etwa 2.265 km² flächenmäßig die größte Stadt der USA. Das Herz schlägt in **Jacksonville Landing** (2 Independent Dr.), ein architektonisch gelungenes Einkaufszentrum am Nordufer des Flusses. Gegenüber, auch per Wassertaxi erreichbar, erstreckt sich der **Riverfront District** und von dort aus bietet sich ein spektakulärer Blick auf die moderne Skyline der Stadt. Hauptattraktion ist das **Cummer Museum of Art & Gardens**, eines der sehenswertesten Kunstmuseen Floridas, das hochkarätige Kunst von der Renaissance bis ins 20. Jh. aus verschiedensten Regionen der Welt zeigt und dazu eine schöne Gartenanlage bietet.
Cummer Museum of Art & Gardens, *829 Riverside Ave., www.cummer.org, Di 10–21, Mi–Sa 10–17, So 12–17 Uhr, $ 10.*

St. Augustine – Floridas spanisches Erbe

Dort, wo der St. Johns River in den Atlantik mündet, im Südosten Jacksonvilles, beginnt ein mehr als 60 km langer Sandstrand, der fast bis St. Augustine hinabreicht. Getrennt vom Festland durch den *Intracoastal Waterway*, reiht sich eine Strandkommune an die andere.

Wie Charleston oder Savannah ist **St. Augustine** eine alte, gewachsene Stadt, allerdings dominiert hier das spanische Erbe. Es handelt sich um die älteste dauerhafte europäische Siedlung in Nordamerika. Juan Ponce de León, ein spanischer Abenteurer, betrat hier 1513 erstmals den Boden Floridas. Seine Suche nach dem „Jungbrunnen" blieb erfolglos und er zog wieder ab. Erst als sich nahe dem heutigen Jacksonville französische Hugenotten ansiedelten, gründete 1565 Admiral Pedro Menéndez de Avilés einen spanischen Militärstützpunkt. Der spanische Außenposten wurde zum Verwaltungssitz in Ost-Florida und 1672 entstand nördlich der Siedlung das Bollwerk **Castillo de San Marcos**, die älteste Steinfestung der USA. 1763

Spanischer Militärstützpunkt

überließ Spanien Florida den Engländern, doch 1783 fiel Florida zurück an Spanien, ehe ihm 1821 die USA den Staat abkaufte. Erst mit dem Eisenbahnbau 1894 durch Henry M. Flagler rückte die Gemeinde als **Erholungsrefugium** ins Rampenlicht.
Castillo de San Marcos, *Castillo Dr./Avenida Menéndez, www.nps.gov/casa, tgl. 8.45–17.15 Uhr, $ 7.*

Old St. Augustine

Tritt man durch das **City Gate**, taucht man in die alte spanische Stadt – eine Art Freilichtmuseum mit vielen Superlativen, wie „Oldest School", „Oldest House" oder „Oldest Store" – ein. Hauptachse ist die zur Fußgängerzone umgestaltete **St. George Street**. An ihr reihen sich mehr als 50 liebevoll restaurierte Häuser aneinander, viele mit Souvenirläden oder Restaurants. Ein Abstecher auf der King St. nach Westen gibt eine Vorstellung davon, wie der Nobel-Erholungsort St. Augustine um 1900 aussah. Drei luxuriöse Hotels reihten sich an der Kreuzung King/Cordova St. einst hier auf: das **Alcazar** (Rathaus und Lightner Museum), das **Ponce de León** (Flagler College) und die **Casa Monica** (Hotel).

Florida's Space Coast

Nächste Stadt auf dem Weg nach Süden ist Daytona Beach, wo Rummel herrscht, v.a. wenn im Frühjahr die „Springbreakers", Studenten auf Kurzurlaub, einfallen. Außerhalb dieser paar Wochen im Jahr sind die kilometerlangen Sandstrände mit ihrer gut entwickelten Infrastruktur beliebt bei Familien. Anfang März fallen die Motorsportfans zum großen **Bikertreffen**, der **Daytona Beach Bike Week** (www.officialbikeweek.com) ein und an mindestens acht Wochenenden im Jahr all jene, die eines der Rennen im „World Center of Racing", auf dem **Daytona International Speedway** (www.daytonainternationalspeedway.com), sehen möchten.

St. Augustine, wehrhafte spanische Siedlung

Von Daytona Beach aus sind es auf dem US Hwy. 1 rund 50 km nach Titusville und von dort geht es auf dem NASA Causeway, der Verlängerung des Hwy. 405, nach **Cape Canaveral**. Das hier befindliche **John F. Kennedy Space Center** ist eine der Topattraktionen des zentralen Küstenabschnitts, nicht zuletzt, weil es nur rund 60 km von Orlando entfernt liegt. Cape Canaveral gilt als Wiege der amerikanischen Raumfahrt. Die **NASA** (National Aeronautics and Space Administration) ist am 29. Juli

1958 durch Präsident Dwight D. Eisenhower aus der Wiege gehoben worden, dessen Kernstück das Kennedy Space Center in Cape Canaveral wurde.
Kennedy Space Center, *Zufahrt von Titusville Hwy. 1/Nasa Causeway (ausgeschildert), www.kennedyspacecenter.com, VC tgl. 9–18, zweistünd. Bustouren alle 15 Min. 10–14.45 Uhr, $ 50 (inkl. IMAX und Astronaut Hall of Fame); beliebiges Ein- und Aussteigen an mehreren Punkten.*

Raumfahrt und NASA

Vergnügungszentrum Orlando

Auf dem Hwy. 50 erreicht man von Titusville nach rund 60 km oder einer Dreiviertelstunde den Großraum **Orlando**. Diese Stadt ist ein Moloch, ein Ungetüm aus unzähligen Vorstädten, Hotelkomplexen, Malls und Vergnügungsparks. Orlando wurde erst im Verlauf der Seminolen-Kriege in den 1840er-Jahren besiedelt. Lange Jahre lag die Stadt im Dornröschenschlaf, war nichts als ein kleiner, aber zentral gelegener Ort, umgeben von Orangenhainen und Viehweiden. Erst die Entstehung des Kennedy Space Center an der Atlantikküste und der Bau *von Disney World* änderten das Bild und die Infrastruktur nachhaltig.

Vergnügungsmekka

Da die Beschreibung Orlandos und aller Parks ein eigenes Buch füllen würde, hier nur einige Stichpunkte:
Discovery Cove, *6000 Discovery Cove Way, gegenüber SeaWorld (s.u.), www.discoverycove.com, ab $ 229 Komplettpaket u.a. mit Delfin-Schwimmen, Essen, Parken und SeaWorld.*
SeaWorld Orlando, *7007 Sea World Dr., östl. I-4, Hwy. 528 (Bee Line Express), www.seaworld.com, Tickets ab $ 75 (online), Kombitickets mit Busch Gardens oder Discovery Cove.*
Universal Studios Florida, Isle of Adventure und Citywalk, *1000 Universal Studios Plaza, via I-4 Exit 29 oder 30B, www.universalorlando.com, Tickets ab $ 88.*
Walt Disney World Resort mit **Magic Kingdom, Epcot Center, Disney-MGM Studios, Animal Kingdom, Downtown Disney**, *via I-4 Exit 26B oder 25B und US Hwy. 192 (ausgeschildert), http://disneyworld.disney.go.com. Neben dem Tagesticket ($ 89) Mehrtages- und Kombitickets für alle vier Disney-Parks. Der Entertainment-Komplex Downtown Disney (tgl. 19–2 Uhr) ist frei zugänglich. Tickets: www.greatorlandodiscounts.com (Rabatte) oder http://worldofdiscovery.com*

Reisepraktische Informationen Florida

Information

***Amelia Island**: www.ameliaisland.com*
***Visit Jacksonville**: Jacksonville Landing, 2 Independent Dr.; Beaches VC, 380 Pablo Ave., Jacksonville Beach. www.visitjacksonville.com*
***St. Augustine Visitor Information Center**, 10 Castillo Dr. W, www.floridashistoriccoast.com, tgl. 8.30–17.30 Uhr; mit Parkplatz, von dem aus Old Town und das Castillo gut zu Fuß zu erreichen sind, s. auch www.staugustine.com*

Daytona Beach: www.daytonabeach.com
Orlando Official VC, 8723 International Dr./Austrian Row Suite 101 (im Einkaufszentrum „Mercado"), www.visitorlando.com, tgl. 8.30–18.30 Uhr

Tipp Orlando

Das **Orlando FlexTicket** ist 14 Tage in 5 Themenparks unbegrenzt gültig. Infos: www.attractionticketsdirect.de/orlando/orlando-flexticket.

Unterkunft

Elizabeth Pointe Lodge $$$–$$$$, 98 S. Fletcher St. (Hwy A1A), Amelia Island, ☏ (904) 277-4851, www.elizabethpointelodge.com; idyllisch am Meer gelegenes romantisches kleines, historisches Hotel mit 25 Zimmern.
Pelican Path B&B $$$, 11 N. 9th Ave., Jacksonville Beach, ☏ (904) 249-1177, http://pelicanpath.com; traumhaft gelegenes modern ausgestattetes Haus direkt am Strand mit hilfsbereiten Gastgebern.
Casa Monica Hotel $$$$, 95 Cordova St., St. Augustine, ☏ (904) 827-1888, www.casamonica.com; restauriertes ehemaliges Luxushotel mit 138 Zimmern plus Luxus-Suiten, Pool und Fitness-Zentrum, Restaurant, Café mit Deli; beeindruckende Lobby, die originalgetreu rekonstruiert wurde.
Ein **Zimmer** in **Orlando** zu finden, ist weder schwierig noch sehr teuer. Im direkten Umfeld von Disney World sind die Preise am höchsten, Buchung im Voraus im Internet oder über Disney World Resort, http://disneyworld.disney.go.com) ist angeraten. Preiswertere Unterkünfte reihen sich entlang dem US Hwy. 192 (in Kissimmee) und am International Dr. auf.

Restaurants

Salt, im Ritz Carlton, 4750 Amelia Island Pkwy., Amelia Island, ☏ (904) 277-1100, www.ritzcarlton.com; zählt zu den besten Restaurants in ganz USA. Mehrgängige Menüs, die ihren (gehobenen) Preis wert sind.
A1A Ale Works, Avenida Menendez/King St., St. Augustine, www.a1aaleworks.com; gilt als eine der besten Microbreweries in Florida; zum Red Brick Ale oder anderen Sorten gibt es gute „Brotzeiten" (Mo–Fr 16–19 Uhr Happy Hour!).

Einkaufen

Jacksonville: Am Nordufer des St. Johns River erstreckt sich **Jacksonville Landing** (2 Independent Dr., www.jacksonvillelanding.com), mit zahlreichen Läden und Lokalen.
Orlando: Am International Dr. stehen einige Outlet Malls, u.a. eine der größten der USA: **Beltz Factory Outlet World** (I-4 Exit 30). Außerdem **Mercado, A Festive World Marketplace** (8445 S. International Dr.) mit Shops, Besucherinfo, Lokalen und Nightlife. Am Hwy. 482 (vom International Blvd. zum Flughafen) befindet sich die **Florida Mall**, mit mehr als 100 Läden, Imbissständen und Restaurants, am US Hwy. 192 in Kissimmee **Old Town Shopping** (5770 W. Irlo Bronson Memorial Hwy./Hwy., 192) mit rund 70 Shops (http://myoldtownusa.com) sowie **Market Street Celebration** (Celebration Ave., I-4 Exit 25 A, dann US Hwy. 192 E).

Von Georgias Küste nach Atlanta

Hinweis zur Route
Der schnellste Weg von der Küste Georgias bzw. von Savannah nach Atlanta führt über die I-16 bis Macon (ca. 270 km) und dann über die I-75 nach Atlanta (ca. 130 km). Empfehlenswert ist es, ab Macon den Umweg über den **Antebellum Trail** (Hwy. 49 und US Hwy. 441) nach Athens (von Macon ca. 160 km) einzuschlagen. Von dort ist auf dem Hwy. 78 – vorbei am Stone Mountain Park – nach knapp 100 km Atlanta erreicht.

Macon – City of White Columns and Cherry Blossoms

1823 am Westufer des Ocmulgee River gegründet, wurde **Macon** schnell ein wichtiges Wirtschafts- und Handelszentrum, das im Bürgerkrieg weitgehend von Zerstörungen verschont blieb. An die „fetten Jahre" der Stadt erinnern heute mehrere prächtige Villen, die sich Plantagenbesitzer und Händler errichten ließen. Nicht zu Unrecht wird die Stadt „**City of White Columns and Cherry Blossoms**" genannt, denn im Frühjahr kontrastiert die weltgrößte Ansammlung von blühenden Kirschbäumen wirkungsvoll zu den schneeweißen Säulen der Herrenhäuser.

Wunderschöner Anblick

Von Georgias Küste nach Atlanta

Blühende Kirschbäume in Macon

Zu den Attraktionen gehören das **Harriet Tubman Historical and Cultural Museum** – eine Ausstellung zur Geschichte und Kultur der Afroamerikaner – und die **Georgia Sports Hall of Fame**. Die **Georgia Music Hall of Fame**, wo an große Musiker aus Georgia wie Otis Redding, Ray Charles, Little Richard, James Brown, Lena Horne oder R.E.M. erinnert wurde, musste kürzlich aus Kostengründen geschlossen werden.

Harriet Tubman Museum, *340 Walnut St., www.tubmanmuseum.com, Di–Fr 9–17, Sa 11–17 Uhr, $ 8.*

Georgia Sports Hall of Fame, *301 Cherry St., http://gshf.org, Di–Sa 9–17, $ 8.*

„Palace of the South"

Der **Victorian District**, eines von insgesamt drei historischen Vierteln, wird von der neugotischen **St. Joseph's Catholic Church** (1889–92) überragt. Prächtiger wird es im **White Columns District**. Ein architektonisches Highlight stellt hier das **Hay House** dar. Die in den Jahren 1855 bis 1859 für den Kaufmann William Butler Johnston und seine Frau erbaute Villa im italienischen Renaissance-Stil, mit großer Kuppel, galt schon zur Erbauungszeit als „**Palace of the South**" und hatte viel Luxus zu bieten. Nicht weit davon entfernt liegt das **Old Cannonball House and Macon Confederate Museum** von 1854. Es verdankt seinen Ruhm einer Kanonenkugel, die das Haus während des Bürgerkriegs 1864 traf und die noch heute in der Wand steckt.

Hay House, *934 Georgia Ave., www.georgiatrust.org/historic_sites/hayhouse/, Touren Mo–Sa 10–16, So 13–16 Uhr, $ 9.*
Macon Confederate Museum, *856 Mulberry St., www.cannonballhouse.org, Mo–Sa 10–17 Uhr, $ 6.*

Wenige Kilometer nordöstlich Macon, am Beginn des **Antebellum Trail** (s. unten), liegt das **Ocmulgee National Monument**, der Überrest einer der größten Indianersiedlungen östlich des Mississippi. Im zugehörigen VC erfährt man Interessantes zur **Mississippian Culture**, jener Indianerkultur, die im Südosten der USA bis hinauf nach Illinois zu Hause war und deren Blüte zwischen 800 und 1.500 n. Chr. lag. Es handelte sich um eine hoch zivilisierte Gesellschaft, die große Siedlungen anlegte und ein komplexes Sozialgefüge ausbildete. Als die ersten Weißen im 16. Jh. herkamen, fanden sie nur noch Reste der Hochkultur vor und beschleunigten durch eingeschleppte Krankheiten deren Ausrottung.

Mississippian Culture

Ocmulgee NM VC, *1207 Emery Hwy./Hwy. 49, www.nps.gov/ocmu, tgl. 9–17 Uhr, frei; Kurzfilm, Ranger-Programme und Veranstaltungen, Ausstellungen und Shop. Auch architektonisch sehenswert.*

Reisepraktische Informationen Macon/GA

Information
Macon Welcome Center, *an der I-75 (Exit 181), 9–17.30 Uhr, Filiale: 450 M. L. King Jr. Blvd., Downtown, www.maconga.org, Mo–Sa 9–17 Uhr.*

Unterkunft
Preiswertere Motels ($–$$) reihen sich an der I-75 (Ext 54 oder 55) oder I-475 (Exit 1) auf. Es gibt im Ort zahlreiche B&Bs, z.B. das ***1842 Historic Inn*** *$$$$, 353 College St., ☏ (478) 741-1842, www.1842inn.com. Es zählt zu den romantischsten Inns in den USA mit „Vom Winde verweht"-Flair und bietet 21 luxuriöse Zimmer, Snacks am Abend und üppiges Frühstück.*

Einkaufen
Macon Mall, *I-75, Exit 162 bzw. I-475, Exit 3; 200 Shops und 25 Imbissgelegenheiten.*

Veranstaltungstipp
Ende März/Anfang April findet dank der über 265.000 Yoshino Kirschbäume – die größte Konzentration der Welt – das ***International Macon Cherry Blossom Festival*** *statt (Infos: www.cherryblossom.com).*

Der Antebellum Trail

Die Route zwischen Macon und Athens wird seit 1984 unter dem Namen **Antebellum Trail** (www.antebellumtrail.org) vermarket. Die etwa 160 km lange, gut ausgeschilderte Strecke führt durch eine landschaftlich reizvolle Gegend, vorbei an Orten, in denen die Zeit stehen geblieben zu sein scheint. Erste Station ist, noch am Hwy. 49 (ab Macon), **Milledgeville**, 1803 gegründet und zeitweise sogar die Hauptstadt von Georgia. Der Ort war Heimat der Schriftstellerin Flannery O'Connor (1926–64). An seine Glanzzeiten erinnern neben zahlreichen historischen Wohnhäusern noch das **Old State Capitol** (201 E. Greene St.), 1807 im *Gothic Revival*-Stil erbaut und 1803–68 Regierungssitz, und die **Old Governor's Mansion**, in deren eindrucksvollem *Greek Revival*-Ambiente 1839–69 der Gouverneur residierte.

Ab Milledgeville folgt man nun dem US Hwy. 441 und erreicht nach rund 30 km **Eatonton**. Hier haben zwei berühmte Autoren – Joel Chandler Harris (1848–1908) und die Pulitzer-Preisträgerin Alice Walker (*1944) das Licht der Welt erblickt. Ein bunt bemalter Hase vor dem County Courthouse, der

„Br'er Rabbit"

Br'er Rabbit aus Chandler Harris' Jugendbüchern, erinnert an den Autor. 13-jährig begann Harris als Druckerlehrling bei der lokalen Tageszeitung. Die Druckerei befand sich auf einer Plantage und dort schloss der Junge schnell Freundschaft mit Sklaven, die ihm Geschichten und Legenden erzählten. Davon inspiriert, erfand er seine eigenen Tiergeschichten und machte einen ehemaligen Sklaven namens „*Uncle Remus*" zur Hauptfigur. Dieser erzählt in seinem eigenen Dialekt dem Knaben *Joseph Sidney Turner* die Abenteuer von „*Br'er Rabbit*" (Br'er = Brother), „*Br'er Fox*" oder „*Br'er Wolfe*". 1864 zog Chandler Harris nach Atlanta, in ein Haus, das nach einem Zaunkönigs-Nest im Briefkasten „*Wren's Nest*" genannt wird (s. S. 581) und arbeitete als Journalist.

Eatonton, Heimat von „Br'er Rabbit"

Schon aus dem 19. Jh. gibt es einen Reisebericht, der behauptete: „*Madison ist die kultivierteste und aristokratischste Stadt entlang der Postkutschenroute zwischen Charleston und New Orleans*". Heute gilt der 1974 ausgewiesene **Madison Historic District** als einer der größten Georgias. Die meisten Gebäude stammen aus den Jahrzehnten zwischen 1830 und 1860 und überstanden den Bürgerkrieg unversehrt.

Im Zeitalter der Highways und Motels staunt man nicht schlecht, in der kleinen Ortschaft **Watkinsville** noch Spuren der hohen Kunst des Reisens um 1800 zu finden. An der Main St. steht die **Eagle Tavern**, 1801 als Postkutschen-Station und Gasthaus eröffnet (*Mo–Sa 10–17 Uhr, Spende*). Sie ist nur eines von fast 40 historischen Gebäuden.

Athens, der Endpunkt des *Antebellum Trail*, stellt eine reizvolle Mischung aus historischer Ortschaft und moderner Universitätsstadt dar – und ist Heimat bekannter Musiker wie der legendäre Rockband R.E.M. oder der jüngst weltweit bekannt gewordenen Jazz-Sängerin Madeleine Peyroux. Die **University of Georgia** wurde 1785 hier als „neues Athen" gegründet und sollte in der Abgeschiedenheit, jenseits städtischer Ablenkungen konzentriertes Studieren ermöglichen.

Heimat bekannter Musiker

Reisepraktische Informationen Athens/GA

Information

Athens Welcome Center *im Church-Waddel-Brumby House Museum von 1820, 280 E. Dougherty St., www.athenswelcomecenter.com und www.visitathensga.com, Mo–Sa 10–17, So 14–17 Uhr;* ***Watkinsville****: www.visitoconee.com*

Unterkunft

Grand Oaks Manor B&B *$$$, 6295 Jefferson Rd., ☏ (706) 353-2200, www.bnblist.com/ga/grand_oaks_manor/; B&B in historisches Ambiente von 1820, umgeben von schönem Park; fünf geschmackvolle und elegante Zimmer.*

The Colonels on Angel Oaks Farm *$$$, 3890 Barnett Shoals Rd., ☏ (706) 559-9595, www.thecolonels.net; zwei Zimmer im alten Herrenhaus, einem Greek-Revival-Bau aus den 1860ern, und vier Zimmer in Anbau auf einer Baumwollfarm.*

Restaurants

Als Unistadt gibt es in Athens zahlreiche Cafés und preiswerte multiethnische Lokale, z.B.

Weaver D's*, 1016 E. Broad St.; schlichte, schmackhafte und nicht teure Südstaatenküche.*

The Varsity Athens*, 1000 W. Broad St;, in der Studentenstadt begann vor über 70 Jahren der inzwischen legendäre Imbiss (Filiale in Atlanta, s. unten). Unbedingt Chili Dogs und Onion Rings probieren!*

Zuschauersport

University of Georgia Bulldogs*: hochklassiger Collegesport, American Football und Basketball, Tickets und Infos: www.georgiadogs.com.*

Zwei bedeutende Südstaatenautorinnen

info

„*Ernsthafte Schriftsteller schreiben das, was sie interessiert und nicht was andere von ihnen erwarten*" war ein Ausspruch **Flannery O'Connors**, an den sie sich auch selbst hielt. Sie zählt zu den bedeutendsten Kurzgeschichten-Autorinnen der Nachkriegszeit. Am 25. Mai 1925 in Savannah geboren, lebte O'Connor die meiste Zeit,

info

von 1938 bis zu ihrem frühen Tod am 3. August 1964, in Milledgeville. Sie studierte Englisch und Sozialwissenschaften und schloss 1947 mit dem Magistergrad ab.

Bereits ein Jahr zuvor war ihr erstes, wenig beachtetes Werk „*The Geranium*“ veröffentlicht worden. Nach Aufenthalten in New York und Connecticut kehrte sie 1951 mit der Diagnose „Haut-TBC“ in ihre Heimatstadt zurück und kaufte ein Farmhaus, das sie „Andalusia“ nannte und zusammen mit ihrer Mutter bewohnte. Hier entstanden fast 40 Kurzgeschichten, zwei Romane, Essays und Reden. O'Connors Werk ist von ihrer christlichen Einstellung geprägt. Sie prangert ein gottloses Leben an und ihre Gestalten – meist armselig und hässlich – sinnieren gerne über Existenzprobleme.

Alice Walker, am 9. Februar 1944 in Eatonton geboren, hatte ganz andere Probleme als O'Connor: Sie war dunkelhäutig und das achte Kind einer armen Pachtbauern-Familie. Entsprechend anders sind auch ihre Themen: Frauen, Rassismus und der ländliche Süden. Sie erkämpfte sich ein Studium, erst am Spelman College in Atlanta, dann am Sarah Lawrence College in New York, wo sie 1965 mit dem Bachelor of Arts abschloss.

Während all dieser Jahre kämpfte Walker, auch an der Seite von M. L. King für die Bürgerrechte und bis heute setzt sie sich vehement für die Frauenrechte ein. Bekannt wurde Walker mit dem ersten Gedichtband „*Once*“ (1968). Zu ihren großen Romanen gehören „*Meridian*“ (1976), „*The Third Life of Grange Copeland*“ (1970) oder „*The Color Purple*“ (1982) – für den sie 1983 den Pulitzerpreis erhielt und der mit Whoopi Goldberg verfilmt wurde. Ihre Bücher strahlen Realismus und Unmittelbarkeit aus, strotzen vor Kraft, sind angefüllt mit Trauer und Verzweiflung und sprühen doch vor Optimismus.

Stone Mountain Memorial SP

Nach der Besichtigung von Athens ist es ein Katzensprung nach Atlanta: Auf dem US Hwy. 78 erreicht man nach knapp 100 km die alte und neue Metropole des Südens. Vor den Toren der Stadt sollte man einen Stopp am **Stone Mountain** einlegen. Der Park (ab US Hwy.78, ca. 20 km östlich Downtown) ist für Atlanta einerseits ein beliebtes Naherholungsgebiet, andererseits Pilgerstätte. An der Ostwand dieses **größten frei stehenden Granitfelsens der Welt** entstand nämlich zwischen 1923 und 1970 ein 24x55 m großes Relief, das die Helden der Konföderation – Präsident Jefferson Davis, General und Oberkommandant Robert E. Lee und den legendäre Thomas J. „Stonewall“ Jackson – zeigt. An Sommerabenden erwachen die Helden während einer Laser-Show zu neuem Leben.

Größter Granitfelsen der Welt

Stone Mountain Memorial SP, *US Hwy. 78, www.stonemountainpark.com, variable Öffnungzeiten, $ 10 pro Pkw/Tag, Adventure Pass $ 28.*

Südstaatenmetropole Atlanta

In **Atlanta** – am Fuße der Appalachen gelegen und von sanften Hügelketten umgeben, vom Chattahoochee River gestreift und mit Seen wie dem Lake Lanier als größtem gesegnet – schlug das Herz des alten und schlägt jenes des neuen Südens. Heute eine der **Boomtowns des Südostens**, leben im Großraum der Hauptstadt Georgias rund 5,3 Mio. Menschen, in der Stadt selbst über 420.000 Menschen. Fast 70 % davon sind afroamerikanischer Herkunft, es gibt eine breite schwarze Mittelschicht sowie eine Elite, die auch das politische Geschehen wesentlich mitbestimmt.

Redaktionstipps

Sehens- und Erlebenswertes

- Stadtrundgang durch **Downtown** (S. 571).
- Das **High Museum of Art** (S. 580), das **Mitchell-Haus** (S. 581), das **Atlanta History Center** (S. 583) und das neue **Georgia Aquarium** (S. 574) nicht versäumen.
- In der **New World of Coca Cola** (S. 574) Kostproben aus aller Welt genießen.
- einen Rundgang durch **Sweet Auburn** unternehmen (S. 576).

Einkaufen/Restaurants

- Durch **Underground** (S. 571) bummeln und in einer der großen Malls der Stadt, wie **Lenox Square** (S. 583), shoppen.
- In **The Varsity** (S. 584) einen „Chili Dog" mit „Onion Rings" kosten.

Atlanta galt schon immer als die Stadt *too busy to hate* und daher konnten bereits in den 1920ern erfolgreiche afroamerikanische Geschäftsleute ihren eigenen *Business District* ins Leben rufen und Martin L. King, Jr., die Bürgerrechtsbewegung in den 1960ern von hier aus lenken.

Legendärer Atlanta-Spirit

Atlanta gibt sich heute als **moderne Metropole**, die Skyline der Stadt beeindruckt. Wer Margaret Mitchells Roman „Vom Winde verweht" gelesen hat, wird bei der Erkundung der Stadt auch feststellen, dass sich die Stadt viel vom Charme des „Alten Südens" bewahrt hat: historische Wohnviertel mit kleinen Häuschen, die typische Gastfreundschaft und nicht zuletzt Küche und Dialekt.

Orientierung

Die Autobahn I 285 führt den Fernverkehr um die Stadt herum, die übrigen Interstates (I-20, I-75, I-85) laufen durch das Stadtzentrum: Die I-20 in O-W-Richtung, die I-75 bzw. I-85 quert sie von N nach S. Im Innenstadtbereich herrscht stets lebhafter Verkehr, es gibt zahlreiche Einbahnstraßen und mehrere leicht zu verwechselnde *Peachtree Streets* und *Avenues*, denen der Länge wegen als Zusatz, ausgehend von dem Achsenkreuz Five Points, die Himmelsrichtung NE, NW, SE. oder SW zugefügt wird. Zur Besichtigung der Innenstadt lässt man das Auto am besten am Hotel stehen und benutzt die **Schnellbahn MARTA**.

Atlanta – Übersicht
MARTA-Station
0
750 m
Northwest Expressway
75
85
Peachtree
Amtrak Station
Ansley Park
Michael C. Carlos Museum-Museum of Art & Archeology
Howell Mill Road
Northside Drive
High Museum of Art
Arts Center
R. W. Woodruff Arts Center
N.E.
N.W.
14th Street
North Expressway
Spring Street
Peachtree Street
MIDTOWN
Piedmont Park
VIRGINIA HIGHLANDS
GEORGIA
Alexander Mem. Coliseum
10th Street
TECH
Midtown
Piedmont Ave.
10th Street
Virginia Aven
Monroe Drive
W. Marietta St.
M. Mitchell House
Tech Pkwy
UNIVERSITY
Fernbank Museum
Bankhead Ave.
Grand Field Bobby Dodd Stadium
Fox Theatre
Ponce de Leon Avenue
Northside Drive
North Avenue
North Avenue
Ashby Street
North Avenue
The Varsity
Jimmy Carter Library & Museum
SciTrek
Georgia Aquarium
Bedford Place
World of Coca-Cola
Ralph McGill Boulevard
Simpson Street
Civic Center
Centennial Olympic Park
SWEET AUBURN
Georgia World Congress Center
CNN Center
Baker St.
Boulevard
Peachtree Center
Freedom Pkwy
Georgia Dome
DOWNTOWN
Apex Museum
Ashby
Vine City
Philips Arena
King Center
Martin Luther King Jr. Drive
Dome
Edgewood Avenue
WESTEND
Five Points
De Kalb Avenue
Atlanta University Center
Northside
The Underground
Georgia State
Peters Street
Garnett
King Memorial
State Capitol
Memorial Drive
W. Whitehall Street
East Expressway
20
Windsor St.
Central Ave.
75
85
Grant Park
Ashby Street
Boulevard
West End
Georgia Avenue
Hill Street
S.W.
Mc Daniel Street
Turner Field (Baseball)
Cyclorama, Zoo
Atlanta Ave.
N
Hartsfield International Airport
Hartsfield International Airport
GRANT PARK
© graphic

Zwischen Five Points und Peachtree Center liegt **Downtown**, **Five Points** ist die Hauptkreuzung, die **Peachtree St**. die wichtige N-S-Achse und die **Ponce de Leon Ave**. die Haupt-O-W-Verbindung, die im Norden Downtown von Midtown trennt. **Midtown** erstreckt sich von der Ponce de Leon Ave. und dem Campus der Georgia Tech Uni bis zum Bahnhof. Sehenswerteste Stadtviertel im Umkreis sind vor allem **Sweet Auburn**, das **West End**, **Grant Park** und **Buckhead**, dazu alte Wohnviertel wie **Druid Hills** oder **Inman Park**.

Historischer Überblick

Ursprünglich lebten im Umkreis Atlantas, am Chattahoochee River, Muscogee, Creek- und Cherokee-Indianer. Ab 1837 entwickelte sich rings um den Bahnhof der *Western&Atlantic Railroad* eine kleine Siedlung namens **Terminus**. Sie wurde 1843 erst in **Marthasville** umbenannt, nach der Tochter des damaligen Gouverneurs, dann zwei Jahre später in **Atlanta**, wobei bis heute nicht ganz klar ist, weshalb dieser Name gewählt wurde. Im Bürgerkrieg (1861–65) war Atlanta ein strategisch wichtiges Nachschublager, Warenumschlagplatz und Verkehrsknotenpunkt der konföderierten Truppen. Wer „Vom Winde verweht" kennt, kann sich jenen Sommer 1864 vorstellen, als Unionsgeneral William Sherman die Stadt 107 Tage lang belagerte. Erst im September, nach Aufgabe der Konföderierten und Evakuierung der damals rund 10.000 Einwohner zählenden Stadt, ließ Shermandie Stadt zu 90 % in Schutt und Asche legen.

Wichtiger Bürgerkriegs-schauplatz

Danach trat der legendäre **Atlanta Spirit** erstmals in Aktion und ließ die Stadt wie Phoenix aus der Asche wiederauferstehen. Bereits 1868 wurde Atlanta Hauptstadt Georgias und erneut spielte die Eisenbahn eine wichtige Rolle. Anfang des 20. Jh. hatte sich die Bevölkerungszahl bereits verdreifacht und Atlanta war zur **führenden Wirtschaftsmetropole im Südosten** der USA geworden. Die 1960er waren die Zeit von M. L. King, von Bürgerrechtsbewegung und Rassenkampf, und umso logischer war es, dass 1973 in Atlanta erstmals ein Afroamerikaner Bürgermeister wurde: Maynard Jackson. 1979 eröffnete das wegweisende Schnellbahn-System MARTA und seither ging es mit der „**Gate City of the New South**" nur noch aufwärts: Der Tourismus blühte auf, man etablierte sich als Kongressstadt und war 1996 **Olympiastadt**.

Sehenswertes in Downtown

Underground Atlanta und State Capitol

Five Points (1) markiert das Geschäftszentrum Atlantas, doch in **Underground Atlanta** (2) (50 Upper Alabama St., www.underground-atlanta.com)

Atlanta – Downtown
N
MARTA-Bahnstation
0
200 m
Luckie Street
Techwood Drive
Simpson Street
Marietta Street
Baker Street
Park Avenue
Centennial
Cent. Olympic Park
Olympic
Welcome South VC
N1 Peachtree Center
Georgia World Congress Center
Park
Northside Drive
Williams Street
International Boulevard
Luckie Street
Techwood Drive
Poplar Street
Walton Street
Marietta Street
W1 Omni-Dome-World Congress Center
Metro W-E
Street
Peachtree Street
Woodruff Park
Martin Luther King Jr. Drive
Mitchell Street
Spring
Five Points
Forsyth Street
Metro N-S
Upper Alabama St.
Martin Luther King Jr. Drive
Peachtree Street
Mitchell Street
Shrine of the Immaculate Conce
Trinity Avenue
S1 Garnett
City Hall
Pryor Street
Central Street
Washington Street
Hartsfield Int. Airport
Hartsfield Int. Airport
Sehenswürdigkeit
1 Five Points
2 Underground Atlanta
3 Historic Railroad Station
4 Georgia State Capitol
5 CNN Center
6 Philips Arena
7 Georgia Dome
8 Georgia Aquarium
9 World of Coca-Cola
10 Peachtree Center
11 Equitable Building
12 Chandler Building
13 Flatiron Building
14 Atlanta Life Insurance Company Building
15 APEX Museum
16 Martin Luther King Jr. National Historic Site mit King Center und Birth Home
©graphic

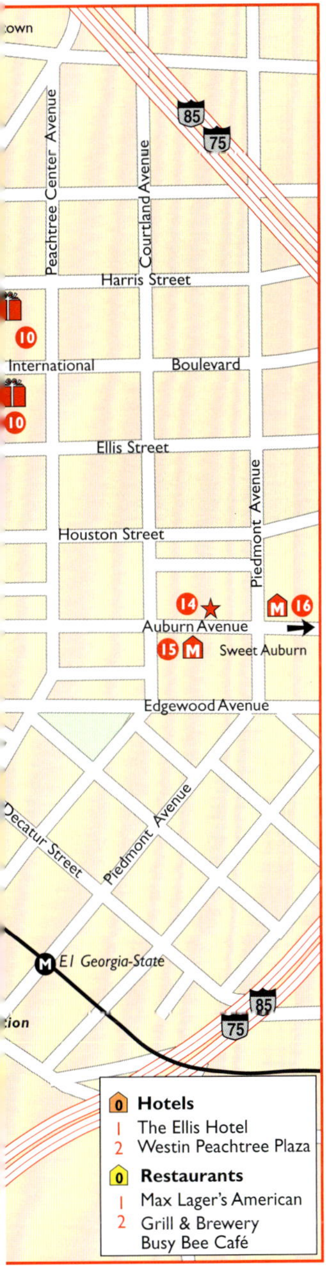

schlägt das Herz der Stadt. Dieser alte Teil der Stadt kam im Laufe des 20. Jh. komplett herunter, wurde vergessen und unter Hochstraßen und Brücken regelrecht begraben – sodass es heute „im Untergrund" liegt. In den 1980ern besann man sich seiner historischen Wurzeln und begann mit der Restaurierung. Seither präsentiert sich **Underground Atlanta** (www.underground-atlanta.com), wieder im Stil der Jahrhundertwende mit Cafés, Bars, Läden und Restaurants. Ebenfalls dazu gehört die **Historic Railroad Station (3)**, der alte Bahnhof von 1869.

Von hier sind es nur ein paar Schritte zum **Georgia State Capitol (4)** (*206 Washington St., Mo–Fr 8–17 Uhr, kleines Museum oben*), zwischen 1884 und 1889 erbaut. Wie die meisten Regierungssitze der USA folgt es dem Washingtoner Vorbild und seine 72 m hohe Goldkuppel fällt schon von Weitem ins Auge.

CNN Center und Centennial Olympic Park

Das **CNN Center (5)** ist seit 1976 Sitz von *Cable News Network* und *Headline News* und erlaubt einen Blick hinter die Kulissen. Der weltweit ausgestrahlte Nachrichtensender **CNN** ist das Werk des Medienzars, Hobbyschauspielers und Sportfans Ted Turner, der seit 1980 mit diesem Sender die Medienlandschaft revolutionierte. Um die CNN-Studios gruppieren sich Büros, das Omni Hotel und im großen Foyer gibt es Shops und Imbissstände.
CNN Center, *Marietta St./Techwood Dr., http://edition.cnn.com/tour/, tgl. 9–17 Uhr alle 10 Min. Touren $ 15.*

Direkt verbunden mit dem CNN Center sind die beiden Sportstätten der Stadt: Die **Philips Arena (6)** (*100 Techwood Dr. NW*) empfängt bis zu 20.000 Zuschauer bei den Spielen der *Hawks* (Basketball). Daneben liegt der **Georgia Dome (7)** (285 International Blvd. NW), der als größtes Stadion mit freitragender Kuppel gilt und Heimat der *Falcons* (Football) ist. In nächster Nähe liegt

Atlanta Skyline

das **Georgia World Congress Center** (*285 International Blvd. NW*), das zweitgrößte Messezentrum der Welt.

Zweitgrößtes Messezentrum der Welt

Zwischen CNN-Center und Kongresszentrum liegt der **Centennial Olympic Park** (www.centennialpark.com), wo das ganze Jahr über Veranstaltungen aller Art stattfinden. Am nördlichen Parkrand erheben sich die neuesten Attraktionen der Stadt: das **Georgia Aquarium (8)** und die **New World of Coca Cola (9)**, die einen umfassenden Einblick in die Geschichte Coca Colas bietet und über 70 internationale Kostproben erlaubt. Das Aquarium gilt als größtes der Welt und besteht aus sechs Abteilungen: *Ocean Voyager* (größtes Meerwasserbecken der Welt), *River Scout*

Centennial Olympic Park

(bedeutende Flüsse der Welt), *Georgia Explorer* (Georgias Küstenregion), *Cold Water Quest* (kalte Meeresregionen), *Tropical Diver* (Korallenriffe) sowie das neue *Dolphin Tales* (Delphine).

Georgia Aquarium, 225 Baker St. NW, *www.georgiaaquarium.org, So–Fr 10–17, Sa 9–18 Uhr, im Sommer länger, Tickets ab $ 29,95 (abhängig von Zeit und besuchten Abteilungen bzw. Shows)* Riesiges Aquarium

New World of Coca Cola, *121 Baker St. NW, www.worldofcoca-cola.com, tgl. 9–17/18 Uhr, $ 16 (auch im Internet zu bestellen).*

Das „Heilige Wasser" info

Im Frühjahr 1886 mixte „Doc" John Pemberton, ein in Columbus, einem kleinen Städtchen südlich von Atlanta, ansässiger Apotheker ein neues Heilmittel. In seiner Apotheke pries er es als „Heiliges Wasser", als **Holy Water of the South**, gegen Depressionen und Kopfschmerz an. Besser lief das Geschäft in Atlanta, wohin Pemberton sein Gebräu lieferte und wo es als **Coca Cola** vertrieben wurde. Es dauerte nicht lange, bis der Unternehmer Asa G. Chandler das große Geschäft roch und im Jahr 1891 das Pemberton-Rezept erwarb. Die Rechte zur Vermarktung als Flaschengetränk verkaufte er an drei Geschäftsleute. Joseph Biedenharn aus Vicksburg, Mississippi, war der Erste, der das braune Getränk schließlich in Flaschen abfüllte.

1919 erwarb dann Ernest Woodruff die Coca-Cola Company. Damit begann der Siegeszug des „Heiligen Wassers", das heute in über 160 Ländern der Welt getrunken wird. Bis in die 1950er Jahre blieb Coca-Cola das einzige Produkt der Firma, dann kamen andere Limonaden wie Sprite und Fanta dazu und wurden je nach Landesgeschmack Softdrinks mit Honig und Zitrone (Japan), Ananas und Grapefruit (England) oder Sauerkirsche (Tschechien) versetzt.

Peachtree Center

Das imponierende Architekturensemble **Peachtree Center (10)** (*Baker/Ellis/Williams/Courtland St.*) wurde 1976 von Stararchitekt John Portman entworfen; dazu gehören die *Peachtree Center Mall* und das *Westin Peachtree Plaza Hotel* mit 73 Stockwerken und 220 m Höhe. Nur wenige Schritte entfernt ist für Kontrastprogramm gesorgt: Das 1968 erbaute **Equitable Building (11)** (100 Peachtree St. NW), ein dunkler, schlichter Bau, repräsentiert beispielsweise den *International Style*.

Gegenüber liegt das 1906 im Neorenaissance-Stil erbaute **Chandler Building (12)** (*127 Peachtree St. NE*) und dort, wo sich Broad und Peachtree St. trennen, steht einer der interessantesten alten Bauten der Stadt: das **Flatiron Building (13)** (*84 Peachtree St. NW*). Es handelt sich nicht um eine

Kopie des gleichnamigen Baus in New York, sondern vielmehr um dessen Vorbild, da es bereits fünf Jahre früher, 1896, entstand.

Rundgang durch Sweet Auburn

Martin Luther King, Jr.

Anfang des 20. Jh. war im Osten von Downtown ein afroamerikanisches Geschäfts- und Handelszentrum entstanden, das ab den 1930ern **Sweet Auburn** genannt wurde. Nach Weltwirtschaftskrise und Weltkrieg begann der Stadtteil zu verfallen, geriet jedoch als Geburts- und Wirkungsstätte von Martin Luther King, Jr., wieder ins Rampenlicht. In den letzten Jahren erlebt das ganze Viertel auch als Wohnviertel ein Revival. Coretta Scott King (1927–2006) gab mit der Errichtung des King-Centers und der Renovierung des Geburtshauses ihres Mannes einen wichtigen Anstoß.

Das Geburtshaus von Martin Luther King

Vom Stadtzentrum kommend, stößt man zunächst auf das **Atlanta Life Insurance Company Building (14)** (*148/100 Auburn Ave. NE*), 1905 von Alonzo F. Herndon ins Leben gerufen und Zeugnis von der wirtschaftlichen Blütezeit des Viertels. Im benachbarten *Dobbs*-Hochhaus ist das Museumszentrum **APEX (15)** *(African American Panoramic Experience)* eingezogen, eine sehenswerte Ausstellung zur afroamerikanischen Geschichte und Kultur mit Veranstaltungsprogramm.
APEX, *135 Auburn Ave., www.apexmuseum.org, Di–Sa 10–17 Uhr, $ 6.*

Erste Station sollte nach dem Besuch des **VC** des **Martin Luther King Jr. National Historic Site (16)** die **Ebenezer Baptist Church** (*407 Auburn Ave. NE, tgl. 9–17, So 13–17 Uhr*) von 1922, eine Kirchengemeinde, die für ihre Toleranz und Offenheit, für ihren Zusammenhalt bekannt war und ist, sein. Wie der Großvater und der Vater predigte auch Martin Luther King Jr. einst in dieser Kirche.

„Courage To Lead"

Unter dem Motto „Courage To Lead" informiert das nebenan liegende **Martin Luther King Jr. Center for Nonviolent Social Change** mit viel Multimedia über King und die Bürgerrechtsbewegung. Auf dem Freigelände findet sich ein sehenswerter Brunnen mit Kings Krypta und Grab. Auch seine am 31.1.2006 verstorbene Frau fand hier ihre letzte Ruhe. Vom Center sind es nur wenige Schritte zum **Martin Luther King Jr. Birth Home**, dem 1895 erbauten und restaurierten Geburtshaus Kings.
Martin Luther King Jr. National Historic Site, *450/449 Auburn Ave., www.nps.gov/malu und www.thekingcenter.org, Park und MLK-Center tgl. 9–17/18 Uhr sowie Birth Home, Touren tgl. 9.30/ 10–17/17.30 Uhr, frei.*

„I have a dream ..."

info

Nach dem Bürgerkrieg waren die Sklaven zwar frei, doch wirtschaftlich lebten die kleinen Pachtbauern eher schlecht als recht. Zudem war mit dem *Seperate-but-equal*-Gesetz 1896 die Segregation in allen Lebensbereichen legalisiert worden und „*Whites only*"-Vorschriften wurden streng überwacht. Hinzu kamen *segregated schools laws* – ein weiterer Stein des Anstoßes für das *Civil Rights Movement*, das von etwa 1955 bis 1968 stark wurde und zu dessen Identifikationsfigur **Dr. Martin Luther King Jr**. wurde.

King wurde am 15. Januar 1929 in Sweet Auburn als Sohn und Enkel eines Pfarrers geboren. 1948 begann er am *Crozer Theological Seminary* sein Theologiestudium und promovierte 1955 in Boston. Ab 1960 stand er der lokalen *Ebenezer Baptist Church* als Pastor zur Verfügung. Er war ein charismatischer Redner und lehnte, wie sein großes Vorbild Mahatma Ghandi, Gewalt ab, seine „Waffe" waren Massendemonstrationen. Durch große Mengen von Protestierenden sollte auf die Notwendigkeit eines ökonomischen und strukturellen Wandels als Grundvoraussetzung für eine Aufhebung von Rassendiskriminierung und sozialer Ungerechtigkeit hingewiesen werden.

Die Verhaftung der dunkelhäutigen Rosa Parks, die sich am 1. Dezember 1955 in Montgomery geweigert hatte, ihren Platz im Bus einem jüngeren weißen Mann zu überlassen, führte zur Gründung der **Southern Christian Leadership Conference** (*SCLC*) und damit zur Organisation der Bürgerrechtsbewegung.

Der Stein war ins Rollen gekommen und Anfang der 1960er Jahre wurde das Aufbegehren stärker: Protestmärsche, Boykotts und Sit-ins mehrten sich, die Zahl der Teilnehmer, bald auch Studenten, wuchs und die Reaktionen seitens des Staates und der Weißen wurden brutaler: Massenverhaftungen und brutale Unterdrückung, Prügel und lange Demütigung standen auf der Tagesordnung.

info

Im August 1963 organisierte King jenen legendären Marsch von Birmingham nach Washington, bei dem über 200.000 Personen ihre Solidarität bekundeten und der in der berühmten Rede Kings vor dem Lincoln Memorial gipfelte, die mit den Worten „**I have a dream** ..." bis heute unvergessen ist.
1964 verbuchte das **Civil Rights Movement** mit der Verabschiedung des **Civil Rights Acts** unter Präsident Lyndon B. Johnson einen ersten großen Erfolg. Im gleichen Jahr erhielt King den Friedensnobelpreis. 1965 folgte nach teils blutigen Kämpfen im Süden, vor allem in Mississippi, der **Voting Rights Act** – das Wahlrecht für Afroamerikaner.

Dennoch setzte sich der Kampf beständig fort und im März 1965 zogen 25.000 Demonstranten von Selma nach Montgomery. Doch auch die Gewaltbereitschaft seitens seiner Mitkämpfer wuchs, sehr zum Missfallen Kings. Ende März 1968 nahm er zum letzten Mal an einem Demonstrationszug von Arbeitern in Memphis teil und am 4. April 1968 wurde er während der Planung eines weiteren Protestmarsches auf dem Balkon des Lorraine Motels in Memphis im Alter von 39 Jahren erschossen.

Sehenswertes in Midtown

Das zweite Zentrum der Innenstadt, mit eigener spektakulärer Skyline, bildet das nördlich der Ponce de Leon und North Ave. gelegene **Midtown**. Doch auch historische Bauten sind hier zu finden: Das **Fox Theatre** war in den 1920ern als Moschee namens *Yaarab Temple Shrine Mosque* erbaut worden, wurde jedoch bald von dem Filmmogul William Fox zum Kino umfunktioniert. Hier lief 1939 die Premiere von „Vom Winde verweht", danach schwebte erneut der Pleitegeier über dem Theater und es verfiel. 1974 konnten die Bürger den geplanten Abriss gerade noch verhindern, und heute kann man wieder das beeindruckende Innere – ein buntes orientalisch anmutendes Stilgemisch – bewundern und Konzerte und Veranstaltungen genießen.

Prächtiges Theater

Fox Theatre, *660 Peachtree St. NE, www.foxtheatre.org, Touren Mo/Do 10, Sa 10/11 Uhr, $ 10.*

Das Margaret Mitchell House

An die berühmte Autorin des Romans „Vom Winde verweht" erinnert einige Blocks weiter nördlich das **Margaret Mitchell House**. Zweimal abgebrannt, wurde der ehemalige Apartmentbau, in dem Mitchell lebte, und ein zugehöriger Besucherkomplex (Infos, Museum und Laden), betreut vom Atlanta History Center (S. 583), wieder aufgebaut. Margaret Mitchell – übrigens eine Cousine von Westernheld Doc Holliday – bewohnte zusammen mit ihrem zweiten Ehemann John Marsh Apt. 1 im Tiefparterre.

Margaret Mitchell House, *990 Peachtree St., www.margaretmitchellhouse.com, Mo–Sa 10–17.30, So 12–17.30 Uhr, Touren $ 13, VC, Kombiticket mit Atlanta History Center $ 22, Ausstellung, Film, Shop.*

info

„Vom Winde verweht"

Margaret Munnerlyn Mitchell hätte, wäre sie ein halbes Jahrhundert später geboren worden, als „Emanze" gegolten: Die nur 1,50 m große „Peggy" trank, rauchte, trug Hosen, spielte Karten und fuhr Auto, riss unanständige Witze und fluchte wie ein Kutscherknecht. Sie war kokett und stand gerne im Mittelpunkt von Männergesellschaften. Von Red Upshaw, ihrem ersten Ehemann – dem Ebenbild von Rett Butler alias Clark Gable im Roman bzw. Film – ließ sie sich 1924 scheiden, was damals keinesfalls Usus war. Sie heiratete anschließend John Marsh, der wiederum Ähnlichkeiten mit dem weichlich-verträumten, gebildeten Aristokraten Ashley im Roman aufwies. Doch das sind nicht die einzigen autobiografischen Züge.

Mitchell, am 18. November 1900 in Atlanta als Kind einer zugezogenen Außenseiter-Familie geboren, wuchs überwiegend auf der Plantage ihrer Großmutter Annie Fitzgerald in Jonesboro – südlich von Atlanta – auf, einer energischen Frau, deren Erinnerungen an den Bürgerkrieg noch lebendig waren. Margaret pflückte, wie Scarlett im Roman, Baumwolle, versuchte, wie diese in die ehrenwerte

Das Margaret Mitchell House

info

Gesellschaft Atlantas aufgenommen zu werden und erlebte durch ihren Bruder Stephen, der freiwillig in den Ersten Weltkrieg zog, die Folgen eines Krieges mit. Für Mitchells dominante Mutter, eine spröde, streng gläubige Katholikin, finden sich im Roman ebenso Parallelen wie zu Margarets Vater Eugene.

1926 musste Margaret ihren Beruf als Journalistin an den Nagel hängen, nachdem ein Unfall – nicht der erste – und eine dabei zugezogene Fußverletzung sie ans Haus fesselte. Beständig ermutigt vom Ehemann, machte sie sich an das Schreiben eines Romans zum „dilettantischen Zeitvertreib", wie sie es selbst nannte. Es sollte ein **Epos über die Südstaaten** werden, wobei sie akribisch in Bibliotheken recherchierte und sieben Jahre an dem Buch arbeitete. Immer wieder verwarf Mitchell ihr Manuskript, verbarg es unter Handtüchern vor Besuchern und bezeichnete ihr „Geschreibsel" als „lausig".

1935 wurde ein Repräsentant des New Yorker Verlags Macmillan dennoch auf sie aufmerksam und nach zähen Verhandlungen und hastiger Fertigstellung des ursprünglich chaotischen Manuskripts erschien1936 ein über 1.000-seitiger Wälzer. Ehe sich Margaret versah, war sie zur viel beachteten Bestsellerautorin avanciert – und sah sich dem Medienrummel zeitweise nicht gewachsen. Die Kritiker lobten ihr Werk, vor allem die Unmittelbarkeit und Lebendigkeit der Handlung, die prägnanten Charakterisierungen der Romanfiguren und die Genauigkeit der historischen Hintergründe. Ihr Buch thematisierte erstmals das verheerende Schicksal eines Staatengebildes vom Kriegsausbruch bis hinein in die Rekonstruktionszeit.

Der Erfolg veranlasste Kinoproduzent Selznick dazu, den Roman zu verfilmen, und Ende 1939 wurde sein Werk mit Clark Gable und Vivian Leigh in den Hauptrollen in Atlanta uraufgeführt. Mitchell hatte sich geweigert, am Drehbuch beratend mitzuwirken, fühlte sie sich doch durch den herrschenden Rummel um ihre Person eher gestört als geschmeichelt. Ein erneuter Unfall beendete ihr Leben: Auf dem Weg mit Ehemann John in ein Kino wurde sie am 11. August 1949 auf der Peachtree, Ecke 13th St., von einem Auto überfahren und starb kurz darauf 48-jährig.

High Museum of Art

Zum **Robert W. Woodruff Arts Center** gehört neben mehreren Theatern und Kultureinrichtungen auch das **High Museum of Art**, das Toparchitekt Richard Meier 1983 errichtete und das bis 2005 durch einen Anbau von Renzo Piano um das Doppelte erweitert wurde. Dieses Museum ist allein vom Bau her sehenswert, beherbergt aber zudem in überzeugender thematischer Anordnung Kunst des 14. bis 18. Jh., französische Kunst des 19. Jh. und amerikanische des 19. und 20. Jh., außerdem afrikanische Kunst

und Kunstgewerbe, Volkskunst- und Fotografien. Zahlreiche Wechselausstellungen und Veranstaltungen stehen ebenfalls auf dem Programm.
High Museum of Art, *1280 Peachtree St., www.high.org, Di–Sa 10–17, Do – 20, So 12–17 Uhr, $ 19,50 inkl. Sonderausst., 1. Fr im Monat „Friday Jazz" bis 21 Uhr.*

Sehenswertes in den Suburbs

Für eine Erkundung der Metro Area von Atlanta ist ein Auto von Vorteil, da die Sehenswürdigkeiten teils weit verstreut liegen. Die erste Station, **West End**, ist das älteste Wohnareal der Stadt, heute ein afroamerikanisches Viertel, in dem das **Atlanta University Center** (*1865), eine angesehene afroamerikanische Uni, liegt. In **Wren's Nest** wohnte von 1881 bis 1913 der Schriftsteller und Geschichtenerzähler Joel Chandler Harris (s. S. 566).

Wren's Nest

Herndon Home gehörte Alonzo F. Herndon, einem Selfmademan, der als Sklavenkind geboren und als Friseur reich geworden war und 1905 die *Atlanta Life Insurance Company* in Sweet Auburn gegründet hatte. 1910 bezog Herndon dieses luxuriöse und geschmackvoll eingerichtete 15-Zimmer-Haus.
Wren's Nest, *1050 Abernathy Blvd. SW, www.wrensnestonline.com, Di–Sa 10–14.30 Uhr, $ 8.*
Herndon Home, *587 University Pl. NW, www.nps.gov/nr/travel/atlanta/her.htm, Di/Do 10–16 Uhr, Touren $ 5.*

Etwas südlich der Innenstadt liegt **Turner Field**, das zu einem Baseballstadion umgebaute Olympia-Stadion von 1996. Hier sind die **Atlanta Braves** zu Hause. Ein Spiel dort zu erleben, ist ein unvergleichliches Erlebnis, besonders wenn nach Sonnenuntergang im Hintergrund die Skyline zu strahlen beginnt.
Turner Field *mit Braves Museum & Hall of Fame, 755 Hank Aaron Dr., http://atlanta.braves.mlb.com, Touren $ 12, Museum $ 5.*

Baseball-Ticket besorgen!

Nicht weit entfernt, im Südosten der Stadt befindet sich im **Grant Park** (*Atlanta Ave./Sidney St./Cherokee Ave.*) das **Cyclorama**. Dieses 15 m hohe Rundgemälde mit einem Umfang von 120 m illustriert die Ereignisse des Jahres 1864, die Belagerung und Schlacht von Atlanta. Ebenfalls im Park liegt der **Atlanta Zoo**, der aufgrund seiner nach neuen wissenschaftlichen Erkenntnissen angelegten Bereiche als besonders fortschrittlich gilt.
Cyclorama, *Cherokee Ave. SE, www.atlantacyclorama.com, Di–Sa 9.15–16.30 Uhr, $ 10.*
Atlanta Zoo, *800 Cherokee Ave. SE, www.downtownatlanta.com/attractions/cyclorama/, tgl. 9.30–17/18.30 Uhr, $ 21.*

Das Viertel **Inman Park** mit **Little Five Points** (*Moreland/ Euclid Aves.*) als Zentrum liegt im Nordosten Atlantas. Hauptsight hier ist das **Jimmy Car-**

Antebellum-Haus in Buckhead

Carters Bibliothek

ter Library & Museum. Dem 39. Präsidenten der USA und Friedensnobelpreisträger von 2002, Jimmy Carter, ist dieses Museum mit Bibliothek ebenso gewidmet wie der Bedeutung der Demokratie. James Earl Carter, 1924 geboren, 1977–81 Präsident, widmet sich seither dem Frieden und der Hilfe bedürftiger Menschen.

Jimmy Carter Library & Museum, *441 Freedom Pkwy., www.jimmycarter library.gov, Mo–Sa 9–16.45, So 12–16.45 Uhr, $ 8.*

In dem im Osten gelegenen Nobelviertel **Druid Hills**, einem Musterbeispiel früher suburbaner Städteplanung, liegt der Campus der angesehenen **Emory University** (*1364 Clifton Rd.*) und ihr besuchenswertes **Michael C. Carlos Museum – Museum of Art and Archeology** mit einer beachtlichen Sammlung antiker Kunst. Das **Fernbank Museum of Natural History** gilt nach der *Washingtoner Smithsonian Institution* als das zweitgrößte Naturkundemuseum an der Ostküste. In verschiedenen Abteilungen geht es in originalgetreuen Nachbildungen um die erdgeschichtliche Entwicklung; angeschlossen ist das *Fernbank Science Center* mit Planetarium, Observatorium und anderen naturwissenschaftlichen Ausstellungsstücken.

Museum of Art and Archeology, *M. C. Carlos Hall, 571 S. Kilgo St., www.carlos.emory.edu, Di–Fr 10–16, Sa 10–17, So 12–17 Uhr, $ 8.*
Fernbank Museum of Natural History, *767 Clifton Rd. NE, www.fernbankmuseum.org, Mo–Sa 10–17, So 12–17 Uhr, Fr bis 22 Uhr „Martinis& IMAX" $ 12, sonst $ 17,50, mit IMAX Theater $ 23. Café und Shop zugehörig.*

Geschichte und Einkaufen

Im Nordwesten der Stadt liegt **Buckhead**, *„Atlantas Premier Shopping, Dining&Entertainment District"* und hier befindet sich mit **Lenox Square** (3393 Peachtree Rd. NE) eines der größten Shoppingcenter im Südosten. Im **Atlanta History Center** gibt es eine sehenswerte Ausstellung zu Stadtgeschichte und Bürgerkrieg. Auch den Olympischen Spielen 1996 ist eine eigene Abteilung gewidmet: die *Centennial Olympic Games Collection*. Außerdem werden auf dem weitläufigen Parkgrund Führungen durch ein altes Farmhaus von 1840 – das **Tullie Smith House** – sowie durch das **Swan House**, eine Villa aus den 1920ern angeboten und es gibt sehenswerte Gärten.
Atlanta History Center, *130 W. Paces Ferry Rd., www.atlantahistorycenter.com, Mo–Sa 10–17.30, So 12–17.30 Uhr, $ 16,50, inkl. Mitchell House $ 22.*

Reisepraktische Informationen Atlanta/GA

Information

***Atlanta CVB**, www.atlanta.net; Infostände im Underground (65 Upper Alabama St.), im Georgia World Congress Center und am Flughafen. Hilfreich bei der Planung ist auch www.exploregeorgia.org und www.georgiaonmymind.de (Georgia Tourism).*

Spartipp

Der **Atlanta City Pass** bietet für $ 69 Zutritt zu fünf Attraktionen (*Georgia Aquarium*, *World of Coca-Cola*, *Zoo Atlanta* oder *Atlanta History Center*, *CNN Studio Tour*, *Fernbank Museum* oder *High Museum of Art*). Infos und Buchung: www.citypass.com/city/atlanta.html.

Unterkunft

***Hotels** und **Motels** sind im Großraum Atlanta (www.atlanta.net/hotels/index.aspx) keine Mangelware und es gibt viele Kettenh/motels zu günstigen Preisen. Engpässe kann es in Downtown während der zahlreichen Kongresse oder Messen geben. **B&Bs** und **Inns** gibt es v.a. in den Vororten.*
***www.bedandbreakfastatlanta.com** – zentrale Buchungs- und Informationsstelle für B&Bs in und um Atlanta.*
***The Artmore Hotel** $$ (inkl. Frühstück), 1302 W. Peachtree St. (Midtown), ☏ (404) 876-6100, www.artmorehotel.com; renovierter historischer Bau, der in ein schönes Hotel mit geräumigen 103 Zimmer und 7 Suiten umgewandelt wurde.*

The Ellis Hotel *(1) $$$$, 176 Peachtree St. NE, ☏ (404) 523-5155, www.ellishotel.com; schickes, luxuriöses Boutiquehotel mitten in Downtown, mit Terrace Restaurant (Biokost).*
The Highland Inn *$$-$$$, 644 N. Highland Ave., ☏ (404) 874-5756, www.thehighlandinn.com; einfaches, aber sauberes und gemütliches Hotel im Art-deco-Stil in der Nähe der Carter Library im Osten von Downtown, inkl. Frühstück und mit Innenhof.*
Westin Peachtree Plaza *$$$$$ (2), 210 Peachtree St. (Downtown), ☏ (404) 659-1400, www.starwoodhotels.com; ein Wahrzeichen Atlantas mit glitzernder Glasfassade, die die Skyline Atlantas beherrscht. Atrium sehenswert, über 1.000 geräumige Zimmer, teils mit traumhafter Aussicht; mehrere Restaurants.*

Restaurants

Es gibt mehr als 8.000 Restaurants im Großraum Atlanta und die Stadt hat sich inzwischen zu einer der Top-Gourmetdestinationen in den USA entwickelt. Ein kulinarischer Schwerpunkt ist ***Buckhead*** *im NW der Stadt.*
Blue Ridge Grill*, 1261 W. Paces Ferry Rd. (Buckhead), ☏ (404) 233-5030; gemütliches Restaurant, das schwerpunktmäßig regionale Spezialitäten der Appalachen und allgemein Südstaatenkost auf der Speisekarte stehen hat.*
Busy Bee Café *(2), 810 M. L. King Dr. (Downtown), ☏ (404) 525-9212; gilt seit über 50 Jahren als das beste Soul Food-Restaurant der Stadt.*
Horseradish Grill*, 4320 Powers Ferry Rd. (Buckhead), ☏ (404) 255-7277; weit über Atlanta hinaus für seine kreative „New Southern"-Cuisine berühmt, mehrfach ausgezeichnet.*
Mary Mac's Tea Room*, 224 Ponce de Leon Ave. NE (Midtown), ☏ (404) 876-1800; seit fast 60 Jahren eine Institution in Sachen Südstaatenküche; große Portionen und preiswert.*
Max Lager's American Grill & Brewery *(1), 320 Peachtree St. (Downtown), ☏ (404) 525-4400; beliebte Kneipe mit den besten Steaks und Rips der Stadt, dazu hausgebrautes Bier vom Fass.*
South City Kitchen*, 1144 Crescent Ave. (Midtown), ☏ (404) 873-7358; eher gehobene Kategorie, verfeinerte Südstaatenküche in edlem Ambiente, hervorragende Weinkarte.*
The Varsity*, 617 North Ave. NE (Midtown); immer voll, immer laut, aber dennoch der „Fast-Food-Tempel" des Südens, den man einfach erlebt haben muss!*

Nachtleben

Bei Nacht ist man am besten im nördlichen Vorort ***Buckhead****, in* ***Virginia-Highland*** *oder* ***Little Five Points*** *aufgehoben. Besonders Jazz wird groß geschrieben (http://atlanta.citysearch.com/listings/atlanta-ga-metro/jazz/81215_10052)*
Blind Willie's*, 828 Highland Ave. NE, www.blindwilliesblues.com; Live-Blues in rauchiger Wohnzimmeratmosphäre.*
Café 290*, 290 Hilderbrand Ave. NE (Buckhead); einer der Top-Jazzclubs der Stadt mit zugehöriger Sportsbar und Café.*

Einkaufen

Atlanta ist bekannt für seine riesigen modernen **Einkaufszentren**. Außer dem eher touristischen **Underground** (Downtown/Five Points) sind v.a. die folgenden Malls beeindruckend:

Cobb Galleria Centre, Two Galleria Parkway (NW Atlanta, I-75/I-285); modernes Shoppingcenter mit zwei angeschlossenen Hotels.

Lenox Square, 3393 Peachtree Rd. NE (MARTA „Lenox Square"); im nördlich gelegenen Viertel Buckhead mit über 70 Shops.

Perimeter Mall, 4400 Ashford Dunwoody Rd. NE/ I-285; im N der Stadt, fast 200 Läden u.a.

Mall of Georgia, 3333 Buford Dr., Buford/I-85 (Exit 115); größte Mal im SO der Stadt mit IMAX und über 225 Läden und Kaufhäuser.

Zuschauersport

Atlanta Braves (Baseball – MLB), Apr.–Okt. im Turner Field, 755 Hank Aaron Dr., http://atlanta.braves.mlb.com

Atlanta Falcons (Football – NFL), Sept.–Dez. Spiele im Georgia Dome, One Georgia Dome Dr., www.atlantafalcons.com

Atlanta Hawks (Basketball – NBA), Nov.–Apr. Spiele in der Philips Arena, Techwood Dr., www.nba.com/hawks

Universität Georgia Tech Yellow Jackets: College Football und Basketball, www.ramblinwreck.com

Flughafen

Der **Hartsfield-Jackson Atlanta International Airport** (www.atlanta-airport.com) liegt ca. 15 km südwestlich der Stadt und ist Knotenpunkt von Delta Air Lines. Er ist mit der Schnellbahn MARTA an die Innenstadt angebunden (ca. 20 Min.), außerdem gibt es regelmäßig Airport Shuttles ($ 18) und Taxen (Flatrate Downtown $ 30).

Nahverkehr

Atlanta verfügt über ein gutes U/S-Bahn-Netz unter der Ägide von **MARTA** (Metropolitan Rapid Transit Authority, www.itsmarta.com). Im 10-Min.-Takt verkehren die Bahnen der vier Linien Mo–Fr 4.45-1 und Sa/So 6–1 Uhr. Es gibt eine N-S- und eine O-W-Achse; sie treffen sich in Five Points. Daneben betreibt MARTA Busse, die v.a. die Außenbezirke anbinden.

Netzpläne gibt es an allen Stationen, ebenso Ticketautomaten ($ 2,50 Einzelfahrt). Preiswerter sind **Multi-Day Visitor Passes** für 1–4 Tage ($ 9/14/16/19).

Taxi

Taxis berechnen ca. $ 2,50 Grundgebühr plus 25 c. pro 200 m Fahrtstrecke; die Flatrate zum/vom Airport beträgt $ 30.

Eisenbahn

Amtrak-Züge (www.amtrak.com) halten an der **Peachtree Station**, 1688 Peachtree St. NW, am I-85, 5 km nördlich von Downtown (MARTA-Bus ab „Arts Center"). Täglich fährt der „Crescent" südwärts nach New Orleans und nordwärts Richtung Charlotte, Washington und New York.

7. ANHANG

Literaturhinweise

Im Folgenden findet sich eine kleine Auswahl an weiterführender Literatur. Bei guten Englischkenntnissen sollte man die englische Originalausgabe der deutschen Übersetzung vorziehen, die es meist auch bei Amazon (www.amazon.de) zu wenig höherem Preis als in den USA gibt.

Reiseführer

Für zusätzliche Informationen zu angrenzenden Regionen sei auf die anderen Reise-Handbücher im Iwanowski's Reisebuchverlag verwiesen, die in regelmäßigen Zeitabständen aktualisiert werden:

- Leonie **Senne**/Margit **Brinke**/Peter **Kränzle**, Iwanowski's USA Nordosten
- Dirk **Kruse-Etzbach**, Iwanowski's USA Süden
- Michael **Iwanowski**, Iwanowski's Florida
- Margit **Brinke**/Peter **Kränzle**, CityGuide New York City sowie CityTrip New York (beide regelmäßig aktualisiert, Reise Know-How-Verlag)

Allgemeines

- Edmund **Fawcett**/Thomas **Tony**, Die Amerikaner heute – Psychogramm eines Volkes im Wandel (1983); auch wenn dieses Buch schon über 20 Jahre alt ist, ist es immer noch eine lesenswerte Einführung.
- Phillip **Gassert**/Mark **Häberlein**/Michael **Wala**, Kleine Geschichte der USA (Reclam, 2008); eine übergreifende Skizze der historischen Entwicklung in den USA.
- S. **Foote**, The Civil War: A Narrative History I–III (1958/1963/1974); bis heute ***das*** Kompendium zum Bürgerkrieg.
- C. **Hudson**, The Southeastern Indians (1976, versch. Neuauflagen); Handbuch über die Indianer des Südostens.
- G. **Johoda**, The Trail of Tears. The Story of Indian Removal 1813–1850 (1975); die Geschichte der Vertreibung der Cherokee aus dem Südosten nach Oklahoma.
- B. **Köster**, Palladio in Amerika. Die Kontinuität klassizistischen Bauens in den USA (1990).
- C. **Kuralt**/I. **Glusker**, Southerners: Portrait of a People (1986); interessante Studie über das Gemüt der Südstaatler.
- J. **McPherson**, Battle Cry of Freedom: The Civil War Era (1988, neuere Auflagen erhältlich); bis heute immer noch die beste und kompakteste Darstellung des Bürgerkrieges.

- Gert **Raeithel**, Geschichte der nordamerikanischen Kultur, 3 Bände (Zweitausendeins, 1997); umfassender Überblick über die Geschichte und die gesellschaftliche Entwicklung der USA.
- Dieter **Schulz**, Ralph Waldo Emerson, Henry David Thoreau, Margaret Fuller. Amerikanischer Transzendentalismus (Darmstadt 1997); gute Einführung in dieses nicht ganz leichte Thema mit Infos zu den frühen Literaten Neuenglands.
- Alexis de **Tocqueville**, Über die Demokratie in Amerika (u. a. Reclam UB 8077); lesenswerte Einführung in die amerikanische Politik und Gesellschaft aus der Feder eines französischen Gesandten im 19. Jh. – immer noch aktuell!
- Ch. Reagan **Wilson**/W. **Ferris** (Hsg.), Encyclopedia of Southern Culture (Chapel Hill/London, 1989); das einzige umfassende Nachschlagewerk über den Süden der USA, steht in vielen Uni-Bibliotheken.
- Waldemar **Zacharasiewicz**, Die Erzählkunst des amerikanischen Südens (Darmstadt 1990); guter allgemeiner Überblick über die Literatur der Südstaaten.

Belletristik

- Louisa May **Alcott**, u. a. Little Women (1868/69) oder Little Men (1871), zahlreiche Ausgaben als TB und gebunden, auch Dt.; Geschichten aus dem Neuengland des 19. Jh.
- Paul **Auster**, Mond über Manhattan (1989), Die New-York-Trilogie (1988), Die Brooklyn Revue (2006); drei der besten Bücher des berühmten New Yorker Autoren.
- Harriet **Beecher-Stowe**, Onkel Toms Hütte (1852), zahlreiche Ausgaben, auch als TB und auf Dt.; das Buch, das wesentlich zur Lösung der Sklavenfrage beigetragen hat.
- John **Berendt**, Midnight in the Garden of Good and Evil (1994, auch dt.); liefert mit der Schilderung eines mysteriösen Todesfalles in Savannah auch gleich ein Bild der Stadt und der dortigen Gesellschaft.
- Rita Mae **Brown**, High Hearts (1987, dt. Herzgetümmel); eindrucksvolle Erzählung aus dem Bürgerkrieg in Virginia.
- diess., Dolley (1994; auch dt.); fesselnde Schilderung des Lebens der exzentrischen Ehefrau des vierten US-Präsidenten James Madison in der Frühzeit der Hauptstadt Washingtons und während des War of 1812 gegen England.
- James Fenimore **Cooper**, Lederstrumpf (5 Bände, 1826-41), in verschiedenen Ausgaben erschienen (auch als TB); die Romane spielen teilweise im kolonialen Neuengland.
- E.L. **Doctorow**, The March (2005); packende Erzählung um den legendären „March to the Sea" der Unionstruppen im Bürgerkriegsjahr 1863.
- John **Dos Passos**, Manhattan Transfer (1925); eines der besten Bücher über das New York der 1920er-Jahre.

- Ralph Waldo **Emerson**, Nature (1836), zahlreiche Ausgaben auch als TB und dt.; grundlegender Essay für den Transzendentalismus und die Bewegung „Zurück zur Natur".
- Charles **Frazier**, Cold Mountain (1998; auch dt.); lesenswerter Bürgerkriegroman, doch kein heroisch-patriotisches Buch, sondern eher ein Anti-Kriegswerk, 2004 vom britischen Regisseur Anthony Minghellas beeindruckend verfilmt.
- Kinky **Friedman**, grandiose Kult-Krimis des texanischen Autors, die in New York spielen.
- **Chad Harbach**, The Art of Fielding (2011; dt. „Die Kunst des Feldspiels"), fesselnder Roman des literarischen Neulings über den amerikanischen Nationalsport.
- Nathaniel **Hawthorne**, u. a. The Scarlet Letter (1850, auch dt.), zahlreiche Ausgaben, auch als TB; eine Abrechung mit den Hexenprozessen in Salem von 1692; The House of the Seven Gables (1851, auch dt.).
- O. **Henry**, u. a. Meistererzählungen (Diogenes 1991); fesselnde Kurzgeschichten aus dem New York des ausgehenden 19. Jh.
- John **Irving**, u. a. The Hotel New Hampshire (1981, auch dt.), Setting Free the Bears (1969, auch dt.) oder The World According to Garp (1978, auch dt.), jeweils zahlreiche Ausgaben, auch als TB.
- Peter **Landesman**, The Raven (1995, dt. Meereswunden); spielt an der zerklüfteten Küste Maines.
- Henry Wadsworth **Longfellow**, The Song of Hiawatha (1855), zahlreiche Ausgaben, auch dt. und TB, darunter die begehrte Facsimile-Ausgabe von 1890, illustriert von Frederic Remington (Reprint Chicago 1969; auch in dt.); Lobgesang auf die Indianer, neben Evangeline (1847) Meisterepos des Dichters.
- Herman **Melville**, Moby Dick (1851); zahlreiche Ausgaben, auch als TB und neu übersetzt 2002; grandiose Erzählung über den besessenen Captain Ahab und seine Jagd nach dem weißen Wal, Schilderung alter Hafenstädte in Neuengland und der Walfangindustrie
- Margaret **Mitchell**, Gone with the Wind (1936, auch dt.); zahlreiche Ausgaben, auch als TB; das Epos der Südstaaten schlechthin.
- Tony **Morrison**, Jazz (1992); lesenswerte Beschreibung des Harlem der 1920er-Jahre.
- Flannery **O'Connor**, u. a. Wise Blood (1952), A Good Man is Hard to Find (1955) oder The Violent Bear it Away (1966), zum Teil dt. und als TB-Ausgaben; O'Connor greift das Thema Religion und Fanatismus in den Südstaaten auf.
- E.A. **Poe**, u. a. The Raven, The Fall of the House of Usher (1839) oder Murder in the Rue Morgue (1841), zahlreiche Ausgaben, auch als TB und dt.; grandiose Werke des Meisters des Krimis, der Kurzgeschichte und des Thrillers.
- E. Anne **Proulx**, u. a. Schiffsmeldungen (1993) oder Das grüne Akkordeon (1996); in Wyoming lebende Autorin aus Neuengland, deren Romane in der Tradition eines William Faulkner oder Herman Melville stehen.
- Henry David **Thoreau**, Walden or Life in the Woods (1854) oder Civil disobedience (1849/1866), zahlreiche Ausgaben, auch als TB und dt.; grundlegende Werke des Dichters, Philosophen und Freundes von Emerson.

- Mark **Twain**, A Connecticut Yankee in King Arthur's Court (1889), zahlreiche Ausgaben, auch als TB und dt., bezieht sich auf Neuengland, wohingegen seine Meisterwerke – The Adventures of Huckleberry Finn (1884), The Adventures of Tom Sawyer (1876), aber auch das lesenswerte Life on the Mississippi (1884) – am Mississippi spielen und etliche weitere im Gold Country Kaliforniens bzw. Nevadas (z. B. Roughing it, 1872); besonders lesenswert: The Innocents Abroad (1869, dt. Die Arglosen auf Reisen, 1875) und A Tramp Abroad (1880, dt. Bummel durch Europa, 1922).
- John **Updike**, u. a. Of the farm (1965), The Witches of Eastwick (1984) oder mehrere „Rabbit"-Romane, wie Rabbit, Run (1960), zahlreiche Ausgaben, auch als TB und dt.
- Alice **Walker**, u. a. The Third Life of Grange Copeland (1970), The Color Purple (1982), The Temple of My Familiar (1989), Possessing the Secret of Joy (1992) oder By the Light of My Father's Smile (1998), stehen überwiegend im Zeichen von Frauenschicksalen, Rassenhass und Armut in den Südstaaten, auch dt.
- Walt **Whitman**, Grashalme (1899, zahlreiche Ausgaben, auch als TB und dt.); bedeutender Gedichtband des Poeten aus Brooklyn, der die Grundlage der amerikanischen Dichtkunst bildet.

Tipp

Zahlreiche Werke historischer Autoren sind als preiswerte Taschenbuchausgaben – **Dover Thrift Editions** (Dover Publications New York) – in vielen Museumsshops zu erwerben.

Stichwortverzeichnis

Abbildungsverzeichnis

Alle Abbildungen Margit Brinke, außer auf folgenden Seiten:
S. **15**: Rhode Island Tourism Division; S. **19**: MPMRC/S. Dunwell; S. **25**: Maike Stünkel; S. **30**:Valley Forge CVB; S. **386**: PA Tourism; S. **36, 40**: Destination DC; S. **47**: Brittany Allen; S. **50**: iStockphoto (Elenethewise); S. **51, 88, 474, 475, 529, 532, 535, 538, 539, 544, 547, 556, 586**: Andreas Iwanowski; S. **152, 166, 167, 170, 188, 197, 200**: Tim Grafft/ MOTT; S. **192**: National Park Service (NPS); S. **203**: NHDTTD/Holly Fraumeni; S. **204**: NHDTTD/ Kristin Burchsted; S. **207, 217**: Ina Funke (pixelio.de); S. **208**:Vanor; S. **211, 221**: Maine Tourism; S. **231**: CTTourism, D. Shafer; S. **241**: Jack Malone; S. **252**: Hyannis CVB; S. **254**: Chatham Bars Inn; S. **142, 261**: Carolyn M. Carpenter / shutterstock; S. **269, 272**: Mystic Country Connecticut; S. **348, 352, 355, 358, 359, 361, 363**: Philadelphia CVB; S. **374**: Mike Biggs/Greater Wilmington CVB/DE ; S. **375**: Longwood Gardens; S. **376**: Mike Munchel; S. **378, 380, 381**: Coy Butler/ www.discoverlancaster pa.com; S. **428**: Bill Crabtree Jr./Virginia Tourism Corporation; S. **430**: Cameron Davidson/ Virginia Tourism Corporation; S. **433**: Frontier Culture Museum; S. **441**: Leonard Phillips/ Virginia Tourism Corporation; S. **443**: Thomas Jefferson Foundation/ Monticello; S. **448, 564**: GA Tourism; S. **451** Capital Region USA (capitalregionusa.org); S. **457**: George Horvath/ Virginia Tourism Corporation; S. **458**: Richmond CVB/ Virginia Tourism Corporation; S. **436, 454, 459, 461, 468**: Virginia Tourism Corporation (Virginia.org); S. **463, 469**: Colonial Williamsburg Foundation; S. **466**: Kelly J. Mihalcoe/ Virginia Tourism Corporation; S. **471**: David Hills/Visit Norfolk; S. **437, 477, 479, 482, 489, 498, 502, 504, 506, 507, 525, 526**: NC Tourism; S. **513**: Knoxville Tourism & Sports Corporation; S. **517**: Clemson University/J. Mortarty; S. **520**: Adam Crisp; S. **548**: Savannah Area CVB; S. **558, 560**:Visit Florida; S. **564**: Macon-Bibb County CVB; S. **574, 582**: Atlanta CVB; S. **579**: Atlanta Historical Society